徐州统计年鉴

XUZHOU STATISTICAL YEARBOOK

2011

（总第 24 期）

徐州市统计局
国家统计局徐州调查队 编

中国统计出版社
China Statistics Press

(京)新登字 041 号

图书在版编目(CIP)数据
徐州统计年鉴. 2011 / 徐州市统计局，国家统计局徐州调查队 编 .
- 北京：中国统计出版社，2011.7
ISBN 978-7-5037-6282-6

Ⅰ. ①徐…
Ⅱ. ①徐… ②国…
Ⅲ. ①统计资料 - 徐州市 - 2011 - 年鉴
Ⅳ. ①C832.533-54

中国版本图书馆 CIP 数据核字(2011)第 146701 号

徐州统计年鉴-2011

作　　者 / 徐州市统计局　国家统计局徐州调查队
责任编辑 / 陈越月　鹿　燕　王　楠　唐子午　徐　燕　李　广
责任校对 / 鹿　燕
封面设计 / 李小凤　鹿　燕
出版发行 / 中国统计出版社
通信地址 / 北京市西城区月坛南街 57 号
邮　　编 / 100826
办公地址 / 北京市丰台区西三环南路甲 6 号
电　　话 / (010)63376907
E-mail / yearbook@gj.stats.cn
印　　刷 / 徐州市今日彩色印刷有限公司
经　　销 / 新华书店
开　　本 / 880×1230 毫米 1/16
字　　数 / 120 万
印　　张 / 31.5
印　　数 / 1200 册
版　　别 / 2011 年 7 月第 1 版
版　　次 / 2011 年 7 月第 1 次印刷
书　　号 / ISBN 978-7-5037-6282-6/C·2508
书　　价 / 200.00 元

《徐州统计年鉴-2011》编辑委员会

《徐州统计年鉴-2011》编辑部

编者说明

《徐州统计年鉴—2011》是一部全面、系统反映徐州市国民经济和社会发展情况的资料性年刊。书中汇集了徐州市及各县(市)2010年经济和社会各方面的统计数据,以及历史重要年份和改革开放以来的主要统计数据。

全书内容分为22个篇目,即:1.综合;2.人口和就业;3.固定资产投资;4.能源消费与库存;5.物价指数;6.人民生活;7.自然资源、城市建设和环境保护;8.农林牧渔业;9.工业;10.建筑业;11.交通运输和邮电;12.批发零售贸易业和餐饮业;13.对外经济贸易和国际旅游;14.财政、金融和保险;15.科技、教育和文化;16.体育、卫生、民政、司法及其他;17.县(市)社会经济;18.乡镇基本情况;附录1.小康社会进程监测;附录2.江苏省市、县主要经济指标;附录3.淮海经济区主要经济指标;附录4.企业选介。为方便读者使用,大部分篇末附有《主要统计指标解释》。

与2010版《徐州统计年鉴》相比较,本年鉴在统计内容和编辑上主要做了如下修订:

1.由于2010年徐州市区划调整,本年鉴市区指标均包含新纳入的铜山区,相关指标口径与往年不可比。

2.根据实际发展情况,对第四篇能源消费与库存、第十五篇科技、教育和文化两部分内容进行了调整。

本年鉴部分数据合计数或相对数由于单位取舍不同产生的计算误差均未作机械调整;年鉴文稿中所用数字,如有与表中数据不一致的,读者在引用时均以表中数据为准;凡与本年鉴有出入的历史资料数据,均以本年鉴为准。

本年鉴表中的符号使用说明:"…" 表示数据不足本表最小单位数;"空格"表示该项统计指标数据不详或无该项数据;"#"表示其中的主要项。

本年鉴编辑过程中,得到中国统计出版社和江苏省统计局综合处的悉心指导,得到市各有关部门、单位以及广大统计人员的大力支持,在此,我们一并表示衷心的感谢,并恳祈各界人士和读者对年鉴的不足之处批评指正,以便进一步提高年鉴的编辑水平,以期更好地为广大读者服务。

目 录

四、能源消费与库存

五、物价指数

六、人民生活

七、自然资源、城市建设和环境保护

八、农林牧渔业

九、工　业

十、建筑业

十一、交通运输和邮电

十二、批发零售和住宿餐饮业

十三、对外经济贸易和国际旅游

十四、财政、金融和保险

十五、科技、教育和文化

十六、体育、卫生、民政、司法及其他

十七、县（市）社会经济（1978-2010）

十八、乡镇基本情况

CONTENTS

CHART OF THE ACHIEVEMENTS OF XUZHOU´S NATIONAL ECONOMY AND SOCIAL DEVELOPMENT

Chapter 1 GENERAL SURVEY

Chapter 2 POPULATION AND EMPLOYMENT

Chapter 3 INVESTMENT IN FIXED ASSETS

Chapter 4 ENERGY CONSUMPTION AND STOCK

Chapter 5 PRICE INDICES

Chapter 6 PEOPLE´S LIVELIHOOD

Chapter 7 NATURAL RESOURCES , URBAN CONSTRUCTION AND ENVIRONMENTAL PROTECTION

Chapter 8 FARMING, FORESTRY , ANIMAL HUSBANDRY AND FISHERY

Chapter 9 INDUSTRY

Chapter 10 CONSTRUCTION

Chapter 11 TRANSPORTATION,POSTAL AND TELECOMMUNICATIONS SERVICES

Chapter 12 WHOLESALE&RETAIL AND ACCOMMDATIONS CATERING INDUSTRY

Chapter 13 FOREIGN ECONOMY & TRADE AND INTERNATIONAL TOURISM

Chapter 14 FINANCE,BANKING AND INSURANCE

Chapter 15 SCIENCE AND TECHNOLOGY,EDUCATION AND CULTURE

Chapter 16 SPORTS, PUBLIC HEALTH, CIVIL ADMINISTRATION, JUDICATURE AND OTHERS

Chapter 17 SOCLAL ECONOMIC OF COUNTIES(CITIES)(1978-2010)

Chapter 18 BASIC CONDITIONS OF COUNTRY AND TOWN

地区生产总值（亿元）

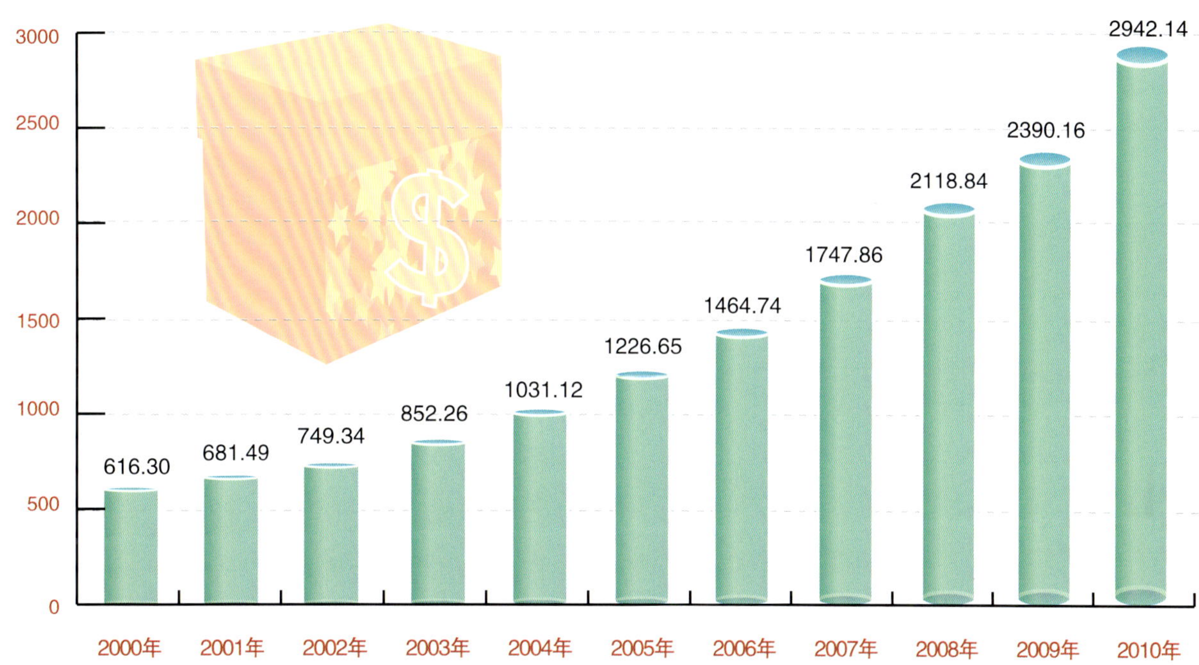

三次产业比重（%）

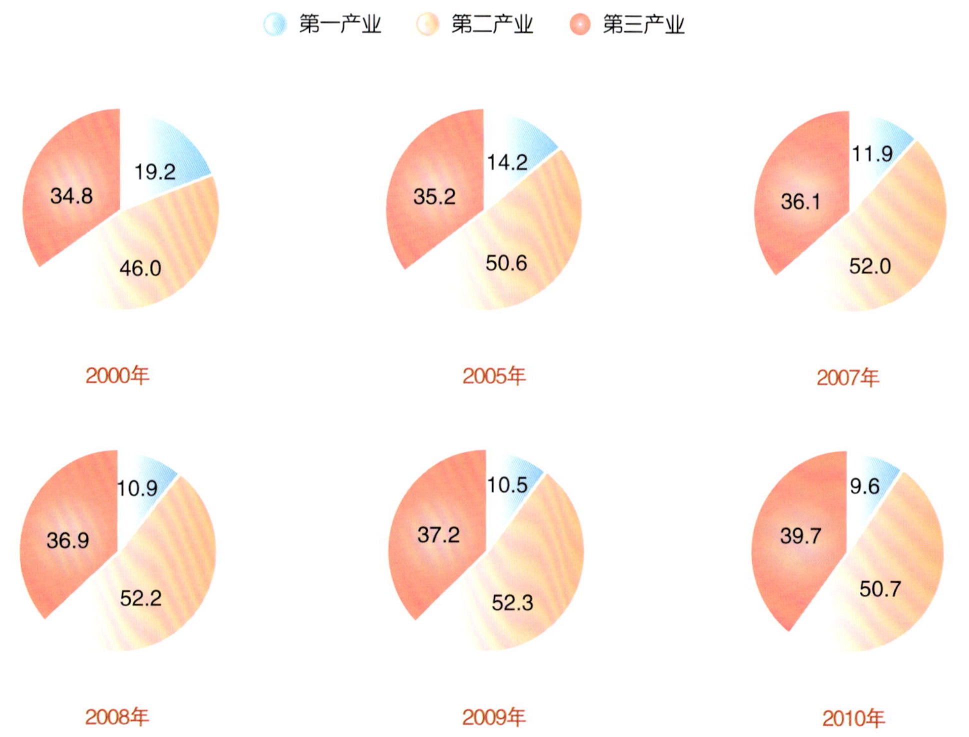

总人口（万人）

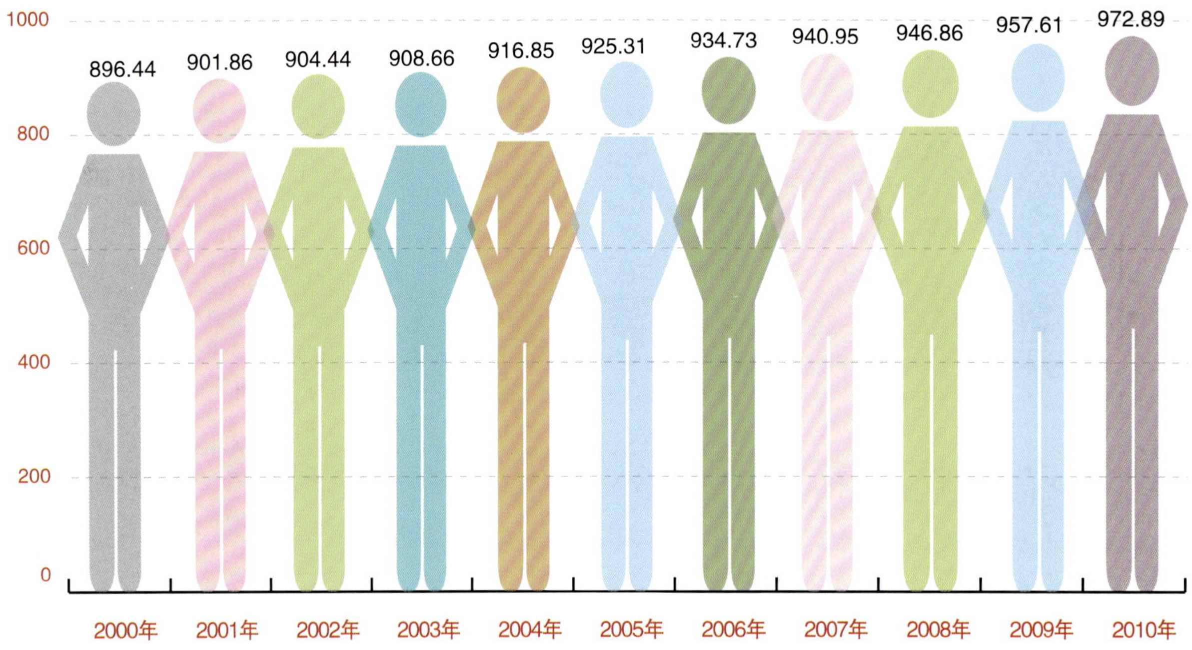

农业人口与非农业人口之比（%）

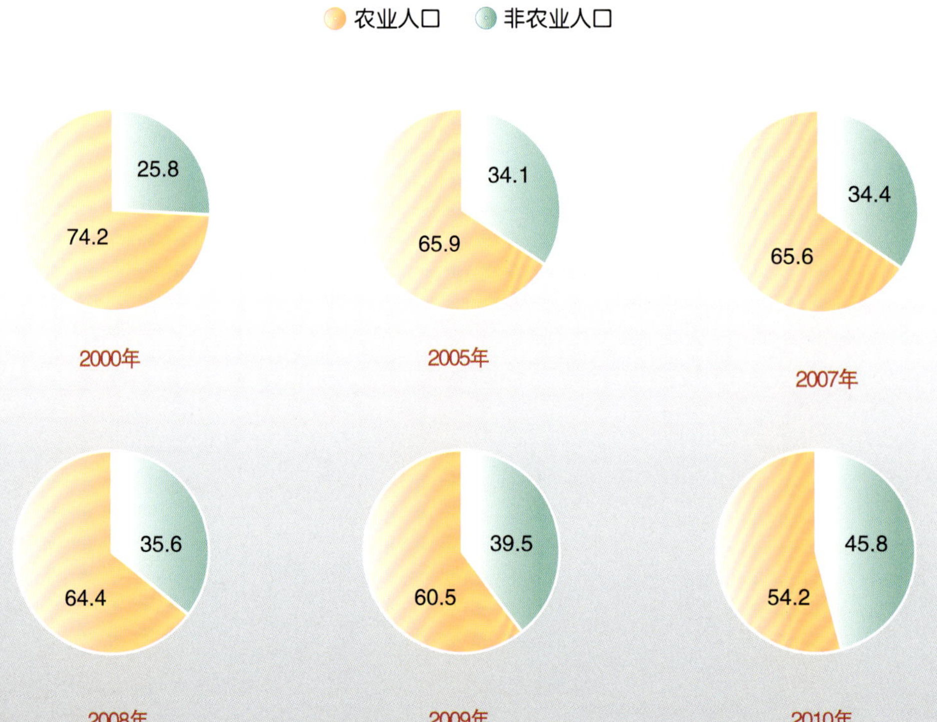

全社会从业人员与职工人数（万人）

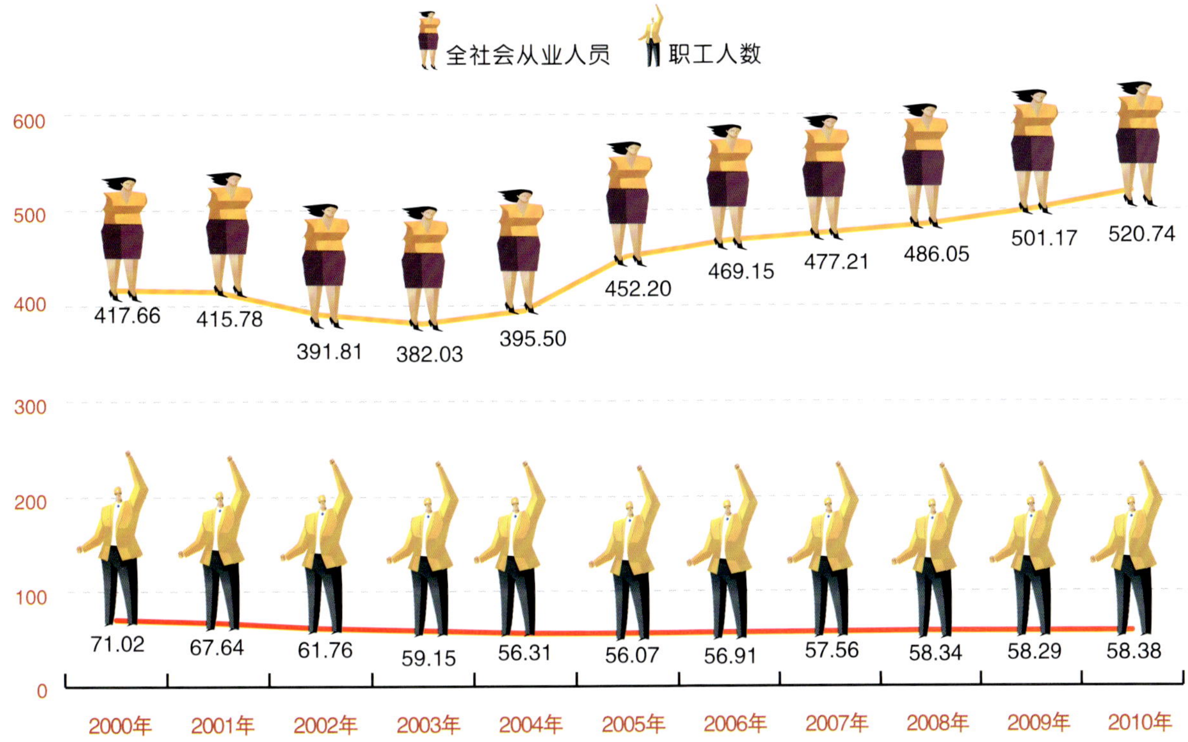

全社会从业人员三次产业构成（%）

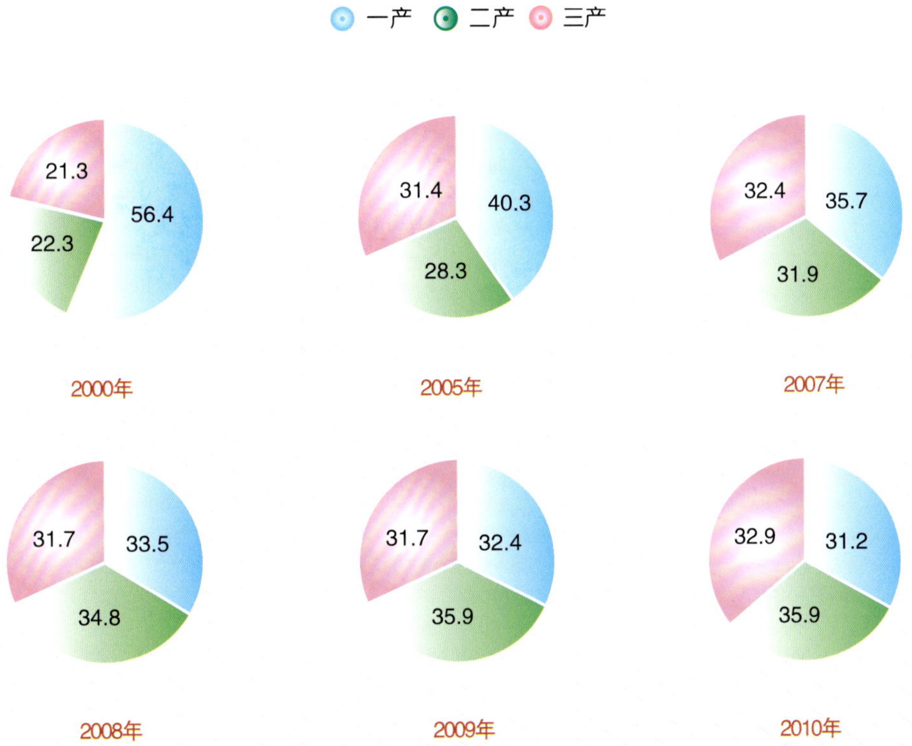

全社会固定资产投资完成额（亿元）

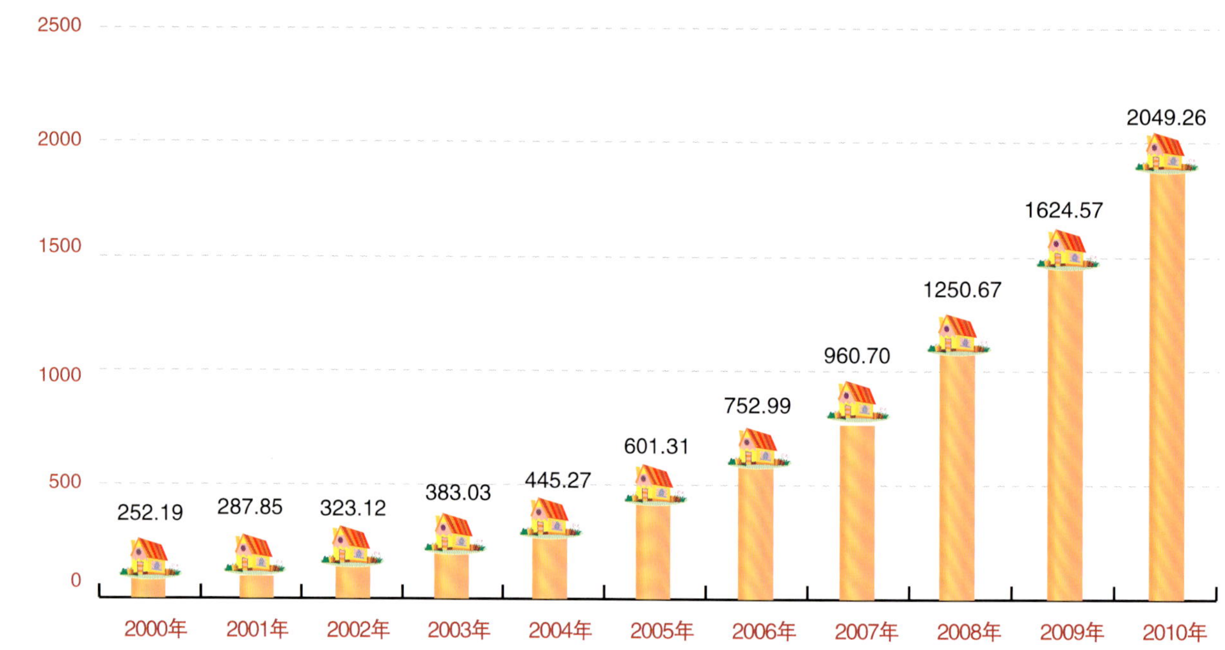

城镇规模以上投资竣工房屋面积（万平方米）

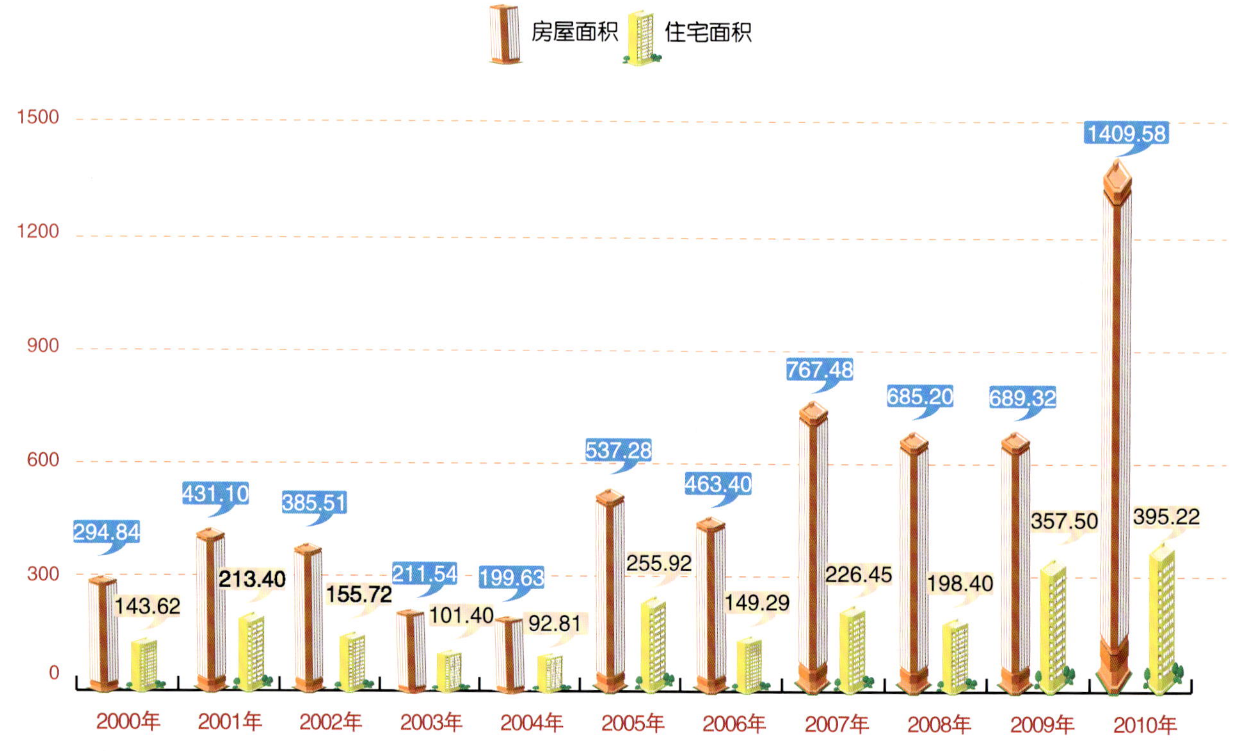

财政收支（亿元）

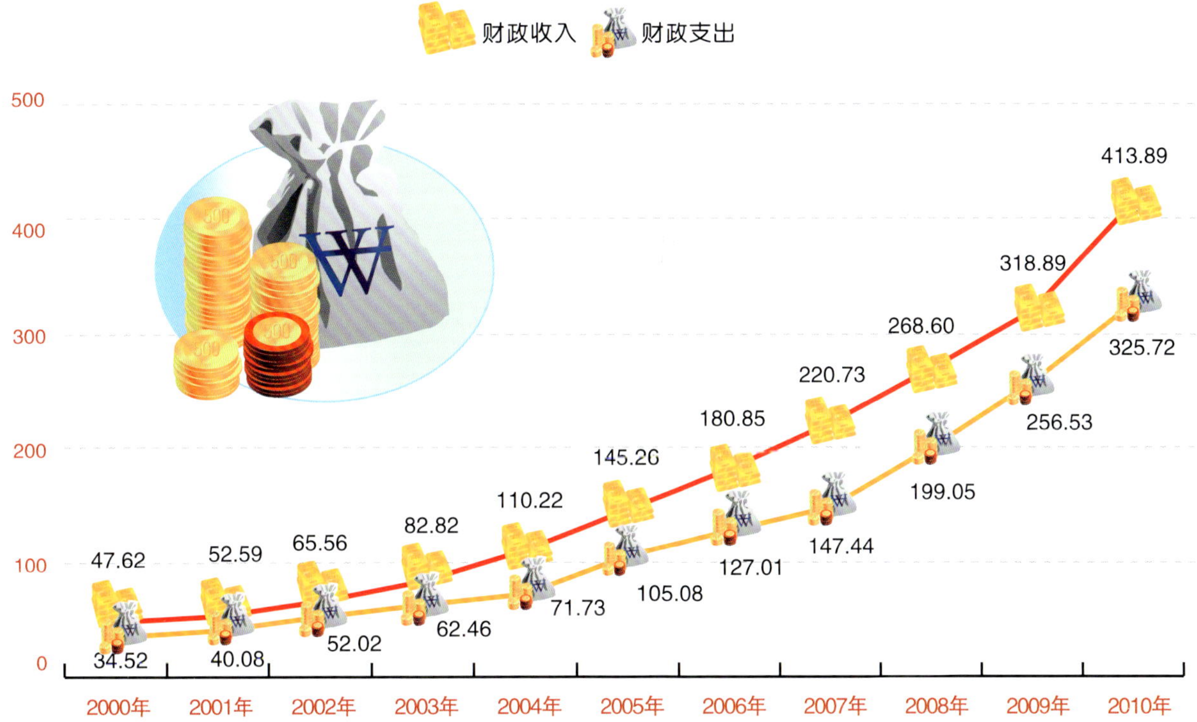

金融机构存贷款（亿元）

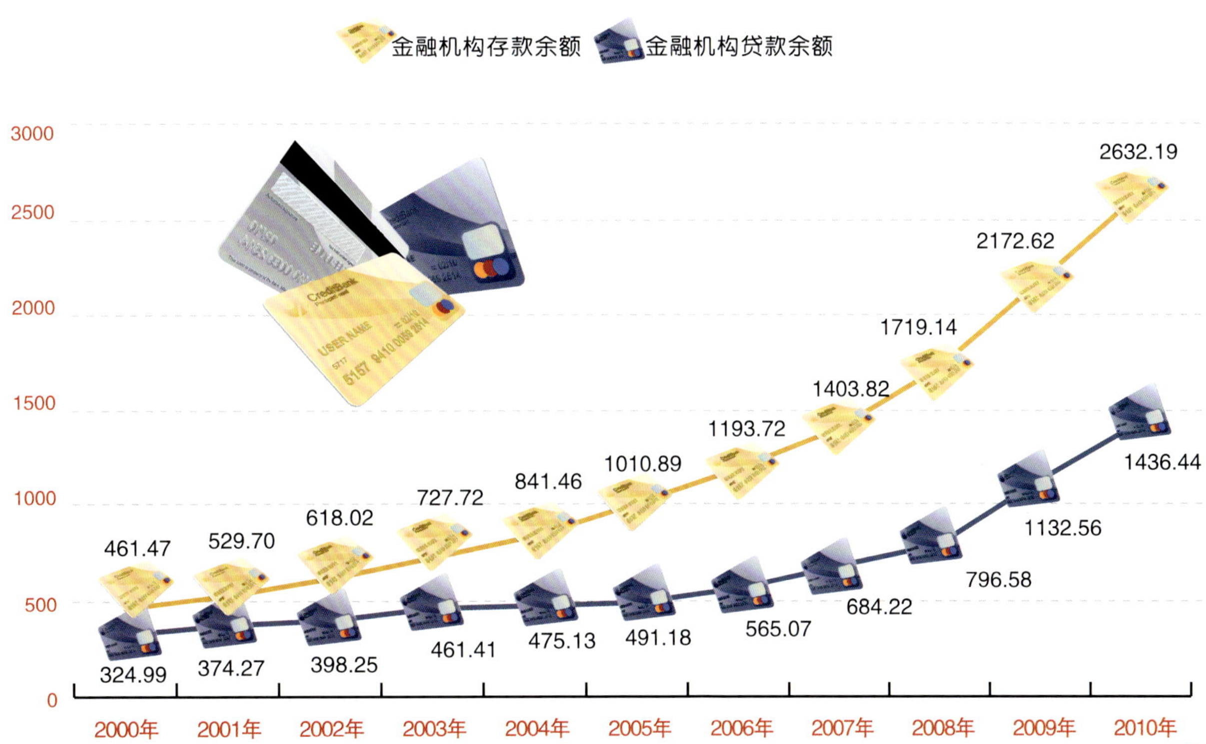

社会消费品零售总额（亿元）

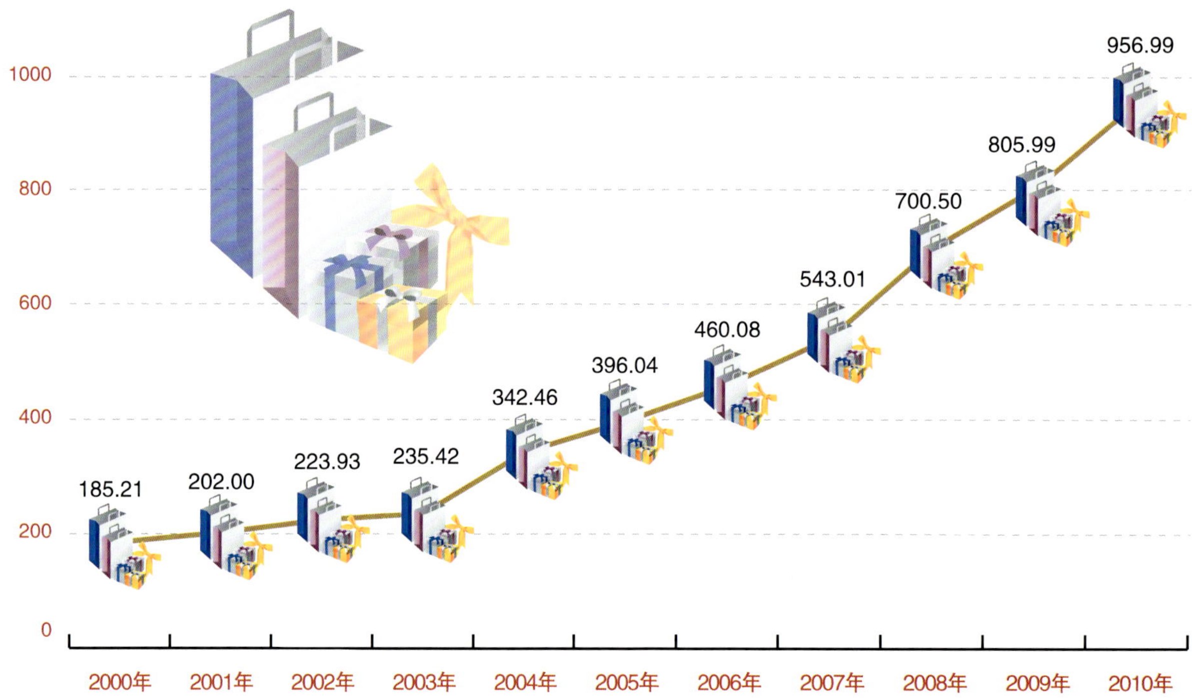

价格总指数（%）

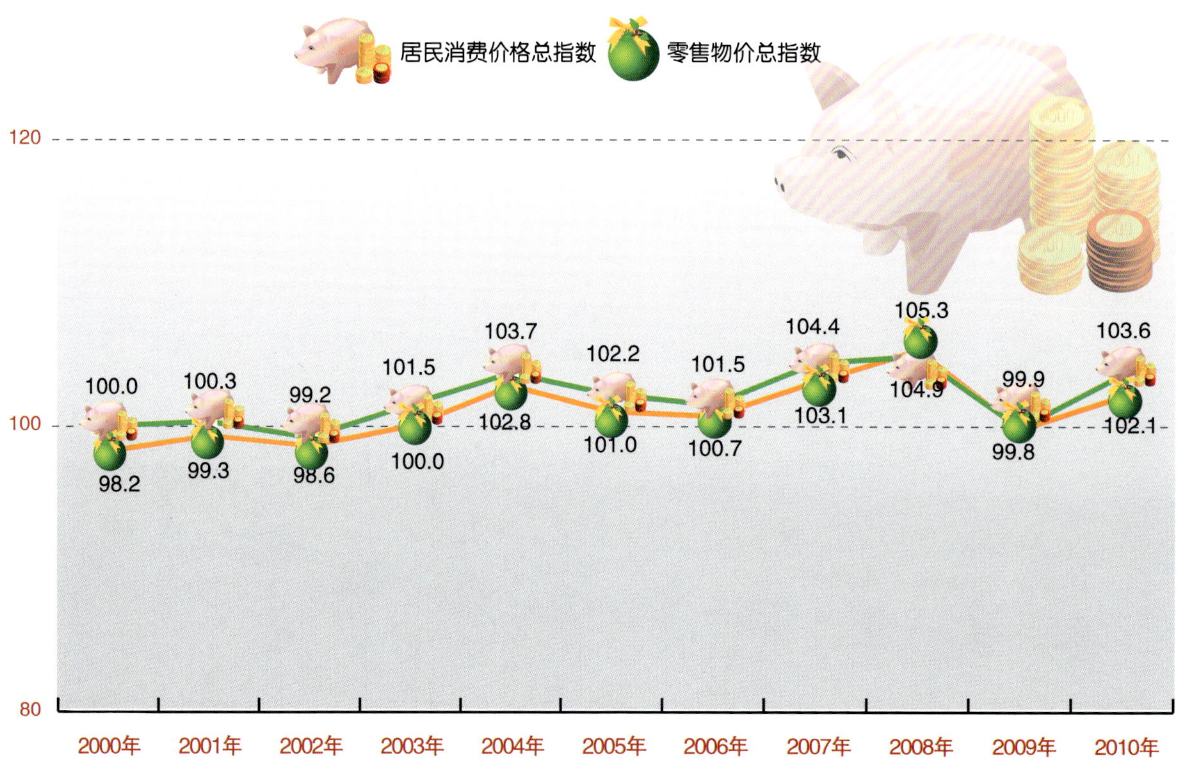

农村居民收入与支出（元）

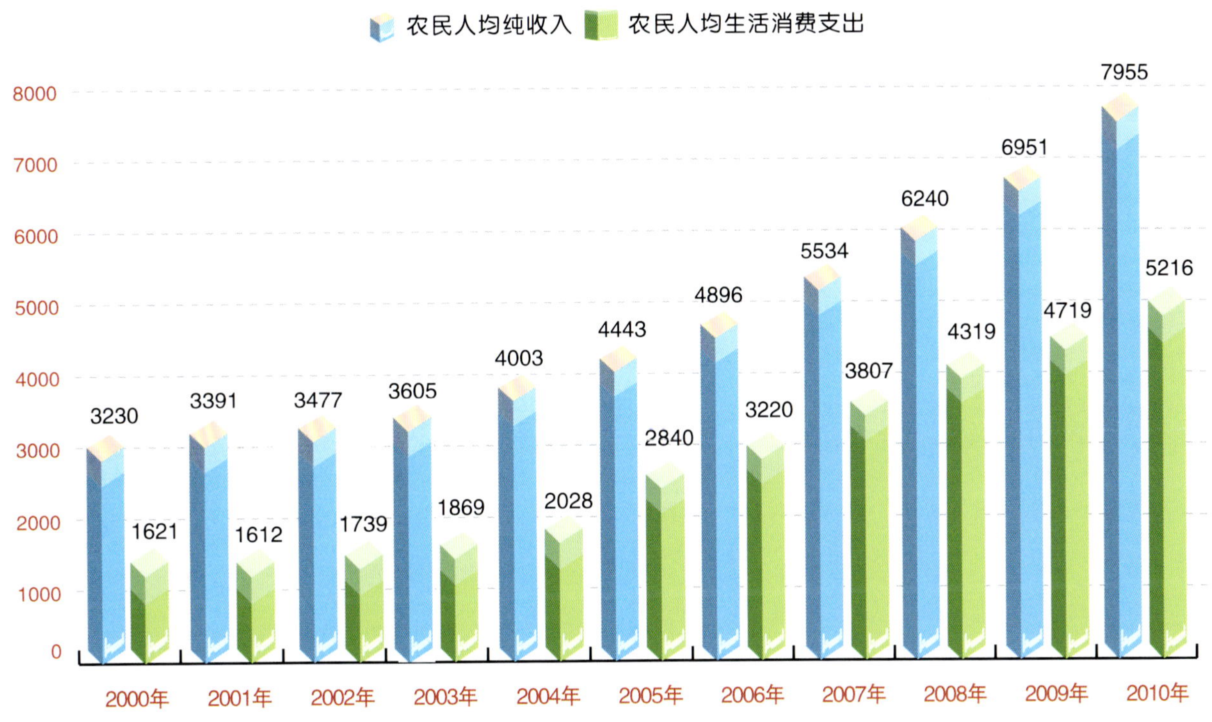

城市居民收入与支出（元）

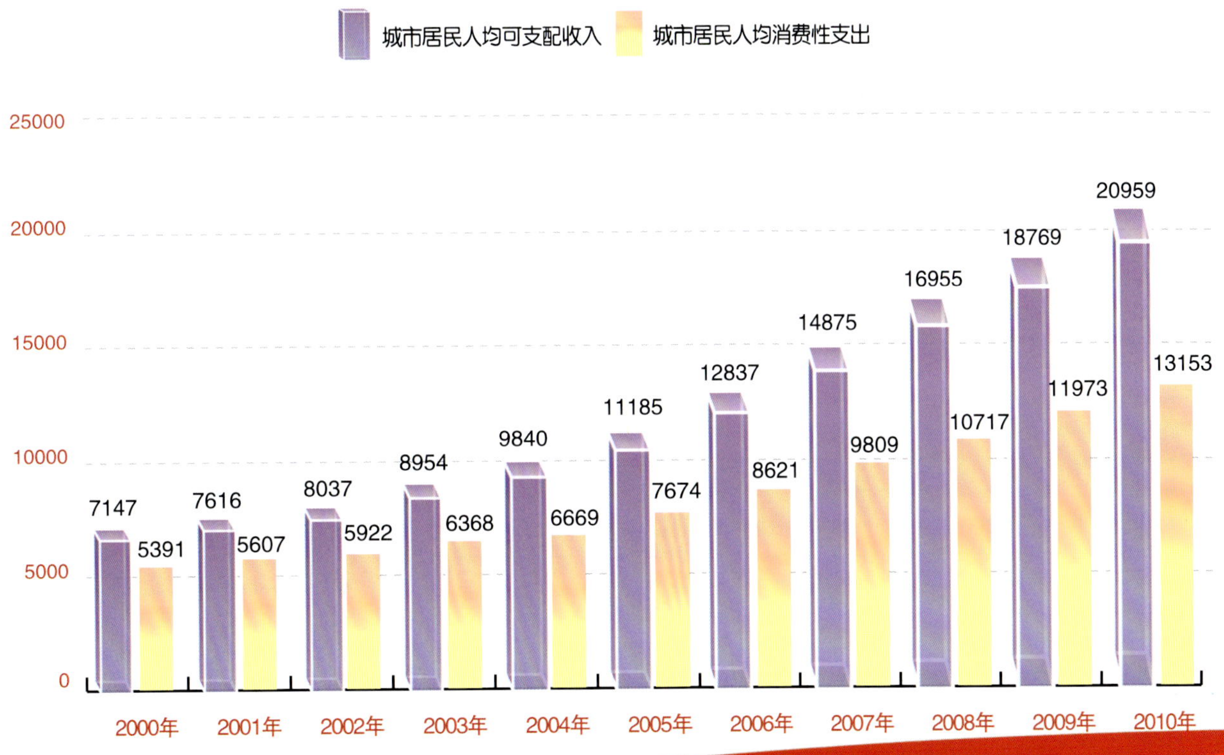

粮食总产量（万吨）

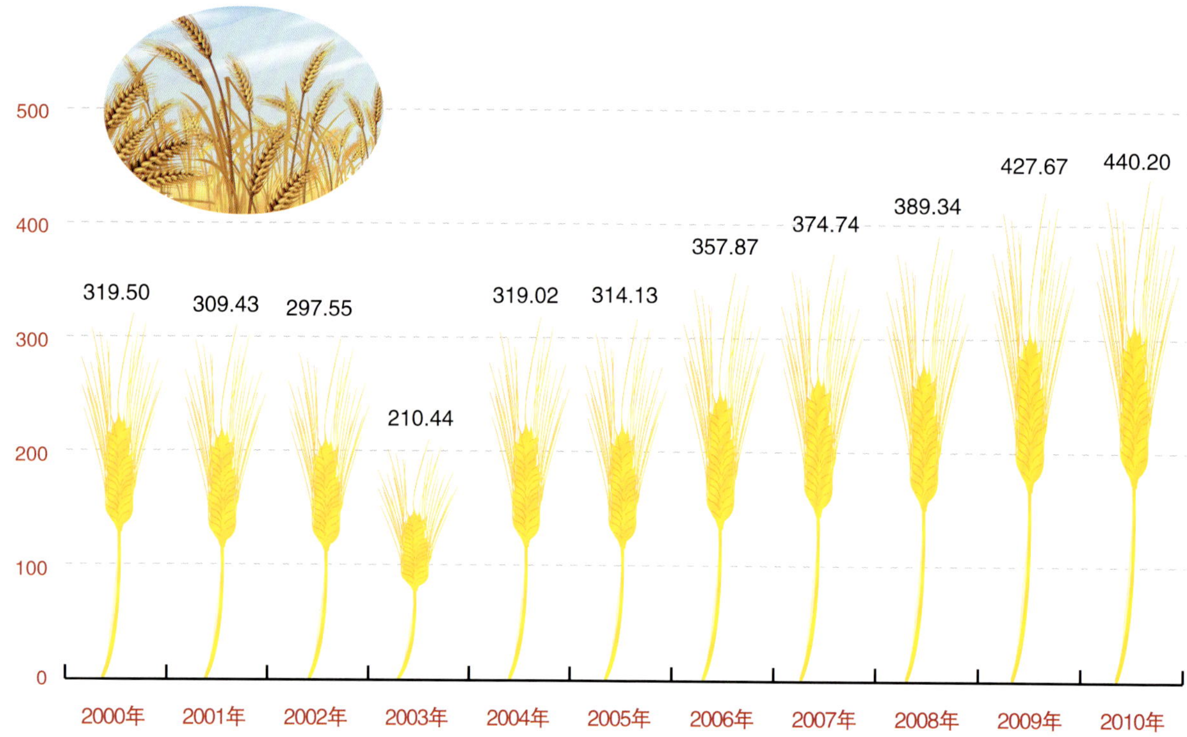

棉花总产量（万吨）

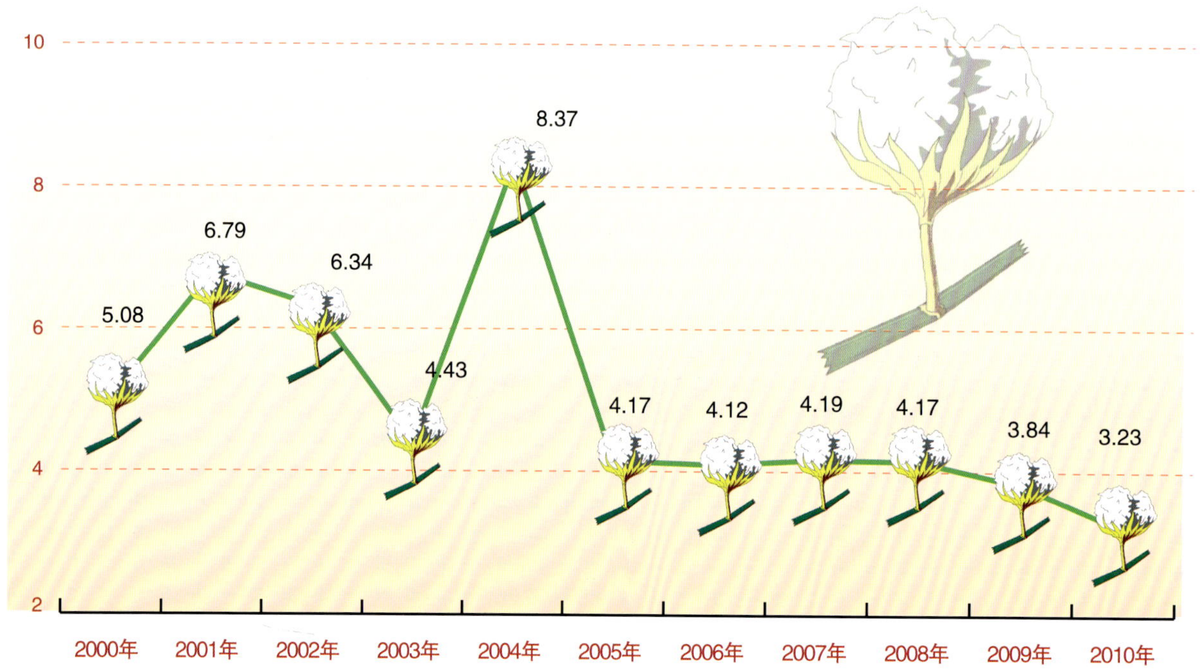

油料总产量（万吨）

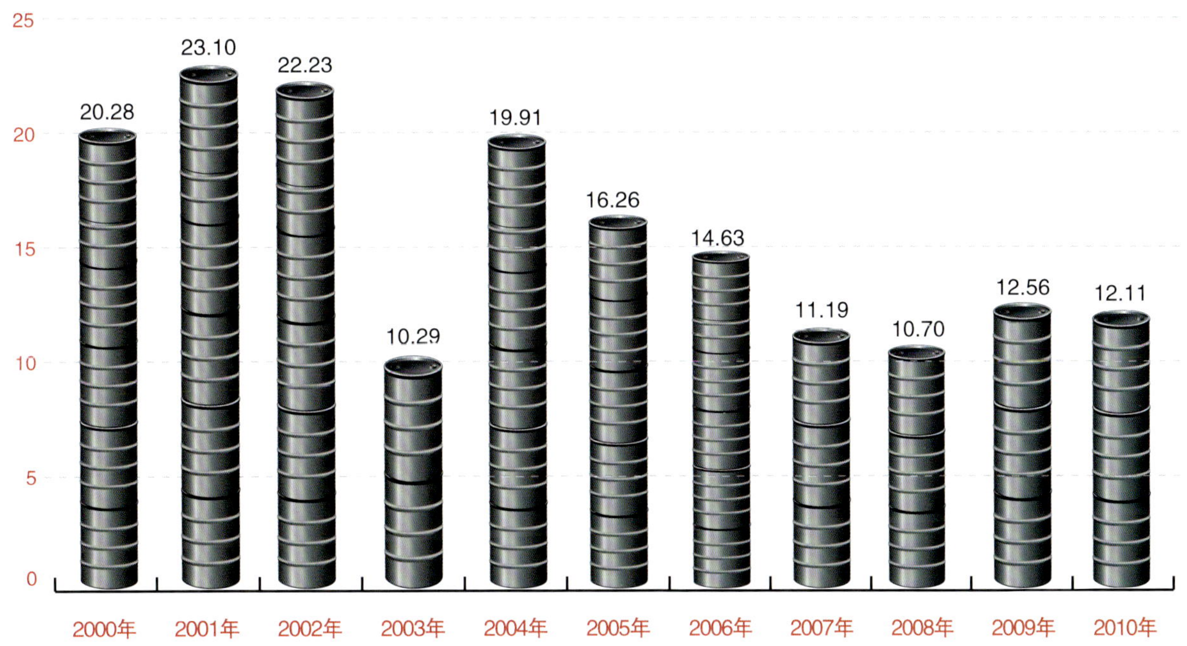

水产品总产量（万吨）

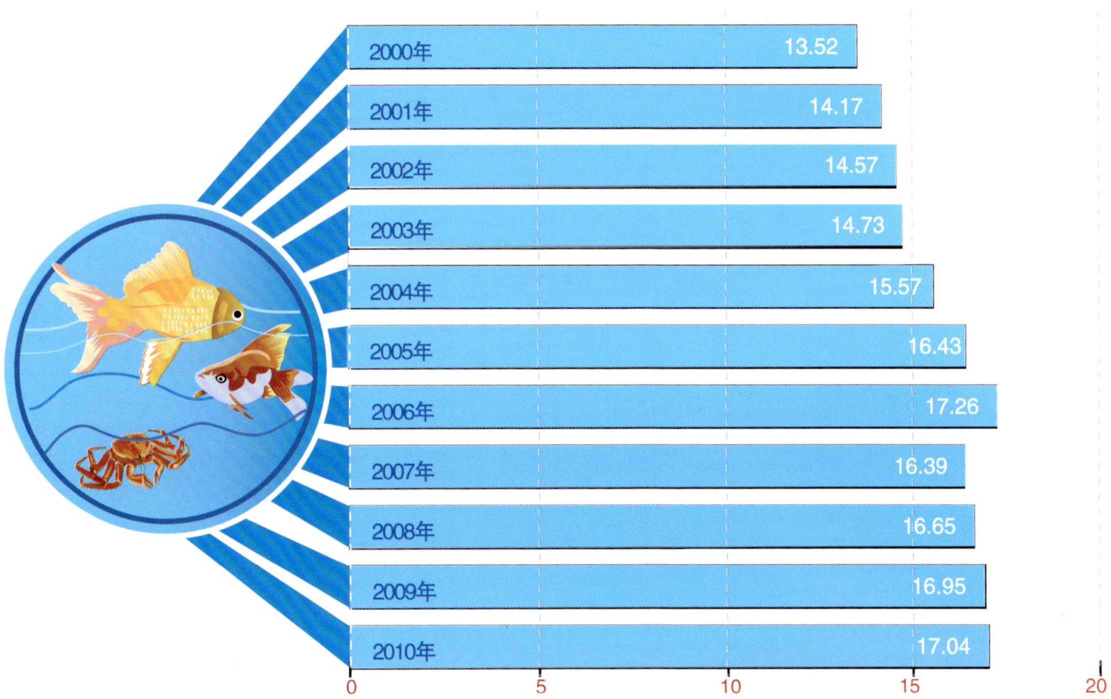

发电量（亿千瓦时）

原煤（万吨）

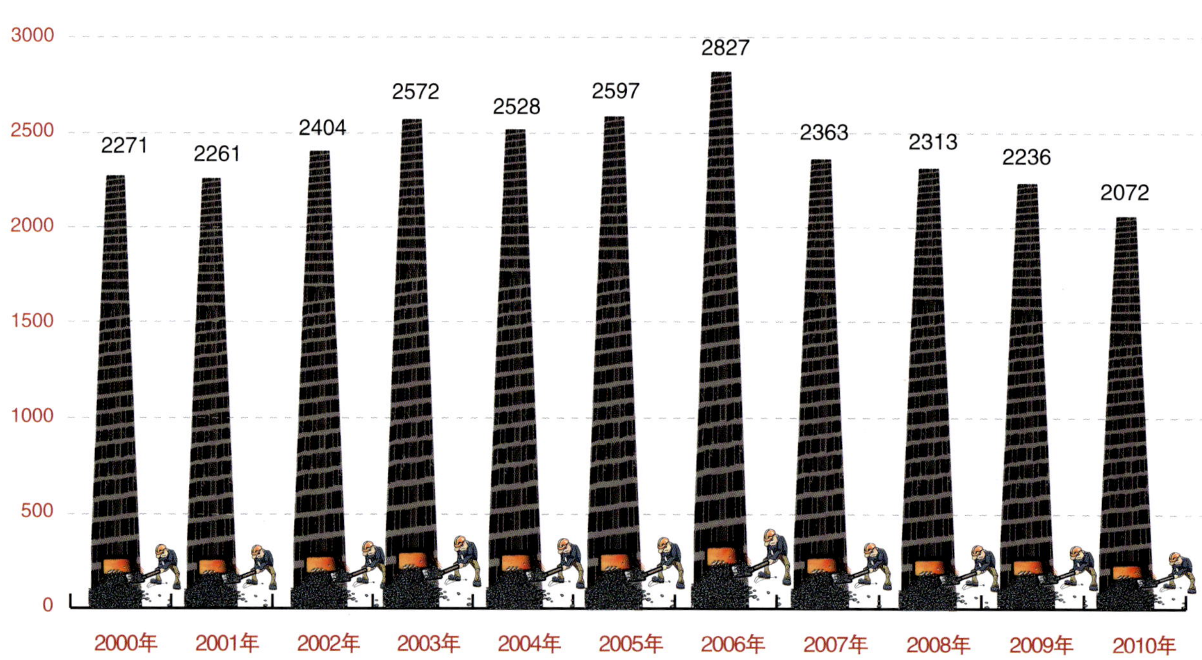

全社会供水量（万立方米）

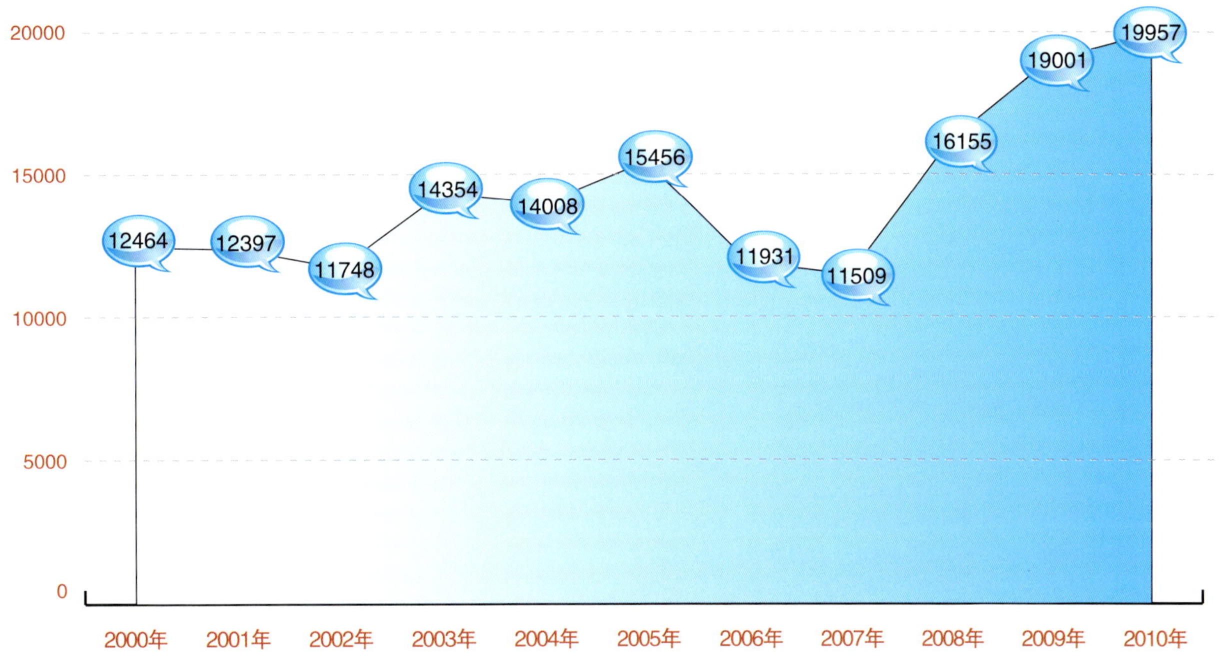

煤气供应量（万立方米）

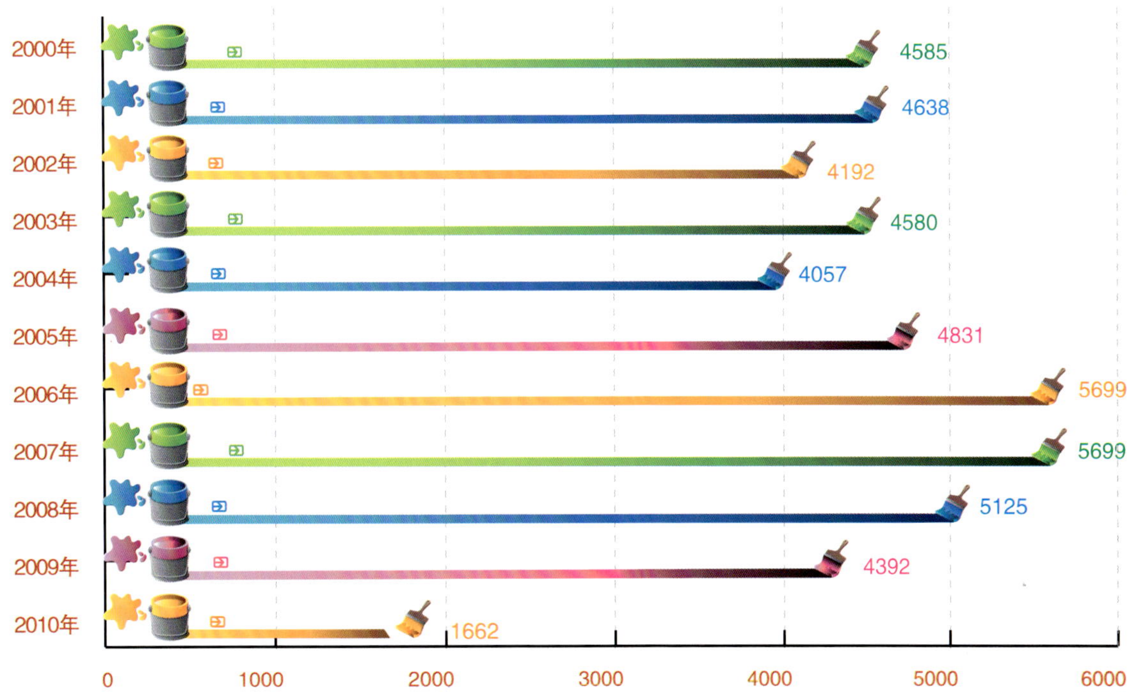

全社会客运量（万人）

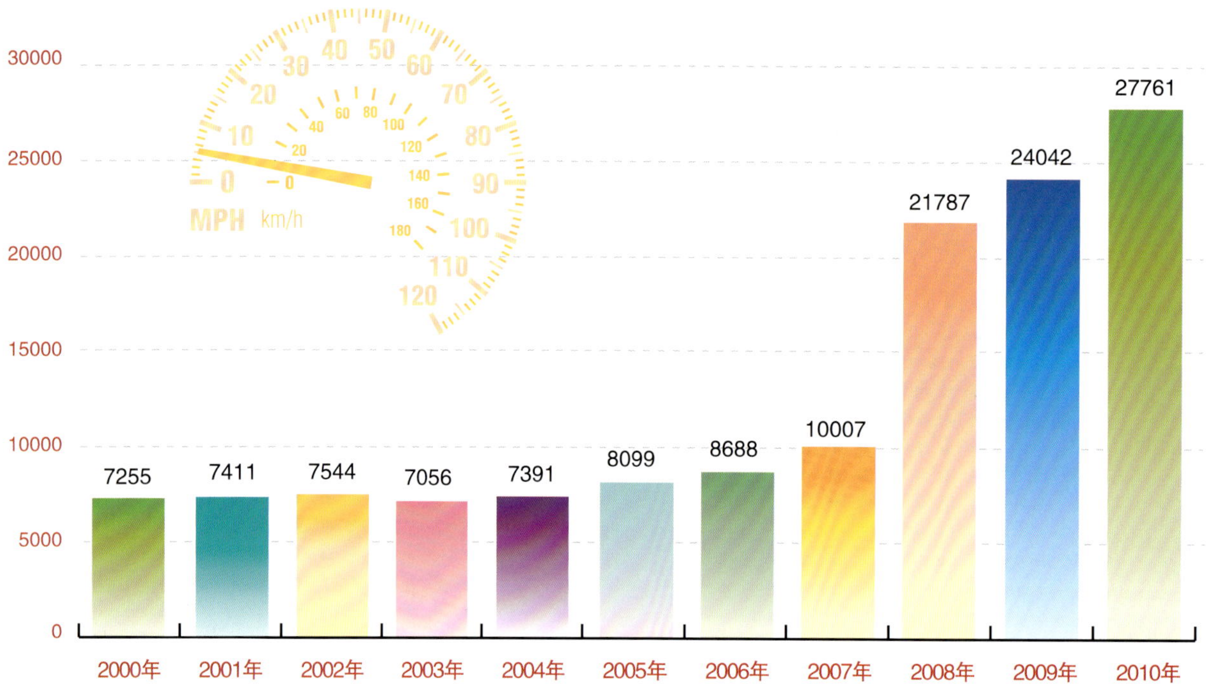

全社会货运量（万吨）

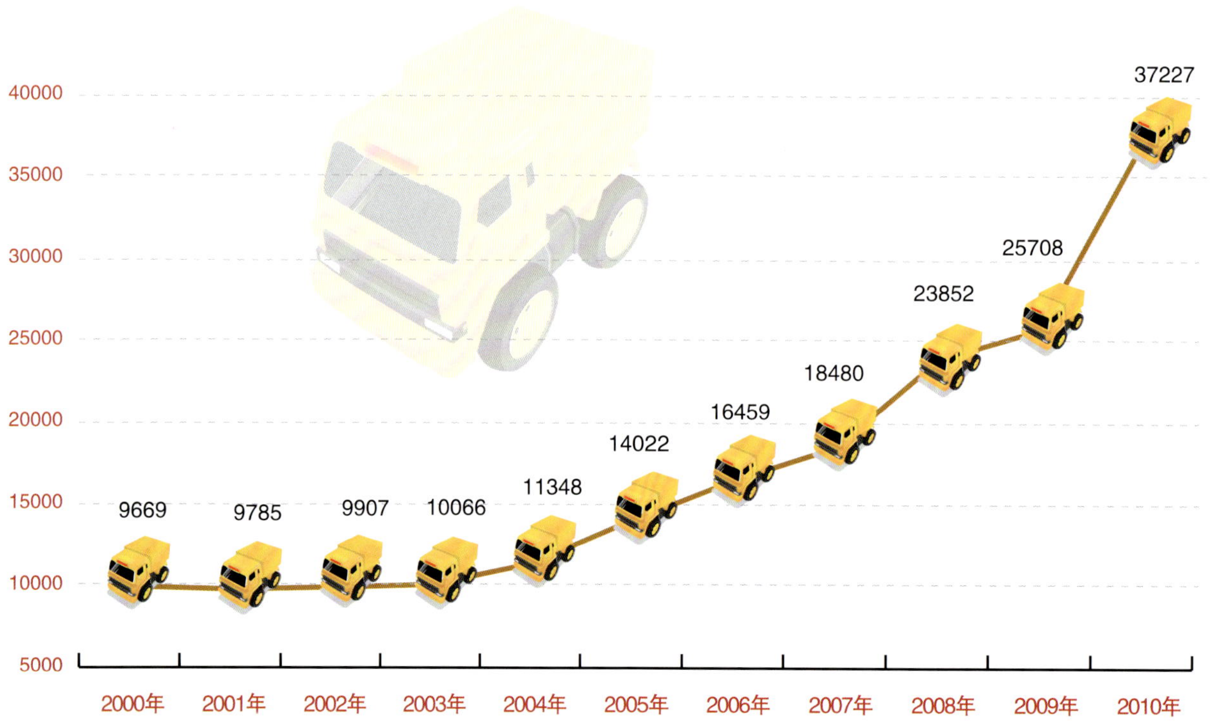

城市铺装道路长度（公里）

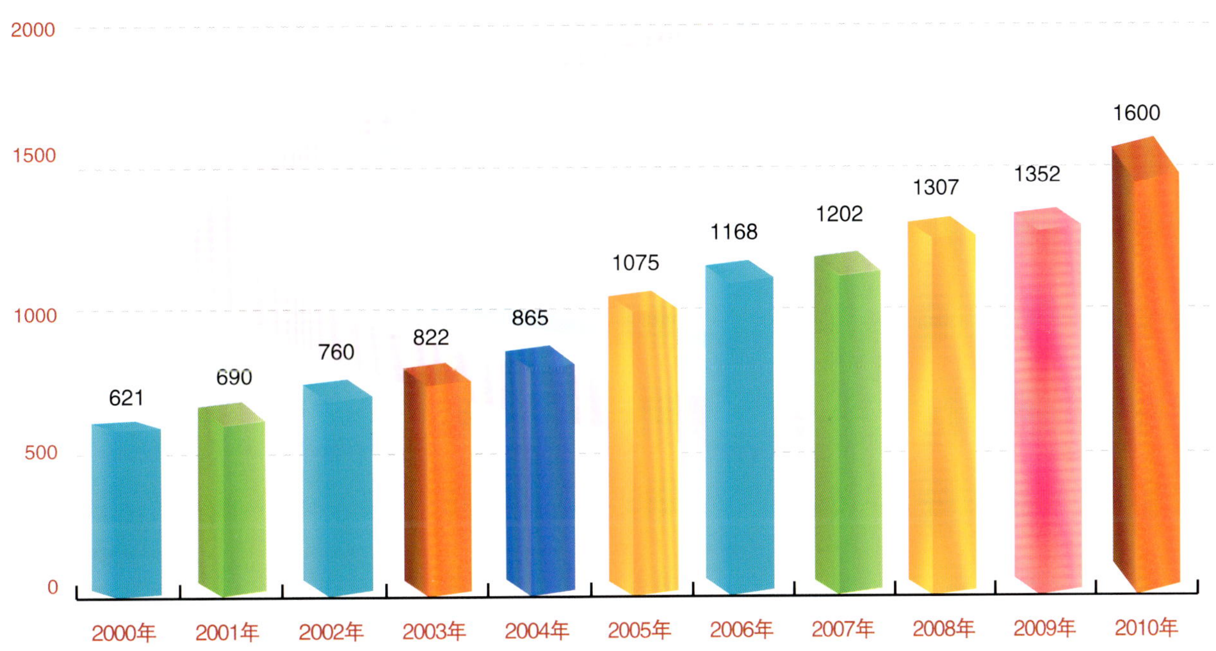

城市人均绿地（平方米）

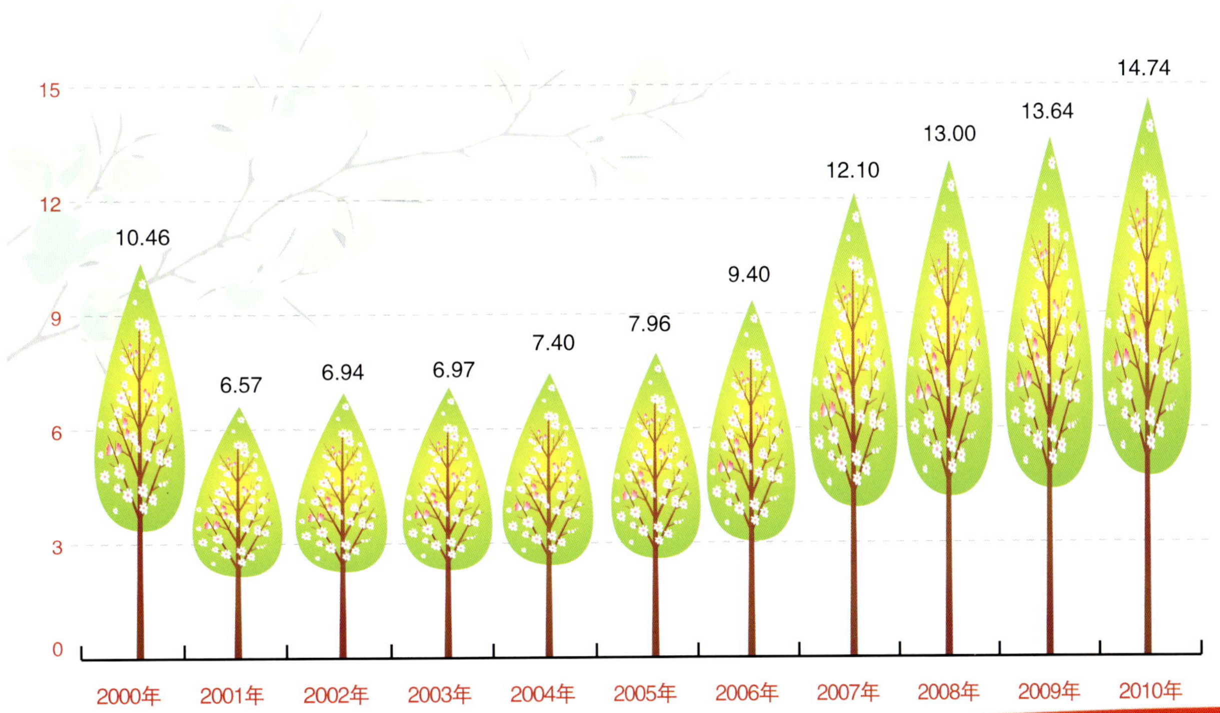

医生与床位数

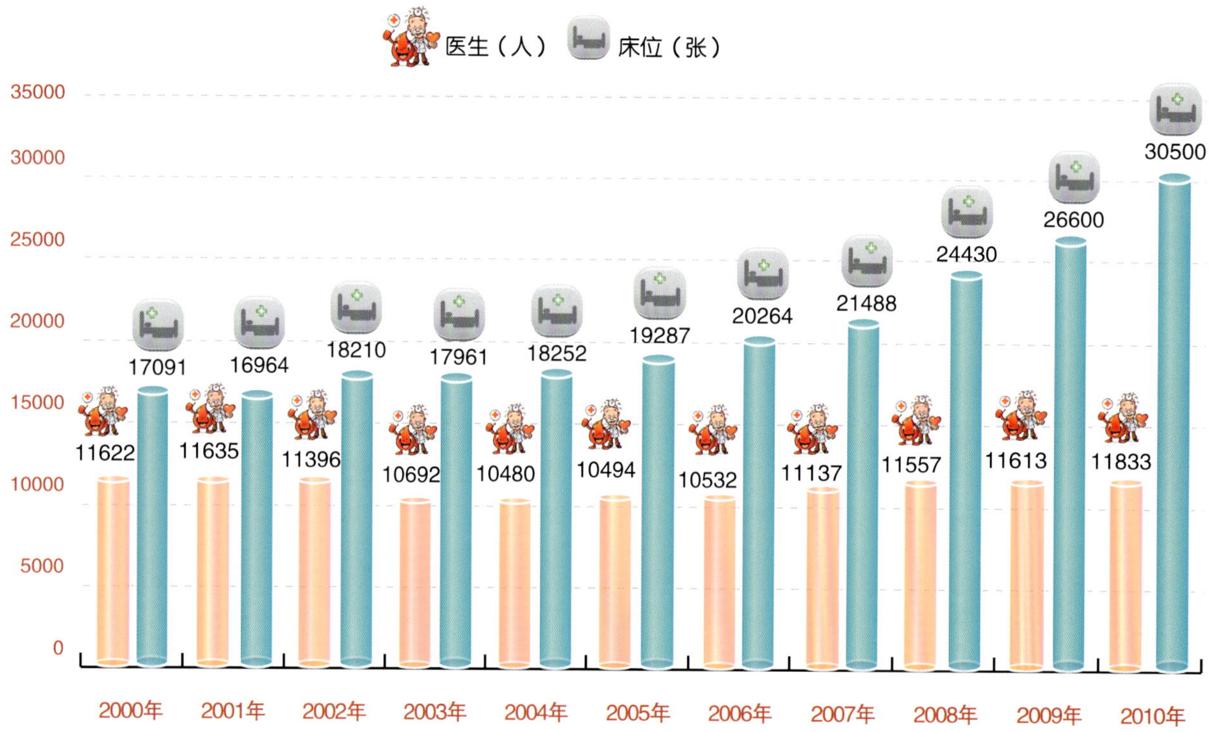

专业技术人员（万人）

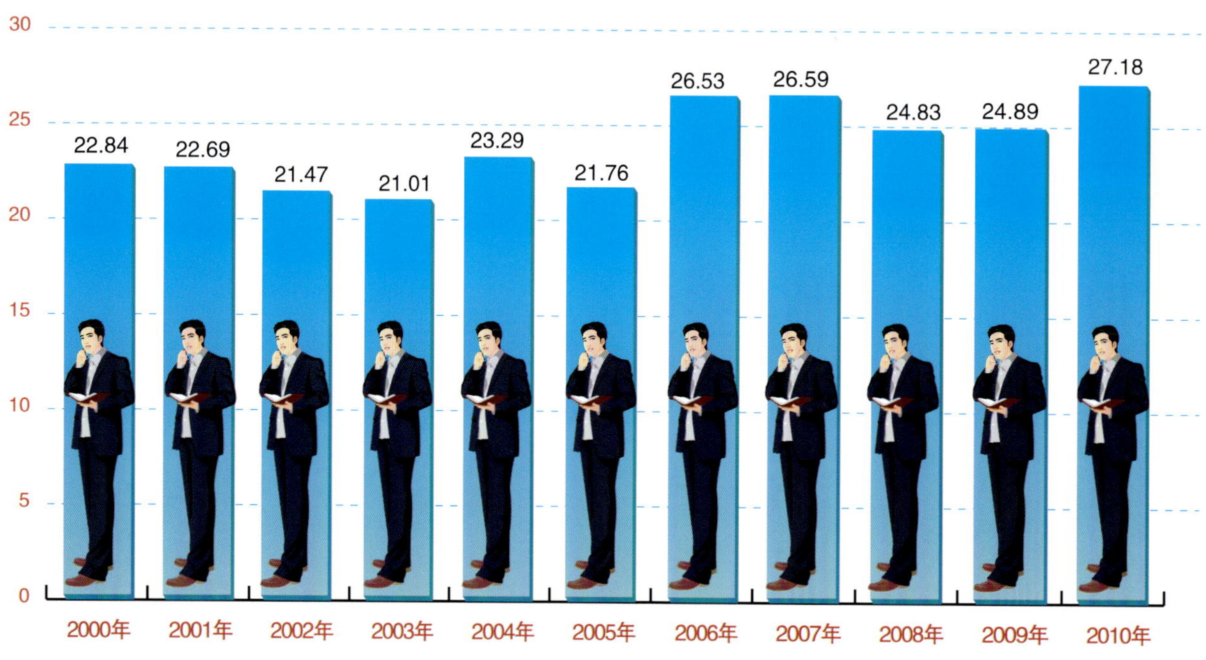

第1部分

综　合

GENERAL SURVEY

版面负责人：张玉强

编　　　辑：王　楠

新《统计法》释义

2009年6月27日十一届全国人大常委会第九次会议对1983年12月8日由六届全国人大常委会第三次会议审议通过,1996年5月15日由八届全国人大常委会第十九次会议审议修改的《中华人民共和国统计法》进行了全面修订。修订后的《统计法》已于2010年1月1日起施行。为使社会各界了解和掌握新《统计法》的立法宗旨、精神实质和主要内容,保障《统计法》得到有效贯彻实施,我们根据国家统计局权威解释,选取部分条款,开辟了"新《统计法》释义"专栏。

关于《中华人民共和国统计法》立法目的的规定

第一条 为了科学、有效地组织统计工作,保障统计资料的真实性、准确性、完整性和及时性,发挥统计在了解国情国力、服务经济社会发展中的重要作用,促进社会主义现代化建设事业发展,制定本法。

【释义】 本条是关于《中华人民共和国统计法》立法目的的规定。

统计是人们为了认识、研究客观现象,对其数量特征进行搜集、整理、分析的活动。对一个国家来说,统计是国家管理的重要基础性工作,需要由政府和政府有关部门运用科学的统计方法,对国民经济和社会发展情况进行统计调查、统计分析,为经济社会的运行提供统计资料和统计咨询意见,为政府管理经济社会事务提供决策依据。《中华人民共和国统计法》是政府统计工作的根本大法,是规范政府统计活动的基本准则。

制定《统计法》是为了以下目的:

一、科学、有效地组织统计工作。统计工作的组织开展必须通过法律来规范和保障。制定《统计法》,就是要通过规范统计活动,明确各级人民政府及其负责人、统计机构和统计人员以及统计调查对象在统计活动中的权利和义务,确立统计违法行为的监督检查和惩处制度,以保障政府、政府统计机构和有关部门能够科学、有效地组织统计工作。

二、保障统计资料的真实性、准确性、完整性和及时性。统计资料是统计的成果,是通过统计调查得到的反映国民经济和社会发展情况的统计信息的总称。统计资料真实、准确、完整、及时,是统计工作的根本要求。只有保证统计资料的真实性、准确性、完整性和及时性,才能保障政府在经济社会事务的管理过程中及时作出科学、正确的判断和决策。新《统计法》明确了有关负责人和统计人员在统计活动中的基本职责,完善了统计数据质量责任制度,强化了统计数据质量监督检查和责任追究制度,其根本目的就是为了保障统计资料的真实性、准确性、完整性和及时性。

三、发挥统计在了解国情国力、服务经济社会发展中的重要作用。统计的作用是为政府提供有关国民经济和社会发展情况的数据资料,为政府管理经济社会事务提供决策依据,同时利用可以公开的统计资料为社会公众提供信息服务。制定《统计法》,可以更好地发挥统计在了解国情国力、服务经济社会发展中的重要作用,提高政府决策的科学性,提高统计信息社会服务功能。

四、促进社会主义现代化建设事业发展。通过制定《统计法》,科学、有效地组织统计工作,保障统计资料的真实性、准确性、完整性和及时性,发挥统计在了解国情国力、服务经济社会发展中的重要作用,最终目的是为了促进社会主义现代化建设各项事业的发展。

编辑:张　霖

徐州自然概貌

位　置

徐州市位于江苏省的西北部，东经 116°22′～118°40′、北纬 33°43′～34°58′之间，东西长约 210 公里，南北宽约 140 公里，土地总面积 11259 平方公里。地处苏、鲁、豫、皖四省交界，为东部沿海与中部地带、上海经济区与环渤海经济圈的结合部。“东襟淮海，西接中原，南屏江淮，北扼齐鲁”，素有“五省通衢”之称。京沪、陇海两大铁路在此交汇，京杭大运河傍城而过贯穿徐州南北，公路四通八达，北通京津，南达沪宁，西接兰新，东抵海滨，为全国重要水陆交通枢纽和东西、南北经济联系的重要“十字路口”。

地　貌

徐州市地貌，根据成因和区域特征自西向东大致可分为丰、沛黄泛冲积平原，铜、邳、睢低山剥蚀平原，沂、沭河洪冲积平原三个地貌区。地形由平原和山丘岗地两部分组成，以平原为主，约占全市总面积的 90%，属黄淮平原一部分，地势低平，海拔高度在 20～50 米之间，大致由西北向东南降低，系黄河、淮河的支流长期合力冲积所成。丘陵岗地约占 10%，为鲁中南低山丘陵向南延续部分，海拔高度大都在 100～300 米之间，多属顶平坡缓的侵蚀残丘。

水　系

徐州市位于淮河流域，分属三个水系：废黄河水系、沂沭泗水系、濉安河水系。废黄河是历史上的黄河故道，自成独立水系，是沂沭泗水系和濉安河水系的分水岭，徐州境内长 196km，流域面积 885km^2。废黄河以北为沂沭泗水系，境内面积 8479km^2，流域内主要骨干河道有沂河、沭河、中运河及邳苍分洪道，并有南四湖及骆马湖两座湖泊调蓄洪水。废黄河以南为濉安河水系，境内面积 2020km^2，分为安河和濉河，均直接排入洪泽湖。主要支流有龙河、潼河、徐沙河、闸河、奎河、灌沟河、琅河、阎河、看溪河、运料河等。徐州境内有两座湖泊、五座中型水库及六十九座小型水库。各水系河网密布，河、湖、库相互沟通，已初步形成具有防洪、除涝、供水、灌溉、降渍等功能的水利工程体系。

气　候

徐州市位居中纬度地区，属暖温带季风气候区，既受东南季风影响，又受西北季风控制，资源丰富，光、热、水配合较好，有利于农作物的生长，气候资源的地区差异较大，有利于农林牧渔的综合发展。其主要气候特点有：气候温和，四季分明，光照充足，雨量适中；四季之中，冬、夏季长，春、秋季短，春季天气多变，夏季高温多雨，秋季天高气爽，冬季寒潮频袭；以中运河为界，东部属暖温带湿润季风区，西部属暖温带半湿润季风区；主要气象灾害有旱、涝、风、霜冻、冰雹等；全年太阳辐射总量约 119.4 千卡 / 平方厘米，平均日照时数 2100 小时左右，平均降水量 900 毫米左右，无霜期 200–230 天。

土　壤

徐州市土壤，根据成土条件、过程、土体结构和性质的差异，主要分为棕土、褐土、紫色土、潮土、砂姜黑土、水稻土六大类。其中棕土、褐土为暖温带湿润、半湿润气候和落叶植被环境下的地带性土壤，面积分别为 33.9 千公顷和 77.5 千公顷；潮土类为本区冲积平原的主要土类，面积约为 649.9 千公顷，占全市土壤总面积的 79.5%。此外在一些湖荡洼地中还有少量的沼泽土类。

矿　产

徐州市地层发育齐全，地质构造复杂，岩浆活动频繁，地质历史时期环境多变，为不同类型矿产的形成和储存，提供了良好的条件。现已查明和开采的矿产资源有铁、铜、煤、石灰石、大理石、钾、磷、岩盐、石膏、石英岩(砂)、粘土、白云岩等。其中铁矿主要属接触交代型内生铁矿，以磁铁矿、赤铁矿为主，矿石品位高，含量多为大于 50%的富矿，同时，部分矿体中还伴有铜、金、银等有色和稀贵金属，具有较高的综合开发利用价值，已探明储量 8300 万吨；煤矿具有储量大、层次多、煤层厚、质量好、分布稳定而有规律等特点，已探明储量 39 亿吨以上，预测储量在 69 亿吨以上；岩盐已探明储量 5.53 亿吨，预测储量 21 亿吨；石膏已探明储量 3.2 亿吨，预测储量 44.4 亿吨。此外，金刚石及其伴生矿物亦多处有所发现。

从统计看2010年的徐州

徐州在全省的位置

年末总人口	占全省	12.4%	进出口总额(海关)	占全省	0.9%
地区生产总值	占全省	7.1%	# 出口	占全省	1.0%
财政收入	占全省	3.5%	实际利用外资	占全省	3.6%
# 一般预算收入	占全省	5.4%	粮食总产量	占全省	13.6%
全社会固定资产投资	占全省	8.8%	煤炭总产量	占全省	97.6%
社会消费品零售总额	占全省	7.0%	发电量	占全省	11.9%

徐州的人口

年末人口	972.89 万人	人口密度	864 人 / 平方公里
出生人口	21.74 万人	平均每天出生	596人
死亡人口	7.94 万人	平均每天死亡	218人
结婚人口	10.19 万对	平均每天结婚	279对
离婚人口	1.11 万对	平均每天离婚	30 对

徐州经济的发展

地区生产总值	2 942.14亿元	比 1978 年增长	39.1 倍
第一产业	282.82 亿元	比 1978 年增长	5.5 倍
第二产业	1 490.92 亿元	比 1978 年增长	75.5 倍
# 工业	1 268.61 亿元	比 1978 年增长	76.3 倍
第三产业	1 168.40 亿元	比 1978 年增长	70.5 倍
全社会货物运输量	37 227 .12 万吨	比 1978 年增长	14.3 倍
全社会固定资产投资	2 049.26 亿元	比 1978 年增长	638.9 倍
社会消费品零售总额	956.99 亿元	比 1978 年增长	124.1 倍
财政收入	413.89 亿元	比 1978 年增长	138.1 倍

徐州的一天

地区生产总值	80 607 万元	旅客运输量	76 万人次
第一产业	7 748 万元	房屋建筑竣工面积	12 400 平方米
第二产业	40 847 万元	社会消费品零售总额	26 219 万元
# 工业	34 756 万元	财政收入	11 339 万元
第三产业	32 011 万元	# 一般预算收入	6 087 万元
货物运输量	102 万吨	邮寄函件	13 万件

1-1　行政区划、土地面积与人口密度

（2010年底）　　　　单位:个

地　　区	镇	办事处	村民委员会	居民委员会	土地面积（平方公里）	人口密度（人/平方公里）
全市合计	**113**	**41**	**2 166**	**530**	**11 259**	**864**
市　区	28	41	484	296	3 038	1 029
鼓楼区		9	6	61	69	6 962
云龙区		8	18	54	118	2587
贾汪区	8	2	126	68	834	606
泉山区		14	15	94	108	5 083
铜山区	20	8	319	19	1 909	677
县(市)	85		1 682	234	8 221	803
丰　县	14		360	8	1 446	806
沛　县	15		311	76	1 349	948
睢宁县	16		307	93	1 767	753
新沂市	16		253	18	1 571	662
邳州市	24		451	39	2 088	855

注:2010年区划调整市区范围新增加铜山区,故与往年不可比,下同。

1-2 各行政区划街道办事处(镇)名称

(2010年底)

地 区	街道办事处或镇数(个)	街道办事处或镇名称
鼓楼区	9	环城办事处、黄楼办事处、牌楼办事处、丰财办事处、金山桥办事处、琵琶办事处、铜沛办事处、东环办事处、九里办事处
云龙区	8	彭城办事处、子房办事处、黄山办事处、骆驼山办事处、翠屏山办事处、大郭庄办事处、潘塘办事处、大龙湖办事处
贾汪区	10	贾汪镇、汴塘镇、青山泉镇、紫庄镇、大吴镇、塔山镇、庙山镇、江庄镇、老矿办事处、夏桥办事处
泉山区	14	和平办事处、七里沟办事处、湖滨新村办事处、王陵办事处、永安办事处、翟山办事处、泰山办事处、段庄办事处、奎山办事处、金山办事处、庞庄办事处、桃园办事处、火花办事处苏山办事处
铜山区	28	铜山镇、何桥镇、黄集镇、马坡镇、郑集镇、柳新镇、刘集镇、大彭镇、汉王镇、三堡镇、棠张镇、张集镇、房村镇、伊庄镇、单集镇、徐庄镇、大许镇、茅村镇、柳泉镇、利国镇、张双楼办事处、利国办事处、垞城办事处、张集办事处、义安办事处、电厂办事处、三河尖办事处、拾屯办事处
丰 县	14	赵庄镇、欢口镇、宋楼镇、华山镇、梁寨镇、大沙河镇、范楼镇、师寨镇、顺河镇、王沟镇、首羡镇、孙楼镇、常店镇、凤城镇
沛 县	15	沛城镇、敬安镇、张庄镇、魏庙镇、栖山镇、大屯镇、杨屯镇、鹿楼镇、张寨镇、河口镇、朱寨镇、安国镇、胡寨镇、五段镇、龙固镇
睢宁县	16	官山镇、李集镇、邱集镇、凌城镇、沙集镇、高作镇、梁集镇、魏集镇、古邳镇、姚集镇、双沟镇、王集镇、桃园镇、岚山镇、庆安镇、睢城镇
新沂市	16	新安镇、合沟镇、窑湾镇、棋盘镇、阿湖镇、高流镇、邵店镇、港头镇、草桥镇、瓦窑镇、唐店镇、北沟镇、新店镇、时集镇、双塘镇、马陵山镇
邳州市	24	燕子埠镇、车辐山镇、宿羊山镇、赵墩镇、碾庄镇、八义集镇、占城镇、土山镇、邳城镇、官湖镇、陈楼镇、戴圩镇、炮车镇、铁富镇、港上镇、邹庄镇、四户镇、岔河镇、邢楼镇、戴庄镇、议堂镇、八路镇、新河镇、运河镇

1-3　国民经济和社会发展主要指标

指　　　标	1978	1990	1995	2000	2005	2008	2009	2010
年末人口　（万人）	**645.41**	**807.14**	**851.15**	**896.44**	**925.31**	**946.86**	**957.61**	**972.89**
# 非农业人口	74.51	138.26	168.62	231.11	315.85	336.65	378.52	445.38
从业人数　（万人）	**283.64**	**408.50**	**425.43**	**417.66**	**452.20**	**486.05**	**501.17**	**520.74**
# 职工人数	60.12	87.35	92.39	71.02	56.07	58.34	58.29	58.38
# 国有经济单位	41.16	63.69	72.52	57.74	40.13	39.53	38.49	38.59
城镇集体经济	18.96	23.53	19.13	8.30	3.60	3.44	2.99	2.89
乡村劳动者	223.52	317.88	323.77	326.17	348.00	354.38	358.75	366.23
地区生产总值（当年价格）　（亿元）	**21.39**	**112.84**	**403.46**	**616.30**	**1 226.65**	**2 118.84**	**2 390.16**	**2 942.14**
第一产业	9.40	38.69	100.67	118.57	174.24	232.00	249.90	282.82
第二产业	8.95	44.91	184.14	283.56	620.13	1 105.76	1 249.04	1 490.92
# 工业	8.06	40.93	165.94	243.54	527.93	952.70	1 065.28	1 268.61
第三产业	3.04	29.24	118.65	214.16	432.29	783.08	891.22	1 168.40
固定资产投资　（亿元）								
全社会固定资产投资	3.21	24.41	103.69	252.19	601.31	1 250.67	1 624.57	2 049.26
# 规模以上固定资产投资					546.08	1 161.75	1 568.99	1 938.72
城镇规模以上固定资产投资	3.21	11.75	53.20	154.03	450.99	1 015.04	1 337.56	1 646.98
# 房地产开发投资		1.22	6.07	28.05	62.57	130.81	159.06	205.32
# 住宅投资				19.18	46.79	113.97	123.46	169.70
农村规模以上固定资产投资					95.09	146.71	231.43	291.74
城镇规上投资竣工的住宅建筑面积　（万平方米）	36.40	58.40	91.90	143.62	255.92	198.40	357.50	395.22
财政　（亿元）								
财政总收入	3.27	10.23	25.30	47.62	145.26	268.60	318.89	413.89
# 一般预算收入				22.45	55.22	125.85	164.34	222.16
地方财政支出	1.77	8.56	18.02	34.52	105.08	199.05	256.53	325.72
物价　（%）								
城市居民消费价格总指数	100.0	104.5	116.9	100.0	102.2	104.9	99.9	103.6
城市商品零售价格总指数	100.1	103.9	113.2	98.2	101.0	105.3	99.8	102.1
人民生活								
职工工资总额　（亿元）	3.14	18.59	50.68	65.31	107.26	154.95	180.82	198.51
职工平均工资　（元）	554	2 179	5537	9 339	18 849	26 824	31 173	34 243
农民人均纯收入　（元）	112	661	1800	3 230	4 443	6 240	6 951	7 955

注：2005 年及以后从业人员及乡村劳动者中未剔除外出打工人员数；2007 年及以后财政总收入及财政支出中不包括基金收入（支出）。

1-3 续表 1

指　　　标		1978	1990	1995	2000	2005	2008	2009	2010
城市居民人均可支配收入	（元）		1 687	4 665	7 147	11 185	16 955	18 769	20 959
城乡居民储蓄存款余额	（亿元）	0.89	44.64	140.06	305.80	650.61	974.51	1 139.76	1 324.39
城市居民人均住房使用面积	（平方米）		11.07	12.71	14.51	17.12	19.67	20.28	21.16
农民人均生活用房面积	（平方米）		18.73	19.51	22.52	29.36	35.14	37.40	41.83
国有工业企业	**（亿元）**								
利税总额		2.14	5.32	20.62	13.11	56.68	91.23	108.84	127.88
利润总额			–0.71	5.27	0.24	15.37	21.98	28.98	33.21
固定资产原价		17.20	72.97	173.09	132.63	47.47	58.58	106.66	111.45
固定资产净值		10.19	50.92	117.62	84.14	28.22	32.20	67.26	68.14
运输、邮电									
全社会客运量	（万人次）	2 030	3 156	6 071	7 255	8 099	21 787	24 042	27 761
全社会货运量	（万吨）	2 608	6 073	10 859	9 669	14 022	23 852	25 708	37 227
内河港口货物吞吐量	（万吨）		837	1 399	1 452	4 189	4 738	4 708	6 308
邮电业务总量	（亿元）	0.07	0.62	3.88	17.73	36.26	51.62	53.14	73.39
邮电业务收入	（亿元）				13.06	27.05	32.04	45.19	48.14
计费函件（不含广告）	（万件）		2 463	2 579	2 512	2 041	3 202	3 407	4 728
订销报刊累计份数	（万份）		10 291	17 075	16 451	9 116	16 640	15 307	10 845
国内外贸易、旅游									
社会消费品零售总额	（亿元）	7.71	42.23	115.07	185.21	396.04	700.50	805.99	956.99
进出口总额（海关数）	（万美元）		1 015	24 696	32 896	112 621	345 394	230 170	416 053
# 出口总额			599	14 724	18 715	75 196	224 471	151 679	263 060
实际到帐注册外资	（万美元）		1 324	10 432	20 790	26 057	58 251	69 781	101 330
接待国外旅游人数（含港澳台）	（人次）		4 325	4 988	17 825	73 010	132 128	139 147	158 277
科技、教育	**（万人）**								
专业技术人员		3.09	12.53	18.40	22.84	21.76	24.83	24.89	27.18
高等学校在校学生		0.21	1.16	1.86	4.61	9.27	12.01	12.57	11.88
中等专业学校在校学生		0.29	1.11	2.45	3.41	5.12	6.20	5.71	5.54
普通中学在校学生		45.98	31.38	42.47	58.43	81.51	67.05	59.39	52.07
小学在校学生		95.62	84.77	110.34	126.06	72.24	53.72	51.79	53.02

注：城市居民人均住房使用面积为住户调查数据；进出口总额、出口总额 1997 年及以前年度数字为自营进出口总额；实际利用外资 2005 年及以后实际到帐注册外资，口径与往年不可比。

1–3　续表 2

指　　　标		1978	1990	1995	2000	2005	2008	2009	2010
卫生									
卫生机构数	（个）	652	1 058	1 052	993	1 384	1 116	1 169	1 213
床位数	（张）	11 325	17 303	18 596	17 736	19 888	24 430	26 600	30 500
卫生技术人员数	（万人）	1.57	2.44	2.94	3.05	2.83	3.04	3.08	3.24
# 医生		0.49	0.99	1.12	1.16	1.05	1.16	1.16	1.18
主要工农业产品产量	**（万吨）**								
粮食		206.15	399.00	406.13	319.50	314.13	389.34	427.67	440.20
棉花		2.47	5.57	5.91	5.08	4.17	4.17	3.84	3.23
油料		1.59	4.77	8.35	20.28	16.26	10.70	12.56	12.11
水果		2.62	14.13	35.78	81.91	87.52	104.58	104.88	106.31
生猪存栏	（万头）	149.21	170.81	215.78	201.07	214.26	220.49	248.95	293.19
猪、牛、羊肉		5.18	18.73	31.15	27.51	35.05	31.90	39.40	46.58
蚕茧	（吨）	525	6 032	22 100	15 176	13 212	9 966	10 214	6 805
水产品		0.72	3.70	8.49	13.52	16.43	16.65	16.95	17.04
生铁		15.19	29.22	52.00	37.10	152.53	194.85	246.60	304.92
铝锭		0.31	0.76	1.94	0.50	1.08	10.00	10.70	10.87
原煤		1 445	2 032	2 344	2 271	2 597	2 313	2 236	2 072
发电量	（亿千瓦时）	27.08	104.40	119.38	146.87	309.97	342.44	330.77	399.57
合成氨		7.07	13.40	14.86	19.16	36.96	62.36	61.11	66.40
农用化肥	（折 100%）	4.91	12.52	19.76	15.42	29.58	41.88	43.93	48.05
水泥		66.68	297.67	1 031.48	983.36	1 295.66	1 867.36	2 654.32	3 205.35
纱		1.68	3.63	4.64	7.16	23.01	48.84	61.75	81.58
布	（万米）	5 474	12 112	13 883	8 196	10 551	13 016	16 591	16 056
机制纸及纸板		2.47	16.44	71.60	32.65	48.91	99.11	122.40	105.54
卷烟	（万箱）	14.74	33.50	34.00	34.40	57.57	56.68	59.00	60.94
饮料酒	（万千升）	1.35	4.99	11.42	8.50	20.28	27.99	30.11	45.73
合成洗涤剂		1.27	7.25	11.00	11.72	10.25	7.75	4.34	1.44
锻压机械					1.19	1.98	2.27	1.64	1 579
汽车起重机	（台）		419	683	1 087	5 368	12 932	16 053	18 623
装载机	（辆）			1 298	1 777	9 442	11 623	9 494	15 212
压路机	（台）		802	1 897	2 466	2 434	2 721	4 675	6 874

注：2003 年及以后的医生数为执业医师和执业助理医师；锻压机械计量单位 2010 年及以前为万吨，2011 年改为台。

1-4 国民经济主要指标发展速度

指标	指数(2010年为以下各年的%)							1979-2010年平均增长(%)	2001-2010年平均增长(%)
	1978	1990	1995	2000	2005	2008	2009		
从业人数	**183.6**	**127.5**	**122.4**	**124.7**	**115.2**	**107.1**	**103.9**	**1.9**	**2.2**
# 职工人数	97.1	66.8	63.2	82.2	104.1	100.1	100.2	-0.1	-1.9
# 国有经济单位	93.7	60.6	53.2	66.8	96.2	97.6	100.3	-0.2	-4.0
城镇集体经济	15.3	12.3	15.1	34.9	80.4	84.1	96.9	-5.7	-10.0
地区生产总值(可比价格)	**3 906.5**	**1 341.1**	**624.8**	**354.9**	**195.8**	**129.8**	**114.0**	**12.1**	**13.5**
第一产业	548.3	368.0	239.4	160.6	126.3	109.9	104.2	5.5	4.9
第二产业	7 554.0	1 963.6	758.4	413.5	209.5	132.6	115.7	14.5	15.3
# 工业	7 630.3	1 959.0	756.8	422.5	214.5	131.8	116.1	14.5	15.5
第三产业	7 048.5	1 543.4	696.0	385.4	204.1	131.7	114.2	14.2	14.4
全社会固定资产投资额	**63 886.7**	**8 388.6**	**1 975.4**	**811.8**	**340.8**	**163.9**	**126.1**	**21.9**	**21.7**
# 规模以上固定资产投资					328.0	166.9	123.6		
城镇规模以上固定资产投资					365.1	162.3	123.1		25.9
# 房地产开发投资		16 810.7	3 385.2	732.0	328.1	157.0	129.1		19.4
农村规模以上固定资产投资					378.9	198.9	126.1		20.7
财政									
财政总收入	13 814.4	4 411.4	1 784.4	948.1	355.0	154.1	129.8	16.7	25.2
# 一般预算收入				989.5	402.3	176.5	135.2		25.8
地方财政支出	18 402.3	3 805.1	1 807.5	943.6	310.0	163.6	127.0	17.7	25.2
人民生活									
职工年平均工资	6 181.0	1 571.5	618.4	366.7	181.7	127.7	109.8	13.8	13.9
农民人均纯收入	7 364.7	1 244.7	457.5	254.9	179.0	127.5	114.4	14.4	9.8
城市居民人均可支配收入		1 332.3	481.9	314.5	187.4	123.6	111.7		12.1
城乡居民年末储蓄存款余额	148 807.9	2 966.8	945.6	433.1	203.6	135.9	116.2	25.6	15.8
运输、邮电									
全社会旅客运输量	1 367.6	879.6	457.3	382.7	342.8	127.4	115.5	8.5	14.4
全社会货物运输量	1 427.4	613.0	342.8	385.0	265.5	156.1	144.8	8.7	14.4
邮电业务总量	104 848.1	11 837.7	1 891.6	414.0	202.4	142.2	138.1	24.3	15.3
国内外贸易、旅游									
社会消费品零售总额	12 412.3	2 266.1	831.7	516.7	241.6	136.6	118.7	16.3	17.8
进出口总额		40 990.5	1 684.7	1 264.8	369.4	120.5	180.8		28.9
# 出口总额		82 456.1	3 284.3	1 404.7	349.8	117.2	173.4		30.2
实际到帐注册外资		13 483.6	1 585.1	858.6	444.0	174.0	145.2		24.0
国际旅游人数		3 659.6	3 173.2	887.9	216.8	119.8	113.7		24.4

1-4　续表

指　　标	指数(2010年为以下各年的%)							1979-2010年平均增长(%)	2001-2010年平均增长(%)
	1978	1990	1995	2000	2005	2008	2009		
科技、教育									
专业技术人员	879.6	216.9	147.7	119.0	124.9	109.5	109.2	7.0	1.8
高等学校在校学生	5 658.5	1 024.4	638.9	257.8	128.2	98.9	94.6	13.4	9.9
中等专业学校在校学生	1 911.3	499.4	226.2	162.5	108.3	89.4	97.1	9.7	5.0
普通中学在校学生	113.2	165.9	122.6	89.1	63.9	77.7	87.7	0.4	-1.1
小学在校学生	55.5	62.5	48.1	42.1	73.4	98.7	102.4	-1.8	-8.3
卫生									
卫生机构数	186.0	114.7	115.3	122.2	87.6	108.7	103.8	2.0	2.0
床位数	269.3	176.3	164.0	172.0	153.4	124.8	114.7	3.1	5.6
卫生技术人员数	206.2	132.7	110.1	106.1	114.4	106.5	105.0	2.3	0.6
# 医生	241.5	119.5	105.7	102.0	112.7	102.0	101.9	2.8	0.2
主要工农业产品产量									
粮食	213.5	110.3	108.4	137.8	140.1	113.1	102.9	2.4	3.3
棉花	130.8	58.0	54.7	63.6	77.5	77.5	84.1	0.8	-4.4
油料	761.6	253.9	145.0	59.7	74.5	113.2	96.4	6.6	-5.0
水果	4 057.6	752.4	297.1	129.8	121.5	101.7	101.4	12.3	2.6
生猪存栏	196.5	171.6	135.9	145.8	136.8	133.0	117.8	2.1	3.8
水产品	2 366.7	460.5	200.7	126.0	103.7	102.3	100.5	10.4	2.3
生铁	2 007.4	1 043.5	586.4	821.9	199.9	156.5	123.6	9.8	23.4
铝锭	3 506.5	1 430.3	560.3	2 174.0	1 006.5	108.7	101.6	11.8	36.1
原煤	143.4	102.0	88.4	91.2	79.8	89.6	92.7	1.1	-0.9
发电量	1 475.5	382.7	334.7	272.1	128.9	116.7	120.8	8.8	10.5
合成氨	939.2	495.5	446.8	346.6	179.7	106.5	108.7	7.3	13.2
农用化肥(折100%)	978.6	383.8	243.2	311.6	162.4	114.7	109.4	7.4	12.0
水泥	4 807.1	1 076.8	310.8	326.0	247.4	171.7	120.8	12.9	12.5
纱	4 856.0	2 247.4	1 758.2	1 139.4	354.5	167.0	132.1	12.9	27.5
布	293.3	132.6	115.7	195.9	152.2	123.4	96.8	3.4	7.0
机制纸及纸板	4 272.9	642.0	147.4	323.2	215.8	106.5	86.2	12.5	12.4
卷烟	413.4	181.9	179.2	177.2	105.9	107.5	103.3	4.5	5.9
饮料酒	3 387.4	916.4	400.4	538.0	225.5	163.4	151.9	11.6	18.3
合成洗涤剂	113.4	19.9	13.1	12.3	14.0	18.6	33.2	0.4	-18.9
汽车起重机		4 444.6	2 726.6	1 713.2	346.9	144.0	116.0		32.9
装载机			1 172.0	856.0	161.1	130.9	160.2		24.0
压路机		857.1	362.4	278.8	282.4	252.6	147.0		10.8

1–5 各时期国民经济主要指标平均增长速度

单位：%

指标	"一五"时期	"二五"时期	调整时期	"三五"时期	"四五"时期	"五五"时期
年末总人口	**2.9**	**0.6**	**1.9**	**2.9**	**1.7**	**1.4**
职工人数	**4.4**	**11.0**	**–3.6**	**7.8**	**14.1**	**8.8**
# 国有单位	4.4	11.0	–3.6	7.8	5.7	9.1
地区生产总值	**9.9**	**4.4**	**7.4**	**8.9**	**7.9**	**15.3**
第一产业	–0.2	–1.28	11.1	7.2	5.1	10.7
第二产业	34.3	3.5	12.5	15.7	10.5	20.0
# 工业						
第三产业	16.3	6.0	–0.8	4.2	7.7	16.0
农林牧渔业总产值	**1.3**	**–1.1**	**9.0**	**4.7**	**7.7**	**6.2**
固定资产投资额	**43.3**	**25.2**	**10.2**	**5.3**	**10.6**	**31.7**
# 房地产开发投资						
财政						
财政收入	18.5	3.2	4.5	11.8	5.2	12.9
财政支出	26.0	–4.5	12.0	3.6	11.5	13.4
人民生活						
职工工资总额	9.2	12.5	–2.9	3.5	13.5	16.3
职工年平均工资	2.6	–0.9	3.0	–1.6	–1.6	7.0
城乡居民储蓄存款余额	29.1	4.8	17.3	4.3	14.7	33.6
运输、邮电						
客运量						
货运量						
邮电业务总量	14.9	16.8	–1.8	2.4	7.8	6.8
内外贸易						
社会消费品零售总额	14.3	5.0	1.5	2.9	10.9	13.8
教育						
高等学校在校学生数			–28.4			12.2
中等专业学校在校学生数	7.0	0.8	–7.3			17.1

1-5　续表 1

单位：%

指　　标	"一五"时期	"二五"时期	调整时期	"三五"时期	"四五"时期	"五五"时期
普通中学在校学生数	23.2	9.6	0.5	23.9	5.1	10.0
小学在校学生数	8.4	1.6	15.5	-1.9	10.8	-1.3
卫生						
卫生机构数	14.3	6.1	3.7	-0.6	7.4	9.2
床位数	17.6	24.1	-0.5	4.4	5.6	5.3
卫生技术人员数	16.3	13.3	6.5	6.0	8.9	8.7
# 医生	20.4	12.0	5.6	-0.3	4.7	10.6
主要工农业产品产量						
粮食	1.2	0.6	1.4	6.4	7.3	6.0
棉花	13.3	-12.2	34.3	25.6	2.8	5.5
油料	-8.4	-13.7	32.9	-10.4	2.8	21.1
水果	-4.1	-13.2	8.5	14.5	9.9	9.5
生猪存栏	12.5	0.4	13.1	3.0	10.0	2.2
水产品	1.7	-0.1	14.0	-19.3	24.9	18.2
生铁		65.4	-0.6	23.1	19.1	8.1
铝锭			6.7	9.3	7.7	5.3
原煤	10.0	20.0	1.8	6.0	7.3	10.9
发电量	35.1	33.1	5.6	10.3	17.2	24.5
合成氨				80.4	27.0	29.4
农用化肥(折 100%)		89.0	22.9	24.6	30.0	3.1
水泥		68.8	9.7	7.6	23.0	16.7
纱	1.4	22.5	60.8	15.0	5.9	13.5
布	17.7	11.1	17.3	17.9	13.9	16.6
机制纸及纸板	150.6	11.7	-1.6	20.0	4.3	22.9
卷烟	-2.0	1.0	38.4	9.7	1.9	10.1
饮料酒	15.7	2.8	-3.6	9.7	12.8	17.5
合成洗涤剂					51.0	23.7

1-5　续表 2　　单位：%

指　　标	"六五"时期	"七五"时期	"八五"时期	"九五"时期	"十五"时期	"十一五"时期
年末总人口	**1.4**	**2.7**	**1.1**	**1.0**	**0.6**	**1.0**
职工人数	**3.7**	**2.3**	**1.1**	**–1.7**	**–4.6**	**0.8**
# 国有单位	4.1	2.9	2.6	–1.6	–7.0	–0.8
地区生产总值	**11.3**	**7.0**	**16.5**	**12.0**	**12.6**	**14.4**
第一产业	8.2	0.8	9.0	8.3	4.9	4.8
第二产业	12.5	8.3	21.0	12.9	14.6	15.9
# 工业	11.7	9.2	21.0	12.4	14.5	16.5
第三产业	14.2	12.1	17.3	12.5	13.5	15.3
农林牧渔业总产值	**10.5**	**3.9**	**10.7**	**8.9**	**4.6**	**9.1**
固定资产投资额	**7.6**	**9.3**	**36.8**	**25.4**	**19.7**	**27.7**
# 房地产开发投资			32.7	38.8	8.5	26.3
财政						
财政收入	10.0	12.2	19.9	13.5	24.5	28.8
财政支出	13.4	20.5	16.1	13.9	24.9	25.4
人民生活						
职工工资总额	15.8	14.8	22.2	6.2	10.4	13.1
职工年平均工资	11.5	12.1	20.5	8.5	15.1	12.7
城乡居民储蓄存款余额	36.6	35.5	25.7	16.9	16.3	15.3
运输、邮电						
客运量	5.7	–2.5	14.0	3.6	1.8	27.9
货运量	14.1	–0.7	12.3	–2.3	7.7	21.6
邮电业务总量	11.2	34.5	44.5	35.5	15.4	15.1
内外贸易						
社会消费品零售总额	16.4	12.6	22.2	10.0	12.7	19.3
进出口总额				15.7	27.9	29.9
实际到帐注册外资				13.0	14.1	34.7
教育						
高等学校在校学生数	31.0	3.1	8.7	19.9	13.2	5.1
中等专业学校在校学生数	6.4	5.0	17.2	6.8	3.6	1.6

1-5　续表 3　　　　单位：%

指　　标	“六五”时期	“七五”时期	“八五”时期	“九五”时期	“十五”时期	“十一五”时期
普通中学在校学生数	−3.0	0.2	6.2	6.6	6.9	−8.6
小学在校学生数	−1.9	−0.7	5.4	2.7	−10.5	−6.0
卫生						
卫生机构数	4.2	0.1	−0.1	−1.1	6.9	−2.6
床位数	4.6	2.3	1.5	−0.9	2.3	8.9
卫生技术人员数	3.8	3.5	3.8	0.7	−1.5	2.7
# 医生	6.2	4.9	2.5	0.7	−2.0	2.4
主要工农业产品产量						
粮食	10.9	1.5	0.4	−4.7	−0.4	7.0
棉花	9.6	−4.6	1.2	−3.0	−3.9	−5.0
油料	27.2	−14.6	11.8	19.4	−4.3	−5.7
水果	9.1	19.6	20.4	18.0	1.3	4.0
生猪存栏	5.7	−2.2	4.8	−1.4	1.3	6.5
水产品	8.2	15.8	18.1	9.8	4.0	0.7
生铁	0.2	12.1	12.2	−6.5	32.7	14.9
铝锭	2.4	19.8	20.6	−23.7	16.6	58.7
原煤	3.7	2.4	2.9	−0.6	2.7	−4.4
发电量	4.1	12.3	2.7	4.2	16.1	5.2
合成氨	2.9	−1.3	2.1	5.2	14.1	12.4
农用化肥（折 100%）	1.5	9.6	−4.8		13.9	10.2
水泥	8.0	28.2	−1.0		5.7	19.9
纱	2.9	8.4	5.0	9.1	26.3	28.8
布	−0.4	10.5	2.8	−10.0	5.2	8.8
机制纸及纸板	15.6	20.5	34.2	−14.5	8.4	16.6
卷烟	6.1	5.1	0.3	0.2	10.8	1.1
饮料酒	7.0	11.9	18.0	−5.7	19.0	17.7
合成洗涤剂	19.2	8.1	8.7	1.3	−2.7	−32.5
锻压机械					10.7	
汽车起重机		5.2	10.3	9.7	37.6	28.2
装载机				6.5	39.7	10.0
压路机		1.9	18.8	5.4	−0.3	23.1

1-6 徐州的一天

指 标		1985	1990	1995	2000	2005	2008	2009	2010
全市每天创造的财富									
地区生产总值	（万元）	1 522	3 092	11 054	16 885	33 607	58 050	65 484	80 607
第一产业		607	1 060	2 758	3 248	4 774	6 301	6 847	7 748
第二产业		651	1 230	5 045	7 769	16 990	30 295	34 220	40 847
工业		568	1 121	4 546	6 672	14 464	26 101	29 186	34 756
建筑业		83	109	499	1 096	2 526	4 193	5 035	6 091
第三产业		264	801	3 251	5 868	11 843	21 454	24 417	32 011
#运输和邮电业			198	810	1 567	3 523	6 299	6 841	6 648
批发和零售贸易餐饮业			187	869	1 594	3 358	6 334	7 502	10 517
财政总收入	（万元）	158	280	693	1 305	3 980	7 359	8 737	11 339
#一般预算收入					615	1 513	3 448	4 503	6 087
生铁	（吨）	453	800	1 425	1 016	4 179	5 338	6 756	8 354
原煤	（万吨）	4.93	5.57	6.40	6.22	7.12	6.34	6.00	5.68
发电量	（万千瓦时）	1 599	2 860	3 271	4 024	8 492	9 382	9 062	10 947
水泥	（吨）	5 562	8 155	28 247	26 941	35 498	51 161	72 721	87 818
布	（万米）	20.14	33.18	38.00	22.45	28.91	35.66	45.45	43.99
机制纸及纸板	（吨）	178	451	1 962	895	1 340	2 715	3 353	2 892
卷烟	（箱）	715	918	932	942	1 577	1 553	1 616	1 670
合成洗涤剂	（吨）	135	199	301	321	281	212	119	39
全市每天消费量									
社会消费品零售总额	（万元）	640	1 157	3 183	5 074	10 850	19 192	22 082	26 219
城市居民每人生活费支出	（元）	1.85	3.86	10.09	14.77	21.02	29.36	32.80	36.04
#食品消费		1.00	2.22	5.04	5.44	7.42	11.06	11.18	12.32
农民每人生活费支出	（元）	0.90	1.47	3.11	4.44	7.78	11.83	12.93	12.93
#食品消费		0.47	0.78	1.86	1.87	3.31	4.64	4.99	4.99
每天其他经济活动									
货物运输量	（万吨）	17.21	16.64	29.75	26.49	38.42	65.35	70.43	101.99
旅客运输量	（万人次）	9.84	8.65	16.63	19.88	22.19	59.69	65.87	76.06
房屋建筑竣工面积	（平方米）	3 539	3 063	5 022	8 078	14 720	18 773	11 175	12 400
#住宅竣工面积	（平方米）	1 839	1 600	2 517	3 935	7 012	5 436	9 756	10 247
邮寄函件	（万件）	7.05	8.15	8.59	6.88	5.59	8.77	9.33	12.95
每天人口变动和婚姻									
出生人数	（人）	235	432	228	460	192	468	501	596
死亡人数	（人）	93	98	108	122	62	293	187	218
结婚对数	（对）	145	189	178	153	146	216	256	279
离婚对数	（对）	2	1	3	4	17	26	28	30

1-7　徐州市国民经济主要指标占全省比重

（2010年）

指　　标		全　省	徐州市	徐州市占全省的　比　重（%）
年末人口	**（万人）**	**7 869.34**	**972.89**	**12.4**
从业人数	**（万人）**	**4 754.68**	**520.74**	**11.0**
# 职工人数		710.58	58.38	8.2
地区生产总值（GDP）（当年价格）	**（亿元）**	**41 425.48**	**2 942.14**	**7.1**
第一产业		2 540.10	282.82	11.1
第二产业		21 753.93	1 490.92	6.9
# 工业		19 277.65	1 268.61	6.6
第三产业		17 131.45	1 168.40	6.8
人均 GDP	（元）	52 840	34 084	47.5
全社会固定资产投资额	**（亿元）**	**23 184.28**	**2 049.26**	**8.8**
# 城镇固定资产投资		17 416.47	1 646.98	9.5
# 房地产开发投资		4 299.38	205.32	4.8
社会消费品零售总额	**（亿元）**	**13 606.80**	**956.99**	**7.0**
进出口总额	（亿美元）	4 657.93	41.61	0.9
# 出口总额		2 705.50	26.31	1.0
实际到帐注册外资	（亿美元）	284.98	10.13	3.6
财政总收入	**（亿元）**	**11 743.22**	**413.89**	**3.5**
# 一般预算收入		4 079.86	222.16	5.4
财政一般预算支出		4 914.06	325.72	6.6
职工工资总额	**（亿元）**	**2 841.33**	**198.51**	**7.0**
农民人均纯收入	（元）	9 118	7 955	87.2
城市居民人均可支配收入	（元）	22 944	20 959	91.3
城乡居民储蓄存款余额	（亿元）	23 334.48	1 324.39	5.7

1-7 续表 （2010年）

指　　标		全　省	徐州市	徐州市占全省的比重（%）
全社会客运量	**（万人）**	**226 627**	**27 761**	**12.2**
全社会货运量	（万吨）	188 565	37 227	19.7
邮电业务总量	（亿元）	2 194.60	73.39	3.3
专业技术人数	**（万人）**	**140.53**	**27.18**	**19.3**
高等学校在校学生		164.94	11.88	7.2
普通中学在校学生		368.61	52.07	14.1
小学在校学生		398.78	53.02	13.3
卫生机构数	（个）	30 961	1 213	3.9
# 医院、卫生院		2 433	256	10.5
卫生机构床位数	（万张）	26.97	3.05	10.6
# 医院、卫生院		24.74	2.78	11.2
卫生技术人员数		32.84	3.24	9.9
# 执业医师、执业助理医师		12.90	1.18	9.2
主要工农业产品产量	**（万吨）**			
粮食		3 235.10	440.20	13.6
棉花		26.08	3.23	12.4
油料		151.97	12.11	8.0
水产品产量		460.44	17.04	3.7
原煤		2 122.48	2 072.25	97.6
发电量	（亿千瓦时）	3 358.98	399.57	11.9
水泥		15 647.46	3 205.35	20.5
农用化肥	（折100%）	241.96	48.05	19.9
纱		434.58	81.58	18.8
布	（亿米）	88.46	1.61	1.8

1-8　国民经济和社会发展结构指标

单位:%

指　　标	1978	1985	1990	1995	2000	2005	2008	2009	2010
人口结构									
农业人口	88.5	85.6	82.9	80.2	74.2	65.9	64.4	60.5	54.2
非农业人口	11.5	14.4	17.1	19.8	25.8	34.1	35.6	39.5	45.8
就业结构									
产业结构									
第一产业	72.1	63.8	61.0	56.9	56.4	40.3	33.5	32.4	31.2
第二产业	15.3	22.5	23.4	25.3	22.3	28.3	34.8	35.9	35.9
第三产业	12.6	13.7	15.6	17.8	21.3	31.4	31.7	31.7	32.9
经济类型结构									
职工人数	21.2	22.4	21.4	21.7	17.0	12.4	12.0	11.6	11.2
# 国有经济	68.5	70.7	72.9	78.5	81.3	71.6	67.8	66.0	66.1
城镇集体经济	31.5	29.3	26.9	20.7	11.7	6.4	5.9	5.2	5.0
农村劳动者	78.8	77.2	77.8	76.1	78.1	77.0	72.9	71.6	70.3
城镇私营及个体劳动者		0.4	0.8	1.9	4.6	8.3	12.1	13.8	15.4
其他从业人员				0.3	0.3	2.3	3.0	3.0	3.1
地区生产总值产业结构									
第一产业	44.0	39.9	34.3	25.0	19.2	14.2	10.9	10.5	9.6
第二产业	41.8	42.8	39.8	45.6	46.0	50.6	52.2	52.3	50.7
第三产业	14.2	17.3	25.9	29.4	34.8	35.2	36.9	37.2	39.7
地区生产总值支出结构									
总消费				45.3	48.9	50.4	47.9	48.3	46.1
居民消费				84.9	80.5	79.5	73.8	74.8	73.0
政府消费				15.1	19.5	20.5	26.2	25.2	27.0
资本形成总额				44.3	49.5	55.6	56.6	57.6	58.3
固定资产形成				64.1	85.7	88.0	94.4	97.4	97.4
存货增加				35.9	14.3	12.0	5.6	2.6	2.6
城镇投资结构									
城镇规模以上固定资产投资	100.0	100.0	48.1	51.3	61.1	75.0	81.2	82.3	80.4
# 房地产开发			10.4	11.4	18.2	13.9	10.5	11.9	12.5
财政总收入相当于地区生产总值比例	**15.3**	**10.4**	**9.1**	**6.2**	**7.3**	**12.0**	**13.4**	**13.3**	**14.1**
科教文卫事业费占财政支出的比例		**39.5**	**33.1**	**40.4**	**33.5**	**24.1**	**30.9**	**28.6**	**41.4**
农林牧渔业总产值结构									
农　业	84.1	76.1	65.0	59.4	65.7	62.7	62.4	62.4	62.9
林　业	2.7	2.1	2.3	2.4	2.6	2.7	2.5	2.2	2.0
牧　业	12.5	20.3	30.0	35.0	26.1	27.2	27.7	28.1	28.3
渔　业	0.7	1.5	2.7	3.2	5.6	5.4	5.1	5.4	4.9
农林牧渔服务业						2.0	2.4	2.0	2.1
农作物播种面积结构									
粮食作物	74.1	83.1	86.1	76.8	59.3	56.3	66.2	65.2	65.0
经济作物	23.7	13.3	8.8	9.9	10.7	13.0	8.6	8.0	7.6
其他作物	2.2	3.6	5.1	13.3	30.0	30.7	25.2	26.7	27.4

1-8 续表 单位:%

指 标	1978	1985	1990	1995	2000	2005	2008	2009	2010
工业总产值按经济类型分									
国有工业	74.7	68.1	68.2	57.0	26.9	9.5	6.2	5.5	4.5
集体工业	25.3	31.9	31.3	36.2	12.9	0.1	0.8	0.5	0.3
其他工业			0.5	6.8	60.2	90.4	93.0	93.9	95.2
工业总产值按轻重工业分									
轻工业	39.6	38.1	45.6	42.5	44.0	32.0	27.7	28.9	27.4
重工业	60.4	61.9	54.4	57.5	56.0	68.0	72.3	71.1	72.6
货运量结构									
铁 路	56.7	43.9	43.8	18.6	17.6	10.6	9.5	8.5	26.7
公 路	25.0	19.5	45.9	61.9	49.5	43.6	48.4	48.9	39.6
水 运	3.6	2.1	7.6	10.9	5.8	6.3	8.0	8.3	6.8
管 道	14.7	34.5	2.7	8.6	27.1	39.5	34.1	34.3	26.8
在校学生结构									
大学生	0.1	0.8	1.0	1.2	2.4	5.0	9.0	10.2	10.2
中学生	32.6	28.0	28.6	30.1	33.2	53.2	50.5	48.0	44.5
小学生	67.2	71.2	70.4	68.8	64.5	41.8	40.5	41.9	45.3
专任教师结构									
大 学		3.5	3.6	3.3	3.6	6.3	7.8	7.8	8.0
中 学		34.5	37.4	38.1	39.3	46.4	47.6	47.7	48.8
小 学		62.0	59.0	58.6	57.1	47.3	44.6	44.5	43.2
城市居民消费结构									
食品		53.7	57.4	49.9	36.8	35.3	37.7	34.1	34.2
衣着		19.4	14.0	15.1	10.0	9.5	10.4	10.3	10.8
娱乐文教		6.9	8.7	8.7	14.4	16.5	10.8	12.1	11.4
居住		3.8	2.3	6.0	6.3	11.3	11.7	8.5	9.2
用品及其他		16.2	17.5	20.3	32.5	27.4	29.6	35.0	34.4
农村居民消费结构									
食品		52.2	53.4	59.9	42.2	42.6	39.2	38.6	37.6
衣着		10.5	10.3	7.2	6.2	6.9	7.3	8.1	8.3
娱乐文教		2.8	6.2	6.5	12.0	16.7	14.0	14.7	15.3
居住		24.2	17.8	15.4	19.9	10.8	17.1	16.3	15.6
用品及其他		13.1	18.5	17.6	31.8	23.0	22.5	22.3	23.1
卫生技术人员结构									
# 医生	31.0	38.3	40.5	38.1	38.1	37.1	38.0	37.7	36.0
护师、护士		22.3	28.3	33.4	28.6	30.3	32.8	35.0	36.6
治理污染资金使用结构									
治理废水			69.7	68.2	34.7	15.6	35.7	23.4	29.6
治理废气			26.8	18.1	64.4	81.6	63.8	45.5	61.4
治理固体废物			1.3	12.8	0.7	0.7	0.4	16.5	7.6
治理噪声			2.0	0.8	0.1	1.3	0.1		
其他			0.2		0.1	0.8	…	14.6	1.4

1-9　主要年份地区生产总值与构成

（当年价格）

年　份	绝对数(万元)				构成(%)		
	地区生产总值	第一产业	第二产业	第三产业	第一产业	第二产业	第三产业
1949	17 274	13 388	1 282	2 604	77.5	7.4	15.1
1952	22 978	16 401	2 717	3 860	71.4	11.8	16.8
1957	36 912	17 195	11 501	8 216	46.6	31.2	22.2
1962	45 752	20 558	14 176	11 018	44.9	31.0	24.1
1965	56 658	26 883	19 016	10 759	47.4	33.6	19.0
1970	86 926	39 808	33 926	13 192	45.8	39.0	15.2
1975	126 877	53 488	54 233	19 156	42.2	42.7	15.1
1978	213 899	94 036	89 475	30 388	44.0	41.8	14.2
1979	248 679	107 103	106 042	35 534	43.1	42.6	14.3
1980	286 203	112 976	129 855	43 372	39.5	45.4	15.1
1981	303 742	125 809	131 965	45 968	41.4	43.4	15.2
1982	354 094	144 961	152 552	56 581	40.9	43.1	16.0
1983	422 603	169 141	177 376	76 086	40.0	42.0	18.0
1984	496 828	203 530	205 616	87 682	41.0	41.4	17.6
1985	555 667	221 573	237 589	96 505	39.9	42.8	17.3
1986	630 445	246 074	259 605	124 766	39.0	41.2	19.8
1987	719 853	272 596	296 863	150 394	37.9	41.2	20.9
1988	846 322	302 814	364 213	179 295	35.8	43.0	21.2
1989	992 598	347 872	402 214	242 512	35.0	40.5	24.5
1990	1 128 406	386 894	449 104	292 408	34.3	39.8	25.9
1991	1 300 510	436 804	501 072	362 634	33.6	38.5	27.9
1992	1 621 503	468 032	702 902	450 569	28.9	43.3	27.8
1993	2 205 695	558 606	1 036 980	610 109	25.3	47.0	27.7
1994	3 147 560	797 131	1 482 083	868 346	25.3	47.1	27.6
1995	4 034 596	1 006 725	1 841 433	1 186 438	25.0	45.6	29.4
1996	4 880 421	1 156 698	2 232 087	1 491 636	23.7	45.7	30.6
1997	5 042 259	1 079 337	2 338 385	1 624 537	21.4	46.4	32.2
1998	5 367 632	1 124 458	2 479 489	1 763 685	20.9	46.2	32.9
1999	5 770 945	1 135 814	2 700 239	1 934 892	19.7	46.8	33.5
2000	6 162 952	1 185 711	2 835 638	2 141 603	19.2	46.0	34.8
2001	6 814 908	1 260 273	3 143 812	2 410 823	18.5	46.1	35.4
2002	7 493 386	1 340 458	3 511 425	2 641 503	17.9	46.9	35.2
2003	8 522 604	1 346 800	4 198 275	2 977 529	15.8	49.3	34.9
2004	10 311 200	1 615 900	5 116 400	3 578 900	15.7	49.6	34.7
2005	12 266 500	1 742 400	6 201 300	4 322 800	14.2	50.6	35.2
2006	14 647 400	1 900 500	7 564 900	5 182 000	13.0	51.6	35.4
2007	17 478 600	2 075 800	9 093 300	6 309 500	11.9	52.0	36.1
2008	21 188 400	2 320 000	11 057 600	7 810 800	10.9	52.2	36.9
2009	23 901 600	2 499 000	12 490 400	8 912 200	10.5	52.3	37.2
2010	29 421 400	2 828 200	14 909 200	11 684 000	9.6	50.7	39.7

1-10 市区主要年份生产总值与构成

（当年价格）

年份	绝对数(万元)				构成(%)		
	地区生产总值	第一产业	第二产业	第三产业	第一产业	第二产业	第三产业
1949	2 999	130	1 180	1 689	4.3	39.4	56.3
1952	4 800	243	2 416	2 141	5.1	50.3	44.6
1957	13 961	311	9 972	3 678	2.2	71.4	26.4
1962	17 942	330	12 136	5 476	1.8	67.7	30.5
1965	20 029	299	14 484	5 246	1.5	72.3	26.2
1970	34 074	642	27 317	6 115	1.9	80.2	17.9
1975	50 598	1 111	42 074	7 413	2.2	83.2	14.6
1978	76 966	1 473	63 559	11 934	1.9	82.6	15.5
1979	92 885	1 453	76 488	14 944	1.6	82.3	16.1
1980	114 121	1 404	92 906	19 811	1.2	81.4	17.4
1981	115 615	1 911	92 268	21 436	1.7	79.8	18.5
1982	132 620	2 651	102 819	27 150	2.0	77.5	20.5
1983	158 974	3 277	120 463	35 234	2.1	75.8	22.1
1984	178 795	2 573	139 174	37 048	1.4	77.9	20.7
1985	201 382	3 944	155 271	42 167	2.0	77.1	20.9
1986	226 245	3 473	167 736	55 036	1.5	74.2	24.3
1987	261 723	3 641	185 152	72 930	1.4	70.7	27.9
1988	290 004	5 416	197 585	87 003	1.9	68.1	30.0
1989	393 946	26 854	243 492	123 600	6.8	61.8	31.4
1990	465 430	28 945	286 638	149 847	6.2	61.6	32.2
1991	527 063	34 667	302 487	189 909	6.6	57.4	36.0
1992	691 488	35 101	423 675	232 712	5.1	61.3	33.6
1993	1 010 701	43 486	636 807	330 408	4.3	63.0	32.7
1994	1 407 532	48 151	872 348	487 033	3.4	62.0	34.6
1995	1 756 497	65 060	1 023 748	667 689	3.7	58.3	38.0
1996	2 099 264	73 753	1 155 934	869 577	3.5	55.1	41.4
1997	2 268 272	66 222	1 263 562	938 488	2.9	55.7	41.4
1998	2 443 284	69 244	1 395 261	978 779	2.8	57.1	40.1
1999	2 578 059	65 613	1 406 279	1 106 167	2.6	54.5	42.9
2000	2 903 331	66 504	1 561 564	1 275 263	2.3	53.8	43.9
2001	3 225 039	69 606	1 702 464	1 452 969	2.2	52.8	45.0
2002	3 593 285	74 009	1 911 036	1 608 240	2.0	53.2	44.8
2003	4 259 982	74 000	2 343 692	1 842 290	1.7	55.0	43.3
2004	5 383 900	80 700	3 052 100	2 251 100	1.5	56.7	41.8
2005	6 258 100	117 900	3 551 600	2 588 600	1.9	56.8	41.4
2006	7 272 800	111 800	4 111 800	3 049 200	1.5	56.5	41.9
2007	8 686 100	162 800	4 820 900	3 702 400	1.9	55.5	42.6
2008	9 984 800	177 100	5 517 000	4 290 700	1.8	55.3	43.0
2009	11 433 600	174 200	6 189 200	5 070 200	1.5	54.1	44.3
2010	17 794 700	521 200	9 673 700	7 599 800	2.9	54.4	42.7

1-11　主要年份人均地区生产总值

（当年价格）　　　　单位：元

年　份	全　市	市　区	丰　县	沛　县	铜山区	睢宁县	新沂市	邳州市
1949	46	100	35	39	26	50	49	55
1952	60	215	43	51	36	55	65	60
1957	83	367	55	49	44	73	72	52
1962	100	392	61	67	55	65	84	79
1965	117	391	94	95	83	55	93	92
1970	156	625	110	120	95	92	130	99
1975	207	841	129	153	144	130	151	127
1978	334	1 169	215	254	236	224	310	213
1979	383	1 347	246	274	300	232	313	246
1980	436	1 588	284	307	305	280	330	269
1981	456	1 564	294	332	348	300	359	277
1982	522	1 742	363	292	408	347	381	315
1983	468	2 031	417	429	486	364	474	410
1984	713	2 236	486	546	549	490	562	367
1985	790	2 469	451	660	607	526	653	524
1986	886	2 717	518	700	692	550	746	641
1987	999	3 086	557	777	827	557	872	707
1988	1 152	3 357	608	951	1 001	603	1 058	874
1989	1 319	3 036	785	879	1 304	649	1 248	913
1990	1 438	3 486	805	916	1 345	767	1 289	985
1991	1 598	3 864	960	1 241	1 450	817	1 398	1 025
1992	1 969	5 005	997	1 445	1 878	973	1 612	1 234
1993	2 656	7 217	1 250	1 846	1 938	1 287	2 094	1 415
1994	3 754	9 922	1 451	2 299	2 863	1 845	3 150	2 013
1995	4 762	12 199	1 611	2 880	4 004	2 447	3 577	2 320
1996	5 706	14 356	1 677	3 169	4 387	2 679	3 941	2 598
1997	5 841	15 291	1 718	3 427	4 819	2 471	4 177	2 960
1998	6 159	16 224	1 845	3 834	5 221	2 647	4 515	3 375
1999	6 583	16 945	2 149	4 263	5 529	2 776	4 718	3 691
2000	6 948	18 551	2 403	4 776	6 044	2 917	4 075	4 066
2001	7 579	19 959	2 770	5 465	6 592	3 221	4 511	4 429
2002	8 297	21 970	3 179	6 302	7 292	3 648	4 949	4 888
2003	9 401	25 672	3 698	7 328	8 378	4 108	5 646	5 774
2004	11 596	28 544	4 811	8 991	10 368	4 130	6 723	6 892
2005	13 861	31 203	5 702	10 928	13 206	4 856	9 001	8 766
2006	16 665	38 836	6 722	13 091	16 158	6 616	11 038	10 903
2007	20 003	45 407	8 044	15 789	20 788	8 193	13 941	13 542
2008	24 350	50 586	10 182	19 402	26 603	11 285	18 439	17 531
2009	27 514	56 833	12 130	22 322	31 289	13 328	21 480	20 616
2010	34 084	57 743	15 414	26 727	40 362	18 498	26 360	25 186

注：人均地区生产总值 2004 年以后为按照常驻人口计算，2004 年以前按照户籍人口计算。

1-12　主要年份地区生产总值

（当年价格）

单位：万元

年　份	地区生产总值	第一产业	第二产业			第三产业		
				工　业	建筑业		#交通、仓储邮电通信业	#批发、零售贸易餐饮业
1978	213 899	94 036	89 475	80 640	8 835	30 388		
1979	248 679	107 103	106 042	95 109	10 933	35 534		
1980	286 203	112 976	129 855	117 494	12 361	43 372		
1981	303 742	125 809	131 965	120 773	11 192	45 968		
1982	354 094	144 961	152 552	136 971	15 581	56 581		
1983	422 603	169 141	177 376	152 040	25 336	76 086		
1984	496 828	203 530	205 616	182 030	23 586	87 682		
1985	555 667	221 573	237 589	207 209	30 380	96 505		
1986	630 445	246 074	259 605	219 901	39 704	124 766		
1987	719 853	272 596	296 863	254 061	42 802	150 394		
1988	846 322	302 814	364 213	325 963	38 250	179 295		
1989	992 598	347 872	402 214	366 541	35 673	242 512		
1990	1 128 406	386 894	449 104	409 314	39 790	292 408	72 126	68 281
1991	1 300 510	436 804	501 072	457 482	43 590	362 634	82 331	92 901
1992	1 621 503	468 032	702 902	623 641	79 261	450 569	96 581	117 949
1993	2 205 695	558 606	1 036 980	934 658	102 322	610 109	148 636	159 699
1994	3 147 560	797 131	1 482 083	1 346 900	135 183	868 346	208 401	224 935
1995	4 034 596	1 006 725	1 841 433	1 659 430	182 003	1 186 438	295 570	317 301
1996	4 880 421	1 156 698	2 232 087	1 997 969	234 118	1 491 636	374 708	406 308
1997	5 042 259	1 079 337	2 338 385	2 081 981	256 404	1 624 537	413 969	447 971
1998	5 367 632	1 124 458	2 479 489	2 158 727	320 762	1 763 685	469 179	488 742
1999	5 770 945	1 135 814	2 700 239	2 340 678	359 561	1 934 892	518 356	521 626
2000	6 162 952	1 185 711	2 835 638	2 435 429	400 209	2 141 603	571 968	581 651
2001	6 814 908	1 260 273	3 143 812	2 698 419	445 393	2 410 823	633 089	653 360
2002	7 493 386	1 340 458	3 511 425	3 028 844	482 581	2 641 503	685 237	726 092
2003	8 522 604	1 346 800	4 198 275	3 627 200	571 075	2 977 529	724 227	846 509
2004	10 311 200	1 615 900	5 116 400	4 353 500	762 900	3 578 900	1 003 800	985 500
2005	12 266 500	1 742 400	6 201 400	5 279 300	922 100	4 322 900	1 285 800	1 225 700
2006	14 647 400	1 900 500	7 564 900	6 475 000	1 089 900	5 181 900	1 580 100	1 475 600
2007	17 478 700	2 075 800	9 093 300	7 870 100	1 223 200	6 309 600	1 917 100	1 818 400
2008	21 188 400	2 300 000	11 057 600	9 527 000	1 530 600	7 830 800	2 299 100	2 312 000
2009	23 901 600	2 499 000	12 490 400	10 652 800	1 837 600	8 912 200	2 496 800	2 738 400
2010	29 421 400	2 828 200	14 909 200	12 686 100	2 223 100	11 684 000	2 851 800	3 838 600

1-13　主要年份地区生产总值指数

（按可比价格计算、以 1978 年为 100）

年　份	地区生产总　值	第一产业	第二产业	工　业	建筑业	第三产业	#交通、仓储邮电通信业	#批发、零售贸易餐饮业	人均地区生产总值指　数
1978	100.0	100.0	100.0	100.0	100.0	100.0			100.0
1979	106.0	92.1	117.4	117.5	117.2	115.4			105.3
1980	121.3	96.3	143.7	144.5	136.1	133.0			119.2
1981	127.0	104.3	146.7	149.3	122.9	139.2			122.9
1982	145.5	112.8	171.8	172.1	168.9	169.7			138.4
1983	172.7	126.8	202.1	193.8	277.9	228.0			161.6
1984	197.5	144.7	232.9	230.3	256.2	256.5			182.8
1985	207.6	142.9	258.6	251.4	324.4	257.8			190.2
1986	224.3	146.3	276.6	261.5	415.3	311.3			203.2
1987	240.6	146.2	305.0	290.6	436.1	343.2			215.3
1988	251.0	132.2	347.5	346.1	360.5	334.5			220.2
1989	263.4	145.3	345.5	349.6	307.3	387.4			225.6
1990	291.3	149.0	384.7	389.5	340.4	456.7	100.0	100.0	239.4
1991	334.7	165.8	422.8	423.8	417.0	581.4	101.4	139.2	265.3
1992	407.0	176.2	566.1	561.5	611.7	707.6	115.9	162.4	318.6
1993	459.1	184.5	730.3	745.1	592.7	679.3	134.4	188.8	356.7
1994	537.1	200.2	867.6	885.9	695.8	832.8	176.9	218.4	399.3
1995	625.2	229.0	996.0	1 008.2	893.4	1 012.7	229.6	268.2	460.1
1996	722.7	248.0	1 181.3	1 188.7	1 130.2	1 171.7	245.0	320.3	524.2
1997	810.1	282.2	1 319.5	1 326.6	1 265.8	1 311.1	293.5	362.6	582.2
1998	908.9	306.8	1 497.6	1 489.8	1 620.2	1 463.2	331.9	385.8	646.8
1999	1 000.7	325.8	1 653.4	1 637.4	1 874.6	1 632.9	374.1	422.5	707.9
2000	1 100.8	341.4	1 827.0	1 806.1	2 120.2	1 828.8	423.9	475.3	769.6
2001	1 221.9	363.6	2 048.1	2 021.0	2 393.7	2 044.6	469.3	538.0	842.7
2002	1 361.2	386.5	2 320.5	2 310.0	2 599.6	2 277.7	529.4	604.2	934.6
2003	1 531.4	379.5	2 719.6	2 728.1	2 924.6	2 576.1	591.3	705.1	1 047.2
2004	1 745.8	417.5	3 135.7	3 118.2	3 532.9	2 929.0	685.3	798.2	1 185.4
2005	1 995.4	434.1	3 606.1	3 557.9	4 278.4	3 453.3	846.4	956.2	1 360.9
2006	2 297.7	452.8	4 248.1	4 196.3	5 006.0	3 995.7	973.3	1 121.6	1 577.3
2007	2 650.4	471.4	4 998.2	5 037.4	5 200.4	4 637.6	1 137.8	1 296.6	1 829.6
2008	3 009.5	498.7	5 698.9	5 791.1	5 602.7	5 351.0	1 306.2	1 544.3	2 085.3
2009	3 429.3	526.1	6 528.3	6 572.4	6 841.5	6 185.3	1 446.0	1 860.8	2 379.3
2010	3 909.4	548.3	7 554.0	7 630.3	7 742.6	7 063.6	1 534.2	2 223.7	2 729.1

1-14 主要年份地区生产总值指数

（按可比价格计算、以上年为100）

年份	地区生产总值	第一产业	第二产业	工业	建筑业	第三产业	#交通、仓储邮电通信业	#批发、零售贸易餐饮业	人均地区生产总值指数
1978	100.0	100.0	100.0	100.0	100.0	100.0			100.0
1979	106.0	92.1	117.4	117.5	117.2	115.4			105.3
1980	114.4	104.6	122.4	123.0	116.1	115.3			113.2
1981	104.7	108.3	102.1	103.3	90.3	104.7			103.1
1982	114.6	108.1	117.1	115.3	137.4	121.9			112.6
1983	118.7	112.4	117.6	112.6	164.5	134.4			116.8
1984	114.4	114.1	115.2	118.8	92.2	112.5			113.1
1985	105.1	98.8	111.0	109.2	126.6	100.5			104.0
1986	108.0	102.4	107.0	104.0	128.0	120.8			106.8
1987	107.3	99.9	110.3	111.1	105.0	110.2			106.0
1988	104.3	90.4	113.9	119.1	82.7	97.5			102.3
1989	104.9	109.9	99.4	101.0	85.2	115.8			102.5
1990	110.6	102.5	111.3	111.4	110.8	117.9			106.1
1991	114.9	111.3	109.9	108.8	122.5	127.3	101.4	139.2	110.8
1992	121.6	106.3	133.9	132.5	146.7	121.7	114.3	116.7	120.1
1993	112.8	104.7	129.0	132.7	96.9	96.0	116.0	116.3	112.0
1994	117.0	108.5	118.8	118.9	117.4	122.6	131.6	115.7	111.9
1995	116.4	114.4	114.8	113.8	128.4	121.6	129.8	122.8	115.2
1996	115.6	108.3	118.6	117.9	126.5	115.7	106.7	119.4	113.9
1997	112.1	113.8	111.7	111.6	112.0	111.9	119.8	113.2	111.1
1998	112.2	108.7	113.5	112.3	128.0	111.6	113.1	106.4	111.1
1999	110.1	106.2	110.4	109.9	115.7	111.6	112.7	109.5	109.4
2000	110.0	104.8	110.5	110.3	113.1	112.0	113.3	112.5	108.7
2001	111.0	106.5	112.1	111.9	112.9	111.8	110.7	113.2	109.5
2002	111.4	106.3	113.3	114.3	108.6	111.4	112.8	112.3	110.9
2003	112.5	98.2	117.2	118.1	112.5	113.1	111.7	116.7	112.0
2004	114.0	110.0	115.3	114.3	120.8	113.7	115.9	113.2	113.2
2005	114.3	104.0	115.0	114.1	121.1	117.9	123.5	119.8	114.8
2006	115.1	104.3	117.8	117.9	117.0	115.7	115.0	117.3	115.9
2007	115.3	104.1	117.7	120.0	103.9	116.1	116.9	115.6	116.0
2008	113.5	105.8	114.0	115.0	107.7	115.4	114.8	119.1	114.0
2009	113.9	105.5	114.6	113.5	122.1	115.6	110.7	120.5	114.1
2010	114.0	104.2	115.7	116.1	113.2	114.2	106.1	119.5	114.7

1–15　市区主要年份地区生产总值

（当年价格）　　单位:万元

年份	地区生产总值	第一产业	第二产业	工业	建筑业	第三产业	#交通、仓储邮电通信业	#批发、零售贸易餐饮业
1978	76 966	1 473	63 559	59 772	3 787	11 934		
1979	92 885	1 453	76 488	72 392	4 096	14 944		
1980	114 121	1 404	92 906	87 787	5 119	19 811		
1981	115 615	1 911	92 268	86 945	5 323	21 436		
1982	132 620	2 651	102 819	96 100	6 719	27 150		
1983	158 974	3 277	120 463	104 405	16 058	35 234		
1984	178 795	2 573	139 174	127 450	11 724	37 048		
1985	201 382	3 944	155 271	142 093	13 178	42 167		
1986	226 245	3 473	167 736	146 660	21 076	55 036		
1987	261 723	3 641	185 152	162 570	22 582	72 930		
1988	290 004	5 416	197 585	183 348	14 237	87 003		
1989	393 946	26 854	243 492	229 027	14 465	123 600		
1990	465 430	28 945	286 638	267 966	18 672	149 847	47 377	34 909
1991	527 063	34 667	302 487	281 089	21 398	189 909	52 387	52 176
1992	691 488	35 101	423 675	380 596	43 079	232 712	60 256	66 734
1993	1 010 701	43 486	636 807	584 435	52 372	330 408	95 675	101 473
1994	1 407 532	48 151	872 348	809 989	62 359	487 033	128 744	144 742
1995	1 756 497	65 060	1 023 748	938 593	85 155	667 689	174 146	214 297
1996	2 099 264	73 753	1 155 934	1 039 063	116 871	869 577	223 403	283 423
1997	2 268 272	66 222	1 263 562	1 122 431	141 131	938 488	244 896	308 787
1998	2 443 284	69 244	1 395 261	1 186 598	208 663	978 779	253 128	337 690
1999	2 578 059	65 613	1 406 279	1 175 659	230 620	1 106 167	277 688	371 413
2000	2 903 331	66 504	1 561 564	1 289 353	272 211	1 275 263	329 705	429 898
2001	3 225 039	69 606	1 702 464	1 401 992	300 472	1 452 969	376 668	482 627
2002	3 593 285	74 009	1 911 036	1 585 572	325 464	1 608 240	410 094	544 230
2003	4 259 982	74 000	2 343 692	1 998 038	345 654	1 842 290	461 838	628 954
2004	5 383 900	80 700	3 052 100	2 607 600	444 500	2 251 100	575 700	761 400
2005	6 258 100	117 900	3 551 600	3116700	434 900	2 588 600	622 500	936 100
2006	7 272 800	111 800	4 111 800	3 720 300	391 500	3 049 200	683 300	1 167 000
2007	8 686 000	162 800	4 820 900	4 432 500	388 400	3 702 300	750 000	1 478 200
2008	9 984 800	177 100	5 517 000	5 183 700	333 300	4 290 700	937 900	1 803 400
2009	11 433 600	174 200	6 189 200	5 775 800	413 400	5 070 200	1 078 500	2 119 300
2010	17 794 700	521 200	9 673 700	8 831 100	842 600	7 599 800	1 532 100	2 906 400

1-16　市区主要年份地区生产总值指数

（按可比价格计算、以 1978 年为 100）

年份	地区生产总值	第一产业	第二产业	工业	建筑业	第三产业	#交通、仓储邮电通信业	#批发、零售贸易餐饮业	人均地区生产总值指数
1978	100.0	100.0	100.0	100.0	100.0	100.0			100.0
1979	119.4	79.8	119.5	120.6	102.4	123.6			114.0
1980	145.1	76.4	144.9	145.7	131.5	154.7			132.9
1981	146.9	101.1	144.5	145.0	136.3	165.2			130.8
1982	169.5	131.6	163.3	162.9	169.9	207.4			146.6
1983	204.3	156.8	193.3	179.5	410.9	268.9			171.8
1984	228.6	116.8	222.3	217.6	297.1	276.0			188.2
1985	244.4	162.4	238.3	232.6	328.3	286.8			197.2
1986	264.7	131.8	251.9	235.3	514.4	349.6			209.2
1987	289.4	124.6	267.9	250.9	536.7	423.8			224.5
1988	286.3	150.9	265.6	262.6	313.0	413.3			218.2
1989	334.9	716.1	294.5	294.7	290.7	502.8			249.8
1990	391.6	711.7	345.8	344.1	372.7	595.9	100.0	100.0	286.5
1991	456.6	911.7	358.9	352.0	467.4	833.7	100.4	160.4	329.2
1992	591.3	859.7	479.5	463.2	734.8	1 079.6	115.9	176.0	419.7
1993	667.0	1 097.8	625.3	623.5	648.8	909.0	129.3	223.3	465.0
1994	779.1	999.0	704.7	706.4	675.4	1 163.5	176.4	247.6	341.8
1995	867.9	1 273.7	741.3	733.9	870.6	1 432.3	230.7	306.8	417.1
1996	979.9	1 348.8	813.9	793.3	1 175.3	1 713.0	262.8	357.4	455.0
1997	1 078.9	1 583.5	904.2	873.4	1 446.7	1 846.6	293.5	375.3	493.7
1998	1 173.8	1 721.3	1 010.9	945.0	2 162.8	1 913.1	306.1	409.5	529.2
1999	1 270.1	1 772.9	1 064.5	985.6	2 446.1	2 180.9	337.6	447.6	566.8
2000	1 432.7	1 804.8	1 185.9	1 089.1	2 869.3	2 529.8	419.0	490.6	621.5
2001	1 580.3	1 913.1	1 279.4	1 186.0	3 193.5	2 820.7	490.2	535.2	664.0
2002	1 776.3	2 012.6	1 472.5	1 363.9	3 445.8	3 147.9	537.7	587.1	737.4
2003	2 064.1	1 934.1	1 750.8	1 668.0	3 618.1	3 585.5	625.1	655.2	844.3
2004	2 435.6	2 282.2	1 988.9	2 035.0	4 204.2	4 105.4	715.7	750.2	987.0
2005	2 813.2	2 257.1	2 337.0	2 376.8	5 150.2	4 667.8	959.8	865.7	1 072.9
2006	3 251.5	2 056.2	2 731.7	2 802.3	5 721.3	5 357.7	1 104.7	1 009.4	1 208.0
2007	3 765.6	2 118.8	3 175.0	3 262.3	6 584.2	6 196.4	1 289.4	1 151.3	1 369.0
2008	4 266.4	2 226.9	3 603.6	3 735.3	7 005.6	7 070.1	1 454.4	1 341.3	1 518.1
2009	4 890.7	2 426.5	4 061.7	4 178.6	8 959.5	8 293.5	1 690.1	1 535.7	1 706.3
2010	5 678.0	2 318.7	4 613.1	4 679.6	11 934.1	10 059.6	1 789.8	1 934.4	1 953.0

1-17　市区主要年份地区生产总值指数

（按可比价格计算、以上年为 100）

年　份	地区生产总　值	第一产业	第二产业	工　业	建筑业	第三产业	# 交通、仓储邮电通信业	# 批发、零售贸易餐饮业	人均地区生产总值指　数
1978	100.0	100.0	100.0	100.0	100.0	100.0			100.0
1979	119.4	79.8	119.5	120.6	102.4	123.6			114.0
1980	121.5	95.7	121.3	120.8	128.4	125.2			116.6
1981	101.2	132.3	99.7	99.5	103.7	106.8			98.4
1982	115.4	130.2	113.0	112.3	124.7	125.5			112.1
1983	120.5	119.1	118.4	110.2	241.8	129.7			117.2
1984	111.9	74.5	115.0	121.2	72.3	102.6			109.5
1985	106.9	139.0	107.2	106.9	110.5	103.9			104.8
1986	108.3	81.2	105.7	101.2	156.7	121.9			106.1
1987	109.3	94.5	106.4	106.6	104.3	121.2			107.3
1988	98.9	121.1	99.1	104.7	58.3	97.5			97.2
1989	117.0	474.6	110.9	112.2	92.9	121.7			114.5
1990	116.9	99.4	117.4	116.8	128.2	118.5			114.7
1991	116.6	128.1	103.8	102.3	125.4	139.9	100.4	160.4	114.9
1992	129.5	94.3	133.6	131.6	157.2	129.5	115.4	109.7	127.5
1993	112.8	127.7	130.4	134.6	88.3	84.2	111.6	126.9	110.8
1994	116.8	91.0	112.7	113.3	104.1	128.0	136.4	110.9	73.5
1995	111.4	127.5	105.2	103.9	128.9	123.1	130.8	123.9	122.0
1996	112.9	105.9	109.8	108.1	135.0	119.6	113.9	116.5	109.1
1997	110.1	117.4	111.1	110.1	123.1	107.8	111.7	105.0	108.5
1998	108.8	108.7	111.8	108.2	149.5	103.6	104.3	109.1	107.2
1999	108.2	103.0	105.3	104.3	113.1	114.0	110.3	109.3	107.1
2000	112.8	101.8	111.4	110.5	117.3	116.0	124.1	109.6	109.7
2001	110.3	106.0	107.9	108.9	111.3	111.5	117.0	109.1	106.8
2002	112.4	105.2	115.1	115.0	107.9	111.6	109.7	109.7	111.1
2003	116.2	96.1	118.9	122.3	105.0	113.9	116.3	111.6	114.5
2004	118.0	118.0	113.6	122.0	116.2	114.5	114.5	114.5	116.9
2005	115.5	98.9	117.5	116.8	122.5	113.7	134.1	115.4	108.7
2006	115.6	91.1	116.9	117.9	111.1	114.8	115.1	116.6	112.6
2007	115.8	103.0	116.2	116.4	115.1	115.7	116.7	114.1	113.4
2008	113.3	105.1	113.5	114.5	106.4	114.1	112.8	116.5	110.9
2009	114.6	109.0	112.7	111.9	127.9	117.3	116.2	114.5	112.4
2010	116.1	95.6	113.6	112.0	133.2	121.3	105.9	126.0	114.5

1-18 分行业地区生产总值

(当年价格) 单位:亿元

行业	全市			市区		
	2008	2009	2010	2008	2009	2010
地区生产总值	**2 118.84**	**2 390.16**	**2 942.14**	**998.48**	**1 143.36**	**1 779.47**
第一产业	**230.00**	**249.90**	**282.82**	**17.71**	**17.42**	**52.12**
农、林、牧、渔业	230.00	249.90	282.82	17.71	17.42	52.12
农业	160.23	174.02	197.26	12.45	10.33	35.82
林业	4.58	4.82	5.05	0.54	0.23	0.95
牧业	48.14	52.53	59.65	3.36	5.96	12.21
渔业	12.21	12.82	13.55	0.91	0.55	2.05
农、林、牧、渔服务业	4.84	5.71	7.30	0.45	0.35	1.08
第二产业	**1 105.76**	**1 249.04**	**1 490.92**	**551.70**	**618.92**	**967.37**
工业	952.70	1 065.28	1 268.61	518.37	577.58	883.11
采矿业	161.81	163.17	155.84	88.03	110.65	145.49
制造业	766.51	871.23	1084.30	417.08	450.17	717.12
电力、燃气及水的生产和供应	24.38	30.88	28.47	13.26	16.76	20.50
建筑业	153.06	183.76	222.31	33.33	41.34	84.26
第三产业	**783.08**	**891.22**	**1 168.40**	**429.07**	**507.02**	**759.98**
交通运输、仓储和邮政业	197.33	211.36	242.67	63.51	72.74	112.77
信息传输、计算机服务和软件业	32.58	38.32	42.51	30.28	35.11	40.45
批发和零售业	181.61	225.00	328.64	155.13	180.04	242.63
批发业	93.92	128.20	246.70	81.92	104.80	183.93
零售业	87.69	96.80	81.94	73.21	75.24	58.70
住宿和餐饮业	49.59	48.84	55.21	25.21	31.89	48.01
住宿业	5.27	5.61	9.98	4.28	5.29	5.96
餐饮业	44.32	43.23	45.23	20.93	26.60	42.06
金融业	40.64	52.25	96.05	24.02	29.98	63.16
房地产业	79.53	93.28	132.27	35.30	39.09	56.98
房地产开发经营业	28.85	35.19	54.15	13.84	14.77	25.46
物业管理、中介服务业和其他房地产活动	6.34	8.52	8.47	5.88	7.89	7.37
居民自有住房服务业	44.34	49.57	69.65	15.58	16.43	24.15
租赁和商务服务业	24.63	28.09	30.69	11.96	15.08	24.50
科学研究、技术服务和地质勘查业	11.94	12.41	14.66	8.78	10.75	14.04
水利、环境和公共设施管理业	6.89	7.02	8.42	2.86	2.68	4.79
居民服务和其他服务业	6.91	8.52	27.44	3.75	7.86	9.30
教育	39.29	48.66	52.85	11.65	14.70	42.09
卫生、社会保障和社会福利业	40.00	42.93	47.32	22.59	25.35	37.06
文化、体育和娱乐业	7.27	6.18	8.58	4.94	4.36	5.40
公共管理和社会组织	64.87	68.36	81.07	29.09	37.39	58.80

1-19　按行业划分的资本形成总额

（当年价格）　　单位:亿元

行　业	全　市			市　区		
	2008	2009	2010	2008	2009	2010
固定资本形成总额	**1 131.33**	**1 341.79**	**1 669.54**	**524.07**	**603.87**	**897.84**
第一产业	**8.48**	**19.35**	**29.23**	**7.58**	**2.74**	**2.74**
第二产业	**754.54**	**883.42**	**1 091.70**	**345.91**	**196.36**	**370.08**
采掘业	25.34	32.39	35.03	12.69	15.35	14.45
制造业	622.97	727.72	966.73	284.94	118.99	281.65
电力、煤气及水的生产和供应业	76.95	77.31	71.38	30.27	41.37	67.49
建筑业	29.29	46.00	18.56	18.01	20.65	6.49
第三产业	**368.31**	**439.02**	**548.61**	**170.58**	**404.77**	**525.02**
交通运输、仓储和邮政业	57.54	49.04	62.07	19.20	39.53	56.30
信息传输、计算机服务和软件业	8.77	2.53	4.12	0.99	1.73	3.57
批发和零售业	94.83	145.57	179.73	57.00	136.23	160.76
住宿和餐饮业	55.89	70.36	67.81	27.55	66.57	63.18
金融业	0.79	5.08	3.91	0.67	3.30	3.19
房地产业	6.40	15.33	23.63	6.01	8.16	10.26
其它行业	144.09	151.11	207.34	59.17	149.24	227.75
存货增加	**67.67**	**36.12**	**45.30**	**43.27**	**14.15**	**14.62**
第一产业	**3.75**	**11.16**	**20.27**	**2.53**	**3.21**	**3.21**
农林牧渔业	3.75	11.16	20.27	2.53	3.21	3.21
第二产业	**50.68**	**15.87**	**17.57**	**40.46**	**11.17**	**8.53**
工业	49.26	15.87	15.94	39.15	11.17	8.53
建筑业	1.42		1.63	1.31		
第三产业	**13.24**	**9.09**	**7.46**	**0.29**	**–0.23**	**2.88**
交通运输、仓储和邮政业	0.05					
批发和零售业	7.09	5.96	5.09	0.30	–0.06	2.88
住宿和餐饮业	0.52	–0.11	0.10	–0.01	–0.17	0.01
其它行业	5.58	3.24	2.27			

1-20 最终消费支出

（当年价格）　　单位:亿元

行业	全市			市区		
	2008	2009	2010	2008	2009	2010
最终消费支出	**1 015.08**	**1 155.36**	**1 356.57**	**327.47**	**407.15**	**673.55**
居民消费支出	**748.95**	**864.73**	**990.23**	**234.82**	**282.95**	**492.75**
农村居民	**210.51**	**227.89**	**265.16**	**12.44**	**10.22**	**64.56**
食品类支出	67.72	65.33	83.13	4.75	3.09	22.46
衣着类支出	14.41	16.88	18.38	0.85	0.66	4.07
居住类支出	33.90	13.32	15.20	1.36	0.62	5.73
家庭设备、用品及服务类支出	9.24	11.56	14.92	0.49	0.59	1.94
医疗保健类支出	11.87	11.41	12.43	0.84	0.65	3.36
公共医疗消费支出		0.52	0.50		0.01	0.09
交通和通信类支出	20.78	23.59	23.84	1.13	0.82	4.93
文教娱乐用品及服务类支出	27.86	28.60	33.83	1.47	1.28	9.52
金融中介服务虚拟支出	5.29	20.43	20.59	0.34	0.84	2.92
金融机构实际服务消费支出	1.59	1.81	1.51	0.16	0.07	0.27
保险服务消费支出	1.75	15.07	18.49	0.11	0.62	1.99
自有住房服务虚拟支出	13.43	16.34	19.35	0.77	0.82	6.57
其它商品和服务类支出	2.67	3.03	2.97	0.16	0.15	0.71
城镇居民	**538.45**	**636.84**	**725.08**	**222.38**	**272.73**	**428.18**
食品类支出	165.32	174.09	199.04	68.65	74.65	105.04
衣着类支出	47.93	52.49	63.15	18.87	22.51	33.33
居住类支出	42.80	43.18	53.40	18.05	18.51	28.18
家庭设备、用品及服务类支出	33.41	42.81	42.12	12.17	18.36	22.23
医疗保健类支出	32.64	37.44	40.68	16.35	16.05	21.47
公共医疗消费支出	23.60	39.14	24.87	11.51	20.06	17.24
交通和通信类支出	55.77	79.13	96.30	26.65	33.94	50.82
文教娱乐用品及服务类支出	73.92	61.92	66.35	21.26	26.55	35.02
金融中介服务虚拟支出	9.41	31.42	15.89	3.61	10.47	18.39
金融机构实际服务消费支出	2.81	2.78	6.06	1.08	1.19	3.20
保险服务消费支出	5.09	6.76	6.58	1.95	2.90	3.07
自有住房服务虚拟支出	33.53	35.23	65.49	14.81	15.61	66.38
实物消费支出	11.78	10.84	23.87	7.10	3.50	12.59
其它商品和服务类支出	0.44	19.61	21.29	0.32	8.41	11.23
政府消费支出	**266.13**	**290.63**	**366.33**	**92.65**	**124.21**	**180.80**

主要统计指标解释

国内生产总值(GDP) 指一个国家(地区)所有常住单位在一定时期内生产活动的最终成果。国内生产总值有三种表现形态,即价值形态、收入形态和产品形态。从价值形态看,它是所有常住单位在一定时期内所生产的全部货物和服务价值超过同期投入的全部非固定资产货物和服务价值的差额,即所有常住单位的增加值之和;从收入形态看,它是所有常住单位在一定时期内所创造并分配给常住单位和非常住单位的初次分配收入之和;从产品形态看,它是所有常住单位在一定时期内最终使用的货物和服务减去进口货物和服务价值。在实际核算中,国内生产总值的三种表现形态表现为三种计算方法,即生产法、收入法和支出法。三种方法分别从不同的方面反映国内生产总值及其构成。对于地区(省、市、县),GDP 中文名称为“地区生产总值”。

当年价格 指报告期的实际价格,如工厂的出厂价格,农产品的收购价格,商业的零售价格等。使用当年价格计算的数字,是为了使国民经济各项指标互相衔接,便于考察当年社会经济效益,便于对生产和流通、生产和分配、生产和消费进行经济核算和综合平衡。

按当年价格计算的价值指标,在不同年份之间进行对比时,因为包含有各年间价格变动的因素,不能确切地反映实物量的增添变动。必须消除价格变动因素后,才能真实反映经济发展动态。因此,在计算增长速度时都使用按可比价格计算的数字。

可比价格 指在不同时期的价值指标对比时,扣除了价格变动的因素,以确切反映物量的变化。按可比价格计算有两种方法:一种是直接用产品产量乘某一年的不变价格计算;另一种是用价格指数换算。

不变价格 指用同类产品的年平均价格作为固定价格,来计算各年产品价值。按不变价格计算的产品价值消除了价格变动因素,不同时期对比可以反映生产的发展速度。新中国成立后,随着工农业产品价格水平的变化,国家统计局先后五次制定了全国统一的工业产品不变价格和农业产品不变价格,从 1949 年到 1957 年使用 1952 年工(农)业产品不变价格,从 1957 年到 1971 年使用 1957 年不变价格,从 1971 年到 1981 年使用 1970 年不变价格,从 1981 年到 1990 年使用 1980 年不变价格,从 1990 年开始使用 1990 年不变价格。

平均每年增长速度 在我国计算平均增长速度有两种方法,一种是习惯上经常使用的“水平法”,又称几何平均法,是以间隔期最后一年的水平同基期水平对比来计算平均每年增长(或下降)速度。另一种是“累计法”,又称代数平均法或方程法,是以间隔期内各年水平的总和同基期水平对比来计算平均每年增长(或下降)速度。

在一般正常情况下,两种方法计算的平均每年增长速度比较接近,但在经济发展不平衡,出现大起大落时,两种方法计算的结果差别较大。

本《年鉴》内所列的平均每年增长速度,除固定资产投资是用“累计法”计算以外,其余均用“水平法”计算。从某年到某年平均增长速度的年份,均不包括基期年在内。如改革开放 28 年的平均增长速度是以 1978 年为基期计算的,则写为 1979–2006 年平均增长速度,余类推。

各个计划时期 表内所用各个“时期”代表的年份如下:恢复时期为 1950 年到 1952 年;第一个五年计划时期(简称一五时期)为 1953 年到 1957 年;第二个五年计划时期(简称二五时期)为 1958 年到 1962 年;三年调整时期为 1963 年到 1965 年;第三个五年计划时期(简称三五时期)为 1966 年到 1970 年;第四个五年计划时期(简称四五时期)为 1971 年到 1975 年;第五个五年计划时期(简称五五时期)为 1976 年到 1980 年;第六个五年计划时期(简称六五时期)为 1981 年到 1985 年;第七个五年计划时期(简称七五时期)为 1986 年到 1990 年;第八个五年计划时期(简称八五时期)为 1991 年到 1995 年,第九个五年计划时期(简称九五时期)为 1996 年到 2000 年。第十个五年计划时期(简称十五时期)为 2001 年到 2005 年;第十一个五年计划时期(简称十一五时期)为 2006 年到 2010 年。

三次产业 根据社会生产活动历史发展的顺序对产业结构的划分,产品直接取自自然界的部门称为第一产业,对初级产品进行再加工的部门称为第二产业,为生产和消费提供各种服务的部门称为第三产业。它是世界上通用的产业结构分类,但各国的划分不尽一致。我国的三次产业划分是:

第一产业:农、林、牧、渔业。

第二产业:工业(包括采掘工业、制造业、自来水、电力、蒸气、热水、煤气)和建筑业。

第三产业:除第一、第二产业以外的其他各业。由于第三产业包括的行业多、范围广,根据我国的实际情况,第三产业可分为两大部门;一是流通部门,二是服务部门。

“倍数”的用法 倍,就是跟原数相同的数。倍数,只能用于数字的增加,不能用于数字的减少。如“增长多少倍”、“扩大多少倍”、“提高多少倍”都可以，但不能说“降低多少倍”、“缩小多少倍”、“减少多少倍”。因为减少一倍就减完了，再无什么可减了。运用倍数时，还要注意词的准确。如“增加了两倍”即原来是一，现在是三；“增加到两倍”，即原来是一，现在是二。这里的“了”和“到”不能缺少，也不能互换。

“百分数”的用法 百分数，是用一百做分母的分数，在数学中用“%”来表示，在文章中一般都写作“百分之多少”。百分数与倍数不同，它既可以表示数量的增加，也可以表示数量的减少。运用百分数时，也要注意概念的精确。如“比过去增长30%，即过去为100，现在是“130”；比过去降低30%，即过去是100，现在是“70”；“降低到原来的30%”，即原来是100，现在是“30”。

运用百分数时，还要注意有些数最多只能达到100%，如产品合格率，种子发芽率等；有些百分数只能小于100%，如粮食出粉率等；有些百分数却可以超过100%，如产品产量计划完成情况等。

“番”的用法与“倍”的关系 增加一倍，就是增加100%；翻一番，也是增加100%。除了一倍与一番相当外，两倍与两番以上数字含义就不同了，而且数字越大，差距越大。如增加两倍，就指增加200%；翻两番，就是400%（一番二、二番是四、三番就是八），所以说翻两番就是增加了300%，翻三番就是增加了700%。“番”是按几何级数计算的，“倍”是按算术级数计算的。

计算翻番公式为：

n=[lg(报告期数÷基数)]÷lg2

n表示翻番数 lg是常用对数符号

第2部分

人口和就业

POPULATION AND EMPLOYMENT

版面负责人：周天恩　张玉强

编　　　辑：李跃东　闫礼建　鹿　燕

新《统计法》释义

关于保障统计机构和统计人员独立行使职权的规定

第六条 统计机构和统计人员依照本法规定独立行使统计调查、统计报告、统计监督的职权,不受侵犯。

地方各级人民政府、政府统计机构和有关部门以及各单位的负责人,不得自行修改统计机构和统计人员依法搜集、整理的统计资料,不得以任何方式要求统计机构、统计人员及其他机构、人员伪造、篡改统计资料,不得对依法履行职责或者拒绝、抵制统计违法行为的统计人员打击报复。

【释义】 本条是关于保障统计机构和统计人员独立行使职权的规定。

统计机构和统计人员是政府统计活动的实施主体,只有依法保障其独立行使职权不受侵犯,才能保证统计机构和统计人员独立、客观地进行统计调查,提出统计报告,实行统计监督,才能充分发挥统计在了解国情国力、服务经济社会发展方面的重要作用。

统计机构和统计人员的法定职权有以下三项:1.统计调查权,是指统计机构和统计人员有权按照法律、法规和统计调查制度的规定,实施统计调查,搜集统计资料,检查与统计资料有关的各种原始记录和凭证,要求统计调查对象如实提供统计资料和有关情况。2.统计报告权,是指统计机构和统计人员有权将统计调查所取得的资料加以整理、分析,向政府及其有关部门、上级统计机构提出统计报告。3.统计监督权,是指统计机构和统计人员有权根据统计调查和统计分析的结果,对国民经济和社会发展情况进行预测、预警,对国家统计法律、法规、政策的执行情况进行监督,提出改进工作的建议。

统计机构、统计人员依法独立行使统计调查、统计报告、统计监督的职权受法律保护,任何单位和个人不得为了个人利益、局部利益,以任何方式予以拒绝或者阻碍。在实践中,有的地方政府、部门、单位的负责人法律意识淡薄,为了骗取荣誉、物质利益或者职务晋升等目的,利用职务之便妨碍统计机构、统计人员依法独立行使职权,影响统计资料的真实性,侵害统计人员的合法权益,在社会上造成了很大的负面影响。为了防止地方政府、部门和有关单位的负责人违法干预统计工作,本法对其规定了三项禁止行为:一是不得自行修改统计资料,即政府、政府有关部门和有关单位的负责人无权对统计资料进行修改,如果统计数据有错误,只能由统计机构、统计人员依照法定权限和程序进行核实订正。二是不得以任何方式要求统计机构、统计人员及其他机构、人员伪造、篡改统计资料,即不得利用职权强令、授意或者以其他方式,要求他人编造虚假的统计资料或者没有根据地修改统计资料。三是不得对依法履行职责或者拒绝、抵制统计违法行为的统计人员打击报复。统计人员依法履行职责的行为受法律保护,有关负责人不得通过调动工作、撤换职务、进行处罚以及其他任何方式,对依法履行职责或者拒绝、抵制统计违法行为的统计人员进行打击报复。

编辑:张　霖

2-1　主要年份人口数及构成

（年底数）　　　　单位：万人

年　份	总人口	按性别分				按户口性质分			
		男		女		农业人口		非农业人口	
		人口数	比重(%)	人口数	比重(%)	人口数	比重(%)	人口数	比重(%)
1949	372.61	186.90	50.2	185.71	49.8	340.89	91.5	31.72	8.5
1952	390.60	195.09	49.9	195.51	50.1	362.62	92.8	27.98	7.2
1957	450.86	225.50	50.0	225.36	50.0	401.62	89.1	49.24	10.9
1962	463.94	233.10	50.2	230.84	49.8	410.56	88.5	53.38	11.5
1965	490.87	248.12	50.5	242.75	49.5	434.30	88.5	56.57	11.5
1970	565.88	286.11	50.6	279.77	49.4	508.33	89.8	57.55	10.2
1975	616.98	313.92	50.9	303.06	49.1	549.55	89.1	67.43	10.9
1978	645.41	329.21	51.0	316.20	49.0	570.90	88.5	74.51	11.5
1979	652.47	333.30	51.1	319.44	48.9	572.40	87.7	80.34	12.3
1980	659.86	336.37	51.0	323.49	49.0	576.22	87.3	83.64	12.7
1981	672.02	343.13	51.1	328.89	48.9	585.14	87.1	86.88	12.9
1982	684.45	350.08	51.1	334.37	48.9	594.34	86.8	90.11	13.2
1983	692.94	355.10	51.2	337.84	48.8	599.89	86.6	93.05	13.4
1984	700.04	358.91	51.3	341.13	48.7	603.98	86.3	96.06	13.7
1985	707.56	363.42	51.4	344.14	48.6	605.66	85.6	101.90	14.4
1986	715.41	367.27	51.3	348.14	48.7	610.43	85.3	104.98	14.7
1987	725.88	372.76	51.4	352.12	48.6	616.53	84.9	109.35	15.1
1988	743.78	382.42	51.4	361.36	48.6	621.93	83.6	121.85	16.4
1989	761.81	390.65	51.3	371.16	48.7	629.65	82.7	132.16	17.3
1990	807.14	412.92	51.2	394.22	48.8	668.88	82.9	138.26	17.1
1991	820.17	419.73	51.2	400.44	48.8	675.69	82.4	144.48	17.6
1992	826.74	423.34	51.2	403.40	48.8	676.90	81.9	149.84	18.1
1993	833.94	427.03	51.2	406.91	48.8	678.33	81.3	155.61	18.7
1994	843.21	431.56	51.2	411.65	48.8	683.15	81.0	160.06	19.0
1995	851.15	435.79	51.2	415.36	48.8	682.53	80.2	168.62	19.8
1996	859.43	440.95	51.3	418.48	48.7	682.89	79.5	176.54	20.5
1997	867.16	444.54	51.3	422.62	48.7	684.73	79.0	182.43	21.0
1998	875.78	450.53	51.4	425.25	48.6	687.36	78.5	188.42	21.5
1999	877.53	452.68	51.6	424.85	48.4	684.36	78.0	193.17	22.0
2000	896.44	461.12	51.4	435.32	48.6	665.33	74.2	231.11	25.8
2001	901.86	463.64	51.4	438.21	48.6	661.15	73.3	240.71	26.7
2002	904.44	465.45	51.5	438.99	48.5	654.14	72.3	250.30	27.7
2003	908.66	467.80	51.5	440.86	48.5	624.16	68.7	284.50	31.3
2004	916.85	471.36	51.4	445.49	48.6	614.31	67.0	302.54	33.0
2005	925.31	476.08	51.5	449.23	48.5	609.46	65.9	315.85	34.1
2006	934.73	481.46	51.5	453.27	48.5	613.97	65.7	320.76	34.3
2007	940.95	484.56	51.5	456.39	48.5	617.49	65.6	323.46	34.4
2008	946.86	488.31	51.6	458.55	48.4	610.21	64.4	336.65	35.6
2009	957.61	494.55	51.6	463.06	48.4	579.09	60.5	378.52	39.5
2010	972.89	502.44	51.6	470.45	48.4	527.51	54.2	445.38	45.8

2–2 主要年份户数、平均人口及人口密度

年 份	户 数（万户）	平均每户人口（人）	年平均人口（万人）			人口密度（人/平方公里）
				农业人口	非农业人口	
1949	85.85	4.34				331
1952	91.05	4.29	384.46	357.37	27.07	347
1957	104.97	4.30	445.51	398.88	46.63	400
1962	115.02	4.03	458.18	402.01	56.17	412
1965	116.76	4.20	485.20	429.36	55.84	436
1970	124.88	4.53	557.98	499.57	58.41	503
1975	132.87	4.64	611.72	545.36	66.36	548
1978	143.57	4.50	640.77	567.85	72.92	573
1979	146.72	4.45	649.07	571.65	77.42	580
1980	149.43	4.42	656.30	574.31	81.99	586
1981	155.52	4.32	665.94	580.68	85.26	597
1982	157.29	4.35	678.24	589.74	88.50	608
1983	158.32	4.38	688.69	597.11	91.58	616
1984	161.16	4.34	696.49	601.93	94.56	622
1985	163.80	4.32	703.80	604.82	98.98	628
1986	168.46	4.25	711.48	608.04	103.44	635
1987	173.15	4.19	720.65	613.48	107.17	645
1988	182.07	4.09	734.83	619.23	115.60	661
1989	191.43	3.98	752.80	625.79	127.01	677
1990	204.40	3.95	784.47	649.26	135.21	717
1991	209.15	3.92	813.65	672.28	141.37	729
1992	214.47	3.85	823.46	676.30	147.16	734
1993	216.59	3.85	830.34	677.62	152.72	741
1994	220.58	3.82	838.58	680.74	157.84	749
1995	227.60	3.74	847.18	682.84	164.34	756
1996	232.50	3.70	855.29	682.71	172.58	763
1997	238.73	3.63	863.29	683.81	179.48	770
1998	249.75	3.51	871.47	686.04	185.43	778
1999	257.66	3.41	876.66	685.86	190.80	779
2000	270.80	3.31	886.99	674.85	212.14	796
2001	275.91	3.27	899.15	663.24	235.91	801
2002	279.22	3.24	903.15	657.64	245.51	803
2003	282.84	3.21	906.55	639.15	267.40	807
2004	285.00	3.22	912.75	619.23	293.52	814
2005	286.44	3.23	921.08	611.89	309.19	822
2006	284.25	3.29	930.02	611.71	318.31	830
2007	279.33	3.37	937.84	615.73	322.11	836
2008	277.76	3.41	943.91	613.86	330.05	841
2009	278.46	3.44	952.24	594.65	357.59	851
2010	277.28	3.51	965.25	553.30	411.95	864

2-3 主要年份人口自然变动

单位:人

年份	出生		死亡		自然增长	
	人数	‰	人数	‰	人数	‰
1949		24.95				
1952	129 371	33.65				
1957	138 958	31.19	40 675	9.13	98 273	22.06
1962	164 440	35.89	34 635	7.56	129 805	28.33
1965	181 877	37.48	44 313	9.13	137 564	28.35
1970	185 564	33.26	37 511	6.72	148 053	26.54
1975	125 373	20.50	36 260	5.93	89 113	14.57
1978	102 744	16.03	35 276	5.51	67 468	10.52
1979	85 371	13.15	34 814	5.36	50 557	7.79
1980	125 947	19.19	44 562	6.79	81 385	12.40
1981	120 099	18.03	36 366	5.46	83 733	12.57
1982	119 391	17.60	32 890	4.85	86 501	12.75
1983	98 387	14.29	32 972	4.79	65 415	9.50
1984	98 214	14.10	35 109	5.04	63 105	9.06
1985	85 653	12.17	33 919	4.82	51 734	7.35
1986	97 011	13.64	33 463	4.70	63 548	8.94
1987	110 981	15.40	33 568	4.66	77 413	10.74
1988	169 348	23.04	35 284	4.80	134 064	18.24
1989	170 011	22.58	34 013	4.52	135 998	18.06
1990	157 605	20.09	35 867	4.57	121 738	15.52
1991	156 429	19.23	40 402	4.97	116 027	14.26
1992	101 899	12.37	42 462	5.16	59 437	7.21
1993	99 582	11.99	42 517	5.12	57 065	6.87
1994	113 310	13.51	41 946	5.00	71 364	8.51
1995	83 162	9.82	39 442	4.66	39 442	5.16
1996	81 414	9.52	41 982	4.91	39 432	4.61
1997	99 902	11.57	40 210	4.66	59 692	6.91
1998	91 325	10.48	41 298	4.74	50 027	5.74
1999	71 921	8.20	34 545	3.94	37 376	4.26
2000	167 764	18.91	44 483	5.02	123 281	13.89
2001	69 383	7.72	29 094	3.24	40 289	4.48
2002	69 905	7.74	33 811	3.74	36 094	4.07
2003	85 756	9.46	34 229	3.78	51 527	5.68
2004	132 605	14.53	42 775	4.69	89 830	9.84
2005	125 308	13.60	22 775	2.47	102 533	11.13
2006	138 879	14.93	34 254	3.68	104 644	11.25
2007	190 322	20.29	133 825	14.27	56 497	6.02
2008	170 661	18.08	106 845	11.32	63 816	6.76
2009	182 950	19.21	68 358	7.18	114 592	12.03
2010	217 399	22.52	79 390	8.22	138 009	14.30

注:出生人口统计口径均含往年补报人口;2007 年 -2008 年公安户籍死亡人口中含有补报往年未销户人口,其它年份为当年死亡人口。

2-4 市区主要年份人口数及构成

（年底数）

单位：万人

年份	总人口	按性别分				按户口性质分			
		男		女		农业人口		非农业人口	
		人口数	比重(%)	人口数	比重(%)	人口数	比重(%)	人口数	比重(%)
1949	29.94	15.91	53.1	14.03	46.9	4.30	14.4	25.64	85.6
1952	22.21	11.53	51.9	10.68	48.1	3.19	14.4	19.02	85.6
1957	38.66	19.93	51.6	18.73	48.4	3.00	7.8	35.66	92.2
1962	45.35	23.63	52.1	21.72	47.9	8.46	18.7	36.89	81.3
1965	51.73	27.76	53.7	23.97	46.3	7.32	14.2	44.41	85.8
1970	53.86	28.68	53.2	25.18	46.8	8.82	16.4	45.04	83.6
1975	61.24	33.21	54.2	28.03	45.8	10.32	16.9	50.92	83.1
1978	67.07	36.57	54.5	30.50	45.5	11.08	16.5	55.99	83.5
1979	70.87	38.74	54.7	32.13	45.3	10.05	14.2	60.82	85.8
1980	72.85	39.71	54.5	33.14	45.5	9.92	13.6	62.93	86.4
1981	74.96	40.78	54.4	34.18	45.6	10.18	13.6	64.78	86.4
1982	77.29	42.16	54.5	35.13	45.5	10.48	13.6	66.81	86.4
1983	79.28	43.34	54.7	35.94	45.3	10.69	13.5	68.59	86.5
1984	80.64	44.04	54.6	36.60	45.4	10.73	13.3	69.91	86.7
1985	82.48	44.99	54.5	37.49	45.5	10.31	12.5	72.17	87.5
1986	84.08	45.83	54.5	38.25	45.5	10.24	12.2	73.84	87.8
1987	85.57	46.45	54.3	39.12	45.7	10.32	12.1	75.25	87.9
1988	87.20	47.27	54.2	39.93	45.8	9.88	11.3	77.32	88.7
1989	89.27	48.34	54.2	40.93	45.8	9.92	11.1	79.35	88.9
1990	90.66	48.98	54.0	41.68	46.0	10.09	11.1	80.57	88.9
1991	91.86	49.52	53.9	42.34	46.1	10.00	10.9	81.86	89.1
1992	93.65	50.48	53.9	43.17	46.1	9.64	10.3	84.01	89.7
1993	95.17	51.14	53.7	44.03	46.3	9.64	10.1	85.53	89.9
1994	142.84	74.73	52.3	68.11	47.7	49.13	34.4	93.71	65.6
1995	145.14	75.74	52.2	69.39	47.8	48.65	33.5	96.48	66.5
1996	147.34	76.91	52.2	70.42	47.8	47.13	32.0	100.21	68.0
1997	149.34	77.90	52.2	71.44	47.8	47.12	31.5	102.22	68.5
1998	151.87	79.09	52.1	72.78	47.9	47.40	31.2	104.47	68.8
1999	152.41	79.12	51.9	73.29	48.1	46.90	30.8	105.51	69.2
2000	160.61	83.28	51.9	77.33	48.1	51.51	32.1	109.10	67.9
2001	162.54	84.27	51.8	78.27	48.2	50.49	31.1	112.05	68.9
2002	164.55	85.30	51.8	79.25	48.2	43.47	26.4	121.08	73.6
2003	167.33	86.87	51.9	80.46	48.1	31.89	19.1	135.44	80.9
2004	167.42	86.76	51.8	80.66	48.2	28.76	17.2	138.66	82.8
2005	179.87	93.21	51.8	86.66	48.2	30.22	16.8	149.65	83.2
2006	181.61	94.11	51.8	87.50	48.2	27.88	15.4	153.73	84.6
2007	182.93	94.70	51.8	88.23	48.2	26.87	14.7	156.06	85.3
2008	184.40	95.38	51.7	89.02	48.3	26.42	14.3	157.98	85.7
2009	186.22	96.29	51.7	89.93	48.3	26.91	14.4	159.31	85.6
2010	312.72	161.06	51.5	151.66	48.5	108.5	34.7	204.22	65.3

注：2005 年区划调整，原属于铜山县的大庙镇和大黄山镇划入鼓楼区管辖范围，市区统计范围扩大。

2–5 市区主要年份户数、平均人口及人口密度

年份	户数（万户）	平均每户人口（人）	年平均人口（万人）	农业人口	非农业人口	人口密度（人 / 平方公里）
1949	5.99	5.00				667
1952	5.31	4.18	22.34	3.21	19.13	621
1957	8.73	4.43	38.04	4.50	33.54	721
1962	9.76	4.65	45.74	7.90	37.84	2 153
1965	10.31	5.02	51.27	7.23	44.04	2 970
1970	11.11	4.85	54.52	8.68	45.84	3 092
1975	12.95	4.73	60.16	10.11	50.05	3 515
1978	14.76	4.54	65.82	11.13	54.69	3 636
1979	15.80	4.49	68.97	10.57	58.40	3 842
1980	16.82	4.33	71.86	9.99	61.87	3 950
1981	18.22	4.11	73.90	10.05	63.85	4 063
1982	19.60	3.94	76.13	10.33	65.80	4 189
1983	20.64	3.84	78.29	10.59	67.70	4 297
1984	21.70	3.72	79.96	10.71	69.25	4 371
1985	22.79	3.62	81.56	10.52	71.04	4 470
1986	23.71	3.55	83.28	10.28	73.00	4 557
1987	24.46	3.50	84.83	10.28	74.55	4 638
1988	25.56	3.41	86.39	10.10	76.29	4 726
1989	26.57	3.36	88.24	9.90	78.34	4 838
1990	27.44	3.30	89.97	10.01	79.96	4 914
1991	28.18	3.26	91.26	10.05	81.21	4 979
1992	28.84	3.25	92.76	9.82	82.94	5 076
1993	29.42	3.24	94.41	9.64	84.77	5 158
1994	42.92	3.33	141.86	49.13	93.71	1 483
1995	44.02	3.30	143.99	48.89	95.10	1 507
1996	44.76	3.29	146.24	47.89	98.35	1 530
1997	45.72	3.27	148.34	47.12	101.22	1 551
1998	46.66	3.25	150.60	47.26	103.34	1 577
1999	47.35	3.22	152.14	47.15	104.99	1 583
2000	49.74	3.23	156.51	49.20	107.31	1 547
2001	50.65	3.21	161.58	51.00	110.31	1 566
2002	51.22	3.21	163.55	46.98	116.57	1 576
2003	51.81	3.23	165.94	37.68	128.26	1 612
2004	52.29	3.20	167.38	30.33	137.05	1 613
2005	56.29	3.20	179.03	35.78	143.25	1 543
2006	56.59	3.21	180.74	29.05	151.69	1 566
2007	56.84	3.22	182.27	27.38	154.90	1 577
2008	57.15	3.23	183.67	26.65	157.02	1 590
2009	57.52	3.24	185.31	26.67	158.64	1 605
2010	95.16	3.29	314.58	110.36	204.22	1 029

2–6 市区主要年份人口自然变动

单位：人

年份	出生		死亡		自然增长	
	人数	‰	人数	‰	人数	‰
1949						23.44
1952	8 237	36.87	2 784	12.46	5 453	24.41
1957	14 012	36.84	2 898	7.62	11 114	29.22
1962	18 156	39.70	3 022	6.61	15 134	33.09
1965	12 905	25.10	2 840	5.50	10 065	19.60
1970	14 121	25.90	3 217	5.90	10 904	20.00
1975	10 242	17.02	2 821	4.69	7 421	12.33
1978	7 190	10.92	3 001	4.56	4 189	6.36
1979	9 081	13.17	3 129	4.54	5 952	8.63
1980	11 590	16.13	3 405	4.74	8 185	11.39
1981	13 518	18.29	3 478	4.71	10 040	13.59
1982	13 343	17.53	3 455	4.54	9 888	12.99
1983	10 570	13.50	3 294	4.21	7 276	9.29
1984	9 512	11.90	3 325	4.16	6 187	7.74
1985	9 612	11.78	3 429	4.20	6 183	7.58
1986	12 006	14.42	3 253	3.91	8 753	10.51
1987	14 076	16.59	3 472	4.09	10 604	12.50
1988	13 299	15.39	3 598	4.17	9 701	11.22
1989	12 535	14.21	3 642	4.13	8 893	10.08
1990	7 662	8.52	3 525	3.92	4 137	4.60
1991	8 139	8.92	4 013	4.40	4 126	4.52
1992	8 131	8.77	3 953	4.26	4 178	4.51
1993	8 885	9.41	4 252	4.50	4 633	4.91
1994	15 513	10.94	4 873	3.44	10 640	7.50
1995	11 960	8.31	5 650	3.92	6 310	4.39
1996	11 831	8.09	5 939	4.06	5 892	4.03
1997	14 429	9.73	5 590	3.77	8 839	5.96
1998	14 758	9.80	8 273	5.49	6 485	4.31
1999	12 234	8.04	5 819	3.82	6 415	4.22
2000	23 718	15.15	8 152	5.21	15 566	9.94
2001	11 175	6.92	4 366	2.70	6 809	4.22
2002	11 598	7.09	5 444	3.33	6 154	3.76
2003	11 459	6.91	5 540	3.34	5 919	3.57
2004	13 234	7.91	6 690	4.00	6 544	3.91
2005	17 323	9.68	5 551	3.10	11 772	6.58
2006	19 567	10.83	5 368	2.97	14 199	7.86
2007	23 946	13.14	15 701	8.61	8 245	4.53
2008	24 004	13.07	9 462	5.15	14 542	7.92
2009	25 797	13.92	5 511	2.97	20 286	10.95
2010	64 556	20.72	31 217	9.92	33 339	10.60

2-7 市区分区户数、人口数

（2010 年底）

单位：人

地　　区	总户数（户）	总人口（人）	男	女	农业人口	非农业人口
市　　区	**951 569**	**3 127 166**	**1 610 626**	**1 516 540**	**1 084 982**	**2 042 184**
鼓楼区	150 004	476 580	243 913	232 667	1 256	475 324
云龙区	99 904	305 242	152 853	152 389	42	305 200
贾汪区	143 933	505 515	263 746	241 769	246 924	258 591
泉山区	170 492	547 086	281 945	265 141	200	546 886
铜山区	387 236	1 292 743	668 169	624 574	836 560	456 183

2-8 市区分区人口自然变动

单位：人

年　　份	出　　生		死　　亡		自然增长	
	人　数	‰	人　数	‰	人　数	‰
市　　区	**64 556**	**20.52**	**31 217**	**9.92**	**33 339**	**10.60**
鼓楼区	9 339	20.01	2 590	5.55	6 749	14.46
云龙区	4 461	14.67	2 112	6.95	2 349	7.72
贾汪区	20 535	41.18	4 750	9.53	15 785	31.65
泉山区	6 746	12.29	1 981	3.61	4 765	8.68
铜山区	23 475	18.09	19 784	15.25	3 691	2.84

2-9 从业人员

单位：万人

年份	从业人数	职工人数	国有经济单位	城镇集体经济单位	其他经济类型单位	城镇私营企业从业人员和个体劳动者	乡村劳动者	其他从业人员
1978	283.64	60.12	41.16	18.96			223.52	
1979	282.72	61.94	41.04	20.90		0.19	220.59	
1980	292.22	64.97	45.16	19.81		0.53	226.72	
1981	302.62	67.64	47.80	19.84		0.74	234.25	
1982	314.75	70.10	50.18	19.92		0.36	244.29	
1983	322.66	72.17	52.60	19.57		0.57	249.92	
1984	337.62	76.65	53.40	23.25		1.10	259.87	
1985	349.04	78.06	55.19	22.87		1.56	269.42	
1986	357.72	80.41	56.82	23.58	0.01	1.15	276.16	
1987	367.36	82.15	58.96	23.17	0.02	1.44	283.77	
1988	381.43	85.87	61.88	23.96	0.04	2.29	293.27	
1989	390.31	85.39	61.88	23.42	0.09	3.16	301.76	
1990	408.50	87.35	63.69	23.53	0.13	3.27	317.88	
1991	419.35	89.59	65.55	23.85	0.19	2.60	327.16	
1992	421.81	90.25	67.10	22.87	0.28	3.04	328.52	
1993	423.40	91.83	69.40	21.54	0.89	3.62	326.87	1.08
1994	423.45	91.39	70.80	19.60	0.99	5.12	325.78	1.16
1995	425.43	92.39	72.52	19.13	0.74	8.03	323.77	1.24
1996	428.26	94.16	73.94	18.78	1.44	8.98	324.22	0.91
1997	432.88	93.85	74.41	17.76	1.68	12.42	325.31	1.30
1998	421.09	77.72	63.66	9.79	4.27	17.33	324.69	1.35
1999	418.65	75.07	61.95	9.39	3.73	17.81	324.35	1.42
2000	417.66	71.02	57.74	8.30	4.98	19.21	326.17	1.26
2001	415.78	67.64	53.65	7.01	6.98	20.58	326.26	1.29
2002	391.81	61.76	44.55	4.92	12.28	16.09	312.46	1.50
2003	382.03	59.15	43.32	4.25	11.58	17.73	303.00	2.15
2004	395.50	56.31	40.19	3.90	12.22	28.73	307.37	3.08
2005	452.20	56.07	40.13	3.60	12.34	37.74	348.00	10.39
2006	469.15	56.91	39.87	3.57	13.47	43.51	352.75	15.98
2007	477.21	57.56	40.00	3.35	14.21	53.61	354.55	11.49
2008	486.05	58.34	39.53	3.44	15.37	59.38	354.38	13.95
2009	501.17	58.29	38.49	2.99	16.81	68.93	358.75	15.20
2010	520.74	58.38	38.59	2.89	16.90	80.17	366.23	15.96

注：1998 年及以后职工人数统计口径为在岗职工；2005 年及以后乡村劳动者中含外出合同工、临时工，与乡村从业人员统计口径一致；2005 年及以后其他从业人员中包括民办非企业从业人员和灵活就业人员等。

2-10 从业人员构成

单位:%

年份	从业人数	职工人数	国有经济单位	城镇集体经济单位	其他经济类型单位	城镇私营企业从业人员和个体劳动者	乡村劳动者	其他从业人员
1978	100	21.2	68.5	31.5			78.8	
1979	100	21.9	66.3	33.7		0.1	78.0	
1980	100	22.2	69.5	30.5		0.2	77.6	
1981	100	22.4	70.7	29.3		0.2	77.4	
1982	100	22.3	71.6	28.4		0.1	77.6	
1983	100	22.4	72.9	27.1		0.2	77.4	
1984	100	22.7	69.7	30.3		0.3	77.0	
1985	100	22.4	70.7	29.3		0.4	77.2	
1986	100	22.5	70.7	29.3	…	0.3	77.2	
1987	100	22.4	71.8	28.2	…	0.4	77.2	
1988	100	22.5	72.1	27.9	…	0.6	76.9	
1989	100	21.9	72.5	27.4	0.1	0.8	77.3	
1990	100	21.4	72.9	26.9	0.2	0.8	77.8	
1991	100	21.4	73.2	26.6	0.2	0.6	78.0	
1992	100	21.4	74.3	25.4	0.3	0.7	77.9	
1993	100	21.7	75.6	23.4	1.0	0.8	77.2	0.3
1994	100	21.6	77.5	21.4	1.1	1.2	76.9	0.3
1995	100	21.7	78.5	20.7	0.8	1.9	76.1	0.3
1996	100	22.0	78.5	20.0	1.5	2.1	75.7	0.2
1997	100	21.7	79.3	18.9	1.8	2.9	75.1	0.3
1998	100	18.5	81.9	12.6	5.5	4.1	77.1	0.3
1999	100	17.9	82.5	12.5	5.0	4.3	77.5	0.3
2000	100	17.0	81.3	11.7	7.0	4.6	78.1	0.3
2001	100	16.3	79.3	10.4	10.3	4.9	78.5	0.3
2002	100	15.8	72.1	8.0	19.9	4.1	79.7	0.4
2003	100	15.5	73.2	7.2	19.6	4.6	79.3	0.6
2004	100	14.2	71.3	6.9	21.7	7.3	77.7	0.8
2005	100	12.4	71.6	6.4	22.0	8.3	77.0	2.3
2006	100	12.1	70.1	6.3	23.7	9.6	75.2	3.1
2007	100	12.1	69.4	5.8	24.6	11.2	74.3	2.4
2008	100	12.0	67.8	5.9	26.3	12.2	72.9	2.9
2009	100	11.6	66.0	5.2	28.8	13.8	71.6	3.0
2010	100	11.2	66.1	5.0	29.0	15.4	70.3	3.1

2-11 市区从业人员

单位:万人

年　份	从业人数	职工人数	国有经济单位	城镇集体经济单位	其他经济类型单位	城镇私营企业从业人员和个体劳动者	乡村劳动者	其他从业人员
1978	43.76	39.20	28.07	11.13			4.56	
1979	46.66	42.12	28.90	13.22		0.02	4.52	
1980	47.26	42.71	30.76	11.95		0.12	4.43	
1981	49.16	44.41	32.44	11.97		0.19	4.56	
1982	51.19	46.28	34.24	12.04		0.21	4.70	
1983	53.74	48.37	36.37	12.00		0.37	5.00	
1984	55.88	50.01	37.69	12.32		0.75	5.12	
1985	58.14	51.42	39.51	11.91		1.18	5.54	
1986	58.95	52.69	40.30	12.38	0.01	0.72	5.54	
1987	59.82	53.34	41.09	12.23	0.02	0.97	5.51	
1988	61.42	54.06	42.03	11.98	0.05	1.90	5.46	
1989	61.35	54.01	42.22	11.70	0.09	1.72	5.62	
1990	62.50	55.05	43.12	11.81	0.12	1.82	5.63	
1991	63.48	56.05	43.93	11.93	0.19	1.93	5.50	
1992	63.35	56.07	44.57	11.27	0.23	2.06	5.22	
1993	63.95	56.13	44.88	10.59	0.66	2.65	4.92	0.25
1994	80.20	55.75	45.21	9.69	0.85	3.11	20.71	0.63
1995	82.89	55.92	45.98	9.52	0.42	5.11	21.19	0.67
1996	82.21	56.12	45.78	9.30	1.04	5.24	20.45	0.40
1997	82.85	55.41	45.53	9.00	0.87	7.17	19.85	0.42
1998	74.39	44.72	38.92	3.60	2.20	10.52	18.87	0.28
1999	71.29	42.84	37.62	3.48	1.74	9.09	18.96	0.39
2000	72.16	40.10	34.32	2.88	2.90	10.61	21.02	0.43
2001	72.81	38.12	32.08	2.24	3.79	11.91	22.27	0.51
2002	63.22	34.33	25.23	1.70	7.40	6.92	21.27	0.71
2003	62.74	32.64	24.45	1.40	6.79	8.21	21.24	0.64
2004	71.37	30.71	21.99	1.21	7.51	17.42	21.78	1.46
2005	91.10	30.35	22.31	1.02	7.02	23.77	28.19	8.79
2006	99.74	30.18	22.00	1.00	7.18	26.55	30.25	12.75
2007	96.42	30.55	22.39	0.84	7.32	29.74	29.40	6.73
2008	99.17	30.30	21.79	1.14	7.37	30.19	29.68	9.00
2009	103.83	30.00	21.33	0.84	7.83	34.13	31.44	8.27
2010	178.91	35.22	24.17	1.03	10.02	43.98	88.20	11.51

2-12　市区从业人员构成

单位：%

年　份	从业人数	职工人数	国有经济单位	城镇集体经济单位	其他经济类型单位	城镇私营企业从业人员和个体劳动者	乡村劳动者	其他从业人员
1978	100	89.6	71.6	28.4			10.4	
1979	100	90.3	68.6	31.4		…	9.7	
1980	100	90.4	72.0	28.0		0.2	9.4	
1981	100	90.3	73.0	27.0		0.4	9.3	
1982	100	90.4	74.0	26.0		0.4	9.2	
1983	100	90.0	75.2	24.8		0.7	9.3	
1984	100	89.5	75.4	24.6		1.3	9.2	
1985	100	88.5	76.8	23.2		2.0	9.5	
1986	100	89.4	76.5	23.5	…	1.2	9.4	
1987	100	89.2	77.0	22.9	0.1	1.6	9.2	
1988	100	88.0	77.7	22.2	0.1	3.1	8.9	
1989	100	88.0	78.2	21.7	0.1	2.8	9.2	
1990	100	88.1	78.3	21.5	0.2	2.9	9.0	
1991	100	88.3	78.4	21.3	0.3	3.0	8.7	
1992	100	88.5	79.5	20.1	0.4	3.3	8.2	
1993	100	87.8	80.0	18.9	1.1	4.1	7.7	0.4
1994	100	69.5	81.1	17.4	1.5	3.9	25.8	0.8
1995	100	67.5	82.2	17.0	0.8	6.2	25.5	0.8
1996	100	68.3	81.6	16.6	1.8	6.4	24.9	0.4
1997	100	66.9	82.2	16.2	1.6	8.6	24.0	0.5
1998	100	60.1	87.0	8.1	4.9	14.1	25.4	0.4
1999	100	60.1	87.8	8.1	4.1	12.8	26.6	0.5
2000	100	55.6	85.6	7.2	7.2	14.7	29.1	0.6
2001	100	52.4	84.2	5.9	9.9	16.3	30.6	0.7
2002	100	54.3	73.5	5.0	21.5	10.9	33.6	1.1
2003	100	52.0	74.9	4.3	20.8	13.1	33.9	1.0
2004	100	43.0	71.6	3.9	24.4	24.4	30.5	2.0
2005	100	33.3	73.5	3.4	23.1	26.1	30.9	9.7
2006	100	30.3	72.8	3.3	23.9	26.6	30.3	12.8
2007	100	31.7	73.3	2.7	24.0	30.8	30.5	7.0
2008	100	30.6	71.9	3.8	24.3	30.4	29.9	9.1
2009	100	28.9	71.1	2.8	26.1	32.9	30.3	8.0
2010	100	19.7	68.6	2.9	28.4	24.6	49.3	6.4

2–13 分三次产业的从业人数及构成

单位:万人、%

年份	从业人数	第一产业		第二产业		第三产业	
		人数	比重	人数	比重	人数	比重
1978	283.64	204.41	72.1	43.56	15.3	35.67	12.6
1979	282.72	204.52	72.4	45.06	15.9	33.14	11.7
1980	292.22	209.96	71.8	49.69	17.0	32.57	11.2
1981	302.62	216.86	71.7	51.80	17.1	33.96	11.2
1982	314.75	221.17	70.3	57.62	18.3	35.96	11.4
1983	322.66	223.59	69.3	61.30	19.0	37.77	11.7
1984	337.62	223.01	66.0	69.74	20.7	44.87	13.3
1985	349.04	222.57	63.8	78.65	22.5	47.82	13.7
1986	357.72	222.38	62.2	84.04	23.5	51.30	14.3
1987	367.35	225.07	61.3	89.84	24.4	52.45	14.3
1988	381.43	226.65	59.4	97.06	25.5	57.72	15.1
1989	390.31	235.21	60.2	95.49	24.5	59.61	15.3
1990	408.50	249.36	61.0	95.41	23.4	63.73	15.6
1991	419.35	260.56	62.1	93.90	22.4	64.89	15.5
1992	421.81	258.67	61.3	98.13	23.3	65.01	15.4
1993	423.40	247.05	58.3	105.18	24.9	71.17	16.8
1994	423.45	247.36	58.4	103.56	24.5	72.53	17.1
1995	425.43	242.09	56.9	107.66	25.3	75.68	17.8
1996	428.26	239.60	55.9	108.63	25.4	80.03	18.7
1997	432.88	240.85	55.6	106.11	24.5	85.92	19.9
1998	421.09	242.24	57.5	92.02	21.9	86.83	20.6
1999	418.65	235.80	56.3	92.26	22.0	90.59	21.7
2000	417.66	235.35	56.4	93.24	22.3	89.07	21.3
2001	415.78	230.49	55.4	95.79	23.0	89.50	21.6
2002	391.81	216.01	55.1	94.83	24.2	80.97	20.7
2003	382.03	196.26	51.4	103.31	27.0	82.46	21.6
2004	395.50	189.72	48.0	111.45	28.2	94.33	23.8
2005	452.20	182.63	40.3	127.69	28.3	141.88	31.4
2006	469.15	177.20	37.8	144.99	30.9	146.96	31.3
2007	477.21	170.31	35.7	152.18	31.9	154.72	32.4
2008	486.05	163.19	33.5	168.99	34.8	153.87	31.7
2009	501.17	162.08	32.4	180.01	35.9	159.08	31.7
2010	520.74	162.36	31.2	187.13	35.9	171.25	32.9

2-14 市区分三次产业的从业人数及构成

单位:万人、%

年份	从业人数	第一产业		第二产业		第三产业	
		人数	比重	人数	比重	人数	比重
1978	43.76	3.90	8.9	24.66	56.4	15.20	34.7
1979	46.66	3.83	8.2	27.73	59.4	15.10	32.4
1980	47.26	3.65	7.7	29.47	62.4	14.14	29.9
1981	49.16	3.65	7.4	30.60	62.3	14.91	30.3
1982	51.19	3.56	7.0	32.25	63.0	15.38	30.0
1983	53.74	3.50	6.5	34.59	64.4	15.65	29.1
1984	55.88	3.28	5.9	36.60	65.5	16.00	28.6
1985	58.14	2.78	4.8	39.89	66.9	16.47	28.3
1986	58.95	2.84	4.8	38.85	65.9	17.26	29.3
1987	59.82	2.79	4.6	40.25	67.3	16.78	28.1
1988	61.42	2.71	4.4	40.46	65.9	18.25	29.7
1989	51.35	2.86	4.7	39.94	65.1	18.55	30.2
1990	62.50	2.91	4.7	39.41	63.0	20.19	32.3
1991	63.48	2.83	4.4	39.97	63.0	20.68	32.6
1992	63.35	2.71	4.3	41.23	65.1	19.41	30.6
1993	63.95	2.24	3.5	40.79	63.8	20.92	32.7
1994	80.20	11.46	14.3	43.90	54.7	24.84	31.0
1995	82.89	11.83	14.3	45.71	55.1	25.35	30.6
1996	82.21	11.86	14.4	44.61	54.3	25.74	31.3
1997	82.85	10.96	13.2	44.24	53.4	27.65	33.4
1998	74.39	10.21	13.7	34.85	46.9	29.33	39.4
1999	71.29	10.06	14.1	33.38	46.8	27.85	39.1
2000	72.16	11.18	15.5	32.22	44.6	28.76	39.9
2001	72.81	12.78	17.6	31.19	42.8	28.84	39.6
2002	63.22	11.73	18.6	27.21	43.0	24.28	38.4
2003	62.75	10.71	17.1	26.78	42.7	25.26	40.2
2004	71.38	10.01	14.0	27.80	39.0	33.56	47.0
2005	91.10	12.06	13.2	32.08	35.2	46.95	51.5
2006	99.74	12.41	12.4	34.35	34.5	52.98	53.1
2007	96.42	9.26	9.6	33.07	34.3	54.09	56.1
2008	99.17	10.70	10.8	39.72	40.0	48.75	49.2
2009	103.83	11.82	11.4	42.22	40.7	49.79	47.9
2010	178.91	37.58	21.0	64.85	36.2	76.48	42.8

2–15　分行业城镇私营个体从业人员

（2010 年底）　　单位：人

行　　业	全　市	市　区
合　　计	**801 745**	**439 797**
第一产业	8 280	3 612
第二产业	277 340	113 205
工业	226 783	94 304
建筑业	50 557	18 901
第三产业	516 125	322 980
交通运输、仓储和邮政业	51 240	24 497
信息传输、计算机服务和软件业	9 186	6 178
批发和零售业	302 806	193 510
住宿和餐饮业	31 589	19 998
金融业	498	264
房地产业	19 665	10 050
租赁和商务服务业	40 162	26 615
科学研究、技术服务和地质勘查业	15 497	11 096
水利、环境和公共设施管理业	1 399	978
居民服务和其他服务业	38 841	26 470
教育	635	233
卫生、社会保障和社会福利业	1 268	934
文化、体育和娱乐业	3 007	1 831
其他	332	326

2–16　分行业乡村从业人员

（2010 年底）　　单位：万人

行　　业	全　市	市　区
合　　计	**366.23**	**88.20**
第一产业	159.67	36.28
# 农业	140.59	30.79
第二产业	135.55	32.84
工业	89.34	23.49
建筑业	46.21	9.35
第三产业	71.01	19.08
交通运输、仓储和邮政业	14.17	4.51
信息传输、计算机服务和软件业	1.03	0.34
批发和零售业	18.80	5.39
住宿、餐饮业	6.93	2.00
金融和保险业	1.01	0.28
房地产和社会服务业	1.21	0.33
科学研究、技术服务和地质勘查业	0.42	0.08
教育、文化、艺术和广播电视业	2.74	0.49
卫生、体育和社会福利业	1.74	0.35
公共管理和社会组织	0.84	0.16
其他	22.12	5.15

2-17　主要年份在岗职工人数

（年底数）　　单位:万人

年　份	全市合计	国有经济单　位	城镇集体经济单位	其他经济类型单位	市区合计	国有经济单　位	城镇集体经济单位	其他经济类型单位
1949	6.11	6.11			4.88	4.88		
1952	8.11	8.11			6.00	6.00		
1957	10.04	10.04			6.86	6.86		
1962	16.94	16.94			16.81	12.21	4.60	
1965	15.18	15.18			15.23	10.45	4.78	
1970	22.12	22.12			18.94	13.84	5.10	
1975	42.69	29.21	13.48		27.06	19.86	7.20	
1978	60.12	41.16	18.96		39.20	28.07	11.13	
1979	61.94	41.04	20.90		42.12	28.90	13.22	
1980	64.97	45.16	19.81		42.71	30.76	11.95	
1981	67.64	47.80	19.84		44.41	32.44	11.97	
1982	70.10	50.18	19.92		46.28	34.24	12.04	
1983	72.17	52.60	19.57		48.37	36.37	12.00	
1984	76.65	53.40	23.25		50.01	37.69	12.32	
1985	78.06	55.19	22.87		51.42	39.51	11.91	
1986	80.41	56.82	23.58	0.01	52.69	40.30	12.38	0.01
1987	82.15	58.96	23.17	0.02	53.34	41.09	12.23	0.02
1988	85.87	61.88	23.96	0.04	54.06	42.03	11.98	0.05
1989	85.39	61.88	23.42	0.09	54.01	42.22	11.70	0.09
1990	87.35	63.69	23.53	0.13	55.05	43.12	11.81	0.12
1991	89.59	65.55	23.85	0.19	56.05	43.93	11.93	0.19
1992	90.25	67.10	22.87	0.28	56.07	44.57	11.27	0.23
1993	91.83	69.40	21.54	0.89	56.13	44.88	10.59	0.66
1994	91.39	70.80	19.60	0.99	55.75	45.21	9.69	0.85
1995	92.39	72.52	19.13	0.74	55.92	45.98	9.52	0.42
1996	94.16	73.94	18.78	1.44	56.12	45.78	9.30	1.04
1997	93.85	74.41	17.76	1.68	55.41	45.53	9.00	0.87
1998	77.72	63.66	9.79	4.27	44.72	38.92	3.60	2.20
1999	75.07	61.95	9.39	3.73	42.84	37.62	3.48	1.74
2000	71.02	57.74	8.30	4.98	40.10	34.32	2.88	2.90
2001	67.64	53.65	7.01	6.98	38.12	32.08	2.24	3.79
2002	61.76	44.55	4.92	12.28	34.33	25.23	1.70	7.40
2003	59.15	43.32	4.25	11.58	32.64	24.45	1.40	6.79
2004	56.31	40.19	3.90	12.22	30.71	21.99	1.21	7.51
2005	56.07	40.13	3.60	12.34	30.35	22.31	1.02	7.03
2006	56.91	39.87	3.57	13.47	30.18	22.00	1.00	7.18
2007	57.56	40.00	3.35	14.21	30.55	22.39	0.84	7.32
2008	58.34	39.53	3.44	15.37	30.30	21.79	1.14	7.37
2009	58.29	38.49	2.99	16.81	30.00	21.33	0.84	7.83
2010	58.38	38.59	2.89	16.90	35.22	24.17	1.03	10.02

2–18 在岗职工人数

（2010年底）　　单位：人

项　　目	在岗职工人　数	国有经济单位	城镇集体经济单位	其他经济类型单位
总　计	**583 837**	**385 862**	**28 932**	**169 043**
按企业、事业、机关分				
企业	356 082	173 179	17 947	164 956
事业	169 828	156 534	10 985	2 309
机关	56 149	56 149		
民间非营利组织	22			22
其他	1 756			1 756
按国民经济行业分				
农、林、牧、渔业	17 832	17 573	216	43
采矿业	80 942	45 499	515	34 928
制造业	118 725	25 400	1 681	91 644
电力、煤气及水的生产和供应业	17 594	12 618	962	4 014
建筑业	15 966	10 425	2 674	2 867
交通运输、仓储及邮政业	56 543	44 651	1 347	10 545
信息传输、计算机服务和软件业	3 323	1 228		2 095
批发和零售业	23 025	9 153	6 718	7 154
住宿和餐饮业	2 897	1 202	261	1 434
金融业	15 767	5 369	3 296	7 102
房地产业	3 497	1 866	422	1 209
租赁和商务服务业	2 272	1 525	243	504
科学研究、技术服务和地质勘查业	7 761	6 485	237	1 039
水利、环境和公共设施管理业	11 626	11 028	558	40
居民服务和其他服务业	461	461		
教育	101 677	97 459	60	4 158
卫生、社会保障和社会福利业	37 044	27 252	9 571	221
文化、体育和娱乐业	4 139	3 922	171	46
公共管理和社会组织	62 746	62 746		
按隶属关系分（国有经济）				
中央	56 817	56 817		
省	64 482	64 482		
省辖市	77 502	77 502		
县及县以下	184 452	184 452		
其他	2 609	2 609		

2-19 女性在岗职工人数

（2010 年底） 单位：人

项目	女性从业人员人数	国有经济单位	城镇集体经济单位	其他经济类型单位
总 计	**254 461**	**163 153**	**14 666**	**76 642**
按企业、事业、机关分				
企业	149 998	67 676	7 686	74 636
事业	87 691	79 458	6 980	1 253
机关	16 019	16 019		
民间非营利组织	19			19
其他	734			734
按国民经济行业分				
农、林、牧、渔业	9 658	9 536	107	15
采矿业	19 973	10 207	98	9 668
制造业	51 658	6 923	679	44 056
电力、煤气及水的生产和供应业	4 791	3 562	246	983
建筑业	4 291	3 368	423	500
交通运输、仓储及邮政业	26 072	22 349	600	3 123
信息传输、计算机服务和软件业	3 234	562		2 672
批发和零售业	13 331	4 774	3 608	4 949
住宿和餐饮业	1 713	684	178	851
金融业	12 863	4 471	1455	6 937
房地产业	1 378	712	247	419
租赁和商务服务业	568	432	115	21
科学研究、技术服务和地质勘查业	2 532	2 170	86	276
水利、环境和公共设施管理业	5 115	4 579	512	24
居民服务和其他服务业	202	202		
教育	52 355	50 265	60	2 030
卫生、社会保障和社会福利业	24 614	18 355	6 160	99
文化、体育和娱乐业	1 904	1 793	92	19
公共管理和社会组织	18 209	18 209		

2-20 市区在岗职工人数

（2010年底） 单位：人

项 目	在岗职工人数	国有经济单位	城镇集体经济单位	其他经济类型单位
总 计	**352 160**	**241 743**	**10 241**	**100 176**
按企业、事业、机关分				
企业	254 349	147 169	7 420	99 760
事业	71 347	68 110	2 821	416
机关	26 464	26 464		
民间非营利组织				
其他				
按国民经济行业分				
农、林、牧、渔业	7 800	7 678	79	43
采矿业	77 445	45 499	391	31 555
制造业	66 953	24 639	738	41 576
电力、煤气及水的生产和供应业	12 772	9 757	342	2 673
建筑业	8 408	7 323	89	996
交通运输、仓储及邮政业	50 159	40 783	679	8 697
信息传输、计算机服务和软件业	1 911	16		1 895
批发和零售业	11 994	4 690	4 172	3 132
住宿和餐饮业	1 513	694	6	813
金融业	9 839	2 434	974	6 431
房地产业	1 995	958	106	931
租赁和商务服务业	720	654	55	11
科学研究、技术服务和地质勘查业	5 948	4 918	84	946
水利、环境和公共设施管理业	5 816	5 776		40
居民服务和其他服务业	146	146		
教育	39 399	38 985	56	358
卫生、社会保障和社会福利业	17 922	15 394	2 470	58
文化、体育和娱乐业	2 750	2 729		21
公共管理和社会组织	28 670	28 670		
按隶属关系分（国有经济）				
中央	52 233	52 233		
省	60 230	60 230		
省辖市	75 208	75 208		
县及县以下	52 086	52 086		
其他	1 986	1 986		

2-21 不在岗职工人数

（2010 年底） 单位：人

项目	不在岗职工人数	国有经济单位	城镇集体经济单位	其他经济类型单位
总计	**59 800**	**32 016**	**14 058**	**13 726**
按企业、事业、机关分				
企业	55 993	29 041	13 227	13 725
事业	2 569	1 737	831	1
机关	1 238	1 238		
按国民经济行业分				
农、林、牧、渔业	330	322	4	4
采矿业	9 094	6 385	114	2 595
制造业	9 407	4 232	693	4 482
电力、煤气及水的生产和供应业	1 144	602		542
建筑业	2 001	1 510	338	153
交通运输、仓储及邮政业	9 508	4 157	1 505	3 846
信息传输、计算机服务和软件业	201	105		96
批发和零售业	18 346	6 677	10 460	1 209
住宿和餐饮业	542	430	20	92
金融业	1 139	473	210	456
房地产业	342	117	1	224
租赁和商务服务业	329	105	221	3
科学研究、技术服务和地质勘查业	278	249	5	24
水利、环境和公共设施管理业	4 180	4 139	41	
居民服务和其他服务业	5	5		
教育	334	245	89	
卫生、社会保障和社会福利业	1 078	721	357	
文化、体育和娱乐业	211	211		
公共管理和社会组织	1 331	1 331		

2-22 市区不在岗职工人数

（2010 年底） 单位：人

项　　目	不在岗职工人　　数	国有经济单位	城镇集体经济单位	其他经济类型单位
总　计	**42 156**	**24 908**	**4 818**	**12 430**
按企业、事业、机关分				
企业	41 060	23 907	4 723	12 430
事业	682	587	95	
机关	414	414		
按国民经济行业分				
农、林、牧、渔业	20	12	4	4
采矿业	9 094	6 385	114	2 595
制造业	7 574	3 509	383	3 682
电力、煤气及水的生产和供应业	1 043	501		542
建筑业	1 398	1 245		153
交通运输、仓储及邮政业	7 590	3 730	362	3 498
信息传输、计算机服务和软件业	75			75
批发和零售业	8 553	3 757	3 705	1 091
住宿和餐饮业	185	73	20	92
金融业	641	191		450
房地产业	268	43	1	224
租赁和商务服务业	142	4	138	
科学研究、技术服务和地质勘查业	265	240	1	24
水利、环境和公共设施管理业	3 948	3 948		
居民服务和其他服务业	5	5		
教育	190	182	8	
卫生、社会保障和社会福利业	684	602	82	
文化、体育和娱乐业	100	100		
公共管理和社会组织	381	381		

2-23 城镇登记失业人数及失业率

单位:人

年　份	当年需要安置的人数	当年已安置就业的人数	年末城镇登记失业人数	#失业青年	#失业女青年	年末城镇登记失业率(%)
1981	42 995	22 600	10 294	10 294		1.52
1982	28 451	18 432	5 144	5 144		0.73
1983	20 261	8 336	10 633	10 633		1.44
1984	22 729	13 584	8 396	8 396		1.08
1985	27 051	14 654	11 605	11 605		1.45
1986	30 373	18 158	11 854	11 854		1.43
1987	32 082	16 469	15 200	15 200		1.78
1988	36 679	22 722	13 469	13 469		1.50
1989	74 534	22 780	50 947	50 947		5.44
1990	71 500	44 775	22 440	22 440		2.42
1991	50 367	29 702	18 622	18 622	12 054	1.98
1992	42 113	19 787	18 754	18 754	11 627	1.97
1993	37 681	19 406	16 997	16 275	9 615	1.81
1994	33 896	17 241	15 576	14 875	8 815	1.70
1995	31 238	14 971	15 390	15 078	8 869	1.60
1996	31 431	14 568	15 276	13 795	7 742	1.50
1997	29 154	13 083	15 073	13 181	7 232	1.62
1998	27 155	13 481	13 163	10 398	6 295	1.30
1999	28 125	13 087	15 038	12 981	8 035	1.52
2000	34 107	14 078	18 625	8 482	4 433	1.89
2001	44 654	16 512	26 836	9 956	5 650	2.40
2002	60 674	21 098	38 099			3.58
2003	66 044	22 521	37 980	7 430	3 492	4.30
2004	67 288	27 905	37 231	6 571	3 815	4.03
2005	66 614	31 263	33 560	10 385	5 980	3.44
2006	78 964	45 611	32 581	9 589	5 273	3.03
2007	84 262	50 696	33 488	17 268	9 478	2.80
2008	88 393	54 628	33 665			2.70
2009	96 903	61 063	35 738			2.86
2010	106 308	72 665	33 613			2.63

主要统计指标解释

总人口数 是指在一定时点、一定地域范围内所有的有生命的个人总和，它是由不同性别、不同年代出生的人所组成，是反映一个国家人口资源的重要指标。

人口总数随人口的出生、死亡、迁入、迁出的变动而变动，也随计算时地域范围和依据的人口范畴（户籍人口和常住人口）的不同而不同，如户籍人口统计中的人口总数和人口普查所取得的人口总数，由于统计的口径不同，在相同地域范围内得到的人口数也不尽相同。

户籍人口 是指在户口管理部门登记了常住户口的人。本《年鉴》内所列人口数均为户籍人口。

农业人口 依靠从事农业生产（包括林、牧、渔业）维持生活的全部人口，包括实际从事农业生产的人口以及由他们所抚养的人口。由于改革开放，一些人外出务工经商，其户口性质仍为农村户口的人也统计在农业人口范围内。

非农业人口 不依靠从事农业生产的职业来维持生活的人口，主要指城镇的非农业户口性质的人口。

年平均人数 是指一年内的各个时点人口的平均数。在实际统计工作中，由于资料的限制，无法按理论上所讲的方法计算，一般根据年初、年末人数按简单算术平均数计算，也常用年中人数来表示年平均人数。

出生率 一定时期内出生人数与同期平均人口数之比。又称总出生率或粗出生率。它反映人口的出生水平。出生人口数是指活产，即离开母体时有生命现象的活产婴儿总和。

出生率通常以年为单位计算，计算方法为：年出生人数除以年平均人数，以千分数表示。

死亡率 一定时期内（通常为一年）死亡人数与同期平均人数（或期中人数）之比。说明该时期人口的死亡强度。计算方法为：年死亡人数除以年平均人数，以千分数表示。

自然增长率 它是表明人口自然增长的趋势和程度（或速度）的指标，即一定时期内人口自然增长数（出生人数减死亡人数）与同期平均人口数之比。通常以一年为期计算，用千分数表示。计算公式为：人口自然增长率 =（全年出生人数减死亡人数）/ 年平均总人数 × 1000‰。实际工作中，一般用出生率减死亡率计算而得。

从业人员 指从事一定社会劳动并取得劳动报酬或经营收入的全部劳动力。包括：

（1）全部职工

（2）城镇私营企业从业人员

（3）城镇个体劳动者

（4）农村社会劳动者

（5）其他社会劳动者

这一指标反映了一定时期内全部劳动力资源的实际利用情况，是研究基本国情国力的重要指标。

各单位的从业人员是指在各级国家机关、政党机关、社会团体及企业、事业单位中工作，并取得劳动报酬的全部人员。包括职工、再就业的离退休人员、民办教师以及在各单位中工作的外方人员和港、澳、台方人员。

各单位的从业人员反映了各单位实际参加生产或工作的全部劳动力。

职工 指在国有经济、城镇集体经济、联营经济、股份制经济、外商和港、澳、台投资经济、其他经济单位及其附属机构工作，并由其支付工资的各类人员。

合同制职工 指各单位根据国务院国发（1986）77 号文件和国务院令第 99 号的规定，通过签订有固定期限劳动合同、无固定期限劳动合同和以完成一项工作为期限劳动合同所使用的职工。包括实行全员劳动合同制单位的全部职工。

使用的农村劳动力 指国有经济、城镇集体经济、联营经济、股份制经济、外商和港、澳、台投资经济、其他经济单位的职工中，现仍保留农村户籍关系的人员。

长期职工 指用工期限在一年以上（含一年）的职工。包括原固定职工、合同制职工、长期临时工以及国有单位使用的城镇集体所有制单位的人员和其他使用期限在一年以上的原计划外用工。

临时职工 指用工期限不超过一年的职工。包括各单位根据国家有关规定招用的，签订一年以内的劳动合同或使用期不超过一年的临时性、季节性用工。

其他从业人员 指劳动统计制度规定不作职工统计，但实际参加社会劳动并取得劳动报酬的人员。

各单位的其他从业人员是指单位中除职工以外的全部参加本单位生产或工作并取得劳动报酬的人员。包括再就业的离退休人员、民办教师以及在各单位中工作的外方人员和港、澳、台方人员。

城镇集体经济单位职工 指在城镇集体经济单位及其管理部门工作并由其支付工资的各类人员。

其他经济单位职工 指在联营经济、股份制经济、外商投资经济、港、澳、台投资经济单位工作，并由其支付工资的各类人员。

城镇个体劳动者 指经工商行政管理部门核准登记，领取营业执照，参加生产经营活动，户口在城镇的全部人员。

农村社会劳动者 指农村人口中经常参加合作经济组织（包括乡（镇）办企业事业单位）和家庭副业生产劳动的劳动力。凡是由合作经济组织分配劳动任务或承包各种生产任务，并从中直接取得实物、现金收入和从承包的生产任务中获得实物、现金收入的劳动力，不管从事何种劳动，都要统计为农村社会劳动者。国家从乡（村）调用的建勤民工；由集体经费支付工资或补贴的乡（村）脱产管理干部；乡（村）劳动力到国有经济单位或城镇集体经济单位工作，其收入交给合作经济组织，并从中取得实物或现金收入的合同工、临时工、亦工亦农人员；自行外出，但户口没有转出的劳动力，都应包括在内。

城镇登记失业人员 指有非农业户口，在一定的劳动年龄内（16 岁以上及男 50 岁以下、女 45 岁以下），有劳动能力，无业而要求就业，并在当地就业服务机构进行待业登记的人员。

城镇登记失业率 是城镇登记失业人数同城镇在业人数加城镇登记失业人数之比。计算公式为：

$$\text{城镇失业率} = \frac{\text{城镇登记失业人数}}{\text{城镇在业人数} + \text{城镇登记失业人数}} \times 100\%$$

第3部分

固定资产投资

INVESTMENT IN FIXED ASSETS

版面负责人：许　清

编　　　辑：张　虹　孙　伟

关于统计调查对象依法履行报送统计资料义务的规定

第七条 国家机关、企业事业单位和其他组织以及个体工商户和个人等统计调查对象，必须依照本法和国家有关规定，真实、准确、完整、及时地提供统计调查所需的资料，不得提供不真实或者不完整的统计资料，不得迟报、拒报统计资料。

【释义】 本条是关于统计调查对象依法履行报送统计资料义务的规定。

统计调查对象，是指在政府统计调查活动中，提供关于自身情况的统计资料的单位和个人。统计调查对象的范围是所有依法负有统计资料报送义务的单位和个人，除国家机关、企业事业单位、个体工商户和个人以外，还包括社会团体、基层群众性自治组织、民办非企业单位、农村承包经营户等各类其他组织。具体到每一个统计调查项目，按照统计调查制度的规定，统计调查对象可能包括上述范围的全部或者部分对象。

真实、准确、完整、及时地提供统计调查所需的资料是统计调查对象的基本义务。保障统计调查对象依法履行报送统计资料的义务，是确保统计工作有效运行，及时取得国家管理所必需的全面、准确统计资料的基础。统计调查对象必须依照《统计法》和统计调查制度的规定，真实、准确、完整、及时地向统计机构、统计人员提供统计资料，不得提供不真实或者不完整的统计资料，不得迟报、拒报统计资料。真实、准确地提供统计资料，是指统计调查对象应当依据真实、客观的情况，准确地填报统计资料，不得提供不真实、不准确的统计资料；完整地提供统计资料，是指统计调查对象应当提供统计调查制度规定的全部有关资料，不得提供不完整的统计资料；及时地提供统计资料，是指统计调查对象应当按照统计调查制度规定的时限提供统计资料，不得迟报、拒报统计资料。统计调查对象提供不真实、不完整的统计资料，或者迟报、拒报统计资料的，应当依法承担相应的法律责任。

编辑：张　霖

3-1 全社会固定资产投资

单位:万元

年份	全社会固定资产投资完成额	# 城镇规模以上	农村规模以上	# 城乡个私	# 城镇个私
1978	32 052	32 052			
1979	39 965	39 965			
1980	46 737	46 737			
1981	31 140	31 140			
1982	45 100	45 100			
1983	61 776	61 776			
1984	72 575	72 575			
1985	81 993	81 993			
1986	186 435	111 793	46 816	27 826	13 530
1987	223 523	120 516	54 252	48 755	15 040
1988	203 704	101 872	62 359	39 473	16 000
1989	211 255	88 112	70 066	73 077	16 730
1990	244 092	117 535	84 417	42 140	19 460
1991	300 167	153 137	99 315	47 715	22 890
1992	448 089	256 335	132 420	59 334	23 160
1993	513 891	308 967	134 000	70 924	15 986
1994	772 145	407 060	247 278	117 807	31 959
1995	1 036 880	532 002	407 263	97 615	20 696
1996	1 365 558	713 616	542 778	109 164	18 626
1997	1 521 073	812 015	573 291	135 767	21 696
1998	1 882 611	1 137 480	510 507	211 098	7 529
1999	2 202 118	1 313 145	404 029	422 971	47 274
2000	2 521 865	1 540 283	359 501	541 440	81 474
2001	2 878 503	1 715 698	137 554	182 724	109 437
2002	3 231 237	1 776 036	121 704	272 936	128 717
2003	3 830 289	2 447 598	412 593	292 571	130 034
2004	4 452 726	3 187 501	717 778	726 871	281 055
2005	6 013 112	4 509 921	950 880	1 613 051	881 267
2006	7 529 941	5 985 211	816 056	2 386 794	1 800 453
2007	9 607 018	7 695 881	1 027 195	6 310 559	5 364 624
2008	12 506 684	10 150 379	1 467 142	4 397 099	3 293 322
2009	16 245 718	13 375 634	2 314 293	7 555 693	5 821 889
2010	20 492 595	16 469 766	2 917 392	9 003 877	6 810 346

注:2002 年以前城镇、农村规模以上分别为城镇、农村集体以上。

3-2 市区全社会固定资产投资

单位:万元

年 份	全社会固定资产投资完成额	# 城镇规模以上	农村规模以上	# 城乡个私	# 城镇个私
1978	27 988	27 988			
1979	34 622	34 622			
1980	40 763	40 763			
1981	26 990	26 990			
1982	38 339	38 339			
1983	54 607	54 607			
1984	64 757	64 757			
1985	69 413	69 413			
1986	112 350	95 150	11 384	5 816	2 740
1987	125 045	104 174	13 936	6 935	4 560
1988	103 188	78 745	16 526	7 917	4 840
1989	92 572	68 047	17 147	7 378	5 520
1990	127 433	95 455	22 492	9 486	6 260
1991	152 566	119 408	22 732	10 426	7 640
1992	242 469	195 860	37 316	9 293	8 010
1993	211 539	201 019	4 375	6 145	4 480
1994	327 400	253 437	62 814	11 149	1 323
1995	439 160	338 392	86 901	13 867	2 244
1996	602 825	443 879	140 599	18 347	2 020
1997	788 928	577 803	174 476	36 649	2 744
1998	1 118 597	902 936	195 885	19 776	2 042
1999	1 310 427	1 048 339	104 762	100 599	5 234
2000	1 571 856	1 205 265	63 925	150 387	49 704
2001	1 766 623	1 356 865	45 068	87 082	83 616
2002	1 924 895	1 401 555	60 139	94 483	90 469
2003	2 015 898	1 788 761		49 681	49 681
2004	2 231 364	2 041 714		130 810	130 810
2005	2 492 496	2 451 166	41 315	465 764	427 099
2006	3 046 135	2 924 555	12 100	631 616	561 996
2007	3 734 054	3 607 867	10 000	2 402 901	2 392 901
2008	5 414 351	5 185 735	32 750	1 106 134	1 073 384
2009	6 367 431	6 162 667	107 570	2 248 229	2 180 419
2010	10 653 594	9 664 307	556 539	3 953 299	3 549 970

3-3 各时期城镇规模以上固定资产投资完成额

单位:万元

时期	合计	基本建设	更新改造	其他投资	房地产开发
1949	**257**	**257**			
恢复时期	**2 065**	**2 065**			
"一五"时期	**15 602**	**15 602**			
"二五"时期	**70 222**	**70 222**			
调整时期	**14 262**	**14 262**			
"三五"时期	**18 586**	**18 586**			
"四五"时期	**63 127**	**60 974**	**2 153**		
"五五"时期	**151 718**	**134 899**	**12 287**	**4 532**	
1976	14 432	14 432			
1977	18 532	18 532			
1978	32 052	29 141	1 870	1 041	
1979	39 965	32 579	6 402	984	
1980	46 732	40 215	4 015	2 507	
"六五"时期	**292 584**	**177 653**	**79 905**	**35 026**	
1981	31 140	22 524	5 465	3 151	
1982	45 100	24 312	14 281	6 507	
1983	61 776	37 279	17 443	7 054	
1984	72 575	48 622	17 164	6 789	
1985	81 993	44 916	25 552	11 525	
"七五"时期	**539 828**	**285 696**	**180 358**	**61 560**	**12 214**
1986	111 793	66 508	29 063	16 222	
1987	120 516	75 020	31 166	14 330	
1988	101 872	40 804	46 889	14 179	
1989	88 112	46 274	34 590	7 248	
1990	117 535	57 090	38 650	9 581	12 214
"八五"时期	**1 657 501**	**826 093**	**526 087**	**151 031**	**154 290**
1991	153 137	74 263	50 691	13 114	15 069
1992	256 335	116 204	94 656	29 404	16 071
1993	308 967	126 040	119 234	35 333	28 360
1994	407 060	205 272	131 971	35 682	34 135
1995	532 002	304 314	129 535	37 498	60 655
"九五"时期	**5 516 539**	**2 909 525**	**1 257 699**	**449 088**	**900 227**
1996	713 616	375 182	186 272	71 520	80 642
1997	812 015	419 068	202 617	74 937	115 393
1998	1 137 480	591 413	270 144	90 292	185 631
1999	1 313 145	720 580	283 647	70 847	238 071
2000	1 540 283	803 282	315 019	141 492	280 490
"十五"时期	**13 636 754**	**5 179 894**	**1 925 784**	**847 621**	**1 799 272**
2001	1 715 698	921 817	359 585	120 944	313 352
2002	1 776 036	1 020 760	398 013	107 174	250 089
2003	2 447 598	1 344 223	520 720	281 697	300 958
2004	3 187 501	1 893 094	647 466	337 806	309 135
2005	4 509 921				625 738
"十一五"时期	**53 676 871**				**6 661 018**
2006	5 985 211				707 983
2007	7 695 881				1 001 097
2008	10 150 379				1 308 123
2009	13 375 634				1 590 593
2010	16 469 766				2 053 222

注:2002 年以前为城镇集体以上投资,2005 年以后取消了基本建设和更新改造的分类。

3-4 市区城镇规模以上固定资产投资完成额

单位:万元

年 份	合 计	基本建设	更新改造	其他投资	房地产开发
1978	27 988	25 927	1 144	917	
1979	34 622	28 415	5 418	789	
1980	40 763	35 533	3 171	2 059	
1981	26 990	20 409	4 270	2 311	
1982	38 339	21 143	11 801	5 395	
1983	54 607	33 224	15 401	5 982	
1984	64 757	44 088	14 998	5 671	
1985	69 413	38 898	22 367	8 148	
1986	95 150	60 380	24 007	10 763	
1987	104 174	70 483	24 933	8 758	
1988	78 745	35 361	36 892	6 492	
1989	68 047	38 675	27 081	2 291	
1990	95 455	45 083	32 432	5 726	12 214
1991	119 408	60 097	39 380	6 875	13 056
1992	195 860	86 709	75 680	19 008	14 463
1993	201 019	68 547	88 506	20 131	23 835
1994	253 437	130 328	78 598	19 578	24 933
1995	338 392	196 442	76 004	17 063	48 883
1996	443 879	252 482	91 128	38 360	61 909
1997	577 803	316 030	134 249	42 989	84 535
1998	902 936	481 654	205 674	65 758	149 850
1999	1 048 339	614 299	211 568	32 237	190 235
2000	1 205 265	681 585	236 759	62 123	224 798
2001	1 328 481	741 555	295 767	62 149	229 010
2002	1 401 555	832 978	325 980	72 250	170 347
2003	1 788 761	1 134 523	420 109	53 217	180 912
2004	2 231 004	1 557 209	448 594	35 911	189 290
2005	2 451 166				362 170
2006	2 924 555				451 565
2007	3 607 867				478 393
2008	5 185 735				741 589
2009	6 162 667				797 912
2010	9 664 307				1 266 145

3-5 各时期城镇规模以上投资新增固定资产

单位：万元

时 期	合 计	基本建设	更新改造	其他投资	房地产开发
1949	248	248			
恢复时期	**1 776**	**1 776**			
“一五”时期	**12 643**	**12 643**			
“二五”时期	**52 985**	**52 985**			
调整时期	**11 619**	**11 619**			
“三五”时期	**11 759**	**11 759**			
“四五”时期	**35 169**	**35 169**			
“五五”时期	**120 222**	**108 726**	**8 258**	**3 238**	
1976	9 446	9 446			
1977	9 458	9 458			
1978	30 475	27 986	1 789	700	
1979	30 209	25 844	3 807	558	
1980	40 634	35 992	2 662	1 980	
“六五”时期	**225 890**	**129 838**	**63 086**	**32 966**	
1981	22 041	15 323	4 097	2 621	
1982	31 357	15 074	11 754	4 529	
1983	35 124	14 919	12 514	7 691	
1984	51 932	30 733	13 882	7 317	
1985	85 436	53 789	20 839	10 808	
“七五”时期	**439 936**	**226 017**	**147 703**	**54 849**	**11 367**
1986	89 636	48 050	25 724	15 862	
1987	96 080	60 055	27 876	8 149	
1988	95 252	48 063	33 199	13 990	
1989	74 117	34 597	31 245	8 275	
1990	84 851	35 252	29 659	8 573	11 367
“八五”时期	**1 130 113**	**526 560**	**375 736**	**128 774**	**99 043**
1991	114 583	50 726	39 636	10 026	14 195
1992	186 138	92 456	56 505	26 802	10 375
1993	191 284	76 848	84 971	26 428	3 037
1994	252 013	108 300	87 916	33 537	22 260
1995	386 095	198 230	106 708	31 981	49 176
“九五”时期	**4 160 683**	**2 118 938**	**1 041 554**	**417 666**	**582 526**
1996	610 805	319 035	172 302	58 363	61 105
1997	757 218	425 798	178 475	67 624	85 321
1998	752 613	303 985	250 117	80 716	117 795
1999	968 298	520 106	179 786	86 004	182 402
2000	1 071 749	550 014	260 874	124 958	135 903
“十五”时期	**8 627 742**	**2 848 831**	**1 427 736**	**731 525**	**1 122 436**
2001	1 070 252	582 891	134 992	110 582	241 787
2002	1 549 933	786 760	559 860	77 321	125 992
2003	1 295 044	672 868	270 887	225 322	125 967
2004	1 718 860	806 312	461 997	318 300	132 251
2005	2 993 653				496 439
“十一五”时期	**36 739 637**				**3 820 079**
2006	3 024 852				298 673
2007	6 163 555				448 651
2008	5 513 772				497 972
2009	9 252 496				1 261 300
2010	12 784 962				1 313 483

注：2002 年以前为城镇集体以上投资，2005 年以后取消了基本建设和更新改造的分类。

3-6　市区城镇规模以上投资新增固定资产

单位：万元

年　份	合　计	基本建设	更新改造	其他投资	房地产开发
1978	26 866	25 315	970	581	
1979	25 972	22 452	3 066	454	
1980	35 533	31 935	2 033	1 565	
1981	18 034	13 109	3 078	1 847	
1982	25 881	12 913	9 497	3 471	
1983	29 766	12 206	10 875	6 685	
1984	44 568	26 544	11 892	6 132	
1985	75 673	49 688	17 681	8 204	
1986	73 299	42 141	20 519	10 629	
1987	80 186	54 202	21 992	3 891	
1988	75 532	42 957	26 722	5 853	
1989	55 544	28 219	24 011	3 314	
1990	64 294	21 322	13 423	6 171	11 367
1991	84 047	26 233	27 873	4 974	13 000
1992	150 991	81 358	42 839	17 559	9 235
1993	119 722	36 283	52 825	12 914	16 700
1994	135 861	51 271	49 550	16 641	18 399
1995	207 292	64 720	51 384	14 704	43 484
1996	375 765	211 880	91 132	29 017	43 735
1997	537 990	329 431	102 839	42 557	62 163
1998	553 824	205 359	192 031	60 488	95 946
1999	731 316	421 070	124 137	34 668	151 441
2000	772 075	456 828	185 994	40 513	88 740
2001	662 624	408 353	79 246		175 025
2002	1 193 645	600 972	483 374	41 657	67 642
2003	762 273	498 133	183 849	31 992	48 299
2004	909 183	526 150	263 125	38 431	81 477
2005	1 579 550				246 009
2006	1 764 597				89 433
2007	2 344 769				448 651
2008	2 719 346				234 540
2009	3 723 923				797 912
2010	8 237 121				697 580

3-7 城镇规模以上固定资产投资竣工的房屋建筑面积

单位:万平方米

年份	竣工的房屋建筑面积	基本建设	更新改造	其他投资	房地产开发
1978	75.6	64.8	4.2	6.6	
1979	97.3	78.0	13.4	5.9	
1980	113.5	96.3	6.8	10.4	
1981	109.4	84.2	14.4	10.8	
1982	110.1	60.5	27.5	22.1	
1983	132.4	63.5	39.0	29.9	
1984	131.6	68.4	30.5	32.7	
1985	129.2	63.7	29.3	36.2	
1986	153.0	63.6	42.4	47.0	
1987	124.2	60.3	27.2	36.7	
1988	105.1	44.7	31.0	29.4	
1989	80.9	42.8	23.9	14.2	
1990	111.8	38.0	27.7	8.9	37.2
1991	115.6	42.3	25.7	14.4	33.2
1992	129.6	54.7	25.9	18.2	30.8
1993	160.1	62.2	32.8	17.3	47.8
1994	140.3	43.5	25.4	15.8	55.6
1995	183.3	89.0	17.8	15.9	60.6
1996	224.0	86.0	37.2	17.8	83.0
1997	261.5	101.9	34.3	21.6	130.7
1998	245.4	84.4	11.7	21.9	127.4
1999	380.8	118.1	6.1	46.9	209.8
2000	294.8	123.7	23.4	60.7	87.0
2001	431.1	179.1	16.1	35.5	200.4
2002	385.5	186.4	20.4	46.5	132.3
2003	211.6	66.6	7.6	26.0	111.4
2004	199.6	53.0	13.0	29.3	104.3
2005	537.3				320.1
2006	463.4				172.3
2007	767.5				265.7
2008	685.2				224.4
2009	689.3				407.9
2010	1 409.6				457.1

注:2002 年以前为城镇集体以上投资,2005 年以后取消了基本建设和更新改造的分类。

3-8 市区城镇规模以上固定资产投资竣工的房屋建筑面积

单位:万平方米

年 份	竣工的房屋建筑面积	基本建设	更新改造	其他投资	房地产开发
1978	60.7	53.5	2.0	5.2	
1979	80.9	64.5	11.1	5.3	
1980	86.5	72.5	5.1	8.9	
1981	85.2	68.0	9.1	8.1	
1982	78.2	41.9	19.0	17.3	
1983	104.4	48.4	31.3	24.7	
1984	103.4	51.7	25.3	26.4	
1985	98.4	46.7	25.4	26.3	
1986	112.8	52.0	33.5	27.3	
1987	65.3	41.3	21.0	3.0	
1988	52.1	26.0	19.0	7.1	
1989	51.9	31.0	17.3	3.6	
1990	75.2	22.2	20.0	2.0	31.0
1991	67.0	20.3	17.8	2.4	26.5
1992	76.0	28.0	9.0	11.0	28.0
1993	97.4	29.6	17.7	7.7	42.4
1994	84.9	18.2	14.6	7.6	44.5
1995	97.2	31.2	5.1	7.3	53.6
1996	116.1	35.6	13.7	5.2	61.6
1997	136.9	39.7	10.1	10.0	77.1
1998	159.6	35.2	7.3	7.0	110.1
1999	261.1	64.3	3.8	11.9	181.1
2000	162.2	64.1	16.5	23.9	57.7
2001	194.3	48.6	8.9	17.1	119.6
2002	167.6	71.2	12.4	17.7	66.3
2003	75.6	32.5	6.6		36.5
2004	102.8	19.6	7.0	4.3	71.9
2005	231.8				127.7
2006	186.5				43.9
2007	248.2				86.4
2008	251.1				76.4
2009	375.0				233.5
2010	732.4				227.0

3-9 城镇规模以上固定资产投资竣工的住宅建筑面积

单位:万平方米

年 份	竣工的房屋住宅面积	基本建设	更新改造	其他投资	房地产开发
1978	36.4	33.7	0.4	2.3	
1979	50.5	44.7	3.6	2.2	
1980	61.2	58.2	0.2	2.8	
1981	64.3	53.3	7.7	3.3	
1982	58.8	37.3	9.9	11.6	
1983	73.8	38.5	16.1	19.2	
1984	65.8	35.2	12.3	18.3	
1985	67.1	32.3	10.4	24.4	
1986	76.1	31.9	18.1	26.1	
1987	48.7	25.6	6.9	16.2	
1988	33.0	15.5	8.1	9.4	
1989	29.7	18.0	7.3	4.4	
1990	58.4	12.2	9.4	2.1	34.7
1991	55.4	19.3	5.1	3.4	27.6
1992	64.6	26.2	6.8	4.8	26.8
1993	74.3	25.4	8.0	1.6	39.3
1994	73.8	21.1	4.3	6.4	42.0
1995	91.9	31.5	2.7	2.8	54.9
1996	114.1	31.7	8.4	3.0	71.0
1997	134.7	41.0	2.1	6.1	85.5
1998	140.6	26.9	0.4	6.0	107.3
1999	228.3	32.9	0.1	7.3	188.0
2000	143.6	31.9	3.5	33.7	74.5
2001	213.4	63.2		7.0	143.2
2002	155.7	43.0	0.9	9.3	102.6
2003	101.4	8.0	2.2	1.0	90.2
2004	92.8	3.7			89.1
2005	255.9				250.2
2006	149.3				136.7
2007	226.5				225.6
2008	198.4				198.4
2009	357.5				356.1
2010	395.2				378.6

3-10　市区城镇规模以上固定资产投资竣工的住宅建筑面积

单位:万平方米

年　份	竣工的房屋住宅面积	基本建设	更新改造	其他投资	房地产开发
1978	32.2	30.4		1.8	
1979	43.9	38.7	3.2	2.0	
1980	50.8	48.3	0.2	2.3	
1981	50.9	42.7	5.6	2.6	
1982	46.8	29.0	7.6	10.2	
1983	63.1	31.9	13.6	17.6	
1984	57.0	28.6	11.4	17.0	
1985	53.4	24.2	9.2	20.0	
1986	68.8	27.6	16.6	24.6	
1987	36.5	19.5	5.8	11.2	
1988	22.9	10.2	11.5	1.2	
1989	22.1	14.8	6.3	1.0	
1990	48.8	8.0	6.8	1.0	33.0
1991	39.8	19.3	5.1	3.4	12.0
1992	46.0	20.0	6.8	4.0	15.2
1993	54.4	12.2	3.8	1.5	36.9
1994	48.8	8.7	3.2	3.8	33.1
1995	63.7	15.2	0.5		48.0
1996	70.9	14.5	2.7	0.2	53.5
1997	81.0	16.8	1.1	2.6	60.5
1998	101.7	7.9	0.4		93.4
1999	173.6	11.3			162.3
2000	73.0	7.5	3.5	14.6	47.4
2001	94.9	13.5		2.8	78.6
2002	65.3	16.2	0.9	1.7	46.5
2003	30.8	1.6	2.2		27.0
2004	91.3	19.6	7.0	4.3	60.4
2005	102.0				102.0
2006	46.7				36.7
2007	65.9				65.9
2008	55.9				55.9
2009	196.3				196.3
2010	177.0				176.9

3-11 规模以上(城镇、农村)固定资产投资情况

(2010 年) 单位:万元

指标名称	合计	城镇投资	# 市区城镇投资	农村投资	房地产投资
累计投资					
自开始建设累计完成投资	28 374 468	19 766 371	12 232 262	3 505 890	5 102 207
自年初累计完成投资	19 387 158	14 416 544	8 398 162	2 917 392	2 053 222
# 本年新开工项目	13 246 266	10 854 741	6 462 919	2 391 525	
# 国有经济控股	1 896 766	1 804 046	1424 045	92 720	
# 住宅	68 355	68 194	28 638	161	
# 基础设施投资	2 905 944	2 734 304	2 041 675	171 640	
# 民间投资	14 759 218	11 919 746	6 337 309	2 839 472	
按构成分					
建筑工程	10 715 758	7 566 246	4 144 762	1 733 710	1 415 802
安装工程	1 397 226	1 017 252	578 788	199 545	180 429
设备工器具购置	5 759 307	4812 880	2 915 941	897 448	48 979
# 用于更新的设备	118 061	116 766	116 706	1 295	
其他费用	1 514 867	1 020 166	758 671	86 689	408 012
按建设性质分					
新　建	13 442 164	11 095 362	6 382 373	2 346 802	
扩　建	2 209 796	1 720 728	738 064	489 068	
改　建	1 496 071	1 418 851	1 157 695	77 220	
按登记注册类型分					
内　资	18 310 192	13 488 056	7 548 464	2 917 192	1 904 944
国有	1 974 179	1 672 220	1 315 065	77 720	224 239
集体	324 729	289 099	182 653	34 630	1 000
股份合作	54 156	48 600	48 600		5 556
联营企业	14 259	10 800	2 000		3 459
国有联营	2 000	2 000	2 000		
集体联营企业	11 059	7 600			3 459
其他联营企业	1 200	1 200			
有限责任公司	3 280 204	2 485 434	1 706 827	190 088	604 682
国有独资公司	116 189				116 189
其他有限责任公司	3 164 015	2 485 434	1 706 827	190 088	488 493
股份有限责任公司	1 274 146	933 709	534 039	95 410	245 027
私营	9 646 632	6 704 436	3 444 060	2 193 531	748 665
其他	1 741 887	1 343 758	315 220	325 813	72 316
港澳台商投资	643 515	547 602	514 462		95 913
合资经营	55 559	55 559	55 559		
合作经营	5 830	5 830	5 830		
独资	209 090	179 840	146 700		29 250
股份有限责任公司	373 036	306 373	306 373		66 663
外商投资	327 541	274 976	229 326	200	52 365
合资经营	187 817	152 900	152 900		34 917
合作经营					
独资	139 524	122 076	76 426		17 448
股份有限责任公司	200			200	
个体经营	105 910	105 910	105 910		
个体户	105 600	105 600	105 600		
个人合伙	310	310	310		

注:本表"城镇投资"项不包含房地产投资。

3-11 续表 1 （2010 年） 单位:万元

指标名称	合计	城镇投资	#市区城镇投资	农村投资	房地产投资
按产业分					
第一产业	275 605	172 503	39 850	103 102	
第二产业	11 237 080	8 955 392	4 488 320	2 281 688	
#工业	11 062 036	8 805 848	4 439 970	2 256 188	
#能源工业	1 083 204	988 896	727 670	94 308	
原材料工业	2 978 602	2 472 198	1 080 678	506 404	
机电工业	3 721 007	3 076 026	2 104 877	644 981	
轻纺工业	3 249 652	2 316 865	598 791	932 787	
第三产业	7 874 473	5 288 649	3 869 992	532 602	2 053 222
按国民经济行业分					
农、林、牧、渔业	275 605	172 503	39 850	103 102	
农业	146 579	100 837	29 600	45 742	
林业	2 400	2 400	2 400		
畜牧业	66 526	46 766	7 850	19 760	
渔业	35 400	13 900		21 500	
农、林、牧、渔服务业	24 700	8 600		16 100	
采矿业	330 287	237 479	94 399	92 808	
煤炭开采和洗选业	201 717	170 509	79 799	31 208	
石油与天然气开采业业	7 770	7 770			
黑色金属矿采选业	38 800	21 800		17 000	
非金属矿采选业	82 000	37 400	14 600	44 600	
其他采矿业					
制造业	10 058 641	7 911 261	3 854 589	2 147 380	
农副食品加工业	493 813	314 350	75 540	179 463	
食品制造业	263 434	157 335	18 150	106 099	
饮料制造业	140 078	92 378	44 070	47 700	
烟草制品业	13 079	13 079	13 079		
纺织业	525 132	366 882	72 080	158 250	
纺织服装、鞋、帽制造业	172 762	127 612	9 432	45 150	
皮革、毛皮、羽毛(绒)及其制品业	54 012	48 912	14 357	5 100	
木材加工及木、竹、藤、棕、草制品业	530 866	354 066	29 400	176 800	
家具制造业	293 308	205 973	77 813	87 335	
造纸及纸制品业	82 762	71 562	23 000	11 200	
印刷业和记录媒介的复制	32 550	27 550	12 800	5 000	
文教体育用品制造业	9 105	4 105		5 000	
石油加工、炼焦及核燃料加工业	290 599	241 099	199 029	49 500	
化学原料及化学制品制造业	958 939	812 869	156 940	146 070	
医药制造业	130 200	104 200	36 000	26 000	
化学纤维制造业	73 000	73 000	9 000		
橡胶制品业	111 778	69 180	10 184	42 598	
塑料制品业	154 154	92 354	17 100	61 800	
非金属矿物制品业	892 579	593 365	310 679	299 214	
黑色金属冶炼及压延加工业	779 813	757 293	580 493	22 520	
有色金属冶炼及压延加工业	292 261	277 461	28 766	14 800	
金属制品业	571 496	434 886	258 776	136 610	
通用设备制造业	700 512	540 822	353 238	159 690	
专用设备制造业	754 729	642 841	447 179	111 888	
交通运输设备制造业	361 941	270 041	134 058	91 900	
电气机械及器材制造业	515 499	389 406	181 527	126 093	
通信设备、计算机及其他电子设备	457 069	446 469	390 038	10 600	
仪器仪表及文化、办公用机械制造	359 761	351 561	340 061	8 200	

3-11 续表 2　　（2010 年）　　单位：万元

指 标 名 称	合 计	城镇投资	# 市区城镇投资	农村投资	房地产投资
工艺品及其他制造业	27 200	21 200	8 000	6 000	
废弃资源和废旧材料回收加工业	16 210	9 410	3 800	6 800	
电力、燃气及水的生产和供应业	673 108	657 108	490 982	16 000	
电力、热力的生产和供应业	570 613	557 013	443 842	13 600	
燃气生产和供应业	12 505	12 505	5 000		
水的生产和供应业	89 990	87 590	42 140	2 400	
建筑业	175 044	149 544	48 350	25 500	
房屋和土木工程建筑业	148 400	130 400	36 650	18 000	
建筑安装业	6 394	6 394			
建筑装饰业	7 600	7 600	7 600		
其他建筑业	12 650	5 150	4 100	7 500	
交通运输、仓储和邮政业	679 593	614 763	419 283	64 830	
铁路运输业	74 600	65 100		9 500	
道路运输业	346 750	346 750	301 798		
城市公共交通业	2 700	2 700			
水上运输业	105 720	68 500	21 000	37 220	
管道运输业	10 360	10 360	10 360		
装卸搬运和其他运输服务业	27 920	27 920	16 400		
仓储业	110 713	92 603	68 895	18 110	
邮政业	830	830	830		
信息传输、计算机服务和软件业	33 660	33 660	30 660		
电信和其他信息传输服务业	16 120	16 120	13 120		
计算机服务业	9 170	9 170	9 170		
软件业	8 370	8 370	8 370		
批发和零售业	1 977 663	1 687 593	1 184 577	290 070	
批发业	406 646	360 846	303 234	45 800	
零售业	1 571 017	1 326 747	881 343	244 270	
住宿和餐饮业	639 441	601 311	463 651	38 130	
住宿业	216 045	199 115	143 755	16 930	
餐饮业	423 396	402 196	319 896	21 200	
金融业	30 106	30 106	29 106		
银行业	25 789	25 789	24 789		
证□业	4 317	4 317	4 317		
其他金融活动					
房地产业	202 270	202 270	76 270	20 550	2 053 222
房地产业	2 276 042	202 270	76 270	20 550	2 053 222
租赁和商务服务业	253 648	253 648	228 658		
租赁业	8 640	8 640	8 640		
商务服务业	245 008	245 008	220 018		
科学研究、技术服务和地质勘查业	61 185	60 085	60 085	1 100	
研究与试验发展					
专业技术服务业	41 085	41 085	41 085		
科技交流和推广服务业	20 100	19 000	19 000	1 100	
水利、环境和公共设施管理业	1 101 959	1 017 859	783 018	84 100	
水利管理业	12 650	12 650	10 050		
环境管理业	175 185	164 335	94 099	10 850	
公共设施管理业	914 124	840 874	678 869	73 250	
居民服务和其他服务业	156 507	151 407	139 687	5 100	

3-11 续表 3 （2010 年） 单位:万元

指 标 名 称	合 计	城镇投资	#市区城镇投资	农村投资	房地产投资
居民服务业	120 505	120 505	118 505		
其他服务业	36 002	30 902	21 182	5 100	
教育	152 106	134 106	110 606	18 000	
教育	152 106	134 106	110 606	18 000	
卫生、社会保障和社会福利业	85 577	85 577	65 077		
卫生	79 617	79 617	59 117		
社会保障业	5 960	5 960	5 960		
文化、体育和娱乐业	308 194	301 374	228 484	6 820	
新闻出版业	14 785	14 785	14 785		
广播、电视、电影和音像业	11 100	11 100	11 100		
文化艺术业	72 660	72 660	29 780		
体育	23 270	23 270	19 860		
娱乐业	186 379	179 559	152 959	6 820	
公共管理和社会组织	118 792	114 890	50 830	3 902	
中国共产党机关					
国家机构	102 912	99 010	34 950	3 902	
群众团体、社会团体和宗教组织	8 800	8 800	8 800		
基层群众自治组织	7 080	7 080	7 080		
新增固定资产	**14 994 963**	**11 471 479**	**7 539 541**	**2 210 001**	**1 313 483**
项目个数 （个）					
施工项目个数	3 402	2 719	1 383	683	
本年新开工	2 621	2 120	1 137	501	
#全部投产项目个数	2 265	1 820	1 076	445	
房屋建筑面积 （平方米）					
施工房屋面积	42 660 811	21 899 862	11 046 555	3 659 297	17 101 652
#住宅	15 158 616	776 520	501 500		14 382 096
竣工房屋面积	15 988 123	9 524 535	5 054 063	1 892 264	4 571 324
#住宅	3 952 242	166 520	1 500		3 785 722
本年资金来源合计	**21 862 967**	**15 367 938**	**9 231 051**	**2 938 111**	**3 556 918**
上年末结余资金	403 129	1 380	1 000	935	400 814
本年资金来源	21 459 838	15 366 558	9 230 051	2 937 176	3 156 104
国家预算内资金	361 505	341 255	203 425	20 250	
国内贷款	1 816 716	943 148	524 788	309 210	564 358
债券					
利用外资	300 266	279 019	233 369		21 247
#外商直接投资	50 850	50 850	5 200		
自筹资金	17 087 953	13 676 064	8 179 469	2 603 146	808 743
#企事业单位自有资金	7 977 040	5 702 966	2 342 186	1 735 155	538 919
其他资金来源	1 893 398	127 072	89 000	4 570	1 761 756
本年各项应付款	**1 640 024**	**1 021 574**	**1 019 182**	**70**	**618 380**
#工程款	319 235	2 754	1 042	70	316 411
征用和购置土地					
规划用地面积 （平方米）	82 911 905	73 521 433	32 082 827	9 390 472	
本年实际征用和购置土地面积 （平方米）	58 179 315	52 244 908	16 449 325	5 258 738	675 669
本年实际征用和购置土地成交价款	1 321 071	1 057 226	860 565	211 980	51 865

3-12 主要年份房地产投资与销售情况

项目	2000	2005	2006	2007	2008	2009	2010
企业个数 （个）	**108**	**165**	**137**	**211**	**282**	**448**	**324**
投资完成额 （万元）	**280 490**	**625 738**	**707 983**	**1 001 097**	**1 308 123**	**1 590 593**	**2 053 222**
按构成分							
建筑工程	207 412	443 842	584 594	834 389	1 025 881	1 168 452	1 415 802
安装工程	12 904	27 867	15 827	46 890	91 168	162 724	180 429
设备工器具购置	3 104	4 421	1 848	5 476	13 413	13 092	48 979
其他费用	57 070	149 608	105 714	114 342	177 661	246 325	408 012
按工程用途分							
住宅	191 782	467 936	591 725	831 687	1 139 708	1 234 603	1 696 983
#经济适用房屋	50 168	410 893	22 387	120 306	149 187	170 740	96 320
办公楼	6 916	45 104	26 934	41 080	23 060	53 094	65 046
商业营业用房	68 964	89 115	75 039	120 659	119 464	232 714	233 634
其他	12 828	23 583	14 285	7 671	25 891	70 182	57 559
按资金来源分							
#国内贷款	101 610	128 526	134 422	149 464	238 007	521 596	564 358
利用外资		30 605	7 250	13 324	26 228	6 414	21 247
自筹投资	53 974	249 819	215 214	438 451	592 728	668 993	808 743
其他投资	119 564	372 014	489 812	591 747	640 962	1 122 305	1 761 756
房屋建筑面积 （万平方米）							
施工面积	306.90	672.98	679.70	911.26	1 261.87	1 397.46	1 710.17
#住宅	241.70	541.34	548.30	793.43	1 074.33	1 188.96	1 438.21
竣工面积	87.00	320.14	172.27	265.74	224.40	407.89	457.13
#住宅	74.50	250.15	136.66	225.57	198.39	356.09	378.57
土地开发及购置							
本年土地开发面积	63.40	124.56	99.54	173.49	199.24	162.44	
本年土地购置面积	110.60	86.34	153.47	141.88	187.36	130.28	67.57
商品房销售情况							
房屋实际销售面积	129.00	273.04	110.54	357.70	294.27	544.38	621.75
#住宅	119.90	252.99	97.32	321.41	267.92	492.43	548.71
#经济适用房	47.60	7.36	10.88	26.88	39.60	26.66	37.76
房屋预售面积	46.00	131.11	177.92	245.29	185.65	661.83	685.81
#住宅	40.00	123.62	154.89	223.06	172.08	587.53	580.11
#经济适用房	6.00	2.52	10.04	14.00	6.79	21.27	21.07
商品房销售额 （万元）	152 149	506 098	619 776	852 022	786 881	1 764 117	2 325 498

主要统计指标解释

全社会固定资产投资 固定资产投资额是以货币表现的建造和购置固定资产活动的工作量，它是反映固定资产投资规模、速度、比例关系和使用方向的综合性指标。按照现行国家统计制度规定:全社会固定资产投资分为基本建设、更新改造、房地产投资、其他投资(含国有单位其他投资、城镇集体、未列入基本建设和更新改造计划管理的联营经济、股份制经济、外商投资、港澳台投资等)、农村集体单位固定资产投资和城乡个人投资。

固定资产投资的资金来源 根据固定资产投资的资金来源不同,分为上年末结余资金、本年资金来源小计和各项应付款。其中本年资金来源小计又分为国家预算内资金、国内贷款、债券、利用外资、自筹资金和其他资金来源。

固定资产投资按国民经济行业分 建设项目归哪个行业，按其建成投产后的主要产品或主要用途及社会经济活动性质来确定。基本建设按建设项目划分国民经济行业,更新改造、国有经济单位其他固定资产投资及城镇集体投资根据整个企业事业单位所属的行业来划分。一般情况下,一个建设项目或一个企业、事业单位只能属于一种国民经济行业。为了更准确地反映国民经济各行业之间的比例关系，联合企业（总厂)所属分厂属于不同行业的,原则上按分厂划分行业。

固定资产投资按建设性质分 建设项目的性质一般分为新建、扩建、改建、迁建、恢复。基本建设按建设项目划分建设性质,更新改造、国有经济单位其他固定资产投资及城镇集体投资按整个企业、事业单位的建设情况确定建设性质。房地产投资不划分建设性质。目前基本建设和更新改造是根据我国现行的计划管理体制区分的，所以基本建设和更新改造都可以分别按新建扩建等划分。

固定资产投资按构成分 固定资产投资活动按其工作内容和实现方式分为建筑安装工程,设备、工具、器具购置,其他费用三个部分。

基本建设项目按大中小型划分 基本建设划分大中小型项目原则上应按照上级批准的设计任务书或初步设计所确定的总规模或总投资划分，没有正式批准设计任务书或初步设计的,按国家或省、自治区、直辖市年度基本建设投资计划中所列的总规模或总投资划分。上述两条均不具备的,按本年计划施工工程的建设总规模或总投资划分。生产单一产品的工业项目,按产品的设计能力划分;生产多种产品的工业项目,按其主要产品的设计能力划分。品种繁多,难以按生产能力划分的,按全部计划投资额划分。划分标准以国家颁发的《大中小型建设项目划分标准》为依据。国家曾在 1958 年、1962 年、1977 年和 1979 年先后五次修订《大中小型建设项目划分标准》,因此各历史时期的大中型项目数不完全可比。

施工项目 指报告期内曾进行建筑或安装工程施工活动的建设项目。包括报告期内新开工项目,报告期以前开工跨入报告期继续施工的项目以及报告期施过工并在报告期内全部建设投产或停缓建的项目。

全部建成投产项目 工业项目是指设计文件规定形成生产能力的主体工程及其相应配套的辅助设施全部建成，经负荷试运转,证明具备生产设计规定合格产品的条件,并经过验收鉴定合格或达到竣工验收标准，与生产性工程配套的生产福利设施可以满足近期正常生产的需要，正式移交生产的建设项目。非工业项目是指设计文件规定的主体工程和相应的配套工程全部建成,能够发挥设计规定的全部效益,经验收鉴定合格或达到竣工验收标准,正式移交使用的建设项目。

新增生产能力 指通过固定资产投资活动而增加的设计能力或工程效益，它是用实物形态表示的固定资产投资的成果。新增生产能力的计算,是以能独立发挥生产能力或效益的单项工程(或项目)为对象。当单项工(或项目)建成,经有关部门鉴定合格,正式移交投入生产,即可计算新增生产能力。

施工和竣工房屋建筑面积 房屋建筑面积是从房屋外墙线算起的各层平面面积的总和,包括房屋结构(如柱、墙)占用的面积和地下室面积。多层建筑按各自然层面积总和计算,包括房屋内的楼隔层,突出墙面的眺望间、门斗、有柱雨罩的面积。不包括突出墙面结构的构件、艺术装饰等所占的面积,如台阶等。凹阳台、挑阳台按其水平投影面积一半计算建筑面积。

竣工面积 指在报告期内房屋建筑按照设计要求已全部完工,达到住人和使用条件,经验收鉴定合格,正式移交使用单位的建筑面积。

房屋建筑面积竣工率 指一定时期内房屋竣工面积占同期房屋施工面积的比率。它是从房屋建筑施工速度的角度反映投资效果和建筑业经济效益的指标。

新增固定资产 指通过投资活动所形成的新的固定资产价值。包括已经建成投入生产或交付使用的工程价值和达到固定资产标准的设备、工具、器具的价值及有关应摊入的费用。它是以价值形式表示的固定资产投资成果的综合性指标,可以综合反映不同时期、不同部门、不同地区的固定资产投资成果。

建设项目投资率 指一定时期内全部建成投入生产项目个数占同期正式施工项目个数的比率。它是从项目建设速度的角度反映投资效果的指标。

固定资产交付使用率 指一定时期新增固定资产与同期完成投资额的比率。它是反映各个时期固定资产动用速度,衡量建设过程中投资效果的一个综合性指标。

未完工程占用率 指年末未完工程累计完成投资额占全年实际完成投资额的比率。它反映未完工程的相对规模,并可从资金占用的角度反映固定资产投资效果。由于未完工程是指已经开工,但尚未建成交付使用的工程,有个跨年度问题,因此未完工程占用率会出现大于 1 的情况。

第4部分

能源消费与库存

ENERGY CONSUMPTION AND STOCK

版面负责人：陈晓红

编　　　辑：李家平

关于统计机构和统计人员保密义务的规定

第九条 统计机构和统计人员对在统计工作中知悉的国家秘密、商业秘密和个人信息，应当予以保密。

【释义】 本条是关于统计机构和统计人员保密义务的规定。

统计机构和统计人员对在统计工作中知悉的国家秘密、商业秘密和个人信息负有保密义务。依照《统计法》规定，统计机构和统计人员具有统计调查、统计监督的职权。统计机构、统计人员依法实施统计调查活动时，国家机关、企业事业单位和其他组织以及个体工商户和个人等统计调查对象，必须依照《统计法》和国家有关规定，真实、准确、完整、及时地提供统计调查所需的资料；统计机构、统计人员进行统计监督检查，查处统计违法行为时，有关单位和个人也应当如实反映情况，提供相关证明和资料。因此，统计机构、统计人员在统计工作中，能够获得各类统计调查对象的大量资料，从而知悉统计调查对象的商业秘密或者公民个人信息，甚至有的属于国家秘密，并且汇总后的综合统计资料所反映的是国民经济和社会发展的总体情况，很可能涉及国家秘密。

所谓国家秘密，是指关系国家安全和利益，依照法定程序确定，在一定时间内只限于一定范围的人员知悉的事项，包括绝密级国家秘密、机密级国家秘密和秘密级国家秘密。《保守国家秘密法》规定，一切国家机关、武装力量、政党、社会团体、企业事业单位和公民都有保守国家秘密的义务。因此，统计机构、统计人员对于在统计工作中知悉的国家秘密应当予以严格保密，在制作、收发、传递、使用、复制、摘抄、保存和销毁属于国家秘密的文件、资料和其他物品时，应当遵守《保守国家秘密法》和国家有关规定，严格审批，不得泄露国家秘密。

所谓商业秘密，是指不为公众所知悉，能为权利人带来经济利益，具有实用性并经权利人采取保密措施的技术信息和经营信息。泄露商业秘密，将对统计调查对象的利益造成损害，从而影响其提供统计资料的主动性和积极性，影响统计工作的顺利开展。统计机构、统计人员在统计工作中应当依法履行职责，对统计调查对象的商业秘密予以保护，不得向他人泄露，以维护权利人的合法权益。

所谓个人信息，是指与统计调查对象个人有关的、能够识别单个统计调查对象身份的所有信息，如个人的身份信息、财产信息、行为特征信息等等。个人信息反映统计调查对象的个体特征和情况，如果泄露为公众所知晓，可能侵害公民的个人隐私等法定权利，也可能为他人从事侵害公民合法权益的活动提供便利条件。因此，本法明确规定统计机构、统计人员应当对其所知悉的个人信息予以保密。

编辑：张　霖

4-1 规模以上工业企业综合能源分行业消费量

指　　标	2010			2009	
	单位数（个）	综合能源消费量（吨标准煤）	产值单耗（吨标准煤/万元）	综合能源消费量（吨标准煤）	产值单耗（吨标准煤/万元）
总　　计	**3 412**	**18 839 776**	**0.37**	**1 711 2043**	**0.49**
按轻重工业分					
轻工业	1 151	1 906 813	0.14	1 721 500	0.17
重工业	2 261	16 932 963	0.46	15 390 542	0.62
按工业行业门类分					
采矿业	93	2 042 232	0.64	2 104 727	0.81
煤炭开采和洗选业	16	1 949 169	0.71	1 982 389	0.89
石油和天然气开采业					
黑色金属矿采选业	17	71 877	0.50	95 540	0.54
有色金属矿采选业					
非金属矿采选业	60	21 186	0.07	26 798	0.12
其他采矿业					
制造业	3 280	10 659 235	0.23	9 621 280	0.31
农副食品加工业	267	141 977	0.06	108 926	0.07
食品制造业	59	62 399	0.13	62 211	0.18
饮料制造业	31	607 581	0.29	659 509	0.41
烟草制品业	2	12 125	0.01	14 126	0.01
纺织业	292	211 837	0.08	190 713	0.11
纺织服装、鞋、帽制造业	80	20 230	0.05	14 731	0.06
皮革、毛皮、羽毛(绒)等制品业	16	12 749	0.08	11 806	0.12
木材加工及木、竹、藤等制品业	615	719 457	0.14	623 030	0.17
家具制造业	35	6 218	0.03	6 006	0.05
造纸及纸制品业	67	135 826	0.19	184 529	0.28
印刷业和记录媒介的复制	21	7 440	0.05	5 216	0.05
文教体育用品制造业	15	5 492	0.04	4 477	0.05
石油加工炼焦及核燃料	20	260 952	0.54	305 841	0.85
化学原料及化学制品制造业	251	1 886 036	0.34	1 460 418	0.53
医药制造业	49	116 422	0.12	70 564	0.12
化学纤维制造业	6	4 921	0.07	5 585	0.10
橡胶制品业	16	11 706	0.03	10 790	0.03
塑料制品业	116	99 242	0.11	76 824	0.14
非金属矿物制品业	270	1 821 648	0.74	1 960 050	1.22
黑色金属冶炼及压延加工业	43	3 709 616	1.33	3 222 427	1.72
有色金属冶炼及压延加工业	77	112 953	0.10	112 621	0.14
金属制品业	186	148 531	0.09	136 164	0.11
通用设备制造业	267	175 133	0.03	148 949	0.03
专用设备制造业	151	69 422	0.04	46 073	0.04
交通运输设备制造业	66	59 906	0.06	20 886	0.02
电气机械及器材制造业	110	162 633	0.07	105 255	0.08
通信设备、计算机及其他	42	25 526	0.03	17 688	0.04
仪器仪表及文化、办公用机械制造业	64	28 992	0.02	13 816	0.02
工艺品及其他制造业	43	20 691	0.11	19 233	0.19
废弃资源和废旧材料回收加工业	3	1 574	0.01	2 814	0.01
电力、煤气及水的生产等	39	6 138 309	4.31	5 386 035	4.57
电力、热力的生产和供应业	23	6 129 741	4.52	5 378 779	4.74
燃气生产和供应业	3	865	0.03	385	0.03
水的生产和供应业	13	7 704	0.21	6 872	0.22

4–2 规模以上工业企业能源购进、消费及库存

（2010 年）

能源名称		企业单位数（个）	年初库存	购进量	消费量			年末库存
					合计	工业生产消费	非工业生产消费	
原煤	（吨）	843	790 897	23 230 749	39 852 930	39 745 414	107 517	840 431
无烟煤		2	116 879	185 667	6 006 059	6 006 059		109 991
炼焦烟煤		2	26 615	101 370	103 660	103 660		24 325
一般烟煤		836	647 403	22 934 013	23 994 184	23 886 668	107 517	706 115
褐煤		3		9 699	9 749 027	9 749 027		
洗精煤	（吨）	10	95 384	2 714 312	2 371 951	2 371 714	237	107 422
其它洗煤	（吨）	8	53 177	1 041 590	1 386 776	1 386 776		39 475
煤制品	（吨）							
焦炭	（吨）	69	49 111	3 214 811	3 238 774	3 238 772	2	26 148
其它焦化产品	（吨）							
焦炉煤气	（万立方米）	6		15 283	31 064	31 064		
高炉煤气	（万立方米）	1			60 243	60 243		
转炉煤气	（万立方米）							
发生炉煤气	（万立方米）							
天然气（气态）	（万立方米）	5		768	768	768		
液化天然气（液态）	（吨）	2		65	65	65		
煤层气（煤田）	（万立方米）							
原油	（吨）							
汽油	（吨）	177	367	24 126	24 010	22 404	1 606	484
煤油	（吨）	15	1	1 711	1 710	1 699	11	2
柴油	（吨）	279	5 347	65 286	66 706	63 152	3 554	3 926
燃料油	（吨）	6	144	6 905	6 849	6 849		199
液化石油气	（吨）	1		187	187		187	
炼厂干气	（吨）							
石脑油	（吨）							
润滑油	（吨）							
石蜡	（吨）							
溶剂油	（吨）							
石油焦	（吨）							
石油沥青	（吨）							
其它石油制品	（吨）	9	4	2 864	2 868	2 865	3	
热力	（百万千焦）	64		9 653 145	11 390 736	11 016 019	374 718	
电力	（万千瓦时）	3 412		1 875 558	2 322 327	2 296 487	25 841	
煤矸石用于燃料	（吨）	2		270 595	270 595	270 595		
城市垃圾用于燃料	（吨）							
生物质废料用于燃料	（吨）							
余热余压	（百万千焦）							
其它工业废料用于燃料	（吨）							
其他燃料	（吨标准煤）							
能源合计	（吨标准煤）	3 412			37 087 656	36 966 226	121 430	

4-3 规模以上加工转换工业企业能源消费、投入及产出

（2010 年）

能源名称		企业单位数（个）	工业生产消费量	加工转换投入合计	#火力发电
原煤	（吨）	843	34 409 814	34 271 928	16 787 862
无烟煤		2	6 006 059	6 006 059	72 461
炼焦烟煤		2			
一般烟煤		836	18 664 427	18 526 541	14 867 133
褐煤		3	9 739 328	9 739 328	1 848 268
洗精煤	（吨）	10	2 131 192	1 624 916	
其它洗煤	（吨）	8	1 384 444	1 384 444	900 214
煤制品	（吨）				
焦炭	（吨）	69	338 614		
其它焦化产品	（吨）				
焦炉煤气	（万立方米）	6	31 064	17 719	12 939
高炉煤气	（万立方米）	1	60 243	38 343	17 632
转炉煤气	（万立方米）				
发生炉煤气	（万立方米）				
天然气(气态)	（万立方米）	5	119		
液化天然气(液态)	（吨）	2			
煤层气(煤田)	（万立方米）				
原油	（吨）				
汽油	（吨）	177	682		
煤油	（吨）	15	973		
柴油	（吨）	279	14 424	7 080	6 996
燃料油	（吨）	6	5 179	531	531
液化石油气	（吨）	1			
炼厂干气	（吨）				
石脑油	（吨）				
润滑油	（吨）				
石蜡	（吨）				
溶剂油	（吨）				
石油焦	（吨）				
石油沥青	（吨）				
其它石油制品	（吨）	9	82		
热力	（百万千焦）	64	4 572 112	460 696	460 696
电力	（万千瓦时）	3 412	634 172		
煤矸石用于燃料	（吨）	2	268 674	268 674	198 274
城市垃圾用于燃料	（吨）				
生物质废料用于燃料	（吨）				
余热余压	（百万千焦）				
其它工业废料用于燃料	（吨）				
其他燃料	（吨标准煤）				
能源合计	（吨标准煤）	3 412	27 723 711	25 790 799	11 514 386

4-3 续表 （2010 年）

能源名称		供热	原煤入洗	炼焦	能源加工转换产出	回收利用
原煤	（吨）	1 658 205	14 324 282	1 501 579		
无烟煤		119 994	5 813 604			
炼焦烟煤						
一般烟煤		1 538 211	619 618	1 501 579		
褐煤			7 891 060			
洗精煤	（吨）			1 624 916	8 595 616	
其它洗煤	（吨）	484 230			3 588 252	
煤制品	（吨）					
焦炭	（吨）				1 977 779	
其它焦化产品	（吨）				103 568	
焦炉煤气	（万立方米）	4 779			51 271	
高炉煤气	（万立方米）	20 711				60 243
转炉煤气	（万立方米）					
发生炉煤气	（万立方米）					
天然气(气态)	（万立方米）					
液化天然气(液态)	（吨）					
煤层气(煤田)	（万立方米）					
原油	（吨）					
汽油	（吨）					
煤油	（吨）					
柴油	（吨）	84				
燃料油	（吨）					
液化石油气	（吨）					
炼厂干气	（吨）					
石脑油	（吨）					
润滑油	（吨）					
石蜡	（吨）					
溶剂油	（吨）					
石油焦	（吨）					
石油沥青	（吨）					
其它石油制品	（吨）					
热力	（百万千焦）				34 452 704	384 222
电力	（万千瓦时）				3 638 707	
煤矸石用于燃料	（吨）	70 400				
城市垃圾用于燃料	（吨）					
生物质废料用于燃料	（吨）					
余热余压	（百万千焦）					384 222
其它工业废料用于燃料	（吨）					
其他燃料	（吨标准煤）					
能源合计	（吨标准煤）	1 366 112	10 383 857	2 526 444	18 035 875	90 575

4–4 规模以上工业企业分品种能源消费

（2010 年）

指　　标	原煤（吨）	无烟煤（吨）	炼焦烟煤（吨）	一般烟煤（吨）	褐煤（吨）	洗精煤（吨）	其它洗煤（吨）
总　　计	**39 852 930**	**6 006 059**	**103 660**	**23 994 184**	**9 749 027**	**2 371 951**	**1 386 776**
按轻重工业分							
轻工业	1 740 069			1 730 370	9 699	4 521	2 332
重工业	38 112 861	6 006 059	103 660	22 263 814	9 739 328	2 367 429	1 384 444
按工业行业门类分							
采矿业	18 085 504	5 813 604		2 532 572	9 739 328		331 484
煤炭开采和洗选业	18 074 287	5 813 604		2 521 355	9 739 328		331 484
石油和天然气开采业							
黑色金属矿采选业	4 178			4 178			
有色金属矿采选业							
非金属矿采选业	7 039			7 039			
其他采矿业							
制造业	7 222 417	192 455	103 660	6 916 603	9 699	2 371 951	2 332
农副食品加工业	94 729			85 030	9 699		
食品制造业	48 211			48 211		4 521	
饮料制造业	699 007			699 007			
烟草制品业							
纺织业	61 936			61 936			2 332
纺织服装、鞋、帽制造业	12 762			12 762			
皮革、毛皮、羽毛(绒)等制品业	13 115			13 115			
木材加工及木、竹、藤等制品业	827 591			827 591			
家具制造业	2 931			2 931			
造纸及纸制品业	74 809			74 809			
印刷业和记录媒介的复制							
文教体育用品制造业	1 941			1 941			
石油加工炼焦及核燃料	1 517 143			1 517 143		1 309 081	
化学原料及化学制品制造业	754 200	192 455	103 660	458 085		643 329	
医药制造业	116 213			116 213			
化学纤维制造业							
橡胶制品业	1 870			1 870			
塑料制品业	42 059			42 059			
非金属矿物制品业	2 184 299			2 184 299			
黑色金属冶炼及压延加工业	426 085			426 085		414 732	
有色金属冶炼及压延加工业	82 325			82 325			
金属制品业	86 197			86 197			
通用设备制造业	56 828			56 828		288	
专用设备制造业	17 904			17 904			
交通运输设备制造业	10 213			10 213			
电气机械及器材制造业	63 341			63 341			
通信设备、计算机及其他	8 308			8 308			
仪器仪表及文化、办公用机械制造业	9 408			9 408			
工艺品及其他制造业	8 993			8 993			
废弃资源和废旧材料回收加工业							
电力、煤气及水的生产等	14 545 010			14 545 010			1 052 960
电力、热力的生产和供应业	14 545 010			14 545 010			1 052 960
燃气生产和供应业							
水的生产和供应业							

4-4 续表1 （2010年）

指　　标	焦　炭（吨）	焦炉煤气（万立方米）	高炉煤气（万立方米）	天然气（气态）（万立方米）	液　化天然气（液态）（吨）	汽　油（吨）	煤　油（吨）
总　　计	**3 238 774**	**31 064**	**60 243**	**768**	**65**	**24 010**	**1 710**
按轻重工业分							
轻工业	44 660			355	51	16 580	112
重工业	3 194 114	31 064	60 243	414	14	7 430	1 597
按工业行业门类分							
采矿业	58 855	4 021				1 210	973
煤炭开采和洗选业		4 021				1 168	973
石油和天然气开采业							
黑色金属矿采选业	58 855					42	
有色金属矿采选业							
非金属矿采选业							
其他采矿业							
制造业	3 179 919	23 022	60 243	768	65	22 620	737
农副食品加工业	2					106	104
食品制造业				3		564	
饮料制造业						15 139	
烟草制品业				352		30	
纺织业						81	8
纺织服装、鞋、帽制造业							
皮革、毛皮、羽毛(绒)等制品业						6	
木材加工及木、竹、藤等制品业	9 550					43	
家具制造业	1 370					13	
造纸及纸制品业							
印刷业和记录媒介的复制						77	
文教体育用品制造业							
石油加工炼焦及核燃料		11 325					
化学原料及化学制品制造业	14 145	7 241				143	
医药制造业					51	119	
化学纤维制造业							
橡胶制品业						5	
塑料制品业						296	
非金属矿物制品业	1 560					84	
黑色金属冶炼及压延加工业	3 047 197	4 456	60 243	119		1 513	
有色金属冶炼及压延加工业	881					55	
金属制品业	1 455					564	
通用设备制造业	16 411			167	14	1 040	76
专用设备制造业	2 903			128		1 234	
交通运输设备制造业	29 010					374	476
电气机械及器材制造业	45 660					393	33
通信设备、计算机及其他						94	22
仪器仪表及文化、办公用机械制造业						645	18
工艺品及其他制造业	9 775					4	
废弃资源和废旧材料回收加工业							
电力、煤气及水的生产等		4 021				180	
电力、热力的生产和供应业		4 021				42	
燃气生产和供应业						78	
水的生产和供应业						60	

4-4 续表 2 （2010 年）

指　　标	柴　油（吨）	燃料油（吨）	液化石油气（吨）	其　它石油制品（吨）	热力（百万千焦）	电力（万千瓦时）	煤矸石用于燃料（吨）
总　　计	**66 706**	**6 849**	**187**	**2 868**	**11 390 736**	**2 322 327**	**270 595**
按轻重工业分							
轻工业	17 750	260		1	2 698 394	391 932	
重工业	48 955	6 589	187	2 867	8 692 342	1 930 396	270 595
按工业行业门类分							
采矿业	13 292	4 648	187	48	457 664	321 935	
煤炭开采和洗选业	9 518	4 648	187	48	457 664	302 376	
石油和天然气开采业							
黑色金属矿采选业	285					10 549	
有色金属矿采选业							
非金属矿采选业	3 489					9 011	
其他采矿业							
制造业	45 332	1 671		2 820	10 140 464	1 792 341	1 921
农副食品加工业	4 581				16 541	56 896	
食品制造业	280				125 641	15 156	
饮料制造业	9 241				321 182	56 542	
烟草制品业	615				81 631	4 196	
纺织业	661				25 943	134 336	
纺织服装、鞋、帽制造业	110			1	17 900	8 415	
皮革、毛皮、羽毛(绒)等制品业	88					2 642	
木材加工及木、竹、藤等制品业	6 209				195 540	84 836	
家具制造业						2 257	
造纸及纸制品业	285				1 663 055	20 557	
印刷业和记录媒介的复制	13					5 991	
文教体育用品制造业		260				3 039	
石油加工炼焦及核燃料	248			2 734	188 129	8 210	
化学原料及化学制品制造业	1 047				6 084 210	505 920	
医药制造业	135				441 420	14 664	
化学纤维制造业						4 004	
橡胶制品业					37 870	7 392	
塑料制品业	67					56 135	
非金属矿物制品业	5 705					205 204	1 921
黑色金属冶炼及压延加工业	1 206			33	711 500	257 910	
有色金属冶炼及压延加工业	1 363	1 200				40 337	
金属制品业	2 037					66 640	
通用设备制造业	6 595			38	182 092	80 587	
专用设备制造业	1 078	211			47 700	38 589	
交通运输设备制造业	553			13		18 238	
电气机械及器材制造业	2 475					56 221	
通信设备、计算机及其他	24					15 775	
仪器仪表及文化、办公用机械制造业	485				111	16 765	
工艺品及其他制造业	230					3 605	
废弃资源和废旧材料回收加工业						1 281	
电力、煤气及水的生产等	8 081	531			792 608	208 051	268 674
电力、热力的生产和供应业	7 949	531			792 608	201 301	268 674
燃气生产和供应业	36					668	
水的生产和供应业	96					6 083	

4-5 规模以上工业企业原煤购进、消费及库存

（2010 年） 单位：吨

指标	年初库存	购进量		消费量			年末库存
		实物量	金额（万元）	合计	工业生产消费	非工业生产消费	
总计	**790 897**	**23 230 749**	**1 500 705**	**39 852 930**	**39 745 414**	**107 517**	**840 431**
按轻重工业分							
轻工业	31 097	1 744 026	117 381	1 740 069	1 731 808	8 261	34 677
重工业	759 800	21 486 723	1 383 323	38 112 861	38 013 606	99 256	805 754
按工业行业门类分							
采矿业	24 445	968 184	50 030	18 085 504	18 030 559	54 945	36 573
煤炭开采和洗选业	24 005	956 883	49 174	18 074 287	18 019 342	54 945	36 049
石油和天然气开采业							
黑色金属矿采选业	440	4 262	374	4 178	4 178		524
有色金属矿采选业							
非金属矿采选业		7 039	482	7 039	7 039		
其他采矿业							
制造业	295 601	7 283 332	496 143	7 222 417	7 211 753	10 664	354 175
农副食品加工业	800	99 471	7 149	94 729	94 729		5 539
食品制造业	2 377	49 718	4 003	48 211	48 211		3 637
饮料制造业	15 527	698 361	43 574	699 007	690 832	8 175	14 881
烟草制品业							
纺织业	2 000	63 918	4 481	61 936	61 850	86	3 856
纺织服装、鞋、帽制造业		13 162	823	12 762	12 762		400
皮革、毛皮、羽毛(绒)等制品业		13 165	990	13 115	13 115		50
木材加工及木、竹、藤等制品业	5 860	830 282	54 133	827 591	827 591		8 377
家具制造业	1 500	1 898	104	2 931	2 931		467
造纸及纸制品业	150	74 809	4959	74 809	74 809		150
印刷业和记录媒介的复制							
文教体育用品制造业		2 030	121	1 941	1 941		89
石油加工炼焦及核燃料	629	1 521 680	91 636	1 517 143	1 517 143		4 272
化学原料及化学制品制造业	166 462	743 818	63 804	754 200	754 200		155 255
医药制造业	5 116	111 985	8 028	116 213	116 213		888
化学纤维制造业							
橡胶制品业		1 870	112	1 870	1 870		
塑料制品业	310	41 759	3 142	42 059	42 059		13
非金属矿物制品业	88 725	2 227 524	154 516	2 184 299	2 181 936	2 363	131 776
黑色金属冶炼及压延加工业	3 070	438 155	29 617	426 085	426 085		15 141
有色金属冶炼及压延加工业	694	82 900	6 479	82 325	82 325		1 369
金属制品业	2 080	86 446	5 955	86 197	86 157	40	2 329
通用设备制造业		58 915	3 936	56 828	56 828		2 087
专用设备制造业		17 997	1 293	17 904	17 904		93
交通运输设备制造业		10 519	812	10 213	10 213		306
电气机械及器材制造业	100	64 131	4 389	63 341	63 341		890
通信设备、计算机及其他		8 308	561	8 308	8 308		
仪器仪表及文化、办公用机械制造业		10 211	725	9 408	9 408		803
工艺品及其他制造业	200	10 300	803	8 993	8 993		1 507
废弃资源和废旧材料回收加工业							
电力、煤气及水的生产等	470 851	14 979 232	954 532	14 545 010	14 503 102	41 908	449 684
电力、热力的生产和供应业	470 851	14 979 232	954 532	14 545 010	14 503 102	41 908	449 684
燃气生产和供应业							
水的生产和供应业							

4-6 规模以上工业企业焦炭购进、消费及库存

（2010 年）　　　　　　单位：吨

指　　标	年初库存	购进量		消费量			年末库存
		实物量	金额（万元）	合计	工业生产消费	非工业生产消费	
总　计	**49 111**	**3 214 811**	**510 586**	**3 238 774**	**3 238 772**	**2**	**26 148**
按轻重工业分							
轻工业	2 000	43 989	8 542	44 660	44 660		1 329
重工业	47 111	3 170 822	502 044	3 194 114	3 194 112	2	24 819
按工业行业门类分	1 830	59 286	9 187	58 855	58 855		2 261
采矿业							
煤炭开采和洗选业							
石油和天然气开采业							
黑色金属矿采选业	1 830	59 286	9 187	58 855	58 855		2 261
有色金属矿采选业							
非金属矿采选业							
其他采矿业							
制造业	47 281	3 155 525	501 400	3 179 919	3 179 917	2	23 887
农副食品加工业		2		2	2		
食品制造业							
饮料制造业							
烟草制品业							
纺织业							
纺织服装、鞋、帽制造业							
皮革、毛皮、羽毛(绒)等制品业							
木材加工及木、竹、藤等制品业		9 550	1 909	9 550	9 550		
家具制造业	2 000			1 370	1 370		630
造纸及纸制品业							
印刷业和记录媒介的复制							
文教体育用品制造业							
石油加工炼焦及核燃料							
化学原料及化学制品制造业	1 892	14 490	2 084	14 145	14 145		2 237
医药制造业							
化学纤维制造业							
橡胶制品业							
塑料制品业							
非金属矿物制品业		1 560	191	1 560	1 560		
黑色金属冶炼及压延加工业	14 689	3 049 723	481 951	3 047 197	3 047 197		18 215
有色金属冶炼及压延加工业		881	116	881	881		
金属制品业		1 455	232	1 455	1 455		
通用设备制造业		17 477	3 355	16 411	16 411		1 066
专用设备制造业		2 903	270	2 903	2 901	2	
交通运输设备制造业		29 010	5 656	29 010	29 010		
电气机械及器材制造业	28 700	18 000	3 650	45 660	45 660		1 040
通信设备、计算机及其他							
仪器仪表及文化、办公用机械制造业							
工艺品及其他制造业		10 474	1 985	9 775	9 775		699
废弃资源和废旧材料回收加工业							
电力、煤气及水的生产等							
电力、热力的生产和供应业							
燃气生产和供应业							
水的生产和供应业							

4-7 规模以上工业企业热力能源购进及消费

（2010 年）　　单位：百万千焦

指　　标	购进量		消费量		
	实物量	金额（万元）	合计	工业生产消费	非工业生产消费
总　计	**9 653 145**	**59 881**	**11 390 736**	**1 101 6019**	**374 718**
按轻重工业分					
轻工业	2 714 063	16 268	2 698 394	2 673 072	25 323
重工业	6 939 082	43 613	8 692 342	8 342 947	349 395
按工业行业门类分					
采矿业	457 664	4 140	457 664	108 269	349 395
煤炭开采和洗选业	457 664	4 140	457 664	108 269	349 395
石油和天然气开采业					
黑色金属矿采选业					
有色金属矿采选业					
非金属矿采选业					
其他采矿业					
制造业	9 195 482	55 741	10 140 464	10 115 142	25 323
农副食品加工业	16 541	97	16 541	5 958	10 583
食品制造业	125 641	575	125 641	124 641	1 000
饮料制造业	321 182	1 825	321 182	319 586	1 596
烟草制品业	97 300	873	81 631	71 930	9 701
纺织业	25 943	512	25 943	23 500	2 443
纺织服装、鞋、帽制造业	17 900	125	17 900	17 900	
皮革、毛皮、羽毛(绒)等制品业					
木材加工及木、竹、藤等制品业	195 540	2 872	195 540	195 540	
家具制造业					
造纸及纸制品业	1 663 055	9 016	1 663 055	1 663 055	
印刷业和记录媒介的复制					
文教体育用品制造业					
石油加工炼焦及核燃料	188 219	731	188 129	188 129	
化学原料及化学制品制造业	5 824 733	33 893	6 084 210	6 084 210	
医药制造业	441 420	3 148	441 420	441 420	
化学纤维制造业					
橡胶制品业	37 870	302	37 870	37 870	
塑料制品业					
非金属矿物制品业					
黑色金属冶炼及压延加工业	10 235	42	711 500	711 500	
有色金属冶炼及压延加工业					
金属制品业					
通用设备制造业	182 092	1 384	182 092	182 092	
专用设备制造业	47 700	344	47 700	47 700	
交通运输设备制造业					
电气机械及器材制造业					
通信设备、计算机及其他					
仪器仪表及文化、办公用机械制造业	111	2	111	111	
工艺品及其他制造业					
废弃资源和废旧材料回收加工业					
电力、煤气及水的生产等			792 608	792 608	
电力、热力的生产和供应业			792 608	792 608	
燃气生产和供应业					
水的生产和供应业					

4-8 规模以上工业企业汽油购进、消费及库存

（2010年） 单位：吨

指标	年初库存	购进量		消费量			年末库存
		实物量	金额（万元）	合计	工业生产消费	非工业生产消费	
总计	**367**	**24 126**	**15 868**	**24 010**	**22 404**	**1 606**	**484**
按轻重工业分							
轻工业	328	16 702	10 614	16 580	16 020	560	450
重工业	39	7 424	5 254	7 430	6 383	1 046	34
按工业行业门类分							
采矿业	35	1 204	866	1 210	660	550	29
煤炭开采和洗选业	35	1 162	830	1 168	618	550	29
石油和天然气开采业							
黑色金属矿采选业		42	36	42	42		
有色金属矿采选业							
非金属矿采选业							
其他采矿业							
制造业	332	22 742	14 859	22 620	21 632	988	455
农副食品加工业		106	72	106	106		
食品制造业		564	505	564	554	10	
饮料制造业	328	15 261	9 463	15 139	14 970	169	450
烟草制品业		30	20	30		30	
纺织业		81	57	81	18	63	
纺织服装、鞋、帽制造业							
皮革、毛皮、羽毛(绒)等制品业		6	5	6	6		
木材加工及木、竹、藤等制品业		43	38	43	43		
家具制造业		13	12	13	13		
造纸及纸制品业							
印刷业和记录媒介的复制		77	66	77	72	5	
文教体育用品制造业							
石油加工炼焦及核燃料							
化学原料及化学制品制造业		142	108	143	92	51	
医药制造业		119	79	119	95	24	
化学纤维制造业							
橡胶制品业		5	2	5	5		
塑料制品业		296	206	296	81	215	
非金属矿物制品业		84	56	84	69	15	
黑色金属冶炼及压延加工业		1 513	1 086	1 513	1 501	12	
有色金属冶炼及压延加工业		55	38	55	46	9	
金属制品业		565	412	564	534	29	1
通用设备制造业	4	1 040	677	1 040	1 018	22	4
专用设备制造业		1 234	891	1 234	1 112	121	
交通运输设备制造业		374	266	374	367	7	
电气机械及器材制造业		393	284	393	193	200	
通信设备、计算机及其他		94	62	94	94		
仪器仪表及文化、办公用机械制造业		645	449	645	639	5	
工艺品及其他制造业		4	4	4	4		
废弃资源和废旧材料回收加工业							
电力、煤气及水的生产等		180	143	180	112	68	
电力、热力的生产和供应业		42	29	42	13	29	
燃气生产和供应业		78	65	78	39	39	
水的生产和供应业		60	49	60	60		

4–9 规模以上工业企业柴油购进、消费及库存

（2010 年）

单位：吨

指标	年初库存	购进量		消费量			年末库存
		实物量	金额（万元）	合计	工业生产消费	非工业生产消费	
总　计	**5 347**	**65 286**	**38 627**	**66 706**	**63 152**	**3 554**	**3 926**
按轻重工业分							
轻工业	509	17 872	10 541	17 750	17 478	272	631
重工业	4 838	47 414	28 086	48 955	45 674	3 282	3 295
按工业行业门类分							
采矿业	92	13 420	8 864	13 292	11 477	1 816	219
煤炭开采和洗选业	87	9 643	6 683	9 518	7 703	1 816	211
石油和天然气开采业							
黑色金属矿采选业	5	288	188	285	285		8
有色金属矿采选业							
非金属矿采选业		3 489	1 994	3489	3 489		
其他采矿业							
制造业	566	45 706	25 987	45 332	44 286	1 046	939
农副食品加工业		4 581	2 613	4 581	4 575	6	
食品制造业		280	141	280	274	6	
饮料制造业	258	9 363	5 617	9 241	9 008	233	380
烟草制品业	251	615	520	615	615		251
纺织业		661	347	661	645	16	
纺织服装、鞋、帽制造业		110	55	110	110		
皮革、毛皮、羽毛(绒)等制品业		88	44	88	88		
木材加工及木、竹、藤等制品业	1	6 208	3 283	6 209	6 205	4	
家具制造业							
造纸及纸制品业		285	148	285	285		
印刷业和记录媒介的复制		13	7	13	7	6	
文教体育用品制造业							
石油加工炼焦及核燃料	3	252	132	248		248	6
化学原料及化学制品制造业	4	1 046	592	1 047	1 007	40	1
医药制造业		135	80	135	135		
化学纤维制造业							
橡胶制品业							
塑料制品业		67	37	67	67		
非金属矿物制品业		5 955	3 633	5 705	5 327	378	250
黑色金属冶炼及压延加工业		1 206	710	1 206	1 206		
有色金属冶炼及压延加工业		1 363	828	1 363	1 363		
金属制品业		2 038	1 044	2 037	2 028	9	1
通用设备制造业	50	6 595	3 454	6 595	6 595		50
专用设备制造业		1 078	647	1 078	989	89	
交通运输设备制造业		553	284	553	542	11	
电气机械及器材制造业		2 475	1 391	2 475	2 475		
通信设备、计算机及其他		24	15	24	24		
仪器仪表及文化、办公用机械制造业		485	246	485	485		
工艺品及其他制造业		230	120	230	230		
废弃资源和废旧材料回收加工业							
电力、煤气及水的生产等	4 689	6 160	3 776	8 081	7 389	692	2 769
电力、热力的生产和供应业	4 689	6 028	3 689	7 949	7 265	684	2 769
燃气生产和供应业		36	22	36	28	8	
水的生产和供应业		96	65	96	96		

4-10 规模以上工业企业电力购进及消费

（2010 年）

单位:万千瓦时

指标	购进量		消费量		
	实物量	金额（万元）	合计	工业生产消费	非工业生产消费
总计	**1 875 558**	**127 4227**	**2 322 327**	**229 6487**	**25 841**
按轻重工业分					
轻工业	391 932	270 687	391 932	390 213	1 719
重工业	1 483 627	1 003 540	1 930 396	1 906 274	24 122
按工业行业门类分					
采矿业	104 968	71 944	321 935	308 451	13 484
煤炭开采和洗选业	85 408	58 084	302 376	290 291	12 084
石油和天然气开采业					
黑色金属矿采选业	10 549	7 634	10 549	9 149	1 400
有色金属矿采选业					
非金属矿采选业	9 011	6 227	9 011	9 011	
其他采矿业					
制造业	1 762 310	1 196 813	1 792 341	1 783 459	8 883
农副食品加工业	56 896	39 537	56 896	56 878	18
食品制造业	15 156	11 510	15 156	15 146	10
饮料制造业	56 542	40 860	56 542	55 421	1 121
烟草制品业	4 196	3 398	4 196	3 989	207
纺织业	134 335	84 893	134 336	134 028	308
纺织服装、鞋、帽制造业	8 415	6 034	8 415	8 415	
皮革、毛皮、羽毛(绒)等制品业	2 642	2 112	2 642	2 639	3
木材加工及木、竹、藤等制品业	84 841	59 294	84 836	84 825	11
家具制造业	2 257	1 640	2 257	2 257	
造纸及纸制品业	20 557	14 729	20 557	20 557	
印刷业和记录媒介的复制	5 991	4 458	5 991	5 960	31
文教体育用品制造业	3 039	2 094	3 039	3 039	
石油加工炼焦及核燃料	6 593	4 868	8 210	8 100	111
化学原料及化学制品制造业	490 179	336 003	505 920	504 674	1 246
医药制造业	14 664	10 521	14 664	14 664	
化学纤维制造业	4 004	2 536	4 004	4 004	
橡胶制品业	7 392	5 375	7 392	7 382	10
塑料制品业	56 135	30 725	56 135	56 128	7
非金属矿物制品业	198 236	131 083	205 204	203 515	1 690
黑色金属冶炼及压延加工业	248 878	165 906	257 910	253 951	3 958
有色金属冶炼及压延加工业	40 359	28 297	40 337	40 311	26
金属制品业	66 640	46 190	66 640	66 586	54
通用设备制造业	80 587	58 483	80 587	80 551	36
专用设备制造业	41 889	28 714	38 589	38 577	12
交通运输设备制造业	18 238	13 704	18 238	18 223	15
电气机械及器材制造业	56 221	36 062	56 221	56 221	
通信设备、计算机及其他	15 775	11 237	15 775	15 773	2
仪器仪表及文化、办公用机械制造业	16 765	12 685	16 765	16 757	9
工艺品及其他制造业	3 605	2 593	3 605	3 605	
废弃资源和废旧材料回收加工业	1 281	1 273	1 281	1 281	
电力、煤气及水的生产等	8 281	5 470	208 051	204 577	3 474
电力、热力的生产和供应业	1 530	1 039	201 301	197 871	3 430
燃气生产和供应业	668	468	668	624	44
水的生产和供应业	6 083	3 963	6 083	6 083	

4-11 规模以上工业企业分行业水消费量

（2010 年） 单位：万立方米

指标名称	取水量合计	#付费水	付费水金额（万元）	#地表水取水量合计	#付费水	付费水金额（万元）
总　　计	**30 500**	**19 273**	**14 731**	**10 593**	**7 921**	**2 231**
按轻重工业分						
轻工业	14 286	5 059	5 573	2 589	176	43
重工业	16 214	14 214	9 158	8 004	7 744	2 188
按工业行业门类分						
采矿业	4 687	4 316	2 771	1 839	1 839	555
煤炭开采和洗选业	4 327	3 968	2 483	1 509	1 509	291
石油和天然气开采业						
黑色金属矿采选业	339	330	267	329	329	263
有色金属矿采选业						
非金属矿采选业	21	18	22	1	1	1
其他采矿业						
制造业	6 628	5 583	6 911	1 009	749	152
农副食品加工业	293	238	288	20	20	8
食品制造业	219	213	329	…	…	
饮料制造业	761	757	969	135	135	26
烟草制品业	52	49	150			
纺织业	484	461	268	4	4	3
纺织服装、鞋、帽制造业	40	34	53	13	13	4
皮革、毛皮、羽毛(绒)等制品业	76	76	101			
木材加工及木、竹、藤等制品业	178	92	203	4	3	3
家具制造业	5	4	7	…		
造纸及纸制品业	436	136	333	1	…	
印刷业和记录媒介的复制	13	13	39			
文教体育用品制造业	2	1	1			
石油加工炼焦及核燃料	148	148	123	16	16	3
化学原料及化学制品制造业	1 381	1 282	1 249	119	56	16
医药制造业	146	138	250			
化学纤维制造业	6	5	5			
橡胶制品业	6	6	17			
塑料制品业	29	21	24			
非金属矿物制品业	680	632	549	52	52	14
黑色金属冶炼及压延加工业	983	643	263	635	439	68
有色金属冶炼及压延加工业	35	25	43	…		
金属制品业	64	52	101	…	…	
通用设备制造业	275	266	759	3	3	2
专用设备制造业	92	88	238	3	3	1
交通运输设备制造业	50	46	108	2	2	2
电气机械及器材制造业	54	47	122	1	1	1
通信设备、计算机及其他	83	82	253	1	1	
仪器仪表及文化、办公用机械制造业	24	22	50	…		
工艺品及其他制造业	10	8	12	…		
废弃资源和废旧材料回收加工业	2	2	5			
电力、煤气及水的生产等	19 185	9 373	5 049	7 745	5 333	1 524
电力、热力的生产和供应业	6 571	6 548	2 547	5 333	5 333	1 524
燃气生产和供应业	2	1	13			
水的生产和供应业	12 613	2 824	2 489	2 412		

4-11 续表 （2010 年） 单位：万立方米

指 标 名 称	地下水取水量合计	#付费水	付费水金额（万元）	自来水取水量合计	#付费水	付费水金额（万元）	外供水量
总　　计	**17 268**	**10 063**	**8 897**	**1 291**	**1 288**	**3 586**	**9 099**
按轻重工业分							
轻工业	11 105	4 295	4 074	589	588	1 457	9 094
重工业	6 163	5 768	4 823	702	700	2 130	5
按工业行业门类分							
采矿业	2 447	2 434	2 056	42	42	147	
煤炭开采和洗选业	2 417	2 416	2 032	41	41	146	
石油和天然气开采业							
黑色金属矿采选业	10	1	4				
有色金属矿采选业							
非金属矿采选业	19	17	20	…	…	1	
其他采矿业							
制造业	4 459	3 682	3 547	1 156	1 153	3 210	
农副食品加工业	255	199	236	19	19	43	
食品制造业	107	101	39	112	112	290	
饮料制造业	420	415	504	206	206	439	
烟草制品业	8	8	7	41	41	143	
纺织业	415	392	162	65	65	103	
纺织服装、鞋、帽制造业	16	10	16	11	11	33	
皮革、毛皮、羽毛(绒)等制品业	75	74	98	1	1	3	
木材加工及木、竹、藤等制品业	151	68	148	24	22	52	
家具制造业	4	3	5	1	1	3	
造纸及纸制品业	424	123	329	12	12	4	
印刷业和记录媒介的复制	4	3	8	10	10	31	
文教体育用品制造业	2	…	1	…	…	1	
石油加工炼焦及核燃料	109	108	39	23	23	81	
化学原料及化学制品制造业	1 177	1 141	952	85	84	281	
医药制造业	116	107	155	30	30	95	
化学纤维制造业	6	5	5				
橡胶制品业	1	1	2	5	5	14	
塑料制品业	26	18	16	3	3	8	
非金属矿物制品业	608	559	482	20	20	54	
黑色金属冶炼及压延加工业	342	198	177	6	6	17	
有色金属冶炼及压延加工业	30	20	29	5	5	14	
金属制品业	47	34	48	17	17	52	
通用设备制造业	44	36	34	228	228	723	
专用设备制造业	18	15	13	70	70	224	
交通运输设备制造业	17	12	11	31	31	95	
电气机械及器材制造业	18	11	13	35	35	108	
通信设备、计算机及其他	3	3	3	79	79	250	
仪器仪表及文化、办公用机械制造业	9	7	8	15	15	43	
工艺品及其他制造业	9	7	9	1	1	3	
废弃资源和废旧材料回收加工业	…	…		2	2	5	
电力、煤气及水的生产等	10 362	3 947	3 293	93	93	229	9 099
电力、热力的生产和供应业	1 147	1 124	806	91	91	217	
燃气生产和供应业	…			1	1	11	
水的生产和供应业	9 215	2 824	2 487	1	1	1	9 099

4–12 规模以上工业企业分行业重复用水消费量

（2010 年） 单位：万立方米

指标名称	重复用水量	废水排放量	废水处理达标水排放量	废水未处理或未达标排放量（立方米）
总　计	**186 392**	**4 981**	**4 981**	**1 374**
按轻重工业分				
轻工业	135	1 415	1 415	995
重工业	186 256	3 566	3 566	379
按工业行业门类分				
采矿业	2 170	417	417	
煤炭开采和洗选业	2 169	402	402	
石油和天然气开采业				
黑色金属矿采选业	…	…	…	
有色金属矿采选业				
非金属矿采选业		15	15	
其他采矿业				
制造业	1 270	2 866	2 865	1 374
农副食品加工业	11	152	152	50
食品制造业		96	96	
饮料制造业	45	359	359	
烟草制品业	8	29	29	
纺织业	10	234	233	835
纺织服装、鞋、帽制造业		17	17	110
皮革、毛皮、羽毛(绒)等制品业		61	61	
木材加工及木、竹、藤等制品业	6	81	81	
家具制造业		2	2	
造纸及纸制品业		219	219	
印刷业和记录媒介的复制		8	8	
文教体育用品制造业		1	1	
石油加工炼焦及核燃料	16	27	27	
化学原料及化学制品制造业	278	721	721	20
医药制造业		64	64	
化学纤维制造业		3	3	
橡胶制品业		1	1	
塑料制品业		10	10	
非金属矿物制品业	852	94	94	52
黑色金属冶炼及压延加工业	43	262	262	
有色金属冶炼及压延加工业		15	15	
金属制品业		33	33	126
通用设备制造业		193	193	165
专用设备制造业		51	51	10
交通运输设备制造业		23	23	6
电气机械及器材制造业		24	24	
通信设备、计算机及其他	1	67	67	
仪器仪表及文化、办公用机械制造业		10	10	
工艺品及其他制造业		7	7	
废弃资源和废旧材料回收加工业		2	2	
电力、煤气及水的生产等	182 952	1 699	1 699	
电力、热力的生产和供应业	182 952	611	611	
燃气生产和供应业		1	1	
水的生产和供应业		1 087	1 087	

4-13 主要年份全社会用电情况

单位:万千瓦时

项目	1990	1995	2000	2005	2007	2008	2009	2010
全社会用电量	**509 155**	**705 549**	**670 550**	**1 382 016**	**1 602 988**	**1 892 209**	**2 184 084**	**2 460 074**
全行业用电								
农林牧渔水利业	46 842	52 536	55 689	49 166	22 703	22 698	27 780	30 234
#排 灌	28 822	29 660	41 439	33 672	12 140	10 451	12 876	12 969
工业	420 161	560 719	494 267	1 096 270	1 263 282	1 499 147	1 728 119	1 918 967
轻工业	51 213	62 219	64 812	115 283	166 796	162 608	180 784	220 519
重工业	368 948	498 500	429 455	980 987	1 096 486	1 336 539	1 547 335	1 698 448
建筑业	3 087	3 875	5 401	9 734	13 975	16 183	17 628	18 841
交通运输、仓储和邮政业	9 292	10 292	18 183	19 110	25 873	28 355	30 184	35 385
#交通运输业	8 722	9 234	10 735	12 925	19 784	21 389	23 390	28 022
邮电通信业	570	1 058	2 448	2 915	1 863	1 890	1 989	2 073
商业、住宿和餐饮业	4 128	7 848	11 280	31 478	35 522	40 442	45 334	54 311
其他事业合计	9 623	14 049	17 919	49 269	73 709	84 741	105 581	102 367
#公共照明业	340	513	987	1 587	3 176	4 351	5 555	6 486
城乡居民生活用电	16 022	56 230	72 811	126 991	167 924	200 643	236 179	284 906
乡村	7 757	29 393	38 639	65 654	86 614	106 460	126 742	133 924
城市	8 265	26 837	34 172	61 337	81 310	94 183	109 437	150 982

4-14 市区主要年份全社会用电情况

单位:万千瓦时

项目	1990	1995	2000	2005	2007	2008	2009	2010
全社会用电量	**352 732**	**435 287**	**417 022**	**487 927**	**539 448**	**583 989**	**724 192**	**1 499 408**
全行业用电								
农林牧渔水利业	1 891	5 122	4 372	5 065	3 159	3 304	3 748	9 330
#排 灌	492	1 906	1 375	465	939	1 060	1 292	1 731
工业	329 405	385 287	349 333	364 398	373 201	401 081	514 315	1 195 500
轻工业	26 906	36 310	37 963	42 118	54 444	50 882	52 524	
重工业	302 499	348 977	311 370	322 280	318 757	350 199	461 791	1 112 091
建筑业	937	1 884	2 342	3 768	8 703	7 878	9 061	11 073
交通运输、仓储和邮政业	5 944	8 200	9 309	11 673	18 831	20 186	21 922	27 369
#交通运输业	5 727	7 635	7 789	8 038	16 985	18 245	19 871	24 253
邮电通信业	217	565	1 520	1 944	954	961	992	1 388
商业、住宿和餐饮业	2 106	4 516	6 927	18 212	22 770	24 390	26 858	34 289
其他事业合计	7 219	11 192	14 345	32 764	44 045	48 593	56 988	72 116
#公共照明业	206	306	729	633	1 588	1 842	2 315	3 040
城乡居民生活用电	5 230	19 086	30 394	52 047	68 739	78 557	91 300	141 959
乡村	673	4 127	5 389	9 894	14 249	17 328	21 477	53 882
城市	4 557	14 959	25 005	42 153	54 490	61 229	69 823	88 077

注:2010年市区为包含铜山区口径,与往年不可比。

4-15 全社会用电分行业、分地区情况

（2010年） 单位:万千瓦时

	全市合计	丰县	沛县	铜山区	睢宁县	新沂市	邳州市
全社会用电总计	**2 460 074**	**85 348**	**223 509**	**350 538**	**162 897**	**298 129**	**190 783**
全行业用电合计	**2 175 168**	**58 111**	**196 833**	**318 356**	**135 122**	**273 330**	**154 323**
第一产业	30 234	3 262	7 168	5 195	3 046	3 460	3 968
农、林、牧、渔业	30 234	3 262	7 168	5 195	3 046	3 460	3 968
第二产业	1 937 808	44 353	178 784	296 823	121 197	256 689	130 212
工业	1 918 967	43 108	176 860	293 879	120 166	254 836	128 497
按轻重工业分类							
轻工业	220 519	11 695	32 239	25 610	53 258	25 350	18 447
重工业	1 698 448	31 413	144 621	268 269	66 908	229 486	110 050
按行业分类							
采矿业	129 115	2 178	31 947	14 154	59	761	2 521
煤炭开采和洗选业	112 193	1 347	31 214	2 839	2	5	13
石油和天然气开采业	117		2	11		1	
黑色金属矿采选业	4 167		652	3 494	4		
有色金属矿采选业	5 927			5 914			1
非金属矿采选业	5 683	831	71	1 669	46	639	1 959
其他采矿业	1 028		8	227	7	116	548
制造业	1 495 060	29 551	122 944	249 665	103 686	220 738	104 586
食品、饮料和烟草制造业	56 387	6 647	8 507	9 903	5 357	5 287	7 479
纺织业	68 495	3 062	20 026	2 500	17 386	6 170	4 239
服装鞋帽、皮革羽绒及其制品业	6 126	126	383	183	1 534	1 232	392
木材加工及制品和家具制品业	32 236	3 696	3 152	1 333	5 359	2 616	14 205
造纸及纸制品业	15 061	117	70	2 934	278	5 978	835
印刷业和记录媒介的复制	2 031	44	102	89	38	34	108
文体用品制造业	661		88	1	6	34	207
石油加工、炼焦及核燃料加工业	18 726	214	1 648	4 569	3 412		5 538
化学原料及化学制品制造业	189 168	1 055	25 052	12 979	133	119 129	8 091
医药制造业	3 987	125	98	139	304	896	453
化学纤维制造业	1 122	12	78	303	382	39	7
橡胶和塑料制品业	43 381	573	17 265	1 842	5 082	1 892	3 846
非金属矿物制品业	166 363	1 121	6 354	64 028	4 256	14 695	6 928
黑色金属冶炼及压延加工业	287 284	1 944	24 893	126 673	28 393	35 065	11 864
有色金属冶炼及压延加工业	212 173	186	7 695	812	397	6 633	25 092
金属制品业	71 523	1 478	2 630	5 252	26 175	16 468	7 034
通用及专用设备制造业	56 438	6 693	2 922	12 207	1 660	1 358	3 656
交通运输、电气、电子设备制造业	256 195	2 123	881	3 450	3 196	2 966	3 917
工艺品及其他制造业	2 677	317	88	374	90	120	437
废弃资源和废旧材料回收加工业	5 026	18	1 012	94	248	126	258
电力、燃气及水的生产和供应业	290 913	11 379	21 969	30 060	16 421	33 337	21 390
电力、热力的生产和供应业	280 710	10 816	21 209	28 785	15 922	31 863	20 236
燃气生产和供应业	2 592	22	34	76	201	97	502
水的生产和供应业	7 611	541	726	1 199	298	1 377	652
建筑业	18 841	1 245	1 924	2 944	1 031	1 853	1 715
第三产业	207 126	10 496	10 881	16 338	10 879	13 181	20 143
交通运输、仓储和邮政业	35 385	740	632	2 477	1 049	2 002	3 593
信息传输、计算机服务和软件业	15 063	1 395	1 449	1 560	1 459	1 353	1 635
商业、住宿和餐饮业	54 311	2 789	3 575	2 415	3 207	4 117	6 334
金融、房地产、商务及居民服务业	30 367	869	1 086	1 917	1 183	1 553	2 125
公共事业及管理组织	72 000	4 703	4 139	7 969	3 981	4 156	6 456
城乡居民生活用电合计	**284 906**	**27 237**	**26 676**	**32 182**	**27 775**	**24 799**	**36 460**
城镇居民	133 924	8 071	8 399	4 287	8 679	7 713	12 985
乡村居	150 982	19 166	18 277	27 895	19 096	17 086	23 475

主要统计指标解释

能源消费量 指能源使用单位在报告期内实际消费的一次能源或二次能源的数量。就每种能源的实物消耗而言，是其消费量；如果将实际消费的各种能源折标准量相加所得到的能源消费量合计数据是企业投入消费的全部能源，没有扣除能源品种加工转换的重复因素。

工业企业的能源消费量 包括工业企业在生产过程中作为燃料、动力、原料、辅助材料使用的能源以及工艺用能、非生产用能。

工业生产能源消费 指工业企业为进行工业生产活动所消费的能源。

用作原材料的能源消费 指能源产品不作能源使用，即不作燃料、动力使用，而作为生产另外一种产品(非能源产品)的原料或作为辅助材料使用，作原料使用时通常构成这种产品的实体。

工业企业非工业生产能源消费 指在工业企业能源消费中，除“工业生产能源消费”以外的能源消费。

能源库存量 能源库存量是指企业能源库存量，它是企业在报告期的某时间点所拥有的各种能源数量。根据企业的生产经营活动性质，企业库存量分为生产企业产成品库存、经销企业(批发、零售企业)用于经营销售的库存、使用企业用于消费的库存。

综合能源消费量 指报告期内工业企业在工业生产活动中实际消费的各种能源的总和净值。计算综合能源消费量时，需要先将使用的各种能源折算成标准燃料后再进行计算。

取水量 指工业企业法人单位从各种水源实际提取的新水量。取水源包括地表水、地下水、自来水、污水处理达标水、未达标污水、收集雨水利用、以及企业从市场购得的其他水或水的产品(如纯净水、矿泉水等)。工业取水量包括采盐业所取的海水、汲取的地下卤水、盐湖水，包括海水淡化企业所取的海水，包括自来水生产企业所取的地表水和地下水，包括污水处理厂处理的污水。

支付费用的取水量 指取水量中需要向供水单位支付水费的水。有些企业取水不需要支付水费。

取水支付金额 是指报告期企业取水所支付的水费，计算范围与形成当地水价格的费用结构相一致，如水费、资源税、排水(污)费等。水费不包括取水过程的成本费，如电费、人工费、设备费等。

外供水量 指供水单位向用水单位提供的符合用水单位质量要求的水量。主要有自来水生产企业向城镇用户供应的自来水量；或者是纯净水、矿泉水生产企业向社会销售的产品水量；或者是污水处理厂将污水处理后得到的中水或符合用户要求标准的水质向用户单位提供的水量；或者是海水淡化水企业外供的淡化水量，或者是一些工业企业提取的地下水、地表水向外单位用户提供的水量。不包括向自然界直接排放的水量。

陆地地表水 指河流、湖泊、水库等地表水源的水，不包括海水。地表水分为淡水和咸水。陆地咸水湖的水为咸水。一般的河流、湖泊、水库的水是淡水。

地下水 指在地质岩层或土层中的水源，地下水的开采一般是通过钻井从地下抽取水量。地下水也分为淡水和咸水。

自来水 指地表水、地下水等经过供水企业加工处理，经认定达到自来水供水标准，通过城镇自来水管道网供应的水。

海水 指工业企业取自海洋的水，主要用来制盐、化工生产、海水淡化。海水用于冷却后直接排放，应统计在河湖海冷却直排水量中。

其他水 指上述水源没有涵盖的，或者界定不清的水。比如一些产品水，如纯净水、矿泉水、海水淡化水，或者污水处理厂处理的水等。其他水不应包括茶饮料、碳酸饮料、果汁饮料、酒类等大量用水的产品。

雨水收集利用 指用水单位专门建立雨水收集设施，将收集到的雨水作为水源的补充。天降雨、雪后，流到江河、湖泊、水库的水不作为雨水收集利用统计。

重复用水量 工业企业重复用水量就是指在企业内部，对生产和生活排放的废水直接或经过处理后回收再利用的水量，不包括企业从城市污水处理厂购买的中水或符合企业用水标准的水。企业废水在报告期每重复利用一次，计算一次重复用水量。重复用水量不包括河湖海冷却直排水量。

河湖海冷却直排水量 指企业采自河流、水库、湖泊、海洋的水用于冷却，不重复使用，又直接排回到的河流、水库、湖泊、海洋的水。河湖海冷却直排水量是作为单独一项指标统计，不应包含在取水量的指标中。河湖海冷却直排水量一般多见于发电厂。

废水排放量 指用水单位将所取水使用后，向本单位外排放的水量。废水排放可能经过本企业的净化处理，达到环保排放标准，也可能没有经过净化处理排放。废水排放量不包括河湖海冷却直排水量。

第 5 部分

物价指数

PRICE INDICES

版面负责人：刘振坤
编　　　辑：高　杰

关于统计调查项目制定及审批或者备案权限的规定

第十二条 国家统计调查项目由国家统计局制定，或者由国家统计局和国务院有关部门共同制定，报国务院备案；重大的国家统计调查项目报国务院审批。

部门统计调查项目由国务院有关部门制定。统计调查对象属于本部门管辖系统的，报国家统计局备案；统计调查对象超出本部门管辖系统的，报国家统计局审批。

地方统计调查项目由县级以上地方人民政府统计机构和有关部门分别制定或者共同制定。其中，由省级人民政府统计机构单独制定或者和有关部门共同制定的，报国家统计局审批；由省级以下人民政府统计机构单独制定或者和有关部门共同制定的，报省级人民政府统计机构审批；由县级以上地方人民政府有关部门制定的，报本级人民政府统计机构审批。

【释义】 本条是关于统计调查项目制定及审批或者备案权限的规定。

依照《统计法》规定，国家对统计调查项目实行分类管理。为了明确责任主体，本条对国家统计调查项目、部门统计调查项目、地方统计调查项目的制定及审批或者备案权限作了明确规定。

国家统计调查项目的制定分为两种情况：一是由国家统计局单独制定；二是由国家统计局和国务院有关部门共同制定。其中重大的国家统计调查项目，如全国人口普查、经济普查和农业普查等，报国务院审批；其它调查项目，报国务院备案。

部门统计调查项目由国务院有关部门制定。统计调查对象属于本部门管辖系统的，报国家统计局备案。统计调查对象超出本部门管辖系统的，报国家统计局审批。所谓本部门管辖系统，是指该部门直属的单位或者地方各级人民政府与该部门对口设立的管理机构。

地方统计调查项目的制定分为三种情况：一是由县级以上地方人民政府统计机构单独制定；二是由县级以上地方人民政府有关部门单独制定；三是由县级以上地方人民政府统计机构和有关部门共同制定。地方统计调查项目都必须报请审批，根据项目制定机关的不同，地方统计调查项目的审批权限也分为三种：一是由省级人民政府统计机构单独制定或者和有关部门共同制定的，报国家统计局审批；二是由省级以下人民政府统计机构单独制定或者和有关部门共同制定的，报省级人民政府统计机构审批；三是由县级以上地方人民政府有关部门制定的，报本级人民政府统计机构审批。

通过立法，对国家统计调查项目、部门统计调查项目、地方统计调查项目的制定及审批或者备案权限作出明确规定，有利于从制度和程序上加强对政府统计调查项目的管理，有利于保障国家统计调查项目、部门统计调查项目、地方统计调查项目之间明确分工，互相衔接，避免重复。这是全面推进依法行政的客观需要，也是对统计调查对象合法权益的有力维护。

编辑：张　霖

5-1 城市(市区)物价总指数

(以上年价格为 100)

年 份	居民消费价格总指数	商品零售价格总指数	农产品成交价格指数
1978	100.0	100.1	
1979	100.6	101.1	93.1
1980	102.4	102.6	103.6
1981	100.4	100.8	104.4
1982	101.0	101.4	107.8
1983	100.1	100.7	103.3
1984	103.3	102.4	100.9
1985	108.7	108.3	114.6
1986	106.2	105.9	104.8
1987	109.8	110.0	120.1
1988	122.6	122.8	132.7
1989	115.6	115.6	108.2
1990	104.5	103.9	101.1
1991	108.6	108.8	107.2
1992	109.2	108.0	99.6
1993	117.6	115.1	114.7
1994	125.3	123.3	136.0
1995	116.9	113.2	118.0
1996	110.0	107.4	106.8
1997	101.9	99.9	92.7
1998	100.0	98.3	92.7
1999	98.2	96.2	89.0
2000	100.0	98.2	92.4
2001	100.3	99.3	97.9
2002	99.2	98.6	
2003	101.5	100.0	
2004	103.7	102.8	
2005	102.2	101.0	
2006	101.5	100.7	
2007	104.4	103.1	
2008	104.9	105.3	
2009	99.9	99.8	
2010	103.6	102.1	

5-2 城市(市区)居民消费价格指数

(以上年价格为 100)

项目	2010	项目	2010
居民消费价格总指数	**103.6**	炒菜	108.4
食品	**106.6**	其它食品	99.5
粮食	117.5	**烟酒及用品**	**102.5**
# 大米	133.3	烟草	100.0
面粉	112.2	酒	106.8
淀粉	108.8	吸烟饮酒用品	99.6
干豆类及豆制品	106.2	**衣着**	**104.2**
油脂	102.4	服装	103.2
肉禽及其制品	102.5	男式服装	101.5
食用畜肉及副产品	102.4	女式服装	104.3
禽	104.9	儿童服装	103.6
加工肉禽	102.2	衣着材料	104.3
蛋	107.9	# 棉布	103.7
水产品	103.5	棉混纺布	102.0
菜	116.0	化纤布	105.1
# 鲜菜	117.6	毛线	104.7
调味品	103.3	鞋袜帽	106.8
# 盐	108.6	鞋	106.8
糖	102.0	袜子	105.9
茶及饮料	99.0	帽子	104.5
干鲜瓜果	104.4	衣着加工服务	105.6
# 鲜干果	101.0	**家庭设备用品及维修服务**	**99.6**
糕点饼干	103.7	耐用消费品	96.7
液体乳及乳制品	100.5	家具	99.1
# 巴氏杀菌奶或消毒奶	101.3	家庭设备	95.6
在外用膳食品	107.6	# 洗衣机	95.9
# 主食	105.8	电风扇	88.8

5-2 续表 （以上年价格为100）

项　　目	2010	项　　目	2010
电冰箱(柜)	94.2	城市间交通费	101.3
空调器	96.3	通信	94.4
热水器	100.4	通信工具	78.8
微波炉	97.8	通信服务	99.3
室内装饰品	99.9	**娱乐教育文化用品及服务**	**99.8**
床上用品	100.2	文娱用耐用消费品及服务	89.5
家庭日用杂品	101.1	# 电视机	89.2
家庭服务及加工维修服务	112.6	激光视盘机	95.9
医疗保健和个人用品	**101.3**	电脑	87.6
医疗保健	100.9	修理服务	96.8
医疗器具及用品	100.4	教育	104.4
中药材及中成药	111.7	教材及参考书	98.1
西药	92.6	学杂托幼费	104.8
保健器具及用品	103.5	文化娱乐类	102.6
医疗保健服务	101.0	文化娱乐用品	100.1
个人用品及服务	102.2	书报杂志	96.0
化妆美容用品	102.0	文娱费	107.3
清洁化妆用品	97.6	旅游	90.6
个人饰品	109.5	**居住**	**106.2**
个人服务	102.3	建房及装修材料	100.7
交通和通信	**98.0**	租房	107.8
交通	100.6	自有住房	107.3
交通工具	97.1	水、电、燃料	102.9
车用燃料及零配件	111.1	# 水	104.8
车辆使用及维修费	107.8	电	100.0
市区公共交通费	101.8		

5-3 城市(市区)商品零售价格指数

(以上年价格为 100)

项　　目	2010	项　　目	2010
商品零售价格总指数	**102.1**	衣着材料	104.4
食品	**107.2**	床上用品	100.1
粮食	117.9	**家用电器类及音像器材**	**95.3**
# 大米	133.3	家庭设备	95.6
面粉	112.2	文娱用耐用消费品	91.8
淀粉	108.8	音像器材	98.4
干豆类及豆制品	106.2	**文化办公用品**	**93.1**
油脂	102.3	**日用品类**	**99.9**
肉禽及其制品	102.5	日用百货	100.1
食用畜肉及副产品	102.4	日用杂品	100.1
禽	104.9	洗涤用品	99.7
肉禽加工制品	102.0	其它日用品	99.5
蛋	108.0	**体育娱乐用品**	**96.8**
水产品	103.7	体育用品	99.3
菜	115.5	娱乐用品	96.5
# 鲜菜	117.6	**交通、通信用品**	**95.5**
调味品	103.3	交通运输机械	97.2
# 糖	101.9	通信器材	80.6
干鲜瓜果	104.4	**家具**	**98.7**
# 鲜干果	101.0	**化妆品**	**99.5**
糕点饼干面包	103.7	**金银珠宝**	**108.7**
液体乳及乳制品	100.5	**中、西药品及医疗保健用品**	**97.3**
在外用膳食品	107.4	医疗器具及用品	100.4
主食	105.8	中药材及中成药	111.7
炒菜	108.4	西药	92.5
地方小吃	105.6	保健品及器具	103.4
其它食品	99.5	**书报杂志及电子出版物**	**95.0**
饮料、烟酒	**101.6**	教材及参考书	99.0
茶及饮料	99.1	书报杂志	93.6
烟草	100.0	电子音像制品	98.9
酒	106.2	**燃料**	**109.3**
服装、鞋帽	**104.0**	煤炭及制品类	102.8
服装	103.3	石油及制品类	110.7
鞋袜帽	106.8	**建筑材料及五金电料**	**103.8**
其他	96.4	建筑装潢材料类	103.8
纺织品	**101.4**	五金电料类	103.0

5-4 城市(市区)居民消费价格指数和商品零售价格指数

(2010年)

项　　目	以去年同月价格为100					
	1月	2月	3月	4月	5月	6月
居民消费价格总指数	**101.3**	**101.6**	**103.7**	**103.7**	**103.6**	**103.8**
食品	102.5	104.2	106.8	106.7	106.2	105.6
#粮食	109.1	113.6	114.5	114.0	116.2	119.0
油脂类	93.9	93.7	95.8	101.4	102.9	95.7
肉禽及其制品	96.5	97.2	98.9	99.9	102.4	101.7
蛋类	104.7	105.5	104.9	99.8	98.6	100.5
水产品类	102.0	106.7	105.4	101.6	99.4	99.2
菜类	119.0	126.7	126.2	127.6	113.6	105.5
#鲜菜	120.4	129.1	128.2	131.1	115.7	106.5
烟酒及用品	101.3	101.3	102.3	102.3	102.3	102.3
衣着类	103.4	102.6	103.8	104.4	104.3	105.2
#服装	104.0	103.0	102.9	103.3	103.4	104.1
衣着材料	102.7	102.8	103.0	102.4	102.2	103.5
鞋袜帽	101.7	101.6	106.1	107.3	106.6	108.3
衣着加工服务费	103.0	103.0	106.1	107.9	107.9	107.9
家庭设备用品及维修服务	100.2	99.8	99.9	98.8	98.1	98.9
医疗保健和个人用品	100.6	101.1	101.2	100.2	100.3	100.4
交通和通信	97.8	97.8	98.0	98.4	98.6	98.7
娱乐教育文化用品及服务	100.3	99.8	100.2	100.3	100.4	101.0
居住	101.5	101.7	106.2	106.6	107.0	107.2
建房及装修材料	97.7	97.9	99.2	100.8	101.1	101.0
租房	102.2	102.2	108.8	108.5	108.5	109.4
自有住房	100.7	102.0	107.8	108.9	108.9	108.9
水、电、燃料	103.2	103.5	103.9	103.1	104.6	104.6
商品零售价格总指数	**100.4**	**100.9**	**101.9**	**102.1**	**102.0**	**102.8**

5-4 续表 （2010 年）

项 目	以去年同月价格为 100					
	7 月	8 月	9 月	10 月	11 月	12 月
居民消费价格总指数	**103.7**	**104.4**	**104.5**	**104.1**	**105.2**	**103.9**
食品	105.7	108.1	108.3	107.6	110.7	106.9
# 粮食	118.7	119.3	122.3	121.5	120.6	120.4
油脂类	95.4	102.4	105.7	112.9	120.1	113.0
肉禽及其制品	101.2	104.4	106.7	106.3	108.5	106.3
蛋类	106.4	111.5	111.4	111.0	121.1	119.3
水产品类	100.5	108.5	110.8	103.4	103.0	102.6
菜类	108.9	121.1	115.9	120.9	117.6	88.9
# 鲜菜	110.2	123.3	116.6	123.0	119.7	87.1
烟酒及用品	102.3	102.5	103.3	103.4	103.4	103.4
衣着类	104.9	103.4	104.6	102.1	105.8	105.5
# 服装	103.7	101.7	102.6	100.1	104.8	104.6
衣着材料	103.5	103.5	104.3	105.6	108.0	109.2
鞋袜帽	108.2	107.8	109.8	107.2	108.5	107.9
衣着加工服务费	107.9	104.7	104.7	104.7	104.7	104.7
家庭设备用品及维修服务	99.8	100.6	100.2	99.2	99.7	99.7
医疗保健和个人用品	100.0	101.0	101.5	102.8	103.3	103.3
交通和通信	98.0	97.3	97.8	98.3	97.8	97.4
娱乐教育文化用品及服务	100.7	101.0	99.3	98.3	97.8	99.2
居住	107.2	107.1	108.1	108.0	107.7	106.3
建房及装修材料	103.7	103.7	102.3	101.3	101.3	98.9
租房	109.4	109.4	109.4	109.4	109.4	107.5
自有住房	106.7	106.7	109.0	109.6	109.6	109.6
水、电、燃料	103.1	103.0	102.6	101.4	100.9	100.5
商品零售价格总指数	**102.5**	**103.1**	**103.0**	**102.3**	**103.0**	**101.6**

主要统计指标解释

物价指数 是说明两个时期商品价格水平变动趋势和程度的相对数指标。它是以报告期的价格水平与基期的价格水平进行直接对比计算的。当物价指数大于 100 时,说明价格水平上涨,反之则说明价格水平下跌。编制物价指数的目的,是为了反映市场物价水平的变化情况，分析和研究物价变动对城乡人民生活和国家财政支出的影响程度。

居民消费价格指数 是反映一定时期内城乡居民所购买的生活消费品价格和服务性项目支出价格变动趋势和程度的相对数。利用居民消费价格指数,可以观察和分析价格变动对城乡居民实际生活费用支出的影响程度。

城市居民消费价格指数 是反映城市居民家庭所购买的生活消费品的价格和服务项目支出价格变动趋势和程度的相对数。根据城市居民消费价格指数,可以观察和分析价格变动对城市居民消费支出的影响程度，作为研究居民生活和确定工资政策的依据。

商品零售价格总指数 是全面反映市场商品零售价格总水平变动趋势和程度的相对数。通过它,可以观察市场商品总体价格水平升降程度，以及物价变动对城乡人民生活支出的总影响。

农产品成交价格指数 是反映农贸市场上各种农产品成交价格综合变动趋势和程度的相对数。目前我国分别编制农村农贸市场农产品成交价格指数和城市农贸市场农产品成交价格指数。农村农贸市场农产品成交价格指数,包括消费品和农业生产资料两个大类,消费品中包括粮食、食用植物油、鲜菜、干菜、肉禽蛋、水产品、鲜果、干果、日用杂品和柴草等小类,农业生产资料包括饲料、小农具、幼禽家畜、大牲畜、竹木材等小类。城市农贸市场农产品成交价格指数只包括消费品部分,不包括农业生产资料。

第 6 部分

人民生活

PEOPLE´S LIVELIHOOD

版面负责人：周天恩　徐　康　郭绍林
编　　　辑：李跃东　高惠媛　何　蕾

关于统计调查表的规定

第十五条 统计调查表应当标明表号、制定机关、批准或者备案文号、有效期限等标志。

对未标明前款规定的标志或者超过有效期限的统计调查表，统计调查对象有权拒绝填报；县级以上人民政府统计机构应当依法责令停止有关统计调查活动。

【释义】 本条是关于统计调查表的规定。

所谓统计调查表，是指由统计调查的组织实施者根据统计调查的需要制发的用以对统计调查对象进行登记、搜集相关原始数据和资料，要求调查对象按照统一规定填报的表格。统计调查表是一项统计调查的调查内容的具化，是统计调查对象履行统计资料报送义务的最直接媒介。

统计调查表具有法定效力，调查对象必须依法填报。为了保护统计调查对象的合法权益，统计调查表应当明确标明表号、制定机关、批准或者备案文号、有效期限等标志。未标明上述标志或者超过有效期限的统计调查表，不产生法律效力，统计调查对象有权拒绝填报；县级以上人民政府统计机构应当依法责令停止有关的统计调查活动。

本条规定为维护政府统计调查工作秩序，杜绝违法统计调查给社会带来的危害，有效维护统计调查对象的合法权益，提供了制度保障。

编辑：张　霖

6-1 主要年份职工工资总额

单位:万元

年份	全市				市区			
	全部职工	国有经济单位	城镇集体经济单位	其他经济类型单位	全部职工	国有经济单位	城镇集体经济单位	其他经济类型单位
1949	1 962	1 962			1 707	1 707		
1952	3 680	3 680			3 177	3 177		
1957	5 709	5 709			4 251	4 251		
1962	10 295	10 295			8 042	8 042		
1965	9 418	9 418			7 106	7 106		
1970	11 199	11 199			8 136	8 136		
1975	21 093	15 939	5 154		14 896	11 824	3 072	
1978	31 439	23 706	7 733		22 573	17 598	4 975	
1979	36 925	27 781	9 144		27 260	21 129	6 131	
1980	44 954	34 084	10 870		32 809	25 473	7 336	
1981	47 170	35 891	11 279		34 194	26 615	7 579	
1982	51 676	39 575	12 101		37 389	29 355	8 033	
1983	55 388	43 349	12 039		40 701	32 699	8 001	
1984	80 714	60 828	19 886		58 779	46 285	12 493	
1985	93 432	72 426	21 006		68 323	55 947	12 376	
1986	110 187	85 424	24 754	9	80 480	65 838	14 633	9
1987	117 231	91 512	25 689	30	84 543	69 518	14 995	28
1988	149 139	117 615	31 454	70	104 028	86 618	17 340	64
1989	165 525	132 521	32 819	185	118 228	100 083	17 960	185
1990	185 938	150 380	35 187	371	132 593	112 898	19 324	371
1991	208 723	169 855	38 397	471	149 964	127 972	21 524	468
1992	244 828	202 261	41 831	736	175 433	151 564	23 203	666
1993	304 255	253 382	47 734	3 139	218 454	189 200	26 586	2 668
1994	407 761	349 729	53 041	4 991	287 245	253 793	28 832	4 620
1995	506 766	437 394	66 563	2 809	355 676	317 499	36 295	1 880
1996	584 442	506 673	68 847	8 922	402 383	358 696	36 286	7 401
1997	609 772	534 263	64 613	10 896	419 217	375 289	36 310	7 618
1998	592 951	514 526	48 949	29 476	396 614	357 549	23 395	15 670
1999	624 029	546 719	49 089	28 221	417 883	378 034	23 453	16 396
2000	653 127	565 585	42 684	44 858	439 909	390 587	18 473	30 849
2001	700 349	596 699	39 062	64 588	482 073	423 530	15 307	43 235
2002	742 489	572 711	31 159	138 619	516 553	397 782	13 763	105 008
2003	802 685	621 748	29 756	151 181	569 467	440 515	12 119	116 832
2004	894 607	679 066	33 849	181 692	641 470	483 484	15 473	142 513
2005	1 072 593	825 124	35 199	212 270	763 816	587 518	14 430	161 868
2006	1 250 866	943 120	40 150	267 595	888 450	679 934	14 744	193 772
2007	1 367 407	1 034 032	42 865	290 510	932 620	720 634	13 729	198 257
2008	1 549 543	1 141 926	56 183	351 434	1 032 278	776 277	20 991	235 010
2009	1 808 200	1 289 097	58 151	460 952	1 179 995	860 207	17 196	302 592
2010	1 985 130	1 431 819	70 534	482 777	1 404 233	1 034 203	29 191	340 839

6-2 主要年份职工平均工资

单位:元

年 份	全市				市区			
	全部职工	国有经济单位	城镇集体经济单位	其他经济类型单位	全部职工	国有经济单位	城镇集体经济单位	其他经济类型单位
1949					349	349		
1952	503	503			529	529		
1957	573	573			619	619		
1962	548	548			590	590		
1965	599	599			594	680	407	
1970	553	553			547	587	436	
1975	509	564	392		580	595	426	
1978	554	593	430		605	664	446	
1979	605	676	459		647	731	464	
1980	715	791	535		768	828	613	
1981	720	772	569		770	820	633	
1982	755	808	609		807	857	667	
1983	780	840	621		841	898	667	
1984	1 105	1 178	884		1 175	1 228	1 014	
1985	1 231	1 351	941		1 220	1 303	944	
1986	1 403	1 537	1 077	1 828	1 400	1 503	1 067	645
1987	1 463	1 601	1 119	2 021	1 511	1 625	1 136	1 934
1988	1 798	1 973	1 349	2 101	1 800	1 935	1 329	1 633
1989	1 965	2 177	1 410	2 224	2 189	2 370	1 535	2 189
1990	2 179	2 417	1 531	3 050	2 708	2 618	1 636	3 091
1991	2 379	2 644	1 647	2 656	2 715	2 913	1 804	2 521
1992	2 753	3 052	1 867	2 838	3 151	3 426	2 068	3 115
1993	3 355	6 698	2 245	3 702	3 914	4 244	2 512	4 119
1994	4 524	5 013	2 732	5 202	5 186	5 658	2 971	5 583
1995	5 537	6 101	3 481	3 957	6 381	6 938	3 791	4 669
1996	6 279	6 933	3 707	6 308	7 208	7 878	3 916	7 197
1997	6 521	7 211	3 636	6 580	7 533	8 214	3 994	8 764
1998	7 717	8 149	5 150	7 023	8 999	9 234	6 998	7 796
1999	8 447	8 955	5 351	7 731	9 911	10 169	7 015	9 945
2000	9 339	9 908	5 243	9 531	11 144	11 442	6 706	11 940
2001	10 501	11 174	5 630	10 171	12 837	13 143	7 041	13 710
2002	11 887	12 683	6 235	11 264	14 929	15 633	8 246	14 027
2003	13 551	14 327	6 777	13 209	17 518	18 073	8 528	17 405
2004	15 809	16 864	8 387	14 789	20 898	22 046	12 735	18 876
2005	18 849	20 373	9 597	16 670	24 838	26 223	13 545	22 230
2006	21 896	23 639	11 058	19 673	29 191	30 969	14 163	26 047
2007	23 711	25 791	12 674	20 465	30 652	32 299	15 904	27 338
2008	26 824	29 000	16 253	23 534	33 982	35 610	18 075	31 689
2009	31 173	33 575	19 527	27 715	39 392	40 387	20 230	38 766
2010	34 243	37 406	24 377	28 737	40 254	43 371	28 185	34 075

6-3 职工工资总额

（2010 年） 单位:万元

项目	在岗职工工资总额	国有单位	城镇集体单位	其他单位
总计	**1 985 130**	**1 431 819**	**70 534**	**482 777**
按企业、事业、机关分				
企业	1 187 936	677 158	40 120	470 658
事业	579 103	541 156	30 414	7 533
机关	213 505	213 505		
民间非营利组织	44			44
其他	4 542			4 542
按国民经济行业分				
农、林、牧、渔业	33 240	32 706	479	55
采矿业	357 789	209 547	1 257	146 985
制造业	304 702	95 809	2 805	206 089
电力、煤气及水的生产和供应业	101 641	80 262	3 316	18 063
建筑业	46 489	38 786	3 196	4 507
交通运输、仓储及邮政业	173 141	149 065	1 745	22 331
信息传输、计算机服务和软件业	13 079	3 568		9 511
批发和零售业	49 099	24 002	12 008	13 089
住宿和餐饮业	5 184	2 317	395	2 472
金融业	81 362	27 558	14 825	38 979
房地产业	9 464	5 543	574	3 347
租赁和商务服务业	4 486	3 173	323	990
科学研究、技术服务和地质勘查业	30 960	26 763	724	3 473
水利、环境和公共设施管理业	30 780	29 297	1 412	71
居民服务和其他服务业	1 421	1 421		
教育	353 466	341 181	140	12 145
卫生、社会保障和社会福利业	146 263	118 492	27 192	579
文化、体育和娱乐业	11 907	11 671	145	91
公共管理和社会组织	230 656	230 656		
按隶属关系分(国有经济)				
中央	211 069	211 069		
省	340 608	340 608		
省辖市	327 101	327 101		
县及县以下	545 193	545 193		
其他	7 848	7 848		

6-4 市区职工工资总额

（2010年） 单位：万元

项　　目	在岗职工工资总额	国有单位	城镇集体单位	其他单位
总　计	**1 404 233**	**1 034 203**	**29 191**	**340 839**
按企业、事业、机关分				
企业	966 039	608 893	18 326	338 820
事业	304 107	291 222	10 865	2 020
机关	134 087	134 087		
民间非营利组织				
其他				
按国民经济行业分				
农、林、牧、渔业	16 103	15 848	200	55
采矿业	350 087	209 547	999	139 541
制造业	205 949	94 368	1 774	109 807
电力、煤气及水的生产和供应业	76 882	65 929	846	10 107
建筑业	32 770	30 553	276	1 941
交通运输、仓储及邮政业	159 397	139 375	1 189	18 833
信息传输、计算机服务和软件业	8 750	47		8 703
批发和零售业	32 144	15 750	9 771	6 623
住宿和餐饮业	3 286	1 755	9	1 522
金融业	55 005	15 994	3 432	35 578
房地产业	6 513	3 505	284	2 724
租赁和商务服务业	1 432	1 306	90	36
科学研究、技术服务和地质勘查业	26 513	22 982	296	3 235
水利、环境和公共设施管理业	19 584	19 513		71
居民服务和其他服务业	751	751		
教育	166 597	164 637	133	1 827
卫生、社会保障和社会福利业	92 526	82 440	9 894	192
文化、体育和娱乐业	9 268	9 228		40
公共管理和社会组织	140 677	140 677		
按隶属关系分（国有经济）				
中央	194 277	194 277		
省	320 077	320 077		
省辖市	319 840	319 840		
县及县以下	193 570	193 570		
其他	6 438	6 438		

6-5 职工平均工资

（2010年） 单位：元

项 目	在岗职工年平均工资	国有单位	城镇集体单位	其他单位
总 计	**34 243**	**37 406**	**24 377**	**28 737**
按企业、事业、机关分				
企业	33 595	39 443	22 316	28 708
事业	34 273	34 753	27 757	32 838
机关	38 549	38 549		
民间非营利组织	20 091			20 091
其他	26 101			26 101
按国民经济行业分				
农、林、牧、渔业	18 232	18 257	17 425	12 744
采矿业	44 775	46 847	26 077	42 364
制造业	26 021	39 256	16 665	22 645
电力、煤气及水的生产和供应业	56 631	62 204	34 361	44 272
建筑业	28 342	35 480	12 066	15 971
交通运输、仓储及邮政业	30 963	33 888	12 933	21 104
信息传输、计算机服务和软件业	39 513	29 295		45 462
批发和零售业	21 150	25 845	17 579	18 444
住宿和餐饮业	17 839	19 376	15 295	17 025
金融业	52 556	53 150	45 087	55 620
房地产业	27 617	29 690	15 342	28 224
租赁和商务服务业	20 896	21 886	15 519	20 249
科学研究、技术服务和地质勘查业	40 429	41 726	30 787	34 425
水利、环境和公共设施管理业	26 716	26 824	25 258	17 725
居民服务和其他服务业	30 693	30 693		
教育	34 830	35 067	23 300	29 420
卫生、社会保障和社会福利业	40 083	44 344	28 480	26 217
文化、体育和娱乐业	28 837	29 834	8 462	19 783
公共管理和社会组织	37 218	37 218		
按隶属关系分（国有经济）				
中央	37 737	37 737		
省	53 357	53 357		
省辖市	42 917	42 917		
县及县以下	29 600	29 600		
其他	30 127	30 127		

6-6 市区职工平均工资

（2010 年） 单位:元

项目	在岗职工年平均工资	国有单位	城镇集体单位	其他单位
总计	**40 254**	**43 371**	**28 185**	**34 075**
按企业、事业、机关分				
企业	38 306	41 979	24 353	34 012
事业	43 002	43 157	38 366	49 498
机关	51 707	51 707		
民间非营利组织				
其他				
按国民经济行业分				
农、林、牧、渔业	20 634	20 629	25 342	12 744
采矿业	45 767	46 847	27 526	44 438
制造业	31 189	39 900	24 005	26 369
电力、煤气及水的生产和供应业	58 680	65 811	24 731	36 861
建筑业	39 152	41 808	27 010	20 223
交通运输、仓储及邮政业	32 133	34 656	17 460	21 627
信息传输、计算机服务和软件业	45 861	29 063		46 003
批发和零售业	26 112	32 221	22 791	21 128
住宿和餐饮业	21 408	25 252	14 333	18 255
金融业	56 952	68 206	35 235	56 126
房地产业	32 829	36 851	26 296	29 456
租赁和商务服务业	20 459	20 601	16 309	33 000
科学研究、技术服务和地质勘查业	45 060	47 249	35 214	35 056
水利、环境和公共设施管理业	33 928	34 042		17 725
居民服务和其他服务业	50 723	50 723		
教育	42 547	42 486	23 714	52 364
卫生、社会保障和社会福利业	52 987	55 247	39 879	32 542
文化、体育和娱乐业	33 715	33 827		19 190
公共管理和社会组织	49 926	49 926		
按隶属关系分(国有经济)				
中央	37 690	37 690		
省	53 729	53 729		
省辖市	43 258	43 258		
县及县以下	37 646	37 646		
其他	32 481	32 481		

6–7 城市(市区)居民家庭收支情况

年份	城市居民人均可支配收入(元)	城市居民人均消费性支出(元)	#食品支出	城市居民收入增速(%) 名义增长(以上年为100)	城市居民收入增速(%) 实际增长(以上年为100)	城市居民支出增速(%) 名义增长(以上年为100)	城市居民支出增速(%) 实际增长(以上年为100)
1978							
1979							
1980	491	423	226				
1981	492	448	243	0.2	–0.2	5.9	5.5
1982	531	455	254	8.0	6.9	1.4	0.4
1983	543	490	287	2.2	2.1	7.9	7.8
1984	680	564	320	25.3	21.3	15.0	11.4
1985	827	679	365	21.7	11.9	20.3	10.7
1986	1 036	877	446	25.2	17.9	29.2	21.6
1987	1 152	992	484	11.2	1.3	13.1	3.0
1988	1 265	1 180	633	9.8	–10.5	19.0	–3.0
1989	1 542	1 442	747	21.9	5.5	22.2	5.7
1990	1 687	1 409	809	9.4	4.7	–2.3	–6.5
1991	1 893	1 557	904	12.2	3.3	10.5	1.7
1992	2 236	1 832	1 006	18.1	8.2	17.7	7.7
1993	2 698	2 223	1 103	20.7	2.6	21.3	3.2
1994	3 625	2 918	1 477	34.3	7.2	31.2	4.7
1995	4 665	3 684	1 838	28.7	10.1	26.3	8.0
1996	5 405	4 196	2 007	15.9	5.3	13.9	3.5
1997	5 687	4 561	2 063	5.2	3.2	8.7	6.7
1998	6 011	4 381	2 011	5.7	5.7	–3.9	–3.9
1999	6 499	4 983	2 051	8.1	10.1	13.7	15.8
2000	7 147	5 391	1 985	10.0	10.0	8.2	8.2
2001	7 616	5 607	2 020	6.6	6.2	4.0	3.7
2002	8 037	5 922	2 164	5.5	6.4	5.6	6.5
2003	8 954	6 368	2 206	11.4	9.8	7.5	5.9
2004	9 840	6 669	2 548	9.9	6.0	4.7	1.0
2005	11 185	7 674	2 708	13.7	11.2	15.1	12.6
2006	12 837	8 621	2 928	14.8	13.1	12.3	10.7
2007	14 875	9 809	3 419	15.9	11.0	13.8	9.0
2008	16 955	10 717	4 036	14.0	8.7	9.3	4.2
2009	18 769	11 973	4 081	10.7	10.8	11.7	11.8
2010	20 959	13 153	4 496	11.7	7.8	9.9	6.1

6-8 主要年份城市(市区)居民家庭基本情况

单位:元

项　　目	1990	1995	2000	2005	2008	2009	2010
调查户数(户)	**200**	**200**	**200**	**300**	**300**	**300**	**300**
平均每户家庭人口(人)	3.23	3.10	2.98	2.87	2.74	2.76	2.73
平均每户就业人口数(人)	1.90	1.77	1.67	1.40	1.32	1.35	1.34
平均每户就业人口负担人数(人)	1.70	1.75	1.79	2.06	2.08	2.04	2.04
平均每户就业面(%)	58.82	57.10	55.98	48.78	48.18	48.91	49.08
平均每人建筑面积(平方米)	14.72	16.90	19.30	23.31	26.22	27.03	28.21
平均每人使用面积(平方米)	11.07	12.71	14.51	17.12	19.67	20.28	21.16
人均家庭总收入	**1 702.12**	**4 689.09**	**7 240.31**	**12 329.47**	**18 650.64**	**20 998.56**	**23 316.92**
# 人均可支配收入	1 687.24	4 664.63	7 147.24	11 185.30	16 955.41	18 769.12	20 958.86
人均工薪收入	1 277.89	3 591.72	4 925.89	8 043.75	11 248.67	11 856.82	13 242.79
人均工资及补贴	1 266.89	3 526.29	4 830.46	8 019.91	11 178.02	11 805.22	12 778.25
人均其他劳动收入	11.00	65.43	95.43	23.84	70.65	51.60	464.54
人均经营净收入	4.98	24.81	39.41	773.72	1 225.86	1 493.18	1 612.25
人均财产性收入	22.84	98.98	74.11	137.98	299.35	618.45	562.02
人均转移性收入	327.33	973.53	2 200.89	3 374.02	5 876.76	7 030.11	7 899.87
人均借贷收入	**215.20**	**666.79**	**2 193.77**	**3 326.10**	**5 979.19**	**7 805.94**	**6 494.15**
# 提取储蓄存款	162.35	553.12	1 605.70	2 772.01	3 613.28	6 911.46	3 879.51
兑售有价证券	0.23	10.33	248.94				
人均家庭总支出	**1 552.69**	**4 221.21**	**7 099.64**	**11 512.44**	**18 469.41**	**22 058.91**	**21 514.03**
# 消费性支出	1 409.35	3 684.50	5 391.37	7 673.73	10 717.17	11 972.56	13 152.93
食品	809.34	1 838.22	1 985.09	2 708.04	4 035.55	4 081.47	4 495.67
衣着	197.36	556.56	539.33	727.58	1 109.49	1 230.74	1 426.34
居住	33.08	221.73	339.89	863.64	1 060.78	1 012.24	1 206.17
家庭设备用品及服务	124.00	338.84	792.79	491.47	715.32	1 003.62	951.32
医疗保健	16.12	76.83	326.68	547.74	961.10	877.74	918.76
交通和通信	33.76	190.57	370.93	704.99	1 154.91	1 855.30	2 175.09
教育文化娱乐服务	122.08	320.28	778.08	1 269.91	1 249.70	1 451.74	1 498.74
杂项商品和服务	8.74	141.46	258.59	360.35	430.31	459.71	480.85
人均借贷支出	**331.13**	**1 065.77**	**1 959.36**	**3 508.36**	**5 757.66**	**6 557.03**	**8 662.47**
# 存入储蓄款	262.14	862.83	1 536.77	3 008.60	5 100.58	5 986.70	7 909.51
购买有价证券	1.86	51.61	15.45	0.42	79.93	4.23	

6-9 主要年份城市（市区）居民家庭居住情况

单位：户

指　　标	1990	1995	2000	2005	2008	2009	2010
总　　计	**200**	**200**	**200**	**300**	**300**	**300**	**300**
按卫生设备拥有情况分							
无卫生设备	93	54	14	6	3	3	3
有浴室厕所	14	61	115	221	254	255	256
有厕所无浴室	84	70	70	67	39	37	36
公共卫生设备	9	15	1	6	4	5	5
按燃料使用情况分							
管道天然气							130
管道煤气	19	56	106	186	143	112	55
液化石油气	58	93	90	107	96	88	87
煤	123	51	4	5	9	8	7
其他				2	52	92	21
按房屋产权分							
租赁公房	165	169	43	48	17	18	19
租赁私房				3	19	17	17
自有房	35	31	157	235	264	265	264
其他				14			

6-10 主要年份城市（市区）居民家庭平均每人全年购买的主要商品数量

单位：公斤

品　　名	1990	1995	2000	2005	2008	2009	2010
粮食（贸易粮）	139.70	102.30	85.22	72.65	53.93	48.29	78.75
油脂类	7.00	7.30	7.69	7.55	8.58	8.04	6.86
鲜菜	122.30	100.80	96.46	88.44	105.00	102.57	102.88
猪肉	15.90	13.80	13.75	13.19	10.64	11.71	12.76
牛羊肉	4.90	3.00	4.05	3.68	3.61	3.84	4.03
禽类	5.90	9.50	10.62	9.15	6.70	6.43	9.69
蛋类	12.00	16.60	19.57	14.00	13.59	13.25	14.28
水产品	7.70	8.50	10.78	10.48	9.32	9.57	10.7
白酒	3.80	3.50	2.30	2.34	2.14	1.92	2.31
茶叶	0.20	0.20	0.14	0.11	0.13	0.15	0.17
干鲜瓜果类	53.50	65.90	72.93	72.18	68.27	71.62	71.77
糕点	5.60	4.10	4.11	4.65	4.96	4.77	5.32
鲜乳品	3.50	5.20	15.38	19.02	18.92	19.51	19.64
服装　　（件）	2.80	5.80	6.96	7.15	7.16	7.77	8.30
衣着材料　　（元）				12.61	14.00	15.56	13.51
鞋类　　（双）				2.42	2.63	2.87	2.81

6-11 主要年份城市(市区)居民家庭平均每百户全年购买的主要商品数量

单位:台

品名		1990	1995	2000	2005	2008	2009	2010
助力车	(辆)				4.68	6.00	9.67	9.33
摩托车	(辆)					1.00	1.00	1.00
家用汽车	(辆)				0.36	0.67	2.33	2.00
移动电话	(部)				16.68	31.67	29.33	29.67
洗衣机		2.00	3.50	5.50	6.00	3.67	5.67	4.00
电冰箱		8.00	1.00	3.00	3.96	4.33	5.67	3.33
钢　琴	(架)				0.72			
其他中高档乐器	(件)	1.00	1.00	1.50		0.67	0.67	0.33
彩　电		7.00	5.00	7.50	6.36	6.00	8.33	8.00
家用电脑				2.50	6.72	6.33	8.67	5.67
照相机	(架)	1.00		0.50	3.72	3.67	2.33	1.33
组合音响		0.50	1.50	0.50	0.72		0.67	
空调器			5.50	8.00	10.68	4.33	9.33	8.67
淋浴热水器			3.00	3.00	3.72	6.67	7.33	6.33
微波炉				8.00	2.64	2.00	3.00	2.67

6-12 主要年份城市(市区)居民家庭平均每百户年末耐用消费品拥有量

单位:台

指标		1990	1995	2000	2005	2008	2009	2010
摩托车	(辆)		6.0	14.0	9.67	9.00	10.00	11.67
助力机	(辆)				13.67	38.67	46.33	51.67
家用汽车	(辆)				1.33	4.67	7.00	9.00
洗衣机		84.5	90.5	92.5	95.67	94.67	94.33	94.67
电冰箱		47.5	73.5	87.0	93.67	90.00	91.67	91.67
彩　电		49.0	93.5	115.0	126.00	127.67	130.00	130.67
家用电脑				12.5	41.33	70.00	77.67	81.00
组合音响	(套)	0.5	9.5	16.5	25.67	17.00	17.67	18.33
摄像机	(架)				3.00	5.33	6.33	7.00
照相机	(架)	15.5	28.0	33.0	42.00	39.00	40.67	41.67
钢琴	(架)			2.0	3.00	3.00	3.33	3.00
其他中高档乐器	(件)	8.5	5.0	9.0	3.67	5.33	5.00	5.00
微波炉				24.0	62.67	73.33	76.00	77.00
空调器			12.0	54.5	103.67	121.67	130.67	136.33
淋浴热水器			30.0	48.5	76.00	87.67	88.67	90.00
消毒碗柜					5.67	4.67	5.00	4.67
健身器材	(套)			2.0	5.00	3.33	3.67	4.00
普通电话	(部)				153.00	75.33	75.33	75.00
移动电话	(部)			15.0	92.33	197.67	206.00	210.67

6-13 主要年份城市(市区)居民家庭人均支出情况

单位:元

指标	1990	1995	2000	2005	2008	2009	2010
消费性支出	**1 409.35**	**3 684.50**	**5 391.37**	**7 673.73**	**10 717.17**	**11 972.56**	**13 152.93**
食品	809.34	1 838.22	1 985.09	2 708.04	4 035.55	4 081.47	4 495.67
# 粮食	91.20	280.59	181.78	212.91	285.86	290.37	349.40
油脂类	27.13	67.92	54.52	63.00	125.78	107.60	98.36
肉禽蛋及制品	243.62	535.20	504.25	683.83	787.77	752.87	827.62
水产品	52.33	95.37	106.40	132.43	154.02	163.40	172.44
蔬菜类	79.00	141.07	133.47	184.25	303.99	327.16	395.89
衣着	197.36	556.56	539.33	727.58	1 109.49	1 230.74	1 426.34
# 服装	76.02	267.46	349.42	522.74	798.91	874.59	1 078.93
衣着材料	36.14	124.02	42.44	12.61	14.00	15.56	13.51
衣着加工服务费		27.71	21.36	6.78	6.23	10.06	7.12
居住	33.08	221.73	339.89	863.64	1 060.78	1 012.24	1 206.17
# 住房	12.09	53.61	51.36	428.19	431.26	436.97	431.23
水电燃料及其他	20.99	168.12	288.53	420.56	531.87	543.89	727.31
家庭设备用品及服务	124.00	338.84	792.79	491.47	715.32	1 003.62	951.32
# 耐用消费品	57.55	196.12	503.50	285.02	336.75	557.95	423.88
室内装饰品	4.65	21.95	17.77	9.12	0.91	12.28	11.92
床上用品	1.81	12.85	21.36	27.50	47.68	56.27	55.34
家庭日用杂品	11.95	85.84	152.07	140.79	289.32	319.17	376.88
医疗保健	16.12	76.83	326.68	547.74	961.10	877.74	918.76
# 药品费		56.22	261.33	304.17	506.33	417.75	490.17
滋补保健品		1.71	7.81	49.95	117.47	157.43	177.56
交通和通信	33.76	190.57	370.93	704.99	1 154.91	1 855.30	2 175.09
交通	33.19	67.80	156.28	322.94	684.85	1 369.02	1 540.85
通信	0.57	122.77	214.65	382.06	470.06	486.28	634.24
教育文化娱乐服务	122.08	320.28	778.08	1 269.91	1 249.70	1 451.74	1 498.74
文化娱乐用品	74.28	86.75	161.56	384.65	376.49	428.54	411.87
文化娱乐服务	35.40	96.43	163.00	210.35	283.77	384.23	391.65
教育	12.40	137.09	453.53	674.91	589.45	638.97	695.21
杂项商品和服务	21.97	141.46	258.59	360.35	430.31	459.71	480.85

6-14 城市(市区)居民家庭人均收入、支出情况

（2010 年） 单位：元

项目		全部调查户平均水平	按收入水平分组			
			最低收入组（占 10%）	# 更低收入组（占 5%）	低收入组（占 10%）	较低收入组（占 20%）
调查户数	**（户）**	**300**	**31**	**16**	**30**	**60**
平均每户家庭人口	（人）	2.73	3.32	3.75	3.13	3.02
平均每户就业人口	（人）	1.34	1.54	1.61	1.70	1.47
平均每一就业人口负担人数	（人）	2.04	2.16	2.33	1.84	2.05
平均每户就业面	（%）	49.08	46.39	42.93	54.31	45.68
家庭总收入		**23 316.92**	**7 229.12**	**6 538.92**	**10 663.63**	**14 056.55**
# 可支配收入		20 958.86	5 982.68	4 965.01	9 130.03	12 578.68
# 工薪收入		13 242.79	4 942.56	4 236.12	7 852.86	7 891.13
工资及补贴收入		12 778.25	4 936.81	4 236.12	7 839.52	7 854.50
其他劳动收入		464.54	5.75		13.33	36.64
经营净收入		1 612.25	285.58		610.67	1 126.09
财产性收入		562.02	41.65	67.35	39.60	25.04
# 利息		150.61	30.12	47.35	39.60	10.10
转移性收入		7 899.87	1 959.33	2 235.45	2 160.50	5 014.29
# 离退休金		6 000.22	1 323.95	1 780.78	1 769.03	4 360.29
借贷收入		**6 494.15**	**1 532.69**	**2 090.00**	**1 002.67**	**4 907.88**
# 提取储蓄存款		3 879.51	1 532.69	2 090.00	1 002.67	902.35
兑售有价证券						
家庭总支出		**21 514.03**	**7 259.62**	**7 647.57**	**9 192.00**	**14 069.72**
# 消费性支出		13 152.93	5 254.62	5 176.96	6 737.62	8 475.77
食品		4 495.67	2 434.13	2 429.51	3 157.45	3 624.98
# 粮食		349.40	273.73	298.29	311.37	318.58
淀粉及薯类		49.45	42.73	37.43	37.43	46.56
干豆类及豆制品		61.59	45.23	37.34	53.28	52.56
油脂类		98.36	78.94	80.97	74.77	83.14
肉类		522.83	333.52	334.05	389.53	484.61
禽类		193.98	135.80	135.56	146.53	188.62
蛋类		110.81	81.57	78.32	93.18	97.48
水产品类		172.44	84.55	66.83	116.65	145.82
鲜菜		369.56	283.31	282.90	329.56	300.77
调味品		62.40	40.06	36.42	41.38	56.09
糖类		36.76	14.06	15.76	21.66	25.00
烟草类		236.72	162.86	194.75	128.23	166.26
酒类		152.01	68.81	59.85	72.76	91.12
饮料		104.64	47.29	51.33	70.71	73.30
干鲜瓜果类		374.18	173.76	156.08	286.07	305.42

6-14 续表 1　　　　（2010 年）　　　　单位：元

项目	全部调查户平均水平	按收入水平分组			
		最低收入组（占 10%）	# 更低收入组（占 5%）	低收入组（占 10%）	较低收入组（占 20%）
糕点类	89.43	43.71	34.36	57.57	83.30
奶及奶制品	319.75	147.80	115.88	250.55	265.84
其他食品	112.88	31.09	39.49	69.42	95.40
衣着	1 426.34	411.40	387.68	705.58	937.20
# 服装	1 078.93	271.98	243.23	510.17	672.87
衣着材料	13.51	13.42	20.60	7.50	9.89
鞋类	286.85	111.91	112.78	153.87	215.58
居住	1 206.17	485.88	478.61	617.38	633.23
# 租赁房房租	39.69	6.18	10.72	22.46	70.82
住房装潢支出	312.91	14.42	25.00		
维修用建筑材料	74.27	4.83		123.86	9.23
水	72.98	45.20	45.65	48.63	59.54
电	384.69	244.42	226.10	299.22	330.50
燃料	165.39	104.90	114.25	108.49	130.44
家庭设备用品及服务	951.32	302.68	307.34	375.66	634.87
耐用消费品	423.88	140.79	156.83	105.40	261.37
室内装饰品	11.92	0.38			
床上用品	55.34	7.88	4.40	18.63	31.99
家庭日用杂品	376.88	135.85	118.81	240.02	324.10
家庭服务	83.10	17.78	27.30	11.61	17.41
医疗保健	918.76	437.15	559.83	406.73	545.89
交通和通信	2 175.09	532.97	450.19	564.62	830.87
交通	1 540.85	165.60	139.27	124.63	281.95
通信	634.24	367.36	310.92	439.99	548.92
教育文化娱乐服务	1 498.74	554.95	490.46	735.22	1 013.89
文化娱乐用品	411.87	114.49	79.05	217.73	167.79
文化娱乐服务	391.65	44.55	39.40	119.30	197.94
# 团体旅游	240.04			41.05	96.53
教育	695.21	395.91	372.01	398.19	648.16
杂项商品和服务	480.85	95.47	73.34	174.99	254.84
# 金银珠宝饰品	79.48			14.93	3.51
化妆品	119.88	31.67	25.11	96.59	104.58
借贷支出	8 662.47	1 307.15	890.73	2 268.80	4 779.86
# 存入储蓄款	7 909.51	1 307.15	890.73	2 256.00	4 590.42
购买有价证券					

6-14　续表 2　　　　（2010 年）　　　　单位：元

项　　目	按收入水平分组				
	中间收入组（占 20%）	较高收入组（占 20%）	高收入组（占 10%）	最高收入组（占 10%）	# 更高收入组（占 5%）
调查户数　（户）	**60**	**59**	**30**	**30**	**15**
平均每户家庭人口　（人）	2.45	2.52	2.44	2.34	2.38
平均每户就业人口　（人）	1.14	1.12	1.45	1.22	1.60
平均每一就业人口负担人数（人）	2.15	2.25	1.68	1.61	1.49
平均每户就业面　（%）	46.53	44.44	59.43	52.14	67.23
家庭总收入	**20 567.03**	**27 026.44**	**37 313.83**	**71 218.12**	**93 952.73**
# 可支配收入	18 378.37	24 115.97	33 474.81	66 205.90	87 219.21
# 工薪收入	12 209.76	14 236.41	23 851.57	35 534.81	51 016.96
工资及补贴收入	12 209.76	14 097.32	23 146.89	31 269.23	43 064.46
其他劳动收入		139.10	704.68	4 265.59	7 952.50
经营净收入	577.90	2 032.04	1 631.01	7 424.89	13 258.18
财产性收入	109.89	288.35	1 152.15	4 329.79	7 338.35
# 利息	59.36	79.71	333.91	990.59	1 124.36
转移性收入	7 669.47	10 469.64	10 679.09	23 928.62	22 339.23
# 离退休金	6 710.15	9 148.38	7 124.52	13 453.56	5 441.33
借贷收入	**2 754.69**	**3 049.18**	**9 558.95**	**37 245.61**	**60 008.39**
# 提取储蓄存款	2 754.69	2 379.16	8 461.31	19 644.66	27 700.70
兑售有价证券					
家庭总支出	**18 205.84**	**21 901.91**	**35 100.53**	**70 240.09**	**101 807.70**
# 消费性支出	13 399.64	15 468.14	21 220.88	31 634.56	36 128.08
食品	5 091.37	5 516.79	6 172.62	6 414.76	7 109.81
# 粮食	369.18	384.99	368.95	454.28	385.14
淀粉及薯类	46.02	59.84	37.44	81.07	68.22
干豆类及豆制品	66.38	74.56	67.05	76.93	71.89
油脂类	95.26	125.24	110.99	134.08	142.96
肉类	622.58	681.14	545.36	510.70	414.14
禽类	212.83	246.61	192.26	207.80	159.68
蛋类	121.10	128.01	122.02	142.22	140.39
水产品	194.81	238.08	205.50	224.88	198.91
鲜菜	397.41	454.13	423.82	433.29	368.18
调味品	65.71	77.17	71.51	92.04	100.08
糖类	36.63	40.24	44.41	105.76	165.55
烟草类	205.01	274.06	369.76	521.11	883.88
酒类	133.66	220.61	245.31	333.47	590.22
饮料	121.04	148.89	118.86	172.40	198.58
干鲜瓜果类	413.39	469.27	525.88	523.58	550.82

6-14 续表 3 （2010 年） 单位:元

项 目	按收入水平分组				
	中间收入组（占 20%）	较高收入组（占 20%）	高收入组（占 10%）	最高收入组（占 10%）	# 更高收入组（占 5%）
糕点类	91.40	103.94	151.52	115.85	131.67
奶及奶制品	363.29	375.59	409.81	502.25	456.01
其他食品	118.19	145.07	246.90	118.05	117.37
衣着	1 343.71	1 723.46	2 612.80	3 459.18	4 193.34
# 服装	992.92	1 277.41	2 104.23	2 771.12	3 432.41
衣着材料	18.04	12.69	24.44	11.84	16.59
鞋类	290.13	389.02	412.39	552.40	625.75
居住	895.75	1 344.40	1 722.24	4 355.57	6 956.22
# 租赁房房租	22.79	40.87	102.17		
住房装潢支出	61.73	198.89	427.12	2 629.50	4 910.01
维修用建筑材料	36.89	65.60	148.21	298.28	557.45
水	76.12	91.78	102.79	103.75	122.10
电	407.24	460.97	415.68	604.54	491.24
燃料	197.14	197.35	201.20	249.24	274.66
家庭设备用品及服务	987.66	1 009.53	2 100.51	2 100.04	2 920.37
耐用消费品	369.87	340.54	1 067.85	1 307.40	2 086.99
室内装饰品	40.70	8.20	20.80	14.04	
床上用品	63.08	86.93	145.37	57.65	74.03
家庭日用杂品	429.05	403.72	648.30	603.80	606.12
家庭服务	83.89	170.15	218.20	117.15	153.23
医疗保健	1 063.71	1 162.08	1 277.31	2 082.41	1 648.29
交通和通信	2 506.41	2 300.16	3 342.22	8 047.25	6 618.69
交通	1 817.21	1 593.59	2 360.30	7 169.32	5 665.17
通信	689.20	706.57	981.92	877.93	953.52
教育文化娱乐服务	1 192.56	1 807.67	3 019.33	3 567.58	3 930.35
文化娱乐用品	390.35	485.05	987.82	1 030.36	1 091.82
文化娱乐服务	440.95	401.36	1 152.20	852.91	830.25
# 团体旅游	287.65	221.59	787.29	600.86	460.14
教育	361.26	921.25	879.32	1 684.31	2 008.28
杂项商品和服务	318.47	604.06	973.85	1 607.78	2 751.02
# 金银珠宝饰品	52.21	222.16	147.80	161.76	275.57
化妆品	97.56	154.74	202.36	207.85	235.33
借贷支出	**5 019.44**	**10 160.88**	**13 309.98**	**37 717.25**	**52 378.60**
# 存入储蓄款	4 517.71	8 019.87	12 816.20	35 563.68	48 981.93
购买有价证券					

6-15 农村居民家庭收支情况

年 份	农民人均纯收入(元)	农民人均生活消费支出(元)	#食品支出	农村居民收入增速(%) 名义增长(以上年为100)	农村居民收入增速(%) 实际增长(以上年为100)	农村居民支出增速(%) 名义增长(以上年为100)	农村居民支出增速(%) 实际增长(以上年为100)
1978	112						
1979	126			12.6	11.9		
1980	173	140	89	37.0	33.8		
1981	231	190	106	33.7	33.1	35.9	35.3
1982	292	224	116	26.6	25.3	17.8	16.7
1983	338	250	141	15.8	15.7	11.5	11.4
1984	418	300	165	23.6	19.6	20.0	16.2
1985	389	328	171	-6.9	-14.3	9.4	0.6
1986	454	385	198	16.7	9.9	17.3	10.5
1987	489	435	209	7.6	-2.0	13.0	2.9
1988	580	482	248	18.7	-3.2	10.8	-9.6
1989	642	578	297	10.6	-4.3	19.8	3.6
1990	661	536	286	3.1	-1.3	-7.2	-11.2
1991	728	625	364	10.1	1.4	16.6	7.4
1992	790	591	352	8.5	-0.7	-5.5	-13.5
1993	900	642	411	13.9	-3.1	8.7	-7.5
1994	1 304	836	423	44.9	15.6	30.2	3.9
1995	1 800	1 137	680	38.0	18.1	36.0	16.3
1996	2 390	1 559	844	32.7	20.7	37.1	24.7
1997	2 746	1 631	805	14.9	12.8	4.6	2.7
1998	2 980	1 503	773	8.5	8.5	-7.9	-7.9
1999	3 126	1 542	760	4.9	6.8	2.7	4.5
2000	3 230	1 621	683	3.3	3.3	5.1	5.1
2001	3 391	1 612	719	5.0	4.7	-0.6	-0.9
2002	3 477	1 739	704	2.5	3.4	7.9	8.8
2003	3 605	1 869	767	3.7	2.1	7.5	5.9
2004	4 003	2 028	881	11.0	7.1	8.5	4.6
2005	4 443	2 840	1 210	11.0	8.6	40.0	37.0
2006	4 896	3 220	1 320	10.2	8.6	13.4	11.7
2007	5 534	3 807	1 486	13.0	8.3	18.2	13.2
2008	6 240	4 319	1 692	12.8	7.5	13.4	8.1
2009	6 951	4 719	1 820	11.4	12.0	9.3	9.8
2010	7 955	5 216	1 962	14.4	9.7	10.5	5.9

6-16 主要年份农村居民家庭基本情况

单位:元

项目		1990	1995	2000	2005	2008	2009	2010
调查户数	**(户)**	**580**	**520**	**800**	**660**	**660**	**660**	**660**
调查户人口	**(人)**							
常住人口		2 691	2 241	3 158	2 579	2 587	2 564	2 556
平均每户常住人口		4.64	4.31	3.95	3.91	3.92	3.88	3.87
平均每户整、半劳动力		2.95	2.75	2.49	2.62	2.74	2.74	2.79
平均每个劳动力负担人口		1.57	1.57	1.58	1.50	1.43	1.42	1.39
平均每人全年收入								
总收入		949.35	2 512.15	4 145.36	5 804.51	8 193.87	9 001.81	10 507.20
纯收入		661.42	1 800.10	3 229.67	4 443.00	6 240.11	6 951.21	7 955.36
现金收入		790.38	1 801.20	3 374.09	5 167.67	7 648.87	8 429.57	9 621.11
平均每人全年支出								
总支出		868.63	2 138.54	2 631.70	4 491.01	6 428.09	6 889.64	8 178.71
# 家庭经营费用支出		213.12	595.56	649.51	1 283.88	1 685.76	1 794.18	2 260.23
第一产业生产费用支出					1 145.30	1 511.17	1 514.61	1 877.40
第二产业生产费用支出					65.50	91.68	174.38	265.72
第三产业生产费用支出					73.03	82.90	105.19	117.10
生产性固定资产支出					78.41	131.90	81.58	251.23
生活消费支出		536.03	1 136.89	1 620.93	2 840.15	4 319.13	4 718.82	5 216.48
现金支出		780.36	1 663.68	2 334.24	4 123.06	6 043.19	6 504.63	7 721.51
# 生产性费用		176.06	513.08	678.52	1 304.66	1 761.72	1 814.03	2 417.86
税费支出		43.20	138.09	128.60	25.10	24.72	18.79	17.40
生活消费支出		380.03	689.38	1 358.04	2 536.81	3 998.69	4 402.78	4 871.12
财产性支出					6.00	1.27	5.05	3.76
转移性支出					250.51	256.78	263.98	411.37
非消费性支出					**1 181.85**	**1 411.11**	**1 592.07**	**1 909.26**
非借贷性支出		58.10	197.05		291.63	673.92	639.71	803.21
储蓄借贷支出		117.30	219.83		890.22	737.19	952.36	1 106.05

6-17 主要年份农村居民家庭平均每人总收入和纯收入

单位:元

项目	1990	1995	2000	2005	2008	2009	2010
总收入	**949.35**	**2 512.15**	**4 145.36**	**5 804.51**	**8 193.87**	**9 001.81**	**10 507.21**
工资性收入	186.78	241.42	1 107.20	1 712.61	2 847.73	3 163.41	3 595.91
在非企业组织中劳动得到收入				275.93	351.51	359.64	392.64
在本乡地域内劳动得到的收入	132.88	123.83	452.22	522.74	952.09	1 040.44	1 201.94
外出从业得到的收入				913.94	1 544.13	1 763.33	2 001.33
家庭经营收入	771.45	2 240.22	2 855.67	3 894.07	4 916.45	5 351.56	6 334.82
第一产业收入				2 973.29	3 599.88	3 856.67	4 612.40
种植业收入	443.48	1 535.48	1 230.76	1 784.25	2 001.36	2 337.88	3 135.12
林业收入	11.67	22.55	111.04	91.86	107.19	112.19	119.15
牧业收入	176.12	493.93	815.88	1 068.27	1 460.11	1 369.25	1 336.82
渔业收入	4.94	6.50	45.90	28.91	31.22	37.36	20.90
第二产业收入				300.71	502.70	638.16	823.43
工业收入	5.01	7.26	179.07	241.96	310.33	360.55	525.01
建筑业收入	14.31	57.99	72.20	58.75	192.37	277.61	298.43
第三产业收入				620.07	813.86	856.73	899.99
# 交通、运输业和邮电业收入	9.09	45.87	114.57	194.34	255.69	248.81	294.45
批零贸易、饮食业收入	8.61	17.63	132.85	314.92	377.51	433.01	450.93
服务业收入	4.28	5.13	49.21	79.64	98.97	127.87	106.38
转移性收入	14.80	67.21	141.53	163.06	347.68	367.45	439.57
财产性收入	10.47	23.29	41.06	34.77	82.01	119.39	136.91
纯收入	**661.42**	**1 800.10**	**3 229.67**	**4 443.00**	**6 240.11**	**6 951.21**	**7 955.36**
工资性收入	186.78	241.42	1 107.20	1 744.70	2 847.73	3 163.41	3 595.91
家庭经营纯收入	458.77	1 479.44	1 939.88	2 537.46	3 017.62	3 352.75	3 830.10
第一产业纯收入				1 761.92	1 981.00	2 231.35	2 610.05
第二产业纯收入				235.24	385.89	417.90	490.88
第三产业纯收入				540.30	650.73	703.50	729.17
转移性纯收入	6.98	60.80	141.53	114.72	292.76	315.66	392.45
财产性纯收入	8.89	18.44	41.06	46.08	82.01	119.39	136.91
现金收入				**5 167.67**	**7 648.87**	**8 429.57**	**9 621.11**
非收入现金所得				**655.34**	**955.74**	**751.08**	**1 403.29**
非借贷性现金所得				160.98	327.22	278.72	439.16
借贷性现金所得				494.36	628.53	472.36	964.12

6-18 主要年份农村居民家庭平均每人生活消费支出

单位：元

项目	1990	1995	2000	2005	2008	2009	2010
生活消费支出	**536.03**	**1 136.89**	**1 620.93**	**2 840.15**	**4 319.13**	**4 718.82**	**5 216.48**
食品	286.00	680.45	683.24	1 209.73	1 691.53	1 820.34	1 961.65
# 主食	80.17	340.58	243.39	292.61	346.19	344.71	395.60
副食	142.28	233.95	264.07	343.26	612.30	594.66	655.87
其他食品	56.49	85.26	113.56	227.80	325.71	382.72	408.48
在外饮食				334.14	401.44	491.61	496.23
衣着	55.38	81.94	99.85	196.53	313.57	382.31	433.81
# 服装				134.90	210.04	255.26	297.48
鞋类				45.15	87.59	107.98	118.87
居住	95.38	174.85	322.04	306.88	737.92	768.92	815.10
# 住房支出				130.85	572.32	571.56	598.64
电费				34.02	68.82	85.73	102.91
燃料	28.21	15.92	25.94	91.88	71.68	66.76	71.48
其他		7.79	17.12	44.83	14.69	16.84	11.69
家庭设备用品及服务	34.44	46.89	80.60	118.70	201.02	246.28	281.34
# 日用品				41.53	63.30	74.27	79.04
家具、机电				53.44	101.99	131.27	157.85
床上用品				12.14	20.04	26.16	21.81
医疗保健	19.33	41.50	99.94	206.62	258.42	236.16	293.43
# 药品				68.21	88.88	99.63	99.91
医疗费				127.57	157.17	130.76	185.80
交通和通讯	2.74	26.32	93.00	274.60	452.29	505.44	562.60
# 交通用品				91.59	172.97	221.04	253.22
通讯用品				24.18	55.21	39.94	47.45
交通客运费				56.90	55.97	55.14	53.03
通讯费				86.58	150.65	170.13	173.86
文化教育娱乐用品及服务	33.42	73.86	193.88	473.43	606.31	693.04	798.40
文娱用品				62.66	108.33	151.93	205.95
教育服务				363.42	399.06	403.68	413.95
文体娱乐服务				47.35	98.92	137.73	178.51
其他商品和服务	9.34	11.00	48.39	53.69	58.07	66.33	70.16

6-19 主要年份农村居民家庭住房情况

项　　目		1990	1995	2000	2005	2008	2009	2010
平均每人年末生活用房面积	**（平方米）**	**18.73**	**19.51**	**22.52**	**29.36**	**35.14**	**37.40**	**41.83**
#砖木结构		11.33	14.70	15.10	16.60	19.47	19.56	19.29
钢筋混凝土结构		1.69	2.24	6.49	12.42	15.53	17.67	22.12
平均每户本年新建房屋								
新建房屋间数占使用间数比重	（%）	3.61	3.38	4.40	1.05	3.27	3.82	2.58
新建房屋每间价值	（元）	1 534	2 585	2 551	6 346	8 756	10 214	11 191
每平方米价值	（元）	77	149	119	317	589	598	657
平均每人年内新建(购)房屋面积	**（平方米）**	**0.77**	**0.71**	**1.05**	**0.31**	**1.38**	**2.11**	**1.71**
#砖木结构		0.59	0.45	0.37	0.09	0.53	0.57	0.29
钢筋混凝土结构		0.23	0.24	0.44	0.22	0.84	1.54	1.43
砖瓦平房面积					0.21	0.35	0.54	0.36
楼房		0.05		0.50	0.10	1.02	1.57	1.35

6-20 主要年份农村居民家庭平均每人全年主要消费品消费量

单位:公斤

品　　名	1990	1995	2000	2005	2008	2009	2010
粮食(原粮)	273.08	246.00	271.16	233.71	224.48	204.53	203.51
#稻　谷	66.38	82.27	55.71	49.19	63.72	51.15	50.64
小　麦				146.68	137.47	134.41	131.11
蔬　菜	78.98	63.76	71.79	55.03	71.87	73.79	69.96
植物油	4.65	6.84	7.70	7.73	9.09	9.73	8.82
动物油	0.39	0.16	0.33	0.04	0.06	0.04	0.02
肉　类	6.70	6.94	9.71	11.14	13.74	13.96	14.07
#猪　肉	4.59	4.72	4.86	4.41	4.32	5.35	5.57
家　禽	1.06	1.13	2.68	3.82	6.47	5.44	5.18
蛋　类	4.59	7.24	8.79	7.79	11.00	9.17	8.25
鱼　虾	1.46	2.96	3.07	3.84	4.71	4.58	4.61
食　糖	2.47	1.96	1.37	0.94	0.92	0.90	0.83
酒	3.91	8.12	8.47	7.51	10.62	11.05	10.83
水果和瓜类				21.95	24.25	29.13	27.15
奶和奶制品				2.84	5.37	6.41	7.18

6-21 主要年份农民家庭年末平均每百户耐用消费品拥有量

单位：台

品　　名		1990	1995	2000	2005	2008	2009	2010
洗衣机		7.00	10.00	38.00	70.41	80.28	84.36	89.11
电冰箱		2.00	2.00	19.00	17.71	28.60	38.30	46.92
空调机				5.00	7.34	15.18	19.89	27.61
抽油烟机				8.00	3.83	8.21	11.90	14.33
吸尘器						0.81	1.21	0.40
微波炉				1.00	4.58	10.39	13.97	14.42
热水器				14.00	17.01	41.62	56.72	65.06
# 太阳能热水器						37.21	50.69	61.60
自行车	（辆）	155.00	168.00	195.00	192.59	201.29	199.24	200.44
# 电动自行车						51.67	70.69	89.14
摩托车	（辆）		2.00	17.00	33.17	42.93	45.33	46.28
汽车(生活用)	（辆）			10.00	0.14	0.78	1.59	2.37
固定电话机	（部）			37.00	79.98	81.86	75.42	76.14
移动电话	（部）			9.00	55.35	136.28	166.30	189.74
彩色电视机		6.00	10.00	53.00	91.51	105.49	111.51	114.58
# 接入有线电视网的						74.54	87.34	91.90
黑白电视机		42.00	73.00	54.00	17.42	6.30	4.37	3.01
# 接入有线电视网的						3.04	1.69	1.37
摄影机				1.00	0.30	0.36	0.47	1.19
影碟机				12.00	40.51	46.98	48.44	45.84
照相机	（架）	2.00	1.00	7.00	3.49	4.48	5.51	7.38
家用计算机				3.00	2.74	6.55	12.21	20.95
# 接入互联网的						4.82	9.67	16.86
中高档乐器	（件）				0.13	0.29	0.76	1.02

主要统计指标解释

城镇居民家庭就业人口 指城镇居民从事社会劳动并取得劳动报酬或经营收入的人口。就业人口包括通过国家统筹规划和指导由劳动部门介绍就业，自愿组织起来就业和自谋职业等方式，在国有制、集体所有制、中外合资、中外合作、外资在华独资的企事业单位和私营企业单位工作或从事个体劳动的有固定性职业或临时性职业的人口。被聘用和留用的离退休人员也计入就业人口。本指标可以反映城镇居民的就业情况，是计算就业面、负担系数的重要资料。

城镇居民家庭全部收入 指被调查城镇居民家庭全部的实际现金收入，包括经常或固定得到的收入和一次性收入。不包括周转性收入，如提取银行存款、向亲友借入款、收回借出款以及其他各种暂收款。

城镇居民家庭可支配收入 指被调查城镇居民家庭在支付个人所得税之后，所余下的实际收入。

城镇居民家庭消费性支出 指被调查的城镇居民家庭用于日常生活的全部支出，包括购买商品支出和文化生活、服务等非商品性支出。不包括罚没、丢失款和缴纳的各种税款(如个人所得税、牌照税、房产税等)，也不包括个体劳动者生产经营过程中发生的各项费用。

农村居民家庭纯收入 指农村常住居民家庭总收入中，扣除从事生产和非生产经营费用支出、缴纳税款和上交承包集体任务金额以后剩余的，可直接用于进行生产性、非生产性建设投资、生活消费和积蓄的那一部分收入。它是反映农民家庭实际收入水平的综合性的主要指标。农民家庭纯收入，既包括从事生产性和非生产性的经营收入，又包括取自在外人口寄回带回和国家财政救济、各种补贴等非经营性收入；既包括货币收入，又包括自产自用的实物收入。但不包括向银行、信用社和向亲友借款等属于借贷性的收入。

农村居民家庭整半劳动力 指农村常住居民家庭成员中有劳动能力并经常参加实际劳动的人员。是生产的基本要素指标之一，是发展生产增加农民家庭收入的重要源泉。按规定，农村男18周岁至50周岁、女18周岁至45周岁为整劳动力；男16周岁到17周岁、51周岁到60周岁，女16周岁到17周岁、46周岁至55周岁为半劳动力。农民家庭整半劳动力，既包括在上述规定劳动年龄内和在劳动年龄以外有劳动能力并经常参加实际劳动的男女整半劳动力；也包括农民家庭常住人员中属于职工的劳动力。但不包括在劳动年龄内已丧失劳动能力的人员。

农村居民家庭生活消费支出 指农村常住居民家庭年内用于日常生活的全部开支。它是用来反映和研究农民家庭实际生活消费水平高低的重要指标。农民家庭生活消费支出，包括用于吃、穿、住、烧、用等生活消费品开支和文化、生活服务费用开支两大部分。

农村居民家庭商品性生活消费支出 指农村常住居民家庭用其货币收入，在市场上购买食品、衣着、家庭用家具器皿、日用杂品、燃料、耐用消费品、以及文教卫生用品等生活消费总量。包括向国有商店、集体商店和集市贸易市场以及其他流通渠道购买的全部生活消费品。农民家庭商品性生活消费支出，是农民家庭生活消费支出的一个重要组成部分，是用来反映和分析农民家庭生活消费水平的商品化程度，及其由自给性经济向商品经济发展趋势的重要指标，也是研究和预测农民家庭对市场消费品需求，制定商品供应计划的重要依据。

从业人员劳动报酬 各单位一定时期内直接支付给本单位全部从业人员的劳动报酬总额。包括职工工资总额和本单位其他从业人员劳动报酬两部分。

职工工资总额 指各单位在一定时期内直接支付给本单位全部职工的劳动报酬总额。

工资总额的计算原则应以直接支付给职工的全部劳动报酬为根据。各单位支付给职工的劳动报酬以及其他根据有关规定支付的工资，不论是计入成本的还是不计入成本的，不论是按国家规定列入计征奖金税项目的，还是未列入计征奖金税项目的，不论是以货币形式支付的还是以实物形式支付的，均包括在工资总额内。

计时工资 指按计时工资标准(包括地区生活费补贴)和工作时间支付给个人的劳动报酬，以及根据国家法律、法规和政策规定，因病、工伤、产假、计划生育假、婚丧假、事假、探亲假、定期休假、停工学习、执行国家或社会义务等原因按计时工资标准或计时工资标准的一定比例支付的工资。

计件标准工资 是指实行计件工资制的单位按照批准的计件单价和规定的劳动定额或工作量应支付给计件工人的劳动报酬。

计件超额工资 是计件工资的一部分，指计件工人超额完成定额任务后所得的工资。即计件工人实得的全部计件工资减去应得的计件标准工资后的数额。某些企业的工人由于从事生产的工作物等级高于本人工资等级，因而其计件标准工资高于本人标准工资，其计件超额工资也应是全部工资减去应得的计件标准工资后的数额。

奖金 指支付给职工的超额劳动报酬和增收节支的劳动报酬。

津贴和补贴 指为了补偿职工特殊或额外的劳动消耗和因其他特殊原因支付给职工的津贴，以及为了保证职工工资水平不受物价影响支付给职工的物价补贴。

其他从业人员劳动报酬 指各单位在一定时期内直接支付给本单位其他从业人员的全部劳动报酬。

职工平均工资 指企业、事业、机关单位的职工在一定时间内平均每人所得的货币工资额。它表明一定时期职工工资收入的高低程度，是反映职工工资水平的主要指标。计算公式为：

$$\text{职工平均工资}=\frac{\text{报告期实际支付的全部职工工资总额}}{\text{报告期全部职工平均人数}}$$

职工平均实际工资 指扣除物价变动因素后的职工平均工资。计算公式为：

$$\text{职工平均实际工资}=\frac{\text{报告期职工平均工资}}{\text{报告期全部职工生活费价格指数}}$$

第 7 部分

自然资源、城市建设和环境保护

NATURAL RESOURCES, URBAN CONSTRUCTION AND ENVIRONMENTAL PROTECTION

版面负责人：张玉强

编　　　辑：徐　燕

关于推广使用计算机网络报送统计资料的规定

第十八条 县级以上人民政府统计机构根据统计任务的需要，可以在统计调查对象中推广使用计算机网络报送统计资料。

【释义】 本条是关于推广使用计算机网络报送统计资料的规定。

统计信息化是统计服务科学发展的重要手段,是国家信息化建设的重要组成部分。改革开放 30 多年来,统计事业的发展与现代信息技术的进步密不可分。目前,统计数据的采集、传输、加工、整理、存储、提供和发布等都离不开现代信息技术的支持。利用现代信息技术和计算机网络,可以极大地提高统计数据质量和统计工作效率,方便统计信息的传播和使用;可以实现统计数据共享,降低统计成本,减轻基层统计机构和统计调查对象的负担。近年来,国家统计局积极推进统计数据搜集、传输、处理和发布的信息化、网络化建设,积极推广联网直报,初步建成公共数据发布库。

在一些地方,工业、能源、服务业、固定资产投资、房地产、建筑业、劳动工资、批发贸易、住宿餐饮等方面的数据已实现网上直报。为了有效利用现代化数据处理手段,及时、准确地了解和掌握企业经营情况,国家统计局和有关部门联合建立了骨干工业企业和房地产开发企业统计信息联网直报制度,统计数据质量明显提高。实践证明,要提高统计服务的科学发展水平,必须大力推进统计信息化建设。

依照本条规定,县级以上人民政府统计机构根据统计任务的需要,可以在统计调查对象中推广使用计算机网络报送统计资料。这就要求县级以上人民政府统计机构充分认识信息化在统计工作中的地位和作用,以网络建设为基础,以数据采集平台和数据库建设为重点,全面提高统计信息化水平,加快在统计调查对象中使用计算机网络报送统计资料的步伐,以适应新时期统计工作的需要。

编辑:张　霖

7-1 自然资源

指　　标		2006	2007	2008	2009	2010
土地资源	**（千公顷）**					
耕地面积		596.21	594.78	595.00	595.04	610.72
园地		74.70	74.69	74.59	74.53	57.08
林业用地面积		41.78	41.75	41.70	41.68	25.31
牧草地面积		0.07	0.07	0.07	0.06	6.18
城镇及工矿用地面积		45.34	46.20	48.82	49.24	200.99
交通用地面积		15.07	15.08	15.21	15.45	46.97
水域面积		25.63	25.61	26.25	25.82	207.87
未利用土地面积		74.81	74.13	71.56	71.37	
其他		240.62	242.22	241.04	241.05	21.36
林木资源						
活立木总蓄积量	（万立方米）	1 320.9	1 380.2	1 551.7	2 138.7	2 472.6
森林面积	（千公顷）	196.7	201.2	311.5	322.9	330.7
森林蓄积量	（万立方米）	947.1	995.3	1 171.0	2 036.3	2 459.9
森林覆盖率	（%）	25.5	26.6	27.7	28.7	30.9
水利资源	**（亿立方米）**					
水资源总量		28.36	61.58	42.73	35.13	20.24
地表径流		14.72	40.16	26.36	18.49	8.30
地下(浅层)水量		17.51	23.82	22.20	17.29	14.70
矿产资源(基础储量)	**（万吨/矿石）**					
煤炭	（万吨）	176 500	169 257	140 158	137 871	135 101
铁	（万吨）	1 290	1 308	1 264	1 484	1 581
岩盐		22 100	21 990	19 725	13 158	13 091
石膏		45 181	50 681	36 190	35 864	34 395
制碳用灰岩		20 091	20 091	20 091	20 091	20 091
水泥用灰岩		22 380	22 364	27 277	28 814	28 755
白云岩		928	928	928	928	928

注:2006 年及以后水利资源计算方法与口径有变化,与往年数据不可比;2010 年土地资源指标因国家土地利用现状分类标准有变化,部分数据与往年不可比。

7-2 主要年份气象、水文概况

指　　标	1990	1995	2000	2005	2008	2009	2010
温度　　（摄氏度）							
年平均气温	14.8	14.7	15.1	15.0	15.0	15.2	15.2
年极端最高气温	37.2	36.8	37.4	38.3	35.3	38.4	37.6
出现日期　　（月、日）	7月9日	6月19日	5月21日	6月23日	7月3日	6月25日	7月6日
年极端最低气温	-15.8	-8.9	-9.4	-9.3	-11.5	-9.5	-9.4
出现日期　　（月、日）	2月1日	2月2日	2月1日	1月1日	12月22日	1月24日	1月13日
降水　　（毫米）							
年降水量	1 088.8	825.3	979.6	1 162.9	867.6	750.9	612.0
年降水日　　（天）	94	66	90	90	110	84	68
一日最大降水量	82.4	94.1	151.3	99.1	85.8	95.8	100.2
出现日期　　（月、日）	7月17日	8月22日	7月12日	7月8日	7月23日	5月15日	9月7日
日照							
年日照时间　　（小时）	2 251.2	2 452.4	2 064.5	2 204.6	1 834.8	1 869.9	2 230.6
年蒸发量　　（毫米）	1 595	1 797.3	1 727.6	1 062.5	813.3	1 040.1	1 076.6
年平均相对湿度　　（%）	72	65	69	67	68	66	63
年平均风力　　（米/秒）	2.3	2.0	2.2	2.1	2.0	2.0	2.1
年平均气压　　（百帕）	1 017.0	1 017.3	1 011.6	1 012.0	1 011.9	1 011.5	1 011.5
年无霜期　　（天）	190	182	158	235	219	213	195
霜期　　（月、日）							
初霜日期	10月17日	10月5日	11月1日	10月27日	11月2日	11月9日	11月2日
终霜日期	4月24日	4月4日	4月6日	3月25日	4月3日	4月2日	4月5日
雪期　　（月、日）							
初雪日期	12月12日	12月19日	1月8日	11月25日	1月11日	1月6日	11月28日
终雪日期	2月23日	2月4日	2月5日	3月2日	2月26日	3月2日	3月8日
水文（蔺家坝）　　（米）							
最高水位	32.02	33.40	32.15	33.59	33.51	32.73	32.84
出现日期　　（月、日）	8月6日	3月9日	7月29日	9月30日	7月24日	7月19日	10月13日
最低水位	28.35	31.86	28.77	31.47	31.72	31.59	31.33
出现日期　　（月、日）	6月17日	6月16日	6月21日	6月20日	6月19日	6月19日	6月27日
年均水位	31.60	33.02	31.07	32.63	32.49	32.32	32.39

7-3 市区分月气象情况

（2009 年）

月　　份	平均气温（摄氏度）	降水量（毫米）	日照时数（小时）
全　年	**15.2**	**750.9**	**1 869.9**
1 月	0.6	0.9	147.7
2 月	6.2	15.0	50.7
3 月	9.2	30.3	175.0
4 月	16.3	25.0	219.7
5 月	21.6	129.8	230.9
6 月	26.7	137.9	202.6
7 月	27.1	161.4	166.1
8 月	25.9	147.5	141.1
9 月	21.8	30.0	113.5
10 月	18.5	13.7	187.2
11 月	5.8	36.6	113.6
12 月	2.1	22.8	121.8

7-4 市区分月气象情况

（2010 年）

月　　份	平均气温（摄氏度）	降水量（毫米）	日照时数（小时）
全　年	**15.2**	**612.0**	**2 230.6**
1 月	1.0	1.6	160.9
2 月	4.6	28.7	109.8
3 月	7.5	15.1	160.6
4 月	12.7	59.7	216.7
5 月	21.3	39.1	215.8
6 月	25.7	73.3	221.5
7 月	28.3	155.5	157.7
8 月	28.0	93.5	196.1
9 月	23.1	140.2	165.2
10 月	16.5	23.0	193.1
11 月	10.1	0.1	220.5
12 月	3.9	2.9	212.7

7-5 城市(市区)建设基本情况

年　份	市区面积（平方公里）	#建成区面积	市区人口密度（人/平方公里）	年末实有房屋建筑面积（万平方米）	#住宅	公共交通	
						年底运营车辆数（辆）	年底运营线路网长度（公里）
1978	184.5	41.3	3 636	884	351	140	
1979	184.5	42.7	3 842	955	392	161	
1980	184.5	43.8	3 950	1 029	440	144	
1981	184.5	44.3	4 063	1 105	487	160	
1982	184.5	45.2	4 189	1 174	528	165	
1983	184.5	45.6	4 297	1 276	590	162	
1984	184.5	45.9	4 371		641	168	
1985	184.5	46.5	4 470	1 467	691	174	
1986	184.5	47.0	4 557	1 863	920	182	
1987	184.5	47.3	4 638	1 964	967	185	
1988	184.5	48.1	4 726	2 030	1 000	183	
1989	184.5	48.9	4 838	2 145	1 030	196	
1990	184.5	61.8	4 914	2 245	1 076	202	
1991	184.5	63.8	4 979	2 352	1 127	211	
1992	184.5	67.0	5 076	2 465	1 180	258	
1993	184.5	67.7	5 158	2 622	1 253	308	313
1994	963.0	70.7	1 483	2 690	1 293	838	329
1995	963.0	59.1	1 507	2 751	1 325	1 072	335
1996	963.0	60.3	1 530	2 870	1 381	854	337
1997	963.0	61.5	1 551	2 980	1 442	903	343
1998	963.0	64.7	1 577	3 104	1 514	932	343
1999	963.0	67.6	1 583	3 337	1 672	919	368
2000	1 037.7	71.7	1 547	3 507	1 787	946	541
2001	1 037.7	77.9	1 566	3 650	1 858	1 119	595
2002	1 037.7	81.9	1 576	3 781	1 897	922	586
2003	1 037.7	89.1	1 612	3 835	1 914	1 006	600
2004	1 037.7	96.8	1 613	3 934	1 964	1 076	622
2005	1 159.9	118.0	1 551	5 994	4 196	1 452	650
2006	1 159.9	127.1	1 566	6 079	4 199	1 654	700
2007	1 159.9	160.0	1 577	6 304	4 392	1 741	978
2008	1 159.9	186.6	1 590	6 584	4 615	1 790	655
2009	1 159.9	205.6	1 605	6 597	4 307	1 969	679
2010	3 037.6	239.0	1 029	8 463	5 404	1 908	3 997

注:2010年年底运营线路网长度统计口径扩大到乡村线路网,与往年不可比。

7-5 续表1

年份	铺装道路长度（公里）	铺装道路面积（万平方米）	自来水			人工煤气供应总量（万立方米）	液化石油气供应总量（吨）	用气人口数（万人）
			生产能力（万立方米/日）	供水总量（万立方米）	#生活用水量			
1978	67	67	8.5	3 052	1 427			
1979	69	72	9.4	3 425	1 886			
1980	72	76	10.9	3 970	2 232			
1981	89	88	12.0	4 377	2 416			
1982	125	102	12.8	4 806	2 071			
1983	128	108	13.4	5 097	2 005			
1984	136	114	14.1	5 619	2 392		269	
1985	138	119	16.3	5 963	2 685	146	681	
1986	284	238	34.2	12 207	2 968	285	1 947	
1987	296	243	34.0	12 308	3 303	358	3 128	
1988	300	249	34.1	12 658	3 564	404	4 108	
1989	345	265	37.2	12 901	4 677	446	4 443	17.6
1990	297	263	37.9	10 744	4 328	464	7 110	25.5
1991	301	269	42.0	10 643	4 669	474	5 939	26.1
1992	355	464	56.0	12 129	5 203	509	7 736	26.8
1993	367	496	56.0	14 718	6 076	522	13 737	44.5
1994	372	747	63.0	15 506	7 498	939	15 168	61.2
1995	579	802	86.9	14 877	7 010	2 830	16 064	68.8
1996	590	830	74.6	14 067	7 653	3 967	18 886	72.0
1997	592	846	72.0	13 677	7 627	4 926	21 400	74.4
1998	593	863	74.5	13 498	7 366	4 888	24 788	77.3
1999	593	908	75.5	12 859	6 958	4 779	23 753	80.0
2000	621	987	75.5	12 464	6 926	4 585	26 196	83.4
2001	690	1 134	75.6	12 397	7 060	4 638	24 000	85.6
2002	760	1 222	72.5	11 748	7 088	4 192	22 400	88.6
2003	822	1 299	72.6	14 354	7 232	4 580	24 600	106.8
2004	865	1 357	55.0	14 008	7 499	4 057	29 400	118.5
2005	1 075	1 434	55.4	15 456	7 962	4 831	39 300	126.8
2006	1 168	1 494	49.0	11 931	6 218	5 699	33 860	113.0
2007	1 202	1 623	49.8	11 509	7 605	5 699	33 750	125.4
2008	1 307	1 855	67.9	16 155	7 718	5 125	32 208	128.8
2009	1 352	1 956	87.4	19 001	8 926	4 392	29 937	137.6
2010	1 600	2 467	94.2	19 957	8 962	1 662	29 336	150.2

7-5 续表 2

年 份	排水管道长 度（公里）	路灯数（盏）	园林绿地面 积（公顷）	建成区绿化覆盖率（%）	公园数（个）	污水排放量（万吨）	垃圾粪便清 运 量（万吨）	公共厕所数（座）
1978	118	3 243	219	10.4				
1979	124	3 482	249	11.8				
1980	130	3 750	249	11.8				
1981	138	3 920	310	7.6				
1982	155	3 594	320	7.7				
1983	162	4 088	365	9.8				
1984	170	4 225	367	11.8				
1985	182	4 545	367	12.4				
1986	216	5 546	735	14.9				
1987	223	6 110	848	15.1				
1988	248	6 950	1 108	15.1				
1989	253	6 989	1 317	15.9	15		25	508
1990	257	7 507	1 214	27.4	15	9965	23	503
1991	262	7 779	1 432	30.7	12	9 955	26	587
1992	281	8 551	2 358	30.8	13	7 964	28	537
1993	281	13 581	2 822	31.0	10	7 964	29	403
1994	326	11 688	2 822	31.6	14	9 700	28	448
1995	432	15 463	2 844	33.1	12	8 818	32	455
1996	395	16 140	2 881	33.2	15	7 846	38	328
1997	399	16 923	2 947	33.6	13	7 646	36	277
1998	403	20 393	3 048	33.7	13	7 682	29	258
1999	483	26 187	3 392	34.3	13	7 876	35	238
2000	643	30 937	3 662	34.4	13	5 931	36	225
2001	728	32 577	3 625	24.5	29	5 540	36	212
2002	825	36 836	3 889	26.6	31	5 620	37	266
2003	896	45 231	4 226	29.5	33	6 689	40	312
2004	926	46 087	6 455	36.6	33	7 692	45	249
2005	918	52 678	6455	36.3	36	10 775	47	258
2006	930	53 000	6 659	37.6	30	11 704	49	297
2007	970	60 000	8 125	38.8	34	12 700	50	338
2008	1 198	56 798	9 242	40.1	40	13 924	45	482
2009	1 046	19 651	10 422	40.4	41	14 910	40	606
2010	1 334	50 723	12 913	41.3	8	18 106	48	592

注：2009 年路灯盏数统计口径改变，与其它年份不可比，下同；2010 年公园数统计口径改变，与往年不可比，下同。

7-6 城市(市区)设施水平

年份	用水普及率(%)	煤气液化气普及率(%)	每万人拥有公共汽车辆(标台)	人均拥有铺装道路面积(平方米)	人均公共绿地面积(平方米)	每万人拥有公共厕所(座)	排水管道密度(公里/平方公里)
1978	85.7				2.7		2.9
1979	83.3				2.7		2.9
1980	82.6				2.7		3.0
1981	93.8				1.5		3.1
1982	94.2				1.5		3.4
1983	95.0				2.0		3.6
1984	95.0	2.4			2.0		3.7
1985	94.2	6.7			2.4		3.9
1986	92.0	8.4			2.9		4.6
1987	94.2	17.8			2.9		4.7
1988	96.0	19.5			2.9		5.2
1989	98.0	22.2	3.2	3.3	2.9	6.6	5.2
1990	98.0	31.7	3.5	3.9	3.5	6.4	5.2
1991	100.0	37.8	4.1	3.9	6.3	7.4	4.1
1992	100.0	37.8	4.5	6.6	6.3	6.7	4.2
1993	100.0	61.6	4.9	6.9	7.4	4.9	4.2
1994	100.0	75.2	9.0	9.2	7.5	3.6	4.6
1995	100.0	84.0	9.2	9.8	7.9	4.7	7.3
1996	100.0	85.1	6.5	9.8	7.9	3.3	6.6
1997	100.0	86.4	7.0	9.8	9.5	2.7	6.5
1998	100.0	87.9	7.1	9.8	9.9	2.9	6.2
1999	100.0	90.1	7.7	10.2	10.2	2.8	7.2
2000	100.0	90.8	8.1	10.7	10.5	2.4	9.0
2001	100.0	75.8	10.1	10.0	6.6	2.3	9.3
2002	100.0	76.9	8.6	10.6	6.9	2.3	10.1
2003	100.0	90.2	9.1	11.0	7.0	2.6	10.1
2004	100.0	99.7	10.8	11.4	7.4	2.1	9.6
2005	100.0	96.5	9.8	10.9	8.0	2.0	7.8
2006	100.0	96.6	12.9	12.8	9.4	2.2	7.9
2007	100.0	100.0	18.1	12.9	12.1	2.7	6.1
2008	99.9	96.4	17.2	13.9	13.0	3.6	6.4
2009	98.5	98.5	17.9	14.0	13.6	4.4	5.1
2010	99.4	99.0	19.2	16.3	14.7	1.9	5.6

注:2007年及以后公共绿地面积统计口径改为公园绿地面积(下同)。

7-7 主要年份城市(市区)公用事业基本情况

指　　标	1990	1995	2000	2005	2008	2009	2010
城市用地及建筑物面积　(平方公里)							
城市面积	184.5	963.0	1 037.7	1 159.9	1 159.9	1 159.9	3 037.6
#建成区面积	61.8	59.1	71.7	118.0	186.6	205.6	239.0
城市建设用地面积	45.10	56.80	69.43	104.45	139.56	144.71	184.60
#居住用地	18.30	10.90	13.48	24.24	41.93	47.00	58.18
公共设施用地		4.70	8.75	16.43	25.38	26.02	31.79
工业用地	17.10	12.70	14.68	20.96	26.86	29.33	35.15
仓储用地	2.60	2.70	2.73	3.05	3.42	3.68	4.22
对外交通用地	4.00	6.80	7.13	7.13	8.86	8.38	10.20
道路广场用地		2.70	4.56	13.39	20.22	19.55	23.06
市政公用设施用地		1.10	2.54	3.00	3.91	3.85	5.44
绿地		3.60	3.75	4.36	8.83	6.79	14.38
特殊用地		11.70	11.81	11.89	0.15	0.12	2.18
供水、供气及供热							
全社会供水							
供水综合生产能力(万吨/日)	37.9	86.9	75.5	55.4	67.9	87.4	94.2
供水管道长度(公里)	506	569	724	1 025	2 275	2 318	2 760
供水总量(万立方米)	10 744	14 877	12 464	15 456	16 155	19 001	19 957
#生产用水量	5 684	7 867	3 574	3 478	3 527	7 704	8 036
生活用水量	4 328	7 010	6 926	7 962	7 718	8 926	8 962
人均日生活用水量(升)	137	198	171	123	160	178	164
用水普及率(%)	98.0	100.0	100.0	100.0	99.9	98.5	99.4
水厂个数(个)	4	4	4	4	4	4	4
人工煤气							
储气能力(系统内)(万立方米)	2	12	12	12	10	12	100
煤气管道长度(公里)	32	237	647	763	485	230	230
供气总量(万立方米)	464	2 830	4 585	4 831	5 125	4 392	1 662
#家庭用量	437	1 899	3 326	3 562	3 761	3 056	1 205
家庭用气户数(户)	10 343	61 372	110 758	148 102	129 126	74 137	34 000
用气人口数(万人)	4.2	20.3	34.7	47.4	32.8	51.0	10.2
液化石油气							
储气能力(吨)	275	450	420	2 402	9 957	1 248	4 394
供气总量(吨)	7 110	16 064	26 169	39 300	32 208	29 937	29 336
#家庭用量	7 074	15 084	23 158	35 100	26 790	24 575	23 466
家庭用气户数(户)	60 706	146 628	155 723	289 500	233 560	212 720	193 243
用气人口数(万人)	21.3	48.5	48.8	79.4	72.0	37.6	59.7
煤气和液化石油气普及率(%)	31.7	84.0	90.8	96.5	96.4	98.5	99.0
天然气							
储气能力(万立方米)					9	9	26
供气管道长度(公里)					429	786	1 253
供气总量(万立方米)					1 258	3 358	13 524
#家庭用量					377	1 029	2 927
家庭用气户数(户)					66 565	137 093	270 824
用气人口数(万人)					24	49	80
集中供热面积(万平方米)				910	895	1 004	1 201
#住宅					334	411	911

注:2010年储气能力统计口径有调整,与往年不可比。

7-7 续表

指　　标		1990	1995	2000	2005	2008	2009	2010
城市市政设施情况								
实有道路长度	（公里）	297	579	621	1 075	1 307	1 352	1 600
道路面积	（万平方米）	263	802	987	1 434	1 855	1 956	2 467
人行道面积	（万平方米）	35	74	110	208	267	279	421
排水管道长度	（公里）	257	432	643	918	1 198	1 046	1 334
污水年排放量	（万立方米）	9 965	8 818	5 931	10 775	13 924	14 910	18 106
桥梁数	（座）	51	68	102	132	146	146	118
路灯盏数	（盏）	7 507	15 463	30 937	52 678	56 798	19 651	50 723
防洪堤长度	（公里）	27.0	52.0	34.1	44.6	42.0	42.0	67.0
公共交通								
公共汽车营运车数	（辆）	202	1 072	946	1 452	1 790	1 969	1 908
标准营运车数	（标台）	238	752	739	1 290	2 300	2 462	2 286
客运总量	（万人次）	8 511	10 740	17 040	25 750	28 456	28 903	33 436
平均每日客运量	（万人次）	23.3	29.4	46.7	70.5	78.0	79.2	91.6
出租汽车营运车数	（辆）	259	955	2 872	4 230	3 594	3 625	3 760
城市园林绿化								
绿化覆盖面积	（公顷）	1 324	2 927	3 823	7 017	10 622	11 754	14 726
# 建城区		891	1 956	2 463	4 283	7 483	8 309	9 860
园林绿地面积	（公顷）	1 324	2 844	3 662	6 455	9 242	10 422	12 913
# 公共绿地		235	647	961	1 046	1 737	1 907	2 234
公园个数	（个）	15	12	13	36	40	41	8
公园面积	（公顷）	104	521	650	358	936	946	198
游人量	（万人次）	1 054	463	323	2 340	179	182	210
人均公共绿地面积	（平方米）	3.5	7.9	10.5	8.0	13.0	13.6	14.7
建成区绿化覆盖率	（%）	27.4	33.1	34.4	36.3	40.1	40.4	41.3
城市房屋和住宅情况	**（万平方米）**							
实有房屋建筑面积		2 245	2 751	3 507	5 994	6 584	6 597	8 463
# 住宅		1 076	1 325	1 787	4 196	4 615	4 307	5 404
当年房屋竣工建筑面积		110.2	110.0	182.9	286.8	296.3	356.2	452.59
# 住宅		54.3	72.7	122.9	258.1	239.8	250.8	374.03
当年房屋减少建筑面积		11.4	21.0	13.3	9.5	16.3	83.3	120.0
# 住宅		8.9	18.0	7.8	3.5	10.6	72.0	101.7
城市清洁卫生情况								
道路清扫保洁面积	（万平方米）	148	350	418	780	969	1 243	2 032
生活垃圾清运量	（万吨）	21.4	30.0	34.6	47.0	45.0	39.5	44.4
粪便清运量	（万吨）	1.6	2.0	1.0			0.2	3.85
垃圾粪便无害化处理量	（万吨）		32.0	35.6	47.0	40.0	36.8	44.4
环卫机械总数	（台）	113	167	172	156	245	212	362
公共厕所数	（座）	503	455	225	258	482	606	592

注：2002 年及以后垃圾粪便无害化处理量仅指生活垃圾；2006 年及以后游人量统计口径为风景名胜区的游人量。

7-8 主要年份工业企业污染治理情况

单位:万元

指标		2001	2003	2005	2008	2009	2010
汇总单位数	(个)	**65**	**81**	**74**	**33**	**29**	**22**
当年施工项目投资来源		**6 272**	**18 228**	**47 263**	**27 541**	**40 671**	**13 171**
排污费补助					167	191	40
政府其他补助					190	550	375
企业自筹					27 184	39 930	12 756
# 银行贷款					7 660	9 900	1 980
国家预算内资金		1	300	30			
环保专项资金		90	55	2 912			
银行贷款		150	1 396	2 580			
其他资金		6 031	16 476	44 321			
当年施工项目累计完成投资额		**6 272**	**18 228**	**47 263**	**27 541**	**40 671**	**13 171**
治理废水		4 142	9 640	7 396	9 826	9 523	3 907
治理废气		1 818	8 088	38 555	17 578	25 203	8 084
治理固体废物		292	500	330	100		1 000
治理噪声		15		622	35		
其他		5		361	3	5 945	180
当年安排治理项目	(个)	**84**	**105**	**84**	**54**	**54**	**34**
治理废水		42	26	34	21	17	11
治理废气		36	78	38	29	32	21
治理固体废物		3	1	3	1		1
治理噪声		2		3	2		
其他		1		6	1	5	1
当年竣工项目	(个)	**61**	**58**	**73**	**40**	**50**	**20**
治理废水		21	13	27	14	17	6
治理废气		35	44	35	22	31	14
治理固体废物		2	1	3	1		
治理噪声		2		3	2		
其他		1		5	1	2	
当年竣工项目新增设计处理利用“三废”能力							
废水	(吨/日)	39 453	31 472	28 122	28 722	60 750	215 400
废气	(万标立方米/时)	84	130	234	420	83 870	129
固体废物	(吨/日)	358	180	305	500		
主要污染物减排情况							
化学需氧量(COD)	(万吨)			6.35	5.98	5.74	5.54
二氧化硫(SO_2)	(万吨)			20.01	13.22	9.28	8.96

注:2007 年及以后施工项目投资来源指标有调整,与往年不可比;2010 年废气处理利用能力统计口径有调整,与往年不可比。

7-9　重点工业企业“三废”排放及处理情况

（2010 年）

行　　业	汇总工业企业数（个）	三废综合利用产品产值（万元）	工业废水排放总量（吨）	工业废水排放达标量（吨）	工业废水排放达标率（%）
总　计	**364**	**69 825**	**81 585 566**	**80 815 191**	**99.1**
煤炭开采和洗选业	18	235	13 546 058	13 520 052	99.8
农副食品加工业	26	536	3 544 058	3 499 108	98.7
食品制造业	23	39	3 408 003	3 393 803	99.6
饮料制造业	14	5 043	3 170 029	3 168 029	99.9
烟草制品业	1		120 800	120 800	100.0
纺织业	15	513	4 997 090	4 953 641	99.1
皮革、毛皮、羽毛（绒）及其制品业	5	5	1 426 275	1 413 875	99.1
木材加工及木、竹、藤、棕、草制品业	19	788	114 221	16 580	14.5
造纸及纸制品业	17	108	28 920 913	28 852 473	99.8
印刷业和记录媒介的复制	3		5 660	5 660	100.0
文教体育用品制造业	1		900	900	100.0
石油加工、炼焦及核燃料加工业	8	6 222	501 324	396 950	79.2
化学原料及化学制品制造业	41	5 289	11 716 226	11 638 806	99.3
医药制造业	17	142	1 005 832	942 333	93.7
橡胶制品业	2		45 800	40 000	87.3
塑料制品业	4	30	152 386	151 556	99.5
非金属矿物制品业	46	22 852	893 361	805 607	90.2
黑色金属冶炼及压延加工业	19	6 883	1 430 100	1 429 100	99.9
有色金属冶炼及压延加工业	7	7 113	107 730	102 510	95.2
金属制品业	16	465	1 230 257	1 220 437	99.2
通用设备制造业	15	123	1 135 066	1 120 066	98.7
专用设备制造业	7		389 530	389 530	100.0
电气机械及器材制造业	6	48	479 891	402 319	83.8
通信设备、计算机及其他电子设备制造业					
废弃资源和废旧材料回收加工业	2		46 200	43 200	93.5
电力、热力的生产和供应业	28	12 861	3 124 601	3 114 601	99.7
燃气生产和供应业					
其它行业	4	533	73 255	73 255	100.0

7-9 续表 1 （2010 年）

行业	工业废气排放总量（万标立方米）	燃料燃烧过程中废气排放总量（万标立方米）	生产工艺过程中废气排放总量（万标立方米）	二氧化硫去除量（吨）	二氧化硫排放量（吨）
总　计	**30 819 614**	**24 155 258**	**6 664 356**	**251 175**	**80 757**
煤炭开采和洗选业	136 131	136 131		109	458
农副食品加工业	86 879	86 879			744
食品制造业	62 039	62 039			425
饮料制造业	74 781	74 781		17	424
烟草制品业	3 950	3 950			14
纺织业	25 346	25 346		53	344
皮革、毛皮、羽毛(绒)及其制品业	10 940	10 940			174
木材加工及木、竹、藤、棕、草制品业	317 961	81 583	236 378		408
造纸及纸制品业	238 600	238 600			2104
印刷业和记录媒介的复制					
文教体育用品制造业					
石油加工、炼焦及核燃料加工业	775 153	184 067	591 086	28	2 005
化学原料及化学制品制造业	558 132	335 091	223 041	1 630	2 936
医药制造业	40 660	39 282	1 378	166	170
橡胶制品业	13 650	4 780	8 870		50
塑料制品业	18 961		18 961		
非金属矿物制品业	3 740 443	1 075 493	2 664 950	5 739	2 196
黑色金属冶炼及压延加工业	6 652 933	5 269 630	1 383 303	14	7 253
有色金属冶炼及压延加工业	1 308 280	32 152	1 276 128	163	747
金属制品业	62 896	34 566	28 330		198
通用设备制造业	292 326	73 628	218 698		148
专用设备制造业	13 500	4 186	9 314		27
电气机械及器材制造业	7 683	7 683			90
通信设备、计算机及其他电子设备制造业					
废弃资源和废旧材料回收加工业	5 105	2 161	2 944		29
电力、热力的生产和供应业	16 370 152	16 370 152		243 255	59 813
燃气生产和供应业					
其它行业	3 113	2 138	975	1	1

7-9 续表 2 （2010 年）

行　业	烟尘去除量（吨）	烟尘排放量（吨）	# 烟尘排放达标量（吨）	工业粉尘去除量（吨）	工业粉尘排放量（吨）	工业粉尘排放达标量（吨）
总　计	**5 639 852**	**19 661**	**19 661**	**685 995**	**12 989**	**12 989**
煤炭开采和洗选业	1 253	206	206			
农副食品加工业	1 582	380	380	838	119	119
食品制造业	1 715	435	435	250	91	91
饮料制造业	800	172	172			
烟草制品业		2	2			
纺织业	342	85	85			
皮革、毛皮、羽毛(绒)及其制品业	325	65	65			
木材加工及木、竹、藤、棕、草制品业	1 005	322	322	24 734	175	175
造纸及纸制品业	4 416	960	960			
印刷业和记录媒介的复制						
文教体育用品制造业						
石油加工、炼焦及核燃料加工业	145	167	167	7 335	1 782	1 782
化学原料及化学制品制造业	22 373	515	515	7 625	397	397
医药制造业	929	223	223			
橡胶制品业	62	47	47	3 593	36	36
塑料制品业				155	8	8
非金属矿物制品业	496 743	2 855	2 855	350 689	2 965	2 965
黑色金属冶炼及压延加工业	198 241	4 629	4 629	276 178	6 022	6 022
有色金属冶炼及压延加工业	216	13	13	10 783	223	223
金属制品业	729	96	96	635	61	61
通用设备制造业	357	213	213	3 154	1 075	1 075
专用设备制造业		18	18	8	31	31
电气机械及器材制造业	122	74	74			
通信设备、计算机及其他电子设备制造业						
废弃资源和废旧材料回收加工业	35	5	5	10	2	2
电力、热力的生产和供应业	4 908 464	8 179	8 179			
燃气生产和供应业						
其它行业		…	…	7	1	1

7-9 续表 3 （2010 年）

行业	工业固体废物产生量（吨）	工业固体废物综合利用量（吨）	工业固体废物综合利用率（%）	工业固体废物贮存量（吨）	工业固体废物处置量（吨）
总 计	**13 830 542**	**13 828 013**	**100.0**	**73**	**2 456**
煤炭开采和洗选业	2 730 838	2 730 838	100.0		
农副食品加工业	17 202	17 202	100.0		
食品制造业	21 156	21 156	100.0		
饮料制造业	80 666	80 666	100.0		
烟草制品业					98
纺织业	9 791	9 673	98.8	20	
皮革、毛皮、羽毛(绒)及其制品业	3 263	3 255	99.8	8	
木材加工及木、竹、藤、棕、草制品业	16 872	16 872	100.0		
造纸及纸制品业	124 680	124 680	100.0		3
印刷业和记录媒介的复制	50	48	94.9		4
文教体育用品制造业	4				
石油加工、炼焦及核燃料加工业	1 077	1 077	100.0		1 023
化学原料及化学制品制造业	521 297	520 233	99.8	42	74
医药制造业	9 902	9 826	99.2	2	
橡胶制品业	1 218	1 218	100.0		1
塑料制品业	1				
非金属矿物制品业	826 777	826 777	100.0		4
黑色金属冶炼及压延加工业	2 162 856	2 162 852	100.0		1
有色金属冶炼及压延加工业	14 980	14 980	100.0		111
金属制品业	56 585	56 475	99.8		610
通用设备制造业	9 168	8 558	93.4		24
专用设备制造业	4 962	4 937	99.5	1	3
电气机械及器材制造业	3 459	3 456	99.9		
通信设备、计算机及其他电子设备制造业					1
废弃资源和废旧材料回收加工业	447	446	99.7		237
电力、热力的生产和供应业	7 210 116	7 209 880	100.0		
燃气生产和供应业					264
其它行业	3 173	2 909	91.7		

主要统计指标解释

自来水综合生产能力 指年底城建部门管理的自来水厂和各单位自备水源的取水、净化、送水、出厂输水干管等环节的实际生产能力。

全年供水总量 指公用自来水厂和社会单位自备水源全年的供水总量，包括有效供水量及损失水量。

城市人口用水普及率 指城市市区用水的非农业人口数（不包括临时人口和流动人口）与市区非农业人口总数之比。

煤气供气总量 指城市煤气企业向城市生产用户、生活用户和其他用户供应全部煤气量。包括外购煤气量的损失量。

城市气化率 指使用煤气（包括人工煤气、液化石油气）的市区非农业人口数（不包括临时人口和流动人口）与市区非农业人口总数之比。

年末实有铺装道路长度 指除土路外，路面经过铺装宽度在3.5米以上的道路，包括高级、次高级道路和普通道路。

营运标准车台 是指营运车数按标台换算系数折合的标准车台总数。用以综合反映公交企业的运输能力。标准车台是以每辆车长度10米为一标准台，如营运车长8.7米，折合0.87标台，营运车长14米，折合1.4标台。计算方法：

$$\text{标准车台（标台）}=\frac{\text{各类营运车辆长度之和（米）}}{\text{标台换算系数（10米）}}$$

营运车数 是指经上级主管机关核准，可参加营运的全部车辆数。包括技术完好的、在修的、待修的、长期停驶的，以及拟报废尚未经上级主管机关批准的。但不包括非营运车辆，如架线车、货车、油灌车、工程车及其他专用车辆和借入的运客车辆。

营运线路长度 是指固定的营运线路长度，包括郊区营运线路长度，不包括临时行驾的线路长度。营运线路长度应以营运线路的起点站至终点站往返路程的二分之一长度计算。

公共绿地 指供游览休息的各种公园（包括植物园、陵园、游乐园和风景名胜公园等）、动物园、广场绿地、河（湖）滨绿地和宽在八米以上设置有行人休息设施的林荫道绿地等。

建成区绿化覆盖率 反映建成区的绿化覆盖情况，其计算方法：

$$\text{建成区绿化覆盖率}(\%)=\frac{\text{建成区园林绿化面积}+\text{建成区道路绿化面积}}{\text{建成区面积}}\times 100\%$$

工业废水排放总量 指经过工业企业厂区所有排放口排到企业外部的工业废水量。包括外排的直接冷却水、超标排放的矿井地下水和与工业废水混排的厂区生活污水，不包括外排的间接冷却水（清污不分流的间接冷却水应计算在内）。

工业废气排放总量 指工业企业厂区内燃料燃烧和生产工艺过程中排放的各种废气总量。以标准状态下（0℃，101325Pa）每年万标立方米表示（每小时排放量的算术平均值×年排放小时数）。

工业烟尘排放量 指工业企业在厂区内的燃料燃烧过程中排入环境的烟尘量。

工业粉尘排放量 指工业企业在生产工艺过程中排放的固体微粒总重量。如钢铁企业的耐火材料粉尘，焦化企业的筛焦系统粉尘、烧结机的粉尘，石灰窑的粉尘、建材企业的水泥粉尘等。不包括电厂排入大气的烟尘。

第8部分

农林牧渔业

FARMING, FORESTRY, ANIMAL HUSBANDRY AND FISHERY

版面负责人：魏垂成
编　　辑：顾元林

关于统计工作经费保障的规定

第十九条 县级以上人民政府应当将统计工作所需经费列入财政预算。

重大国情国力普查所需经费，由国务院和地方人民政府共同负担，列入相应年度的财政预算，按时拨付，确保到位。

【释义】 本条是关于统计工作经费保障的规定。

政府统计是与现代国家管理密切联系在一起的，是一项长期的、经常性的工作，需要财政预算的长期的、经常性的支持。因此，本条规定，县级以上人民政府应当将统计工作所需经费列入本级财政预算。所谓财政预算，是指政府对于未来一定时期内的收入和支出的计划安排。依照我国《预算法》的规定，财政预算由政府编制，报本级人民代表大会审查批准，并按照批准后的预算执行。财政预算经本级人民代表大会批准后，非经法定程序，不得改变。将统计工作所需经费列入政府财政预算，从法律制度上保障了政府对统计工作的投入。县级以上人民政府应当依照本条规定，将统计工作所需经费列入本级财政预算。

重大国情国力普查与常规统计调查不同，涉及面广，工作量大，时间性强，需要大量的人力、物力和财力支持，需要社会各方面的积极参与和配合。我国现有的人口普查、经济普查、农业普查、污染源普查和土地调查，国务院都制定和颁布了相关的行政法规，对普查工作作出全面部署，并对所需经费的落实作出具体安排：规定普查所需经费，由中央和地方各级人民政府共同负担，并列入相应年度的财政预算，按时拨付，确保到位。为了保证重大国情国力普查工作顺利进行，《统计法》在总结实践经验的基础上，对重大国情国力普查经费的保障问题作了专门规定。一是明确重大国情国力普查所需经费由国务院和地方人民政府共同负担，并列入相应年度的财政预算；二是要求重大国情国力普查经费要按时拨付，确保到位。

编辑：张　霖

8-1 主要年份农村基层组织情况

指　　标	1985	1990	1995	2000	2005	2008	2009	2010
农村组织情况　（个）								
乡个数	173	147	128					
镇个数(含城乡镇)	9	35	55	107	114	114	113	113
村委会个数	3 543	3 517	3 511	3 493	2 364	2 351	2 207	2 166
村民小组个数	26 723	27 041	27 028	26 793	22 033	21 712	21 646	21 716
乡村户数、人口								
乡村户数　（万户）	135.83	204.39	170.02	174.45	178.83	185.06	184.68	187.25
乡村人口　（万人）	595.82	656.06	674.08	680.81	690.39	698.58	698.81	703.90
乡村从业人员　（万人）	**271.99**	**321.78**	**330.58**	**335.71**	**348.00**	**354.38**	**358.75**	**366.23**
按性别分								
男性	143.32	169.35	170.48	173.80	182.87	188.85	190.33	196.59
女性	128.67	152.43	160.10	161.91	165.13	165.53	168.42	169.64
按行业分								
农林牧渔业	220.26	247.48	239.66	233.14	180.78	160.74	159.18	159.67
# 农业	203.74	227.10	213.35	207.14	163.24	143.23	140.79	140.59
工业	19.75	27.03	31.52	30.05	56.71	78.79	83.11	89.34
建筑业	13.04	19.38	24.65	27.32	35.32	42.38	43.24	46.21
交通运输、仓储业和邮电业	4.38	6.68	8.77	9.31	10.41	12.26	13.21	14.17
批发与零售业	4.41	6.89	7.65	11.90	13.72	16.75	17.33	18.80
金融、保险业		0.16	0.22	0.18	0.47	0.65	0.88	1.01
房地产、社会服务业	0.46	0.44	0.63	0.85	1.19	1.31	1.16	1.21
卫生、体育和社会福利业	1.06	1.09	1.18	1.32	1.41	1.44	1.68	1.74
教育、文化艺术和广播电视事业	2.43	2.61	2.39	2.50	2.11	2.30	2.57	2.74
科学研究和综合技术服务事业	0.12	0.20	0.17	0.15	0.24	0.27	0.37	0.42
乡经济组织管理业	0.46		1.49	1.47	1.27	0.78	0.80	0.84
其他非农业行业	5.62	9.82	12.25	17.52	44.37	36.71	35.22	30.08
# 外出合同工、临时工	2.03	3.90	6.81	9.54				

8-2 主要年份耕地面积

单位:千公顷

年 份	年末实有耕地面积	水田	旱地	年内减少	#国家基建占地	人均占有耕地(亩/人) 按乡村人口计算	按农林牧渔业劳动力计算
1949	836.89					3.68	
1952	859.85					3.56	
1957	834.76			25.09		3.12	
1962	701.87			23.06		2.56	
1965	678.81			5.90		2.34	
1970	672.84			5.95		1.99	
1975	651.79			21.05		1.78	
1978	642.93			9.24		1.69	
1979	640.61			1.87		1.68	
1980	637.80			2.88		1.66	
1981	635.89			1.65		1.63	
1982	634.57			2.33		1.60	
1983	633.74			0.34		1.58	4.41
1984	632.69			0.66		1.57	4.35
1985	630.46			2.82		1.56	4.29
1986	626.84	143.02	483.82	3.06	2.10	1.54	4.21
1987	625.33	150.71	474.62	1.50	1.08	1.52	4.19
1988	623.13	145.97	477.16	2.20	1.49	1.50	4.16
1989	621.90	153.86	468.04	1.23	1.13	1.48	3.99
1990	619.58	170.25	449.33	2.32	1.88	1.39	3.75
1991	617.73	184.04	433.69	1.88	1.10	1.37	3.69
1992	613.77	191.94	421.83	4.01	3.07	1.36	3.58
1993	611.15	161.03	450.12	2.62	1.24	1.35	3.73
1994	608.12	156.38	451.74	3.12	1.34	1.34	3.71
1995	604.63	161.10	442.23	4.79	1.31	1.33	3.78
1996	602.65	170.39	432.26	2.16	0.96	1.32	3.81
1997	615.40	186.44	428.96	1.17	0.85	1.35	3.87
1998	616.07	191.99	424.08	1.38	0.52	1.36	3.85
1999	615.52	213.85	401.67	1.54	1.03	1.36	3.95
2000	611.77	200.59	411.18	3.81	0.59	1.35	3.94
2001	609.69	195.31	414.38	2.72	1.63	1.33	4.01
2002	609.51	185.33	424.18	1.05	0.43	1.33	4.27
2003	609.00	205.05	403.95	3.35	0.63	1.33	4.70
2004	606.65	205.04	401.61	2.53	1.55	1.32	4.84
2005	599.64	207.82	124.97	1.87	1.39	1.30	4.98
2006	596.21	214.34	132.51	3.47	2.30	1.29	5.10
2007	594.78	210.18	135.90	2.62	1.78	1.28	5.40
2008	590.58	199.64	140.02	5.29	3.85	1.27	5.51
2009	589.90	197.55	157.75	2.17	1.03	1.27	5.56
2010	585.70	200.22	126.04	1.71	0.77	1.25	5.50

注:2005 年及以后旱地不再统计,改为水浇地。

8–3 主要年份农林牧渔业总产值

（1990年不变价格） 单位:万元

年份	农林牧渔业总产值	农业	#种植业	林业	牧业	渔业	农林牧渔服务业
1949	80 236	65 097	61 773	2 218	12 040	881	
1952	95 905	78 558	74 838	3 212	12 971	1 164	
1957	102 414	78 186	74 224	4 835	18 055	1 338	
1962	96 791	72 700	69 868	3 662	19 008	1 421	
1965	125 348	92 907	90 004	8 997	21 106	2 338	
1970	158 029	118 837	105 566	4 644	32 891	1 657	
1975	228 677	178 457	172 547	10 942	37 175	2 103	
1978	248 804	191 076	187 732	14 128	40 533	3 067	
1979	288 101	223 399	212 121	16 178	45 551	2 973	
1980	308 986	243 256	238 217	13 413	48 123	4 194	
1981	329 627	262 760	257 207	10 473	51 967	4 427	
1982	373 565	289 122	283 967	12 941	66 584	4 918	
1983	432 382	344 386	335 209	13 184	69 111	5 701	
1984	503 683	388 672	375 586	14 530	94 357	6 124	
1985	509 617	366 471	354 254	15 818	119 353	7 975	
1986	539 701	388 306	373 140	14 658	125 615	11 122	
1987	558 965	395 672	378 105	15 192	135 192	12 909	
1988	575 531	383 071	361 932	14 627	163 882	13 951	
1989	584 300	388 451	359 628	15 261	165 123	15 465	
1990	617 106	388 974	360 044	14 882	196 316	16 934	
1991	653 321	407 091	384 372	11 738	215 982	18 510	
1992	714 847	435 995	401 506	13 686	244 515	20 651	
1993	796 478	453 399	413 499	21 894	295 714	25 471	
1994	871 817	482 183	441 390	22 290	337 104	30 240	
1995	1 027 284	555 518	500 806	29 108	401 517	41 141	
1996	1 137 525	605 564	548 022	28 439	459 140	44 382	
1997	1 034 702	659 292	593 339	28 712	300 797	45 901	
1998	1 102 308	688 264	621 433	29 955	331 947	52 142	
1999	1 173 788	724 032	652 241	32 957	359 148	57 651	
2000	1 231 562	754 514	676 985	33 273	379 129	64 646	
2001	1 314 282	804 945	738 517	35 204	405 637	68 496	
2002	1 394 896	862 345	795 933	36 692	423 099	72 760	
2003	1 355 438	730 532	730 532	39 101	455 613	72 950	57 242
2004	1 480 373	868 038	868 038	40 318	468 235	76 990	26 792
2005	1 539 166	878 862	878 862	42 879	499 465	84 986	32 974
2006	1 610 241	936 506	936 506	44 729	477 791	115 570	35 645
2007	1 698 325	988 077	988 077	46 628	499 172	120 259	44 189
2008	3 895 663	2 497 899	2 497 899	103 246	1 002 939	198 293	93 286
2009	4 477 204	2 692 058	2 682 058	104 233	1 353 905	237 703	89 305
2010	4 880 467	2 985 417	2 985 417	100 854	1 444 364	245 403	104 429

注:2008年及以后为可比价计算口径,与往年不可比。

8-4　农林牧渔业分项产值

（2010 年）　　单位：万元

指　　标	总产值（当年价格）	构　成（%）
农林牧渔业总产值	**5 147 300**	**100.0**
农业总产值	**3 224 250**	**62.6**
种植业产值	3 224 250	62.6
# 粮食	897 356	17.4
油料	67 430	1.3
棉花	103 227	2.0
麻类		
糖料		
其他农作物	7 296	0.1
蔬菜园艺作物	1 763 116	34.3
茶、桑、水果	340 645	6.6
药材	1 933	…
林业产值	**102 871**	**2.0**
林木培养和种植	56 172	1.1
竹木采运	35 539	0.7
# 村及村以下竹木采伐	32 373	0.6
林产品	11 160	0.2
牧业产值	**1 458 808**	**28.3**
牲畜	705 942	13.7
# 牛	22 324	0.4
羊	137 027	2.7
猪	486 480	9.5
家禽的饲养	669 926	13.0
捕猎	150	…
其他动物产品	82 790	1.6
渔业产值	**252 765**	**5.0**
# 淡水产品	252 756	5.0
农林牧渔服务业产值	**108 606**	**2.1**

8-5 主要年份农林牧渔业总产值、中间消耗及增加值

（当年价格） 单位：万元

指 标	1990	1995	2000	2005	2008	2009	2010
农林牧渔业总产值	**648 481**	**1 909 331**	**2 258 028**	**3 330 682**	**4 206 518**	**4 574 887**	**5 147 300**
农业产值	421 660	1 133 427	1 483 459	2 087 542	2 622 794	2 853 581	3 224 250
林业产值	14 643	45 823	58 415	88 590	106 343	100 065	102 871
牧业产值	194 679	669 430	588 828	905 295	1 163 409	1 286 209	1 458 808
渔业产值	17 499	60 651	127 326	181 405	214 156	244 834	252 765
农林牧渔服务业				67 850	99 816	90 198	108 606
农林牧渔业中间消耗	**265 505**	**899 941**	**1 072 317**	**1 631 111**	**2 072 704**	**2 075 600**	**2 391 135**
农业中间消耗	139 355	408 638	606 074	869 347	1 114 072	1 113 371	1 301 285
林业中间消耗	5 703	15 207	21 485	35 128	42 785	51 766	53 493
牧业中间消耗	116 534	443 072	386 418	609 154	764 380	760 866	875 858
渔业中间消耗	3 913	33 024	58 340	90 200	106 550	116 540	120 315
农林牧渔服务业				27 282	44 917	33 057	40 184
农林牧渔业增加值	**372 976**	**1 009 390**	**1 185 711**	**1 699 571**	**2 133 814**	**2 499 288**	**2 756 165**
农业增加值	271 509	724 789	877 385	1 218 195	1 508 722	1 740 211	1 922 965
林业增加值	8 939	30 616	36 930	53 462	63 558	48 298	49 378
牧业增加值	78 145	226 358	202 410	296 141	399 029	525 344	582 950
渔业增加值	14 383	27 627	68 986	91 205	107 606	128 294	132 450
农林牧渔服务业				40 568	54 899	57 141	68 422

注：2003 年及以后农林牧渔业总产值、中间消耗、增加值含农林牧渔服务业（下同）。

8-6 主要年份农林牧渔业总产值、中间消耗及增加值构成

（当年价格） 单位：%

指 标	1990	1995	2000	2005	2008	2009	2010
农林牧渔业总产值	**100.0**	**100.0**	**100.0**	**100.0**	**100.0**	**100.0**	**100.0**
农业产值	65.0	59.4	65.7	62.7	62.4	62.4	62.6
林业产值	2.3	2.4	2.6	2.7	2.5	2.2	2.0
牧业产值	30.0	35.0	26.1	27.2	27.7	28.1	28.3
渔业产值	2.7	3.2	5.6	5.4	5.1	5.3	5.0
农林牧渔服务业				2.0	2.4	2.0	2.1
农林牧渔业中间消耗	**100.0**	**100.0**	**100.0**	**100.0**	**100.0**	**100.0**	**100.0**
农业中间消耗	52.5	45.4	56.5	53.3	53.7	53.6	54.4
林业中间消耗	2.1	1.7	2.0	2.2	2.1	2.5	2.2
牧业中间消耗	43.9	49.2	36.0	37.3	36.9	36.7	36.6
渔业中间消耗	1.5	3.7	5.5	5.5	5.1	5.6	5.1
农林牧渔服务业				1.7	2.2	1.6	1.7
农林牧渔业增加值	**100.0**	**100.0**	**100.0**	**100.0**	**100.0**	**100.0**	**100.0**
农业增加值	72.8	71.8	74.0	71.7	70.7	69.6	69.8
林业增加值	2.4	3.0	3.1	3.1	3.0	1.9	1.8
牧业增加值	21.0	22.4	17.1	17.4	18.7	21.0	21.1
渔业增加值	3.8	2.8	5.8	5.4	5.0	5.2	4.8
农林牧渔服务业				2.4	2.6	2.3	2.5

8-7 主要年份农作物播种面积

单位：千公顷

年 份	总播种面 积	粮食作物		在粮食作物播种面积中				
		播种面积	占总播种面积(%)	小麦	稻谷	薯类	玉米	大豆
1957	1 177.89	908.19	77.1	430.05	16.85	102.38	73.84	262.07
1962	950.53	738.01	77.6	328.84	4.69	157.03	56.30	182.15
1965	948.59	678.22	71.5	259.94	22.67	139.35	46.67	146.59
1970	901.52	701.41	77.8	315.96	63.93	126.21	45.11	129.20
1975	947.18	713.49	75.3	309.46	58.41	119.87	39.87	130.48
1978	951.43	705.09	74.1	296.74	79.95	147.32	78.10	90.07
1979	968.45	729.18	75.3	318.46	125.48	113.87	47.08	71.39
1980	942.88	729.57	77.4	306.49	179.40	102.33	46.32	83.03
1981	979.52	814.85	83.2	298.89	168.43	92.35	41.24	76.57
1982	969.44	831.59	85.8	365.49	127.95	76.38	118.47	65.49
1983	984.09	852.18	86.6	388.61	133.06	89.93	137.95	86.32
1984	1 014.64	872.44	86.0	417.20	150.06	77.11	136.81	74.39
1985	1 029.63	855.12	83.1	412.26	141.52	62.80	157.29	68.23
1986	1 037.58	873.57	84.2	417.35	137.65	60.62	172.19	72.44
1987	1 045.15	874.63	83.7	419.93	132.73	58.12	186.04	66.87
1988	1 023.02	845.62	82.7	414.33	134.01	56.93	163.01	56.63
1989	1 023.21	867.63	84.8	423.58	141.54	51.87	186.99	52.18
1990	988.39	850.59	86.1	427.27	157.77	47.15	174.55	34.87
1991	1 021.19	859.15	84.1	427.42	181.57	41.77	171.87	27.43
1992	1 022.63	848.47	83.0	424.84	187.59	36.48	163.96	27.41
1993	1 002.96	808.94	80.7	403.64	147.43	35.62	175.00	39.78
1994	988.14	768.44	77.8	378.34	141.85	30.96	168.50	39.72
1995	967.30	743.12	76.8	372.20	151.26	29.84	150.25	30.29
1996	967.11	744.03	77.0	370.00	164.40	31.91	139.52	29.53
1997	982.83	753.81	76.7	370.71	178.09	27.76	133.48	35.18
1998	1 014.34	745.58	73.5	360.92	185.69	25.10	136.21	31.93
1999	990.28	686.62	69.3	326.16	203.25	21.95	105.35	21.74
2000	990.73	587.54	59.3	276.33	158.30	21.67	87.70	35.09
2001	999.24	536.91	53.7	256.38	140.67	18.51	83.51	30.91
2002	1 001.78	512.26	51.1	240.85	134.71	18.36	82.19	28.91
2003	985.81	465.79	47.2	212.58	115.87	18.09	83.32	28.75
2004	1 001.27	539.29	53.9	238.34	161.72	14.90	89.53	28.98
2005	1 024.73	576.99	56.3	260.21	177.69	10.76	90.16	31.63
2006	1 015.26	613.22	60.4	279.82	184.78	8.92	101.92	32.77
2007	1 040.39	672.42	64.6	311.13	184.67	6.90	133.98	33.73
2008	1 010.10	666.84	66.2	307.82	185.77	6.29	127.55	37.57
2009	1 056.60	689.28	65.2	319.96	185.76	5.04	135.32	41.12
2010	1 099.09	714.05	65.0	340.15	184.93	4.33	143.51	39.23

8-7 续表

单位：千公顷

年 份	经济作物		在经济作物播种面积中				其 它 作 物	
	播种面积	占总播种面积(%)	棉花	油菜籽	花生	甜菜		#蔬菜
1957	210.40	17.9	49.93	0.87	25.17		9.30	1.48
1962	200.32	21.3	29.04	0.29	14.23		10.20	3.94
1965	256.34	27.0	42.17		26.67		14.03	11.04
1970	182.27	20.2	52.05		8.75		17.84	13.45
1975	214.48	22.6	54.84	0.92	10.43		19.21	
1978	225.31	23.7	48.48	1.90	9.30		21.03	17.92
1979	217.95	22.5	54.65	2.01	10.57		20.87	14.80
1980	194.84	20.7	47.95	6.01	16.93		18.47	14.59
1981	165.47	16.9	59.48	7.81	13.62		23.59	17.25
1982	137.85	14.2	65.43	6.81	10.37		25.47	20.18
1983	104.08	10.6	69.17	14.59	14.31		27.83	18.02
1984	114.72	11.3	83.67	9.81	13.49		27.48	20.93
1985	137.25	13.3	77.32	23.02	24.26	0.33	37.26	28.17
1986	118.57	11.4	57.81	30.76	22.31		45.44	33.75
1987	123.99	11.9	68.53	30.92	18.62		46.53	35.01
1988	125.32	12.3	90.30	11.62	16.79		52.08	39.40
1989	100.59	9.8	64.83	9.37	16.08		54.99	43.78
1990	87.19	8.8	61.68	4.65	13.91		50.61	42.47
1991	114.15	11.2	77.80	9.83	15.55	0.40	47.89	39.99
1992	119.50	11.7	80.62	6.76	17.18		54.99	44.93
1993	90.45	9.0	57.68	5.46	21.14		103.57	73.81
1994	100.31	10.2	60.97	9.82	25.63	0.57	119.39	99.11
1995	95.85	9.9	62.15	7.10	23.81	0.17	128.33	113.38
1996	71.23	7.4	43.65	4.98	19.50	0.71	151.84	134.73
1997	67.17	6.8	37.54	3.35	21.64	0.08	161.85	138.68
1998	68.40	6.7	35.85	2.90	27.82	0.21	200.36	165.70
1999	68.55	6.9	23.48	2.90	38.33	0.05	235.11	215.05
2000	106.46	10.7	42.78	6.19	53.68	0.06	296.73	244.94
2001	131.18	13.1	61.51	7.54	57.26	0.20	331.15	299.16
2002	120.46	12.0	54.30	9.12	53.49	0.08	369.06	326.41
2003	141.16	14.3	72.23	9.96	50.83		370.85	338.12
2004	154.29	15.4	70.17	8.19	32.03	0.07	307.69	301.98
2005	133.26	13.0	53.33	8.83	43.75		314.48	310.97
2006	111.05	10.9	46.19	7.77	34.06		290.99	288.24
2007	74.30	7.1	40.89	5.43	27.98		293.67	270.63
2008	87.10	8.6	36.15	4.41	25.88		276.58	254.58
2009	84.72	8.0	30.45	5.41	27.76		282.08	280.08
2010	83.81	7.6	30.20	4.61	26.55		301.23	293.30

8-8　农作物播种面积和产量

指　　标	2009			2010		
	播种面积（千公顷）	每公顷产量（公斤）	总产量（吨）	播种面积（千公顷）	每公顷产量（公斤）	总产量（吨）
农作物总播种面积	**1 056.60**			**1 099.09**		
粮食	689.28	6 205	4 276 685	714.05	6 165	4 401 984
夏收粮食	321.80	5 843	1 880 177	341.51	5 746	1 962 432
夏收谷物	321.33	5 848	1 879 049	341.09	5 750	1 961 384
# 小麦	319.96	5 849	1 871 446	340.15	5 751	1 956 133
大麦	1.37	5 550	7 603	0.94	5 586	5 251
夏收豆类	0.47	2 400	1 128	0.42	2 495	1 048
秋收粮食	367.48	6 521	2 396 508	372.54	6 548	2 439 552
秋收谷物	321.08	7 060	2 266 718	328.44	7 033	2 309 841
# 稻谷	185.76	8 030	1 491 564	184.93	8 121	1 501 772
# 籼稻	72.61	7 953	577 488	71.25	8 015	571 041
玉米	135.32	5 728	775 154	143.51	5 631	808 069
秋收豆类	41.36	2 418	100 007	39.77	2 541	101 062
# 大豆	41.12	2 423	99 620	39.23	2 561	100 458
秋收薯类	5.04	5 909	29 783	4.33	6 616	28 649
棉花	30.45	2 160	38 353	30.20	1 071	32 334
油料	33.18	3 786	125 627	31.19	3 881	121 053
# 花生	27.76	4 055	112 580	26.55	4 155	110 304
油菜籽	5.41	2 409	13 035	4.61	2 325	10 716
药材类				0.17		
蔬菜瓜类	301.48	30 898	9 315 009	315.55	32 081	10 123 102
# 蔬菜(含菜用瓜)	280.08	30 448	8 527 856	293.30	31 563	9 257 424
瓜类(果用瓜)	21.40	36 783	787 153	22.25	38 907	865 678
其它农作物	2.00			7.93		

8-9 主要年份主要农产品产量

年份	粮食（万吨）	棉花（万吨）	油料（万吨）	蚕茧（吨）	水果（万吨）	大牲畜年末数（万头）	生猪存栏（万头）	猪牛羊肉（万吨）	水产品（万吨）
1949	74.66	0.20	1.95	70	1.01	32.71	22.19	0.51	0.29
1952	97.42	0.40	2.52	90	1.25	38.80	25.85	0.50	0.37
1957	84.23	0.75	1.62	245	1.01	39.63	46.65	1.60	0.34
1962	76.21	0.39	0.78	110	0.50	29.56	47.66	1.36	0.34
1965	90.95	0.95	1.82	320	0.75	32.12	68.92	2.17	0.49
1970	124.85	2.97	1.05	255	1.48	38.21	80.08	2.38	0.17
1975	174.66	3.41	1.21	485	2.37	35.28	129.15	4.77	0.52
1978	206.15	2.47	1.59	525	2.62	31.47	149.25	5.18	0.72
1979	235.53	2.00	2.07	705	3.93	30.09	148.45	6.15	1.03
1980	249.94	4.46	3.14	885	3.74	28.20	144.07	7.18	1.20
1981	275.10	4.32	5.04	915	4.67	27.52	144.07	7.80	1.18
1982	293.46	5.69	7.54	990	4.66	26.32	146.64	10.20	0.99
1983	367.85	7.32	5.68	1 175	5.84	26.54	152.79	8.50	1.04
1984	405.71	9.32	5.09	1 675	5.93	24.38	149.46	10.24	1.18
1985	379.70	7.05	10.48	2 030	5.77	23.59	189.96	12.90	1.77
1986	410.34	6.24	10.63	2 715	7.76	25.58	189.36	13.11	2.44
1987	403.42	7.48	10.60	3 135	7.56	27.18	180.57	14.67	3.01
1988	370.10	8.84	4.81	3 784	12.83	29.53	158.27	16.08	3.16
1989	404.40	4.69	4.99	5 258	11.28	30.98	163.39	16.78	3.37
1990	399.00	5.57	4.77	6 022	14.13	32.06	170.36	18.73	3.70
1991	411.83	7.96	6.32	7 533	13.16	33.13	170.36	19.59	4.11
1992	418.87	5.45	5.52	11 838	16.61	36.15	172.42	21.11	4.62
1993	407.30	4.79	7.12	14 814	21.33	39.27	192.04	23.15	5.75
1994	378.99	4.23	9.33	22 410	24.03	43.36	203.01	26.14	6.92
1995	406.13	5.91	8.35	22 105	35.78	49.54	215.78	28.71	8.49
1996	423.01	4.94	6.38	14 424	49.15	53.30	216.89	36.17	9.80
1997	436.51	4.27	7.87	14 555	58.15	44.57	176.51	24.92	10.66
1998	386.00	3.92	9.55	14 230	66.27	24.50	209.82	26.79	12.02
1999	418.96	2.50	14.35	14 320	75.74	17.46	190.04	25.52	12.83
2000	319.50	5.08	20.28	15 176	81.91	17.92	201.07	27.51	13.52
2001	309.43	6.79	23.10	16 841	90.80	16.78	198.43	28.80	14.17
2002	297.55	6.34	22.23	16 560	92.93	19.10	206.02	28.60	14.57
2003	210.44	4.43	10.29	15 153	80.57	17.22	206.80	30.10	14.73
2004	319.02	8.37	19.91	14 788	90.46	17.73	207.35	31.79	15.57
2005	314.13	4.17	16.26	13 212	87.52	18.22	214.26	35.05	16.43
2006	357.87	4.92	14.63	14 270	93.99	18.55	180.57	32.41	17.26
2007	374.74	4.19	11.19	13 238	98.95	11.59	190.93	35.78	16.39
2008	389.34	4.17	10.70	9 966	104.58	16.07	220.49	31.90	16.65
2009	427.67	3.84	12.56	10 214	104.88	18.80	248.95	39.40	16.95
2010	440.20	3.23	12.11	6 805	106.31	20.99	293.19	46.58	17.04

8-10 主要年份蚕桑、水果生产情况

单位：吨、公顷

指标	1978	1980	1985	1990	1995	2000	2005	2009	2010
蚕茧产量	**525**	**885**	**2 030**	**6 022**	**22 105**	**15 176**	**13 212**	**10 214**	**6 805**
水果产量	**26 210**	**37 355**	**576 545**	**141 335**	**357 761**	**819 139**	**875 179**	**1 048 820**	**1 063 147**
# 苹果	8 843	18 874	33 035	65 638	236 258	554 403	465 347	503 686	500 570
梨	11 339	10 512	17 441	21 662	35 992	131 368	184 550	231 882	229 087
葡萄				4 909	5 682	13 423	28 527	40 838	48 548
桃子	1 318	1 747	1 841	36 875	59 713	92 833	152 802	198 143	213 566
红枣				26	131	1 360	5 055	4 559	3 476
桑园面积	**1 307**	**1 467**	**2 700**	**11 100**	**43 333**	**13 667**	**13 307**	**8 260**	**7 734**
果园面积	**9 233**	**9 246**	**12 700**	**43 026**	**68 967**	**82 139**	**82 056**	**75 057**	**75 990**
# 苹果园		5 760	6 993	24 900	49 819	35 720	32 528	31 633	30 909
梨园					7 416	20 136	19 733	14 061	13 305
葡萄园					380	1 363	2 793	2 147	2 489

8-11 主要年份林业生产情况

单位：公顷

指标	1978	1980	1985	1990	1995	2000	2005	2009	2010
造林面积	4 847	3 747	7 787	3 353	5 590	4 300	7 450	7 467	5 999
# 用材林	3 453	2 006	4 620	2 240	2 218	1 893	2 346	1 336	1 459
经济林	993	313	2 800	466	3 354	2 387	2 538	1 038	1 003
防护林	401	1 428	367	620		20	2 566	5 093	3 538
林产品产量（吨）									
板栗	23	650	380	465	1 678	2 203	3 096	2 588	2 690
白果	19	27	47	47	72	910	1 260	2 831	2 333
迹地更新面积			133	106	546	1 230	972	303	802
四旁植树（万株）	4 734	4 208	3 108	1 776	1 538	1 493	1 790	2 043	2 202
林木种子采集量（吨）						80	80	215	350
本年育苗面积	2 800	1 777	2 180	940	921	931	2 578	3 126	3 818
幼林抚育实际面积	2 900	3 613	14 100	6 080	9 318	16 460	33 004	19 824	12 380
成林抚育面积					7 789	24 456	36 500	38 335	47 275
低产林改造面积					187		24		
木材采伐量（万立方米）	5.05	11.55	13.79	21.42	53.00	41.68			
年末实有林地面积	57 400	65 386	76 593	79 413	87 123	154 458			

8–12 主要年份畜牧业生产情况

指　　标	1978	1980	1985	1990	1995	2000	2005	2009	2010
牲畜年末头数　（万头）									
大牲畜	31.47	28.20	23.59	32.06	49.54	17.92	18.22	18.80	20.99
# 役畜					26.60	7.43	2.59	3.62	3.84
# 牛	21.00	18.12	11.27	17.17	33.70	8.82	15.34	15.01	17.54
马	3.88	4.67	3.03	1.70	1.68	0.63	0.21	0.21	0.20
驴	5.60	4.33	7.55	11.33	12.33	7.78	2.25	2.58	2.35
骡	0.99	1.08	1.74	1.86	1.83	0.69	0.42	1.00	0.90
猪	149.25	144.07	189.96	170.36	215.78	201.07	214.26	248.95	293.19
羊　（万只）	82.79	97.50	80.71	206.01	353.98	175.48	263.68	206.24	208.14
# 山羊	39.14	51.43	59.08	179.66	326.05	163.38	267.24	200.78	202.60
兔　（万只）			89.01	109.12	444.22	655.83	667.16	977.31	1 056.77
家禽　（万只）	491.80	600.27	1 613.08	2 403.44	4 298.00	3 545.39	4 735.11	7 012.72	9 270.77
畜产品产量									
肉猪出栏头数　（万头）	67.01	87.20	130.74	163.11	250.95	238.83	308.56	389.68	460.74
肉类总产量　（吨）			142 336	217 108	403 509	366 391	501 563	725 366	885 070
# 猪肉	51 847	67 699	123 325	161 363	248 224	240 487	293 027	348 057	414 173
牛肉		351	1 715	9 243	2 747	10 958	15 656	7 316	8 864
羊肉		3 724	3 948	16 685	36 107	23 665	41 844	38 590	42 736
禽肉			11 421	25 876	67 770	67 528	113 626	263 633	340 256
兔肉			1 927	2 635	18 736	19 739	24 524	51 773	60 603
其他畜产品产量　（吨）									
牛奶产量	3 814	4 996	6 997	9 889	20 821	59 035	183 851	208 549	266 981
羊奶产量									
绵羊毛产量	1 520	1 870	1 059	1 479	1 730	743	386	267 989	272 500
蜂蜜	121	156	283	1 035	335	120	289	562	556
禽蛋			71 541	148 806	325 152	354 001	422 021	444 203	486 249

8–13 主要年份水产品生产情况

指　　标	1978	1980	1985	1990	1995	2000	2005	2009	2010
水产品产量　（吨）	**7 160**	**11 969**	**17 745**	**36 897**	**84 928**	**135 168**	**164 298**	**169 528**	**170 395**
按生产性质分									
捕捞产量	1 825	3 051	4 523	9 574	18 409	19 061	25 140	16 360	16 306
养殖产量	5 335	8 918	13 222	27 323	66 519	116 107	139 158	153 168	154 089
按类别分									
鱼类	6 427	9 237	14 258	37 847	76 287	116 203	116 952	149 239	151 286
虾蟹类	39	52	41	72	177	14 967	19 665	16 753	15 240
贝类	746	836	926	1 587	2 972	2 957	629	1 742	1 974
其它	53	49	97	201	342	1 046	1 912	1 794	1 895
水产养殖面积　（公顷）	**9 493**	**12 396**	**17 309**	**16 751**	**26 787**	**31 363**	**35 879**	**25 315**	**25 694**

8-14 主要年份农业现代化情况

单位：千公顷

指　　标	1985	1990	1995	2000	2005	2009	2010
农业机械化情况							
机耕面积	490.40	520.11	515.45	549.51	534.16	685.76	637.73
机播面种	100.00	212.00	325.98	277.65	253.76	401.28	413.29
# 机播小麦面积	161.38	198.74	325.55	254.22	231.76	282.30	275.05
机械开沟面积			206.56	206.08	159.38		
机械植保面积			227.29	522.48	575.64	683.64	625.67
机械收获面积		160.67	286.39	367.64	419.90	516.46	505.42
农村电气化情况							
农村用电量　（万千瓦小时）	29 675	75 513	185 943	163 273	297 446	462 664	502 295
农业化学化情况							
农用化肥施用量(折纯量)（吨）	250 379	314 738	440 900	567 001	671 296	696 985	703 405
# 氮肥	163 916	194 643	259 564	299 171	311 692	316 672	328 439
磷肥	60 658	94 386	98 522	114 582	122 556	104 933	104 733
钾肥	7 374	5 536	21 899	36 576	71 045	71 824	70 820
复合肥	18 430	17 502	60 916	116 672	166 003	203 556	199 413
每公顷耕地施用量　（公斤）	397	507	728	927	1 120	1 182	1 201
农用塑料薄膜使用量　（吨）		7 343	6 948	8 583	9 057	12 150	12 934
农药使用量　（吨）		6 268	15 162	15 047	14 341	12 556	12 441
农田水利情况							
有效灌溉面积		443.28	444.67	461.12	495.45	480.08	491.98
旱涝保收面积			360.51	395.89	348.12	420.70	428.00
机电排灌面积			435.82	499.77	449.10	464.39	427.44
机电井数　（眼）			39 916	40 654		35 764	35 850
农村基础设施情况　（个）							
自来水受益村数			550	1 270	1 161	1 813	1 946
通汽车村数			3 006	3 453	2 360	2 201	2 151
通电话村数			2 228	3 493	2 364	2 207	2 166

8-15 主要年份主要农业机械拥有量

（年底数）

指　　标		1985	1990	1995	2000	2005	2009	2010
农业机械总动力	**（万千瓦）**	**186.19**	**253.03**	**205.11**	**374.66**	**437.73**	**547.63**	**563.71**
# 柴油机		118.13	160.85	134.87	295.07	350.53	469.94	483.25
电动机		56.71	79.51	62.09	76.34	83.01	71.97	6.68
主要农业机械								
大中型拖拉机	（台）	6 285	6 439	4 335	7 574	7 101	11 332	13 772
	（万千瓦）	22.57	23.97	16.43	25.43	25.39	44.51	57.28
小型拖拉机	（台）	86 025	117 000	86 976	143 011	156 367	279 005	274 908
	（万千瓦）	76.21	106.80	77.22	129.96	143.47	250.64	250.64
农用排灌动力机械	（台）	35 681	51 300	51 576	52 506	60 907	59 669	61 047
	（万千瓦）	42.77	54.37	53.79	60.91	70.15	66.23	67.61
# 柴油机	（台）	7 460	10 800	12 154	12 339	18 720	21 553	22 276
	（万千瓦）	7.74	10.80	11.84	11.80	19.18	19.96	20.71
电动机	（台）	28 221	40 500	39 422	40 167	42 116	38 116	38 771
	（万千瓦）	35.07	43.57	41.94	49.11	50.76	46.27	46.91
农用水泵	（台）	34 062	48 000	50 561	77 396	71 639	79 572	82 443
喷灌机械	（套）	804	3 512	7 012	17 841	21 406	21 560	21 866
联合收割机	（台）	98	149	426	6 039	9 822	14 046	15 435
机动脱粒机	（台）	35 307	57 227	8 794	68 050	31 345	21 445	21 005
机动喷雾(粉)机	（万部）	0.44	0.45	0.88	1.62	1.87	2.24	2.50
农产品加工机械动力	（万千瓦）	19.36	37.49	21.37	22.11	22.48	25.83	25.33
农用载重汽车	（辆）	2 654	3 425	3 346	6 536		17 886	17 897
	（万千瓦）	16.85	25.24	25.14	11.69		29.25	28.98

8-16　主要年份农林牧渔业主要经济效益指标

指　　标	1985	1990	1995	2000	2005	2009	2010
每个农村劳动力创造的农村社会总产值（元）	1 928	4 262	19 694	31 703	42 309		
每个农业劳动力创造的农林牧渔业总产值（元）	1 446	2 855	4 815	9 685	18 424	28 740	32 237
每个农业劳动力创造的农林牧渔业增加值（元）		1 161	3 053	5 086	9 401	15 701	17 262
每公顷耕地创造的种植业产值（元）		5 811	17 876	22 959	14 498	48 675	55 049
每公顷耕地创造的种植业增加值（元）		4 380	12 014	13 927	20 315	29 684	32 832
每个农业劳动力生产的粮食产量（公斤）	1 724	1 757	1 904	1 370	1 738	2 687	2 757
每个农业劳动力生产的棉花产量（公斤）	32	25	28	22	23	24	20
每个农业劳动力生产的油料产量（公斤）	47	21	39	87	81	79	76
每个农业劳动力生产的肉类产量（公斤）	64	82	146	157	277	456	554
每个农业劳动力生产的水产品产量（公斤）	8	16	40	58	91	107	107
农林牧渔业商品率（%）	57.07	58.35	63.06	71.89			
农业商品率		49.56	51.98	65.70			
林业商品率		45.28	74.47	75.00			
牧业商品率		76.61	79.58	84.48			
渔业商品率		77.92	79.19	84.33			
农民人均纯收入（元）	389	661	1 800	3 230	4 443	6 951	7 955

注：产值均为现行价格。

主要统计指标解释

乡村劳动力 是指乡村人口中经常参加合作经济组织（包括乡村办企业事业单位）和从事家庭经营生产劳动的整、半劳动力。凡是在农村由合作经济组织分配劳动任务或者承包各种生产任务，并从中直接取得实物、货币收入的劳动力，不管他们从事何种劳动，都统计为乡村劳动力。国家向乡村调用的建勤民工，由集体经费支付工资或补贴的乡村半脱产管理干部，乡村分配到全民所有制单位和城镇集体所有制单位工作而收入交合作经济组织，并从中取得实物、货币收入的合同工、临时工、亦工亦农人员；自行外出，但户口没有转出的劳动力，都包括在内。

16周岁以上的在校学生和由国家支付工资的职工都不统计为乡村劳动力。

农林牧渔业总产值 农林牧渔业总产值是以货币表现的农林牧渔业的全部产品总量和对农林牧渔业生产活动进行的各种支持性服务活动的价值。它反映一定时期内农林牧渔业生产总规模和总成果。

农林牧渔业的统计范围是：

（1）农业 包括谷物和其他作物种植业、蔬菜、园艺和水果、坚果、饮料、香料的生产经营，以及中药材种植业。

（2）林业 包括林木的培育和种植（不包括茶园、桑园和果园的栽培、管理和收获等活动）、林产品的采集和竹木采运。

（3）牧业 包括除渔业养殖以外的一切动物饲养和放牧以及野生动物的捕猎和饲养。

（4）渔业 包括水生动物和海藻类植物的养殖和捕捞。

从所有制看，包括国有经济的各种专业农（农、林、牧、渔）场以及国家各级机关团体学校、科研机构、部队经营的农业；集体所有制的乡镇村各级办农场；农村各种经济组织经营的农、林、牧、渔业以及工矿企业家属集体经营的农业；农民家庭自营的农林牧渔业及兼营商品性工业等。

农业总产值的计算方法通常是按农林牧渔业产品及其副产品的产量分别乘以各自单位产品价格求得，少数生产周期较长，当年没有产品或产品产量不易统计的，则采用间接方法匡算其产值，然后将四业产品产值相加即为农业总产值。

1957年以前的农业总产值中包括了厩肥和农民自给性手工业（如农民自制衣服、鞋、袜、自己从事粮食初步加工等）。1958年及以后的农业总产值，林业中增加了村及村以下竹木采伐产值；牧业中取消了厩肥产值；副业中取消了农民自给性手工业产值，增加了村及村以下办的工业产值；渔业中增加了海洋捕捞水产品产值。1980年及以后的农业总产值，在副业中增加了农民家庭兼营工业商品部分的产值。从1984年起村及村以下办工业产值划归工业。从1993年起，取消副业。将野生动物的捕猎划入牧业，野生植物采集和农民家庭兼营商品性工业划归农业。从2003年起，执行新的国民经济行业分类标准，农林牧渔业总产值中包括了农林牧渔服务业产值。林业中增加了森林采运业产值。农业中取消了家庭兼营商品性工业产值，将野生林产品的采集划归林业。

农林牧渔业增加值 指农、林、牧、渔及农林牧渔服务业在生产货物或提供服务活动的过程中而增加的价值，为农林牧渔业现价总产值扣除农林牧渔业现价中间投入后的余额，是指各单位生产经营的最终成果。

农林牧渔业中间消耗 是指当年在农林牧渔业生产过程中所投入或消耗的各种物质产品和劳务价值的总和。包括中间物质消耗和对非物质生产部门的劳务支出两部分。

农作物总产量 是指本年度内生产的各种农作物的总产量。不论计划内外，数量多少，耕地上还是非耕地〔包括荒山、坡及江、河、湖、海滩（涂）、十边隙地等〕上的农作物产量都统计在内。农作物产量是指全社会产量，不仅要把国营农场等全民所有制生产单位和乡、村集体所有制生产单位的农作物产量统计在内，农户自营地、工矿企业职工家属办的农场和其他经营单位的农作物产量也统计在内。不仅统计卖给国家的农作物产量，生产单位自产自用的农作物产量也统计在内。农作物产量只统计晒干入库的产量。

粮食产量 指全社会的产量。包括国有经济经营的、集体统一经营的和农民家庭经营的粮食产量，还包括工矿企业家属办的农场和其他生产单位的产量。粮食除包括稻谷、小麦、玉米、高粱、谷子及其他杂粮外，还包括薯类和大豆。其产量计算方法，豆类按去豆荚后的干豆计算；薯类（包括甘薯和马铃薯，不包括芋头和木薯）1963年以前按每4公斤鲜薯折1公斤粮食计算，从1964年开始及以后改为按5公斤鲜薯折1公斤粮食计算。城市郊区作为蔬菜的薯类（如马铃薯等）按鲜品计算，并且不作为粮食统计。其他粮食一律按脱粒后的原粮计算。

油料产量 指全部油料作物的生产量。包括花生、油菜籽、芝麻、向日葵籽、胡麻籽（亚麻籽）和其他油料。不包括大豆，也不包括木本油料和野生油料。花生以带壳干花生计算。

蚕茧产量 是指本年度内生产的全部蚕茧产量，不论自用的或出售的，都统计在内。在计算蚕茧产量时，把土茧、改良茧和种茧都包括在内。蚕茧产量均按鲜茧的重量计算。

猪、牛、羊肉产量 指当年出栏并已屠宰后除去头蹄下水后带骨肉（即胴体重）的重量。

水产品产量 是指人工养殖并捕捞的水产品和捕捞天然生产的水产品产量。不论自食的或出售的，都计算在内。用作继续扩大再生产的水产品（如鱼苗、苗种、亲鱼、鱼饵及转塘鱼、存塘鱼等）不作水产品产量统计。在渔业生产单位出售以前已经变质的水产品，不论是改作饲料、肥料还是其他用途，也不作水产品产量统计。

生猪出栏量 是指国营农场等全民所有制生产单位、乡(镇)、村各种合作经济组织和农户、机关、学校、工矿企业、部队以及城镇居民饲养的,可供屠宰并已出栏的全部肉猪数量。不仅包括卖给国家及其他购买者的肉猪,还包括集体和城乡居民自宰的肉猪。

期初(末)畜禽存栏头(只)数 指本期期初(末)农村各种合作经济组织和国营农场、农民个人、机关、团体、学校、工矿企业、部队等单位以及城镇居民饲养的大牲畜、猪、羊、家禽等畜禽的存栏头(只)数。

谷物 指籽实主要供作粮食的作物。这类作物包括稻谷、小麦、玉米、谷子、高粱和其他谷物,不包括豆类和薯类作物。

林产品产量 指不经砍伐竹木的根本而取得的各种林产品数量。包括生漆、棕片、五倍子、松脂、笋干、油桐籽、油茶籽、乌柏子、核桃、板栗、白果等各种林木籽实以及修剪竹木所获得的枝叶(如荆条、柳条、蒲葵叶)等。不包括桑叶、茶叶、水果。也不包括野生的林产品。

耕地面积 是指种植农作物,并经常进行耕锄的田地。统计范围包括熟地、当年新开荒地、连续撂荒未满三年的耕地和当年的休闲地(轮歇地)。以种植农作物为主并附带种植桑树、茶树、果树和其他林木的土地以及沿海、沿湖地区已围垦利用的"海涂"、"湖田"等也包括在内。但专业性的桑园、茶园、果园、果木苗圃、林地、芦苇地、天然草原等都不包括在内。

农作物播种面积 指实际播种或移植有农作物的面积。凡是实际种植有农作物的面积,不论种植在耕地上还是种植在非耕地上,均包括在农作物播种面积中,同时还包括因遭灾而重新改种和补种的农作物面积,种一公顷算一公顷。

有效灌溉面积 是指具有一定的水源,地块比较平整,灌溉工程或设备已经配套,在一般年景下当年能够进行正常灌溉的耕地面积。包括机灌、电灌和自流灌溉面积三部分。

造林面积 是指报告期内在荒山、荒地、沙丘等一切可以造林的土地上,采用人工播种、植苗、飞机播种等方法新植的成片乔木和灌木林面积,符合"造林技术规程"要求的株数,经过检查验收,成活率在85%以上的面积。四旁植树如一侧在四行以上,连续成片面积达一亩以上,也统计在造林面积内。在造林面积中,不包括补植面积、治沙种草面积、经济林复垦面积、迹地更新面积和低产林改造面积。

农用化肥施用量 指在本年度内实际用于农业生产的化肥数量。包括氮肥、磷肥、钾肥和复合肥。按折纯法计算化肥数量,即把氮肥、磷肥、钾肥分别按含氮、含五氧化二磷、含氧化钾100%折算。

农村用电量 是指在本年度内,扣除在农村中的全民所有制工业、交通、基建单位用电量以后农村生产和生活上的全年用电总量(按全年累计数统计)。从电的来源看,既包括国家电网的供电量,也包括农村自办电站的供电量。

农业机械总动力 是指主要用于农、林、牧、渔业生产和运输的所有动力机械的动力总和。包括耕作机械、排灌机械、收获机械、农产品加工机械、运输机械、植保机械、牧业机械、林业机械、渔业机械和其他机械[内燃机按引擎马力折成瓦(特)计算,电动机按功率折成瓦(特)计算]。不包括专门用于乡(镇)、村以及村以下办工业、基本建设、非农业运输、科学试验和教学等非农业生产方面用的动力机械和作业机械。但从事农副产品初级加工的村户工业的机械应统计在内。

农业机械年末拥有量 是指国有经济、集体经济农业生产单位和合作经济组织及农户在年末统计时实际拥有的各种农业机械设备数量。包括能用未用的、需要修复的(指中修、大修)、储存备用的。但已经损坏报废的、购买(或调进)而未提货的、从非农业生产单位调来临时支援的,均不包括在内。

农村社会总产值 指在一定时期内,农村各物质生产部门生产的以货币表现的全部产品价值总量。根据我国目前的农村经济现状,农村社会总产值的统计范围暂为:政社分设前的农村人民公社管辖范围内的各种合作经济组织和农户从事农林牧渔业、工业、建筑业、运输业、商业(包括饮食业)活动所生产的总产值和国营场圃生产的农林牧渔业总产值两部分。凡是在农村的国营以及县属集体的工业、建筑业、运输业、商业、饮食业所生产的产值均不计算在内。农民在县城以上(包括县城)办企业,从事工业、建筑业、运输业、商业(包括饮食业)活动所生产的产值,暂不计算在农村社会总产值中。

第 9 部分

工　业

INDUSTRY

版面负责人：李　燕

编　　　辑：殷溪晨

关于统计调查对象的统计资料管理制度的规定

第二十一条 国家机关、企业事业单位和其他组织等统计调查对象，应当按照国家有关规定设置原始记录、统计台账，建立健全统计资料的审核、签署、交接、归档等管理制度。

统计资料的审核、签署人员应当对其审核、签署的统计资料的真实性、准确性和完整性负责。

【释义】 本条是关于统计调查对象的统计资料管理制度的规定。

根据本法规定，统计调查对象应当依照《统计法》和国家有关规定，真实、准确、完整、及时地向统计机构、统计人员提供统计调查所需的资料。为了加强统计基础工作，保障统计资料来源的真实性、准确性、完整性和及时性，国家机关、企业事业单位和其他组织等统计调查对象应当按照本条规定，建立严格规范的统计资料管理制度。包括：

一、设置原始记录、统计台账。原始记录是指统计调查对象对其生产、经营、管理活动的过程和成果所作的记录。统计台账是统计调查对象根据填报统计调查表和本单位管理活动的需要而设置的一种系统积累统计资料的表册，是对原始记录进行整理汇总后的表册。要求统计调查对象按照国家有关规定设置原始记录、统计台账，有利于统计调查对象真实、准确地向统计机构和统计人员报送统计资料。

二、建立健全统计资料的审核、签署、交接、归档等管理制度。统计调查对象提供的统计资料，应当经本部门或者本单位统计负责人或者单位负责人审查、复核，经签署或者盖章后才能向统计机构和统计人员上报。统计资料的审核、签署制度是明确审核、签署人员统计责任的重要制度依据，也是保证原始统计资料真实性、准确性的重要保障。统计资料的交接、归档制度是指对统计资料的移交、接收、入库、存档的各项规定。建立完善的统计资料交接、归档制度，有利于保障企业统计工作的延续性，保障统计资料安全，防止统计资料毁损、灭失。

根据本条第二款的规定，统计资料的审核、签署人员应当对其审核、签署的统计资料的真实性、准确性和完整性负责。这一规定是修订后的《统计法》新增加的内容。主要目的是为了明确统计资料的审核、签署人员在统计工作中的责任，增强统计资料审核、签署人员的工作责任意识，防止本单位的其他人员违法干预统计工作，防止伪造、篡改统计资料的行为发生，并在发生统计违法行为时，及时确定和追究有关人员的法律责任。

编辑：张　霖

9-1 规模以上工业企业主要经济指标

单位:万元

年 份	企业个数（个）	工业总产值（当年价）	工业销售产值（当年价）	二项资金占用	资产合计	负债合计	主营业务收入
1998	638	4 074 137	3 935 975	1 005 882	5 070 971	3 649 935	3 478 097
1999	634	4 250 673	4 142 091	1 021 559	5 264 533	3 712 439	3 709 849
2000	675	4 664 445	4 559 926	950 855	5 291 391	3 544 562	4 076 443
2001	662	5 143 552	5 006 434	811 298	5 797 488	3 837 366	4 606 718
2002	743	6 004 465	5 881 437	939 259	5 917 323	3 745 659	5 407 551
2003	835	7 261 282	7 096 979	959 127	6 635 734	4 133 204	6 708 392
2004	1 223	9 240 199	9 034 730	1 143 367	8 052 514	5 251 043	9 023 167
2005	1 253	12 282 690	12 049 881	1 237 961	9 068 114	5 732 485	12 057 772
2006	1 586	16 325 467	15 995 354	1 462 580	10 941 023	6 741 424	15 867 073
2007	1 941	21 435 726	20 985 525	1 814 542	13 044 678	7 830 995	20 982 419
2008	2 289	28 466 782	27 834 669	2 569 139	18 702 529	10 307 054	27 764 584
2009	3 108	35 975 051	35 275 524	2 848 331	23 544 459	12 864 401	35 445 466
2010	3 412	51 129 660	50 174 214	4 196 654	30 388 366	15 785 192	51 021 414

9-1 续表

单位:万元

年 份	亏损企业亏损总额	亏损企业个数	利润总额	利税总额	本年应付工资总额	本年应交增值税	全部职工年平均人数（人）
1998	55 429	162	51 295	295 628	320 243	164 058	492 401
1999	57 131	147	62 171	317 247	317 580	171 032	518 859
2000	39 223	157	99 135	379 547	339 630	187 754	401 158
2001	40 063	138	124 653	449 361	336525	207 127	368 704
2002	33 123	126	191 770	601 687	361 629	251 984	367 149
2003	25 870	113	289 107	803 670	415 936	304 318	354 677
2004	58 968	301	434 646	1 179 748	540 145	416 170	380 727
2005	25 349	138	595 317	1 506 893	674 688	540 559	383 974
2006	21 781	112	870 389	2 032 883	832 027	699 112	424 627
2007	17 119	79	1 256 175	2 810 581	1 018 946	894 886	462 273
2008	180 810	79	2 156 619	4 515 412	1 506 205	1 547 597	559 395
2009	100 017	62	2 941 696	5 987 619		2 051 026	602 000
2010	55 180	60	4 578 037	8 244 983	2 448 742	2 549 410	671 931

9–2 规模以上工业企业主要经济指标

（2010 年） 单位:万元

指标名称	企业个数（个）	#亏损企业	工业总产值（当年价）	#新产品产值	工业销售产值（当年价）	#出口交货值
总计	**3 412**	**60**	**51 129 660**	**2 277 337**	**50 174 214**	**1 509 332**
按登记注册类型分组						
内资企业	3 231	49	44 616 179	2 255 323	43 731 340	932 233
国有企业	29	7	2 303 012	19 348	2 292 893	5 658
中央企业	8	2	487 810	19 348	484 803	4 751
地方企业	21	5	1 815 202		1 808 089	907
集体企业	33		129 782		128 071	
股份合作企业	10		226 146		217 655	
联营企业	3		12 092		12 076	
国有联营企业	1		5 293		5 293	
集体联营企业	1		549		573	
国有与集体联营企业						
其他联营企业	1		6 250		6 210	
有限责任公司	286	13	10 818 854	1 865 427	10 675 379	362 264
国有独资公司	4		5 599 230	1 858 497	5 531 111	284 016
其他有限责任公司	282	13	5 219 623	6 930	5 144 268	78 248
股份有限公司	65	2	2 974 344	256 099	2 943 660	99 222
私营企业	2 780	25	27 851 757	114 366	27 180 200	461 453
私营独资企业	701	5	6 590 381	59 306	6 421 060	43 510
私营合伙企业	62		917 454		898 695	33 316
私营有限责任公司	1 935	19	19 293 232	55 060	18 836 196	376 827
私营股份有限公司	82	1	1 050 690		1 024 248	7 800
其他企业	25	2	300 192	84	281 407	3 636
港、澳、台商投资企业	73	6	2 968 935	17 469	2 881 651	317 664
合资经营企业(港或澳、台资)	39	4	1 521 652	12 036	1 550 457	245 731
合作经营企业(港或澳、台资)						
港澳台商独资经营企业	31	2	1 363 330	5 433	1 248 552	71 933
港澳台商投资股份有限公司	3		83 954		82 642	
外商投资企业	108	5	3 544 545	4 545	3 561 224	259 435
中外合资经营企业	74	1	1 915 752	4 545	1 919 240	105 764
中外合作经营企业	3		43 049		42 448	12 412
外资企业	29	4	1 559 546		1 573 417	141 260
外商投资股份有限公司	2		26 197		26 119	

9-2　续表1　（2010年）　单位:万元

指标名称	企业个数（个）	#亏损企业	工业总产值（当年价）	#新产品产值	工业销售产值（当年价）	#出口交货值
按经济组织类型分组						
独资企业	823	18	11 946 051	84 087	11 663 992	262 361
国有企业	29	7	2 303 012	19 348	2 292 893	5 658
集体企业	33		129 782		128 071	
私营独资企业	701	5	6 590 381	59 306	6 421 060	43 510
港澳台商独资经营企业	31	2	1 363 330	5 433	1 248 552	71 933
外资企业	29	4	1 559 546		1 573 417	141 260
合作、合伙企业	103	2	1 498 934	84	1 452 282	49 364
股份合作企业	10		226 146		217 655	
国有联营企业	1		5 293		5 293	
集体联营企业	1		549		573	
国有与集体联营企业						
其他联营企业	1		6 250		6 210	
私营合伙企业	62		917 454		898 695	33 316
合作经营企业(港或澳、台资)						
中外合作经营企业	3		43 049		42 448	12 412
其他企业(内资)	25	2	300 192	84	281 407	3 636
股份有限公司	152	3	4 135 185	256 099	4 076 669	107 022
股份有限公司(内资)	65	2	2 974 344	256 099	2 943 660	99 222
私营股份有限公司	82	1	1 050 690		1 024 248	7 800
港澳台商投资股份有限公司	3		83 954		82 642	
外商投资股份有限公司	2		26 197		26 119	
有限责任公司	2 334	37	33 549 490	1 937 067	32 981 272	1 090 586
国有独资公司	4		5 599 230	1 858 497	5 531 111	284 016
私营有限责任公司	1 935	19	19 293 232	55 060	18 836 196	376 827
合资经营企业(港或澳、台资)	39	4	1 521 652	12 036	1 550 457	245 731
中外合资经营企业	74	1	1 915 752	4 545	1 919 240	105 764
其他有限责任公司	282	13	5 219 623	6 930	5 144 268	78 248
在总计中:亏损企业	60	60	1 031 621	681	1 035 908	56 408
在总计中:国有控股企业	45	7	9 780 582	1 877 845	9 686 461	289 674
按轻重工业分组						
轻工业	1 152	14	14 017 489	250 029	13 738 344	502 364
重工业	2 260	46	37 112 171	2 027 308	36 435 871	1 006 968
按企业规模分组						
大型企业	18	1	11 767 105	2 050 037	11 549 877	481 490
中型企业	187	13	12 236 696	133 629	12 121 985	485 129
小型企业	3 207	46	27 125 858	93 671	26 502 353	542 713

9-2 续表 2 （2010 年） 单位:万元

指 标 名 称	企业个数（个）	#亏损企业	工业总产值（当年价）	#新产品产值	工业销售产值（当年价）	#出口交货值
按行业分组	**3 412**	**60**	**51 129 660**	**2 277 337**	**50 174 214**	**1 509 332**
煤炭开采和洗选业	16		2 717 733	6 414	2 697 147	713
黑色金属矿采选业	17		139 860		138 300	
非金属矿采选业	60		305 893		302 497	6 320
农副食品加工业	267	1	2 370 870		2 306 945	98 747
食品制造业	59	1	487 746	84	477 072	29 143
饮料制造业	31		2 076 188	200 910	2 047 609	12 064
烟草制品业	2		1 338 072		1 332 662	
纺织业	292	2	2 520 148	5 433	2 439 509	45 891
纺织服装、鞋、帽制造业	80		438 238	2 399	434 133	17 724
皮革、毛皮、羽毛(绒)及其制品业	16		151 957		146 135	2 389
木材加工及木、竹、藤、棕、草制品业	615		5 113 308		4 984 390	487 318
家具制造业	35		193 371		188 864	
造纸及纸制品业	67		731 770		703 030	2 283
印刷业和记录媒介的复制	21	3	157 985		163 941	
文教体育用品制造业	15		133 317		131 331	32 993
石油加工、炼焦及核燃料加工业	20	5	482 902		466 238	
化学原料及化学制品制造业	251	7	5 657 856	32 652	5 461 635	111 753
医药制造业	49	2	994 061	33 294	986 704	10 193
化学纤维制造业	6		74 268		72 580	
橡胶制品业	16	1	439 313		437 025	31 450
塑料制品业	116		902 335	8 674	874 704	4 085
非金属矿物制品业	270	7	2 444 692	526	2 421 883	6 910
黑色金属冶炼及压延加工业	43	1	2 805 974		2 740 859	48 625
有色金属冶炼及压延加工业	77	4	1 111 175	25 240	1 084 168	
金属制品业	186	1	1 652 050	34 066	1 624 558	6 663
通用设备制造业	267	5	6 473 657	1 886 915	6 360 270	300 386
专用设备制造业	151	5	2 030 876	37 191	2 013 782	209 977
交通运输设备制造业	66		961 523		945 745	2 250
电气机械及器材制造业	110	1	2 160 576	54	2 118 046	10 057
通信设备、计算机及其他电子设备	42	2	906 808	3 486	897 063	8 421
仪器仪表及文化、办公用机械制造	64	5	1 332 883		1 328 558	
工艺品及其他制造业	43		185 943		182 156	22 977
废弃资源和废旧材料回收加工业	3		222 543		257 120	
电力、热力的生产和供应业	23	4	1 345 909		1 343 654	
燃气生产和供应业	3		31 368		27 958	
水的生产和供应业	13	3	36 494		35 946	

9-2　续表 3　　（2010 年）　　单位:万元

指标名称	资产合计	#流动资产合计	#固定资产合计	#固定资产原值	累计折旧	固定资产净值	负债合计
总　计	**30 388 366**	**13 810 505**	**13 637 943**	**17 327 727**	**4 582 452**	**12 700 136**	**15 785 192**
按登记注册类型分组							
内资企业	24 027 377	11 074 674	10 172 693	13 017 923	3 715 258	9 257 526	12 184 808
国有企业	2 872 818	1 503 443	810 164	1 114 546	433 111	681 435	1 211 920
中央企业	871 929	194 632	187 030	290 516	136 149	154 367	631 277
地方企业	2 000 889	1 308 811	623 134	824 030	296 963	527 068	580 643
集体企业	64 837	48 850	15 377	23 172	8 457	14 715	47 949
股份合作企业	74 432	47 605	19 853	28 072	8 447	19 625	55 239
联营企业	5 213	2 197	3 016	3 545	754	2 791	871
国有联营企业	1 348	355	993	1 299	531	768	330
集体联营企业	403	161	242	331	89	242	241
其他联营企业	3 462	1 681	1 781	1 915	134	1 781	300
有限责任公司	10 945 892	5 189 986	4 304 514	5 642 816	1 868 142	3 729 535	6 459 434
国有独资公司	6 418 662	3 609 106	1 692 185	2 037 319	761 338	1 230 842	3 741 471
其他有限责任公司	4 527 230	1 580 880	2 612 329	3 605 497	1 106 804	2 498 693	2 717 963
股份有限公司	1 544 914	722 406	532 518	712 913	230 002	482 911	595 897
私营企业	8 354 146	3 455 697	4 430 865	5 419 771	1 148 866	4 270 905	3 743 712
私营独资企业	1 531 810	586 273	887 541	1 058 032	214 331	843 700	612 705
私营合伙企业	228 371	77 629	106 705	153 621	47 678	105 943	82 468
私营有限责任公司	6 252 675	2 676 173	3 222 756	3 944 065	834 635	3 109 430	2 923 844
私营股份有限公司	341 291	115 622	213 863	264 054	52 223	211 832	124 695
其他企业	165 126	104 491	56 386	73 088	17 478	55 610	69 786
港、澳、台商投资企业	4 056 607	1 437 530	2 511 447	2 955 873	459 771	2 496 103	2 400 573
合资经营企业(港或澳、台资)	1 567 853	741 688	754 022	1 092 621	348 186	744 435	940 782
港澳台商独资经营企业	2 479 539	692 754	1 753 297	1 857 831	110 259	1 747 572	1 455 752
港澳台商投资股份有限公司	9 215	3 089	4 128	5 421	1 326	4 095	4 040
外商投资企业	2 304 382	1 298 301	953 803	1 353 930	407 423	946 507	1 199 811
中外合资经营企业	1 117 203	637 982	434 703	600 678	171 160	429 518	575 229
中外合作经营企业	11 785	5 611	6 157	6 844	870	5 973	5 000
外资企业	1 157 375	644 484	505 149	738 220	234 999	503 221	609 672
外商投资股份有限公司	18 020	10 224	7 794	8 188	394	7 794	9 910

9-2 续表 4　　　　(2010 年)　　　　单位:万元

指标名称	资产合计	#流动资产合计	#固定资产合计	#固定资产原值	累计折旧	固定资产净值	负债合计
按经济组织类型分组							
独资企业	8 106 378	3 475 803	3 971 528	4 791 800	1 001 157	3 790 643	3 937 998
国有企业	2 872 818	1 503 443	810 164	1 114 546	433 111	681 435	1 211 920
集体企业	64 837	48 850	15 377	23 172	8 457	14 715	47 949
私营独资企业	1 531 810	586 273	887 541	1 058 032	214 331	843 700	612 705
港澳台商独资经营企业	2 479 539	692 754	1 753 297	1 857 831	110 259	1 747 572	1 455 752
外资企业	1 157 375	644 484	505 149	738 220	234 999	503 221	609 672
合作、合伙企业	484 926	237 532	192 117	265 169	75 227	189 942	213 364
股份合作企业	74 432	47 605	19 853	28 072	8 447	19 625	55 239
国有联营企业	1 348	355	993	1 299	531	768	330
集体联营企业	403	161	242	331	89	242	241
国有与集体联营企业							
其他联营企业	3 462	1 681	1 781	1 915	134	1 781	300
私营合伙企业	228 371	77 629	106 705	153 621	47 678	105 943	82 468
合作经营企业(港或澳、台资)	11 785	5 611	6 157	6 844	870	5 973	5 000
中外合作经营企业	165 126	104 491	56 386	73 088	17 478	55 610	69 786
其他企业(内资)							
股份有限公司	1 913 440	851 342	758 303	990 577	283 945	706 632	734 542
股份有限公司(内资)	1 544 914	722 406	532 518	712 913	230 002	482 911	595 897
私营股份有限公司	341 291	115 622	213 863	264 054	52 223	211 832	124 695
港澳台商投资股份有限公司	9 215	3 089	4 128	5 421	1 326	4 095	4 040
外商投资股份有限公司	18 020	10 224	7 794	8 188	394	7 794	9 910
有限责任公司	19 883 622	9 245 828	8 715 994	11 280 181	3 222 123	8 012 919	10 899 288
国有独资公司	6 418 662	3 609 106	1 692 185	2 037 319	761 338	1 230 842	3 741 471
私营有限责任公司	6 252 675	2 676 173	3 222 756	3 944 065	834 635	3 109 430	2 923 844
合资经营企业(港或澳、台资)	1 567 853	741 688	754 022	1 092 621	348 186	744 435	940 782
中外合资经营企业	1 117 203	637 982	434 703	600 678	171 160	429 518	575 229
其他有限责任公司	4 527 230	1 580 880	2 612 329	3 605 497	1 106 804	2 498 693	2 717 963
在总计中:亏损企业	1 219 284	626 396	501 481	657 405	186 012	471 393	924 182
在总计中:国有控股企业	11 577 262	5 655 590	3 983 222	5 620 249	2 189 614	3 385 496	6 340 425
按轻重工业分组							
轻工业	6 159 611	3 387 757	2 382 525	3 019 785	803 855	2 170 791	2 435 922
重工业	24 228 755	10 422 748	11 255 417	14 307 942	3 778 597	10 529 345	13 349 270
按企业规模分组							
大型企业	12259685	5 820 901	4 329 814	5 594 541	1 801 222	3 793 319	6 857 244
中型企业	9786300	4 487 077	4 871 832	6 275 141	1 644 620	4 585 381	5 207 311
小型企业	8342381	3 502 527	4 436 297	5 458 045	1 136 609	4 321 436	3 720 637

9-2　续表 5　　　　（2010 年）　　　　单位:万元

指标名称	资产合计	#流动资产合计	#固定资产合计	#固定资产原值	累计折旧	固定资产净值	负债合计
按行业分组	**30 388 366**	**13 810 505**	**13 637 943**	**17 327 727**	**4 582 452**	**12 700 136**	**15 785 192**
煤炭开采和洗选业	4 507 897	1 544 197	2 032 034	2 740 093	1 106 684	1 633 409	2 664 947
黑色金属矿采选业	129 762	78 812	23 375	38 699	15 324	23 375	75 602
非金属矿采选业	103 590	39 815	63 293	68 844	6 788	62 056	21 865
农副食品加工业	738 132	334 728	338 411	400 211	74 054	326 157	337 597
食品制造业	179 199	74 214	88 052	113 621	26 757	86 865	93 301
饮料制造业	1 007 694	513 485	284 193	406 324	151 962	254 362	402 124
烟草制品业	1 382 530	1 149 852	232 679	328 012	162 645	165 367	206 937
纺织业	888 283	404 727	457 645	601 833	158 074	443 760	435 167
纺织服装、鞋、帽制造业	183 090	90 412	81 735	93 059	15 559	77 500	70 093
皮革、毛皮、羽毛(绒)及其制品业	80 989	56 264	23 462	26 300	6 006	20 294	35 912
木材加工及木、竹、藤、棕、草制品业	1 163 642	513 283	605 351	755 266	175 152	580 114	379 433
家具制造业	72 290	25 568	40 073	74 828	34 863	39 965	34 361
造纸及纸制品业	228 990	81 611	144 684	172 238	34 105	138 133	121 600
印刷业和记录媒介的复制	129 102	62 965	58 280	73 554	16 801	56 753	62 667
文教体育用品制造业	51 238	34 195	16 815	23 385	7 844	15 542	28 588
石油加工、炼焦及核燃料加工业	409 142	228 496	170 843	194 606	44 926	149 681	209 620
化学原料及化学制品制造业	3 901 316	1 442 947	2 231 313	2 478 646	308 038	2 170 608	2 273 125
医药制造业	369 937	192 251	169 887	205 430	35 955	169 476	155 771
化学纤维制造业	48 521	21 312	21 032	23 728	5 021	18 707	34 052
橡胶制品业	139 103	85 706	52 498	111 542	59 834	51 709	95 325
塑料制品业	251 441	91 180	156 043	183 967	32 388	151 579	99 866
非金属矿物制品业	1 248 143	431 838	719 456	837 259	187 264	649 995	655 856
黑色金属冶炼及压延加工业	1 208 608	450 390	670 006	908 591	242 592	665 999	571 906
有色金属冶炼及压延加工业	460 589	233 699	223 340	241 825	19 974	221 851	240 602
金属制品业	677 066	360 211	304 772	369 579	72 499	297 080	357 794
通用设备制造业	4 410 989	2 948 571	983 465	1 195 721	299 609	896 112	2 177 862
专用设备制造业	1 034 073	606 820	405 674	580 055	191 321	388 734	463 664
交通运输设备制造业	338 072	157 795	171 630	220 189	48 887	171 302	147 734
电气机械及器材制造业	690 942	342 412	298 604	339 269	56 438	282 831	328 494
通信设备、计算机及其他电子设备	395 562	180 297	203 767	236 537	35 029	201 508	196 898
仪器仪表及文化、办公用机械制造	449 008	273 447	145 374	181 594	43 885	137 708	275 801
工艺品及其他制造业	67 568	33 950	28 767	34 201	5 645	28 556	31 151
废弃资源和废旧材料回收加工业	284 521	223 233	61 196	68 475	7 286	61 189	179 958
电力、热力的生产和供应业	2 986 315	458 554	2 028 536	2 879 292	869 937	2 009 355	2 199 424
燃气生产和供应业	50 308	12 806	25 827	43 809	17 982	25 827	33 075
水的生产和供应业	120 715	30 466	75 832	77 148	5 328	26 681	87 021

9-2 续表 6 （2010 年） 单位:万元

指 标 名 称	主营业务收入	# 主营业务成本	# 主营业务税金及附加	营业费用	管理费用	财务费用	# 利息支出
总 计	**51 021 414**	**41 945 249**	**1 117 537**	**943 531**	**1 741 579**	**421 000**	**309 400**
按登记注册类型分组							
内资企业	44 133 040	36 399 385	1 095 154	851 947	1 526 368	335 381	264 280
国有企业	2 286 591	1 080 029	732 160	39 920	116 257	8 782	7 394
中央企业	487 880	430 594	1 078	9 320	23 958	6 203	6 310
地方企业	1 798 711	649 435	731 082	30 600	92 299	2 579	1 084
集体企业	128 636	110 231	1 178	2 259	5 432	1 415	326
股份合作企业	198 913	169 506	1 813	3 324	2 177	1 512	1 535
联营企业	11 769	9 987	271	289	316	37	26
国有联营企业	4 986	4 727	21	35	11		
集体联营企业	573	540	2	10	3		
其他联营企业	6 210	4 720	248	244	302	37	26
有限责任公司	10 812 726	8 849 375	87 660	171 653	727 417	97 795	91 450
国有独资公司	5 655 948	4 523 710	44 618	105 022	549 195	12 377	11 913
其他有限责任公司	5 156 778	4 325 665	43 042	66 631	178 223	85 418	79 537
股份有限公司	3 051 453	2 536 009	12 466	176 263	67 354	19 091	16 755
私营企业	27 362 117	23 431 467	257 202	446 959	593 811	204 983	145 148
私营独资企业	6 507 606	5 569 815	66 475	97 260	121 091	42 759	28 555
私营合伙企业	906 372	800 926	6 048	8 586	11 694	3 381	2 240
私营有限责任公司	18 913 303	16 201 434	176 661	324 343	436 872	151 705	108 902
私营股份有限公司	1 034 836	859 291	8 018	16 770	24 154	7 138	5 452
其他企业	280 835	212 783	2 405	11 281	13 604	1 767	1 645
港、澳、台商投资企业	3 203 813	2 434 771	10 166	22 719	72 730	62 961	28 299
合资经营企业(港或澳、台资)	1 785 280	1 498 722	5 907	15 736	38 913	30 037	19 561
港澳台商独资经营企业	1 335 892	866 136	3 331	5 573	30 518	32 780	8 610
港澳台商投资股份有限公司	82 642	69 913	928	1 410	3 299	144	128
外商投资企业	3 684 562	3 111 093	12 217	68 865	142 481	22 658	16 821
中外合资经营企业	1 947 816	1 673 235	9 242	36 856	60 205	11 268	8 726
中外合作经营企业	42 652	34 571	418	1 745	1 704	143	131
外资企业	1 667 668	1 380 776	2 460	29 583	80 174	11 220	7 941
外商投资股份有限公司	26 425	22 511	97	682	399	27	23

9-2　续表 7　（2010 年）　单位:万元

指　标　名　称	主营业务收　入	# 主营业务成本	# 主营业务税金及附加	营业费用	管理费用	财务费用	# 利息支出
按经济组织类型分组							
独资企业	11 926 394	9 006 986	805 604	174 594	353 472	96 955	52 826
国有企业	2 286 591	1 080 029	732 160	39 920	116 257	8 782	7 394
集体企业	128 636	110 231	1 178	2 259	5 432	1 415	326
私营独资企业	6 507 606	5 569 815	66 475	97 260	121 091	42 759	28 555
港澳台商独资经营企业	1 335 892	866 136	3 331	5 573	30 518	32 780	8 610
外资企业	1 667 668	1 380 776	2 460	29 583	80 174	11 220	7 941
合作、合伙企业	1 440 541	1 227 771	10 955	25 225	29 493	6 840	5 577
股份合作企业	198 913	169 506	1 813	3 324	2 177	1 512	1 535
国有联营企业	4 986	4 727	21	35	11		
集体联营企业	573	540	2	10	3		
其他联营企业	6 210	4 720	248	244	302	37	26
私营合伙企业	906 372	800 926	6 048	8 586	11 694	3 381	2 240
中外合作经营企业	42 652	34 571	418	1 745	1 704	143	131
其他企业(内资)	280 835	212 783	2 405	11 281	13 604	1 767	1 645
股份有限公司	4 195 355	3 487 725	21 509	195 125	95 206	26 399	22 358
股份有限公司(内资)	3 051 453	2 536 009	12 466	176 263	67 354	19 091	16 755
私营股份有限公司	1 034 836	859 291	8 018	16 770	24 154	7 138	5 452
港澳台商投资股份有限公司	82 642	69 913	928	1 410	3 299	144	128
外商投资股份有限公司	26 425	22 511	97	682	399	27	23
有限责任公司	33 459 125	28 222 767	279 469	548 588	1 263 407	290 805	228 639
国有独资公司	5 655 948	4 523 710	44 618	105 022	549 195	12 377	11 913
私营有限责任公司	18 913 303	16 201 434	176 661	324 343	436 872	151 705	108 902
合资经营企业(港或澳、台资)	1 785 280	1 498 722	5 907	15 736	38 913	30 037	19 561
中外合资经营企业	1 947 816	1 673 235	9 242	36 856	60 205	11 268	8 726
其他有限责任公司	5 156 778	4 325 665	43 042	66 631	178 223	85 418	79 537
在总计中:亏损企业	1 041 469	945 768	1 203	32 499	55 058	16 194	12 393
在总计中:国有控股企业	9 757 073	7 101 828	789 983	159 665	735 092	68 510	66 231
按轻重工业分组							
轻工业	13 892 059	10 925 895	836 636	355 634	365 351	84 242	65 019
重工业	37 129 356	31 019 354	280 901	587 897	1 376 228	336 757	244 382
按企业规模分组							
大型企业	11 837 992	9 377 047	72 389	241 812	776 508	79 580	51 955
中型企业	12 485 871	9 729 038	788 500	260 292	354 658	119 546	101 022
小型企业	26 697 551	22 839 164	256 648	441 427	610 412	221 873	156 423

9-2 续表 8 （2010 年） 单位:万元

指 标 名 称	主营业务收入	# 主营业务成本	# 主营业务税金及附加	营业费用	管理费用	财务费用	# 利息支出
按行业分组							
煤炭开采和洗选业	2 655 671	1 852 593	47 281	44 777	446 805	14 630	14 399
黑色金属矿采选业	139 542	107 709	1 514	1 057	13 779	1 703	1 207
非金属矿采选业	303 780	250 075	4 263	6 763	9 247	4 501	1 765
农副食品加工业	2 332 111	2 002 341	23 115	42 879	46 491	15 332	9 924
食品制造业	474 030	404 420	3 809	16 737	13 151	3 380	2 217
饮料制造业	2 040 157	1 726 517	21 504	98 029	40 254	11 517	10 341
烟草制品业	1 332 662	286 131	723 711	17 165	70 047	-9 412	-9 491
纺织业	2 450 377	2 103 429	15 122	28 951	44 263	17 434	15 093
纺织服装、鞋、帽制造业	434 609	354 271	4 017	10 442	11 661	3 276	2 387
皮革、毛皮、羽毛(绒)及其制品业	148 529	130 954	482	1 133	1 725	65	99
木材加工及木、竹、藤、棕、草制品业	5 104 882	4 367 752	52 123	83 689	83 169	35 928	24 034
家具制造业	184 657	160 671	1 596	2 454	2 708	1 015	806
造纸及纸制品业	735 743	618 865	9 856	13 941	14 251	6 027	5 370
印刷业和记录媒介的复制	164 122	128 445	967	1 918	10 263	2 284	1 738
文教体育用品制造业	140 007	120 730	1 530	3 416	2 512	1 223	850
石油加工、炼焦及核燃料加工业	488 447	438 045	1 458	3 229	9 232	3 709	3 325
化学原料及化学制品制造业	5 784 314	4 625 940	40 614	69 442	126 192	77 514	43 962
医药制造业	1 062 276	850 908	9 763	74 742	37 090	9 330	8 278
化学纤维制造业	68 461	57 312	700	609	2 146	402	376
橡胶制品业	462 202	425 264	1 720	6 848	13 518	2 727	1 850
塑料制品业	873 008	760 844	6 717	9 312	21 826	6 647	5 596
非金属矿物制品业	2 442 496	2 062 731	21 766	44 715	71 017	31 647	25 989
黑色金属冶炼及压延加工业	2 761 195	2 368 570	12 400	38 217	43 160	13 402	9 832
有色金属冶炼及压延加工业	1 128 499	1 008 282	6 809	12 333	17 727	8 374	7 601
金属制品业	1 632 014	1370 186	16 754	33 534	50 675	15 047	10 343
通用设备制造业	6 434 892	5 460 252	27 118	131 663	251 793	17 072	14 287
专用设备制造业	2 090 920	1 730 526	10 191	35 386	93 782	14 396	11 347
交通运输设备制造业	956 593	816 527	8 583	21 307	37 228	5 132	2 686
电气机械及器材制造业	2 084 239	1 784 863	17 186	30 623	50 845	15 069	10 937
通信设备、计算机及其他电子设备	884 324	73 8 555	5 464	21 885	33 214	7 833	6 546
仪器仪表及文化、办公用机械制造	1 324 364	1 120 799	10 897	27 023	34 417	9 301	6 776
工艺品及其他制造业	183 926	150 900	1 806	5 347	6 176	4 450	3 244
废弃资源和废旧材料回收加工业	257 112	233 283	1 085	1 344	2 123	9 364	843
电力、热力的生产和供应业	1 393 800	1 273 314	5 001	451	21 716	56 872	52 504
燃气生产和供应业	27 813	26 123	155	1 630	2 327	723	305
水的生产和供应业	39 640	27 125	462	544	5 051	3 088	2 036

9-2　续表 9　　　　（2010 年）　　　　单位:万元

指标名称	营业利润	利润总额	亏损企业亏损总额	利税总额	营业外收入	本年应交增值税	全部职工年平均人数（人）
总　计	**4 641 503**	**4 578 037**	**55 180**	**8 244 983**	**153 653**	**2 549 410**	**671 931**
按登记注册类型分组							
内资企业	3 789 561	3 714 834	23 520	7 124 745	84 312	2 314 757	601 361
国有企业	318 603	332 137	764	1 278 793	16 688	214 495	16 657
中央企业	20 141	28 806	433	36 736	9 197	6 852	5 907
地方企业	298 462	303 332	331	1 242 057	7 491	207 643	10 750
集体企业	8 022	7 552		16 274	48	7 544	2 522
股份合作企业	20 689	18 665		31 875	1	11 398	1 196
联营企业	874	874		1 933		788	1 055
国有联营企业	197	197		482		264	276
集体联营企业	18	18		47		27	269
其他联营企业	659	659		1 404		497	510
有限责任公司	893 998	897 771	6 601	1 517 490	44 923	532 059	161 884
国有独资公司	447 388	457 631		742 093	26 477	239 844	70 668
其他有限责任公司	446 609	440 139	6 601	775 397	18 446	292 215	91 216
股份有限公司	220 835	220 532	1 185	339 681	2 193	106 684	39 422
私营企业	2 295 860	2 198 701	14 841	3 882 316	12 473	1 426 413	374 387
私营独资企业	592 826	567 872	4 708	975 102	1 226	340 754	80 572
私营合伙企业	75 246	76 425		128 562		46 089	14 234
私营有限责任公司	1 543 811	1 472 177	10 118	2 637 565	10 920	988 727	266 326
私营股份有限公司	83 976	82 226	15	141 087	328	50 842	13 255
其他企业	30 680	38 603	130	56 384	7 985	15 376	4 238
港、澳、台商投资企业	567 583	546 908	4 705	677 217	18 505	120 144	32 043
合资经营企业(港或澳、台资)	197 362	212 290	3 228	271 988	17 991	53 792	13 195
港澳台商独资经营企业	363 273	327 671	1 477	392 558	515	61 556	18 557
港澳台商投资股份有限公司	6 947	6 947		12 672		4 796	291
外商投资企业	284 359	316 295	26 955	443 021	50 836	114 509	38 527
中外合资经营企业	166 615	170 093	3 232	262 456	10 510	83 121	20 843
中外合作经营企业	4 072	4 072		6 687		2 196	1 020
外资企业	111 737	140 194	23 723	170 131	40 327	27 477	16 408
外商投资股份有限公司	1 936	1 936		3 748		1 715	256

9-2 续表10 （2010年） 单位:万元

指 标 名 称	营业利润	利润总额	亏损企业亏损总额	利税总额	营业外收 入	本年应交增值税	全部职工年平均人数（人）
按经济组织类型分组							
独资企业	1 394 462	1 375 427	30 672	2 832 857	58 803	651 827	134 716
国有企业	318 603	332 137	764	1 278 793	16 688	214 495	16 657
集体企业	8 022	7 552		16 274	48	7 544	2 522
私营独资企业	592 826	567 872	4 708	975 102	1 226	340 754	80 572
港澳台商独资经营企业	363 273	327 671	1 477	392 558	515	61 556	18 557
外资企业	111 737	140 194	23 723	170 131	40 327	27 477	16 408
合作、合伙企业	131 561	138 639	130	225 441	7 986	75 847	21 743
股份合作企业	20 689	18 665		31 875	1	11 398	1 196
国有联营企业	197	197		482		264	276
集体联营企业	18	18		47		27	269
其他联营企业	659	659		1 404		497	510
私营合伙企业	75 246	76 425		128 562		46 089	14 234
中外合作经营企业	4 072	4 072		6 687		2 196	1 020
其他企业(内资)	30 680	38 603	130	56 384	7 985	15 376	4 238
股份有限公司	313 694	311 641	1 200	497 188	2 521	164 038	53 224
股份有限公司(内资)	220 835	220 532	1 185	339 681	2 193	106 684	39 422
私营股份有限公司	83 976	82 226	15	141 087	328	50 842	13 255
港澳台商投资股份有限公司	6 947	6 947		12 672		4 796	291
外商投资股份有限公司	1 936	1 936		3 748		1 715	256
有限责任公司	2 801 786	2 752 330	23 179	4 689 499	84 343	1 657 699	462 248
国有独资公司	447 388	457 631		742 093	26 477	239 844	70 668
私营有限责任公司	1 543 811	1 472 177	10 118	2 637 565	10 920	988 727	266 326
合资经营企业(港或澳、台资)	197 362	212 290	3 228	271 988	17 991	53 792	13 195
中外合资经营企业	166 615	170 093	3 232	262 456	10 510	83 121	20 843
其他有限责任公司	446 609	440 139	6 601	775 397	18 446	292 215	91 216
在总计中:亏损企业	−51 724	−55 180	55 180	−42 936	1 868	11 042	16 075
在总计中:国有控股企业	958 449	981 005	764	2 349 684	47 510	578 696	115 980
按轻重工业分组							
轻工业	1 270 047	1 259 143	3 080	2 863 403	22 441	767 624	205 555
重工业	3 371 456	3 318 894	52 100	5 381 580	131 213	1 781 786	466 376
按企业规模分组							
大型企业	1 257 364	1 248 252	13 883	1 810 714	67 468	490 073	169 745
中型企业	1 158 900	1 194 495	28 028	2 652 936	64 762	669 941	121 108
小型企业	2 225 239	2 135 290	13 269	3 781 334	21 423	1 389 396	381 078

9-2　续表 11　　　　(2010 年)　　　　单位:万元

指标名称	营业利润	利润总额	亏损企业亏损总额	利税总额	营业外收入	本年应交增值税	全部职工年平均人数(人)
按行业分组							
煤炭开采和洗选业	291 176	300 577		590 777	18 083	242 919	86 381
黑色金属矿采选业	14 005	14 005		26 206		10 688	4 180
非金属矿采选业	28 809	27 913		50 896	20	18 720	9 405
农副食品加工业	197 672	189 603	48	331 516	437	118 797	29 086
食品制造业	35 201	36 049	48	59 714	822	19 855	9 844
饮料制造业	140 389	138 979		228 521	927	68 038	24 775
烟草制品业	251 573	256 462		1 162 105	6 368	181 931	2 083
纺织业	215 952	217 847	560	353 681	1 279	120 713	55 422
纺织服装、鞋、帽制造业	41 719	43 386		67 472	7 956	20 069	13 474
皮革、毛皮、羽毛(绒)及其制品业	14 174	14 087		22 792	82	8 224	3 078
木材加工及木、竹、藤、棕、草制品业	482 063	472 859		786 513	185	261 531	98 713
家具制造业	17 569	16 654		24 014		5 764	3 816
造纸及纸制品业	56 431	52 980		99 655	218	36 820	9 412
印刷业和记录媒介的复制	17 707	18 315	786	25 005	1 186	5 723	2 134
文教体育用品制造业	10 174	9 759		16 315		5 026	2 732
石油加工、炼焦及核燃料加工业	22 272	20 009	3 275	38 077	258	16 610	3 646
化学原料及化学制品制造业	788 260	736 375	10 203	1 060 720	16 879	283 731	46 935
医药制造业	80 798	79 625	1 440	155 350	1 368	65 962	10 673
化学纤维制造业	4 763	4 477		8 457		3 280	1 216
橡胶制品业	36 808	33 104	338	57 086		22 262	3 782
塑料制品业	66 879	66 880		127 182	1 540	53 585	18 229
非金属矿物制品业	200 447	190 332	1 993	337 526	5 213	125 428	34 380
黑色金属冶炼及压延加工业	182 711	169 002	13 883	304 668	1 289	123 267	20 736
有色金属冶炼及压延加工业	70 254	65 486	4 007	120 612	381	48 318	8 060
金属制品业	137 453	122 097	31	214 058	4 746	75 207	23 372
通用设备制造业	532 380	548 622	10 324	788 999	33 990	213 260	53 428
专用设备制造业	196 329	229 498	1 267	311 515	34 463	71 826	20 871
交通运输设备制造业	64 548	64 344		108 007	2 550	35 080	13 454
电气机械及器材制造业	187 302	185 479	39	315 833	2 544	113 168	20 282
通信设备、计算机及其他电子设备制造业	65 132	57 129	157	99 974	1 302	37 381	9 370
仪器仪表及文化、办公用机械制造业	119 280	119 024	1 796	195 870	150	65 949	9 340
工艺品及其他制造业	13 971	13 257		25 227	120	10 165	5 963
废弃资源和废旧材料回收加工业	9 914	9 914		19 582		8 583	525
电力、热力的生产和供应业	40 952	47 427	4 890	100 795	9 130	48 367	9 966
燃气生产和供应业	3 481	3 449		5 043	1	1 439	1 074
水的生产和供应业	2 956	3 034	96	5 219	171	1 723	2 094

9-3 国有控股工业企业主要经济指标

（2010年） 单位:万元

指标名称	企业个数（个）	#亏损企业	工业总产值（当年价）	#新产品产值	工业销售产值（当年价）	#出口交货值
总 计	**45**	**7**	**9 780 582**	**1 877 845**	**9 686 461**	**289 674**
在总计中:亏损企业	7	7	20 863		19 807	
按隶属关系分组						
中央企业	10	2	1 671 291	19 348	1 660 591	4 751
地方企业	35	5	8 109 291	1 858 497	8 025 869	284 923
按轻重工业分						
轻工业	21	5	1 508 812		1 504 280	907
重工业	24	2	8 271 769	1 877 845	8 182 181	288 767
按企业规模分						
大型企业	5		6 791 174	1 843 694	6 713 705	284 016
中型企业	16	1	2 703 348	34 151	2 693 970	5 658
小型企业	24	6	286 060		278 787	
按行业分组						
煤炭开采和洗选业	2		2 319 906	6 414	2 310 359	713
黑色金属矿采选业	1		81 827		80 033	
农副食品加工业	3	1	8 744		7 913	
食品制造业	3		75 890		78 398	
饮料制造业	1		42 279		42 143	
烟草制品业	2		1 338 072		1 332 662	
纺织业	1		7 290		7 591	907
纺织服装、鞋、帽制造业	2		6 894		6 203	
印刷业和记录媒介的复制	2	1	7 625		7 625	
化学原料及化学制品制造业	2		12 140		11 899	
非金属矿物制品业	2		286 686	526	284 874	
通用设备制造业	1	1	8 097		8 088	
专用设备制造业	2		4 203 050	1 852 083	4 136 796	283 303
交通运输设备制造业	4	1	56 989	18 822	54 867	4 751
通信设备、计算机及其他电子设备制造业	1		179 213		171 545	
仪器仪表及文化、办公用机械制造业	1		2 750		2 469	
电力、热力的生产和供应业	8		1 121 110		1 121 250	
水的生产和供应业	7	3	22 019		21 745	

9-3 续表 1 （2010 年） 单位:万元

指 标 名 称	资产合计	#流动资产合计	#固定资产合计	#固定资产原值	累计折旧	固定资产净值	负债合计
总 计	**11 577 262**	**5 655 590**	**3 983 222**	**5 620 249**	**2 189 614**	**3 385 496**	**6 340 425**
在总计中:亏损企业	19 385	11 896	6 914	14 247	7 459	6 788	18 365
按隶属关系分组							
中央企业	2 268 425	563 968	960 875	1 615 484	690 534	924 950	1 279 325
地方企业	9 308 837	5 091 622	3 022 347	4 004 765	1 499 080	2 460 546	5 061 100
按轻重工业分							
轻工业	1 579 142	1 216 577	354 171	475 117	191 471	238 507	325 078
重工业	9 998 119	4 439 014	3 629 052	5 145 132	1 998 143	3 146 989	6 015 347
按企业规模分							
大型企业	7 982 022	3 959 833	2 164 581	2 925 360	1 174 064	1 751 296	4 495 532
中型企业	3 385 464	1 587 599	1 738 048	2 565 674	962 430	1 558 105	1 705 659
小型企业	209 776	108 158	80 593	129 215	53 119	76 096	139 234
按行业分组							
煤炭开采和洗选业	4 120 240	1 428 663	1 760 528	2 386 029	960 557	1 425 472	2 433 481
黑色金属矿采选业	84 966	44 058	14 749	25 254	10 505	14 749	40 762
农副食品加工业	7 369	2 799	4 197	6 334	2 144	4 190	6 643
食品制造业	28 249	9 249	14 968	25 270	10 489	14 781	20 860
饮料制造业	37 714	12 999	22 183	25 986	3 814	22 172	4 579
烟草制品业	1 382 530	1 149 852	232 679	328 012	162 645	165 367	206 937
纺织业	14 745	9 680	5 065	6 084	1 019	5 065	4 699
纺织服装、鞋、帽制造业	1 846	1 137	215	405	190	215	810
印刷业和记录媒介的复制	11 169	3 641	7 249	14 051	6 867	7 185	8 036
化学原料及化学制品制造业	4 455	1 271	3 182	3 660	477	3 182	3 611
非金属矿物制品业	406 643	103 757	248 215	277 929	77 792	200 137	243 158
通用设备制造业	1 609	1 141	294	845	552	294	1 535
专用设备制造业	3 288 675	2 469 453	381 185	444 331	141 391	302 940	1 635 979
交通运输设备制造业	82 570	55 496	27 024	24 245	6 269	17 976	62 789
通信设备、计算机及其他电子设备制造业	62 135	42 058	13 519	17 889	4 416	13 473	49 114
仪器仪表及文化、办公用机械制造业	2 957	843	2 114	506	292	213	899
电力、热力的生产和供应业	1 943 871	292 275	1 178 241	1 964 443	795 891	1 168 553	1 544 018
水的生产和供应业	95 521	27 220	67 615	68 975	4 303	19 533	72 514

9-3 续表 2 （2010 年） 单位:万元

指标名称	主营业务收入	#主营业务成本	#主营业务税金及附加	营业费用	管理费用	财务费用	#利息支出
总计	**9 757 073**	**7 101 828**	**789 983**	**159 665**	**735 092**	**68 510**	**66 231**
在总计中:亏损企业	19 222	17 328	90	157	2 600	171	177
按隶属关系分组							
中央企业	1 604 462	1 303 241	12 041	20 169	87 940	25 588	25 335
地方企业	8 152 610	5 798 586	777 942	139 496	647 153	42 922	40 896
按轻重工业分							
轻工业	1 494 419	407 518	728 957	27 259	84 352	–6 764	–7 813
重工业	8 262 654	6 694 310	61 026	132 406	650 740	75 275	74 044
按企业规模分							
大型企业	6 779 014	5 398 950	55 315	113 748	629 478	15 975	16 113
中型企业	2 717 485	1 487 144	732 742	39 033	91 949	50 160	47 702
小型企业	26 0574	215 734	1 926	6 884	13 665	2 375	2 417
按行业分组							
煤炭开采和洗选业	2 270 077	1 557 857	42 946	34 912	427 707	12 594	12 760
黑色金属矿采选业	81 215	57 821	1 190	738	10 236	898	876
农副食品加工业	8 738	7 397	43	238	609	45	31
食品制造业	77 056	61 776	539	8 055	2 827	322	96
饮料制造业	29 182	20 412	4 195	46	1 441	–25	
烟草制品业	1 332 662	286 131	723 711	17 165	70 047	–9 412	–9 491
纺织业	7 590	3 801	68	834	2 759	15	15
纺织服装、鞋、帽制造业	6 246	4 989	45	480	285	2	
印刷业和记录媒介的复制	7 069	4 952	22	238	2 481	59	62
化学原料及化学制品制造业	11 802	11 079	20	118	220	72	71
非金属矿物制品业	275 193	213 241	1 117	11 817	9 758	8 682	8 788
通用设备制造业	8 097	7 956	24		429	73	78
专用设备制造业	4 239 061	3 596 471	11 129	80 959	183 133	3 388	3 381
交通运输设备制造业	53 039	45 269	125	806	4 182	629	625
通信设备、计算机及其他电子设备制造业	152 632	128 858	962	2 920	1 659	1 265	1 311
仪器仪表及文化、办公用机械制造业	2 469	1 818	2	135	235	–3	–3
电力、热力的生产和供应业	1 169 068	1 073 940	3 511		13 182	47 676	46 158
水的生产和供应业	25 876	18 059	334	203	3 903	2 229	1 474

9-3　续表 3　　　　（2010 年）　　　　单位:万元

指标名称	营业利润	利润总额	亏损企业亏损总额	利税总额	营业外收入	本年应交增值税	全部职工年平均人数（人）
总　计	**958 449**	**981 005**	**764**	**2 349 684**	**47 510**	**578 696**	**115 980**
在总计中:亏损企业	−1 036	−764	764	−232	299	442	1 272
按隶属关系分组							
中央企业	176 162	184 848	433	296 350	11 009	99 461	32 077
地方企业	782 287	796 157	331	2 053 333	36 500	479 235	83 903
按轻重工业分							
轻工业	257 718	263 861	331	1 182 979	7 566	190 161	7 247
重工业	700 731	717 143	433	1 166 704	39 944	388 535	108 733
按企业规模分							
大型企业	609 230	622 610		1 002 429	31 584	324 505	101 088
中型企业	325 781	332 906	293	1 305 360	12 423	239 712	10 889
小型企业	23 438	25 489	471	41 895	3 504	14 480	4 003
按行业分组							
煤炭开采和洗选业	230 764	236 966		486 511	9 961	206 600	73 149
黑色金属矿采选业	10 556	10 556		17 950		6 204	3 358
农副食品加工业	405	405	48	1 114		666	284
食品制造业	3 537	4 069		6 733	431	2 125	1 285
饮料制造业	1 313	1 782		9 362	469	3 386	481
烟草制品业	251 573	256 462		1 162 105	6 368	181 931	2 083
纺织业	17	48		673	46	557	752
纺织服装、鞋、帽制造业	402	402		574		127	73
印刷业和记录媒介的复制	−292	−183	187	46	82	207	516
化学原料及化学制品制造业	322	322		502		160	121
非金属矿物制品业	33 769	36 040		46 554	3 223	9 397	1 706
通用设备制造业	−390	−140	140	−70	261	46	52
专用设备制造业	370 885	374 931		499 562	18 257	113 502	22 048
交通运输设备制造业	1 986	2 131	293	3 556	111	1 300	1 585
通信设备、计算机及其他电子设备制造业	17 116	15 591		25 715		9 162	294
仪器仪表及文化、办公用机械制造业	296	341		520	4	177	210
电力、热力的生产和供应业	35 426	40 404		85 903	8 126	41 988	6 210
水的生产和供应业	763	876	96	2 373	171	1 163	1 773

9-4 规模以上集体工业企业主要经济指标

（2010年） 单位:万元

指标名称	企业个数（个）	#亏损企业	工业总产值（当年价）	#新产品产值	工业销售产值（当年价）
总　计	**33**		**129 782**		**128 071**
在总计中:亏损企业					
在总计中:农村工业	2		6 556		6 097
按登记注册类型分组					
内资企业	33		129 782		128 071
集体企业	33		129 782		128 071
按经济组织类型分组					
独资企业	33		129 782		128 071
集体企业	33		129 782		128 071
按轻重工业分					
轻工业	5		19 479		18 843
重工业	28		110 304		109 228
按企业规模分					
中型企业					
小型企业	33		129 782		128 071
按行业分组					
煤炭开采和洗选业	1		4 313		3 880
黑色金属矿采选业	13		41 268		42 403
非金属矿采选业	2		18 212		18 202
纺织服装、鞋、帽制造业	1		2 710		2 560
木材加工及木、竹、藤、棕、草制品业	1		2 034		1 947
印刷业和记录媒介的复制	1		4 175		4 175
化学原料及化学制品制造业	1		6 990		6 711
非金属矿物制品业	2		6 556		6 097
黑色金属冶炼及压延加工业	1		2 365		2 161
有色金属冶炼及压延加工业	2		2 823		2 823
金属制品业	1		3 810		3 800
通用设备制造业	2		7 788		7 747
交通运输设备制造业	1		7 104		6 972
电气机械及器材制造业	1		4 040		3 815
仪器仪表及文化、办公用机械制造业	1		9 991		9 381
工艺品及其他制造业	2		5 604		5 397

9-4 续表 1　　（2010 年）　　单位:万元

指 标 名 称	资产合计	#流动资产合计	#固定资产合计	#固定资产原值	累计折旧	固定资产净值	负债合计
总　计	**64 837**	**48 850**	**15 377**	**23 172**	**8 457**	**14 715**	**47 949**
在总计中:亏损企业							
在总计中:农村工业	2 593	409	2 184	2 961	1 402	1 559	1 122
按登记注册类型分组							
内资企业	64 837	48 850	15 377	23 172	8 457	14 715	47 949
集体企业	64 837	48 850	15 377	23 172	8 457	14 715	47 949
按经济组织类型分组							
独资企业	64 837	48 850	15 377	23 172	8 457	14 715	47 949
集体企业	64 837	48 850	15 377	23 172	8 457	14 715	47 949
按轻重工业分							
轻工业	6 187	4 629	1 558	3 520	1 976	1 544	4 288
重工业	58 650	44 222	13 819	19 652	6 481	13 171	43 661
按企业规模分							
中型企业							
小型企业	64 837	48 850	15377	23 172	8 457	14 715	47 949
按行业分组							
煤炭开采和洗选业	1 698	1 198	500	1 348	848	500	1 498
黑色金属矿采选业	39 029	32 868	5 976	9 135	3 159	5 976	32 893
非金属矿采选业	3 039	1 917	1 086	1 156	71	1 086	1 190
纺织服装、鞋、帽制造业	400	200	200	270	70	200	100
木材加工及木、竹、藤、棕、草制品业	328	236	75	99	24	75	129
印刷业和记录媒介的复制	1 390	1 030	360	364	4	360	481
化学原料及化学制品制造业	2 040	1 830	210	1 528	1 328	200	2 113
非金属矿物制品业	2 593	409	2 184	2 961	1 402	1 559	1 122
黑色金属冶炼及压延加工业	2 111	1 521	290	400	110	290	1 821
有色金属冶炼及压延加工业	1 210	708	502	543	41	502	903
金属制品业	978	334	644	800	156	644	715
通用设备制造业	3 484	3 316	168	274	129	145	1 356
交通运输设备制造业	2 485	886	1 599	1 995	396	1 599	1 365
电气机械及器材制造业	830	275	555	599	44	555	220
仪器仪表及文化、办公用机械制造业	865	554	240	342	102	240	448
工艺品及其他制造业	2 357	1 569	788	1 358	574	784	1 594

9-4 续表2 （2010年） 单位:万元

指标名称	主营业务收入	#主营业务成本	#主营业务税金及附加	营业费用	管理费用	财务费用	#利息支出
总计	**128 636**	**110 231**	**1 178**	**2 259**	**5 432**	**1 415**	**326**
在总计中:亏损企业							
在总计中:农村工业	6 097	5 307	165	69	97		
按登记注册类型分组							
内资企业	128 636	110 231	1 178	2 259	5 432	1 415	326
集体企业	128 636	110 231	1 178	2 259	5 432	1 415	326
按经济组织类型分组							
独资企业	128 636	110 231	1 178	2 259	5 432	1 415	326
集体企业	128 636	110 231	1 178	2 259	5 432	1 415	326
按轻重工业分							
轻工业	18 843	16 352	87	807	413	64	65
重工业	109 794	93 879	1 091	1 452	5 019	1 351	262
按企业规模分							
中型企业							
小型企业	128 636	110 231	1 178	2 259	5 432	1 415	326
按行业分组							
煤炭开采和洗选业	3 880	3 418	23	17	232	4	
黑色金属矿采选业	42 463	36 416	253	167	2 735	610	137
非金属矿采选业	18 202	15 464	181	299	896	82	67
纺织服装、鞋、帽制造业	2 560	2 321	25	12	24	5	5
木材加工及木、竹、藤、棕、草制品业	2 011	1 585	26	52	56	30	16
印刷业和记录媒介的复制	4 175	4 038		13	33	2	1
化学原料及化学制品制造业	6 711	5 882	27	435	52	50	51
非金属矿物制品业	6 097	5 307	165	69	97		
黑色金属冶炼及压延加工业	2 161	1 903	12	7	129	2	
有色金属冶炼及压延加工业	2 823	2 581	30	31	47	23	23
金属制品业	3 800	3 644	12	9	46	1	1
通用设备制造业	8 042	7 373	79	127	145	18	18
交通运输设备制造业	6 972	5 577	105	133	110	72	
电气机械及器材制造业	3 662	3 472	12	36	30	12	
仪器仪表及文化、办公用机械制造业	9 681	7 140	194	505	498	497	
工艺品及其他制造业	5 397	4 111	35	347	304	8	8

9-4　续表 3　（2010 年）　单位:万元

指　标　名　称	营业利润	利润总额	亏损企业亏损总额	利税总额	营业外收　入	本年应交增 值 税	全部职工年 平 均人　　数（人）
总　　计	**8 022**	**7 552**		**16 274**	**48**	**7 544**	**2 522**
在总计中:亏损企业							
在总计中:农村工业	354	354		857		338	360
按登记注册类型分组							
内资企业	8 022	7 552		16 274	48	7 544	2 522
集体企业	8 022	7 552		16 274	48	7 544	2 522
按经济组织类型分组							
独资企业	8 022	7 552		16 274	48	7 544	2 522
集体企业	8 022	7 552		16 274	48	7 544	2 522
按轻重工业分							
轻工业	1 120	878		1 395	48	430	684
重工业	6 903	6 674		14 879		7 114	1 838
按企业规模分							
中型企业							
小型企业	8 022	7 552		16 274	48	7 544	2 522
按行业分组							
煤炭开采和洗选业	186	186		538		329	24
黑色金属矿采选业	2 282	2 282		5 997		3 461	622
非金属矿采选业	1 280	1 280		2 370		909	164
纺织服装、鞋、帽制造业	174	190		343	17	128	55
木材加工及木、竹、藤、棕、草制品业	263	263		389		101	82
印刷业和记录媒介的复制	89	121		204	32	83	33
化学原料及化学制品制造业	265	58		134		49	124
非金属矿物制品业	354	354		857		338	360
黑色金属冶炼及压延加工业	108	108		292		172	38
有色金属冶炼及压延加工业	118	118		264		117	60
金属制品业	88	88		230		130	70
通用设备制造业	301	490		861		292	213
交通运输设备制造业	975	557		1 080		418	65
电气机械及器材制造业	100	100		282		170	60
仪器仪表及文化、办公用机械制造业	848	848		1 719		678	80
工艺品及其他制造业	592	509		714		170	472

9–5 规模以上"三资"工业企业主要经济指标

（2010 年）　　单位:万元

指标名称	企业个数（个）	#亏损企业	工业总产值（当年价）	#新产品产值	工业销售产值（当年价）	#出口交货值
总　计	**181**	**11**	**6 513 480**	**22 014**	**6 442 875**	**577 100**
在总计中:亏损企业	11	11	609 886		613 950	51 030
在总计中:国有控股企业	2		253 383		253 102	
在总计中:农村工业	1		20 885		20 650	18 500
按登记注册类型分组						
港、澳、台商投资企业	73	6	2 968 935	17 469	2 881 651	317 664
合资经营企业	39	4	1 521 652	12 036	1 550 457	245 731
独资经营企业	31	2	1 363 330	5 433	1 248 552	71 933
股份有限公司	3		83 954		82 642	
外商投资企业	108	5	3 544 545	4 545	3 561 224	259 435
合资经营企业	74	1	1 915 752	4 545	1 919 240	105 764
合作经营企业	3		43 049		42 448	12 412
独资经营企业	29	4	1 559 546		1 573 417	141 260
股份有限公司	2		26 197		26 119	
按轻重工业分组						
轻工业	85	1	1 433 540	8 973	1 403 405	351 300
重工业	96	10	5 079 941	13 041	5 039 470	225 799
按企业规模分组						
大型企业	6	1	2 108 697	5 433	2 012 171	81 253
中型企业	39	5	2 692 069	4 491	2 744 377	284 776
小型企业	136	5	1 712 714	12 090	1 686 326	211 071
按行业分组						
农副食品加工业	14		214 551		208 709	48 964
食品制造业	7		51 597		51 265	3 874
饮料制造业	4		79 196		76 355	8 835
纺织业	7		248 490	5 433	230 385	35 363
纺织服装、鞋、帽制造业	10		62 633		63 155	15 472
皮革、毛皮、羽毛(绒)及其制品业	7		117 372		112 528	2 389
木材加工及木、竹、藤、棕、草制品业	22		393 726		385 699	109 513
造纸及纸制品业	3		51 099		49 081	
印刷业和记录媒介的复制	4		43 966		50 589	
文教体育用品制造业	3		42 855		41 708	
石油加工、炼焦及核燃料加工业	2	1	217 472		205 813	
化学原料及化学制品制造业	11	1	1 311 261	1 005	1 216 909	17 741
医药制造业	5		83 215		82 113	
橡胶制品业	3		364 336		363 167	31 450
塑料制品业	3		16 022		15 618	2 145
非金属矿物制品业	5	1	22 875		23 577	486
黑色金属冶炼及压延加工业	3	1	434 537		442 154	48 625
有色金属冶炼及压延加工业	1		45 223		43 796	
金属制品业	4		15 384		15 185	
通用设备制造业	11	2	296 730		302 067	13 689
专用设备制造业	11	1	1 014 142	12 036	1 019 089	205 226
交通运输设备制造业	3		86 924		85 020	1 810
电气机械及器材制造业	3		26 317	54	26 209	119
通信设备、计算机及其他电子设备制造业	7	1	442 892	3 486	444 750	8 421
仪器仪表及文化、办公用机械制造业	7	2	190 809		220 192	
工艺品及其他制造业	11		60 258		59 224	22 977
废弃资源和废旧材料回收加工业	1		218 485		253 062	
电力、热力的生产和供应业	7	1	331 360		329 090	
燃气生产和供应业	2		29 755		26 367	

9-5 续表1 （2010年） 单位:万元

指标名称	资产合计	#流动资产合计	#固定资产合计	#固定资产原值	累计折旧	固定资产净值	负债合计
总 计	**6 360 989**	**2 735 831**	**3 465 250**	**4 309 804**	**867 194**	**3 442 610**	**3 600 384**
在总计中:亏损企业	724 138	395 609	300 958	416 252	119 607	296 646	541 290
在总计中:国有控股企业	240 085	64 266	175 819	441 194	269 180	172 014	144 734
在总计中:农村工业	2 690	575	2 115	2 645	530	2 115	750
按登记注册类型分组							
港、澳、台商投资企业	4 056 607	1 437 530	2 511 447	2 955 873	459 771	2 496 103	2 400 573
合资经营企业	1 567 853	741 688	754 022	1 092 621	348 186	744 435	940 782
独资经营企业	2 479 539	692 754	1 753 297	1 857 831	110 259	1 747 572	1 455 752
股份有限公司	9 215	3 089	4 128	5 421	1 326	4 095	4 040
外商投资企业	2 304 382	1 298 301	953 803	1 353 930	407 423	946 507	1 199 811
合资经营企业	1 117 203	637 982	434 703	600 678	171 160	429 518	575 229
合作经营企业	11 785	5 611	6 157	6 844	870	5 973	5 000
独资经营企业	1 157 375	644 484	505 149	738 220	234 999	503 221	609 672
股份有限公司	18 020	10 224	7 794	8 188	394	7 794	9 910
按轻重工业分组							
轻工业	675 647	379 018	263 920	326 043	72 530	253 513	328 520
重工业	5 685 342	2 356 813	3 201 330	3 983 761	794 664	3 189 097	3 271 864
按企业规模分组							
大型企业	2 396 944	975 638	1 405 276	1 688 791	284 681	1 404 110	1 343 045
中型企业	3 174 242	1 377 776	1 706 195	2 186 049	495 068	1 690 981	1 868 284
小型企业	789 803	382 417	353 779	434 964	87 445	347 519	389 056
按行业分组							
农副食品加工业	58 986	34 946	16 716	21 116	6 350	14 766	29 346
食品制造业	26 400	8 913	16 690	18 327	1 876	16 451	11 545
饮料制造业	53 554	24 957	24 284	36 811	12 573	24 238	25 431
纺织业	204 034	129 174	65 861	88 012	24 777	63 235	111 111
纺织服装、鞋、帽制造业	39 411	20 848	14 656	16 820	3 581	13 239	17 055
皮革、毛皮、羽毛(绒)及其制品业	66 376	47 661	17 558	19 890	5 420	14 470	30 106
木材加工及木、竹、藤、棕、草制品业	90 653	47 543	42 409	50 496	8 097	42 399	34 216
造纸及纸制品业	10 193	4 556	5 637	5 821	1 114	4 707	5 972
印刷业和记录媒介的复制	64 444	33 364	31 080	34 921	3 841	31 080	28 962
文教体育用品制造业	14 957	9 280	5 671	7 725	2 059	5 666	5 626
石油加工、炼焦及核燃料加工业	179 866	141 889	37 514	59 231	21 717	37 514	100 096
化学原料及化学制品制造业	2 184 466	745 462	1 382 586	1 490 475	112 299	1 378 176	1 323 800
医药制造业	12 378	4 743	5 232	5 951	781	5 170	7 088
橡胶制品业	104 715	69 804	34 910	88 924	54 015	34 909	75 521
塑料制品业	7 613	4 591	2 958	3 398	449	2 949	3 133
非金属矿物制品业	14 783	5 675	9 108	10 645	1 548	9 096	5 123
黑色金属冶炼及压延加工业	374 458	197 923	163 582	239 408	76 087	163 321	255 470
有色金属冶炼及压延加工业	14 300	4 732	9 568	11 868	2 300	9 568	2 689
金属制品业	10 177	4 402	5 774	6 057	282	5 774	6 488
通用设备制造业	329 536	115 073	211 315	242 378	31 082	211 297	136 055
专用设备制造业	592 565	368 718	216 703	359 360	142 879	216 481	235 268
交通运输设备制造业	53 940	24 891	28 945	32 992	4 047	28 945	17 334
电气机械及器材制造业	5 034	4 479	451	565	114	451	2 947
通信设备、计算机及其他电子设备制造业	251 236	133 254	112 912	134 677	22 745	111 932	131 660
仪器仪表及文化、办公用机械制造业	151 596	114 144	28 620	33 203	8 802	24 401	98 142
工艺品及其他制造业	28 238	12 911	11 593	14 162	2 570	11 592	11 245
废弃资源和废旧材料回收加工业	283 838	222 819	61 019	68 289	7 270	61 019	179 721
电力、热力的生产和供应业	1 083 908	187 018	876 194	1 164 605	290 545	874 061	676 374
燃气生产和供应业	49 335	12 062	25 704	4 3679	17 975	25 704	32 862

9-5 续表 2　　（2010 年）　　单位:万元

指 标 名 称	主营业务收 入	# 主营业务成本	# 主营业务税金及附加	营业费用	管理费用	财务费用	# 利息支出
总 计	**6 888 375**	**5 545 864**	**22 383**	**91 584**	**215 211**	**85 618**	**45 120**
在总计中:亏损企业	632 561	561 422	182	22 885	30 437	6 411	6 378
在总计中:国有控股企业	284 060	260 749	124	135	235	4 582	4 632
在总计中:农村工业	20 650	17 683	157	120	240	70	30
按登记注册类型分组							
港、澳、台商投资企业	3 203 813	2 434 771	10 166	22 719	72 730	62 961	28 299
合资经营企业	1 785 280	1 498 722	5 907	15 736	38 913	30 037	19 561
独资经营企业	1 335 892	866 136	3 331	5 573	30 518	32 780	8 610
股份有限公司	82 642	69 913	928	1 410	3 299	144	128
外商投资企业	3 684 562	3 111 093	12 217	68 865	142 481	22 658	16 821
合资经营企业	1 947 816	1 673 235	9 242	36 856	60 205	11 268	8 726
合作经营企业	42 652	34 571	418	1 745	1 704	143	131
独资经营企业	1 667 668	1 380 776	2 460	29 583	80 174	11 220	7 941
股份有限公司	26 425	22 511	97	682	399	27	23
按轻重工业分组							
轻工业	1 413 566	1 184 324	9 491	23 419	38 872	12 690	11 945
重工业	5 474 809	4 361 540	12 892	68 165	176 338	72 928	33 176
按企业规模分组							
大型企业	2 184 829	1 540 361	1 668	21 395	78 651	39 992	11 501
中型企业	2 984 260	2 541 763	6 037	39 189	85 048	31 890	23 092
小型企业	1 719 286	1 463 741	14 677	31 000	51 512	13 736	10 527
按行业分组							
农副食品加工业	223 070	192 744	2 755	4 086	5 385	1 093	946
食品制造业	50 384	46 502	274	748	995	297	165
饮料制造业	73 094	63 381	393	1 533	943	372	281
纺织业	230 781	182 086	547	3 162	5 153	2 633	2 852
纺织服装、鞋、帽制造业	63 073	52 988	547	668	2 932	897	927
皮革、毛皮、羽毛(绒)及其制品业	114 999	101 939	182	648	878	-207	37
木材加工及木、竹、藤、棕、草制品业	398 829	341 075	3 633	5 194	5 357	1402	1 080
造纸及纸制品业	50 687	43 704	725	1 025	751	292	292
印刷业和记录媒介的复制	46 300	34 088	259	655	4 451	1 146	1 123
文教体育用品制造业	45 361	36 960	550	892	599	323	316
石油加工、炼焦及核燃料加工业	217 671	204 540	506	1 338	5 470	739	580
化学原料及化学制品制造业	1 500 725	969 394	2 188	4 087	34 919	35 751	11 209
医药制造业	78 798	70 902	990	518	509	753	565
橡胶制品业	384 314	357 246	894	4 797	10 681	2 221	1 431
塑料制品业	15 618	13 091	251	432	798	37	36
非金属矿物制品业	23 482	19 158	357	961	717	334	262
黑色金属冶炼及压延加工业	466 598	390 434	269	16 197	12 157	5 988	3 705
有色金属冶炼及压延加工业	43 796	37 807	437	1 230	1 528	300	265
金属制品业	15 748	14 208	101	244	365	107	67
通用设备制造业	278 056	220 760	261	7 127	18 128	577	2 459
专用设备制造业	1 097 719	883 214	2 076	15 348	61 536	6 616	4 748
交通运输设备制造业	89 222	75 659	25	748	2 477	955	30
电气机械及器材制造业	24 139	22 282	26	163	306	13	19
通信设备、计算机及其他电子设备制造业	441 436	362 245	1 530	11 568	21 097	3 469	2 728
仪器仪表及文化、办公用机械制造业	215 552	176 112	307	3 970	6 939	933	689
工艺品及其他制造业	59 642	50 910	699	1 199	2 644	474	306
废弃资源和废旧材料回收加工业	253 066	229 912	1 030	1 312	2 075	9 340	819
电力、热力的生产和供应业	359 860	327 306	432	182	3 110	8 357	7 092
燃气生产和供应业	26 356	25 219	140	1 552	2 311	406	89

9-5　续表 3　　　　　　　　　　（2010 年）　　　　　　　　　　单位:万元

指　标　名　称	营业利润	利润总额	亏损企业亏损总额	利税总额	营业外收　入	本年应交增值税	全部职工年平均人数（人）
总　计	**851 942**	**863 203**	**31 660**	**1 120 238**	**69 342**	**234 653**	**70 570**
在总计中:亏损企业	–27 967	–31 660	31 660	–27 531	440	3 947	6 831
在总计中:国有控股企业	18 250	18 296		29 665	4	11 246	568
在总计中:农村工业	2 380	2 380		3 363		826	940
按登记注册类型分组							
港、澳、台商投资企业	567 583	546 908	4 705	677 217	18 505	120 144	32 043
合资经营企业	197 362	212 290	3 228	271 988	17 991	53 792	13 195
独资经营企业	363 273	327 671	1 477	392 558	515	61 556	18 557
股份有限公司	6 947	6 947		12 672		4 796	291
外商投资企业	284 359	316 295	26 955	443 021	50 836	114 509	38 527
合资经营企业	166 615	170 093	3 232	262 456	10 510	83 121	20 843
合作经营企业	4 072	4 072		6 687		2 196	1 020
独资经营企业	111 737	140 194	23 723	170 131	40 327	27 477	16 408
股份有限公司	1 936	1 936		3 748		1 715	256
按轻重工业分组							
轻工业	142 238	143 622	27	216 257	1 840	63 144	23 821
重工业	709 704	719 581	31 633	903 982	67 502	171 509	46 749
按企业规模分组							
大型企业	422 577	404 734	13 883	467 975	27 165	61 572	19 519
中型企业	285 187	313 078	17 105	415 109	35 484	95 994	26 142
小型企业	144 178	145 391	672	237 155	6 693	77 087	24 909
按行业分组							
农副食品加工业	17 031	14 821		30 113	72	12 537	2 323
食品制造业	1 768	2 044		4 507	150	2 189	1 759
饮料制造业	7 521	7 648		12 190	128	4 149	536
纺织业	38 635	42 095		49 651	218	7 009	6 533
纺织服装、鞋、帽制造业	5 041	3 887		7 632	6	3 198	2 458
皮革、毛皮、羽毛(绒)及其制品业	11 562	11 478		18 333	82	6 673	2 456
木材加工及木、竹、藤、棕、草制品业	42 168	42 168		62 216		16 415	7 294
造纸及纸制品业	4 190	4 208		8 140	18	3 206	289
印刷业和记录媒介的复制	3 700	4 572		6 878	872	2 046	485
文教体育用品制造业	5 261	5 052		7 057		1 455	713
石油加工、炼焦及核燃料加工业	5 945	6 025	3 232	15 311	236	8 780	1 456
化学原料及化学制品制造业	419 337	393 191	2 612	445 825	15 994	50 447	9 511
医药制造业	5 125	5 125		10 330		4 215	575
橡胶制品业	33 428	30 318		50 826		19 613	2 558
塑料制品业	1 008	1 008		2 273		1 013	615
非金属矿物制品业	2 327	1 427	16	2 479		695	330
黑色金属冶炼及压延加工业	–5 159	–8 243	13 883	–4 459	754	3 515	4 419
有色金属冶炼及压延加工业	2 494	2 494		5 120		2 189	298
金属制品业	687	624		1 178		453	415
通用设备制造业	17 603	31 474	9 801	39 724	13 875	7 988	3 882
专用设备制造业	123 315	155 453	40	181 834	32 792	24 305	6 239
交通运输设备制造业	6 546	9 080		11 494	2 545	2 389	1 270
电气机械及器材制造业	1 349	1 203		1 380		151	361
通信设备、计算机及其他电子设备制造业	34 633	29 987	27	46 434	1 208	14 918	4 898
仪器仪表及文化、办公用机械制造业	27 815	27 205	1 684	35 799	40	8 287	2 377
工艺品及其他制造业	3 717	3 722		7 966	5	3 544	2 575
废弃资源和废旧材料回收加工业	9 398	9 398		18 858		8 430	445
电力、热力的生产和供应业	22 144	22 418	365	36 341	347	13 491	2 442
燃气生产和供应业	3 353	3 320		4 812	1	1 352	1 058

9-6 主要年份主要工业产品产量

单位:万吨

年份	铁矿石（成品矿）	生铁	原煤	发电量（亿千瓦小时）	铝锭（吨）	硫酸（吨）	合成氨	农用化肥（折100%）	水泥
1949			81	0.07					
1952	21.93		112	0.20					
1957	38.57	0.13	180	0.90					
1962	39.39	1.66	447	3.76	672			0.01	1.06
1965	45.98	1.63	472	4.43	930	5 594	0.05	0.32	14.52
1970	31.69	4.61	633	7.24	1 453	7 746	1.03	0.89	23.09
1975	25.12	11.08	899	15.99	2 103	10 840	3.41	2.68	33.29
1978	40.95	15.19	1 445	27.08	3 135	22 162	7.07	4.91	66.68
1979	44.49	18.16	1 510	38.65	3 616	21 559	9.72	6.96	79.77
1980	29.55	16.36	1 506	47.78	2 721	31 856	12.40	9.96	93.68
1981	23.36	12.18	1 451	50.48	3 686	21 690	12.64	10.14	109.32
1982	24.74	11.71	1 492	52.37	3 614	34 902	12.98	10.67	133.52
1983	30.02	14.73	1 580	53.70	3 378	50 119	14.12	11.99	152.45
1984	30.80	15.74	1 682	54.84	3 210	44 138	15.07	12.45	169.47
1985	30.48	16.52	1 803	58.35	3 062	35 469	14.33	11.59	203.03
1986	30.75	19.90	1 770	74.67	5 629	34 370	14.03	12.65	249.80
1987	33.59	22.82	1 866	89.98	5 649	46 067	15.05	14.03	293.35
1988	47.35	24.80	1 931	102.97	5 574	51 157	14.11	13.38	344.49
1989	51.57	23.39	2 042	105.64	5 929	56 695	13.50	13.22	291.01
1990	27.62	29.22	2 032	104.40	7 568	62 041	13.40	12.52	297.67
1991	26.25	28.60	2 118	106.75	8 096	83 813	11.32	13.17	348.87
1992	32.33	31.84	2 115	103.74	11 241	77 784	9.42	10.89	437.21
1993	98.53	35.63	2 138	111.92	12 081	60 200	11.68	10.68	542.69
1994	113.60	41.34	1 967	114.37	12 347	65 275	14.75	16.73	590.36
1995	95.00	52.00	2 344	119.38	19 385	85 610	14.86	19.76	1 031.48
1996	110.91	48.96	2 301	118.91	11 735	67 841	14.28	24.60	1 040.45
1997	49.62	55.78	2 243	139.17	11 294	87 388	16.98	24.01	975.83
1998	17.82	49.89	2 134	134.55	10 321	81 131	19.22	20.13	864.35
1999	17.82	40.36	2 089	136.65	11 828	3 746	16.69	16.68	937.84
2000	43.30	37.10	2 271	146.87	5 002		19.16	15.42	983.36
2001	15.34	51.05	2 261	155.29	12 055		19.08	16.49	892.69
2002	14.63	48.75	2 404	170.31	12 354	45 100	22.66	19.96	1 008.34
2003	15.54	95.10	2 572	198.95	12 566	50 000	21.55	17.89	1 134.82
2004	24.77	136.69	2 528	235.10	12 866	72 000	17.75	21.89	1 285.58
2005	14.45	152.53	2 597	309.97	10 764	66 600	36.96	29.58	1 295.66
2006	19.69	230.72	2 827	363.02	69 741	116 000	52.11	38.00	1 538.60
2007	21.74	245.76	2 363	316.56	98 474	249 105	55.97	38.15	1 812.31
2008	23.86	194.85	2 314	342.44	100 007	181 950	62.36	41.88	1 867.36
2009	50.31	246.60	2 236	330.77	106 997	64 400	61.11	43.93	2 654.32
2010	65.64	304.92	2 072	399.57	108 668	37 100	66.40	48.05	3 205.35

9-6　续表　　　　　　单位:万吨

年　份	纱	布（万米）	机制纸及纸板	卷　烟（万箱）	饮料酒（万千升）	合　成洗涤剂	锻压机械（吨）	汽　车起重机（台）	装载机（辆）	压路机（台）
1949	…			0.86	0.02					
1952	0.03	129	…	2.73	0.15					
1957	0.04	291	0.23	2.47	0.30					
1962	0.10	493	0.40	2.60	0.35					
1965	0.41	796	0.36	6.89	0.31					
1970	0.84	1 811	0.91	10.93	0.49	0.09				
1975	1.12	3 474	1.12	12.00	0.90	0.70				
1978	1.68	5 474	2.47	14.74	1.35	1.27				
1979	1.87	5 873	2.56	16.72	1.64	2.02				
1980	2.11	7 487	3.15	19.45	2.02	2.04				
1981	2.26	8 604	3.35	22.26	2.51	2.48		321		362
1982	2.45	8 860	4.19	26.23	2.67	3.00		245		485
1983	2.28	7 979	4.85	23.03	2.82	3.47		256		413
1984	2.29	7 307	5.69	26.04	2.54	4.08		244		520
1985	2.43	7 350	6.48	26.10	2.84	4.91		325		730
1986	2.67	7 954	8.61	30.12	3.23	5.47		414		957
1987	3.07	8 981	11.62	31.02	3.88	5.51		382		1 247
1988	3.54	11 032	13.87	32.22	4.38	5.72		438		1 224
1989	4.36	13 504	15.31	33.00	4.96	6.86		428		858
1990	3.63	12 112	16.44	33.50	4.99	7.25		419		802
1991	3.25	10 769	17.66	34.00	5.66	7.26		496		993
1992	3.93	11 938	18.83	34.00	6.85	6.31		696	723	1 392
1993	3.65	12 790	22.36	35.06	7.66	6.60		1 067	1 026	2 281
1994	4.20	11 673	32.13	33.09	9.80	6.83		1 005	929	2 183
1995	4.64	13 883	71.60	34.00	11.42	11.00		683	1 298	1 897
1996	5.16	12 807	69.65	34.02	13.85	9.86	14 977	414	1 358	1 979
1997	5.48	9 077	79.33	34.00	13.31	7.88	12 329	480	1 739	2 066
1998	4.49	7 361	44.67	34.50	13.18	7.08	9 451	516	1 706	2 478
1999	5.70	7 721	23.53	34.50	9.00	5.40	7 392	710	1 890	3 110
2000	7.16	8 196	32.65	34.40	8.50	11.72	11 942	1 087	1 777	2 466
2001	7.36	6 954	28.41	36.50	14.47	11.35	12 669	1 586	2 791	2 832
2002	8.89	6 315	43.52	37.80	14.43	7.20	13 430	2 961	3 997	3 816
2003	11.30	6 884	48.88	40.00	16.69	5.33	16 297	4 664	8 098	5 825
2004	47.38	7 231	58.74	55.20	42.16	6.67	12 653	5 264	10 146	4 724
2005	23.01	10 551	48.91	57.57	20.28	10.25	19 847	5 368	9 442	2 434
2006	33.64	7 800	69.62	57.45	21.50	10.00	24 119	7 298	8 799	2 697
2007	44.14	14 832	129.81	60.48	27.26	11.60	30 218	10 349	11 010	2 025
2008	48.84	13 016	99.11	56.68	27.99	7.75	22 668	12 932	11 623	2 721
2009	61.75	16 591	122.40	59.00	30.11	4.34	16 353	16 053	9 494	4 675
2010	81.58	16 056	105.54	60.94	45.73	1.44		18 623	15 212	6 874

9-7 主要工业产品产量

（2010 年）

产 品 名 称		产 量	产 品 名 称		产 量
原煤	（万吨）	2 072.25	磷肥	（万吨）	0.93
洗煤	（万吨）	1 147.75	化学农药	（万吨）	8.93
铁矿石成品矿	（万吨）	65.64	染料	（吨）	3 300
发电量	（亿千瓦/时）	399.57	塑料树脂及共聚物	（万吨）	8.49
配合饲料	（万吨）	31.75	合成洗涤剂	（万吨）	1.44
发酵酒精（商品量）	（万吨）	18.39	轮胎外胎	（万条）	348.50
饮料酒（商品量）	（万千升）	45.73	塑料制品	（万吨）	13.99
卷烟	（万箱）	60.94	# 农业用薄膜		1.48
纱	（万吨）	81.58	水泥	（万吨）	3 205.35
布	（万米）	16056	生铁	（万吨）	304.92
# 棉布		11426	软饮料	（吨）	105.71
帘子布	（吨）	3065	成品钢材	（万吨）	145.56
家用电冰箱	（万台）	179.07	# 焊接钢管		8.28
丝	（吨）	1 997.12	铝	（万吨）	10.87
多晶硅	（吨）	1780	铝材	（万吨）	17.37
服装	（万件）	2 554.40	锻压机械	（台）	1 579
鞣制皮革	（万平方米）	614.50	汽车起重机	（台）	18 623
液体乳	（吨）	64.47	矿山设备	（吨）	3 288
机制纸及纸板	（万吨）	105.54	人造板	（万立方米）	1 400.13
焦炭	（万吨）	196.97	装载机	（辆）	15 212
盐酸（含量 31%以上）	（吨）	0.74	压路机	（台）	6 874
氢氧化钠（折 100%）	（吨）	3.32	组合音响	（万台）	147.47
碳化钙	（吨）	12 879	摩托车	（万辆）	79.24
合成氨	（万吨）	66.40			
农用化学肥料	（万吨）	48.05			
# 氮肥		47.16			

主要统计指标解释

工业　指从事自然资源的开采，对采掘品和农产品进行加工和再加工的物质生产部门。具体包括:(1)对自然资源的开采,如采矿、晒盐、森林采伐等(但不包括禽兽捕猎和水产捕捞);(2)对农副产品的加工、再加工,如粮油加工、食品加工、轧花、缫丝、纺织、制革等;(3)对采掘品的加工、再加工,如炼铁、炼钢、化工生产、石油加工、机器制造、木材加工等,以及电力、自来水、煤气的生产和供应等;(4)对工业品的修理、翻新,如机器设备的修理、交通运输工具(包括小卧车)的修理等。

1984 年以前农村的村及村以下办工业归属农业,1984 年以后划归工业。

国有及国有控股企业　指国有企业加上国有控股企业。国有企业(即过去的全民所有制工业或国营工业)是指企业全部资产归国家所有,并按《中华人民共和国企业法人登记管理条例》规定登记注册的非公司制的经济组织。包括国有企业、国有独资公司和国有联营企业。1957 年以前的公私合营和私营工业,后均改造为国营工业,1992 年改为国有工业,这部分工业的资料不单独分列时,均包括在国有企业内。国有控股企业是对混合所有制经济的企业进行的“国有控股”分类。它是指这些企业的全部资产中国有资产(股份)相对其他所有者中的任何一个所有者占资(股)最多的企业。该分组反映了国有经济控股情况。

集体企业　指企业资产归集体所有,并按《中华人民共和国企业法人登记管理条例》规定登记注册的经济组织。是社会主义公有制经济的组成部分。包括城乡所有使用集体投资举办的企业,以及部分个人通过集资自愿放弃所有权并依法经工商行政管理机关认定为集体所有制的企业。

股份合作企业　指以合作制为基础，由企业职工共同出资入股,吸收一定比例的社会资产投资组建,实行自主经营,自负盈亏,共同劳动,民主管理,按劳分配与按股分红相结合的一种集体经济组织。

联营企业　指两个及两个以上相同或不同所有制性质的企业法人或事业单位法人,按自愿、平等、互利的原则,共同投资组成的经济组织。联营企业包括:

国有联营企业指国有企业与国有企业间的联营;

集体联营企业指集体企业与集体企业间的联营;

国有与集体联营企业指国有企业与集体企业间的联营。

有限责任公司　指根据《中华人民共和国公司登记管理条例》规定登记注册,由两个以上,五十个以下的股东共同出资,每个股东以其所认缴的出资额对公司承担有限责任,公司以其全部资产对其债务承担责任的经济组织。

有限责任公司包括国有独资公司以及其他有限责任公司。

股份有限公司　指根据《中华人民共和国企业法人登记管理条例》规定登记注册,其全部注册资本由等额股份构成并通过发行股票筹集资本，股东以其认购的股份对公司承担有限责任,公司以其全部资产对其债务承担责任的经济组织。

私营企业　指由自然人投资设立或由自然人控股，以雇佣劳动为基础的营利性经济组织。包括按照《公司法》、《合伙企业法》、《私营企业暂行条例》规定登记注册的私营有限责任公司、私营股份有限公司、私营合伙企业和私营独资企业。

港、澳、台商投资　指企业注册登记类型中的港、澳、台资合资、合作、独资经营企业和股份有限公司之和。

外商投资企业　指企业注册登记类型中的中外合资、合作经营企业、外资企业和外商投资股份有限公司之和。

“三资”企业系指港、澳、台商投资企业和外资企业的简称。

轻工业　指主要提供生活消费品和制作手工工具的工业。按其所使用的原料不同,可分为两大类:(1)以农产品为原料的轻工业是指直接或间接以农产品为基本原料的轻工业。主要包括食品制造、饮料制造、烟草加工、纺织、缝纫、皮革和毛皮制作,造纸以及印刷等工业;(2)以非农产品为原料的轻工业，是指以工业品为原料的轻工业。主要包括文教体育用品、化学药品制造、合成纤维制造、日用化学制品、日用玻璃制品、日用金属制品、手工工具制造、医疗器械制造、文化和办公用机械制造等工业。

重工业　是指为国民经济各部门提供物质技术基础的主要生产资料的工业。按其生产性质和产品用途,可以分为下列三类:(1)采掘(伐)工业,是指对自然资源的开采,包括石油开采、煤炭开采、金属矿开采、非金属矿开采和木材采伐等工业;(2)原材料工业,指向国民经济各部门提供基本材料、动力和燃料的工业。包括金属冶炼及加工、炼焦及焦炭化学、化工原料、水泥、人造板以及电力、石油和煤炭加工等工业;(3)加工工业,是指对工业原材料进行再加工制造的工业。包括装备国民经济各部门的机械设备制造工业、金属结构、水泥制品等工业,以及为农业提供的生产资料如化肥、农药等工业。

根据上述划分原则，修理业中以重工业产品为修理作业对象的划为重工业,反之划为轻工业。

工业总产值　是以货币表现的工业企业在一定时期内生产的已出售或可供出售工业产品总量，它反映一定时间内工业生产的总规模和总水平。它包括：在本企业内不再进行加工,经检验、包装入库(规定不需包装的产品除外)的成品价值,工业性作业价值,自制半成品、在产品期末期初差额价值(生产周期较长的企业计算)。工业总产值采用“工厂法”计算,即以工厂作为一个整体，按企业工业生产活动的最终成果来计算，企业内部不允许重复计算，不能把企业内部各个车间(分厂)生产的成果相加。但在企业之间、行业之间、地区之间存在着重复计算。

轻重工业总产值的划分也是按“工厂法”计算的,即一个工业企业在正常情况下生产的主要产品的性质属于轻工业,则该企业的全部总产值作为轻工业总产值；一个工业企业生产的主要产品的性质属于重工业，则该企业的全部总产值作为重工业总产值。

工业总产值(现行价格、新规定)与工业总产值(现行价格、原规定)的区别:

一是计算价格不同:新规定按不含增值税(销项税额)的价格计算;原规定按含增值税(销项税额)的价格计算。

二是全价与加工费的计算原则不同：新规定凡自备原材料,不论其生产繁简程度如何,一律按全价计算总产值,凡来料加工，一律按加工费计算总产值；原规定对此则有一些特殊规定，某些加工，允许按全价计算总产值，某些自备原材料生产只允许按加工费计算总产值，有关这些详细的特殊规定可参阅《工业统计主要指标解释》。

三是自制半成品、在产品期末期初差额价值的计算原则不同：新规定要求会计在产品成本核算时计算了这部分价值，工业总产值则应包括，否则，可不包括，原规定则是区分生产周期是否在六个月以上，凡生产周期在六个月以上，工业总产值包括这部分价值。否则，可不包括这部分价值。

工业总产值（1990 年不变价格、新规定）与工业总产值（1990 年不变价格、原规定）的区别：

一是对外加工费收入中，按现价计算部分的计算价格不同：新规定按不含增值税（销项税额）的价格计算对外加工费收入，原规定按含增值税（销项税额）的价格计算对外加工费收入。

二是全价与加工费的计算原则不同（同上）。

三是自制半成品、在产品期末期初差额价值的计算原则不同((同上)。

工业销售产值 是以货币表现的工业企业在一定时期内销售的本企业生产的工业产品产量。包括已销售的成品、半成品价值，对外提供的工业性作业价值和本单位基本建设部门、生活福利部门等提供的产品和工业性作业及自制设备的价值。已销售的成品、半成品不论是本期生产的、还是上期生产的，只要是本期销售出去的均包括在内。对外提供的工业性作业是指企业按合同对外提供的工业性劳务。企业为本单位基本建设部门、生活福利部门等提供的产品和工业性作业及自制设备也应视同销售，这部分也作为销售统计。

工业销售产值的计算范围、计算价格和计算方法与工业总产值一致，但两者计算的基础不同：工业销售产值计算的基础是产品销售总量，工业总产值计算的基础是工业产品生产总量。

工业增加值 是指工业企业在报告期内以货币表现的工业生产活动的最终成果。

固定资产原值 固定资产原值指企业在建造、购置、安装、改建、扩建、技术改造某项固定资产时所支出的全部货币总额。它一般包括买价、包装费、运杂费和安装费等。

固定资产净值 是指固定资产原价减去历年已提折旧额后的净额。

流动资产 流动资产是指可以在一年或者超过一年的一个营业周期内变现或者耗用的资产，包括现金及各种存款、短期投资、应收及预付货款、存货等。

利税总额 指产品销售税金及附加和利润总额之和。

资金利税率 指在一定时期内已实现的利润、税金总额与同期的资产（固定资产净值和流动资产）之比。计算公式：

$$\text{资金利税率}(\%)=\frac{\text{报告期累计实现利税总额}}{\text{固定资产净值平均余额}+\text{流动资产平均余额}}\times 100\%$$

税率反映每单位（通常是每万元）资金所提供的利润税金额。它是考察和评价部门或企业资金运用的经济效益、分析资金投入效果的主要分析指标。

工业成本利润率 指在一定时期内实现的利润与成本费用之比，是反映工业生产成本及费用投入的经济效益指标，同时也是反映降低成本的经济效益的指标。计算公式：

$$\text{工业成本费用利润率}(\%)=\frac{\text{利润总额}}{\text{成本费用总额}}\times 100\%$$

工业增加值率 指在一定时期内工业增加值占同期工业总产值的比重，反映降低中间消耗的经济效益。计算公式：

$$\text{工业增加值率}(\%)=\frac{\text{工业增加值（现价）}}{\text{工业总产值（现价）}}\times 100\%$$

流动资产周转次数 指在一定时期内流动资产的周转次数，反映流动资产的周转速度。计算公式：

$$\text{流动资金周转次数}=\frac{\text{产品销售收入}}{\text{全部流动资产平均余额}}\times 100\%$$

产品销售率 指一定时期内销售产值与同期全部工业总产值之比，反映工业产品生产已实现销售的程度。计算公式：

$$\text{工业产品销售率}(\%)=\frac{\text{报告期现价工业销售产值}}{\text{报告期现价工业总产值}}\times 100\%$$

产品销售收入 指企业销售产品的销售收入和提供劳务等主要经营业务取得的业务总额。

产品销售工厂成本 指企业销售产品和提供劳务等主要经营业务的实际成本。

全员劳动生产率 指根据产品的价值量指标计算的平均每一个职工在单位时间内的产品生产量。是考核企业经济活动的重要指标，是企业生产技术水平、经营管理水平、职工技术熟练程度和劳动积极性的综合表现。目前我国的全员劳动生产率是将工业企业的工业增加值除以同一时期全部职工的平均人数来计算的。计算公式：

$$\text{全员劳动生产率}=\frac{\text{工业增加值}}{\text{全部职工平均人数}}$$

资本金 指企业在工商行政管理部门登记的注册资金合计。企业资本金按投资主体可分为国家资本金、法人资本金、个人资本金和外商资本金等。资本金合计包括企业各种投资主体注册的全部资本金。

总资产 指企业拥有或控制的全部资产。包括流动资产、长期投资、固定资产、无形及递延资产、其他长期资产等，即为企业资产负债表的资产总计项。

（1）流动资产 指企业可以在一年内或者超过一年的一个生产周期内变现或耗用的资产合计。包括现金及各种存款、短期投资、应收及预付款项、存货等。

（2）固定资产 指企业固定资产净值、固定资产清理、在建工程、待处理固定资产损失所占用的资金合计。

（3）无形资产指企业长期使用而没有实物形态的资产。包括专利权、非专利技术、商标权、著作权、土地使用权、商誉等。

总负债 指企业承担并需要偿还的全部债务。包括流动负债和长期负债等，即为企业资产负债表的负债合计项。

（1）流动负债指企业在一年内或者超过一年的一个营业周期内需要偿还的债务合计，其中包括短期借款，应付及预收款项、应付工资、应交税金和应交利润等。

（2）长期负债指企业在一年以上或者超过一年的一个生产周期以上需要偿还的债务合计，其中包括长期借款、应付债务、长期应付款项等。

所有者权益 指企业投资人对企业净资产的所有权。企业净资产等于企业全部资产减去全部负债后的余额，其中包括投资者对企业的最初投入，以及资本公积金、盈余公积金和未分配利润，对股份制企业即为股东权益。

第 10 部分

建筑业

CONSTRUCTION

版面负责人：许　清

编　　　辑：刘云祥

关于政府统计机构和有关部门之间互相提供有关资料的义务的规定

第二十二条 县级以上人民政府有关部门应当及时向本级人民政府统计机构提供统计所需的行政记录资料和国民经济核算所需的财务资料、财政资料及其他资料，按照统计调查制度的规定及时向本级人民政府统计机构报送其组织实施统计调查取得的有关资料。

县级以上人民政府统计机构应当及时向本级人民政府有关部门提供有关统计资料。

【释义】 本条是关于政府统计机构和有关部门之间互相提供有关资料的义务的规定。

政府统计机构和有关部门之间互相提供统计资料和其他有关资料，有利于发挥统计资料和其他行政资料的最大利用率，减少统计报表，减轻统计调查对象负担，降低统计成本，从而提高统计工作效率，保障政府统计调查和国民经济核算工作的顺利进行。

本条第一款规定，政府有关部门应当向本级政府统计机构提供以下资料：其一，提供统计所需的行政记录资料。行政记录资料，主要是指行政机关在行政管理活动中所取得的行政相对人的有关信息。行政机关掌握的行政记录涉及面广、资料准确性高，可以为统计调查提供调查对象的数量、分布等基本信息，在有些情况下还可以直接为统计调查提供数据资料。其二，提供国民经济核算所需的财务资料、财政资料和其他资料。国民经济核算是以整个国民经济为对象的宏观核算，是对某一国家或者地区在一定时期内的经济活动及其结果进行全面、系统的计算和测定的活动。目前，国家统计局负责全国国民经济核算工作，地方人民政府统计机构负责本地区国民经济核算工作。各级统计机构在组织开展国民经济核算时，需要政府有关部门尤其是财政、税务等部门提供有关的财政资料、财务资料以及其他资料。其三，按照统计调查制度的规定报送其组织实施统计调查取得的有关资料。有关部门组织实施一项统计调查，该项目的统计调查制度应当对报送的时间、方式等作出具体规定。有关部门按照统计调查制度的规定，将其组织实施统计调查取得的有关资料报送政府统计机构，是其法定义务，这有利于政府统计机构更好地管理各项统计调查，也有利于对本区域内的综合统计数据进行汇总整理。

本条第二款规定，县级以上人民政府统计机构应当依照本法规定及时向本级人民政府有关部门提供有关统计资料，为政府有关部门的管理和决策提供依据，避免重复调查。

编辑：张　霖

10-1　建筑业企业生产情况

（2010 年）　　　　单位：千元

项　　目	企业个数（个）	签订的合同额			直接从建设单位承揽工程完成的产值		
			上年结转合同额	本年新签合同额		自行完成施工产值	分包出去工程产值
总　计	**364**	**68 890 874**	**13 172 688**	**55 718 186**	**2 348 693**	**52 316 682**	**18 102**
# 国有及国有控股企业	45	16 071 692	3 879 928	12 191 764	243 119	13 408 092	
按登记注册类型分组							
内资企业	363	68 890 874	13 172 688	55 718 186	2 348 693	52 308 540	18 102
国有企业	38	13 885 467	3 148 107	10 737 360	220 529	11 649 987	
集体企业	33	3 054 208	408 827	2 645 381	115 004	2 555 704	8 640
股份合作企业	6	154 174	13 850	140 324	157 740	90 627	
联营企业	2	28 700		28 700		13 300	
国有联营企业							
集体联营企业							
国有与集体联营企业							
其他联营企业	2	28 700		28 700		13 300	
有限责任公司	126	29 831 994	6 196 391	23 635 603	485 680	21 574 477	5 246
国有独资公司	1	332 151	171 808	160 343		135 850	
其他有限责任公司	125	29 499 843	6 024 583	23 475 260	485 680	21 438 627	5 246
股份有限公司	41	5 867 143	994 681	4 872 462	44 995	4 978 593	
私营企业	117	16 069 188	2 410 832	13 658 356	1 324 745	11 445 852	4 216
私营独资企业	9	817 397	120 640	696 757		754 046	
私营合伙企业	3	126 974	32 051	94 923		114 712	
私营有限责任公司	96	14 130 111	2 217 154	11 912 957	1 306 147	9 793 841	4 124
私营股份有限公司	9	994 706	40 987	953 719	18 598	783 253	92
其他企业							
港、澳、台商投资企业	1					8 142	
合资经营企业（港或澳、台资）	1					8 142	
合作经营企业（港或澳、台资）							
港、澳、台商独资经营企业							
港、澳、台商投资股份有限公司							
外商投资企业							
中外合资经营企业							
中外合作经营企业							
外资企业							
外商投资股份有限公司							

注：本表资料包括施工总承包和专业承包企业，不含劳务分包企业。

10-1 续表1 （2010年） 单位：千元

项目	企业个数（个）	签订的合同额	上年结转合同额	本年新签合同额	直接从建设单位承揽工程完成的产值	自行完成施工产值	分包出去工程产值
按国民经济行业分组							
房屋和土木工程建筑业	229	62 151 184	12 067 802	50 083 382	1 789 392	46 784 903	5 338
房屋工程建筑	179	51 788 274	9 725 286	42 062 988	677 531	37 521 844	5 338
土木工程建筑	50	10 362 910	2 342 516	8 020 394	1 111 861	9 263 059	
铁路道路隧道和桥梁工程							
水利和港口工程建筑							
工矿工程建筑							
架线和管道工程建筑							
其他土木工程建筑							
建筑安装业	50	3 154 499	447 928	2 706 571	256 549	2 444 539	8 640
建筑装饰业	47	1 657 217	303 220	1 353 997	110 326	1 612 804	
其它建筑业	38	1 927 974	353 738	1 574 236	192 426	1 474 436	4 124
工程准备	11	555 276	171 808	383 468	33 130	244 754	
提供工程设备服务	4	279 748	5 000	274 748	34 200	260 198	
其它未列明的建筑活动	23	1 092 950	176 930	916 020	125 096	969 484	4 124
按隶属关系分组							
中央	3	4 286 573	1 855 674	2 430 899	36 495	4 146 850	
省（自治区、直辖市）	9	1 755 884	534 166	1 221 718	18 238	1 526 331	
地（区、市、州、盟）	22	2 642 860	308 099	2 334 761	248 700	2 070 940	
县（区、市、旗）及县以下	169	40 455 065	7 602 071	32 852 994	438 097	30 233 687	5 244
镇	161	19 750 492	2 872 678	16 877 814	1 607 163	14 338 874	12 858
按企业资质等级分组							
施工总承包	213	61 967 871	12 335 763	49 632 108	1 154 980	46 638 656	5 338
特级	1	4 040 471	1 833 654	2 206 817	36 495	4 026 684	
一级	18	25 935 648	4 879 640	21 056 008		17 874 873	
二级	75	19 882 163	4 225 963	15 656 200	758 731	15 248 949	5 244
三级及以下	119	12 109 589	1 396 506	10 713 083	359 754	9 488 150	94
专业承包	151	6 923 003	836 925	6 086 078	1 193 713	5 678 026	12 764
一级	14	1 745 335	386 242	1 359 093	418 901	1 410 525	
二级	46	2 569 447	395 325	2 174 122	396 339	2 176 535	4 124
三级及以下	91	2 608 221	55 358	2 552 863	378 473	2 090 966	8 640
按控股情况分							
国有控股	45	16 071 692	3 879 928	12 191 764	243 119	13 408 092	
集体控股	48	4 850 763	746 102	4 104 661	272 744	4 302 634	8 640
私人控股	263	47 426 417	8 477 988	38 948 429	1 832 830	34 213 710	9 462
港澳台商控股	2	2 796		2 796		10 938	

10-1 续表 2 （2010 年） 单位：千元

项　　目	从建设单位以外承揽工程完成的产值	建筑业总产值	建筑工程产　值	安装工程产　值	其他产值	竣工产值
总　计	**1 255 757**	**53 572 439**	**51 087 891**	**2 255 182**	**229 366**	**41 938 756**
# 国有及国有控股企业	138 426	13 546 518	12 536 660	959 979	49 879	10 034 504
按登记注册类型分组						
内资企业	1 255 757	53 564 297	51 083 359	2 251 572	229 366	41 930 614
国有企业	117 016	11 767 003	10 760 215	959 979	46 809	8 317 529
集体企业	88 309	2 644 013	2 468 253	175 760		2 253 562
股份合作企业	83 702	174 329	174 329			52 496
联营企业		13 300	13 300			
国有联营企业						
集体联营企业						
国有与集体联营企业						
其他联营企业		13 300	13 300			
有限责任公司	152 753	21 727 230	21 124 153	431 501	171 576	16 727 779
国有独资公司		135 850	135 850			96 807
其他有限责任公司	152 753	21 591 380	20 988 303	431 501	171 576	16 630 972
股份有限公司	35 015	5 013 608	4 850 326	162 972	310	4 803 028
私营企业	778 962	12 224 814	11 692 783	521 360	10 671	9 776 220
私营独资企业		754 046	743 018	11 028		523 904
私营合伙企业	2 920	117 632	82 485	35 147		107 530
私营有限责任公司	7 582 42	10 552 083	10 067 320	474 742	10 021	8 637 997
私营股份有限公司	17 800	801 053	799 960	443	650	506 789
其他企业						
港、澳、台商投资企业		8 142	4 532	3 610		8 142
合资经营企业(港或澳、台资)		8 142	4 532	3 610		8 142
合作经营企业(港或澳、台资)						
港、澳、台商独资经营企业						
港、澳、台商投资股份有限公司						
外商投资企业						
中外合资经营企业						
中外合作经营企业						
外资企业						
外商投资股份有限公司						

10-1 续表 3 （2010 年） 单位：千元

项目	从建设单位以外承揽工程完成的产值	建筑业总产值	建筑工程产值	安装工程产值	其他产值	竣工产值
按国民经济行业分组						
房屋和土木工程建筑业	856 114	47 641 017	47 164 726	247 355	228 936	37 204 174
房屋工程建筑	291 205	37 813 049	37 427 921	172 321	212 807	30 367 064
土木工程建筑	564 909	9 827 968	9 736 805	75 034	16 129	6 837 110
铁路道路隧道和桥梁工程						
水利和港口工程建筑						
工矿工程建筑						
架线和管道工程建筑						
其他土木工程建筑						
建筑安装业	170 378	2 614 917	710 166	1 904 631	120	1 818 639
建筑装饰业	95 132	1 707 936	1 675 195	32 741		1 539 131
其它建筑业	134 133	1 608 569	1 537 804	70 455	310	1 376 812
工程准备	29 118	273 872	273 872			182 383
提供工程设备服务	23 320	283 518	281 998	1 520		214 105
其它未列明的建筑活动	81 695	1 051 179	981 934	68 935	310	980 324
按隶属关系分组						
中央	150	4 147 000	4 127 061	3 810	16 129	1 916 883
省（自治区、直辖市）	13 122	1 539 453	1 398 007	141 446		1 276 414
地（区、市、州、盟）	127 761	2 198 701	2 121 723	76 978		1 609 530
县（区、市、旗）及县以下	245 602	30 479 289	28 897 131	1 400 276	181 882	25 229 585
镇	869 122	15 207 996	14 543 969	632 672	31 355	11 906 344
按企业资质等级分组						
施工总承包	538 434	47 177 090	45 676 494	1 271 660	228 936	36 523 232
特 级	150	4 026 834	4 006 895	3 810	16 129	1 815 515
一 级		17 874 873	17 624 291	108 573	142 009	13 099 761
二 级	310 027	15 558 976	14 549 137	939 841	69 998	13 417 914
三级及以下	228 257	9 716 407	9 496 171	219 436	800	8 190 042
专业承包	717 323	6 395 349	5 411 397	983 522	430	5 415 524
一 级	213 187	1 623 712	1 322 992	300 720		1 318 652
二 级	312 363	2 488 898	2 262 177	226 721		2 309 680
三级及以下	191 773	2 282 739	1 826 228	456 081	430	1 787 192
按控股情况分						
国有控股	138 426	13 546 518	12 536 660	959 979	49 879	10 034 504
集体控股	172 011	4 474 645	4 193 844	280 801		3 676 892
私人控股	945 320	35 159 030	3 4020 975	958 568	179 487	27 933 494
港澳台商控股		10 938	7 328	3 610		10 938

10-1　续表 4　　　　　　（2010 年）

项　　目	房屋建筑施工面积（平方米）	#本年新开工面积	#实行投标承包	期末从业人数（人）	#工　程技术人员	#一级建造师	高层幢数（幢）	#超高层幢数(29 层及以上)
总　计	**48 724 018**	**31 200 453**	**45 950 595**	**337 490**	**36 240**	**1 144**	**1 061**	**44**
#国有及国有控股企业	6 014 625	3 961 360	5 809 477	79 451	6 462	263	154	
按登记注册类型分组								
内资企业	48 724 018	31 200 453	45 950 595	337 455	36 227	1 144	1 061	44
国有企业	4 746 097	3 279 471	4 609 949	69 346	5 277	194	133	
集体企业	2 361 634	1 863 288	2 138 050	20 415	2 470	44	10	
股份合作企业	297 445	168 300	214 145	1 639	320	2	5	
联营企业	15 600	15 600	15 600	675	102	30	4	
国有联营企业								
集体联营企业								
国有与集体联营企业								
其他联营企业	15 600	15 600	15 600	675	102	30	4	
有限责任公司	24 820 535	15 214 644	23 769 376	143 119	16 433	420	547	32
国有独资公司				425	65	8		
其他有限责任公司	24 820 535	15 214 644	23 769 376	142 694	16 368	412	547	32
股份有限公司	6 563 072	4 395 374	6 398 754	27 267	2 279	100	138	
私营企业	9 919 635	6 263 776	8 804 721	74 994	9 346	354	224	12
私营独资企业	649 704	514 098	594 704	4 218	673	27	16	
私营合伙企业	150 301	150 301		751	189	2		
私营有限责任公司	8 351 209	4 960 001	7 658 394	62 811	7 803	319	206	12
私营股份有限公司	768 421	639 376	551 623	7 214	681	6	2	
其他企业								
港、澳、台商投资企业				35	13			
合资经营企业(港或澳、台资)				35	13			
合作经营企业(港或澳、台资)								
港、澳、台商独资经营企业								
港、澳、台商投资股份有限公司								
外商投资企业								
中外合资经营企业								
中外合作经营企业								
外资企业								
外商投资股份有限公司								

10-1 续表5 （2010年）

项目	房屋建筑施工面积（平方米）	#本年新开工面积	#实行投标承包	期末从业人数（人）	#工程技术人员	#一级建造师	高层幢数（幢）	#超高层幢数(29层及以上)
按国民经济行业分组								
房屋和土木工程建筑业	48 398 820	30 993 741	45 716 358	299 620	31 299	932	1 042	44
房屋工程建筑	47 928 532	30 777 826	45 294 900	262 106	26 520	619	1 036	44
土木工程建筑	470 288	215 915	421 458	37 514	4 779	313	6	
铁路道路隧道和桥梁工程								
水利和港口工程建筑								
工矿工程建筑								
架线和管道工程建筑								
其他土木工程建筑								
建筑安装业	282 052	205 212	234 237	16 644	2 255	65	19	
建筑装饰业				10 721	1 203	72		
其它建筑业	43 146	1 500		10 505	1 483	75		
工程准备	41 646			1 197	199	8		
提供工程设备服务				820	168	9		
其它未列明的建筑活动	1 500	1 500		8 488	1 116	58		
按隶属关系分组								
中央	516 182	320 999	516 142	8 723	1 116	97	6	
省(自治区、直辖市)	297 529	81 757	297 529	4 525	958	73	5	
地(区、市、州、盟)	507 431	229 800	332 485	14 298	1 408	106	20	
县(区、市、旗)及县以下	34 403 497	22 202 164	33 033 958	207 927	20 296	411	734	28
镇	12 999 379	8 365 733	11 770 481	102 017	12 462	457	296	16
按企业资质等级分组								
施工总承包	47 753 064	30 634 615	45 297 597	299 397	31 298	863	1 043	44
特　级	388 938	193 755	388 898	7 683	988	78	6	
一　级	21 251 467	13 153 173	21 129 472	83 859	7 938	376	421	40
二　级	14 254 309	8 489 069	13 596 282	118 665	12 389	260	343	4
三级及以下	11 858 350	8 798 618	10 182 945	89 190	9 983	149	273	
专业承包	970 954	565 838	652 998	38 093	4 942	281	18	
一　级	33 565	29 335	33 565	12 280	1 065	112		
二　级	382 958	89 800	276 900	13 491	1 916	82	17	
三级及以下	554 431	446 703	342 533	12 322	1 961	87	1	
按控股情况分								
国有控股	6 014 625	3 961 360	5 809 477	79 451	6 462	263	154	
集体控股	2 709 079	2 031 588	2 352 195	27 077	3 660	113	15	
私人控股	39 732 714	24 999 155	37 679 423	228 118	25 636	749	891	44
港澳台商控股				52	15	1		

10-2 建筑业企业财务状况

（2010 年） 单位：千元

项目	年初存货	流动资产合计	#存货	长期投资	固定资产合计	#累计折旧	#本年折旧	#在建工程
总 计	**5 207 400**	**19 934 948**	**6 486 472**	**1 137 951**	**5 182 322**	**2 574 185**	**436 039**	**262 125**
#国有及国有控股企业	1 442 927	6 055 020	1 730 261	643 079	1 532 390	1 006 300	174 734	125 782
按登记注册类型分组								
内资企业	5 199 725	19 903 898	6 478 522	1 137 951	5 164 322	2 569 433	435 494	262 125
国有企业	1 379 964	5 385 134	1 507 338	542 891	1 252 112	764 035	149 090	95 928
集体企业	339 732	1 072 439	329 924	4 164	349 839	197 159	28 521	36 267
股份合作企业	47 090	163 112	51 701		60 715	9 284	2 490	8 524
有限责任公司	1 793 643	7 460 759	2 572 446	307 298	1 947 839	1 007 278	144 479	60 508
国有独资公司	2 552	112 553	2 523	50	48 193	3 934	3 934	
其他有限责任公司	1 791 091	7 348 206	2 569 923	307 248	1 899 646	1 003 344	140 545	60 508
股份有限公司	302 733	1 129 873	398 166	17 644	291 989	103 606	28 253	14 111
私营企业	1 310 563	4 668 051	1 608 547	265 954	1 258 559	488 052	82 642	46 787
私营独资企业	41 011	254 245	61 707		103 807	20 177	3 085	10 000
私营合伙企业	200	84 940	33 681	100	34 341	7 762	1 780	381
私营有限责任公司	1 244 481	4 185 908	1 491 102	262 051	976 671	449 207	73 096	35 906
私营股份有限公司	24 871	142 958	22 057	3 803	143 740	10 906	4 681	500
港、澳、台商投资企业	7 675	31 050	7 950		18 000	4 752	545	
合资经营企业（港或澳、台资）								
港、澳、台商独资经营企业								
外商投资企业								
中外合资经营企业								
按国民经济行业分组								
房屋和土木工程建筑业	4 746 127	16 873 901	5 796 369	1 024 317	4 354 502	2 036 498	375 225	158 056
房屋工程建筑	3 646 853	11 742 415	4 767 609	412 586	2 864 000	1 304 236	196 528	111 218
土木工程建筑	1 099 274	5 131 486	1 028 760	611 731	1 490 502	732 262	178 697	46 838
铁路道路隧道和桥梁工程								
水利和港口工程建筑								
工矿工程建筑								
架线和管道工程建筑								
其他土木工程建筑								

注：本表资料包括施工总承包和专业承包企业，不含劳务分包企业。

10-2　续表 1　　　　（2010 年）　　　　单位：千元

项　　目	年初存货	流动资产合计	# 存货	长期投资	固定资产合计	# 累计折旧	# 本年折旧	# 在建工程
建筑安装业	203 022	1 295 780	311 856	16 920	356 055	229 175	24 282	90 161
建筑装饰业	71 055	765 498	192 517	80 688	170 546	102 322	13 788	8 986
其它建筑业	187 196	999 769	185 730	16 026	301 219	206 190	22 744	4 922
工程准备	12 666	211 910	10 384	3 194	65 519	13 659	6 615	
提供工程设备服务	18 825	196 158	21 561		72 082	29027	8 194	550
其它未列明的建筑活动	155 705	591 701	153 785	12 832	163 618	163 504	7 935	4 372
按隶属关系分组								
中　央	784 210	2 765 532	507 078	304 672	488 201	111 909	91 264	1 062
省（自治区、直辖市）	491 14	853 795	60 502	103 948	202 345	109 209	25 747	1 986
地区（州、盟、省辖市）	175 371	1 225 339	290 724	54 931	383 586	318 604	33 362	12 072
县（区、市、旗）	2 594 169	9 071 206	3 656 965	349 648	2 488 288	1 389 715	169 754	154 430
镇	1 604 536	6 019 076	1 971 203	324 752	1 619 902	644 748	115 912	92 575
按地区分								
鼓楼区	179 758	1 317 572	281 445	142 120	187 910	109 226	28 019	9 888
云龙区	647 518	1 266 678	595 385	28 560	363 979	263 688	27 387	16 581
贾汪区	57 990	174 684	51 041	500	68 095	18 905	2 650	500
泉山区	1 171 224	5 389 686	1 139 207	473 879	1 114 183	501 926	149 422	10 414
丰　县	368 257	1 264 595	246 432	67 814	209 008	141 317	17 753	8 186
沛　县	807 675	2 139 076	885 844	146	826 478	323 602	48 660	150 055
铜山区	1 307 093	4 616 058	2 008 222	20 730	1 264 473	544 833	75 662	17 875
睢宁县	65 073	984 705	354 976	209 328	210 710	127 289	17 257	9 445
新沂市	264 761	886 517	382 916	100	262 727	180 901	27 393	19 836
邳州市	251 287	1 059 720	419 490	101 514	387 765	242 838	27 774	17 824
开发区	10 507	470 005	55 086	90 648	221 933	72 169	10 578	550
按控股情况分								
国有控股	1 442 927	6 055 020	1 730 261	643 079	1 532 390	1 006 300	174 734	125 782
集体控股	467 690	1 893 090	455 919	107 073	601 106	328 973	47 883	47 903
私人控股	3 252 903	11 752 003	4 253 582	374 799	2 968 490	1 182 854	196 125	82 643
港澳台商控股	7 815	32 022	7 950		18 074	4 796	553	
外商控股								

10-2 续表 2 （2010 年） 单位：千元

项　　目	无形及递延资产小计	其他资产	资产合计	流动负债合计	长期负债合计	负债合计	所有者权益合计	工程结算收入
总　计	**212 996**	**107 449**	**26 601 989**	**12 202 244**	**213 585**	**12 415 829**	**14 186 160**	**45 736 025**
#国有及国有控股企业	120 466	47 839	8 410 880	4 712 405	100 498	4 812 903	3 597 977	11 642 085
按登记注册类型分组								
内资企业	212 996	107 449	26 552 939	12 180 744	213 585	12 394 329	14 158 610	45 725 975
国有企业	119 266	46 980	7 352 972	4 223 155	92 828	4 315 983	3 036 989	9 987 450
集体企业	5 026	744	1 442 792	569 643	1 501	571 144	871 648	2 174 233
股份合作企业			223 827	130 471		130 471	93 356	154 894
有限责任公司	51 085	25 318	9 801 319	4 196 846	29 143	4 225 989	5 575 330	18 237 237
国有独资公司			161 401	92 386	1 004	93 390	68 011	230 390
其他有限责任公司	51 085	25 318	9 639 918	4 104 460	28 139	4 132 599	5 507 319	18 006 847
股份有限公司	4 455	8 901	1 452 862	524 824	71 468	596 292	856 570	4 254 336
私营企业	33 164	25 506	6 251 368	2 525 756	14 945	2 540 701	3 710 667	10 906 025
私营独资企业			358 052	91 367		91 367	266 685	630 665
私营合伙企业	1 103	2 560	123 044	58 819	462	59 281	63 763	105 571
私营有限责任公司	32 061	21 646	5 478 471	2 283 970	14 483	2 298 453	3 180 018	9 424 262
私营股份有限公司		1 300	291 801	91 600		91 600	200 201	745 527
港、澳、台商投资企业			49 050	21 500		21 500	27 550	10 050
合资经营企业（港或澳、台资）								
港、澳、台商独资经营企业								
外商投资企业								
中外合资经营企业								
按国民经济行业分组								
房屋和土木工程建筑业	177 276	98 534	22 549 957	10 403 514	208 067	10 611 581	11 938 376	39 876 472
房屋工程建筑	143 750	50 901	15 225 694	6 247 461	99 420	6 346 881	8 878 813	30 362 226
土木工程建筑	33 526	47 633	7 324 263	4 156 053	108 647	4 264 700	3 059 563	9 514 246
铁路道路隧道和桥梁工程								
水利和港口工程建筑								
工矿工程建筑								
架线和管道工程建筑								
其他土木工程建筑								

10-2 续表3 （2010年） 单位：千元

项目	无形及递延资产小计	其他资产	资产合计	流动负债合计	长期负债合计	负债合计	所有者权益合计	工程结算收入
建筑安装业	7 079	8 857	1 686 321	654 707	4 411	659 118	1 027 203	2 478 958
建筑装饰业	125	58	1 016 933	553 465		553 465	463 468	1 676 643
其它建筑业	28 516		1 348 778	590 558	1 107	591 665	757 113	1 703 952
工程准备			281 228	135 686	1 004	136 690	144 538	356 370
提供工程设备服务	3 311		273 444	163 249		163 249	110 195	281 333
其它未列明的建筑活动	25 205		794 106	291 623	103	291 726	502 380	1 066 249
按隶属关系分组								
中　央	7 079	8 857	1 686 321	654 707	55 000	2 523 334	1 077 651	4 091 535
省（自治区、直辖市）	125	58	1 016 933	553 465	71 037	681 409	479 330	1 594 639
地区（州、盟、省辖市）	28 516		1 348 778	590 558	35 070	823 437	869 788	2 330 511
县（区、市、旗）			281 228	135 686	37 117	4 968 922	7 120 061	24 131 064
镇	177 276	98 534	22 268 729	10 267 828	15 361	3 418 727	4 639 330	13 588 276
按地区分								
鼓楼区	33 678	1 407	1 682 687	900 674	415	901 089	781 598	2 016 974
云龙区		334	1 659 667	661 864	37 260	699 124	960 543	2 554 224
贾汪区	75	1 412	246 594	81 030		81 030	165 564	308 911
泉山区	23 159	64 454	7 067 877	4 020 121	126 074	4 146 195	2 921 682	9 945 757
丰　县	3 834		1 545 251	562 472	22 024	584 496	960 755	3 143 437
沛　县	4 045	13 785	2 983 530	1 115 285	5 168	1 120 453	1 863 077	8 189 482
铜山区	4 303	20 300	5 925 890	2 353 692	7 307	2 360 999	3 564 891	10 919 301
睢宁县	112 626	673	1 530 613	731 939	635	732 574	798 039	2 271 809
新沂市	8 859	189	1 164 888	351 648	2 498	354 146	810 742	2 112 031
邳州市	13 656	4 036	1 569 461	800 867	2 120	802 987	766 474	2 297 118
开发区	3 311		785 947	392 498	10 084	402 582	383 365	1 371 302
按控股情况分								
国有控股	120 466	47 839	8 410 880	4 712 405	100 498	4 812 903	3 597 977	11 642 085
集体控股	29 340	1 681	2 642 870	1 185 551	1 501	1 187 052	1 455 818	3 923 047
私人控股	60 590	51 626	15 210 311	6 169 664	111 586	6 281 250	8 929 061	29 795 133
港澳台商控股			50 096	21 720		21 720	28 376	12 846
外商控股								

10-2 续表4 （2010年） 单位：千元

项目	工程结算成本	工程结算税金及附加	工程结算利润	管理费用	财务费用	营业利润	投资收益
总计	**39 230 054**	**1 531 308**	**4 483 528**	**1 894 602**	**168 277**	**2 454 957**	**−8 372**
#国有及国有控股企业	10 112 457	395 047	1 024 839	533 159	41 288	477 032	236
按登记注册类型分组							
内资企业	39 222 294	1 531 053	4 482 398	1 893 697	168 045	2 454 839	−8 372
国有企业	8 647 161	349 475	903 752	475 816	37 633	412 774	236
集体企业	1 793 251	86 501	271 015	137 916	10 071	116 303	−9 578
股份合作企业	123 858	4 545	20 836	10 152	820	9 864	
有限责任公司	15 731 053	593 902	1 691 681	644 118	55 609	999 793	−2 684
国有独资公司	193 890	8 095	28 404	25 553	343	3 852	
其他有限责任公司	15 537 163	585 807	1 663 277	618 565	55 266	995 941	−2 684
股份有限公司	3 772 393	142 471	328 487	153 999	5 892	170 909	644
私营企业	9 144 848	353 794	1 265 462	471 306	58 004	744 437	3 010
私营独资企业	532 408	19 969	71 412	24 637	1 739	45 036	
私营合伙企业	73 921	3 228	26 259	10 223	1 681	15 153	10
私营有限责任公司	7 961 805	298 912	1 038 509	402 127	50 397	593 422	3 000
私营股份有限公司	576 714	31 685	129 282	34 319	4 187	90 826	
港、澳、台商投资企业	7 760	255	1 130	905	232	118	
合资经营企业（港或澳、台资）							
港、澳、台商独资经营企业							
外商投资企业							
中外合资经营企业							
按国民经济行业分组							
房屋和土木工程建筑业	34 395 888	1 341 212	3 715 866	1 495 570	157 000	2 099 160	391
房屋工程建筑	26 317 086	1 013 934	2 660 467	960 923	109 570	1 597 615	270
土木工程建筑	8 078 802	327 278	1 055 399	534 647	47 430	501 545	121
铁路道路隧道和桥梁工程							
水利和港口工程建筑							
工矿工程建筑							
架线和管道工程建筑							
其他土木工程建筑							

10-2 续表 5　　　　（2010 年）　　　　单位：千元

项　　目	工程结算成　本	工程结算税金及附加	工程结算利　润	管理费用	财务费用	营业利润	投资收益
建筑安装业	2 073 072	76 489	298 928	145 070	3 928	141 430	−9 483
建筑装饰业	1 378 037	56 021	219 118	148 640	2 731	68 561	−346
其它建筑业	1 383 057	57 586	249 616	105 322	4 618	145 806	1 066
工程准备	300 121	12 177	42 713	33 948	598	9 542	
提供工程设备服务	188 009	9 521	82 382	30 332	42	55 491	1 066
其它未列明的建筑活动	894 927	35 888	124 521	41 042	3 978	80 773	
按隶属关系分组							
中　央	3 550 635	135 774	403 625	213 658	18 003	179 235	236
省（自治区、直辖市）	1 349 893	46 775	196 740	136 724	−120	53 459	−9 956
地区（州、盟、省辖市）	1 949 501	88 823	287 332	117 234	7 229	174 883	1 088
县（区、市、旗）	20 971 601	804 543	2 044 853	821 400	72 073	1 161 883	−3 299
镇	11 408 424	455 393	1 550 978	605 586	71 092	885 497	3 559
按地区分							
鼓楼区	1 780 994	65 576	164 087	79 428	15 711	70 017	
云龙区	2 157 353	97 489	288 981	155 372	9 973	130 561	
贾汪区	233 711	10 200	61 202	23 592	279	39 644	549
泉山区	8 508 450	328 872	1 069 540	475 762	38 349	570 038	2 902
丰　县	2 668 335	103 087	362 173	148 091	15 260	202 421	270
沛　县	7 115 779	281 256	718 933	313 317	16 608	389 008	95
铜山区	9 436 212	352 152	1 015 186	329 650	29 466	660 389	−3 664
睢宁县	1 901 198	79 395	197 906	89 984	15 182	84 287	−9 600
新沂市	1 769 232	74 276	158 675	63 444	10 900	84 936	10
邳州市	2 010 622	81 324	186 801	90 835	11 237	89 708	
开发区	1 116 312	38 599	209 892	91 665	3 617	118 359	1 066
按控股情况分							
国有控股	10 112 457	395 047	1 024 839	533 159	41 288	477 032	236
集体控股	3 224 501	140 889	525 830	275 513	13 012	231 060	−9 839
私人控股	25 577 113	982 780	2 888 523	1 072 717	112 494	1 717 084	1 231
港澳台商控股	10 131	340	1 465	1 004	231	355	
外商控股							

10-2　续表 6　　（2010 年）　　单位：千元

项　　目	利润总额	#应交所得税	#应交利润	主营业务应付工资总额	主营业务应付福利费总额	全部从业人员年平均人数（人）
总　计	**2 449 629**	**516 538**	**755 990**	**7 180 219**	**772 459**	**375 463**
#国有及国有控股企业	478 216	85 750	220 717	1 611 689	153 641	85 200
按登记注册类型分组						
内资企业	2 449 511	516 509	755 955	7 179 819	772 371	375 428
国有企业	414 175	73 804	218 255	1 338 278	128 348	73 874
集体企业	117 479	24 361	36 413	418 401	30 403	23 789
股份合作企业	9 864	2 274	6 735	27 983	3 728	1 539
有限责任公司	999 274	205 841	220 024	3 160 474	349 527	156 140
国有独资公司	3 635	2 479	795	26 194	1 157	437
其他有限责任公司	995 639	203 362	219 229	3 134 280	348 370	155 703
股份有限公司	170 780	34 907	50 090	823 117	106 738	34 305
私营企业	737 180	175 071	224 235	1 410 546	153 555	85 571
私营独资企业	45 036	8 638	16 701	104 597	12 211	4 937
私营合伙企业	15 070	2 904	124	13 642	759	614
私营有限责任公司	586 248	115 926	174 187	1 177 005	125 838	72 880
私营股份有限公司	90 826	47 603	33 223	115 302	14 747	7 140
港、澳、台商投资企业	118	29	35	400	88	35
合资经营企业（港或澳、台资）						
港、澳、台商独资经营企业						
外商投资企业						
中外合资经营企业						
按国民经济行业分组	2 092 943	446 502	600 037	6 385 787	699 094	333 134
房屋和土木工程建筑业	1 589 780	371 048	346 680	5 519 497	636 574	288 940
房屋工程建筑	503 163	75 454	253 357	866 290	62 520	44 194
土木工程建筑						
铁路道路隧道和桥梁工程						
水利和港口工程建筑						
工矿工程建筑						
架线和管道工程建筑						
其他土木工程建筑						

10–2 续表 7 （2010 年） 单位:千元

项目	利润总额	#应交所得税	#应交利润	主营业务应付工资总额	主营业务应付福利费总额	全部从业人员年平均人数（人）
建筑安装业	141 926	32 025	15 558	340 078	25 390	19 315
建筑装饰业	67 910	12 151	33 355	245 224	24 090	11 651
其它建筑业	146 850	25 860	107 040	209 130	23 885	11 363
工程准备	9 325	3 729	3 942	46 450	3 501	1 841
提供工程设备服务	55 391	14 603	36 621	25 991	2 772	868
其它未列明的建筑活动	82 134	7 528	66 477	136 689	17 612	8 654
按隶属关系分组						
中　央	181 469	22 211	159 258	336 933	14 350	9 163
省(自治区、直辖市)	54 001	7 530	22 889	145 510	8 948	6 722
地区(州、盟、省辖市)	175 077	33 618	109 813	275 841	31 390	14 686
县(区、市、旗)	1 161 389	246 556	157 300	4 532 969	531 773	233 524
镇	877 693	206 623	306 730	1 888 966	185 998	111 368
按地区分	70 163	16 751	958	249 320	18 913	14 944
鼓楼区	130 122	32 214	50 481	358 745	44 099	22 966
云龙区						
贾汪区	39 547	9 015	30 617	56 491	919	3 788
泉山区	571 571	101 408	437 250	868 923	66 416	41 813
丰　县	202 052	38 103	41 955	598 918	82 725	35 849
沛　县	387 466	113 242	71 226	1 618 343	193 101	92 020
铜山区	660 038	151 695	93 470	1 784 872	198 100	90 170
睢宁县	78 229	4 216	5 995	430 009	43 977	16 856
新沂市	84 936	14 264	7 911	497 874	53 476	23 478
邳州市	90 942	22 733	13 522	424 448	50 925	21 447
开发区	118 992	8 439	34	181 635	5 457	5 696
按控股情况分						
国有控股	478 216	85 750	220 717	1 611 689	153 641	85 200
集体控股	232 320	37 462	104 598	630 110	50 741	32 565
私人控股	1 709 140	386 502	423 701	4 900 909	564 133	254 853
港澳台商控股	355	99	202	740	89	52
外商控股						

10-3 建筑业企业主要经济指标

项　　目	2007	2008	2009	2010
企业个数　（个）	349	449	425	364
# 国有及国有控股企业	63	53	54	45
# 内资企业	342	446	424	363
港、澳、台商投资企业	2	3	1	1
外商投资企业	1			
期末从业人数　（人）	315 712	277 214	314 073	337 490
建筑业总产值　（亿元）	310.26	376.89	431.58	535.72
# 建筑工程	298.17	342.16	400.52	510.88
安装工程	10.14	28.03	28.38	22.55
竣工产值　（亿元）	267.95	313.18	358.54	419.39
利润总额　（亿元）	19.08	17.49	19.53	24.50
税金总额　（亿元）	3.82	11.16	11.99	15.13
房屋建筑施工面积（万平方米）	3 401.18	3 933.17	4 381.23	4 872.40
# 本年新开工面积	2 274.18	2 280.08	2 795.05	3 120.05
房屋建筑竣工面积（万平方米）		2 365.29	2 414.14	2 530.61
房屋建筑面积竣工率　（%）		60.1	55.1	81.1

主要统计指标解释

建筑业总产值(即自行完成施工产值) 指建筑业企业或附属施工单位自行完成的按工程进度计算的建筑安装生产总值。施工产值包括:

①建筑工程产值:指列入建筑工程预算内的各种工程价值。

②设备安装工程产值:指设备安装工程价值。

③房屋、构筑物修理产值:指房屋、构筑物修理所完成的价值,但不包括被修理房屋、构筑物本身的价值和生产设备的修理价值。

④非标准设备制造产值:指加工制造没有定型的、非标准的生产设备的加工费和原材料价值,不论是现场还是附属加工厂为本单位承建工程制造的非标准设备的价值,都应计算产值。

竣工产值 指在报告期内,按照设计所规定的工程内容全部完成,达到了设计规定的交工条件,经有关部门检查验收鉴定合格的单位工程价值之和。

房屋建筑施工面积 指在报告期内施工的全部房屋建筑面积。包括本期内新开工的、上期施工跨入本期继续施工、上期停建本期复工的房屋建筑面积;不包括上期开工后又停工,本期未施工的房屋建筑面积。

房屋建筑竣工面积 指在报告期内,按照设计所规定的工程内容全部完成,达到了设计规定的交工条件,经有关部门检查验收鉴定合格的房屋建筑面积。

住宅竣工面积 指房屋建筑竣工面积中供居住用的房屋建筑竣工面积。

自有机械设备年末总台数 指归本企业(或单位)所有,属于本企业固定资产的生产性机械设备年末总台数。包括施工机械、生产设备、运输设备以及其他设备。

自有机械设备年末总功率 指本企业(或单位)自有施工机械、生产设备、运输设备以及其他设备等列为在册固定资产的生产性机械设备年末总功率,按设定能力或查定能力计算。包括机械本身的动力和为该机械服务的单独动力设备,如电动机等。计算单位用千瓦,动力换算可按 1 马力 =0.735 千瓦折合成千瓦数。电焊机、变压器、锅炉不计算动力。

工程结算收入 指企业(或单位)按工程的分部分项自行完成的建筑产品价值并已与甲方在报告期内办理结算手续的工程价款收入,以及向甲方收取的除工程价款以外的按规定列作营业收入的各种款项,如临时设施费、劳动保险费、施工机械调迁费等以及向甲方收取的各种索赔款。

工程结算利润 指已结算工程实现的利润,如为亏损以"–"号表示。其计算公式为:

工程结算利润 = 工程结算收入
– 工程结算成本
– 工程结算税金及附加

企业总收入 指与企业生产经营直接有关的各项收入,包括工程结算收入和其他业务收入,即:

企业总收入 = 工程结算收入
+ 其他业务收入

第 11 部分

交通运输和邮电

TRANSPORTATION, POSTAL AND TELECOMMUNICATIONS SERVICES

版面负责人：张玉强

编　　　辑：王　楠

关于政府有关部门公布统计资料的规定

第二十四条 县级以上人民政府有关部门统计调查取得的统计资料，由本部门按照国家有关规定公布。

【释义】 本条是关于政府有关部门公布统计资料的规定。

根据本法第十一条、第十二条的规定，国务院有关部门可以制定部门统计调查项目，县级以上地方人民政府有关部门可以制定地方统计调查项目，依法开展统计调查。政府有关部门统计调查取得的统计资料也应当公布，使社会公众了解、知晓，为社会公众提供服务。县级以上人民政府有关部门公布统计资料应当遵守本法和其他法律、法规以及国务院和地方政府关于统计资料公布权限、程序、期限等的规定。政府有关部门公布统计资料应当经本部门统计机构、统计负责人核定，并经本部门负责人签署。对于经常性的统计调查，政府有关部门应当按照统计调查制度规定的内容和方式，定期公布统计资料。

在当前的统计工作中，由于统计口径、统计方法、资料来源等的不同，客观上存在政府有关部门统计调查取得的数据与政府统计机构统计调查取得的数据不一致的情况，为了维护政府统计数据的公信力，避免给社会公众造成困惑和误解，在出现上述情况时，政府有关部门应当按照国家有关规定妥善处理。

关于统计信息公开制度的规定

第二十六条 县级以上人民政府统计机构和有关部门统计调查取得的统计资料，除依法应当保密的外，应当及时公开，供社会公众查询。

【释义】 本条是关于统计信息公开制度的规定。

统计资料作为统计活动的成果，具有重要的社会价值，不仅有助于政府管理部门科学决策，也有利于企业了解经济发展情况和市场信息，为其经营管理确定方向，还可以为公民个人的投资、择业和科学研究等行为提供参考依据。为了提高统计资料的利用效率，充分发挥统计在服务经济社会发展中的重要作用，政府统计机构和有关部门统计调查取得的统计资料，应当依法及时公开，为社会公众提供查询服务。当然，统计资料中涉及国家秘密、商业秘密或者个人信息的，《统计法》也明确规定了应当予以保密，政府统计机构和有关部门不得公开。

本条规定确立了“统计信息公开是原则，保密是例外”这一基本法律原则，不仅是统计立法的重要突破，也是政府信息公开立法的重要突破。统计信息是现代社会的基础信息，是公民和经济社会组织参与经济社会活动的重要基础。统计信息作为公共产品，具有很强的正外部性。《政府信息公开条例》第十条将国民经济和社会发展统计信息作为应当主动公开的11类重点信息中的第三类，排在法律信息和规划信息之后。将“公开是原则，保密是例外”写入新《统计法》是顺理成章的。

编辑：张　霖

11-1 全社会客、货运量

年 份	全社会客运量(万人)	# 铁路	# 公路	全社会货运量(万吨)	# 铁路	# 公路	# 水运
1978	2 030	636	1 394	2 608	1 480	652	.93
1979	2 305	671	1 634	3 154	1 555	681	89
1980	2 724	712	2 012	3 252	1 588	724	75
1981	2 958	741	2 217	3 026	1 468	703	59
1982	3 174	806	2 368	3 230	1 561	825	72
1983	3 133	859	2 274	3 605	1 642	894	71
1984	3 358	943	2 415	5 428	1 727	2 314	100
1985	3 590	967	2 617	6 280	1 814	2 643	326
1986	3 570	964	2 600	7 866	1 850	4 264	335
1987	3 602	1 073	2 528	6 962	1 944	2 966	649
1988	3 790	1 166	2 624	7 022	2 007	2 996	550
1989	3 471	985	2 486	6 394	2 078	2 673	330
1990	3 156	800	2 356	6 073	2 021	2 115	350
1991	2 962	809	2 153	6 189	2 040	2 789	351
1992	3 766	846	2 920	11 069	2 041	7 289	611
1993	4 288	852	3 435	8 832	2 127	4 475	780
1994	4 652	839	3 811	10 350	2 051	6 760	564
1995	6 071	852	5 216	10 859	2 022	6 717	1 182
1996	8 396	703	7 691	8 792	1 981	5 184	1 170
1997	7 552	764	6 786	7 851	1 736	4 396	754
1998	6 863	807	6 048	8 573	1 558	4 608	514
1999	6 647	827	5 812	8 884	1 663	4 367	655
2000	7 255	802	6 443	9 669	1 700	4 788	565
2001	7 411	793	6 610	9 785	1 613	4 906	605
2002	7 544	758	6 775	9 907	1 561	5 004	611
2003	7 056	755	6 292	10 066	1 543	5 052	620
2004	7 391	775	6 601	11 348	1 535	5 225	662
2005	8 099	878	7 202	14 022	1 487	6 114	889
2006	8 688	946	7 712	16 459	1 635	7 494	1 006
2007	10 007	1 074	8 892	18 480	1 924	8 678	1 211
2008	21 787	1 218	20 529	23 852	2 264	11 508	1 982
2009	24 042	1 263	22 728	25 708	2 191	12 577	2 133
2010	27 761	1 770	25 926	37 227	9 944	14 758	2 548

注:铁路货运量统计口径为发货量;2008 年及以后公路客货运量统计口径变化,与往年不可比,下同。

11-2 全社会客、货运周转量

年 份	全社会旅客周转量（万人公里）	#铁路	#公路	全社会货物周转量（万吨公里）	#铁路	#公路	#水运
1978	249 885	209 321	40 564	1 461 029	1 211 408	8 148	4 175
1979	280 183	232 768	47 415	1 945 564	1 257 756	7 108	4 254
1980	328 530	271 097	27 433	2 035 244	1 306 257	8 292	5 341
1981	354 602	291 774	62 828	2 014 909	1 313 585	8 012	6 048
1982	396 156	324 347	71 089	2 153 718	1 427 133	27 578	27 401
1983	446 877	370 740	76 137	2 443 326	1 550 139	30 261	29 023
1984	524 323	435 110	89 213	2 769 988	1 659 775	31 759	39 641
1985	636 545	519 962	116 583	3 972 158	1 885 098	86 866	60 720
1986	700 973	566 359	134 614	3 357 828	2 028 709	117 208	64 142
1987	761 646	622 238	139 408	3 513 177	2 166 558	107 961	159 184
1988	863 036	698 324	164 712	3 757 313	2 292 214	120 665	157 360
1989	811 599	655 742	155 857	3 692 471	2 411 734	118 930	75 266
1990	731 765	594 649	137 116	3 646 275	2 440 213	100 950	85 224
1991	765 362	641 282	124 080	3 640 834	2 448 681	105 308	129 739
1992	876 627	690 096	186 531	4 104 274	2 616 319	335 316	247 925
1993	952 195	703 043	249 152	3 982 741	2 585 799	289 800	294 285
1994	975 802	733 088	241 388	4 387 480	2 751 855	510 032	357 622
1995	1 133 265	722 493	410 772	4 532 499	2 913 515	418 798	482 039
1996	1 255 579	649 085	606 494	4 351 716	2 881 365	453 610	303 121
1997	1 169 395	672 572	492 123	4 217 829	2 738 316	374 707	424 301
1998	1 124 114	682 681	433 247	4 347 608	2 616 333	379 284	262 986
1999	1 085 420	750 026	326 643	4 545 083	2 596 163	315 891	339 687
2000	1 245 191	798 664	436 691	5 144 815	2 932 469	360 929	290 348
2001	1 275 512	798 041	468 827	5 328 880	2 986 021	380 641	284 023
2002	1 320 343	827 071	482 892	5 442 417	3 133 544	388 254	288 283
2003	1 226 127	777 297	440 100	5 665 478	3 291 712	380 600	292 100
2004	1 433 951	952 020	466 991	6 287 747	3 387 300	393 350	313 013
2005	910 143	390 075	500 744	5 472 847	2 043 649	415 973	322 130
2006	983 361	420 286	533 069	7 882 829	3 247 052	494 458	370 967
2007	1 134 788	477 154	616 228	9 197 322	3 820 996	576 538	438 112
2008	1 894 734	541 130	1 313 499	10 979 772	4 496 224	1 310 599	595 947
2009	2 071 224	560 914	1 459 164	11 297 204	4 351 249	1 435 633	642 617
2010	2 525 059	786 149	1 673 070	27 608 783	19 747 916	1 787 616	781 570

注：铁路客、货运周转量 2005 年以前为徐州铁路分局辖区数，2005 年及以后为徐州铁路段辖区数。

11-3 主要年份运输线路长度

单位:公里

指　　标	1990	1995	2000	2005	2007	2008	2009	2010
民用航空								
民用航空线条数　（条）	4	2	13	13	17	20	22	22
民用航空线里程（万公里）	0.2	0.13	1.3	1.3	1.7	2.0	2.2	2.2
铁路								
铁路正线延展里程	465	465	711	736	736	736		
铁路营业里程	258	258	359	381	381	381		1 018
公路线路里程								
按技术级别分类								
等级公路里程	2 964	2 930	2 658	10 167	12 146	13 602	14 380	14 965
高速				299	350	350	350	412
一级		435	634	732	815	879	906	1 039
二级	616	378	581	1 273	1 439	1 512	1 523	1 527
三级	214	344	572	996	1 201	1 157	1 141	1 195
四级	1 781	1 507	871	6 867	8 341	9 705	10 460	10 792
等外公路	353	266		739	3 077	1 800	1 381	1 210
按行政级别分类								
国道	307	306	362	589	589	737	735	730
省道	515	518	466	703	768	647	647	735
县道	892	872	842	693	2 244	2 269	2 269	2 309
乡道	1 049	1 073	988	8 921	5 928	5 892	5 889	5 888
内河航道通航里程	**534**	**540**	**639**	**1 039**	**1 039**	**1 039**	**1 039**	**1 039**
输油管道里程								
管道条数　（条）	3	3	8	14	21	28	28	28
延展长度	1 252	1 252	2 375	4 652	5 295	5 823	5 891	5 891

注:公路线路里程 2000 年以前为交通部门养管里程,2001 年及以后为全社会口径;2007 年开展县道网规划,将低级公路升级为县道;输油管道为中石化全公司口径。

11-4　全社会交通运输量

（2010 年）

指　标	客运量（万人）	旅客周转量（万人公里）	货运量（万吨）	货物周转量（万吨公里）
全市合计	**27 761**	**2 525 059**	**37 227**	**27 608 783**
航空	66	65 840	…	377
铁路	1 770	786 149	9 944	19 747 916
公路	25 926	1 673 070	14 758	1 787 616
水运			2 548	781 570
管道			9 977	5 291 303
内河港口吞吐量			**6 308**	

11-5　市区全社会交通运输量

（2010 年）

指　标	客运量（万人）	旅客周转量（万人公里）	货运量（万吨）	货物周转量（万吨公里）
合　计	**17 443**	**2 064 403**	**14 309**	**25 876 239**
航　空	66	65 840	…	377
铁　路	1 770	786 149	9 944	19 747 916
公　路	15 608	1 212 415	6 375	800 609
水　运			115	36 033
管　道			9 977	5 291 303
内河港口吞吐量			**3 339**	

注:铁路客、货运周转量是指徐州铁路段辖区数,管道运量及周转量为中石化储运公司全辖数。

11-6 主要年份全社会民用车辆船舶数

指 标		1990	1995	2000	2005	2008	2009	2010
机动车总计	**（辆）**	**105 958**	**194 285**	**497 359**	**752 002**	**908 605**	**1 032 867**	**1 136 878**
#私人车辆拥有量		78 370	139 813	433 885	701 767	839 348	955 669	1 050 715
汽车		39 949	78 185	214 713	308 628	297 154	362 723	432 612
#私人车辆拥有量		2 872	7 446	19 412	262 656	234 265	293 346	356 532
#载客汽车		7 674	17 748	29 031	78 349	162 169	219 507	160 323
#大(中)型		1 390	1 940	2 574	8 023	10 166	11 303	293 120
小(微)型		6 282	15 808	26 457	70 326	152 003	208 204	11 865
载货汽车		21 773	39 651	35 666	36 177	49 067	71 092	281 255
#重(中)型		16 109	27 592	24 086	20 319	26 033	42 804	87 464
轻(微)型		5 664	12 059	11 580	15 858	23 034	28 288	53 111
其他汽车		10 502	20 786	150 016	194 102	85 918	72 124	34 353
摩托车		14 361	48 131	253 357	438 479	602 256	657 498	687 361
全挂车		5 655	7 446	2 955	658	631	623	545
半挂车				4 465	4 234	8 561	12 020	16 357
运输船舶总计	**（艘）**		**5 751**	**6 740**	**5 428**	**5 592**	**5 088**	**4 374**
机动船			3 045	2 176	655	857	755	806
	（吨位）		146 701	177 780	54 583	162 008	147 891	311 516
#货船			2 705	1 679	351	455	401	518
	（吨位）		146 701	177 780	45 234	162 008	147 891	311 516
拖船			340	441	304	402	354	288
非机动船			2 706	4 564	4 773	4 735	4 333	3 568
#驳船			2 706	4 564	4 773	4 735	4 333	3 568
	（吨位）		223 321	645 466	1 625 614	1 926 654	1 842 591	1 591 410

注：2004 年以前载客汽车和载货汽车均未含专用(特种)车；2007 年运输船舶按现有检验次数统计。

11–7 主要年份邮政电信情况

指　　标	1990	1995	2000	2005	2007	2008	2009	2010
邮电局总数（处）	262	316	372	812	788	316	443	
邮路总长度（公里）	4 002	5 047	5 368	5 900	7 144	7 184	7 137	5 753
农村投递线路长度（公里）	20 477	21 706	21 961	21 666		22 491	23 106	25 495
电话局用交换机总容量（万门）	5.04	45.35	136.25	348.78	875.71	1 185.08	1 449.07	1 131 .70
本地电话年末用户（万户）	7.23	29.45	77.51	278.53	281.81	238.88	187.04	177.21
# 城市	5.61	23.19	39.05	165.65	161.60	122.44	108.96	86.09
# 移动市话				77.82	85.56	64.89	39.41	22.24
# 住宅	0.86	17.12	66.01	164.57	159.20	142.35	117.45	139.83
移动电话（万户）		1.36	32.27	154.97	262.42	368.80	516.58	600.72
国际互联网用户（万户）				21.41	36.51	48.80	59.18	70.10
邮电业务总量（亿元）	0.62	3.88	17.73	36.26	45.82	51.62	53.14	73.39
邮电业务收入（亿元）			13.06	27.05	32.80	32.04	45.19	48.14
计费函件(不含广告)（万件）	2 463	2 579	2 289	2 041	1 902	3 202	3 407	4 728
包　件（万件）	26	71	39	49	42	33	41	26
汇　票（万张）	97	108	96	71	116	146	237	1 267
订销报刊累计（万份）	10 291	17 075	16 451	9 116	9 643	16 640	15 307	10 845
集　邮（万枚）	301	1 257	4 525	533	6 647	753	301	42
特快专递（万件）	…	44	34	78	122	177	316	306

注：1995 年以前本地电话年末用户为年末电话机数；2005 年前电话局用交换机总容量为电信局一家数据，2006 年及以后为所有电信部门的数据。

主要统计指标解释

铁路营业里程 又称营业长度，指办理客货运输业务的铁路正线总长度。凡是全线或部分建成双线及以上的线路，以第一线的实际长度计算；复线、站线、段管线、岔线和特殊用途线以及不计算运费的联络线都不计算营业里程。铁路营业里程是反映铁路运输业基础设施发展水平的重要指标，也是计算客货周转量、运输密度和机车车辆运用效率等指标的基础资料。

公路里程 指在一定时期内实际达到《公路工程技术标准JTJ01-88》规定的等级公路，并经公路主管部门正式验收交付使用的公路里程数。它包括大中城市的郊区公路以及通过小城镇街道部分的公路里程，也包括桥梁、渡口的长度，但不包括大中城市的街道、厂矿、林区生产用道和农业生产用道的里程。两条或多条公路共同经由同一路段，只计算一次，不得重复计算里程长度。公路里程是反映公路建设发展规模的重要指标，也是计算运输网密度等指标的基础资料。

内河航道里程 也称"内河通航里程"，是反映内河水运网规模、水平和发展情况的主要指标，是指在一定时期内，能通航运输船舶及排筏的天然河流、湖泊水库、运河及通航渠道的长度。包括全年季节性通航累计三个月以上的航道，但不包括仅供零散流放竹、木排的河道。

输油(气)管道长度 也称"输油(气)里程"，是反映管道运输发展规模和水平的主要指标，是指油品(或天然气)的实际输送距离，一般按输油(气)管道的单线长度计算。若包括复线和备用线长度则称为输油(气)管道延展长度，是指管道铺设的实际长度。我们通常使用的是不包括复线的"输油(气)管道里程"。

货(客)运量 指在一定时期内，各运输部门实际运送的货(旅客)数量。是反映运输业为国民经济和人民生活服务的数量指标，也是制定和检查运输生产计划，研究运输发展规模和速度的重要指标。货运按吨计算，客运按人计算。货物不论运输距离长短，货物类别，均按实际重量统计；旅客不论行程远近或票价多少，均按一人一次作为客运量统计。半价票、小孩票也按一人统计。

货物(旅客)周转量 指在一定时期内，由各种运输工具运送的货物(旅客)数量与其相应运输距离的乘积之总和，是反映运输业生产总成果的重要指标，也是编制和检查运输生产计划，计算运输效率、劳动生产率以及核算运输单位成本的主要基础资料。通常以吨公里和人公里为计算单位。计算货物周转量通常按发出站与到达站之间的最短距离，也就是计费距离计算。

内河主要港口货物吞吐量 指由水运进出内河主要港区范围，并经过装卸的货物数量。吞吐量可以分为进口、出口，又可以分为国内贸易和对外贸易。货物吞吐量的货种分类及其主要流向流量，反映了港口在国内外物资交流和对外贸易运输中的地位和作用。

邮电业务总量 指以价值量形式表现的邮电通信企业为社会提供各类邮电通信服务的总数量。邮电业务量按专业分类包括函件、包件、汇票、报刊发行、邮政快件、特快专递，邮政储蓄、集邮、公众电报、用户电报、传真、长途电话、出租电路、无线寻呼、移动电话、分组交换数据通信、出租代维等。计算方法为各类产品乘以相应的平均单价(不变价)之和，再加上出租电路和设备、代用户维护电话交换机和线路等的服务收入。它综合反映了一定时期邮电业务发展的总成果，是研究邮电业务量构成和发展趋势的重要指标。计算公式为：

$$\text{邮电业务总量}=\sum(\text{各类邮电业务量}\times\text{不变单价})+\text{出租代维及其他业务收入}=\text{邮政业务总量}+\text{电信业务总量}$$

移动电话用户 是指通过移动电话交换机进入移动电话网、占用移动电话号码的电话用户。用户数量以报告期末在移动电话营业部门实际办理登记手续进入移动电话网的户数进行计算，一部移动电话统计为一户。

电话用户 指接入国家公众固定电话网，并按固定电话业务进行经营管理的电话用户。1997年以前，电话用户分为市内电话用户和农村电话用户。"市内电话用户"是指接入县城及县以上城市的电话网上的电话用户；"农村电话用户"是指接入县邮电局农话台及县以下农村电话交换点，以县城为中心(除市话用户外)联通县、乡(镇)、行政村，村民小组的用户。从1997年起，电话用户数分组调整为以用户所在区域划分为"城市电话用户"和"乡村电话用户"，与过去的按市内电话和农村电话划分方法不同，而电话用户总数、电话机总部数统计范围不变。

城市电话用户 指直辖市、省辖市、地级市、县级市的市区、市郊区及县城(包括县人民政府所在地的县城关区或行政建制相当于县人民政府所在地的镇)范围内接入局用交换机的电话用户数，包括分布在农村地区的独立工矿区、林区、驻军等接入局用交换机的电话用户数。

第12部分

批发零售和住宿餐饮业

WHOLESALE&RETAIL AND ACCOMMDATIONS CATERING INDUSTRY

版面负责人：牛坚强

编　　辑：吕延婷

关于政府统计机构和乡镇统计工作岗位的设置及其职责的规定

第二十七条 国务院设立国家统计局，依法组织领导和协调全国的统计工作。

国家统计局根据工作需要设立的派出调查机构，承担国家统计局布置的统计调查等任务。

县级以上地方人民政府设立独立的统计机构，乡、镇人民政府设置统计工作岗位，配备专职或者兼职统计人员，依法管理、开展统计工作，实施统计调查。

【释义】 本条是关于政府统计机构和乡镇统计工作岗位的设置及其职责的规定。

为了组织领导和协调全国的统计工作，本条规定国务院设立了专门的统计机构 -- 国家统计局。国家统计局的具体职责在《国务院办公厅关于印发国家统计局主要职责内设机构和人员编制规定的通知》中进行了具体规定。

为了完成国家统计调查任务，全面准确地了解经济社会发展情况，国家统计局需要设立相应的统计调查机构。国家统计局各级调查队是国家统计局的派出机构，独立于地方人民政府，其主要职责是依法承担国家统计局布置的统计调查任务，向国家统计局直接上报统计调查结果，并负责查处其组织实施的统计调查活动中发生的违法行为。目前，国家统计局在全国 31 个省、自治区、直辖市以及新疆生产建设兵团、15 个副省级城市、318 个市（地、州、盟）以及 887 个县（市、区、旗）设有派出调查队。

为了保障统计工作的独立性，本条规定，县级以上人民政府应当设立独立的统计机构。根据这一要求，县级以上地方各级人民政府必须设立专门的独立行使职权的统计机构，不得随意撤并，不能将统计机构作为其它部门的内设机构，或者接受其他部门的领导。考虑到乡、镇人民政府人员编制和经费有限，本条第三款规定，乡、镇人民政府应当设置统计工作岗位，即要安排从事统计工作的人员，但具体是配备专职还是兼职统计人员，可以由乡、镇政府根据本地区经济发展的实际情况以及统计工作的任务量确定。

编辑：张　霖

12-1 主要年份社会消费品零售总额

单位：万元

年份	社会消费品零售总额	按地区分			按行业分				
		市的零售额	县的零售额	县以下的零售额	批发零售贸易业	餐饮业	住宿业	制造业	其他行业
1949	9 756		6 521						
1952	11 421		5 531						
1957	22 284		9 574						
1962	28 486		14 124						
1965	29 808		12 426						
1970	34 332		13 706						
1975	57 492		23 318						
1978	77 058		31 480		64 672	2 955		6 196	3 235
1979	92 351		37 555		72 497	4 201		10 787	4 866
1980	109 523		46 069		85 005	4 626		14 022	5 870
1981	123 791		52 831		91 751	5 244		17 841	8 955
1982	138 439		59 336		105 869	5 455		15 607	11 508
1983	150 638	64 850	27 128	58 660	114 633	6 005		18 157	11 843
1984	176 386	77 927	31 616	66 843	130 149	7 393		25 637	13 207
1985	233 620	106 745	43 967	82 908	166 598	12 733		33 341	20 948
1986	266 086	119 792	52 153	94 141	188 243	14 597		36 897	26 349
1987	304 226	137 513	51 646	115 067	211 763	17 205		44 859	30 399
1988	370 405	173 147	66 514	130 744	255 523	19 743		56 087	39 052
1989	410 589	202 384	71 509	136 696	282 528	20 163		60 085	47 813
1990	422 271	227 011	59 028	136 232	285 048	19 888		58 860	58 475
1991	458 294	255 898	62 850	139 546	308 487	22 575		60 204	67 028
1992	511 243	320 843	48 975	141 425	330 716	26 823		71 835	81 869
1993	657 693	413 770	64 829	179 094	440 102	32 992		78 998	105 601
1994	879 531	597 230	74 582	207 719	570 080	66 236		85 336	157 879
1995	1 150 671	773 854	104 733	272 084	728 544	97 733		110 399	213 995
1996	1 379 729	918 002	119 829	341 898	870 375	116 992		136 101	256 261
1997	1 526 381	999 463	134 445	392 473	958 246	132 721		152 337	283 077
1998	1 606 304	1 047 323	153 199	405 782	1 048 472	145 036		135 393	277 403
1999	1 714 930	1 109 165	168 614	437 151	1 152 717	173 997		116 007	272 209
2000	1 852 142	1 180 955	177 242	493 945	1 273 493	209 461		101 421	267 767
2001	2 020 066	1 260 580	205 746	553 740	1 423 869	223 782		99 677	272 738
2002	2 239 285	1 370 267	236 261	632 756	1 574 478	258 964		110 753	295 088
2003	2 354 214	1 478 128	230 347	645 739	2 022 477	298 711			33 026
2004	3 424 611	2 131 470	381 456	911 685	2 979 537	407 099	12 733		25 242
2005	3 960 400	2 472 673	462 407	1 025 320	3 449 516	452 634	29 385		28 865
2006	4 600 776	2 883 889	537 190	1 179 697	3 938 344	590 342	40 767		31 323
2007	5 430 057	3 421 347	621 082	1 387 628	4 646 839	683 272	61 987		37 959
2008	7 005 000	4 414 184	811 491	1 779 325	5 865 763	974 335	110 408		54 494
2009	8 059 883	5 085 736	936 828	2 037 319	6 799 143	1 135 550	125 189		
2010	9 569 888	7 648 059	1 921 829		8 516 095	987 888	65 905		

注:2003 年及以后按行业划分的批发零售贸易业中包括原制造业和其它行业中原农民对非农业居民的零售额。2004 及 2008 年为经济普查数据。2010 年市县的零售额口径改为城镇及乡村零售额,县以下零售额指标取消,与往年不可比。

12-2 市区社会消费品零售总额

单位:万元

年 份	社会消费品零售总额	按行业分				
		批发零售贸易业	餐饮业	住宿业	制造业	其他行业
1978	31 480	25 956	1 373		2 327	1 824
1979	37 555	30 176	1 786		3 214	2 379
1980	46 069	34 685	2 398		5 835	3 151
1981	52 831	39 758	2 683		6 501	3 889
1982	59 336	46 294	2 709		5 775	4 558
1983	63 751	50 417	2 741		5 989	4 604
1984	76 175	57 009	3 099		10 318	5 749
1985	104 827	73 051	6 071		14 954	10 751
1986	117 965	82 599	6 462		15 130	13 774
1987	135 320	97 190	7 038		14 772	16 320
1988	169 583	120 988	8 250		19 756	20 589
1989	198 822	141 665	8 326		19 760	29 071
1990	210 156	148 845	9 103		16 750	35 458
1991	236 824	165 088	10 795		17 056	43 885
1992	274 203	186 380	14 520		19 042	54 261
1993	361 783	245 956	16 727		23 007	76 093
1994	520 845	345 014	41 842		18 521	115 468
1995	677 103	428 043	57 854		36 106	155 100
1996	799 102	499 385	71 500		39 889	188 328
1997	866 994	521 321	81 664		53 319	210 690
1998	909 671	553 957	94 665		53 159	207 890
1999	959 836	621 498	109 058		31 686	197 594
2000	1 019 913	696 416	133 386		13 576	176 535
2001	1 081 720	766 967	130 272		8 001	176 480
2002	1 168 355	826 551	144 899		7 023	189 882
2003	1 252 978	1 068 575	165 293			19 110
2004	1 832 812	1 625 315	177 740	9 229		20 528
2005	2 14 4371	1 875 688	217 815	28 477		22 391
2006	2 492 194	2 169 774	268 415	2 7827		26 178
2007	2 965 333	2 597 729	298 245	43 780		25 579
2008	3 821 000	3 249 861	457 822	65 386		47 931
2009	4 392 408	3 784 107	534 994	73 307		
2010	6 052 895	5 533 213	483 775	35 907		

12-3　限额以上批发和零售业、住宿和餐饮业基本情况

（2010年）

项　　目	法人企业数（个）	产业活动单位数（个）	其他行业及外省法人所属限额以上批零住餐产业活动单位(个)	餐饮或零售营业面积（平方米）	年末从业人员（人）
总　计	**1 033**	**1 151**	**34**	**2 382 257**	**74 006**
批发和零售业小计	**849**	**963**	**23**	**2 159 808**	**58 571**
批发业	**235**	**243**	**3**	**558 179**	**15 897**
#国有控股	17	24		18 210	4 838
按登记注册类型分组					
内资企业	231	239	3	558 051	15 795
国有企业	16	23		18 210	3 446
集体企业	2	2			54
有限责任公司	58	58	2	188 645	2 516
股份有限公司	5	6		620	3 067
联营企业	1	1			180
私营企业	147	147	1	349 976	6 490
#私营有限责任公司	89	89	1	68 980	3 307
其他企业	2	2		600	42
港、澳、台商投资企业	2	2		128	70
外商投资企业	2	2			32
按国民经济行业分组					
农畜产品批发	8	8		12 822	351
食品、饮料及烟草制品批发	36	44	1	96 288	4 273
#米、面制品及食用油批发	11	12	1	1 632	852
烟草制品批发	2	9		260	1 630
纺织、服装及日用品批发	4	4		3 625	114
#纺织品、针织品及原料批发	2	2		3 055	46
文化、体育用品及器材批发					
医药及医疗器材批发	8	8		2 350	3 091
矿产品、建材及化工产品批发	130	130		289 073	5 822
#煤炭及制品批发	40	40		53 010	1 478
石油及制品批发	2	2			2 066
金属及金属矿批发	39	39		7 278	843
机械设备、五金交电及电子产品批发	30	30	2	16 021	1 344
#农业机械批发	5	5		10 850	175
汽车、摩托车及零配件批发	2	2			79
其他批发	18	18		138 000	716
零售业	**614**	**720**	**20**	**1 601 629**	**42 674**
#国有控股	24	55	8	146 169	8 735
按经济注册类型分组					
内资企业	611	717	20	1 598 429	41 692
国有企业	18	18	8	122 509	6 979

12-3 续表1 （2010年）

项目	法人企业数（个）	产业活动单位数（个）	其他行业及外省法人所属限额以上批零住餐产业活动单位(个)	餐饮或零售营业面积（平方米）	年末从业人员（人）
集体企业	30	30	2	115 623	1 981
股份合作企业	1	1		3 600	55
有限责任公司	82	122	3	390 338	9 571
股份有限公司	20	63		92 160	2 121
私营企业	454	477	5	863 003	20 508
其他企业	6	6	2	11 196	477
港、澳、台商投资企业					156
外商投资企业	3	3		3 200	826
按国民经济行业分组					
综合零售	142	199	4	765 503	18 939
#百货零售	72	72	2	339 201	8 415
超级市场零售	70	127	2	426 302	10 524
其他综合零售					
食品、饮料及烟草制品专门零售	52	52	1	65 652	2 102
纺织、服装及日用品专门零售	34	34	1	66 375	1 387
文化、体育用品及器材专门零售	20	20	3	37 988	1 221
#图书零售	8	8	1	23 363	685
医药及医疗器材专门零售	24	63	1	26 628	2 633
汽车、摩托车、燃料及零配件专门零售	173	174		283 027	5 455
#汽车零售	126	127		249 239	4 528
家用电器及电子产品专门零售	95	104	1	101 056	5 189
#家用电器零售	49	57		81 550	3 742
计算机、软件及辅助设备零售	35	36		11 565	883
五金、家具及室内装修材料专门零售	58	58	2	230 453	2 423
#五金零售	18	18		18 343	622
家具零售	20	20	1	63 930	899
无店铺及其他零售	16	16	7	24 947	3325
按经营方式分组					
独立门店	456	512	7	1 271 366	30 065
连锁总店（总部）	3	35		8 640	
连锁门店	10	22	2	139 481	5 323
其他	145	151	11	182 142	7 286
按零售业态分组					
百货商店	71	71	1	328 901	8 220
超级市场	49	66	1	249 217	5 641
大型超市	19	59	2	185 185	4 827
仓储会员店	1	1		1 200	10
专业店	304	341	9	439 095	16 276
专卖店	121	128	3	190 805	4 710
住宿和餐饮业小计	**184**	**188**	**11**	**222 449**	**15 435**
住宿业	**44**	**44**	**4**	**48 139**	**5 781**
#国有控股	10	10	1	9 670	1 538

12-3 续表 2　　2010 年

项　　目	法人企业数（个）	产业活动单位数（个）	其他行业及外省法人所属限额以上批零住餐产业活动单位(个)	餐饮或零售营业面积（平方米）	年末从业人员（人）
按登记注册类型分组					
内资企业	43	43	4	47 959	5 718
国有企业	10	10	1	9 670	1 538
集体企业	3	3		1 620	267
有限责任公司	5	5	1	4 960	803
私营企业	24	24	2	31 709	3 032
其他企业					
按国民经济行业分组					
旅游饭店	35	35	3	39 944	5 354
一般旅馆	9	9	1	8 195	427
按星级等级分组					
一星	1	1		300	34
二星	12	12	1	7 718	1 621
三星	10	10	1	13 416	1 298
四星	4	4		6 100	887
五星	1	1		2 670	625
其他	16	16	2	17 935	1 316
按经营方式分组					
独立门店	43	43	2	46 543	5 658
餐饮业	**140**	**144**	**7**	**174 310**	**9 654**
# 国有控股	5	5	1	4 230	316
按登记注册类型分组					
内资企业	140	144	6	174 050	8 614
国有企业	5	5	1	4 230	316
集体企业			2	5 020	39
有限责任公司	14	14		19 123	1 272
股份有限公司	4	4		5 910	244
私营企业	112	116	3	131 847	6 413
# 私营独资企业	54	54	1	56 354	2 743
私营有限责任公司	51	51	2	6 883	3 325
其他企业	4	4		5 820	249
外商投资企业			1	260	1 040
按国民经济行业分组					
正餐服务	130	134	6	167 698	7 979
快餐服务	4	4		2 580	1 299
饮料及冷饮服务			1	450	30
其他餐饮服务	6	6		3 582	346
按经营方式分组					
独立经营	120	124	3	150 178	7 141
连锁店总店(总部)					
连锁门店	1	1	1	1 960	1 205
其他	19	19	3	22 172	1 308

12-4 限额以上批发和零售业商品销售、库存总额

（2010年）　　单位：万元

项目	销售总额	批发	零售	年末库存总额
总计	**7 840 667**	**3 637 739**	**4 202 928**	**442 728**
批发业	**4 003 860**	**3 480 467**	**523 393**	**196 178**
# 国有控股	842 139	733 642	108 497	76 757
按登记注册类型分组				
内资企业	3 961 426	3 438 839	522 587	195 819
国有企业	821 308	712 811	108 497	74 664
集体企业	26 978	26 978		362
股份合作企业				
有限责任公司	1 290 718	1 206 823	83 894	22 117
# 其他有限责任公司	1 290 718	1 206 823	83 894	22 117
股份有限公司	159 059	148 910	10 149	12 492
私营企业	1 628 214	1 308 478	319 736	76 715
# 私营有限责任公司	884 235	767 941	116 294	50 194
港、澳、台商投资企业	36 397	35 591	806	309
外商投资企业	6 037	6 037		50
按国民经济行业分组				
农畜产品批发	62 947	47 692	15 255	3 184
食品、饮料及烟草制品批发	1 169 453	953 683	215 770	83 310
# 米、面制品及食用油批发	368 995	283 334	85 661	58 325
烟草制品批发	447 863	436 221	11 642	15 967
纺织、服装及日用品批发	22 916	13 748	9 168	449
# 纺织品、针织品及原料批发	18 514	10 385	8 129	76
医药及医疗器材批发	395 405	361 677	33 728	28 814
矿产品、建材及化工产品批发	1 883 976	1 675 230	208 746	48 099
# 煤炭及制品批发	1 130 666	1 080 474	50 192	12 053
石油及制品批发	7 618	7 618		291
机械设备、五金交电及电子产品批发	360 207	333 507	26 700	28 509
其他批发	108 955	94 931	14 024	3 814
按经营方式分组				
独立门店	3 026 086	2 759 444	266 641	130 406
连锁总店（总部）				
连锁门店	9 578	7 032	2 546	1 011
其他	968 196	713 991	254 205	64 760
零售业	**3 836 807**	**157 272**	**3 679 535**	**246 550**
# 国有控股	474 810	79 739	395 070	40 022
按登记注册类型分组				
内资企业	3 787 825	157 272	3 630 553	244 165
国有企业	174 215	659	173 556	15 010
集体企业	120 172	11 227	108 946	11 939

12-4 续表 （2010年） 单位：万元

项 目	销售总额	批 发	零 售	年末库存总 额
股份合作企业	2 401		2 401	104
有限责任公司	875 549	35 233	840 315	48 178
#其他有限责任公司	875 549	35 233	84 0315	48 178
股份有限公司	431 956	79 618	352 337	22 319
私营企业	2 158 912	30 535	2 128 377	144 019
#私营有限责任公司	1 688 983	13 194	1 675 789	105 736
其他企业	24 621		24 621	2 596
港、澳、台商投资企业				
外商投资企业	48 982		48 982	2 385
按国民经济行业分组				
综合零售	976 196	21 562	954 634	66 506
#百货零售	615 640	12 606	603 034	29 065
超级市场零售	360 556	8 956	351 600	37 442
食品、饮料及烟草制品专门零售	174 791	4 801	169 990	4 968
纺织、服装及日用品专门零售	96 297	1 770	94 527	6 169
文化、体育用品及器材专门零售	68 134		68 134	18 599
#图书零售	52 333		52 333	14 733
医药及医疗器材专门零售	319 683	80 624	239 059	20 392
汽车、摩托车、燃料及零配件专门零售	1 474 713	1 741	1 472 973	72 859
#汽车零售	1 338 430	1 169	1 337 261	65 751
家用电器及电子产品专门零售	389 057	5 385	383 671	41 432
#家用电器零售	275 689	4 313	271 376	33 766
计算机、软件及辅助设备零售	69 169	1 073	68 097	5 255
五金、家具及室内装修材料专门零售	313 736	38 396	275 340	14 706
无店铺及其他零售	24 199	2 993	21 207	920
按经营方式分组				
独立门店	2 863 555	63 743	2 799 812	167 757
连锁总店（总部）	62 778	320	62 458	23 202
连锁门店	160 603	5 618	154 984	10 901
其他	749 872	87 591	662 281	44 691
按零售业态分组				
超市	212 060	8 718	203 342	20 480
大型超市	145 664	238	145 425	16 718
仓储会员店	850		850	70
百货店	613 389	12 606	600 783	28 604
专业店	1 489 796	11 145	1 478 651	111 349
专卖店	948 729	81 139	867 589	57 098

12-5 限额以上住宿餐饮业经营情况

(2010 年) 单位:万元

指标名称	营业额	客房收入	餐费收入	商品销售收入	其他收入	年末拥有客房数(间)	年末拥有床位数(个)	年末拥有餐位数(个)
总计	**205 822**	**45 515**	**140 717**	**14 567**	**5 024**	**7 962**	**14 002**	**70 921**
住宿业	**70 796**	**30 206**	**30 662**	**6 357**	**3 572**	**4 793**	**8 653**	**16 204**
#国有控股	16 248	6 179	7 696	1 345	1 027	1 188	2 113	2 853
按登记注册类型分组								
内资企业	69 903	29 853	30 402	6 077	3 572	4 680	8 493	16 144
国有企业	16 248	6 179	7 696	1 345	1 027	1 188	2 113	2 853
集体企业	2 009	637	860	250	263	152	248	860
有限责任公司	5 123	2 701	1703	438	282	741	1 441	1 568
他有限责任公司	5 123	2 701	1703	438	282	741	1 441	1 568
股份有限公司	392	221			171	69	131	
私营企业	46 132	20 115	20 143	4 044	1 829	2 530	4 560	10 863
#私营有限责任公司	15 139	6 014	6 758	1 413	954	1 333	2 417	5 109
其他企业								
港、澳、台商投资企业	893	353	260	280		113	160	60
外商投资企业								
按国民经济行业分组								
旅游饭店	65 669	27 791	28 702	5 673	3 504	4 167	7 385	14 020
一般旅馆	5 127	2 415	1 960	684	68	626	1 268	2 184
按星级登记分组								
一星	608	140	469			40	120	340
二星	15 039	5 945	5 578	2 254	1 262	1 104	2 069	3 187
三星	13 834	5 243	6 695	1 049	847	1 195	2 208	4 973
四星	10 044	3 666	5 313	616	449	584	999	1 480
五星	13 055	6 627	4 981	819	627	377	633	1 442
其他	18 217	8 585	7 627	1 618	387	1 493	2 624	4 782
按经营方式分级								
独立门店	68 474	29 552	29 259	6 091	3 572	4 599	8 245	15 418
连锁总店(总部)								
连锁门店								
其他	2 322	654	1 403	265		194	408	786
餐饮业	**135 027**	**15 309**	**110 055**	**8 210**	**1 452**	**3 169**	**5 349**	**54 717**
#国有控股	5 279	656	3 914	114	595	271	393	1 670
按登记注册类型分组								
内资企业	133 538	15 309	108 567	8 210	1 452	3 169	5 349	54 517
国有企业	5 279	656	3 914	114	595	271	393	1 670
集体企业	1 198		1 034	162	2			1 622
有限责任公司	13 132	2 528	10 552	4	48	442	678	5 566
#其他有限责任公司	13 132	2 528	10 552	4	48	442	678	5 566
股份有限公司	1 699	121	1 484	94		40	60	1 700
私营企业	106 689	10 200	88 483	7 510	495	2 132	3 705	41 979
#私营独资企业	47 861	2 570	41 281	3 810	200	605	1 217	20 039
私营有限责任公司	55 031	6 841	44 368	3 527	295	1 225	2 109	19 890
其他企业	5 010	1 700	2 695	302	313	234	425	1 560
外商投资企业	1 488		1 488					200
按国民经济行业分组								
正餐服务	125 282	13 811	101 948	8 121	1 402	2 737	4 755	50 502
快餐服务	2 723	411	2 312			60	90	1 290
饮料及冷饮服务	480		480					90
其他餐饮服务	6 542	1 087	5 316	90	50	372	504	2 835
按经营方式分组								
独立门店	118 125	13 204	95 731	7 855	1 335	2 685	4 531	46 598
连锁总店(总部)								
连锁门店	3 141	15	3 097	28		22	44	680
其他	13 761	2 090	11 227	327	118	462	774	7 439
按餐饮分类分组								
正餐	126 805	14 420	103 043	7 939	1 402	3 013	5 067	51 692
快餐	2 308		2 227	82				860
茶馆								
咖啡店	355		329	26				170
酒吧	280	109	145	27		46	70	200
其他餐饮	5 279	780	4 312	137	50	110	212	1 795

12-6 省内批发和零售业连锁总店(公司)经营情况

(2010 年)

项目		总计	按零售业态分	
			超级市场	专业店
连锁总店数	(个)	3	1	2
连锁门店数	(个)	34	4	30
# 直营店		34	4	30
加盟店				
商品购进总额	(万元)	75 118	3 830	71 288
# 接受统一配送商品金额		75 118	3 830	71 288
# 接受自有配送中心商品金额		34 276	2 987	31 288
接受非自有配送中心商品金额		40 000		40 000
商品销售总额(营业收入)	(万元)	62 778	3 983	58 795
# 商品零售额		62 778	3 983	58 795
营业面积	(平方米)	13 140	3 200	9 240
从业人员	(人)	872	55	817
自有配送中心情况				
面积	(平方米)	7 061	200	6 861
运输车辆	(辆)	108	3	105

12-7 省外连锁总公司在徐州连锁分店经营情况

(2010 年)

项目		总计	批发和零售业	按零售业态分			餐饮业
				超级市场	专业店	专卖店	
连锁门店数	(个)	2	1				1
直营店		2	1				1
加盟店							
商品购进总额	(万元)	35 912	35 910				2
# 接受统一配送商品金额		35 910	35 910				
商品销售总额(或营业总收入)	(万元)	35 641	35 641				
# 商品零售额		35 641	35 641				
商品营业额	(万元)	480					480
零售或住宿和餐饮营业面积	(平方米)	1 968	1 518				450
餐位数	(位)	90					90
从业人员	(人)	50	30				20

12-8 亿元以上商品交易市场基本情况

（2010 年）

指 标 名 称	市场个数（个）	营业面积（平方米）	摊位总量（个）	已出租摊位	出租给个体	出租率（%）
合 计	**27**	**2 837 703**	**33 056**	**32 156**	**29 667**	**97.3**
按经营环境分						
露天式	6	781 439	8 462	8 416	8 408	99.5
封闭式	18	1 500 764	23 839	23 186	20 707	97.3
其他	3	555 500	755	554	552	73.4
按经营方式分						
批发	17	2 326 997	22 202	21 607	19 324	97.3
零售	10	510 706	10 854	10 549	10 343	97.2
按市场类别分						
综合市场	4	707 900	7 328	7 119	4 846	97.1
工业品综合市场						
农产品综合市场	2	49 100	1 530	1 501	1 501	98.1
专业市场	23	2 129 803	25 728	25 037	24 821	97.3
纺织品服装鞋帽市场	4	208 600	9 394	9 273	9 273	98.7
家具市场	1	38 154	195	195	195	100.0
金属材料市场	2	203 000	2 030	1 957	1 949	96.4
煤炭市场	1	200 000	33	33	33	100.0
木材市场	2	284 097	185	182	180	98.4
建材市场	2	337 500	2 148	2 146	2 077	99.9
干鲜果品市场	1	190 000	4 800	4 800	4 800	100.0
蔬菜市场	1	80 000	2 000	2 000	2 000	100.0
计算机及辅助设备市场	1	2 610	282	275	177	97.5
其他市场						

12-9 亿元以上商品交易市场成交情况

（2010 年）

单位：万元

指 标 名 称	本期商品成交额	#全年消费品零售额	本年市场交易业主缴纳税金总额	年末交易市场业主从业人员（人）
合　计	**6 515 601**	**950 006**	**9 898**	**84 539**
按经营环境分				
露天式	1 631 338	118 556	523	14 906
封闭式	4 745 663	819 350	9 059	68 142
其他	138 600	12 100	316	1 491
按经营方式分				
批发	5 667 480	300 902	8 779	46 837
零售	848 120	649 104	1 119	37 702
按市场类别分				
综合市场	1 247 365	67 122	5 193	12 130
工业品综合市场				
农产品综合市场	66 752	34 900	52	2 450
专业市场	5 268 235	882 884	4 705	72 409
纺织品服装鞋帽市场	1 462 372	188 782	1 613	30 560
家具市场	49 212	49 212	27	320
金属材料市场	1 700 835		440	5 200
煤炭市场	149 856		200	248
木材市场	90 290	12 100	34	802
建材市场	418 875	335 610	365	5 846
干鲜果品市场	486 500	95 570	98	3 200
蔬菜市场	240 000		22	8 000
计算机及辅助设备市场	58 000	39 000	26	560
其他市场				

12-10 限额以上批发零售业企业财务状况

（2010年） 单位：万元

指标名称	年末资产负债						
	流动资产合计	#存货	固定资产原价	累计折旧	#本年折旧	资产总计	负债合计
总计	**1 818 815**	**415 332**	**529 675**	**126 298**	**27 513**	**2 458 972**	**1 562 659**
批发业	**947 398**	**175 224**	**197 828**	**45 039**	**10 742**	**1 215 839**	**694 982**
#国有控股	408 475	74 669	80 089	21 500	4 946	482 298	283 797
按登记注册类型分组							
内资企业	929 577	174 865	191 511	44 683	10 605	1 183 275	682 253
国有企业	404 225	72 569	80 061	21 486	4 944	478 033	280 313
集体企业	4 721	362	1 270	219	57	5 853	2 414
股份合作企业							
联营企业	11 870	9 315	3 641	1 415	524	18 315	9 983
有限责任公司	183 626	21 422	15 752	3 717	667	205 822	79 705
股份有限公司	23 880	6 100	1 291	640	106	38 230	35 220
私营企业	300 935	64 944	89 116	17 182	4 303	436 340	274 272
#私营有限责任公司	219 074	38 408	49 268	11 203	2 111	312 855	209 732
其他企业	321	153	380	25	4	681	347
港、澳、台商投资企业	16 489	309	6 256	314	130	30 343	11 859
外商投资企业	1 333	50	61	42	7	2 222	870
按国民经济行业分组							
农畜产品批发	8 116	3 180	3 122	664	213	13 924	5 014
食品、饮料及烟草制品批发	428 389	81 045	98 673	25 878	6 454	524 160	308 509
#米、面制品及食用油批发	241 809	58 232	12 422	2 891	326	262 785	254 360
烟草制品批发	158 195	13 796	66 980	18 019	4 589	209 257	24 913
纺织、服装及日用品批发	869	418	980	366	53	2 145	1 609
#纺织品、针织品及原料批发	177	68	724	351	48	1 211	977
医药及医疗器材批发	86 548	22 597	8 337	1 642	543	134 750	115 851
矿产品、建材及化工产品批发	316 163	36 158	49 916	8 466	2 248	378 375	163 786
#煤炭及制品批发	150 284	10 622	13 218	3 285	853	164 944	31 489
金属及金属矿批发	111 693	13 490	16 483	2 712	540	130 444	90 040
机械设备、五金交电及电子产品批发	96 044	28 008	25 498	6 697	885	141 037	90 086
#农业机械批发	5 511	2 267	1 277	142	67	6 810	4 071
汽车、摩托车及零配件批发	2 923	1 104	744	441	32	4 095	3 222
其他机械设备及电子产品批发	60 873	21 292	16 157	4 931	652	88 604	62 103
其他批发	11 269	3 818	11 302	1 327	347	21 448	10 128
按经营方式分组							
独立门店	644 695	111 093	159 609	38 325	9 474	868 164	420 206
连锁总店（总部）							
连锁门店	1 893	1 068	1 236	226	85	2 903	645
其他	300 810	63 063	36 983	6 487	1 184	344 772	274 131

12-10 续表 1 （2010 年） 单位:万元

指 标 名 称	年末资产负债						
	流动资产合计	#存货	固定资产原价	累计折旧	#本年折旧	资产总计	负债合计
零售业	**871 417**	**240 107**	**331 847**	**81 259**	**16 770**	**1 243 133**	**867 676**
#国有控股	132 627	38 634	48 994	19 695	3 306	207 865	194 994
按登记注册类型分类							
内资企业	855 511	237 722	323 455	77 548	16 382	1 222 126	855 143
国有企业	49 837	14 372	39 117	14 497	2 710	89 908	91 674
集体企业	22 987	11 117	15 139	2 827	455	35 760	13 387
股份合作企业	175	104	786	127	17	834	1 561
联营企业							
有限责任公司	169 743	45 427	64 428	18 730	3 447	240 220	189 805
股份有限公司	105 623	22 410	26 890	10 173	1 597	146 095	124 266
私营企业	492 085	141 690	176 656	31 035	8 108	692 303	421 754
#私营有限责任公司	362 153	104 900	103 636	19 905	4 913	491 122	312 602
其他企业	15 060	2 603	440	158	48	17 007	12 696
港、澳、台商投资企业							
外商投资企业	15 907	2 385	8 392	3 712	389	21 007	12 533
按国民经济行业分组							
综合零售	235 402	63 924	156 748	43 991	8 250	386 530	307 055
#百货零售	128 137	26 767	83 230	23 456	3 883	210 634	173 538
超级市场零售	107 265	37 156	73 518	20 534	4 366	175 896	133 517
食品、饮料及烟草制品专门零售	18 642	4 947	12 931	2 090	455	32 844	18 624
纺织、服装及日用品专门零售	15 285	6 076	10 091	1 406	621	38 147	10 261
文化、体育用品及器材专门零售	38 059	16 019	11 372	5 879	1 141	62 253	37 282
#图书零售	31 858	12 940	8 590	5 099	766	53 591	31 639
医药及医疗器材专门零售	79 971	20 415	10 398	4 303	409	104 036	91 558
汽车、摩托车、燃料及零配件专门零售	297 900	72 279	74 855	15 451	3 660	373 393	248 976
#汽车零售	277 033	65 331	65 278	13 967	3 316	343 013	234 560
家用电器及电子产品专门零售	125 374	41 088	15 451	3 326	806	147 984	105 816
#家用电器零售	73 312	33 710	9 622	1 845	530	86 706	67 529
计算机、软件及辅助设备零售	31 998	5 186	3 837	1 032	194	38 536	23 786
五金、家具及室内装修材料专门零售	55 953	14 490	34 235	3 913	1 143	88 031	45 375
#五金零售	26 655	2 753	4 469	532	135	31 051	24 297
家具零售	6 701	3 954	10 368	1 501	190	16 094	7 352
无店铺及其他零售	4 833	869	5 766	902	287	9 914	2 728
按经营方式分组							
独立门店	636 751	162 450	265 383	60 752	12 328	928 533	614 062
连锁总店(总部)	34 493	23 202	809	410	56	34 939	32 553
连锁门店	38 453	10 596	20 468	7 451	1 425	57 916	59 510
其他	161 721	43 859	45 187	12 646	2 962	221 745	161 551
按零售业态分组							
超市	64 679	20 510	39 311	9 198	2 820	104 260	62 278
大型超市	42 338	16 418	33 381	11 314	1 542	70 585	71 084
仓储会员店	90	70	820	20	4	890	50
百货店	127 704	26 346	82 871	23 456	3 883	209 844	172 838
专业店	354 014	108 268	100 553	20 759	5 071	482 418	304 477
专卖店	234 320	56 647	54 126	13 478	2 489	304 293	214 313

12-10　续表 2　　　　(2010 年)　　　　单位:万元

指　标　名　称	年末资产负债							
	所有者权益合计	实收资本	国家资本	集体资本	法人资本	个人资本	港澳台资本	外商资本
总　计	**896 314**	**432 853**	**22 490**	**17 054**	**74 756**	**307 213**	**7 605**	**3 736**
批发业	**520 857**	**166 443**	**10 026**	**1 330**	**32 826**	**113 820**	**7 405**	**1 037**
#国有控股	198 501	11 150	10 026		919	205		
按登记注册类型分组								
内资企业	501 022	146 705	10 026	1 330	21 619	113 731		
国有企业	197 721	10 950	9 886		919	145		
集体企业	3 440	1 300		1 300				
股份合作企业								
联营企业	8 332	2 000			1 900	100		
有限责任公司	126 117	26 355	140		12 028	14 187		
股份有限公司	3 011	2 110			1 250	860		
私营企业	162 068	103 669		30	5 522	98 118		
#私营有限责任公司	103 123	60 698		30	1 317	59 352		
其他企业	334	321				321		
港、澳、台商投资企业	18 484	18 611			11 206		7 405	
外商投资企业	1 351	1 127				90		1 037
按国民经济行业分组								
农畜产品批发	8 910	3 941	639			3 302		
食品、饮料及烟草制品批发	215 652	24 765	8 820		1 853	14 092		
#米、面制品及食用油批发	8 425	4 404	3 011		903	490		
烟草制品批发	184 344	5 309	5 309					
纺织、服装及日用品批发	537	395				395		
#纺织品、针织品及原料批发	235	165				165		
医药及医疗器材批发	18 899	11 897	397		2 400	9 100		
矿产品、建材及化工产品批发	214 589	84 000	140	525	12 800	66 014	3 500	1 022
#煤炭及制品批发	133 455	21 911	140	500	4 893	16 378		
金属及金属矿批发	40 404	35 398			1 600	29 276	3 500	1 022
机械设备、五金交电及电子产品批发	50 951	32 861	30		15 478	13 433	3 905	15
#农业机械批发	2 739	2 221	30		770	1 421		
汽车、摩托车及零配件批发	873	550				550		
其他机械设备及电子产品批发	26 501	8 916			2 902	5 999		15
其他批发	11 319	8 585		805	295	7 485		
按经营方式分组								
独立门店	447 958	128 949	4 676	805	25 636	89 390	7 405	1 037
连锁总店(总部)								
连锁门店	2 258	200	200					
其他	70 641	37 295	5 150	525	7 190	24 430		

12-10　续表 3　　（2010 年）　　单位：万元

指标名称	年末资产负债							
	所有者权益合计	实收资本	国家资本	集体资本	法人资本	个人资本	港澳台资本	外商资本
零售业	**375 457**	**266 410**	**12 464**	**15 724**	**41 930**	**193 392**	**200**	**2 699**
# 国有控股	12 871	15 563	12 464		1 120	1 979		
按登记注册类型分类								
内资企业	366 983	262 931	12 464	15 724	41 130	193 392	200	20
国有企业	-1 766	12 554	9 609		1 120	1 825		
集体企业	22 372	11 336		11 024	50	262		
股份合作企业	-727	113		113				
联营企业								
有限责任公司	50 415	34 303	1 900	4 065	13 834	14 483		20
股份有限公司	21 829	15 484	955	10	6 636	7 883		
私营企业	270 549	184 719		512	15 290	168 717	200	
# 私营有限责任公司	178 520	118 696			11 115	107 381	200	
其他企业	4 311	4 423			4 200	223		
港、澳、台商投资企业								
外商投资企业	8 474	3 479			800			2 679
按国民经济行业分组								
综合零售	79 476	75 275	7 715	11 813	21 648	32 899		1 200
# 百货零售	37 096	38 895	6 275	5 043	14 598	12 980		
超级市场零售	42 380	36 380	1 440	6 770	7 050	19 919		1 200
食品、饮料及烟草制品专门零售	14 220	5 927	304	460	705	4 458		
纺织、服装及日用品专门零售	27 886	24 377	362		2 906	20 909	200	
文化、体育用品及器材专门零售	24 971	4 548	1 560	310	710	1 968		
# 图书零售	21 952	2 150	1 560		540	50		
医药及医疗器材专门零售	12 478	5 725	2 336		541	2 848		
汽车、摩托车、燃料及零配件专门零售	124 417	86 329	50	3 062	6 117	77 100		
# 汽车零售	108 454	76 828		2 712	5 907	68 209		
家用电器及电子产品专门零售	42 168	29 450		19	6 394	23 017		20
# 家用电器零售	19 176	10 609		19	160	10 410		20
计算机、软件及辅助设备零售	14 750	11 022			4 300	6 722		
五金、家具及室内装修材料专门零售	42 656	28 775	87	60	2 910	25 507		210
# 五金零售	6 754	8 020	87	60		7 873		
家具零售	8 742	5 960				5 750		210
无店铺及其他零售	7 186	6 004	50			4 685		1 269
按经营方式分组								
独立门店	314 471	231 177	8 409	14 030	37 735	169 803		1 200
连锁总店(总部)	2 386	1 560	1 000	60		500		
连锁门店	-1 594	7 004	1 440	1 000	1 620	2 944		
其他	60 194	26 669	1 615	634	2 575	20 145	200	1 499
按零售业态分组								
超市	41 982	24 125	1 440	5 170	4 540	12 975		
大型超市	-499	11 365		1 600	2 510	6 055		1 200
仓储会员店	840	840				840		
百货店	37 006	38 845	6 275	5 043	14 598	12 930		
专业店	177 941	104 449	3 052	1 539	9 201	89 368		1 289
专卖店	89 980	63 392	1 306	2 012	8 442	51 221	200	210

12-10 续表 4　　（2010 年）　　单位:万元

指 标 名 称	损益及分配							
	主营业务收入	主营业务成本	主营业务税金及附加	主营业务利润	其他业务利润	营业费用	管理费用	# 税金
总　计	**7 105 158**	**6 196 348**	**57 462**	**839 322**	**28 499**	**232 651**	**155 280**	**6 436**
批发业	**3 695 692**	**3 173 546**	**38 162**	**480 604**	**2 532**	**113 056**	**65 123**	**2 460**
# 国有控股	777 445	673 512	21 929	82 005	77	7 740	20 244	593
按登记注册类型分组								
内资企业	3 657 284	3 140 380	37 653	475 870	2 267	112 309	63 896	2 391
国有企业	758 525	655 390	21 897	81 239	77	7 740	20 125	590
集体企业	26 169	24 317	149	1 703		274	228	5
股份合作企业								
联营企业	29 833	25 609	8	4 215		1 699	402	
有限责任公司	1 171 412	1 001 704	3 162	166 545	1 114	32 457	6 133	326
股份有限公司	138 376	105 076	907	30 168		29 752	694	82
私营企业	1 528 430	1 324 836	11 506	190 934	1 076	39 877	36 172	1 377
# 私营有限责任公司	830 038	727 041	4 029	97 815	149	25 897	22 234	537
其他企业	4 539	3 447	25	1 067		510	143	11
港、澳、台商投资企业	32 885	28 149	449	4 287	51	647	814	67
外商投资企业	5 523	5 017	59	447	214	100	413	3
按国民经济行业分组								
农畜产品批发	57 491	50 335	474	6 683		354	345	12
食品、饮料及烟草制品批发	1 098 608	937 807	24 588	134 322	944	23 133	25 449	1 101
# 米、面制品及食用油批发	360 819	357 730	159	1 040		1 563	2 671	104
烟草制品批发	388 340	291 468	21 482	75 390	77	6 649	17 702	463
纺织、服装及日用品批发	20 231	18 136	101	1 994		413	368	20
# 纺织品、针织品及原料批发	15 824	14 549	86	1 189		304	325	12
医药及医疗器材批发	352 709	311 387	720	40 602	836	34 901	4 760	118
矿产品、建材及化工产品批发	1 723 873	1 453 488	9 486	260 872	498	41 897	25 402	943
# 煤炭及制品批发	997 473	824 482	3 629	169 362	74	18 261	7 058	361
金属及金属矿批发	345 576	291 899	2 579	51 072	214	13 291	12 751	149
机械设备、五金交电及电子产品批发	337 063	306 628	1 616	27 693	254	10 341	6 715	230
# 农业机械批发	30 508	25 659	205	3 518		827	416	13
汽车、摩托车及零配件批发	29 892	28 135	6	1 752	91	719	1 043	19
其他机械设备及电子产品批发	227 615	211 469	578	15 568	11	5 964	3 259	106
其他批发	105 717	95 765	1 178	8 438		2 017	2 084	38
按经营方式分组								
独立门店	2 750 195	2 297 149	33 517	417 274	2 421	100 146	57 345	1 897
连锁总店(总部)								
连锁门店	9 304	7 696	47	1 561		156	312	1
其他	936 194	868 701	4 598	61 769	111	12 754	7 466	562

12-10 续表 5 （2010 年） 单位:万元

指 标 名 称	损益及分配							
	主营业务收入	主营业务成本	主营业务税金及附加	主营业务利润	其他业务利润	营业费用	管理费用	# 税金
零售业	**3 409 466**	**3 022 802**	**19 300**	**358 718**	**25 967**	**119 595**	**90 157**	**3 976**
# 国有控股	392 825	356 113	590	35 410	6 550	18 456	13 634	288
按登记注册类型分类								
内资企业	3 367 553	2 987 903	19 269	351 736	23 658	116 681	88 844	3 965
国有企业	149 784	128 622	362	20 533	4 947	10 686	8 133	129
集体企业	113 106	90 898	1 447	20 760	345	3 648	3 080	111
股份合作企业	2 125	1 814	4	307		19	124	8
联营企业								
有限责任公司	776 255	686 552	4 286	84 603	12 275	29 864	19 833	885
股份有限公司	360 097	335 803	1 332	22 962	1 572	10 047	8 546	310
私营企业	1 945 185	1 725 060	11 762	200 798	4 519	61 843	48 732	2 514
# 私营有限责任公司	1 510 165	1 352 602	7 437	143 067	2 651	48 392	36 949	1 831
其他企业	21 002	19 154	77	1 772		576	397	9
港、澳、台商投资企业								
外商投资企业	41 912	34 899	30	6 983	2 309	2 914	1 313	11
按国民经济行业分组								
综合零售	844 921	726 614	6 276	110 931	20 275	42 758	30 640	920
# 百货零售	527 849	453 489	4 741	69 365	12 956	20 331	16 806	619
超级市场零售	317 072	273 126	1 535	41 566	7 319	22 427	13 834	302
食品、饮料及烟草制品专门零售	163 655	139 196	1 582	22 875	305	6 538	6 105	200
纺织、服装及日用品专门零售	87 761	72 381	1 084	14 297	5	3 704	3 648	247
文化、体育用品及器材专门零售	57 687	43 668	304	13 002	671	3 990	4 263	150
# 图书零售	43 251	32 629	102	9 807	671	3 450	3 137	107
医药及医疗器材专门零售	262 302	244 144	609	17 549	1 093	7 931	5 502	240
汽车、摩托车、燃料及零配件专门零售	1 327 424	1 209 527	5 277	111 818	831	33 294	25 051	1 559
# 汽车零售	1 201 993	1 103 826	3 278	94 357	821	30 444	22 218	1 197
家用电器及电子产品专门零售	347 086	300 309	1 732	39 397	2 733	14 651	7 623	346
# 家用电器零售	244 748	208 247	1 044	29 871	1 916	10 096	5 167	162
计算机、软件及辅助设备零售	63 904	56 966	591	6 286	14	2 657	1 746	115
五金、家具及室内装修材料专门零售	295 062	266 794	1 968	26 287	54	6 387	6 978	278
# 五金零售	118 733	111 467	317	6 938		1 768	1 624	35
家具零售	29 828	25 112	661	4 054	54	920	1 050	98
无店铺及其他零售	23 568	20 169	468	2 564		344	347	37
按经营方式分组								
独立门店	2 552 220	2 247 991	16 799	283 646	20 889	87 780	68 751	3 148
连锁总店(总部)	67 494	54 264	116	8 972	61	4 023	2 546	
连锁门店	137 006	126 202	208	10 495	3 140	7 784	5 859	60
其他	652 746	594 345	2 177	55 605	1 877	20 008	13 001	767
按零售业态分组								
超市	191 504	163 626	1 225	25 910	2 426	10 120	8 419	229
大型超市	123 013	107 621	260	15 030	4 893	11 994	5 403	72
仓储会员店	860	520	36	304		35	1	1
百货店	525 614	451 311	4 739	69 310	12 956	20 320	16 799	618
专业店	1 338 390	1 186 083	5 341	141 573	2 130	45 717	34 281	1 658
专卖店	853 501	768 529	6 102	78 298	2 667	21 601	17 898	1 133

12-10 续表 6　　（2010 年）　　单位：万元

指标名称	损益及分配								
	# 差旅费	# 工会经费	财务费用	# 利息支出	营业利润	利润总额	应交所得税	劳动失业保险费	住房公积金及住房补贴
总　计	**6 274**	**1 033**	**32 923**	**12 659**	**447 658**	**436 285**	**90 089**	**3 510**	**3 025**
批发业	**2 511**	**294**	**14 003**	**5 441**	**290 954**	**292 069**	**60 834**	**915**	**1 422**
# 国有控股	376	199	2 428	2 067	51 670	56 724	12 533	153	733
按登记注册类型分组									
内资企业	2 442	294	13 803	5 441	288 129	289 241	60 109	893	1 399
国有企业	359	199	2 210	2 067	51 241	56 295	12 426	152	729
集体企业			43		1 159	1 159	290		
股份合作企业									
联营企业			312		1 803	1 780	8		
有限责任公司	507	21	1 471	458	127 598	125 228	31 473	153	326
股份有限公司	54	0.2	46	0.3	-325	-308	125	12	62
私营企业	1 507	74	9 658	2 916	106 303	104 917	15 748	574	282
# 私营有限责任公司	674	40	4 681	1 592	45 152	45 256	4 813	177	73
其他企业	15		63		350	170	39	2	
港、澳、台商投资企业	2		178		2 699	2 699	705		
外商投资企业	67		22		126	128	20	22	23
按国民经济行业分组									
农畜产品批发	34	4	276	87	5 708	3 974	501	14	1
食品、饮料及烟草制品批发	489	226	5 406	2 928	81 279	88 909	20 574	359	947
# 米、面制品及食用油批发	64	13	3 514	3 411	-6 708	1 069	260	17	51
烟草制品批发	275	177	-1 465	-1 477	52 581	52 736	11 852	123	656
纺织、服装及日用品批发	39		34	16	1 178	1 178	207		
# 纺织品、针织品及原料批发	8		24	5	536	536	134		
医药及医疗器材批发	67		405	28	1 373	1 930	367	54	74
矿产品、建材及化工产品批发	1 066	53	5 977	1 387	188 093	184 206	37 193	266	245
# 煤炭及制品批发	401	37	1 638	171	142 478	140 336	32 182	102	157
金属及金属矿批发	339		2 400	805	22 845	22 805	1 939	72	38
机械设备、五金交电及电子产品批发	291	10	1 174	432	9 717	8 189	1 191	99	52
# 农业机械批发	36	2	131	14	2 144	845	128	7	6
汽车、摩托车及零配件批发	112		1	1	80	74	17	2	
其他机械设备及电子产品批发	137	2	871	401	5 485	5 280	805	74	14
其他批发	526	1	731	563	3 606	3 683	800	123	103
按经营方式分组									
独立门店	2 005	243	9 189	1 743	253 015	252 612	56 119	685	1 264
连锁总店（总部）									
连锁门店	26	1	62	46	1 031	740	104		
其他	481	51	4 752	3 652	36 908	38 717	4 610	230	158

12-10 续表 7 （2010 年） 单位:万元

指标名称	损益及分配								
	# 差旅费	# 工会经费	财务费用	# 利息支出	营业利润	利润总额	应交所得税	劳动失业保险费	住房公积金及住房补贴
零售业	**3 762**	**739**	**18 920**	**7 218**	**156 704**	**144 217**	**29 256**	**2 595**	**1 603**
# 国有控股	264	83	1 349	783	8 932	8 573	840	374	371
按登记注册类型分类									
内资企业	3 762	739	19 023	7 218	151 537	139 035	27 948	2 374	1 535
国有企业	72	44	940	232	5 722	5 353	384	268	184
集体企业	236	134	1 231	275	13 148	13 330	2 136	43	44
股份合作企业		1	59	59	105	-42			
联营企业									
有限责任公司	540	162	4 476	1 285	43 278	37 272	8 889	567	390
股份有限公司	343	110	851	955	5 091	5 107	1 104	153	250
私营企业	2 507	287	11 106	4 106	83 756	77 579	15 331	1 311	653
# 私营有限责任公司	1 754	212	8 612	3 306	51 885	48 533	8 952	1 098	413
其他企业	66	1	361	306	438	436	104	32	14
港、澳、台商投资企业									
外商投资企业			-102		5 168	5 182	1 308	221	68
按国民经济行业分组									
综合零售	767	307	6 388	1 998	51 131	47 174	11 130	831	655
# 百货零售	477	158	4 236	1 068	40 518	35 217	8 006	418	309
超级市场零售	291	149	2 152	930	10 613	11 957	3 124	414	346
食品、饮料及烟草制品专门零售	292	97	850	227	9 682	9 320	2 282	459	164
纺织、服装及日用品专门零售	265	28	1 159	134	5 791	5 893	1 269	74	5
文化、体育用品及器材专门零售	90	42	150	-34	5 681	5 247	675	67	198
# 图书零售	57	39	37	-58	4 264	4 295	415	52	195
医药及医疗器材专门零售	256	36	569	637	4 641	4 644	564	198	100
汽车、摩托车、燃料及零配件专门零售	1 289	157	6 644	2 993	48 188	44 042	8 860	581	265
# 汽车零售	1 150	138	5 651	2 736	37 392	34 082	7 722	574	254
家用电器及电子产品专门零售	428	45	1 349	669	18 554	14 841	1 965	348	149
# 家用电器零售	184	28	610	104	15 914	12 289	1 344	241	128
计算机、软件及辅助设备零售	180	16	449	346	1 496	1 409	355	61	21
五金、家具及室内装修材料专门零售	335	22	1 657	534	11 318	11 205	2 130	29	37
# 五金零售	43	8	493	40	3 053	2 930	461	6	7
家具零售	64	4	286	77	1 851	1 961	325	22	30
无店铺及其他零售	41	6	154	60	1 719	1 850	381	8	31
按经营方式分组									
独立门店	2 568	601	15 453	5 712	132 690	121 374	25 141	2 241	1 322
连锁总店（总部）	6	4	145	1	2 460	2 455	208	14	46
连锁门店	56	12	705	76	-712	-1 234	31	22	40
其他	1 133	123	2 617	1 430	22 266	21 622	3 875	318	196
按零售业态分组									
超市	232	147	1 827	781	8 111	9 478	1 627	160	255
大型超市	58	2	298	148	2 229	2 206	1 446	252	92
仓储会员店			1	1	267	267	50		
百货店	475	158	4 236	1 068	40 480	35 179	7 996	418	309
专业店	1 952	233	6 913	2 685	57 211	51 079	8 337	841	504
专卖店	805	174	4 612	2 345	37 417	34 801	7 534	664	443

12-10 续表 8　　(2010年)　　单位:万元

指 标 名 称	工资、福利、增值税			全部从业人员年平均人数(人)	附报资料	
	本年应付工资	本年应付福利总额	本年应交增值税		亏损企业数(个)	亏损总额
总 计	**98 912**	**9 958**	**173 667**	**48 479**	**55**	**10 574**
批发业	**37 680**	**3 510**	**126 977**	**12 363**	**13**	**3 293**
#国有控股	10 850	1 410	16 975	2 179	2	88
按登记注册类型分组						
内资企业	37 278	3 468	123 079	12 265	12	3 171
国有企业	10 807	1 407	16 667	2 152	2	88
集体企业	99	18	1 189	42		
股份合作企业						
联营企业	272	32	62	120		
有限责任公司	6 424	371	27 753	2 162	4	1 369
股份有限公司	7 894	233	5 132	1 462	1	1 023
私营企业	11 663	1 392	72 054	6 280	5	691
#私营有限责任公司	6 984	659	59 606	3 335	4	615
其他企业	120	15	222	47		
港、澳、台商投资企业	163	23	3 872	66	1	122
外商投资企业	238	20	26	32		
按国民经济行业分组						
农畜产品批发	503	41	1 574	385		
食品、饮料及烟草制品批发	14 890	1 685	25 078	3 782	3	443
#米、面制品及食用油批发	1 571	67	849	781	2	88
烟草制品批发	9 322	1 334	15 278	1 394		
纺织、服装及日用品批发	190	83	85	115		
#纺织品、针织品及原料批发	77	8	51	47		
医药及医疗器材批发	9 633	353	4 807	2 627	2	1 208
矿产品、建材及化工产品批发	8 979	989	88 506	3 740	3	1 006
#煤炭及制品批发	3 962	428	27 860	1 448	2	681
金属及金属矿批发	2 234	288	54 101	815	1	325
机械设备、五金交电及电子产品批发	2 085	173	3 209	993	3	323
#农业机械批发	277	14	238	170		
汽车、摩托车及零配件批发	143	18	30	75		
其他机械设备及电子产品批发	1 060	113	1 636	426		
其他批发	1 399	186	3 717	721	2	312
按经营方式分组						
独立门店	31 835	2 950	120 129	9 678	10	2 429
连锁总店(总部)						
连锁门店	154	1	162	94		
其他	5 691	559	6 686	2 591	3	864

12-10　续表 9　　（2010 年）　　单位:万元

指 标 名 称	工资、福利、增值税			全部从业人员年平均人数（人）	附报资料	
	本年应付工资	本年应付福利总额	本年应交增值税		亏损企业数（个）	亏损总额
零售业	**61 233**	**6 448**	**46 691**	**36 116**	**42**	**7 281**
# 国有控股	9 403	1 058	1 765	5 479	7	1 104
按登记注册类型分类						
内资企业	60 712	6 442	45 552	35 566	42	7 281
国有企业	5 000	782	752	3 793	7	1 104
集体企业	2 315	274	2 976	1 521	1	3
股份合作企业	56	1	4	55	1	42
联营企业						
有限责任公司	13 215	1 204	10 693	7 471	10	2 502
股份有限公司	6 389	456	3 019	3 132	1	431
私营企业	33 248	3 706	27 862	19 377	22	3 200
# 私营有限责任公司	23 147	2 525	20 296	13 044	15	2 399
其他企业	490	19	247	217		
港、澳、台商投资企业						
外商投资企业	520	5	1 138	550		
按国民经济行业分组						
综合零售	24 785	2 190	15 916	17 716	16	6 399
# 百货零售	12 627	1 293	10 217	8 569	7	1 963
超级市场零售	12 158	897	5 699	9 147	9	4 436
食品、饮料及烟草制品专门零售	2 607	351	3 171	1 930	4	209
纺织、服装及日用品专门零售	1 981	309	2 767	1 258	2	104
文化、体育用品及器材专门零售	3 181	331	1 038	864	2	87
# 图书零售	2 493	249	671	538		
医药及医疗器材专门零售	4 961	544	1 916	2 619	1	11
汽车、摩托车、燃料及零配件专门零售	12 515	1 515	12 534	5 452	9	369
# 汽车零售	10 595	1 290	8 559	4 530	8	329
家用电器及电子产品专门零售	7 102	709	4 408	3 752	6	82
# 家用电器零售	4 649	473	3 163	2 448	2	59
计算机、软件及辅助设备零售	1 603	174	963	885	2	5
五金、家具及室内装修材料专门零售	3 459	411	4 478	2 122	1	10
# 五金零售	1 025	104	953	547	1	10
家具零售	1 076	167	651	728		
无店铺及其他零售	643	88	461	403	1	10
按经营方式分组						
独立门店	44 782	4 992	37 774	26 676	31	4 165
连锁总店(总部)	1 787	151	437	768		
连锁门店	4 163	318	675	2 712	3	2 110
其他	10 500	987	7 806	5 960	8	1 007
按零售业态分组						
超市	7 504	726	3 174	5 033	1	221
大型超市	4 559	155	2 442	4 046	8	4 216
仓储会员店	25	2	32	10		
百货店	12 579	1 293	10 196	8 529	7	1 963
专业店	21 186	2 318	14 291	10 209	9	292
专卖店	11 182	1 450	11 059	5 474	13	388

12-11 限额以上住宿餐饮业企业财务状况

（2010 年）　　　　单位：万元

指标名称	年末资产负债					资产总计	负债合计
	流动资产合计	#存货	固定资产原价	累计折旧	#本年折旧		
总计	**80 843**	**8 017**	**179 129**	**40 366**	**6 697**	**282 366**	**167 846**
住宿业	**25 715**	**1 849**	**104 268**	**27 685**	**4 212**	**128 462**	**72 598**
#国有控股	5 800	464	37 659	8 386	1 327	48 202	14 915
按登记注册类型分组							
内资企业	25 422	1 838	103 969	27 482	4 202	127 835	71 972
国有企业	5 800	464	37 659	8 386	1 327	48 202	14 915
集体企业	540	80	1 048	279	57	1 707	2 001
有限责任公司	1 931	231	4 722	3 749	125	9 089	5 462
股份有限公司	126	6	1 384	616	29	894	736
私营企业	17 025	1 056	59 156	14 453	2 664	67 944	48 858
其他企业							
港、澳、台商投资企业	293	11	300	203	9	626	626
外商投资企业							
按国民经济行业分组							
旅游饭店	23 462	1 725	100 714	26 367	4 030	123 676	68 557
一般旅馆	2 254	124	3 554	1 318	182	4 786	4 041
按星级等级分组							
一星	224	9	259	15	2	472	174
二星	4 161	252	18 293	7 927	622	20 489	10 941
三星	10 778	517	14 963	7 060	1 906	21 213	15 730
四星	4 441	394	22 942	4 224	139	35 689	7 719
五星	524	147	29 834	3 334	607	29 897	24 008
其他	5 588	530	17 978	5 124	936	20 702	14 026
按经营方式分组							
独立门店	25 484	1 823	103 926	27 624	4 196	127 950	72 352
连锁总店（总部）							
连锁门店							
其他	231	26	342	61	16	512	246
餐饮业	**55 127**	**6 169**	**74 861**	**12 681**	**2 486**	**153 904**	**95 248**
#国有控股	738	250	6 736	721	94	7 834	2 902
按登记注册类型分组							
内资企业	55 127	6 169	74 861	12 681	2 486	153 904	95 248
国有企业	738	250	6 736	721	94	7 834	2 902
集体企业							
有限责任公司	8 257	740	2 990	572	270	25 556	19 166
股份有限公司	774	39	926	146	33	1 943	654
私营企业	43 655	4 861	53 350	9 778	1 466	107 229	69 888
私营独资企业	19 811	2 680	25 976	5 940	701	50 872	22 651
私营有限责任公司	23 319	1 996	26 534	3 781	744	54 295	36 826
其他企业	1 487	256	10 297	1 425	622	10 503	2 216
按国民经济行业分组							
正餐服务	52 410	5 169	71 134	12 137	2 241	146 054	91 067
快餐服务	1 355	139	2 724	312	120	5 137	2 550
其他餐饮服务	1 362	861	1 004	233	125	2 714	1 630
按经营方式分组							
独立门店	42 298	5 882	69 688	12 230	2 305	133 694	77 341
连锁总店（总部）							
连锁门店	9 934	9	1 371	165	48	11 140	10 560
其他	2 896	278	3 802	287	132	9 070	7 347
按餐饮分类分组							
正餐	53 411	5 424	73 097	12 470	2 373	150 575	93 957
快餐	333	1	67	9	1	450	367
茶馆							
咖啡店	22		122	3	3	141	33
酒吧	43	1	56	26	3	73	44
其他餐饮	1 319	743	1 519	173	106	2 665	848

12-11　续表 1　　（2010 年）　　单位:万元

指标名称	年末资产负债						港澳台资本	外商资本	主营业务收入
	所有者权益合计	实收资本							
			国家资本	集体资本	法人资本	个人资本			
总　计	**114 520**	**121 383**	**36 305**	**1 113**	**29 499**	**54 246**	**60**	**160**	**191 227**
住宿业	**55 864**	**59 286**	**34 297**	**863**	**6 190**	**17 877**	**60**		**64 167**
# 国有控股	33 287	36 297	34 297			2 000			15 469
按登记注册类型分组									
内资企业	55 864	59 186	34 297	863	6 190	17 837			63 274
国有企业	33 287	36 297	34 297			2 000			15 469
集体企业	–294	653		653					1 930
有限责任公司	3 627	4 130		80	800	3 250			4 778
股份有限公司	158	130		130					392
私营企业	19 086	17 977			5 390	12 587			40 704
其他企业									
港、澳、台商投资企业		100				40	60		893
外商投资企业									
按国民经济行业分组									
旅游饭店	55 119	57 327	34 297	863	5 700	16 408	60		59 484
一般旅馆	745	1 960			490	1 470			4 682
按星级等级分组									
一星	298	100				100			564
二星	9 548	8 813	1 005	683		7 125			13 584
三星	5 483	5 342	350	50		4 882	60		11 640
四星	27 970	32 941	32 941						10 043
五星	5 889	5 000			4 900	100			11 868
其他	6 676	7 091	0.1	130	1 290	5 671			16 468
按经营方式分组									
独立门店	55 598	59 236	34 297	863	6 190	17 827	60		63 541
连锁总店(总部)									
连锁门店									
其他	266	50				50			625
餐饮业	**58 657**	**62 097**	**2 009**	**250**	**23 309**	**36 369**		**160**	**127 061**
# 国有控股	4 932	5 219	2 009		800	2 410			4 826
按登记注册类型分组									
内资企业	58 657	62 097	2 009	250	23 309	36 369		160	127 061
国有企业	4 932	5 219	2 009		800	2 410			4 826
集体企业									
有限责任公司	6 390	5 389			5 026	203		160	13 054
股份有限公司	1 289	1 457				1 457			1 618
私营企业	37 341	38 079			5 870	32 209			102 041
私营独资企业	25 135	27 374			5 770	21 604			46 376
私营有限责任公司	11 819	9 905			100	9 805			51 870
其他企业	8 287	11 493			11 463	30			4 992
按国民经济行业分组									
正餐服务	54 987	59 441	2 009	250	21 529	35 494		160	117 886
快餐服务	2 587	1 930			1 680	250			2 702
其他餐饮服务	1 084	725			100	625			6 472
按经营方式分组									
独立门店	56 354	59 870	2 009	250	23 087	34 364		160	114 184
连锁总店(总部)									
连锁门店	580	50				50			1 588
其他	1 723	2 177			222	1 955			11 288
按餐饮分类分组									
正餐	56 619	60 966	2 009	250	23 259	35 288		160	121 027
快餐	84	80				80			801
茶馆									
咖啡店	108	100				100			323
酒吧	29	50				50			279
其他餐饮	1 818	901			50	851			4 631

12-11 续表 2　　(2010 年)　　单位:万元

指 标 名 称	损益及分配									
	主营业务成本	主营业务税金及附加	主营业务利润	其他业务利润	营业费用	管理费用	#税金	#差旅费	#工会经费	财务费用
总 计	**126 618**	**6 696**	**56 989**	**553**	**27 936**	**17 662**	**1 287**	**221**	**93**	**2 520**
住宿业	**40 197**	**2 101**	**21 189**	**32**	**10 545**	**7 432**	**470**	**74**	**43**	**902**
#国有控股	7 133	747	7 590	32	4 662	2 614	106	15	6	117
按登记注册类型分组										
内资企业	39 593	2 081	20 919	32	10 412	7 325	466	74	43	894
国有企业	7 133	747	7 590	32	4 662	2 614	106	15	6	117
集体企业	1 071	51	808		554	242	18	14	3	43
有限责任公司	1 400	219	3 159		1 541	1 500	83	2	8	57
股份有限公司	82	22	288		201	95	6			…
私营企业	29 906	1 042	9 075		3 455	2 875	253	44	26	677
其他企业										
港、澳、台商投资企业	604	19	270		133	107	4			8
外商投资企业										
按国民经济行业分组										
旅游饭店	37 064	1 985	19 990	32	9 949	6 906	448	74	43	815
一般旅馆	3 133	116	1 198		596	526	22			87
按星级等级分组										
一星	366	14	184		25	55	21			1
二星	8 401	330	4 852	2	2 557	1 834	143	18	8	79
三星	6 157	434	4 604		2 407	1 601	162	34	22	280
四星	3 783	564	5 695	30	3 506	2 204	13	10	3	102
五星	10 087	444	1 337		399	406	48	12	10	287
其他	11 403	315	4 516		1 652	1 332	83			154
按经营方式分组										
独立门店	39 808	2 094	20 959	32	10 534	7 396	459	69	43	878
连锁总店(总部)										
连锁门店										
其他	389	6	230		10	36	11	5		24
餐饮业	**86 421**	**4 595**	**35 801**	**521**	**17 392**	**10 230**	**817**	**147**	**50**	**1 618**
#国有控股	3 720	199	907		366	232	3	4	5	10
按登记注册类型分组										
内资企业	86 421	4 595	35 801	521	17 392	10 230	817	147	50	1 618
国有企业	3 720	199	907		366	232	3	4	5	10
集体企业										
有限责任公司	6 376	675	5 874	8	3 005	1 604	54	17	1	119
股份有限公司	1 115	77	426		158	45	3	1		15
私营企业	70 877	3 431	27 619	513	13 403	7 654	671	113	42	1 454
私营独资企业	33 687	1 255	11 434	2	5 018	2 813	242	56	11	801
私营有限责任公司	35 094	1 991	14 671	511	7 324	4 312	402	55	32	646
其他企业	4 138	184	669		234	622	86	10	2	21
按国民经济行业分组										
正餐服务	80 803	4 308	32 532	521	16 135	9 237	801	116	40	1 521
快餐服务	1 446	112	1 144		174	365	9	16		87
其他餐饮服务	4 172	176	2 124		1 083	629	7	15	10	10
按经营方式分组										
独立门店	77 452	4 052	32 445	521	15 320	9 205	796	133	44	1 580
连锁总店(总部)										
连锁门店	1 274	88	227		234	2	0.4			-0.3
其他	7 696	455	3 130		1 838	1 023	21	14	6	39
按餐饮分类分组										
正餐	82 140	4 444	34 200	521	16 970	9 789	770	126	40	1 604
快餐	409	16	376		69	83	11			12
茶馆										
咖啡店	207	6	111			49				
酒吧	209	15	56		50	3	0.4			
其他餐饮	3 457	115	1 058		303	307	36	21	10	2

12-11 续表 3 （2010 年） 单位：万元

指标名称	损益及分配						工资、福利			全部从业人员年平均人数（人）	附报资料	
	# 利息支出	营业利润	利润总额	应交所得税	劳动、失业保险费	住房公积金及住房补贴	# 本年应付工资	# 本年应付福利总额	本年应交增值税		亏损企业数（个）	亏损总额
总　计	**329**	**10 096**	**10 541**	**2 479**	**304**	**281**	**22 475**	**2 251**	**454**	**13 600**	**35**	**3 176**
住宿业	**95**	**3 013**	**3 102**	**459**	**131**	**204**	**8 981**	**999**	**166**	**5 359**	**14**	**1 281**
# 国有控股	-1	230	418	120	33	27	2 913	170	29	1 448	4	466
按登记注册类型分组												
内资企业	95	2 992	3 230	459	131	204	8 911	991	166	5 319	13	1 153
国有企业	-1	230	418	120	33	27	2 913	170	29	1 448	4	466
集体企业	1	-31	-59	13	5	11	344	22		275	1	112
有限责任公司	35	61	64	22	28	146	878	112	16	814	3	235
股份有限公司		-8	-8		4	9	104			78	1	8
私营企业	60	2 740	2 814	305	61	12	4 672	686	121	2 704	4	332
其他企业												
港、澳、台商投资企业		21	-128				70	8		40	1	128
外商投资企业												
按国民经济行业分组												
旅游饭店	95	2 789	2 903	417	121	204	8 586	965	140	4 979	12	1 266
一般旅馆		224	199	43	10		395	33	27	380	2	14
按星级等级分组												
一星		104	104	26			37	2	3	34		
二星	27	385	571	34	40	167	1 830	225		1 566	6	465
三星	29	752	637	133	56	14	2 005	150	119	1 167	3	446
四星	-5	-86	-53	79	17	11	1 896	74		810	2	348
五星		245	189	47			1 266	93		615		
其他	44	1 613	1 655	140	17	13	1 948	455	44	1 167	3	22
按经营方式分组												
独立门店	71	2 853	2 942	442	131	204	8 926	991	166	5 317	14	1 281
连锁总店（总部）												
连锁门店												
其他	24	160	160	17			55	8		42		
餐饮业	**234**	**7 084**	**7 439**	**2 020**	**173**	**76**	**13 494**	**1 253**	**287**	**8 241**	**21**	**1 895**
# 国有控股	6	299	308	78	4	40	555	40		281		
按登记注册类型分组												
内资企业	234	7 084	7 439	2 020	173	76	13 494	1 253	287	8 241	21	1 895
国有企业	6	299	308	78	4	40	555	40		281		
集体企业												
有限责任公司	6	1 154	1 209	321	16		1 952	186		1 263	3	73
股份有限公司	2	209	144	21			398	23	24	287		
私营企业	221	5 623	6 056	1 580	142	24	9 999	981	262	6 105	17	1 459
私营独资企业	154	2 805	2 836	822	57	20	4 315	447	70	2 648	6	798
私营有限责任公司	66	2 902	2 446	701	83	3	5 194	459	42	3 090	9	320
其他企业		-207	-284	18	3	13	469	19	1	224	1	363
按国民经济行业分组												
正餐服务	229	6 163	6 895	1 837	173	76	12 540	1 166	224	7 712	20	1 625
快餐服务	5	518	397	104			451	25	50	208		
其他餐饮服务	1	402	147	79			503	62	13	321	1	270
按经营方式分组												
独立门店	231	6 863	7 210	1 931	160	75	11 766	1 048	287	7 082	14	1 702
连锁总店（总部）												
连锁门店	-1	-9	1	0.2	12		65	9		60		
其他	4	229	228	88	2	2	1 662	196		1 099	7	193
按餐饮分类分组												
正餐	234	6 361	6 198	1 970	173	76	12 912	1 176	280	7 768	21	1 895
快餐		212	1 001	29			154	16		111		
茶馆												
咖啡店		62	62	5			60	9		46		
酒吧		3	5	1			29	6		28		
其他餐饮	1	446	173	15			338	47	7	288		

主要统计指标解释

社会消费品零售额 是指各种经济类型的批发零售贸易业、餐饮业、制造业和其他行业对城乡居民和社会集团的消费品零售额和农民对非农业居民的零售额总和。这个指标反映通过各种商品流通渠道向居民和社会集团供应生活消费品来满足他们生活需要的情况,是研究人民生活、社会消费品购买力、货币流通等问题的重要指标。

批发零售贸易业 是指专门从事批发和零售贸易活动的经济部门。

批发零售贸易业商品购销存总额 是指除个体经济以外的各种经济类型的独立核算批发零售贸易业法人企业以及其他独立核算法人企业和单位附营的各类批发零售贸易单位的商品购销存总额。

商品购进总额 指批发零售贸易业各企业(附营单位)从本企业(单位)以外的单位和个人购进(包括从国外直接进口)作为转卖或加工后转卖的商品。本指标由从生产者购进额、从批发零售贸易业购进额、进口额和其他购进额项目组成。这个指标反映批发零售贸易业从国内、国外市场上购进商品总量。

商品销售总额 指批发零售贸易业各企业(附营单位)对本企业(单位)以外的单位和个人出售(包括对国(境)外直接出口)的商品(包括售给本单位消费用的商品)。本指标由对生产经营单位批发额、对批发零售贸易业批发额、出口额和对居民和社会集团商品零售额项目组成。这个指标反映批发零售贸易业在国内市场上销售商品以及出口商品的总量。

期末库存 指批发零售贸易企业(附营单位)已取得所有权的全部商品。这个指标反映批发零售贸易企业的商品库存情况,对市场商品供应的保证程度。

资本金总额 是指批发零售贸易业、餐饮业企业在工商行政管理部门登记的注册资金。资本金按投资主体分为国家资本金、法人资本金、个人资本金和外商资本金等。

流动资产 指可以在一年内或者超过一年的一个营业周期内变现或者耗用的资产。包括货币资产、短期投资、应收票据、应收帐款、坏帐准备、应收帐款净额、预付帐款、其他应收款、存货、待转其他业务支出、待摊费用、待处理流动资产净损失、一年内到期的长期债券投资、其他流动资产等项。

商品销售收入 指批发零售贸易企业商品销售收入、接受其他单位委托代销商品的收入和餐饮企业的营业收入(包括餐费收入、冷热饮收入、服务收入和其他收入)。

商品销售成本 指批发零售贸易企业已销商品应负担的进货原价和餐饮企业的原材料成本,商品进价成本。

利润总额 指企业全年实现的利润。包括营业利润、投资净收益以及营业外收支净额。

第 13 部分

对外经济贸易和国际旅游

FOREIGN ECONOMY & TRADE AND INTERNATIONAL TOURISM

版面负责人：牛坚强

编　　　辑：徐　辉

关于统计人员进行统计调查时的权力和义务的规定

第三十条 统计人员进行统计调查时，有权就与统计有关的问题询问有关人员，要求其如实提供有关情况、资料并改正不真实、不准确的资料。

统计人员进行统计调查时，应当出示县级以上人民政府统计机构或者有关部门颁发的工作证件；未出示的，统计调查对象有权拒绝调查。

【释义】 本条是关于统计人员进行统计调查时的权力和义务的规定。

统计调查是统计人员最主要的职责和任务。为了保障统计调查工作的顺利进行，需要对统计人员在统计调查活动中享有的权力和应当履行的义务作出明确规定。

依照本条第一款规定，统计人员进行统计调查时具有以下权力：1.有权就与统计有关的问题询问有关人员，以核实统计调查对象提供的资料是否真实、准确、完整。2.有权要求有关人员如实提供有关情况、资料，即要求有关人员根据实际情况，实事求是地填报统计调查表并提供有关情况。3.当统计调查对象提供的统计资料不真实、不准确时，统计人员有权要求其改正。

依照本条第二款规定，统计人员进行统计调查时，应当出示工作证件，向统计调查对象表明身份。要求统计人员在进行调查时出示工作证件，有利于维护统计调查对象的合法权益，防止统计人员以外的其他人员假冒其名义，非法开展统计调查。如果统计人员在进行调查时没有依法出示工作证件，统计调查对象有权拒绝调查。

编辑：张　霖

13-1 利用外资签订协议(合同)情况

单位:万美元

年 份	合 计		对外借款		外商直接投资	
	合同数(个)	合同外资额	合同数(个)	合同外资额	合同数(个)	合同外资额
1980	3	506	2	206		
1981						
1982	3	3 678				
1983	2	29				
1984	2	55				
1985	9	406			2	41
1986	5	414	2	290	3	124
1987	11	973			1	66
1988	17	3 574	5	2 106	8	470
1989	17	2 475	5	1 530	11	937
1990	10	1 604	4	1 113	6	491
1991	27	1 978	1	1 281	26	697
1992	218	8 111	3	525	215	7 586
1993	432	25 022	11	433	421	24 589
1994	173	19 516			173	19 516
1995	159	10 866			159	10 866
1996	122	20 791	6	3 283	116	17 508
1997	59	23 626	8	13 390	51	10 236
1998	83	27 817	4	5 162	79	22 655
1999	56	24 468			56	24 468
2000	99	25 720			99	25 720
2001	62	29 078			62	29 078
2002	119	44 066			119	44 060
2003	166	57 301			166	57 301
2004	186	69 689			186	69 689
2005	173	81 733			173	81 733
2006	151	81 095			151	81 095
2007	166	135 827			166	135 827
2008	122	172 608			122	172 608
2009	145	110 956			145	110 956
2010	204	189 233			204	189 233

注:1989 年以前合同数、合同工外资金额分三部分:对外借款、外商直接投资、外商其他投资。本表中不含外商其他投资。1989 年以后合同数合同外资额包括两部分:对外借款、外商直接投资。2004 年以后合同数、合同外资金额为新批外商投资项目个数和新签协议注册外资额(下同)。

13-2 实际利用外资情况

单位:万美元

年 份	合 计	# 对外借款	# 外商直接投资
1985	55		
1986	618	253	
1987	214		40
1988	434	37	127
1989	2 191	1 022	371
1990	1 324	578	110
1991	1 225	978	247
1992	2 378	1 578	800
1993	4 161	433	3 728
1994	6 898	1 237	5 661
1995	10 432		10 432
1996	17 284	3 232	14 052
1997	19 020	10 091	8 929
1998	22 816		22 816
1999	20 184		20 184
2000	20 790		20 790
2001	21 840		21 840
2002	25 023		25 023
2003	34 095		34 095
2004	30 399		30 399
2005	26 057		26 057
2006	24 433		24 433
2007	44 291		44 291
2008	58 251		58 251
2009	69 781		69 781
2010	101 330		101 330

注:2004 年以后实际利用外资为实际到帐注册外资,下同。

13-3 主要年份对外经济情况

单位:万美元

指标	1990	1995	2000	2005	2008	2009	2010
自营进出口总额	1 015	24 696	32 896	112 621	345 394	230 170	416 053
自营出口	599	14 724	18 715	75 196	224 471	151 679	263 060
# 三资企业	599	5 626	7 794	36 282	96 956	61 691	111 952
自营进口	416	9 972	14 181	37 425	120 923	78 491	152 993
# 三资企业	416	8 454	9 765	29 056	75 101	44 734	98 975
新批外商投资项目个数 （个）	10	159	99	173	122	145	204
新批协议注册外资额	1 604	10 866	25 720	81 733	172 608	110 956	189 233
实际到帐注册外资额	1 324	10 432	20 790	26 057	58 251	69 781	101 330
新签对外承包工程劳务合同额		3 256	8 010	31 500	59 100	10 783	12 648
对外承包工程劳务营业额		2 228	6 995	30 000	57 500	12 572	14 610
期末在外人数 （人）		2 316	2 802	18 200	18 156	1 739	1 761
新批海外投资企业 （家）		1		1		10	6
年末实有三资企业 （家）	31	877	553	599	1 208	1 370	944
# 投产开业企业 （家）	20	486	415	599	1 208	1 370	944

注:进出口总额 1998 年以后为海关数;2000 年年末在外人数为当年新派人数。

13-4 主要年份国际旅游人数和收入

单位:人

指标	1990	1995	2000	2005	2008	2009	2010
过夜旅游者人数	**4 325**	**4 988**	**17 825**	**73 010**	**132 128**	**139 147**	**158 277**
外国人	971	2 985	11 324	51 417	102 721	106 951	121 446
港澳台同胞	3 354	2 003	6 501	21 593	29 407	32 196	36 831
过夜者人天数 （人天）	**10 318**	**19 749**	**320 914**	**521 067**	**867 232**	**908 450**	**1 019 251**
外国人	3 131	12 926	182 885	346 684	608 312	640 791	724 714
港澳台同胞	7 187	6 823	138 029	174 383	258 920	267 659	294 537
过夜的外国人按国别分							
日 本	401	792	2 720	5 992	10 084	13 518	13 409
菲律宾	7	13	20	519	2 489	1 289	3 815
新加坡	9	89	1 006	2 107	5 439	8 364	8 304
泰 国	33	37	23	727	2 736	3 837	3 763
印度尼西亚	1	64	51	915	1 977	1 248	1 485
美 国	109	494	3 305	9 361	12 792	14 901	15 615
加拿大	17	56	383	3 020	3 981	4 737	4 876
英 国	41	74	198	2 277	5 742	7 480	7 961
法 国	25	134	68	2 121	4 874	3 886	5 374
德 国	100	342	244	6 803	8 598	12 020	12 568
意大利	13	66	81	1 009	3 546	2 351	1 976
俄罗斯	50	51	141	1 027	3 394	2 009	3 282
澳大利亚	35	62	390	3 225	5 046	5 328	4 869
新西兰	6	8	22	1 523	2 360	2 300	2 536
马来西亚		115	83	860	3 341	3 830	3 603
韩 国		216	1 454	2 543	9 446	11 642	12 362
西班牙		15	10	553	869	252	489
国际旅游收入 （万美元）		**229**	**1 307**	**5 658**	**12 296**	**13 194**	**15 287**

注:俄罗斯旅游人数 1992 年及以前为前苏联数,德国 1991 年及以前的数字为西德数。

主要统计指标解释

利用外资 指我国各级政府、部门、企业和其他经济组织通过对外借款、吸收外商直接投资以及用其他方式筹措的境外现汇、设备、技术等。

对外借款 是我国利用外资的主要部分。包括我国通过外国政府贷款,国际金融组织贷款,外国银行商业贷款,出口信贷以及对外发行债券、股票等方式,从境外筹措的资金。

外商直接投资 是指外国企业和经济组织或个人 (包括华侨、港澳台同胞以及我国在境外注册的企业)按我国有关政策、法规,用现汇、实物、技术等在我国境内开办外商独资企业、与我国境内的企业或经济组织共同举办中外合资经营企业、合作经营企业或合作开发资源的投资(包括外商投资收益的再投资)以及政府有关部门批准的项目投资总额内,企业从境外借入的资金。

对外承包工程 包括各对外承包公司以招标议标承包方式承揽的下列业务(1)承包国外工程建设项目;(2)承包我国对外经援项目;(3)承包我国驻外机构的工程建设项目;(4)承包我国境内利用外资进行建设的工程项目;(5)与外国承包公司合营或联合承包工程项目时我国公司分包部分;(6)以服务成果向业主收费的技术服务项目(包括承担地形地貌测绘;地质资源勘探与普查;建设区域规划;提供设计文件、图纸、生产工艺技术资料和工程技术经济咨询;工程项目的可行性考察、研究和评估;进行技术指导和培训人员等);(7)对外承包兼营的房屋开发业务。对外承包工程的营业额是以货币表现的本期内完成的对外承包工程的工作量,包括以前年度签订的合同和本年度新签订的合同在报告期完成的工作量。

对外劳务合作 指以收取工资的形式向业主或承包商提供技术和劳动服务的活动。我国对外承包公司在境外开办的合营企业,中国公司同时又提供劳务的,其劳务部分也纳入劳务合计统计。劳务合作营业额按报告期内向雇主提交的结算数(包括工资、加班费和奖金等)统计。

旅游人数 指来我国参观、访问、旅行、探亲、访友、休养、考察、参加会议和从事经济、科技、文化、教育、体育、宗教等活动的外国人、华侨、港澳和台湾同胞的人数。不包括外国在我国的常住机构,如使领馆、通讯社、企业办事处的工作人员;来我国常驻的外国专家、留学生以及在岸逗留不过夜人员。

旅游外汇收入 指国内各部门为来我国旅游的外国人、华侨、港澳和台湾同胞提供商品和劳务而获得的外汇收入。包括供应商品、饮食和提供住宿、交通、邮电、文化娱乐、导游等各项服务所得到的全部外汇收入。

第 14 部分

财政、金融和保险

FINANCE, BANKING AND INSURANCE

版面负责人：张玉强

编　　　辑：李　广

关于保障统计人员专业素质的规定

第三十一条 国家实行统计专业技术职务资格考试、评聘制度，提高统计人员的专业素质，保障统计队伍的稳定性。

统计人员应当具备与其从事的统计工作相适应的专业知识和业务能力。

县级以上人民政府统计机构和有关部门应当加强对统计人员的专业培训和职业道德教育。

【释义】 本条是关于保障统计人员专业素质的规定。

统计人员的专业素质直接关系到政府统计工作的质量和水平。为了保障统计工作的顺利开展，需要有一支业务水平过硬的统计队伍。本条主要从以下三个方面对提高统计人员专业素质作了规定：

一是国家实行统计专业技术职务资格考试、评聘制度。根据国家有关规定，统计专业技术职务资格实行全国统一考试制度。统计专业技术职务资格考试由人力资源和社会保障部与国家统计局共同负责。统计专业技术职务资格考试设初级资格、中级资格和高级资格三个级别。统计专业技术职务包括高级统计师、统计师、助理统计师、统计员。助理统计师和统计员为初级资格，统计师为中级资格，高级统计师为高级资格。

通过全国统一考试取得统计专业初、中级资格的人员，用人单位可以根据工作需要和取得资格人员的业务能力决定其职务。取得全国统一组织的高级统计师考试合格证的人员，经过高级统计师资格评审合格后，获得高级统计师任职资格，用人单位根据工作需要和取得资格人员的业务能力决定聘任其职务。国家实行统计专业技术职务资格考试、评聘制度，有利于提高统计人员的专业素质，保障统计队伍的稳定性。

二是统计人员应当具备与所从事统计工作相适应的专业知识和业务能力。统计人员的专业知识涉及经济、统计、计算机、法律等多个方面；统计人员的业务能力包括设计统计调查制度的能力、组织开展统计调查的能力、整理和分析统计资料的能力、提出统计咨询意见的能力、查处统计违法行为的能力等。

三是县级以上人民政府统计机构应当加强对统计人员的专业培训和职业道德教育，以提高统计人员的专业素质、业务能力和职业道德水平。统计人员作为统计资料的填报者、搜集者、整理者，他们的专业素质、业务能力、职业道德水平直接关系到统计数据的真实、准确、完整、及时，而县级以上人民政府统计机构是组织和管理我国统计工作的政府职能部门，有义务保障统计数据质量，维护统计工作正常秩序。因此，统计机构应当根据具体情况，采取各种方式来开展统计人员的专业培训和职业道德教育，如举办统计知识宣传，举办培训班、专题讲座等。

编辑：张　霖

14-1 主要年份财政收入、支出情况

单位：万元

年 份	全 市			市 区		
	财政收入	财政支出	财政收入占地区生产总值的比重（%）	财政收入	财政支出	财政收入占地区生产总值的比重（%）
1952	2 770	1 324	12.1	660	752	13.8
1957	6 476	4 202	17.5	3 327	1 573	23.8
1962	7 564	3 339	16.5	4 720	687	26.3
1965	8 638	4 686	15.2	5 327	1 121	26.6
1970	15 069	6 026	17.3	10 772	2 293	31.6
1975	19 456	9 608	15.3	12 721	3 610	25.1
1978	32 674	17 690	15.3	22 950	7 887	29.8
1979	32 484	18 707	13.1	24 081	6 877	25.9
1980	35 715	17 982	12.5	26 814	6 714	23.5
1981	38 273	17 563	12.6	28 497	6 339	24.6
1982	43 114	21 655	12.2	30 670	7 981	23.1
1983	43 887	25 921	10.4	30 492	9 779	19.2
1984	47 454	30 779	9.6	32 250	12 009	18.0
1985	57 538	33 704	10.4	39 448	13 366	19.6
1986	65 741	45 505	10.4	45 248	19 051	20.0
1987	71 134	49 005	9.9	48 746	20 550	18.6
1988	82 796	58 865	9.8	55 880	23 409	19.3
1989	95 384	74 502	9.6	65 610	30 589	16.7
1990	102 326	85 640	9.1	70 338	34 593	15.1
1991	103 467	98 117	8.0	70 215	41 538	13.3
1992	109 670	95 599	6.8	73 690	37 513	10.7
1993	147 114	122 174	6.7	95 765	50 567	9.5
1994	197 489	143 559	6.3	128 227	62 329	9.1
1995	253 020	180 186	6.3	160 606	78 225	9.1
1996	302 406	213 530	6.2	188 190	85 349	9.0
1997	351 388	250 673	7.0	221 624	103 183	9.8
1998	395 108	283 443	7.4	254 176	119 325	10.4
1999	436 074	130 573	7.6	282 311	130 573	11.0
2000	476 168	345 246	7.7	311 151	153 038	10.7
2001	525 924	400 797	7.7	338 498	172 809	10.5
2002	655 566	520 174	8.7	438 281	258 477	12.2
2003	828 226	624 582	9.7	559 422	301 885	13.1
2004	1 102 216	717 332	10.7	768 436	318 329	14.3
2005	1 452 629	1 050 786	12.0	1 034 482	511 441	16.2
2006	1 808 512	1 270 099	12.7	1 231 212	576 615	16.5
2007	2 207 263	1 474 369	13.1	1 509 317	623 115	16.8
2008	2 685 991	1 990 464	13.4	1 782 700	842 950	17.2
2009	3 188 865	2 565 349	13.3	1 987 842	1 048 541	19.2
2010	4 138 904	3 257 198	14.1	2 887 987	1 621 085	16.2

注：2007 年及以后财政决算报表制度改革，部分指标有变动，财政总收入及财政支出中不包括基金收入，与往年不可比。

14–2 财政收入及构成

指标	绝对数（万元）				构成（%）			
	2007	2008	2009	2010	2007	2008	2009	2010
财政总收入	2 207 263	2 685 991	3 188 865	4 138 904	100.0	100.0	100.0	100.0
上划中央收入	1 203 472	1 427 486	1 545 425	1 917 346	54.5	53.1	48.5	46.3
增值税(75%)	588 788	711 669	738 700	860 400	48.9	49.9	47.8	44.9
消费税	431 238	479 164	529 526	678 801	35.8	33.6	34.3	35.4
企业所得税(60%)	139 408	172 877	199 439	267 367	11.6	12.1	12.9	13.9
个人所得税(60%)	44 038	63 776	77 760	110 778	3.7	4.5	5.0	5.8
一般预算收入	1 003 791	1 258 505	1 643 440	2 221 558	45.5	46.9	51.5	53.7
税收收入	805 707	1 002 008	1 298 854	1 738 977	80.3	79.6	79.0	78.3
增值税(25%)	196 263	237 221	246 234	286 798	24.4	23.7	19.0	16.5
营业税	227 805	268 198	402 548	564 211	28.3	26.8	31.0	32.4
企业所得税(40%)	92 939	115 253	132 960	178 244	11.5	11.5	10.2	10.2
个人所得税(款)(40%)	29 356	42 519	51 839	73 854	3.6	4.2	4.0	4.2
资源税	11 888	14 991	34 992	45 833	1.5	1.5	2.7	2.6
城市维护建设税	103 337	125 446	122 063	149 811	12.8	12.5	9.4	8.6
房产税	15 886	20 324	25 455	30 169	2.0	2.0	2.0	1.7
印花税	9 694	13 625	15 203	21 038	1.2	1.4	1.2	1.2
城镇土地使用税	20 562	34 460	43 534	46 858	2.6	3.4	3.4	2.7
土地增值税	18 860	24 231	43 457	89 594	2.3	2.4	3.3	5.2
车船税(款)	1 277	4 988	8 838	11 331	0.2	0.5	0.7	0.7
耕地占用税(款)	1 615	19 286	22 700	24 811	0.2	1.9	1.7	1.4
契税(款)	76 225	81 466	149 031	216 425	9.5	8.1	11.5	12.4
非税收入	198 084	256 497	344 586	482 581	19.7	20.4	21.0	21.7
专项收入	46 952	63 918	90 932	91 699	23.7	24.9	26.4	19.0
行政事业性收费收入	57 980	68 843	94 137	148 858	29.3	26.8	27.3	30.8
罚没收入	40 371	44 778	50 922	69 635	20.4	17.5	14.8	14.4
国有资本经营收入	49 776	74 448	102 379	147 468	25.1	29.0	29.7	30.6
国有资源(资产)有偿使用收入	2 671	4 484	5 964	24 531	1.3	1.7	1.7	5.1
其他收入(款)	334	26	252	390	0.2		0.1	0.1
政府性基金收入	532 889	567 193	1 123 251	1 872 348	100.0	100.0	100.0	100.0

14-3 市区财政收入及构成

指标	绝对数（万元）				构成（%）			
	2007	2008	2009	2010	2007	2008	2009	2010
财政总收入	**1 509 317**	**1 782 700**	**1 987 842**	**2 887 987**	**100.0**	**100.0**	**100.0**	**100.0**
上划中央收入	**903 180**	**1 070 960**	**1 161 867**	**1 543 943**	**59.8**	**60.1**	**58.4**	**53.5**
增值税(75%)	376 755	457 847	477 039	620 148	41.7	42.8	41.1	40.2
消费税	426 345	474 960	518 204	662 662	47.2	44.3	44.6	42.9
企业所得税(60%)	72 072	97 279	118 871	186 632	8.0	9.1	10.2	12.1
个人所得税(60%)	28 008	40 874	47 753	74 501	3.1	3.8	4.1	4.8
一般预算收入	**606 137**	**711 740**	**825 975**	**1 344 044**	**40.2**	**39.9**	**41.6**	**46.5**
税收收入	487 638	580 213	676 072	1 040 761	80.5	81.5	81.9	77.4
增值税(25%)	125 586	152 615	159 013	206 715	25.8	26.3	23.5	19.9
营业税	125 356	126 119	177 571	303 539	25.7	21.7	26.3	29.2
企业所得税(40%)	48 048	64 854	79 246	124 420	9.9	11.2	11.7	12.0
个人所得税(款)(40%)	18 670	27 250	31 836	49 668	3.8	4.7	4.7	4.8
资源税	4 053	4 940	4 569	15 382	0.8	0.9	0.7	1.5
城市维护建设税	83 041	99 907	90 822	114 042	17.0	17.2	13.4	11.0
房产税	9 720	11 859	13 559	17 604	2.0	2.0	2.0	1.7
印花税	5 749	8 408	8 752	13 987	1.2	1.4	1.3	1.3
城镇土地使用税	9 156	16 035	19 037	24 861	1.9	2.8	2.8	2.4
土地增值税	10 068	12 489	19 706	50 472	2.1	2.2	2.9	4.8
车船税(款)	461	1 887	3 282	6 466	0.1	0.3	0.5	0.6
耕地占用税(款)	118	8 451	9 652	13 243	…	1.5	1.4	1.3
契税(款)	47 612	45 399	59 027	100 362	9.8	7.8	8.7	9.6
非税收入	118 499	131 527	149 903	303 283	19.5	18.5	18.1	22.6
专项收入	25 238	35 993	46 753	64 318	21.3	27.4	31.2	21.2
行政事业性收费收入	33 483	28 850	46 148	100 369	28.3	21.9	30.8	33.1
罚没收入	14 207	13 570	16 675	36 361	12.0	10.3	11.1	12.0
国有资本经营收入	43 739	50 635	38 500	95 097	36.9	38.5	25.7	31.4
国有资源(资产)有偿使用收入	1 544	2 463	1 825	6 756	1.3	1.9	1.2	2.2
其他收入(款)	288	16	2	382	0.2	…	…	0.1
政府性基金收入	**379 107**	**305 985**	**573 957**	**1 308 960**	**100.0**	**100.0**	**100.0**	**100.0**

14-4 财政支出及构成

指标	绝对数（万元）				构成（%）			
	2007	2008	2009	2010	2007	2008	2009	2010
一般预算支出	**1 474 369**	**1 990 464**	**2 565 349**	**3 257 198**	**100.0**	**100.0**	**100.0**	**100.0**
一般公共服务	242 882	293 575	349 295	378 135	16.5	14.7	13.6	11.6
国防	2 451	3 297	5 796	10 062	0.2	0.2	0.2	0.3
公共安全	118 787	156 351	172 955	195 787	8.1	7.9	6.7	6.0
教育	359 331	441 629	506 643	612 446	24.4	22.2	19.7	18.8
科学技术	19 163	26 697	37 033	45 433	1.3	1.3	1.4	1.4
文化体育与传媒	19 619	22 362	29 476	34 833	1.3	1.1	1.1	1.1
社会保障和就业	221 369	252 376	306 878	374 081	15.0	12.7	12.0	11.5
医疗卫生	72 415	125 083	160 991	213 385	4.9	6.3	6.3	6.6
环境保护	19 990	31 673	81 577	100 255	1.4	1.6	3.2	3.1
城乡社区事务	87 036	169 593	262 955	455 475	5.9	8.5	10.3	14.0
农林水事务	130 008	221 843	362 741	437 373	8.8	11.1	14.1	13.4
交通运输	20 731	25 022	35 914	82 747	1.4	1.3	1.4	2.5
工业商业金融等事务	54 678	139 213			3.7	7.0		
采掘电力信息等事务			126 623	111 005			4.9	3.4
粮油物资储备管理等事务			38 333	6 461			1.5	0.2
金融监管支出			1 650	3 810			0.1	0.1
其他支出(类)	105 909	81 750	85 484	51 690	7.2	4.1	3.3	1.6
政府性基金支出	**527 051**	**574 222**	**1 071 970**	**1 797 728**	**100.0**	**100.0**	**100.0**	**100.0**
一般公共服务		1 132	4 826	60		0.2	0.5	…
教育	2 172	6 118	5 901	13 852	0.4	1.1	0.6	0.8
文化体育与传媒	919	703	657	620	0.2	0.1	0.1	…
社会保障和就业	265	1 543	1 881	4 714	0.1	0.3	0.2	0.3
城乡社区事务	509 567	534 323	1 046 951	1 747 852	96.7	93.1	97.7	97.2
农林水事务	11 860	9 351	9 482	15 675	2.3	1.6	0.9	0.9
交通运输		13 564	678	2 238	0.0	2.4	0.1	0.1
工业商业金融等事务	2 266	1 855			0.4	0.3		
采掘电力信息等事务			1 106	2 255			0.1	0.1
粮油物资储备管理等事务			296	79			…	…
其他支出	2	5 633	192	10 383	…	1.0	…	0.6

14–5 市区财政支出及构成

指 标	绝对数（万元）				构成（%）			
	2007	2008	2009	2010	2007	2008	2009	2010
一般预算支出	**623 115**	**842 950**	**1 048 541**	**1 621 085**	**100.0**	**100.0**	**100.0**	**100.0**
一般公共服务	107 026	121 918	137 434	196 185	17.2	14.5	13.1	12.1
国防	1 596	2 003	4 571	7 935	0.3	0.2	0.4	0.5
公共安全	70 984	93 012	102 597	131 526	11.4	11.0	9.8	8.1
教育	98 876	138 189	165 716	275 296	15.9	16.4	15.8	17.0
科学技术	8 223	12 015	16 535	21 138	1.3	1.4	1.6	1.3
文化体育与传媒	9 560	11 390	15 386	20 390	1.5	1.4	1.5	1.3
社会保障和就业	107 617	136 880	181 766	207 939	17.3	16.2	17.3	12.8
医疗卫生	29 868	35 854	54 389	95 929	4.8	4.3	5.2	5.9
环境保护	8 125	12 194	35 920	67 207	1.3	1.4	3.4	4.1
城乡社区事务	40 026	62 047	92 724	178 236	6.4	7.4	8.8	11.0
农林水事务	27 853	60 552	74 369	159 370	4.5	7.2	7.1	9.8
交通运输	9 081	8 016	16 373	41 424	1.5	1.0	1.6	2.6
工业商业金融等事务	24 783	96 140			4.0	11.4		
采掘电力信息等事务			86 729	89 828			8.3	5.5
粮油物资储备管理等事务			11 194	3 691			1.1	0.2
金融监管支出			1 441	2 501			0.1	0.2
其他支出(类)	79 497	52 740	50 392	43 508	12.8	6.3	4.8	2.7
政府性基金支出	**369 079**	**307 447**	**565 612**	**1 252 359**	**100.0**	**100.0**	**100.0**	**100.0**
一般公共服务		813	3 761	60		0.3	0.7	…
教育	525	3 284	3 417	7 872	0.1	1.1	0.6	0.6
文化体育与传媒	853	659	441	618	0.2	0.2	0.1	…
社会保障和就业	68	592	887	2 305		0.2	0.2	0.2
城乡社区事务	364 153	290 242	553 713	1 221 505	98.7	94.4	97.9	97.5
农林水事务	2 262	2 040	1 917	8 743	0.6	0.7	0.3	0.7
交通运输		8 575	678	2 238	0.0	2.8	0.1	0.2
工业商业金融等事务	1 216	1 242			0.3	0.4		
采掘电力信息等事务			774	1 572			0.1	0.1
粮油物资储备管理等事务			24					
其他支出	2			7 446	…			0.6

14-6　主要年份城乡居民储蓄存款

（年底数）　　单位：万元

年份	全市				市区			
	城乡居民储蓄存款余额	城镇居民	农村居民	人均储蓄（元/人）	城乡居民储蓄存款余额	城镇居民	农村居民	人均储蓄（元/人）
1952	270	270		1	206	206		9
1957	968	836	132	2	647	647		17
1962	1 222	895	327	3	686	652	34	15
1965	1 974	1 510	464	4	1 157	1 124	33	22
1970	2 442	1 922	520	4	1 449	1 407	42	27
1975	4 839	3 525	1 314	8	2 694	2 581	113	44
1978	8 921	5 642	3 279	14	4 299	4 065	234	64
1979	13 499	7 662	5 837	21	6 018	5 677	341	85
1980	20 596	10 326	10 270	31	8 868	8 179	689	122
1981	27 635	13 100	14 535	41	11 249	10 191	1 058	150
1982	36 462	17 260	19 202	53	14 836	13 280	1 556	192
1983	52 715	22 396	30 319	76	19 645	16 962	2 683	248
1984	74 664	30 525	44 139	107	26 601	22 775	3 826	330
1985	97 867	51 738	46 129	138	37 810	32 609	5 201	458
1986	140 701	78 011	62 690	197	51 139	44 135	7 004	608
1987	191 242	113 634	77 608	263	69 314	60 682	8 632	810
1988	246 993	154 694	92 299	332	88 630	78 650	9 980	1 016
1989	327 806	221 226	106 580	430	125 709	114 108	11 601	1 408
1990	446 418	312 015	134 313	553	174 611	159 152	15 459	1 926
1991	555 370	394 194	161 176	677	213 526	194 377	19 149	2 324
1992	668 470	477 991	190 479	809	258 326	235 349	22 977	2 758
1993	857 542	623 818	233 724	1 028	319 747	291 258	28 489	3 360
1994	1 110 985	815 108	295 877	1 318	477 133	396 479	80 654	3 340
1995	1 400 566	1 064 231	336 335	1 645	578 274	538 785	39 489	3 984
1996	1 828 200	1 423 241	404 959	2 217	811 756	763 152	48 604	5 510
1997	2 163 437	1 701 013	462 424	2 495	970 956	938 568	32 388	6 502
1998	2 438 696	1 906 077	532 619	2 785	1 110 556			7 313
1999	2 692 128	2 117 460	574 668	3 068	1 297 842			8 515
2000	3 058 002			3 411	1 860 652			11 585
2001	3 576 909			3 966	2 202 744			13 552
2002	4 167 882			4 608	2 592 741			15 756
2003	4 822 259			5 307	3 024 793			18 077
2004	5 563 129			6 068	3 445 990			20 584
2005	6 506 064			7 031	3 997 284			22 223
2006	7 228 920			7 734	4 377 454			24 105
2007	7 886 337			8 409	3 488 669			19 140
2008	9 745 131			10 292	5 850 811			31 729
2009	11 397 620			11 902	6 911 095			37 112
2010	13 243 885			13 613	7 908 879			25 291

注：因区划调整，2010 年市区人均储蓄存款余额与往年不可比。

14–7　主要年份金融机构综合存贷款

单位:万元

项　　目	1990	1995	2000	2005	2008	2009	2010
金融机构综合存款余额	**724 345**	**2 329 318**	**4 614 682**	**10 108 940**	**17 191 438**	**21 726 238**	**26 321 873**
企业存款	153 598	762 950	1 272 226	2 471 686	4 685 524	5 948 074	6 284 714
# 活期		660 835	877 182	1 726 679	2 993 697	3 929 193	4 425 315
定期		102 115	395 044	745 007	1 691 828	2 018 881	1 859 399
财政存款	7 335	15 787	19 308	170 682	359 301	338 680	424 042
机关团体	12 292	21 340	28 401	190 052	615 095	1 047 239	2 385 622
居民储蓄存款	446 418	1 400 566	3 058 002	6 506 064	9 745 131	11 397 620	13 243 885
# 活期		216 436	670 765	1 936 494	3 282 528	4 151 255	5 484 048
定期		1 184 130	2 387 237	4 569 570	6 462 602	7 246 366	7 759 836
农业存款		13 712	166 281	288 843	448 325	662 114	909 257
信托存款		104 885					
委托存款				3 088	51 749	36 079	58 923
其他存款		10 078	95 376	478 525	1 286 312	2 296 433	3 015 431
金融机构综合贷款余额	**804 071**	**2 046 385**	**3 249 902**	**4 911 786**	**7 965 786**	**11 325 649**	**14 364 443**
短期贷款	676 347	1 571 401	2 583 743	3 006 573	4 745 344	6 244 891	7 939 439
工业	245 997	541 257	657 544	632 555	1 150 189	1 152 593	
商业	285 377	547 859	811 340	666 185	656 545	833 289	
建筑企业		33 615	69 994	73 396	72 014	66 668	
农业贷款		106 252	172 867	687 551	1 125 665	1 596 505	
乡镇企业	94 504	230 609	475 396	563 468	755 929	1 075 727	
三资企业		33 358	51 568	49 464	99 747	138 016	
私营及个体		1 603	7 741	15 303	88 010	276 723	
其他短期贷款		76 848	337 293	318 651	797 244	1 105 369	
# 个人短期消费贷款					21 599	55 323	
中长期贷款	86 702	331 751	588 842	1 404 418	2 650 409	4 233 102	5 947 821
技术改造	36 809	149 714	191 844	345 496	180 975	190 366	
基本建设	48 734	138 430	226 977	483 616	755 165	1 191 334	
老少边穷		714					
地方经济		1 830					
其他中长期贷款		41 063	170 021	575 306	1 714 269	2 851 402	
# 个人中长期消费贷款					806 528	1 612 153	
信托		88 703					
其他		54 530	77 317	500 795	570 034	847 656	

14-8 主要年份保险业务经济技术指标

单位:万元

项目	1990	1995	2000	2005	2008	2009	2010
保险公司（个）	1	1	6	15	31	31	41
国内业务							
承保额	1 491 908	2 517 612	7 647 722	20 743 002	53 250 168	66 827 977	112 898 827
财产险	1 389 568	1 843 301	4 640 078	8 384 207	47 355 831	58 952 601	104 709 326
#企业财产险	792 805	816 644	1 906 485	5 150 488	7 619 982	8 177 116	9 372 558
运输工具及责任险	105 023	228 406	1 826 692	2 767 806	8 408 831	9 539 837	12 750 042
家庭财产险	188 931	483 813	333 701	261 896	206 709	432 568	466 735
农业险	76 253	60 772	59 295	67 652	81 435	104 049	158 679
人身险	102 340	674 311	3 007 644	12 358 795	5 894 337	7 875 376	8 189 501
#人身以外伤害险	82 288	594 424	2 201 123	4 281 224	3 113 447	3 668 281	3 377 752
保险收入	5 951	17 599	72 802	283 186	516 907	527 444	820 183
财产险	3 865	8 819	19 465	41 088	95 338	105 790	206 331
#企业财产险	1 206	1 623	3 243	4 762	5 829	5 868	9 998
运输工具及责任险	1 751	5 755	13 606	33 613	78 951	90 136	174 736
家庭财产险	289	933	705	452	235	422	795
农业险	109	145	78	14	3 745	4 881	8 030
人身险	2 086	8 780	53 335	242 098	421 570	421 654	613 851
#养老金险	702	1 396	15 486	49 444	6 746	27 424	31 502
人身意外伤害险	224	572	2 957	5 964	8 489	10 055	10 206
储金收入	1 901	1 594	1 850	4 471	29 642		
赔案件数（件）	21 490	22 685	24 309	85 511	160 529	189 814	60 9135
已决赔款	2 330	8 994	11 552	36 960	69 356	88 819	92 363
财产险	2 207	6 364	9 735	29 016	56 418	73 726	76 844
#企业财产险	479	603	858	1 328	2 426	3 051	1 154
家庭财产险	232	231	30	42	373	86	56
农业险	80	123	30	31	792	4 139	4 466
人身险	120	247	1 817	7 944	12 937	15 093	15 519
返还性人身险给付	3	2 383	5 317	36 083	85 592	68 829	59 942
涉外业务							
承保额	13 994	91 001	217 248	390 364	171 600	378 000	
保　费	57	364	417	2 067	1 859	4 986	5 400
赔案件数（件）	7	105	127	2 135	4	2	4
已决赔款	19	141	78	959	0.4	0.2	

注:本表1995年以前为人民保险公司系统数;2007年及以后根据市保险协会名录扩大了统计调查点,与往年不可比。

主要统计指标解释

存款 银行存款是指企业、机关、团体或居民个人存放于银行或其他金融机构并取得一定利息收入的资金。一般用期末余额表示。银行存款按资金来源性质不同划分为企业存款、财政存款、机关团体存款、城乡居民储蓄存款、农村存款等。按其包括范围不同划分为全社会存款和银行系统存款。银行系统存款是指人、工、农、建、中、交六个银行系统存款,全社会存款包括银行系统、农村信用社、城市信用社和信托投资公司等所有金融机构的存款。

(1)企业存款 企业存款是指工业、商业、粮食、外资和国营农业等企业存于银行的存款。目前企业存款主要包括企业生产和商品流通过程中暂时闲置的流动资金、已提未用的固定资产更新改造资金、大修理基金以及职工福利基金等各项专用基金。

(2)财政性存款 财政性存款是指各级财政部门以及以财政拨款为其经费来源的行政事业单位的存款资金。主要包括国库存款、地方财政预算外存款、部队存款、行政事业单位存款、基本建设存款中属于财政性存款的部分。

(3)定期储蓄存款 定期储蓄存款是指约定支取期限的一种储蓄存款。现行的定期储蓄有整存整取、零存整取、存本取息和整存零取四种。

贷款 是指银行或其他金融机构以定期还本付息为条件向借款的单位和个人提供资金的信用活动。银行贷款分为流动资金贷款、基本建设贷款、农户贷款及其他专项贷款等。按所包括范围可分为全社会贷款和银行系统贷款。

(1)流动资金贷款 流动资金贷款是指解决企业或个体经济户生产、流通周转所需流动资金而发放的短期贷款。主要包括工业贷款、商业贷款和建筑企业贷款等。

(2)固定资产贷款 固定资产贷款是指对企业技术改造、设备更新、固定资产建筑、添置和安装过程中所需要资金而发放的贷款。

承保额 承保额也叫保险金额,是指保险人对被保险人在所保财产或人身发生保险事故时负责偿付的最高限额,也是计算保费的依据。

保费 保费是指保险人承担一定的保险责任按一定比率向被保险人收取的费用。包括财产险和人身储金收入。

(1)财产险 财产险是指以被保险的物质财产和有关利益以及所产生的损害赔偿责任作为保险标的的保险。

(2)人身险 人身险是指以人的生命和身体为承保对象的保险。

赔款 赔款是指保险人对财产保险的保险事故给予的经济补偿或对人身险事故给付的保险金。

国家财政总收入 是国家(各级政府)通过财政各个环节筹集的财政资金的总称,它是保证国家和各级政府行使其职能不可缺少的财力。主要包括:工商税收、农牧业税和耕地占用税、企业所得税、专项收入和其他收入等。

(1)工商税收类 是国家按法律规定对经济单位和个人无偿征收的实物和货币,是财政收入的主要来源。按1994年规定实施的新税制,工商税收主要有消费税、增值税、营业税、土地增值税,个人所得税、外商投资企业和外国企业所得税、城市维护建设税、车船使用税、房产税、屠宰税、资源税、印花税、固定资产投资方向调节税等。

(2)农牧业税和耕地占用税类主要包括农业税(牧业税)、农业特产税、耕地占用税和契税。

(3)企业所得税类包括国有企业所得税、集体企业所得税、私营企业所得税、股份制企业所得税等。

(4)专项收入类主要包括征收排污费收入、征收城市水资源费收入、教育费附加收入等。

(5)其他收入类主要是罚没收入、行政性收费收入等。

国家财政总支出 是国家政权为行使其职能,对筹集的财政资金进行有计划的分配使用的总称。国家财政总支出,体现政府的活动范围和方向,反映财政资金的分配关系。财政总支出主要包括基本建设支出、增拨企业流动资金、企业挖潜改造资金、新产品试制费、地质勘探费、工交商部门事业费、支援农村生产支出和各项农业事业费、文教科学卫生事业费、抚恤和社会救济费、国防费、行政管理费及债务支出。

(1)基本建设支出 是指国家预算内的基本建设拨款,不包括国家预算外自筹的各种基本建设资金。为加强基本建设投资规模的控制,提高这部分财政资金的使用效益,从1985年起,对预算内基本建设拨款实行拨款改贷款的新管理办法,即由原来直接无偿的拨给建设单位,改为拨给建设银行视同信贷基金管理,建设银行根据国家预算安排的基建项目,给予有偿贷款,用投产后新增利润还本付息。从1988年起,为进一步提高投资效益,使投资活动的管理符合发展市场经济的要求,并保证重点建设有稳定的资金来源,国家建立了中央基本建设基金制,实行专款专用,每年在国家预算内列收列支。基本建设基金分为经营性的和非经营性的两部分。各专业投资公司对经营性建设项目执行基本建设基金贷款,各主管部门对非经营性建设项目执行基本建设基金拨款。

(2)企业挖潜改造资金是指国家预算安排用于企业挖潜、革新、改造方面的资金。企业用于挖潜、革新、改造方面的资金，主要来自企业的更新改造资金、大修理基金等自有资金及银行贷款，国家预算安排的挖潜、革新、改造资金主要用于支持重点行业的技术改造。

中央财政和地方财政 财政是国家为了实现其职能，凭借政治权力，对一部分社会产品进行分配和再分配的经济活动。中央财政和地方财政，是指财政体制上划分中央政府和地方政府以及地方各级政府之间财政管理权限的一项分配制度。它是经济管理体制的重要组成部分，在财政管理体制中居于主导地位。它具体规定了各级政府筹集资金、支配使用资金的权力、范围和责任，使各级政府在财政管理上有责有权。这对于正确处理中央和地方之间，以及地方各级之间的分配关系，充分发挥各级政府的积极性，更好地完成国家财政收支任务，促进社会主义建设的发展有着极其重要的意义。中央财政收入和地方财政收入，是指中央和地方各级负责组织征收的收入，不是按财政体制计算的收入分成数。其收入中还包括了国外借款。

在现行分税制财政管理体制下，财政总收入又分为中央级收入和地方级收入。

中央级收入主要包括消费税和增值税的75%部分，以及其他属中央预算固定收入科目的收入，如关税。

地方级财政收入主要是指财政收入中扣除中央级收入后的部分。

第 15 部分

科技、教育和文化

SCIENCE AND TECHNOLOGY, EDUCATION AND CULTURE

版面负责人：周天恩　李　燕　张玉强

编　　辑：于洪英　梅　灿　殷溪晨　鹿　燕

关于政府统计机构和有关部门查处统计违法行为职责的规定

第三十三条 国家统计局组织管理全国统计工作的监督检查,查处重大统计违法行为。

县级以上地方人民政府统计机构依法查处本行政区域内发生的统计违法行为。但是,国家统计局派出的调查机构组织实施的统计调查活动中发生的统计违法行为,由组织实施该项统计调查的调查机构负责查处。

法律、行政法规对有关部门查处统计违法行为另有规定的,从其规定。

【释义】 本条是关于政府统计机构和有关部门查处统计违法行为职责的规定。

国家统计局作为国务院的直属机构,依法组织领导和协调全国的统计工作,承担着确保统计数据真实、准确、完整、及时的责任。因此,本条第一款赋予国家统计局对全国统计工作实施监督检查和查处重大统计违法行为的职责。国家统计局组织管理全国统计工作的监督检查,主要是指对统计法律、行政法规、规章、政策、统计规划和统计调查制度的执行情况进行监督检查,包括:对领导干部是否存在违法干预统计机构和统计人员独立行使统计职权的情况等进行监督检查;对统计调查的组织实施情况及统计资料的真实性、准确性、完整性、及时性进行监督检查;对统计机构和统计人员依法履行职责的情况进行监督检查,等等。国家统计局对在监督检查中发现的重大统计违法行为要依法及时查处。

根据属地管辖原则,县级以上地方人民政府统计机构对本行政区域内发生的统计违法行为予以查处。同时,由于国家统计局在有关地方设有派出调查机构,根据国务院规定的国家统计局派出调查机构的职责权限,本条第二款规定,国家统计局派出的调查机构组织实施的统计调查活动中发生的统计违法行为,由组织实施该项统计调查的调查机构负责查处。

根据有关法律、行政法规的规定,除政府统计机构以外,一些政府部门对其组织实施的统计调查活动中发生的统计违法行为也具有查处权。例如,海关法和海关统计条例、商业银行法分别赋予了海关对海关统计违法行为、中国人民银行对商业银行的金融统计违法行为的查处权。因此,基于法律适用中特别法优于一般法原则,本条第三款规定,法律、行政法规对有关部门查处统计违法行为另有规定的,应当根据其规定执行。

编辑:张　霖

15-1 主要年份科学技术事业情况

指标	1985	1990	1995	1998	1999	2000	2001	2002
科学研究机构 （个）								
国有独立科研机构	21	28	26	32	31	30	30	30
民办科技型企业	3	76	139	258	288	460	472	644
各类专业技术人员 （人）	**60 726**	**125 300**	**184 010**	**216 220**	**223 796**	**228 441**	**226 876**	**214 707**
# 中级职称以上人员	5 992	32 568	55 036	68 407	71 513	87 954	84 245	84 712
每万名职工中拥有专业技术人员	778	1 434	1 992	2 782	2 981	3 217	3 354	3 476
每万人中拥有专业技术人员	86	155	216	247	255	255	252	237
科学研究成果 （项）								
通过鉴定成果	48	61	55	319	120	192	172	144
# 达到国际水平	1	1	1	14	8	15	11	35
填补国内空白	3	12	18	45	23	37	34	21
达到省内先进水平	8	32	51	100	105	76	80	65
填补省内空白	10	2	47	69	28	17	10	16
专利申请受理量	38	143	456	456	387	474	708	710

15-1 续表

指标	2003	2004	2005	2006	2007	2008	2009	2010
科学研究机构 （个）								
国有独立科研机构	30	25	25	26	22	24	23	20
民办科技型企业	708	816	896	890	986	1 196	1 498	1 470
各类专业技术人员 （人）	**210 056**	**232 886**	**217 572**	**265 268**	**265 856**	**248 283**	**248 915**	**271 799**
# 中级职称以上人员	87 569	96 124	76 264	96 523	100 951	102 022	102 682	113 977
每万名职工中拥有专业技术人员	3 551	4 136	3 880	4 661	4 619	4 255	4 271	4 656
每万人中拥有专业技术人员	231	254	235	284	283	262	260	279
科学研究成果 （项）								
通过鉴定成果	141	163	131	116	128	152	186	203
# 达到国际水平	9	10	12	10	18	12	75	66
填补国内空白	12	12	96	13	49	54	32	52
达到省内先进水平	69	89	20	86	52	82	78	81
填补省内空白	1	2	3	7	9	4	1	4
专利申请受理量	1 336	1 355	2 205	3 389	6 174	6 839	6 898	9 927

15-2 规模以上工业企业办科技机构情况

（2010 年）

指标名称	机构数（个）	机构人员合计（人）	#博士毕业	硕士毕业	本科毕业	机构经费支出（万元）	仪器和设备原价（万元）
总　计	**212**	**7 539**	**194**	**1 236**	**4 274**	**221 097**	**161 767**
按企业规模分组							
大中型企业	115	6 153	131	1 032	3 494	192 847	148 239
大型企业	27	3 430	26	612	2 013	148 449	107 637
中型企业	88	2 723	105	420	1 481	44 399	40 602
小型企业	97	1 386	63	204	780	28 250	13 528
按隶属关系分组							
中央	5	410	9	80	203	4 986	14 487
地方	207	7 129	185	1 156	4 071	216 110	147 280
按登记注册类型分组							
内资企业	182	6 508	174	1 160	3 802	184 810	157 071
国有企业	10	316	13	96	104	3 441	5 940
集体企业	1	2		2		2	17
有限责任公司	54	3 061	67	624	1 820	126 184	114 555
国有独资公司	16	1 904	17	517	1 154	107 866	90 000
其他有限责任公司	38	1 157	50	107	666	18 319	24 555
股份有限公司	18	1 205	31	199	908	13 527	15 930
私营企业	95	1 828	61	227	908	40 372	19 710
私营独资企业	15	192	4	35	90	3 702	4 489
私营有限责任公司	73	1 495	47	162	741	26 938	14 026
私营股份有限公司	7	141	10	30	77	9 733	1 195
其他企业	4	96	2	12	62	1 284	919
港、澳、台商投资企业	14	632	16	45	220	24 501	1 670
合资经营企业(港或澳、台资)	2	159	2	1	104	2 176	1 188
港、澳、台商独资经营企业	12	473	14	44	116	22 325	483
外商投资企业	16	399	4	31	252	11 786	3 025
中外合资经营企业	12	344	3	24	220	5 825	2 983
外资企业	4	55	1	7	32	5 961	42
按国民经济行业分组							
采矿业	4	432	9	61	249	6 356	13 027
煤炭开采和洗选业	3	405	8	57	227	6 056	12 883
非金属矿采选业	1	27	1	4	22	300	144

15-2 续表 （2010年）

指标名称	机构数（个）	机构人员合计（人）	#博士毕业	硕士毕业	本科毕业	机构经费支出（万元）	仪器和设备原价（万元）
制造业	206	7 082	182	1 169	4 011	212 636	148 642
农副食品加工业	2	47	1	8	36	990	952
食品制造业	8	66		5	36	134	402
饮料制造业	4	631	2	32	586	6 288	5 380
烟草制品业	1	74		7	24	1 319	1 756
纺织业	7	163	6	48	57	1 046	522
皮革、毛皮、羽毛(绒)及其制品业	6	91	9	9	71	190	10
木材加工及木、竹、藤、棕、草制品业	13	125	2	6	60	4 336	1 855
造纸及纸制品业	2	24	2	10	8	1 723	100
化学原料及化学制品制造业	39	1 061	17	90	347	31 620	7 387
医药制造业	19	549	24	150	309	8 080	12 467
化学纤维制造业	3	52	8	8	36	1 448	392
橡胶制品业	1	60		3	30	1 050	160
塑料制品业	2	9		3	4	184	208
非金属矿物制品业	9	238	17	73	116	2 749	4 346
黑色金属冶炼及压延加工业	6	93	8	29	56	4 360	51
有色金属冶炼及压延加工业	2	49	4	4	39	202	1 001
金属制品业	3	84	2	3	47	805	276
通用设备制造业	34	2 347	35	553	1 436	120 889	100 538
专用设备制造业	12	227	16	24	145	3 494	796
交通运输设备制造业	3	214	2	13	61	2 016	619
电气机械及器材制造业	9	159	14	24	47	1 132	1 538
通信设备、计算机及其他电子设备制造业	11	374	7	48	248	14 191	5 228
仪器仪表及文化、办公用机械制造业	8	314	6	17	204	4 154	2 628
工艺品及其他制造业	2	31		2	8	236	30
电力、燃气及水的生产和供应业	2	25	3	6	14	2 105	98
电力、热力的生产和供应业	2	25	3	6	14	2 105	98
按企业控股情况分组							
国有控股	30	2 568	39	656	1 449	117 710	106 795
集体控股	5	137	7	32	81	3 706	6 661
私人控股	145	3 660	119	448	2 172	60 232	41 058
港澳台商控股	17	766	15	67	301	25 986	3 776
外商控股	8	197	3	20	148	10 039	2 426
其他	7	211	11	13	123	3 425	1 051

15-3 规模以上工业企业 R&D 人员情况

（2010 年） 单位:人

指 标 名 称	R&D人员合计	#参加项目人员	管理和服务人员	#研究人员	#全时人员	非全时人员	R&D人员折合全时当量合计（人年）
总　　计	**17 352**	**15 325**	**2 027**	**6 913**	**9 917**	**7 435**	**13 333**
按企业规模分组							
大中型企业	13 395	11 820	1 575	5 757	7 938	5 457	10 481
大型企业	9 306	8 267	1 039	4 238	5 358	3 948	7 500
中型企业	4 089	3 553	536	1 519	2 580	1 509	2 981
小型企业	3 957	3 505	452	1 156	1 979	1 978	2 852
按隶属关系分组							
中央	3 541	3 294	247	2 367	1 546	1 995	3 163
地方	13 811	12 031	1 780	4 546	8 371	5 440	10 170
按登记注册类型分组							
内资企业	15 659	13 785	1 874	6 405	8 987	6 672	12 118
国有企业	579	491	88	252	353	226	379
集体企业	5	4	1	3	3	2	3
有限责任公司	8 866	7 681	1185	4 263	5 470	3 396	7 418
国有独资公司	4 158	3 360	798	1 585	3 274	884	3 428
其他有限责任公司	4 708	4 321	387	2 678	2 196	2 512	3 990
股份有限公司	1 776	1 636	140	451	915	861	1 131
私营企业	4 313	3 871	442	1 396	2 159	2 154	3 100
私营独资企业	690	635	55	203	340	350	517
私营合伙企业	98	89	9	16	38	60	55
私营有限责任公司	3 240	2 912	328	1 061	1 581	1 659	2 331
私营股份有限公司	285	235	50	116	200	85	196
其他企业	81	67	14	32	63	18	72
港、澳、台商投资企业	927	868	59	234	527	400	589
合资经营企业(港或澳、台资)	592	549	43	133	349	243	381
港、澳、台商独资经营企业	299	288	11	75	142	157	181
港、澳、台商投资股份有限公司	36	31	5	26	36		27
外商投资企业	766	672	94	274	403	363	626
中外合资经营企业	562	506	56	260	320	242	448
中外合作经营企业	75	74	1	3	2	73	75
外资企业	129	92	37	11	81	48	103
按国民经济行业分组							
采矿业	3 961	3 705	256	2 725	1 987	1 974	3 693
煤炭开采和洗选业	3 911	3 659	252	2 723	1 944	1 967	3 643
非金属矿采选业	50	46	4	2	43	7	50

15-3 续表 （2010 年） 单位：人

指 标 名 称	R&D 人员合计	#参加项目人员	管理和服务人员	#研究人员	#全时人员	非全时人员	R&D 人员折合全时当量合计（人年）
制造业	13 262	11 550	1 712	4 085	7 907	5 355	9 597
农副食品加工业	161	144	17	38	77	84	140
食品制造业	202	176	26	60	134	68	82
饮料制造业	1 267	1 238	29	143	537	730	705
烟草制品业	120	92	28	20	60	60	115
纺织业	366	332	34	119	171	195	251
纺织服装、鞋、帽制造业	11	8	3	6	6	5	7
皮革、毛皮、羽毛(绒)及其制品业	84	81	3	45	79	5	50
木材加工及木、竹、藤、棕、草制品业	952	891	61	109	169	783	628
造纸及纸制品业	40	37	3	3	26	14	35
文教体育用品制造业	33	28	5	4	5	28	8
石油加工、炼焦及核燃料加工业	32	28	4	2	27	5	26
化学原料及化学制品制造业	1 305	1 210	95	488	779	526	1 101
医药制造业	643	540	103	238	486	157	424
化学纤维制造业	94	89	5	30	44	50	90
橡胶制品业	103	82	21	52	59	44	59
塑料制品业	26	22	4	5	17	9	23
非金属矿物制品业	319	289	30	110	151	168	219
黑色金属冶炼及压延加工业	168	158	10	36	92	76	128
有色金属冶炼及压延加工业	86	69	17	17	13	73	86
金属制品业	118	106	12	63	111	7	118
通用设备制造业	4 448	3 611	837	1 459	3 389	1 059	3 525
专用设备制造业	550	472	78	234	362	188	426
交通运输设备制造业	775	709	66	335	244	531	408
电气机械及器材制造业	445	364	81	150	228	217	248
通信设备、计算机及其他电子设备制造业	390	326	64	117	331	59	315
仪器仪表及文化、办公用机械制造业	430	367	63	185	272	158	332
工艺品及其他制造业	94	81	13	17	38	56	50
电力、燃气及水的生产和供应业	129	70	59	103	23	106	43
电力、热力的生产和供应业	129	70	59	103	23	106	43
按企业控股情况分组							
国有控股	8 128	7 008	1 120	4 102	5 069	3 059	6851
集体控股	161	128	33	67	109	52	152
私人控股	7 298	6 582	716	2124	3 771	3 527	5 046
港澳台商控股	1 018	951	67	336	524	494	679
外商控股	415	369	46	153	230	185	344
其他	332	287	45	131	214	118	261

15-4 规模以上工业企业 R&D 经费情况

（2010 年） 单位：万元

指 标 名 称	R&D 经费内部支出合 计	按活动类型分组		按资金来源分组		
		应用研究支 出	试验发展支 出	政府资金	企业资金	其他资金
总 计	**355 186**	**12 969**	**342 217**	**8 256**	**345 493**	**1 437**
按企业规模分组						
大中型企业	289 601	12 969	276 632	6 064	282 353	1 185
大型企业	208 573	8 568	200 005	3 464	204 876	232
中型企业	81 028	4 401	76 627	2 600	77 476	952
小型企业	65 585		65 585	2 192	63 140	253
按隶属关系分组						
中央	32 594	2 746	29 848	1 051	30 856	687
地方	322 592	10 223	312 368	7 205	314 636	751
按登记注册类型分组						
内资企业	319 990	11 606	308 384	6 572	311 981	1 437
国有企业	6 566	2 562	4 004	52	6 514	
集体企业	15		15		15	
股份合作企业	435		435		435	
有限责任公司	183 032	9 044	173 989	3 167	178 833	1 032
国有独资公司	133 249	6 567	126 682	553	132 464	232
其他有限责任公司	49 783	2 477	47 306	2 615	46 369	800
股份有限公司	45 333		45 333	1 880	43 453	
私营企业	82 459		82 459	1 436	80 618	405
私营独资企业	15 264		15 264	21	15 243	
私营合伙企业	755		755	5	750	
私营有限责任公司	59 367		59 367	1 370	57 592	405
私营股份有限公司	7 074		7 074	40	7 034	
其他企业	2 150		2 150	37	2 113	
港、澳、台商投资企业	17 994		17 994	999	16 995	
合资经营企业(港或澳、台资)	11 486		11 486	149	11 337	
港、澳、台商独资经营企业	5 807		5 807	850	4 957	
港、澳、台商投资股份有限公司	701		701		701	
外商投资企业	17 203	1 364	15 839	685	16 518	
中外合资经营企业	11 489	51	11 438	197	11 292	
中外合作经营企业	675		675		675	
外资企业	5 039	1 313	3 726	488	4 551	
按国民经济行业分组						
采矿业	47 095	965	46 130	2 010	45 084	
煤炭开采和洗选业	47 004	965	46 040	2 010	44 994	
非金属矿采选业	90		90		90	

15-4 续表 （2010 年） 单位:万元

指标名称	R&D 经费内部支出合计	按活动类型分组		按资金来源分组		
		应用研究支出	试验发展支出	政府资金	企业资金	其他资金
制造业	305 520	10 849	294 671	6 246	298 540	735
农副食品加工业	2 707		2 707	68	2 639	
食品制造业	1 834	504	1 330	5	1 829	
饮料制造业	36 167		36 167	1 575	34 591	
烟草制品业	1 330		1 330		1 330	
纺织业	7 093	633	6 460	47	7 047	
纺织服装、鞋、帽制造业	32		32		32	
皮革、毛皮、羽毛(绒)及其制品业	1 280		1 280		1 280	
木材加工及木、竹、藤、棕、草制品业	12 308		12 308	100	12 208	
造纸及纸制品业	1 752		1 752		1 752	
文教体育用品制造业	151		151		151	
石油加工、炼焦及核燃料加工业	1 213		1 213		1 213	
化学原料及化学制品制造业	25 184		25 184	474	24 674	35
医药制造业	11 484		11 484	1 363	10 121	
化学纤维制造业	1 663		1 663		1 663	
橡胶制品业	1 242	51	1 191		1 242	
塑料制品业	782		782		782	
非金属矿物制品业	9 722		9 722	505	9 217	
黑色金属冶炼及压延加工业	5 150		5 150		5 150	
有色金属冶炼及压延加工业	1 200		1 200	10	1 190	
金属制品业	1 343		1 343	11	1 332	
通用设备制造业	133 288	6 291	126 998	1 212	131 756	320
专用设备制造业	7 702	2 058	5 644	128	7 574	
交通运输设备制造业	10 132		10 132	57	9 970	104
电气机械及器材制造业	9 888		9 888	6	9 616	266
通信设备、计算机及其他电子设备制造业	13 486	1 313	12 173	543	12 944	
仪器仪表及文化、办公用机械制造业	6 947		6 947	135	6 803	10
工艺品及其他制造业	440		440	6	434	
电力、燃气及水的生产和供应业	2 571	1 156	1 415		1 869	702
电力、热力的生产和供应业	2 571	1 156	1 415		1 869	702
按企业控股情况分组						
国有控股	169 351	10 972	158 378	1 610	166 806	934
集体控股	6 237		6 237	187	6 050	
私人控股	144 835	633	144 202	4 796	139 536	503
港澳台商控股	17 443		17 443	1 143	16 300	
外商控股	12 348	1 313	11 035	488	11 860	
其他	4 973	51	4 923	31	4 942	

15-5 规模以上工业企业新产品产出和专利情况

（2010 年）

单位:万元

指标名称	新产品开发经费支出	新产品产值	新产品销售收入	出口	专利申请数（件）	发明专利	有效发明专利数（件）
总计	**362 028**	**3 664 892**	**3 601 622**	**438 408**	**1 359**	**455**	**375**
按企业规模分组							
大中型企业	289 684	2 990 440	293 7253	410 915	820	224	242
大型企业	210 250	2 387 126	230 5795	351 189	556	111	91
中型企业	79 434	603 314	63 1458	59 726	264	113	151
小型企业	72 344	674 452	66 4369	27 493	539	231	133
按隶属关系分组							
中央	10 939	5 464	5 231		57	14	15
地方	351 089	3 659 428	3 596 391	438 408	1 302	441	360
按登记注册类型分组							
内资企业	329 634	3 330 637	3 225 622	225 890	1 229	416	325
国有企业	1 633	18 819	24 421	418	23	5	15
集体企业	15	9 990	9 680		2	2	
股份合作企业	435						
有限责任公司	178 124	2 077 250	1 990 677	150 180	663	157	87
国有独资公司	143 478	1 913 067	1 837 830	144 566	462	80	17
其他有限责任公司	34 646	164 183	152 847	5 614	201	77	70
股份有限公司	57 380	479 274	467 021	42 458	66	40	64
私营企业	88 684	705 505	696 042	30 954	429	196	152
私营独资企业	13 665	202 756	194 181	900	49	42	23
私营合伙企业	755						
私营有限责任公司	68 810	457 632	462 688	27 758	366	149	117
私营股份有限公司	5 455	45 117	39 172	2 296	14	5	12
其他企业	3 363	39 799	37 782	1 880	46	16	7
港、澳、台商投资企业	17 408	31 324	27 438	3 242	79	28	36
合资经营企业(港或澳、台资)	9 632	31 184	27 199	3 242	39	6	1
港、澳、台商独资经营企业	6 996	100	200		40	22	35
港、澳、台商投资股份有限公司	780	40	39				
外商投资企业	14 986	302 931	348 562	209 276	51	11	14
中外合资经营企业	13 928	90 236	136 242	4 409	34	8	13
中外合作经营企业	675						
外资企业	383	212 695	212 320	204 867	17	3	1
按国民经济行业分组							
采矿业	15 715	9 211	9 211		57	12	15
煤炭开采和洗选业	15 715	9 211	9 211		50	10	13
非金属矿采选业					7	2	2

15-5　续表　　　　（2010 年）　　　　单位:万元

指　标　名　称	新产品开发经费支出	新产品产　值	新　产　品销售收入	出口	专　利申请数（件）	发明专利	有效发明专利数（件）
制造业	346 276	3 650 186	3 587 016	438 408	1 277	438	354
农副食品加工业	3 652	20 815	20 475		7	5	3
食品制造业	2 190	10 748	10 692		2	1	1
饮料制造业	43 260	257 659	254 056	1 756	2	2	6
烟草制品业					2		2
纺织业	9 634	43 129	46 509	3 098	7	1	1
纺织服装、鞋、帽制造业	32						
皮革、毛皮、羽毛(绒)及其制品业	200	100	100				
木材加工及木、竹、藤、棕、草制品业	12 357	34 090	36 304	4 675	20	8	10
家具制造业	417				38	38	
造纸及纸制品业	22						
文教体育用品制造业	151						
化学原料及化学制品制造业	25 798	316 274	297 741	62 927	168	75	58
医药制造业	13 855	136 552	139 237	203	56	33	35
化学纤维制造业	1 663	25 120	24 320	100	12	5	5
橡胶制品业	787	1 141	9 705				
塑料制品业	262						
非金属矿物制品业	7 181	11 945	11 078	830	23	13	3
黑色金属冶炼及压延加工业	10 617	30	28				
有色金属冶炼及压延加工业	1 200	2 262	2 262		5	3	2
金属制品业	3 119	90 668	80 418	1 596	12	2	10
通用设备制造业	156 510	2 062 619	1 982 393	145 974	523	106	37
专用设备制造业	10 937	38 368	35 717	1 795	166	49	56
交通运输设备制造业	11 742	91 344	89 431	1 880	35	5	32
电气机械及器材制造业	11 608	91 099	104 038	345	61	46	30
通信设备、计算机及其他电子设备制造业	11 235	266 600	298 273	213 099	34	13	8
仪器仪表及文化、办公用机械制造业	7 582	145 133	139 918	130	93	29	54
工艺品及其他制造业	266	4 490	4 323		11	4	1
电力、燃气及水的生产和供应业	37	5 495	5 395		25	5	6
电力、热力的生产和供应业	37	1 050	1 050		25	5	6
水的生产和供应业		4 445	4 345				
按企业控股情况分组							
国有控股	154 278	1 935 343	1 865 672	144 984	539	96	36
集体控股	11 525	146 330	153 971	37 314	11	11	5
私人控股	163 640	1 240 222	1 198 719	42 760	684	299	260
港澳台商控股	17 069	39 819	36 435	4 721	64	26	48
外商控股	10 919	284 399	321 110	207 797	24	5	5
其他	4 597	18 779	25 715	832	37	18	21

15-6 规模以上工业企业技术改造、技术获取情况

（2010 年）　　单位：万元

指标名称	引进技术经费支出	消化吸收经费支出	购买国内技术经费支出	技术改造经费支出
总　计	**11 217**	**7 274**	**19 157**	**249 280**
按企业规模分组				
大中型企业	10 828	6 626	18 375	220 208
大型企业	10 308	4 280	17 434	163 326
中型企业	520	2 346	941	56 882
小型企业	389	648	782	29 072
按隶属关系分组				
中央		2 496	16 400	20 807
地方	11 217	4 778	2 757	228 473
按登记注册类型分组				
内资企业	1 663	6 322	19 137	244 831
国有企业				20 810
集体企业				40
有限责任公司	214	3 095	16 722	178 975
国有独资公司	214	254	61	118 134
其他有限责任公司		2 841	16 661	60 841
股份有限公司	1 120	1 415	1 959	24 014
私营企业	329	1 804	432	19 990
私营独资企业	300	300	48	1 841
私营合伙企业		314		3 009
私营有限责任公司	29	1 178	339	14 828
私营股份有限公司		12	45	312
其他企业		8	24	1 003
港、澳、台商投资企业	9 554	920		998
合资经营企业(港或澳、台资)				553
港、澳、台商独资经营企业	9 494	900		446
港、澳、台商投资股份有限公司	60	20		
外商投资企业		32	20	3 450
中外合资经营企业		32	20	3 422
中外合作经营企业				29
按国民经济行业大类分组				
采矿业		2 872	16 593	49 317
煤炭开采和洗选业		2 812	16 573	49 287
非金属矿采选业		60	20	30

15-6 续表 （2010年） 单位:万元

指 标 名 称	引进技术经费支出	消化吸收经费支出	购买国内技术经费支出	技术改造经费支出
制造业	11 217	4 402	2 564	198 354
农副食品加工业				1 007
食品制造业		8	22	10
饮料制造业	600	150	800	6 004
烟草制品业				27
纺织业		25		1 668
纺织服装、鞋、帽制造业				56
木材加工及木、竹、藤、棕、草制品业		32		2 190
造纸及纸制品业				2 026
化学原料及化学制品制造业	9 523	1 466	812	48 886
医药制造业	520	945	690	6 437
化学纤维制造业				17 640
橡胶制品业				1 228
塑料制品业				76
非金属矿物制品业		120		20 750
黑色金属冶炼及压延加工业		916		9 949
有色金属冶炼及压延加工业				953
金属制品业				391
通用设备制造业	214	338	76	71 690
专用设备制造业				1 011
交通运输设备制造业			2	197
电气机械及器材制造业		82	38	4 400
通信设备、计算机及其他电子设备制造业	360	320	94	631
仪器仪表及文化、办公用机械制造业			10	1 038
工艺品及其他制造业			20	90
电力、燃气及水的生产和供应业				1 609
电力、热力的生产和供应业				1 579
水的生产和供应业				30
按企业控股情况分组				
国有控股	214	2 638	16 483	140 438
集体控股		324	116	5 558
私人控股	1 449	2 899	2 330	98 145
港澳台商控股	9 554	1 356	173	1 391
外商控股		32		1 471
其他		25	55	2 277

15–7 规模以上工业企业 R&D 项目情况

（2010 年）

指 标 名 称	项目数（项）	参加项目人员（人）	项目人员折合全时当量（人年）	全部项目经费内部支出（万元）
总 计	**1 376**	**15 325**	**11 781**	**312 118**
按企业规模分组				
大中型企业	1 068	11 820	9 247	253 072
大型企业	694	8 267	6 638	190 360
中型企业	374	3 553	2 609	62 712
小型企业	308	3 505	2 534	59 046
按隶属关系分组				
中央	175	3 294	2 974	32 377
地方	1 201	12 031	8 807	279 741
按登记注册类型分组				
内资企业	1 233	13 785	10 683	283 149
国有企业	34	491	315	5 123
集体企业	2	4	2	13
股份合作企业	1	35	14	434
有限责任公司	721	7 681	6 475	162 800
国有独资公司	473	3 360	2 777	117 857
其他有限责任公司	248	4 321	3 698	44 942
股份有限公司	104	1 636	1 020	40 198
私营企业	361	3 871	2 797	72 706
私营独资企业	47	635	473	13 530
私营合伙企业	5	89	48	673
私营有限责任公司	286	2 912	2 097	52 404
私营股份有限公司	23	235	179	6 100
其他企业	10	67	59	1 876
港、澳、台商投资企业	68	868	548	16 294
合资经营企业(港或澳、台资)	48	549	350	10 787
港、澳、台商独资经营企业	16	288	174	4 956
港、澳、台商投资股份有限公司	4	31	24	552
外商投资企业	75	672	550	12 675
中外合资经营企业	58	506	406	7 972
中外合作经营企业	1	74	74	675
外资企业	16	92	70	4 029
按国民经济行业分组				
采矿业	206	3 705	3 456	44 940
煤炭开采和洗选业	205	3 659	3 410	44 878
非金属矿采选业	1	46	46	62

15-7 续表 （2010 年）

指 标 名 称	项目数（项）	参加项目人员（人）	项目人员折合全时当量（人年）	全部项目经费内部支出（万元）
制造业	1 160	11 550	8 301	264 771
农副食品加工业	13	144	127	1 988
食品制造业	9	176	72	1 769
饮料制造业	43	1 238	688	33 851
烟草制品业	2	92	88	218
纺织业	24	332	227	6 033
纺织服装、鞋、帽制造业	3	8	5	16
皮革、毛皮、羽毛(绒)及其制品业	5	81	49	1 280
木材加工及木、竹、藤、棕、草制品业	36	891	584	11 792
造纸及纸制品业	3	37	32	1 719
文教体育用品制造业	2	28	7	150
石油加工、炼焦及核燃料加工业	5	28	22	1 200
化学原料及化学制品制造业	91	1 210	1 020	21 694
医药制造业	43	540	345	8 319
化学纤维制造业	5	89	86	1 540
橡胶制品业	13	82	47	1 230
塑料制品业	3	22	20	712
非金属矿物制品业	25	289	198	8 314
黑色金属冶炼及压延加工业	23	158	120	5 053
有色金属冶炼及压延加工业	3	69	69	101
金属制品业	9	106	106	1 047
通用设备制造业	549	3 611	2 851	113 339
专用设备制造业	62	472	365	7 240
交通运输设备制造业	33	709	372	9 681
电气机械及器材制造业	35	364	214	7 895
通信设备、计算机及其他电子设备制造业	66	326	258	11 806
仪器仪表及文化、办公用机械制造业	49	367	286	6 390
工艺品及其他制造业	6	81	44	395
电力、燃气及水的生产和供应业	10	70	24	2 407
电力、热力的生产和供应业	10	70	24	2 407
按企业控股情况分组				
国有控股	663	7 008	5 959	152 342
集体控股	12	128	120	4 159
私人控股	557	6 582	4 540	127 282
港澳台商控股	61	951	631	15 612
外商控股	34	369	304	8 048
其他	49	287	226	4 676

15-8 规模以上工业企业政府相关政策落实情况

（2010 年） 单位：万元

指 标 名 称	使用来自政府部门的科技活动资金	研究开发费用加计扣除减免税	高新技术企业减免税
总 计	**11 423**	**25 989**	**33 183**
按企业规模分组			
大中型企业	8 230	25 550	32 905
大型企业	5 024	23 805	28 862
中型企业	3 206	1 745	4 042
小型企业	3 193	439	278
按隶属关系分组			
中央	1 381	828	195
地方	10 042	25 161	32 988
按登记注册类型分组			
内资企业	9 048	25 211	32 779
国有企业	60	360	200
有限责任公司	3 887	23 673	29 464
国有独资公司	696	22 803	28 862
其他有限责任公司	3 191	870	602
股份有限公司	2 686	622	2 456
私营企业	2 293	557	659
私营独资企业	27		
私营合伙企业	5		
私营有限责任公司	2 221	395	581
私营股份有限公司	40	163	78
其他企业	121		
港、澳、台商投资企业	999	733	363
合资经营企业(港或澳、台资)	149	733	363
港、澳、台商独资经营企业	850		
外商投资企业	1 376	45	42
中外合资经营企业	430	45	42
外资企业	946		

15-8 续表 （2010 年） 单位：万元

指 标 名 称	使用来自政府部门的科技活动资金	研究开发费用加计扣除减免税	高新技术企业减免税
按国民经济行业分组			
采矿业	2 371	803	
煤炭开采和洗选业	2 371	803	
制造业	9 052	25 187	33 183
农副食品加工业	222		
食品制造业	83		
饮料制造业	2 204	200	
纺织业	55	379	105
皮革、毛皮、羽毛(绒)及其制品业	3		
木材加工及木、竹、藤、棕、草制品业	100		
家具制造业	15		
化学原料及化学制品制造业	996	348	2 284
医药制造业	1 489	422	565
非金属矿物制品业	505	25	
有色金属冶炼及压延加工业	10		
金属制品业	11	96	
通用设备制造业	1 492	22 881	29 557
专用设备制造业	497	102	291
交通运输设备制造业	110		
电气机械及器材制造业	30		
通信设备、计算机及其他电子设备制造业	1 001	733	381
仪器仪表及文化、办公用机械制造业	217		
工艺品及其他制造业	11		
按企业控股情况分组			
国有控股	2 100	23 965	29 062
集体控股	308		933
私人控股	6 810	1 246	2 641
港澳台商控股	1 143	778	363
外商控股	1 000		
其他	61		184

15-9　高新技术产业情况

（2009 年）　　单位：万元

指　　标	从业人员年平均人数（人）	工业总产值	产品销售收入	出口交货值	利税总额
全市总计	**55 225**	**5 187 396**	**5 026 601**	**216 227**	**846 593**
电子及通信设备制造业	6 331	732 147	757 634	3 669	270 854
医药制造业	10 080	781 566	795 822	133 720	115 914
专用科学仪器设备制造业	5 240	530 591	510 490	4	75 809
电气机械及设备制造业	13 319	1 188 862	1 118 353	1	153 642
新材料制造业	20 255	1 954 230	1 844 302	78 883	230 374

15-10　高新技术产业情况

（2010 年）　　单位：万元

指　　标	从业人员年平均人数（人）	工业总产值	产品销售收入	出口交货值	利税总额
全市总计	**66 537**	**10 611 300**	**9 610 293**	**325 259**	**1 585 918**
电子及通信设备制造业	8 725	1 721 639	1 621 168	8 421	409 094
医药制造业	11 700	1 359 072	1 410 763	212 934	220 396
专用科学仪器设备制造业	6 543	1 133 116	1 086 981		150 335
电气机械及设备制造业	14 474	1 896 707	1 793 489		267 294
新材料制造业	25 095	3 825 366	3 697 892	103 904	538 798
新能源		675 400			

15-11 主要年份各类学校数

单位:所

年 份	普通高等学校	中等专业学校	技工学校	农职业中学	普通中学	小学
1949		4			16	1 803
1952		8			21	2 641
1957		5			62	3 109
1962	3	7			140	3 773
1965	2	11			142	4 390
1970	2	2			179	5 183
1975	2	9			228	5 113
1978	2	14	9		234	4 260
1979	2	14	9		236	4 115
1980	2	13	10		274	3 446
1981	3	13	10		395	4 316
1982	3	14	10		478	3 964
1983	4	14	10		494	3 822
1984	5	15	11	18	512	3 674
1985	5	17	11	36	551	3 618
1986	5	16	11	28	612	3 490
1987	5	17	11	29	643	3 413
1988	5	17	11	31	648	3 472
1989	4	17	12	41	654	3 441
1990	4	16	12	43	640	3 409
1991	4	15	11	45	639	3 408
1992	4	15	14	55	621	3 391
1993	4	15	14	49	610	3 390
1994	4	16	14	51	581	3 347
1995	4	16	14	52	553	3 338
1996	4	16	14	50	546	3 305
1997	4	16	14	52	525	3 288
1998	4	16	13	48	523	3 250
1999	5	14	14	47	513	3 147
2000	5	13	13	42	492	2 902
2001	5	12	10	41	498	2 710
2002	6	11	10	35	476	2 333
2003	6	11	11	31	371	945
2004	7	11	11	28	366	908
2005	7	11	11	21	367	902
2006	7	12	8	25	369	907
2007	7	12	8	26	367	917
2008	7	12	8	25	357	899
2009	7	12	8	25	350	879
2010	7	11	8	21	331	871

注:2006 年及以后农职业中学即职业高中口径,下同。

15-12 主要年份各类学校在校学生数

单位：人

年 份	普通高等学校	中等专业学校	技工学校	农职业中学	普通中学	小学（万人）
1949		737			6 679	14.31
1952		1 645			13 117	27.25
1957		2 312			37 302	40.85
1962	2 797	2 402			59 064	44.14
1965	1 027	1 913			59 971	67.94
1970					175 039	61.87
1975	1 455	2 903			224 829	103.54
1978	2 080	2 869	1 826		459 841	95.62
1979	2 704	5 063	2 070		408 046	98.81
1980	2 585	6 382	3 510		362 789	96.94
1981	5 634	4 573	2 919		298 335	95.27
1982	4 260	4 810	2 859		289 862	91.28
1983	6 109	5 606	2 580		290 956	91.98
1984	7 173	6 884	2 716	6 913	292 253	90.41
1985	9 955	8 708	2 915	10 369	311 015	88.01
1986	10 486	8 880	3 659	13 577	328 873	85.69
1987	11 410	9 711	3 454	14 355	327 280	83.44
1988	11 886	10 339	3 609	11 882	314 401	81.65
1989	11 783	11 101	4 151	12 344	317 647	81.92
1990	11 586	11 091	4 898	14 440	313 758	84.77
1991	12 507	11 670	5 086	17 497	309 649	89.90
1992	12 962	12 176	5 918	20 398	313 487	93.66
1993	14 238	12 918	7 639	20 098	327 372	97.07
1994	16 354	16 127	10 211	20 401	374 698	103.31
1995	18 590	24 480	10 971	22 459	424 685	110.34
1996	19 720	36 831	11 181	24 848	463 226	118.08
1997	21 162	43 831	11 793	24 969	481 154	127.42
1998	24 763	45 113	11 970	22 549	512 475	130.99
1999	32 236	42 072	10 133	19 832	543 390	129.32
2000	46 091	34 072	10 317	19 334	584 255	126.06
2001	58 730	29 616	11 362	21 425	638 488	119.84
2002	67 863	31 610	14 175	21 222	718 597	109.43
2003	71 811	33 368	18 500	21 821	802 270	96.28
2004	86 858	40 989	23 117	27 028	831 882	83.06
2005	92 666	51 166	23 000	40 492	815 113	72.24
2006	104 140	59 648	26 900	65 365	777 895	64.62
2007	113 774	59 787	26 086	72 768	733 413	58.75
2008	120 094	62 043	27 421	56 712	670 459	53.72
2009	125 676	57 091	26 922	57 385	593 875	51.79
2010	118 828	57 543	24 553	60 233	520 662	53.02

15-13 各类学校专任教师数

单位：人

年 份	普通高等学校	中等专业学校	技工学校	农职业中学	普通中学	小学
1978	423		83			
1979	444		184		16 932	37 511
1980	451		336			
1981	1 178	591	364		15 910	38 804
1982	1 441	686	398		15 341	38 004
1983	1 512	813	419		14 643	32 669
1984	1 740	843	444	270	14 568	32 295
1985	1 803	984	444	528	15 785	31 831
1986	2 073	1 053	476	661	16 859	33 445
1987	2 210	1 173	441	759	17 162	32 519
1988	2 135	1 142	596	862	17 668	32 948
1989	2 170	1 114	659	890	18 380	33 787
1990	2 086	1 087	642	1 047	19 097	34 520
1991	2 065	1 112	661	1 144	19 371	35 723
1992	2 020	1 110	725	1 377	19 502	36 367
1993	2 037	1 083	677	1 348	19 741	36 499
1994	2 028	1 074	848	1 440	20 416	37 915
1995	2 160	1 102	845	1 575	21 642	38 649
1996	2 045	1 165	843	1 688	22 987	39 911
1997	2 117	1 204	762	1 983	24 222	40 670
1998	2 244	1 270	951	2 053	24 944	42 305
1999	2 681	1 242	820	1 965	26 165	44 577
2000	2 883	1 236	801	1 816	27 658	45 798
2001	3 198	1 357	807	1 586	29 200	46 575
2002	3 635	1 133	587	1 461	32 131	44 837
2003	4 061	1 041	680	1 575	34 232	41 806
2004	4 686	1 114	789	1 431	35 744	39 864
2005	5 298	1 251	785	1 718	37 644	39 156
2006	5 586	1 456	711	2 185	38 821	38 719
2007	6 203	1 693	966	2 375	39 686	38 350
2008	6 433	1 766	957	2 556	39 514	36 999
2009	6 670	1 959	1 005	2 489	39 112	36 553
2010	6 257	1 926	987	2 524	38 379	33 991

15-14 每一专任教师平均负担在校学生数

单位:人

年 份	普通高等学校	中等专业学校	技工学校	农职业中学	普通中学	小学
1978	4.9		22.0			
1979	6.1		11.3			
1980	5.7		10.4		21.4	25.8
1981	4.8	7.7	8.0		18.8	24.6
1982	3.0	7.0	7.2		18.9	24.0
1983	4.0	6.9	6.2		19.9	28.2
1984	4.1	8.2	6.1	25.6	20.1	28.0
1985	5.5	8.8	6.6	19.6	19.7	27.6
1986	5.1	8.4	7.7	20.5	19.5	25.6
1987	5.2	8.3	7.8	18.9	19.1	25.7
1988	5.6	9.1	16.1	13.8	17.8	24.8
1989	5.4	10.0	6.3	13.9	17.3	24.2
1990	5.6	10.2	7.6	13.8	16.4	24.6
1991	6.1	10.5	7.7	15.3	16.0	25.2
1992	6.4	11.0	8.2	14.8	16.1	25.8
1993	7.0	11.9	11.3	15.0	16.6	26.6
1994	8.1	15.0	12.0	14.2	18.4	27.2
1995	8.6	22.2	13.0	14.3	19.6	28.5
1996	9.6	31.6	13.3	14.7	20.2	29.6
1997	10.0	36.4	15.5	12.6	19.9	31.3
1998	11.0	35.5	12.6	11.0	20.5	31.0
1999	12.1	33.9	12.4	10.1	20.8	29.0
2000	16.0	27.6	12.9	10.6	21.1	27.5
2001	18.4	21.8	14.1	13.5	21.9	25.7
2002	18.7	27.9	24.1	14.5	22.4	24.4
2003	17.7	32.1	27.2	13.9	23.4	23.0
2004	18.5	36.8	29.3	18.9	23.3	20.8
2005	17.5	40.9	29.3	23.6	21.7	18.4
2006	18.6	41.0	37.8	26.6	20.0	16.7
2007	18.3	35.3	27.0	30.6	18.5	15.3
2008	18.7	35.1	28.7	22.2	17.0	14.5
2009	18.8	29.1	26.8	23.1	15.2	14.2
2010	19.0	29.9	24.9	23.9	13.6	15.6

15-15　各级各类教育事业

（2010 年）　　单位：人

指　　标	学校数（所）	毕业生数	招生数	在　校学生数	教职工数	#专任教师
普通高等学校	7	31 854	34 141	118 828	9 940	6 257
全日制研究生		2 139	3 376	9 457		
普通本专科生		29 715	30 765	109 371		
中等专业学校	11	14 737	14 091	57 543	2 612	1 926
中等职业学校	5	11 090	11 161	44 403	1 616	1 172
中等技术学校	3	1 040	912	3 124	430	334
中等师范学校	3	2 607	2 018	10 016	566	420
#幼儿师范	1	1 224	835	3 943	211	158
普通中学	331	222 062	152 961	520 662	45 903	38 379
高中	87	71 810	58 102	183 224		12 596
初中	244	150 252	94 859	337 438		25 783
职业高中	21	19 211	22 871	60 233	3 203	2 524
技工学校	8	6 161	8 614	24 553	1 298	987
小学	871	85 343	106 470	530 214		33 991
特殊教育学校	13	1 954	1 743	8 527	485	383
幼儿园	557	104 949	151 582	296 789	13 049	9 382
成人高等学校	1	1 710	151	1 722	109	35
成人中等专业学校	11	3 422	2 768	8 743	717	424
#教师进修学校	4				201	107
职业技术培训机构	1 278	298 611		308 517	5 248	3 756

注：徐州市广播电视大学为省电大分校，未统计在徐州普通高等学校各项指标之内。

15-16　普通高等学校和中等专业学校基本情况

（2010 年）　　单位:人

指　　标	毕业生数	招生数	在　校学生数	教职工数	#专任教师
普通高等学校					
中国矿业大学	7 712	9 161	33 211	3 010	1 676
中国矿业大学徐海学院	1 779	1 923	6 924	423	296
徐州师范大学	4 426	5 114	19 403	2 324	1 353
徐州医学院	1 756	2 595	9 970	1 120	594
徐州医学院华方学院	690	472	2 501		
徐州工程学院	4 462	5 302	18 108	1 379	1 095
徐州建筑职业技术学院	4 641	4 102	12 207	716	502
徐州工业职业技术学院	4 438	3 928	11 189	674	536
九州职业技术学院	1 950	1 544	5 315	294	205
中等专业学校					
徐州生物工程高等职业学校	2 868	1 633	8 982	347	260
徐州机电工程高等职业学校	2 658	4 182	13 773	540	323
江苏省徐州医药高等职业学校	1 876	1 423	6 632	293	240
江苏省徐州财经高等职业技术学校	1 637	2 008	7 935	218	175
徐州经贸高等职业学校	2 051	1 915	7 081	218	174
徐州市职业教育中心	872	728	2 502	292	252
徐州体育运动学校	98	109	326	58	26
徐州文化艺术学校	70	75	296	80	56
运河高等师范学校	572	595	2 462	184	121
徐州高等师范学校	811	588	3 611	171	141
徐州幼儿高等师范学校	1 224	835	3 943	211	158
徐州市广播电视大学(省分校)	1 512	2 024	5 755	320	286

15-17 成人高等学校和成人中等专业学校基本情况

（2010 年） 单位：人

指标	毕业生数	招生数	在校学生数	教职工数	#专任教师
成人高等学校					
徐州市委党校	1 710	151	1 722	109	35
中国矿业大学成人教育学院	4 145	4 697	12 310		
徐州师范大学成人教育学院	2 942	2 900	8 231		
徐州医学院成教处	928	2 018	6 063		
徐州工程学院成教处	1 368	2 510	6 325		
徐州建筑职业技术学院成教处	198	923	2 513		
九州职业技术学院	48	24	39		
成人中等专业学校					
徐州能源工业学校	1 095	81	1 115	116	73
徐州机电工程学校	1 174	1 964	4 832	155	107
徐州市电子技术学校	263		627	44	26
徐州市商业职工中专学校	122		310	22	13
新沂卫生职工中专学校	60	93	129	52	23
徐州市农业干部中专学校	252		104	90	58
徐州建筑职工中专学校	456	630	1 626	37	17
沛县教师进修学校				47	20
江苏省铜山区教师进修学校				52	32
新沂市教师进修学校				50	33
江苏省邳州市教师进修学校				52	22

15-18 各阶段教育入学、毕业、升学情况

（2010 年）

单位：%

地区	入学率		毕业率		升学率	
	小学阶段入学率	初中阶段入学率	小学毕业班毕业率	初中毕业班毕业率	小学毕业生升学率	初中毕业生升学率
全市	100.00	100.00	100.00	100.00	100.00	96.61
市区	100.00	100.00	99.49	99.78	100.00	99.99
丰县	100.00	100.00	100.00	99.91	99.73	96.35
沛县	100.00	100.00	100.00	100.00	100.00	96.73
铜山区	100.00	100.00	100.00	100.00	100.00	95.80
睢宁县	100.00	100.00	100.00	100.00	100.00	96.02
新沂市	100.00	100.00	100.00	100.00	92.17	96.06
邳州市	100.00	100.00	100.00	99.78	100.00	96.14

15-19 文化事业情况

单位：个

年份	公办文化馆站	公共图书馆	公共图书馆藏书（千册）	博物馆	新华书店	电影放映单位	#电影院影剧院	电影观众人数（万人次）
1982	105	7		1	9	640	57	20 436
1983	105	7		2	7	690		22 886
1984	112	7	1 022	2	7	877	62	25 755
1985	112	7	1 085	4	7	919	58	20 157
1986	101	7	1 036	4	7	903	56	21 078
1987	101	7	1 079	5	7	892	55	22 545
1988	101	7	1 097	6	7	777	54	
1989	101	7	1 128	8	7	781	54	17 437
1990	101	7	1 182	8	10	767	62	17 802
1991	118	7	1 240	9	7	641	75	16 496
1992	113	7	1 375	9	7	579	80	10 317
1993	113	7	1 398	9	14	567	77	2 251
1994	125	7	1 432	9	14	553	70	382
1995	113	7	1 464	10	7	408	76	1 092
1996	113	7	1 476	10	7	433	94	1 243
1997	113	7	1 473	10	7	445	126	1 296
1998	113	7	1 509	10	7	324	132	1 676
1999	113	7	1 520	10	7	327	132	832
2000	85	7	1 565	10	7	310	103	608
2001	86	7	1 587	10	7	196	95	438
2002	86	7	1 639	10	7	196	94	366
2003	114	7	1 501	10	7	192	90	324
2004	127	7	1 533	11	7	96	96	382
2005	127	7	1 533	11	7	57	57	425
2006	125	7	1 518	13	7	21	8	50
2007	125	7	1 542	11	7	24	9	34
2008	126	7	1 626	14	7	22	6	30
2009	130	7	1 691	16	68	6	4	77
2010	157	7	2 698	17	68	6	5	79

注：2009、2010 年新华书店为全社会口径，与往年不可比；2009、2010 年电影放映单位为市文化局备案单位数。

15-20 主要年份广播、电视事业情况

指　　标		1990	1995	2000	2005	2007	2008	2009	2010
广播电视台	**（座）**	**1**	**8**	**1**	**7**	**8**	**8**	**8**	**8**
广播事业									
发射台及转播台(中波)	（座）	1	2	2	2	2	2	2	2
发射机功率(中波)	（部 / 千瓦）	3/21	4/22	4/31	2/31	2/32	5/65	5/66	5/65
节目	（套）	2	10	9	9	13	11	10	10
平均每日播音时间	（小时）	18	92	97	139	168	193	137	189
广播人口覆盖率	（%）	93.0	88.3	100	100	100	100	100	100
制作节目时间	（小时）	1 323	8 235	20 754	32 913	46 595	49 149	49 464	50 415
# 新闻节目		193	1 249	1 317	4 125	11 333	6 914	5 936	7 075
文艺节目		379	3 869	9 595	5 427		8 836	12 424	28 159
教育节目		183	26	96			629	836	1 126
电视事业									
发射台及转播台	（座）	6	1	8		8	10	9	8
发射机功率(全部)	（部 / 千瓦）	20/19.55	28/50.20	30/53.25		30/54.45	33/53.95	33/60.55	33/60.55
节目	（套）	1	8	8	10	12	11	11	11
平均每周播出时间	（小时）	83	444	572	1 019	167	217	238	1 134
电视人口覆盖率	（%）	77.0	99.3	98.7	100	100	100	100	100
制作节目时间	（小时）	307	3 509	3 694	13 696	13 927	11 328	12 323	11 160
# 新闻节目		75	387	555	2 827	1 670	2 603	2 698	3 196
文艺节目		62	485	518	2 242		1 227	1 644	2 051
教育节目			13	9			365	429	639
有线电视用户	（万户）		12.66	25.52	80.70	123.48	167.17	186.05	218.11
有线电视入户率	（%）					52.2	53.2	64.4	78.3
县级广播电视台	（座）			6	6	7	7	7	7
数字电视用户	（万户）					1.62	1.75	13.00	43.80

注：1998 年及以后广播电台、电视台数根据省广播电视厅要求只统计地市级，县级电台、电视台合并统计为广播电视台。

主要统计指标解释

独立研究与开发机构 指有明确的任务和研究方向,有一定学术水平的业务骨干和一定数量的研究人员,具有研究、开发、开展学术工作的基本条件,主要进行科学研究与技术开发活动,并且在行政上有独立的组织形式,财务上独立核算盈亏,有权与其他单位签订合同,在银行有单独户头的单位。包括国务院各部门、中国科学院、中国社会科学院和各省、自治区、直辖市以及地(市)以上[含地(市)]各部门所属的国有独立的科学研究与技术开发机构。

独立研究与开发机构职工 指在科学研究与技术开发机构工作,并由其支付工资的各种人员。包括长期职工和临时职工,不包括编制以外的离休、退休人员和停薪留职人员,但包括招聘人员。

研究与发展经费支出 指报告期内用于研究与试验发展课题活动(基础研究、应用研究、试验发展)的全部实支出。包括用于研究与发展课题活动的直接支出,还包括间接用于研究与发展活动的一切支出(院、所管理费及维持院、所正常运转的必需费用和与研究发展有关的基本建设支出)。

其他科技人员 指大专、中专毕业和具有初级职称的从事科技活动人员。

自然科学技术人员 指已取得科学技术职称,或大学、中专的理、工、农、医科系毕业,以及国民经济各部门从工作实践中提拔,从事理、工、农、医等自然科学技术的研究、教学、生产的专业人员和在机关、企业、事业中从事科学技术业务管理工作的专业人员。

工程技术人员 指在国民经济各行业从事工程技术工作的自然科学技术专业人员,包括:高级工程师、工程师、助理工程师、技术员和未评定职称的技术人员。

农业技术人员 指在国民经济各行业从事农业技术工作的自然科学技术专业人员,包括:高级农艺师、农艺师、助理农艺师、技术员和未评定职称的技术人员。

科学研究人员 指在国民经济各行业从事科学技术活动的自然科学技术专业人员,包括:正副研究员、助理研究员、研究实习员、技术员和未评定职称的技术人员。

教学人员 指在国民经济各行业从事自然科学技术方面教学活动的专业人员,包括:正副教授、讲师、助教、教师和在中学从事自然科学技术方面教学活动的人员。

发明 专利法及其实施细则所称的发明是指对有关产品、方法或其改进所提出的新的技术方案。

普通高等学校 指按照国家规定的设置标准和审批程序批准举办,通过国家统一招生考试,招收高中毕业生为主要培养对象,实施高等教育的全日制大学、独立设置的学院和高等专科学校、短期职业大学。

成人高等学校 指按照国家有关规定审批,招收通过全国成人高教统一招生考试的具有高中毕业或同等学历的在职从业人员利用脱产、半脱产、业余或函授等多种形式对其实施高等学历教育,培养高等教育专科或本科毕业水平的专门人才,修业年限、课程设置和总学时数均按高等学历教育要求付诸实施的学校。包括广播电视大学、职工高等学校、农民高等学校、管理干部学院、教育学院、独立设置的函授学院等。

小学学龄儿童入学率 指调查范围内已入小学学习的学龄儿童占校内外学龄儿童总数(包括弱智儿童在内,但不包括盲聋哑儿童)的比重,计算公式:

$$\text{小学学龄儿童入学率}(\%)=\frac{\text{已入学的小学学龄儿童}}{\text{校内外小学学龄儿童总数}}\times 100\%$$

招生数 指新学年开学时,一年级实际招收入学的新生数。不包括留级生和复学生数。

在校学生数 指学年初具有学籍的在校学生总数。

专任教师数 指主要从事教育工作的人员数。包括临时(一年以内)调去帮助做其他工作的教学人员。高等学校函授部、夜大学的专任教师和承招科研任务、未担任教学工作仍属教师编制的人员,也计入专任教师中。专任教师不包括调离教学岗位,担任行政领导工作或其他工作的原教学人员。

文化事业机构 指从事专业文化工作和为专业文化工作服务的独立建制的单独核算的单位。不包括这些单位另外举办独立核算的其他机构和各部门的业余文化组织。

艺术表演团体 指从事戏曲、音乐、舞蹈、杂费等专业艺术表演,有独立帐户,实行单独核算的团体。不包括半工半艺、半农半艺的业余剧团。

电影放映单位 指具有放映机器设备、固定或不固定的放映场所与专职或兼职的放映技术人员,经有关部门登记批准,经常为一定的观众对象放映电影的机构。包括经批准对外开放进行营业,并与电影发行放映管理机构分帐的专用放映单位和军委系统租片单位。

电影观众人数(人次) 指各类型放映单位及军委系统租片单位映出的观众人次数。一个观众连续看了一部长片或短片专场规定的短片,为二人次。

艺术表演观众人数(人次) 指售票、包场演出或民族地区免费演出的艺术表演观众人次数。不包括彩排审查和内部观摩演出的观看人次数。

公共图书馆 文化部门举办的面向社会服务的独立的图书馆。不包括文化馆的图书室。

电视人口覆盖率 指电视覆盖人口与总人口的比率。电视覆盖人口是指能够用普通电视接收机、室外天线在离地面四米高处，在晚上收看电视，并且收视效果能达到图像基本稳定、清晰，能看清人物的形象、动作的地区内的人口数。计算公式为：

$$\text{电视人口覆盖率}(\%)=\frac{\text{年末电视覆盖人口数}}{\text{年末总人口数}}\times 100\%$$

广播人口覆盖率 指广播覆盖人口与总人口的比率。广播覆盖(或中波覆盖)人口是指能够用普通收音机在中午收听中波广播节目，并且收听效果能达到听清完整的节目内容的地区的人口数，包括只能收听外省中波广播的人口数在内。计算公式为：

$$\text{广播人口覆盖率}(\%)=\frac{\text{年末广播覆盖人口数}}{\text{年末总人口数}}\times 100\%$$

第 16 部分

体育、卫生、民政、司法及其他

SPORTS, PUBLIC HEALTH, CIVIL ADMINISTRATION, JUDICATURE AND OTHERS

版面负责人：张玉强
编　　　辑：徐　燕

关于政府统计机构开展监督检查的职权和职责的规定

第三十五条 县级以上人民政府统计机构在调查统计违法行为或者核查统计数据时，有权采取下列措施：

(一)发出统计检查查询书，向检查对象查询有关事项；

(二)要求检查对象提供有关原始记录和凭证、统计台账、统计调查表、会计资料及其他相关证明和资料；

(三)就与检查有关的事项询问有关人员；

(四)进入检查对象的业务场所和统计数据处理信息系统进行检查、核对；

(五)经本机构负责人批准，登记保存检查对象的有关原始记录和凭证、统计台账、统计调查表、会计资料及其他相关证明和资料；

(六)对与检查事项有关的情况和资料进行记录、录音、录像、照相和复制。

县级以上人民政府统计机构进行监督检查时，监督检查人员不得少于二人，并应当出示执法证件；未出示的，有关单位和个人有权拒绝检查。

【释义】 本条是关于政府统计机构开展监督检查的职权和职责的规定。

为保障统计资料的真实、准确、完整、及时，确保统计违法行为受到依法追究，维护统计工作的正常秩序，统计法应当赋予政府统计机构必要的监督检查权。依照本条第一款的规定，县级以上人民政府统计机构在调查统计违法行为或者核查统计数据时，有权采取下列措施：1.查询权，即有权向有关单位和个人发出统计检查查询书，向检查对象查询有关事项；2.要求提供资料权，即有权要求有关单位和个人提供与调查的统计违法行为或者核查的统计数据有关的原始记录和凭证、统计台账、统计调查表、会计资料及其他相关证明和资料；3.询问权，即有权就与检查有关的事项询问有关人员，了解情况；4.现场检查权，即有权进入检查对象的业务场所和统计数据处理信息系统进行检查、核对；5.登记保存证明和资料的权力，即经统计机构负责人批准，有权登记保存检查对象的有关原始记录和凭证、统计台账、统计调查表、会计资料及其他相关证明和资料；6.存证权，即有权对与检查事项有关的情况和资料进行记录、录音、录像、照相和复制。

为了保证政府统计机构的监督检查人员依法履行职责，防止损害被检查人权益的行为发生，本条第二款对监督检查人员在履行职责时的基本要求作出规定，包括：一是监督检查人员应当至少有二人，以形成一定的监督和制约；二是监督检查人员应当向检查对象出示执法证件，以表明其合法身份并接受监督。监督检查人员未出示执法证件的，有关单位和个人有权拒绝检查。

编辑：张　霖

16-1　主要年份体育事业基本情况

项　　目		1990	1995	2000	2005	2007	2008	2009	2010
体育设施	**（所）**								
体育场		1	1	7	2	18	7	9	13
体育馆		1	1		1	5	4	12	12
游泳馆			1	3	2	2	3	9	9
体育教育	**（所）**								
体育运动学校		1	1	1	1	1	1	1	1
普通业余体校		6	6	12	14	1	6	1	1
在校学生数	（人）	350	680	1 506	2 603	670	595	641	1 617
体育系统职工人数	**（人）**	**289**	**295**	**411**					
运动员				1 556	2 612		2 407	3 515	3 555
专职教练员		82	79	130	206	78	73	80	49
专职文化教师		31	42	46	204	26	17	19	89
科技人员		2	2	6	8	4	4	4	2
医务人员		4	4	2	8	4	2	2	1
管理人员		83	79	141	264	62	92	98	123
其他		87	89	86	216	158	77	78	88
等级运动员	**（人）**	**135**	**200**	**1 120**			**251**	**214**	**110**
#一级		5	50	65		23	10	13	6
二级		130	150	320	329	303	225	201	104
等级裁判员	**（人）**	**44**	**72**	**1 106**		**156**	**194**	**200**	**448**
#一级		6	17	162		31	33	20	54
二级		38	25	295	190	125	161	180	394
各级体委举办运动会情况									
运动会次数	（次）	65	85	110			4	9	
参加运动会的运动员人数	（万人）	0.60	0.96	12.00			0.16	0.17	
获国内外奖章（牌）	**（枚）**								
金质奖章（牌）		5	7		11	115.5	127.5	118	104
银质奖章（牌）		2	5			140	97	112	66
铜质奖章（牌）		6	4			165	120	118	98.5
体彩情况									
体育彩票销售点个数	（个）					776	834	898	1 000
年从业人员数	（人）					1 572	1 668	1 796	2 000
体育彩票发行额	（万元）					783.52	828.33	995.31	1 149
体彩全年销售额	（亿元）					2.55	3.34	4.28	5.36
百万以上大奖个数	（个）					3	4	8	6

注:一、二级运动员 2001 年以后为当年新晋升数;2007、2008 年奖章数为省级以上比赛奖牌数(含国际性比赛);2008 年部分指标由于统计口径变化,数据相应调整。

16-2 卫生机构数

单位:个

年 份	总 计	医 院 卫生院	#医 院	疗养院、所	门诊部、所
1978	652				
1979	683				
1980	858				
1981	952				
1982	969	231	35	1	678
1983	1 004	232	42	1	712
1984	1 027	233	43	1	734
1985	1 053	237	48	1	753
1986	1 030	236	47	1	731
1987	1 024	234	47	1	727
1988	1 023	228	47	1	732
1989	1 042	229	47	1	751
1990	1 058	228	46	1	767
1991	1 088	228	46	1	798
1992	1 049	228	46	1	759
1993	1 051	228	46	1	761
1994	1 051	231	46	1	758
1995	1 052	231	46	1	758
1996	1 052	231	45	1	757
1997	1 053	232	42	1	757
1998	1 261	233	43	1	966
1999	954	275	43	1	456
2000	993	274	42	1	473
2001	1 071	211	43	1	449
2002	1 047	226	113		778
2003	1 120	229	116	1	847
2004	1 344	232	119	1	926
2005	1 384	230	119	1	1105
2006	1 327	227	116	1	917
2007	1 483	238	117	1	921
2008	1 116	251	108	1	732
2009	1 169	268	102	1	828
2010	1 213	256	99	1	864

16-2 续表

单位:个

年 份	专科防治所、站	卫生防疫站	妇幼保健院、所、站	药品检验所、站	医学研究机构	其他卫生机构
1978						
1979						
1980						
1981						
1982		14				
1983	4	15	10	7	2	17
1984	4	15	10	7	2	17
1985	9	15	12	7	2	13
1986	10	15	12	7	2	12
1987	10	14	12	7	2	13
1988	10	14	12	7	2	13
1989	9	14	12	7	2	13
1990	10	14	12	7	2	13
1991	10	15	12	7	2	12
1992	10	14	12	7	2	13
1993	9	14	13	7	2	7
1994	8	14	14	7	2	7
1995	8	14	14	7	2	8
1996	9	14	13	7	3	8
1997	9	14	13	7	3	8
1998	8	14	13	7	3	8
1999	8	14	14	7	3	9
2000	8	14	14	7	3	9
2001	8	14	14		3	9
2002	8	14	13		3	5
2003	6	14	14		3	6
2004		14	14		3	154
2005		14	14		3	17
2006		14	14		3	151
2007		14	13		3	293
2008		14	13		3	102
2009		14	13		3	42
2010		13	12		3	64

注:1998年以后门诊部所中包括个体开业,2009年包括卫生所、医务室、社区卫生服务站等;2001年以前医院为县及县以上医院数;2008年及以后村卫生室不再作为卫生机构统计。

16–3　卫生机构人员数

单位：人

年 份	总 计	卫生技术人员	#医 生				#护师护士	每千人口医生数
				中 医	中医师	西医士		
1978		15 690	4 857					0.9
1979		16 477	4 982					0.8
1980		17 095	5 765					0.8
1981	22 581	17 696	6 542		3 117		2 888	1.0
1982	23 956	18 539	7 203	574	3 310		3 496	1.1
1983	25 237	19 267	7 635	1 079	3 639	2 917	4 298	1.1
1984	25 885	19 694	7 671	1 085	3 668	2 918	4 366	1.1
1985	27 354	20 602	7 881	1 080	3 679	3 122	4 603	1.1
1986	28 234	21 295	8 097	1 094	3 747	3 256	4 799	1.1
1987	28 710	21 337	8 023	1 017	3 677	3 329	4 917	1.1
1988	29 477	22 381	8 804	1 176	5 174	2 454	5 438	1.2
1989	30 960	23 615	9 598	1 158	6 715	1 725	6 430	1.3
1990	32 029	24 427	9 888	1 169	6 965	1 754	6 914	1.2
1991	33 771	25 818	10 298	1 108	7 205	1 985	7 289	1.3
1992	35 051	26 825	10 216	1 062	7 101	2 053	7 351	1.2
1993	36 383	27 895	10 488	1 101	7 211	2 176	7 617	1.3
1994	37 741	28 928	10 891	1 074	7 474	2 343	7 881	1.3
1995	38 533	29 380	11 204	1 082	7 605	2 517	8 167	1.3
1996	39 027	29 771	11 525	1 046	7 762	2 717	8 277	1.3
1997	40 472	31 125	12 025	1 044	7 998	2 938	8 424	1.4
1998	40 454	31 188	11 756	986	7 897	2 810	8 350	1.3
1999	39 411	30 394	11 349	933	7 843	2 515	8 421	1.3
2000	39 366	30 481	11 622	925	8 077	2 529	8 720	1.3
2001	39 099	30 275	11 635	963	8 041	2 536	8 863	1.3
2002	36 997	29 282	11 396					1.3
2003	35 369	28 030	10 692		725		8 421	1.2
2004	36 163	28 297	10 480		705		8 479	1.1
2005	35 809	28 284	10 494	721	597	124	8 574	1.1
2006	36 174	28 922	10 532	723	604		8 677	1.2
2007	38 048	29 668	11 137				9 329	1.2
2008	38 746	30 396	11 557				9 985	1.2
2009	39 408	30 821	11 613				10 801	1.0
2010	41 238	32 368	11 833				11 961	1.0

16–4 卫生机构床位数

单位：张

年份	总计	医院卫生院	#医院	疗养院	门诊部、所	其他卫生机构	每千人口医院病床位数
1978	11 325						
1979	11 971						
1980	12 299						
1981	13 392						
1982	13 644						
1983	14 067	12 167	7 185	200	1 550	150	1.8
1984	15 046	13 133	8 109	200	1 473	240	1.9
1985	15 432	13 269	8 608	200	1 762	200	1.9
1986	15 771	13 653	8 925	200	1 718	200	1.9
1987	16 147	13 845	9 107	200	1 802	300	1.9
1988	16 809	14 390	9 549	200	1 919	300	1.9
1989	17 004	14 483	9 609	200	1 921	400	1.9
1990	17 303	14 660	9 630	200	2 043	400	1.8
1991	17 557	15 059	10 186	200	1 898	400	1.8
1992	18 100	15 490	10 459	200	1 987	400	1.9
1993	18 747	15 813	10 668	200	2 310	400	1.9
1994	18 650	15 686	10 791	200	2 310	400	1.9
1995	18 596	15 647	10 783	200	2 310	400	1.8
1996	18 733	15 814	10 883	200	2 310	370	1.8
1997	18 700	15 751	10 713	200	2 310	400	1.8
1998	18 637	15 703	10 645	200	2 310	400	1.8
1999	17 992	17 368	10 621	200		400	2.0
2000	17 736	17 091	10 562	200		400	1.9
2001	17 505	16 964	10 417	200		317	1.9
2002	18 210	18 210	13 944				2.0
2003	18 487	17 961	13 650	200		326	2.0
2004	18 792	18 252	13 905	200		340	2.1
2005	19 888	19 287	14 647	200	5	104	2.2
2006	20 264	19 749	14 975	40		475	2.2
2007	21 488	20 238	15 737	40		1 210	2.3
2008	24 430	23 248	17 614	40		1 142	2.6
2009	26 600	25 081	18 852	40	28	1 451	2.8
2010	30 500	27 783	21 496	40	130	2 547	2.9

16–5 卫生机构、床位、人员数

（2010 年）

机构类别	机构数（个）	床位数（张）	诊疗人数（万人）	入院人数（万人）	工作人员数（人）	#卫生技术人员	执业医师数
总计	**1 213**	**30 500**	**2 894.04**	**86.56**	**41 238**	**32 368**	**10 091**
医院合计	99	21 496	1 189.49	58.37	21 321	17 291	5 637
综合医院	62	15 671	843.12	43.46	15 613	12 735	4 177
中医医院	8	2 395	202.75	8.12	3 327	2 795	830
中西医结合医院	1	20	3.02	0.10	93	83	27
专科医院	28	3 410	140.61	6.68	2 288	1 678	603
#口腔医院	5	40	24.57	0.03	280	195	111
耳鼻喉科医院	1	50	1.08	0.05	23	7	4
肿瘤医院	1		0.18		16	13	5
儿童医院	1	1 000	56.70	3.86	432	337	123
精神病医院	4	933	10.78	0.68	507	354	100
传染病医院	2	415	3.95	0.51	276	195	61
皮肤病医院	1	10	2.53		31	23	8
职业病医院	2	249	10.03	0.09	98	86	42
康复医院	4	122	8.80	0.07	93	73	17
美容医院	1	15	0.38	0.13	35	17	4
其他专科医院	4	526	20.44	1.19	466	354	121
疗养院	1	40	1.94	0.05	51	18	4
社区卫生服务中心	47	1 942	252.65	3.37	3 668	2 739	810
卫生院	157	6 287	908.56	22.40	11 554	8 539	2 039
门诊部、所	864	130	440.24		2 494	2 209	1 080
#私营门诊部、所							
急救中心(站)	3		4.13		92	33	18
采供血机构	1				79	45	6
妇幼保健院(所、站)	12	605	97.03	2.23	781	604	238
妇幼保健院	1	556	60.48	2.16	541	421	139
妇幼保健所	11	49	36.55	0.16	240	183	99
疾病预防控制中心(防疫站)	13				677	496	205
卫生监督所	11				368	292	
医学科学研究机构	3				120	79	45
其他卫生机构	2				33	23	9

16-5 续表 （2010 年）

机构类别	执业助理医师数	注册护士	药剂人员	技师	其他	其他技术人员	管理人员	工勤人员
总计	**1 742**	**11 961**	**2 199**	**1 906**	**4 469**	**2 008**	**2 733**	**4 129**
医院合计	320	7 752	1 144	911	1 527	580	1 552	1 898
综合医院	189	5 909	749	665	1 046	364	1 189	1 325
中医医院	48	1 158	285	128	346	128	149	255
中西医结合医院	3	20	4	3	26		5	5
专科医院	80	665	106	115	109	88	209	313
# 口腔医院	19	32	6	8	19	12	23	50
耳鼻喉科医院	2	1				1	5	10
肿瘤医院	1	4	2	1			3	
儿童医院	1	136	24	23	30	21	21	53
精神病医院	38	162	22	16	16	15	39	99
传染病医院		93	18	19	4	1	37	43
皮肤病医院	3	8	2	2		3	3	2
职业病医院		27	6	10	1	5	4	3
康复医院	7	29	4	3	13	3	11	6
美容医院		9		1	3	9	4	5
其他专科医院	6	156	20	29	22	18	57	37
疗养院		11	1	1	1	5	5	23
社区卫生服务中心	189	1 038	262	209	231	253	257	419
卫生院	1 027	2 257	614	550	2 052	974	612	1 429
门诊部、所	141	594	126	56	212	42	72	171
# 私营门诊部、所								
急救中心(站)	3	9		2	1	13	14	32
采供血机构		19		20		20	5	9
妇幼保健院(所、站)	17	246	33	41	29	25	103	49
妇幼保健院	2	207	28	31	14	6	80	34
妇幼保健所	15	39	5	10	15	19	23	15
疾病预防控制中心(防疫站)	40	21	17	99	114	57	59	65
卫生监督所					292	24	31	21
医学科学研究机构		12	2	15	5	14	18	9
其他卫生机构	5	2		2	5	1	5	4

16-6 市区卫生机构、床位、人员数

指标	2010	指标	2010
卫生机构数 （个）	**698**	#疗养院、所	40
医院	69	卫生院	1 463
#疗养院、所	1	**卫生机构人员 （人）**	**21 761**
卫生院	30	卫生技术人员	17 274
门诊部、所	21	执业医师	5 900
专科防治所、站		执业助理医师	582
疾病预防控制中心	8	注册护士	6 927
妇幼保健院(所、站)	7	药剂人员	1 169
卫生监督所	6	技师	1 042
医学科学研究机构	3	其他卫生技术人员	1 654
急救站和采供血机构	2	其他技术人员	863
病床数 （张）	**18 947**	管理人员	1 701
医院	15 317	工勤人员	1 923

16-7 医院诊疗基本情况

（2010 年）

指标	县及县以上医院合计	非营利性	营利性	乡(镇)卫生院合计
诊疗人次 （万人次）	993.68	993.68		908.03
#门、急诊	941.08	941.08		882
入院人数 （人）	479 303	479 303		223 354
每百门急诊的入院人数 （人）	5.1	5.1		2.5
治愈率 （%）	50.64	50.64		82.38
好转率 （%）	45.41	45.41		16.68
病床周转次数 （次）	33.8	33.8		39.2
病床工作日 （日）	394.6	394.6		261.9
病床使用率 （%）	108.1	108.1		71.7
出院者平均住院日 （日）	11.3	11.3		6.0

16-8 城市(市区)前十位疾病死亡原因和构成

(2009 年)

顺位	合计 死因	占死亡总数(%)	男性 死因	占死亡总数(%)	女性 死因	占死亡总数(%)
	十种死因合计	**92.94**	**十种死因合计**	**93.38**	**十种死因合计**	**92.28**
1	肿瘤	26.15	肿瘤	28.50	心脏病	27.67
2	心脏病	24.84	心脏病	22.94	肿瘤	22.66
3	脑血管病	20.45	脑血管病	19.15	脑血管病	22.38
4	呼吸系统疾病	7.73	呼吸系统疾病	8.02	呼吸系统疾病	7.29
5	损伤和中毒外部原因	6.10	损伤和中毒外部原因	7.07	损伤和中毒外部原因	4.65
6	内分泌,营养和代谢的其他疾病	2.69	内分泌,营养和代谢的其他疾病	2.45	内分泌,营养和代谢的其他疾病	3.06
7	消化系统疾病	2.07	消化系统疾病	2.21	消化系统疾病	1.86
8	传染病和寄生虫病	1.09	传染病和寄生虫病	1.23	神经系统疾病	0.99
9	神经系统疾病	0.95	神经系统疾病	0.93	传染病和寄生虫病	0.87
10	泌尿生殖系统疾病	0.87	泌尿生殖系统疾病	0.88	泌尿生殖系统疾病	0.85

16-9 城市(市区)前十位疾病死亡原因和构成

(2010 年)

顺位	合计 死因	占死亡总数(%)	男性 死因	占死亡总数(%)	女性 死因	占死亡总数(%)
	十种死因合计	**98.32**	**十种死因合计**	**98.48**	**十种死因合计**	**98.15**
1	循环系统疾病	52.89	循环系统疾病	48.98	循环系统疾病	58.54
2	肿瘤	25.26	肿瘤	27.68	肿瘤	21.75
3	损伤和中毒	7.01	损伤和中毒	8.61	呼吸系统疾病	5.58
4	呼吸系统疾病	6.21	呼吸系统疾病	6.65	损伤和中毒	4.69
5	内分泌,营养和代谢的其他疾病	2.54	消化系统疾病	2.06	内分泌,营养和代谢的其他疾病	3.48
6	消化系统疾病	1.96	内分泌,营养和代谢的其他疾病	1.89	消化系统疾病	1.81
7	神经系统疾病	0.85	神经系统疾病	0.86	神经系统疾病	0.83
8	泌尿生殖系统疾病	0.67	传染病和寄生虫病	0.74	泌尿生殖系统疾病	0.69
9	传染病和寄生虫病	0.57	泌尿生殖系统疾病	0.66	血液和造血器官及免疫的其他疾病	0.45
10	血液和造血器官及免疫的其他疾病	0.36	起源于围生期的某些情况	0.35	传染病和寄生虫病	0.33

16-10 主要年份民政事业发展情况

指 标		2000	2005	2006	2007	2008	2009	2010
民政事业、企业情况								
收养类单位数	（个）	368	230	214	264	267	250	250
职工人数	（人）	1 812	1 416	1 830	2 723	3 027	2 457	2 458
社会福利企业单位数	（个）	297	196	209	183	144	159	117
职工人数	（人）	14 824	7 430	7 781	5 318	6 727	14 502	10 952
优抚安置单位数	（个）	18	20	19	20	20	22	22
职工人数	（人）	280	199	275	200	301	299	314
救助类单位数	（个）	2	2	2	3	3	3	3
职工人数	（人）	76	65	68	85	81	72	72
殡仪服务事业单位数	（个）	11	19	20	19	19	20	20
职工人数	（人）	335	405	443	462	477	501	486
彩票募捐单位数	（个）	8	10	10	8	7	8	8
职工人数	（人）	45	67	69	66	71	75	76
社区服务单位数	（个）	30	40	46	47	96	73	84
职工人数	（人）	655	321	225	207	574	454	519
老龄事业单位数	（个）			12	12	12	12	11
职工人数	（人）			59	56	61	61	62
婚姻登记服务单位	（个）			4	1	4	4	4
职工人数	（人）			64	6	69	69	67
优抚对象优待抚恤情况								
享受定期抚恤金人数	（人）	3 506	2 873	2 598	2 586	2 473	2 933	2 143
# 城镇			377	349	340	366	316	272
# 烈属		2 271	2 065	1 860	1 855	2 107	1 454	1 349
享受定期补助人数	（人）	16 491	14 027	13 972	16 320	19 984	19 718	21 550
# 在乡复员军人		12 937	9 301	9 062	9 043	9 517	8 532	8 784
优待优抚对象户数	（户）	34 696	31 597	25 058	21 375	19 360	18 283	21 404
社会救济情况								
城镇居民最低生活保障人数	（人）	7 496	49 437	49 832	51 416	52 102	53 800	43 193
# 失业人员		1 154	9 959	8 040	12 335	11 189	11 371	9 573
城镇居民最低生活保障家庭数	（户）		18 460	19 114	20 101	21 007	22 770	18 729
农村居民最低生活保障人数	（人）	30 136	122 710	188 193	195 992	220 875	247 580	231 938
农村居民最低生活保障家庭数	（户）		65 051	104 021	106 808	126 312	147 240	116 162
城镇临时救济人次数	（人次）	19 578	7 206	7 000	77	1 832	1 916	199
农村临时救济人次数	（人次）	187 629	152 990	299 900	92 585	1 039	154	796
农村定期救济人数	（人）	4 227	33 413		4 968	4 712	4 356	4 524
农村五保供养户数	（户）		25 289	45 685	45 501	45 719	43 642	42 580
城镇社区服务情况								
城镇社区服务设施数	（个）	1 033	2 872	2 881	1 502	1 770	1 740	3 462
城镇社区服务从业人员	（人）	7 767	45 409	4 200	8 545	3 490	2 018	5 561
城镇便民、利民服务网点数	（个）	4 809	7 255		5 640	33 516	7 355	11 756
社会团体机构情况								
年末实有社团数	（个）	721	1 061	1 563	1 678	1 666	1 706	1 727
# 地级社团机构数		274	333	353	361	367	388	400

注：2007年及以后社会救济城镇低保失业人员为登记失业人员、彩票募捐单位数为福利彩票发行单位数。

16-11　社会福利事业基本情况

（2010 年）

指　　标	院数（个）	年末职工人数（人）	年末床位（张）	年末在院人员（人）
总　　计	**250**	**2 458**	**31 765**	**29 592**
社会福利院	8	145	1 680	1 311
光荣院	6	66	397	302
社会福利医院	2	272	460	452
城镇收养性老年福利机构	3	27	127	101
农村五保供养服务机构	232	1 948	29 101	27 426

16-12　社会福利企业基本情况

(2010 年)

指　　标	单位数（个）	年末职工人数（人）		年销售(营业）收入(万元)
			# 残疾职工	
总　　计	**117**	**10 952**	**3 537**	**195 801**
社会福利工厂	87	8 794	2 670	186 610
其他福利企业	30	5 158	867	9 191

16-13　主要年份自然灾害情况

指　　标	1990	1995	2000	2005	2007	2008	2009	2010
受灾面积　　（千公顷）	**383.43**	**303.98**	**463.18**	**48.19**	**188.62**	**117.30**	**394.09**	**412.06**
# 旱灾	88.93	54.88	359.45				293.00	319.35
水灾	249.43	22.52	26.50	19.42	163.20	70.34	43.30	57.95
风雹灾	27.13	133.67	54.57	4.67	25.42	46.96	57.79	34.58
霜冻	7.47	34.33	22.66					0.18
病虫	60.43	28.49						
成灾面积　　（千公顷）	**317.05**	**235.20**	**256.01**	**31.13**		**65.81**	**225.96**	**235.16**
# 旱灾	32.39	45.87	188.57				163.40	184.76
水灾	205.88	17.54	19.67	12.93		40.64	34.36	33.41
风雹灾	21.69	103.36	33.77	2.64		25.17	28.20	16.96
霜冻	5.53	25.67	14.00					0.03
病虫	54.54	19.06						
因灾损失情况								
经济损失总值　　（万元）		86 146	18 448	155 890	120 268	39 307	138 017	249 142
死亡人口　　（人）	22	8	7		8	2	18	1
减产粮食　　（万吨）	39.03	35.95	52.07	22.65	24.29	21.24		
死亡大牲畜　　（头）	893	424	4	15	60		27	
倒塌房屋　　（间）	45 814	5 289	2 841	6 972	3 553	2 737	3 779	386
损坏房屋　　（间）	52 870	15 521	6 498	24 183	7 628	2 401	19 135	2 627
成灾人口　　（万人）	**353.58**	**238.83**	**370.96**	**139.66**	**245.10**	**160.63**	**560.46**	**611.85**
因灾缺粮人口　　（万人）	123.33	123.64	119.82	65.12	33.30	26.13	44.46	49.84
因灾缺粮数量　　（吨）	67 360	81 778	51 168	13 681	7 500	15 645	14 517	29 905
得到国家救济人次数　　（人次）	**1 087 266**	**764 550**	**328 076**	**96 080**	**330 000**	**323 300**	**484 147**	**498 400**

16-14 职工基本养老保险情况

单位：人

年份	在职职工人数	企业	事业、机关	其他	离休、退休退职人员数	企业	事业、机关	其他
1987	377 943	377 943			65 317	65 317		
1988	500 278	500 278			82 466	82 466		
1989	576 379	572 999		3 380	93 430	93 430		
1990	580 996	574 437		6 559	95 435	95 435		
1991	635 907	626 848		9 059	100 668	100 668		
1992	593 063	592 998		65	105 992	105 992		
1993	464 939	464 939			97 979	97 979		
1994	606 073	605 999		74	119 593	119 593		
1995	601 093	601 020		73	121 249	121 249		
1996	588 555	588 482		73	128 265	128 265		
1997	779 430	589 567	189 790	73	168 099	135 144	32 955	
1998	759 978	567 398	191 890	690	180 354	143 652	36 702	
1999	745 830	573 526	168 664	3 640	184 275	151 910	32 307	58
2000	691 112	558 247	121 154	11 711	188 876	161 900	26 733	243
2001	692 144	535 201	112 134	44 809	193 605	170 241	23 195	169
2002	673 307	498 608	87 419	87 280	200 480	181 011	19 217	252
2003	661 950	471 888	64 099	125 963	207 514	190 284	16 455	775
2004	633 583	410 727	55 236	167 620	217 615	199 374	15 991	2 250
2005	654 863	602 574	52 289		227 905	211 607	16 298	
2006	713 907	661 822	52 085		237 805	221 466	16 339	
2007	769 214	714 570	54 644		259 488	240 812	18 676	
2008	824 778	770 052	54 726		273 659	254 314	19 345	
2009	886 247	832 302	53 945		287 908	268 259	19 649	
2010	928 684	875 018	53 666		300 249	280 125	20 124	

16-15 农村养老保险基本情况

年　份	基金积累（万元）	当年保费收入（万元）	当年参保人数（万人）	总参保人数（万人）	当年领取人数（万人）
1992	610	570	3.24	3.24	0.01
1993	1 668	1 090	8.52	11.76	0.04
1994	4 014	2 163	14.32	26.08	0.10
1995	9 051	3 556	18.16	44.24	0.11
1996	11 660	1 558	16.89	61.13	0.13
1997	13 238	1 327	7.47	68.60	0.14
1998	14 367	670	1.35	69.95	0.15
1999	14 899	322	0.60	70.55	0.18
2000	14 960	180	0.20	70.75	0.20
2001	14 963	165	0.16	70.91	0.23
2002	15 160	162	0.56	71.47	0.36
2003	15 375	149	0.14	71.61	0.56
2004	15 625	236	0.25	71.86	0.70
2005	15 887	385	0.18	72.04	0.86
2006	17 041	1 290	0.38	72.03	1.03
2007	20 155	3 154	0.18	73.22	1.25
2008	22 517	3 012	4.68	77.33	1.40
2009	30 314	8 646	28.80	95.69	1.92
2010	80 886	52 488	119.67	215.37	88 .21

16-16 婚姻登记和离婚情况

年　份	登记结婚（对）	初　婚（人）	再　婚（人）	离婚数（对）	结婚离婚比（%）
1985	52 770	104 502	1 038	669	1.27
1986	49 855	98 120	1 590	419	0.84
1987	61 529	121 365	1 653	571	0.93
1988	55 849	110 225	1 473	652	1.17
1989	54 392	106 673	2 111	665	1.22
1990	68 904	135 874	1 934	442	0.64
1991	64 793	127 810	1 777	495	0.76
1992	64 821	127 488	2 154	646	1.00
1993	58 176	114 149	2 203	907	1.56
1994	66 369	130 332	2 406	877	1.32
1995	65 505	127 837	2 173	1 056	1.61
1996	57 001	111 626	2 376	862	1.51
1997	54 954	107 133	2 775	1 196	2.18
1998	56 604	109 832	3 376	1 699	3.00
1999	55 743	108 213	3 273	1 424	2.55
2000	55 664	106 774	4 438	1 514	2.72
2001	48 820	93 764	3 708	1 729	3.54
2002	45 622	87 011	4 113	3 459	7.58
2003	46 016	88 199	3 695	2 342	5.09
2004	51 629	96 765	6 493	5 051	9.80
2005	53 419	98 829	8 009	6 085	11.40
2006	62 626	118 172	7 080	7 131	11.39
2007	68 003	127 551	8 455	8 658	12.73
2008	78 814	149 336	8 292	9 614	12.20
2009	93 612	172 923	14 301	10 261	10.96
2010	101 907	193 626	10 188	11 101	10.89

16-17　主要年份律师、公证、调解工作情况

单位：件

项　　目		1990	1995	2000	2005	2007	2008	2009	2010
律师工作									
律师事务所	（个）	14	36	44	59	67	72	82	86
律师	（人）	151	224	543	736	722	786	881	999
# 专职律师		123	143	247	650	703	769	859	976
# 女性		27	31	31	93	103	128	132	164
兼职律师		7	52	25	15	19	17	22	23
聘任担任常年法律顾问的单位	（处）	507	1 659	1 494	1 347	1 198	1 214	1 278	1 664
民事诉讼代理		784	1 755	4 026	6 045	6 881	7 329	7 295	9 483
经济诉讼代理		348	1 157	2 065	1 712	2 347	3 135	3 313	4 306
刑事辩护		1 281	1 145	1 850	1 662	1 799	1 644	2 199	2 320
行政诉讼代理		22	103	242	102	153	245	399	518
非诉讼法律事务		159	1 269	1 107	1 154	7 065	1 622	1 717	2 232
涉外法律事务		29	3	5	11	12	6		
解答法律咨询		7 748	15 459	32 156	45 350	43 618	20 844	23 943	25 210
代写法律事务文书		1 192	2 577	3 132	5 195	3 502	2 602	3 193	2 930
公证工作									
公证处	（个）	8	10	12	12	12	12	13	13
公证人员	（人）	59	56	76	87	82	95	89	111
# 公证员		30	38	52	50	46	49	42	56
公证员助理		13	7	24	30	27	42	31	28
办理公证文书		20 702	23 006	44 501	60 805	29 095	32 483	39 540	58 572
人民调解工作									
专职司法助理人员	（人）	215	183	182	388	482	479	542	
人民调解委员会	（个）	4 648	4 595	4 800	3 212	3 186	3 186	3 123	3 185
调解人员	（人）	94 920	116 844	98 456	73 216	73 352	26 090	34 817	35 494
调解民事纠纷		32 719	31 160	25 562	16 449	18 043	16 839	18 104	32 621

注：调解人员 2008 年及以后不包括调解信息员。

16-18 主要年份国内公证文书分类

分　类	办证件数(件)					各类公证所占比重(%)				
	1995	2000	2008	2009	2010	1995	2000	2008	2009	2010
经济公证合计	**13 727**	**27 696**	**12 188**	**14 741**	**27 445**	**100.0**	**100.0**	**100.0**	**100.0**	**100.0**
购　销	185	223	33	9	16 876	1.4	0.8	0.3	0.1	61.5
联营					3					…
拍　卖	3	519		5		…	1.9		…	
贷　款	3 299	7 196	6 729	7 717	6 779	24.0	26.0	55.2	52.4	24.7
担　保	42	560	277	304	147	0.3	2.0	2.3	2.1	0.5
招标、投标	6	606	606	305	553	…	2.2	5.0	2.1	2.0
科技合同	18	23				0.1	0.1			
供用电	66	43				0.5	0.2			
劳务合同	4 058	1 210			224	29.6	4.4			0.8
建筑工程承包	106	302			543	0.8	1.1			2.0
工商服务业承包	272	594				2.0	2.1			
农林牧渔业承包	1 443	1 489	11		1	10.5	5.4	0.1		…
企业承包	96	136				0.7	0.5			
财产租赁	1 098	4 716			1	8.0	17.0			0.0
企业租赁	34	643				0.3	2.3			
资产经营协议	16	20				0.1	0.1			
其他经济合同	1 265	2 426	1 318	220	330	9.2	8.8	10.8	1.5	1.2
法人(代表人)资格	249	119	10	8	1	1.8	0.4	0.1	0.1	…
法人委托书	83	118	578	529	234	0.6	0.4	4.7	3.6	0.9
公司章程	5	51		127	164	…	0.2		0.9	0.6
执行许可证明	3	12	6			…	…	0.1		
提　存	5	12	10	8	3	…	…	0.1	0.1	…
其　他	1 267	6 543	2 610	5 509	1 586	9.2	23.6	21.4	37.4	5.8
民事法律关系公证合计	**7 262**	**13 811**	**12 567**	**15 643**	**23 087**	**100.0**	**100.0**	**100.0**	**100.0**	**100.0**
收　养	151	100	110	46	93	2.1	0.7	0.9	0.3	0.4
解除收养	18	6		1		0.3	…		…	
继承权	121	313	547	1 662	1 353	1.7	2.3	4.4	10.6	5.9
遗　嘱	96	227	52	89	381	1.3	1.6	0.4	0.6	1.7
产　权	78	152			130	1.1	1.1			0.6
亲属关系	39	114	241	125	163	0.5	0.8	1.9	0.8	0.7
死　亡	4	12	2		4	0.1	0.1	…		…
房屋买卖	187	367	24	27	887	2.6	2.7	0.2	0.2	3.8
房屋租赁	326	142	13		12	4.5	1.0	0.1		0.1
留学协议	9	32			43	0.1	0.2			0.2
遗赠扶养协议	87	162	26	39	25	1.2	1.2	0.2	0.2	0.1
其他民事协议	1 241	1 221	1 542	2 279		17.1	8.8	12.3	14.6	
委托书	299	201	2 217	2 408	6 985	4.1	1.5	17.6	15.4	30.3
赠与书	328	533	131	308	480	4.5	3.9	1.0	2.0	2.1
声明书	800	203	2 534	3 097	4 285	11.0	1.5	20.2	19.8	18.6
现场监督	94	82	54	52	385	1.3	0.6	0.4	0.3	1.7
副本等与原本相符	31	90	1 431	28	528	0.4	0.7	11.4	0.2	2.3
宅基地使用权	126	47	11		15	1.7	0.3	0.1		0.1
证据保全	20	96	144	166	207	0.3	0.7	1.2	1.1	0.9
其　他	3 205	9 711	3 488	5 316	7 111	44.1	70.3	27.8	34.0	30.8

16-19　主要年份涉外(含港澳台)公证文书分类

分　类	办证件数(件)					各类公证所占比重(%)				
	1995	2000	2008	2009	2010	1995	2000	2008	2009	2010
合　计	**2 007**	**2 994**	**7 728**	**9 156**	**8 037**	**100.0**	**100.0**	**100.0**	**100.0**	**100.0**
收　养	3	3		2		0.2	0.1		…	
遗　嘱				1	12				…	0.1
出　生	193	347	937	721	1 682	9.6	11.6	12.1	7.9	20.9
死　亡	30	15	23	10	18	1.5	0.5	0.3	0.1	0.2
生存、居住	60	76	1	31	84	3.0	2.5	…	0.3	1.0
学　历	162	312	1 493	886	1 306	8.1	10.4	19.3	9.7	16.2
经　历	116	123	4	31	68	5.8	4.1	0.1	0.3	0.8
国　籍	5	10	365	16	3	0.3	0.3	4.7	0.2	…
婚姻状况	124	201	663	38	928	6.2	6.7	8.6	0.4	11.5
亲属关系	316	337	835	779	1 321	15.7	11.3	10.8	8.5	16.4
继承权		2	2	5	31	33.8	0.1	…	0.1	0.4
受、未受刑事处分	678	284	1 225	749	1 352	0.4	9.5	15.9	8.2	16.8
声明书	8	17	16	165	330	2.9	0.6	0.2	1.8	4.1
委托书	58	54	26	18	180	0.1	1.8	0.3	0.2	2.2
营业证书	2	5	1	1	47	0.1	0.2	…	…	0.6
公司章程	1		1		2			…		…
其他法律文书		4		4	16	0.5	0.1		…	0.2
职　称	10	9	3			0.1	0.3	…		
法人资格	2	2			15		0.1			0.2
商标注册		1					…			
贷　款										
担　保	1	6	4		2	0.1	0.2	0.1		…
其他经济合同	10	25				0.5	0.8			
副本等与原本相等	38	199	137	249	201	1.9	6.6	1.8	2.7	2.5
其　他	190	962	1 992	5 450	439	9.5	32.1	25.8	59.5	5.5

16-20 主要年份调解民间纠纷分类

分类	调解纠纷(件)					各类纠纷所占比重(%)				
	1995	2000	2008	2009	2010	1995	2000	2008	2009	2010
合计	**31 160**	**25 562**	**16 839**	**18 104**	**32 621**	**100.0**	**100.0**	**100.0**	**100.0**	**100.0**
婚姻家庭	10 805	10 143	3 156	3 941	8 860	34.7	39.7	18.7	21.8	27.2
婚姻	4 136	3 870				13.3	15.1			
继承	1 179	1 327	335			3.8	5.2	2.0		
赡养扶养	2 892	2 466				9.3	9.6			
其他	2 598	2 480				8.3	9.7			
房屋、宅基地	4 815	2 706	1 775	1 986	3 703	15.5	10.6	10.5	11.0	11.4
合同	2 848	3 039	605	783	2 003	9.1	11.9	3.6	4.3	6.1
工地承包			2 396	1 440	2 696			14.2	8.0	8.3
邻里	6 169	3 548	4 126	4 223	8 877	19.8	13.9	24.5	23.3	27.2
损害赔偿	1 832	2 225	920	1 376	3 562	5.9	8.7	5.5	7.6	10.9
其他	4 691	3 901	3 861	4 355	2 920	15.1	15.3	22.9	24.1	9.0

16-21 政治协商会议徐州市委员会历届委员人数

届次	委员总数(人)	中国共产党代表(人)	占代表总数比重(%)	少数民族代表(人)	占代表总数比重(%)
一届(1955 年 7 月)	83	6	7.2	1	1.2
二届(1957 年 5 月)	130	10	7.7	2	1.5
三届(1959 年 12 月)	170	12	7.1	5	2.9
四届(1961 年 5 月)	190	12	6.3	5	2.6
五届(1963 年 11 月)	190	12	6.3	4	2.1
六届(1966 年 2 月)	210	12	5.7	5	2.4
七届(1981 年 4 月)	357	18	5.0	10	2.8
八届(1983 年 12 月)	456	21	4.6	11	2.4
九届(1988 年 1 月)	461	20	4.3	11	2.4
十届(1993 年 3 月)	459	22	4.8	13	2.8
十一届(1998 年 1 月)	460	26	5.7	13	2.8
十二届(2003 年 1 月)	480	21	4.4	8	1.7
十三届(2008 年 1 月)	558	24	4.3	8	1.4

16-22 妇联组织情况

单位:个

年 份	各级妇联总计	#镇、街道级	基层妇代会总计	#农村	机关及事业单位妇委会数	各类妇女联谊组织数
1988	229	218				
1989	236	218			7	
1990	236	218			7	
1991	236	218			7	1
1992	236	218			7	1
1993	236	218	3 775	3 429	7	1
1994	236	217	3 775	3 429	7	1
1995	238	217	3 778	3 429	10	2
1996	233	221	3 820	3 440	10	2
1997	230	218	3 754	3 430	11	2
1998	231	219	4 101	3 430	71	6
1999	235	223	4 097	3 430	71	6
2000	169	157	3 527	3 062	71	6
2001	176	164	2 727	2 255	72	6
2002	176	164	2 727	2 255	76	6
2003	181	169	2 616	2 264	92	6
2004	174	162	2 617	2 295	92	6
2005	166	154	2 842	2 295	393	322
2006	164	152	2 980	2 294	396	216
2007	167	155	2 853	2 262	290	234
2008	167	155	2 619	2 271	320	30
2009	167	155	2 776	2 257	281	23
2010	167	155	1 649	2 250	316	13

16-23 交通事故发生情况

年 份	交通事故发生数(起)	交通事故死伤人数(人)	#死亡人数	每十万人交通事故发生数(起)	每起交通事故死伤人数(人)
1984	518	520	156	7.4	1.0
1985	541	501	156	7.6	0.9
1986	529	576	199	7.4	1.1
1987	1 999	1 631	448	27.5	0.8
1988	1 382	787	342	18.6	0.6
1989	1 139	825	291	15.0	0.7
1990	1 104	887	235	13.7	0.8
1991	1 374	1 071	289	16.8	0.8
1992	1 436	1 316	320	17.4	0.9
1993	1 475	1 398	337	17.8	0.9
1994	1 601	1 365	339	19.1	0.9
1995	1 383	1 396	351	16.3	1.0
1996	1 107	1 167	319	12.9	1.1
1997	1 094	1 253	319	12.6	1.1
1998	1 063	1 271	360	12.1	1.2
1999	775	1 095	326	8.8	1.4
2000	3 557	3 700	773	39.7	1.0
2001	2 099	2 407	518	23.3	1.1
2002	1 730	2 100	459	19.2	1.2
2003	1 569	1 993	458	17.3	1.3
2004	1 506	1 824	521	16.5	1.2
2005	1 289	1 619	487	13.9	1.3
2006	1 123	1 431	448	12.0	1.3
2007	1 007	1 336	373	10.7	1.3
2008	1 038	1 425	374	11.0	1.4
2009	969	1 343	371	10.1	1.4
2010	852	1 140	357	8.8	1.3

16–24 主要年份火灾事故发生情况

年份	火灾发生数（起）	火灾死伤人数（人）	#死亡人数	直接经济损失（万元）	平均每起火灾损失（元）
1985	118	35	11	47.72	4 044
1990	284	21	5	205.80	7 246
1991	142	19	7	122.40	8 620
1992	162	24	6	223.04	13 768
1993	108	81	23	192.45	17 819
1994	140	53	20	271.71	19 408
1995	185	75	13	345.42	18 671
1996	204	34	8	394.36	19 331
1997	903	33	15	449.65	4 980
1998	841	55	23	307.41	3 655
1999	799	60	11	289.74	3 626
2000	858	62	12	322.25	3 756
2001	1 122	42	15	244.52	2 179
2002	1 360	46	19	293.29	2 157
2003	1 103	22	10	417.76	3 787
2004	1 346	46	18	394.66	2 932
2005	1 728	36	21	488.26	2 826
2006	1 504	23	14	348.03	2 314
2007	1 123	20	17	408.91	3 641
2008	1 029	7	4	314.82	3 059
2009	884	11	8	544.95	6 165
2010	856	10	7	447.45	5 227

16–25 火灾事故发生情况

（2010 年）

项目		合计	按事故发生程度分			按事故发生地区分	
			特大	重大	一般	市区	县(市)
火灾发生数	（起）	856			856	611	245
死伤人数	（人）	10			10	2	8
#死亡人数		7			7	2	5
直接经济损失	（万元）	447.45			447.45	147.96	299.49
平均每起火灾损失	（元）	5 227.22			5 227.22	2 421.60	12 224.08

主要统计指标解释

等级运动员人数 指经考核正式批准授予等级运动员称号的人数。运动员等级分为国际级运动健将、运动健将、一级运动员、二级运动员、三级运动员、少年级运动员。

等级裁判员人数 指经考核正式批准授予等级裁判员称号的人数。裁判员等级分为国际裁判、国家级裁判、一级裁判、二级裁判、三级裁判。

体育场 指有400米跑道(中心含足球场),有固定道牙,跑道6条以上,并有固定看台的室外田径场地。以看台容纳观众人数分:甲级25000人以上,乙级15000–25000人,丙级5000–15000人,丁级5000人以下。

体育馆 指有固定看台,可供篮球、排球、羽毛球、乒乓球、体操等项目比赛活动用的室内运动场地。以看台容纳观众人数分:甲级6000人以上,乙级4000–6000人,丙级2000–4000人,丁级2000人以下。

医院 指名称为医院,设有固定床位、能收容病人住院并能为病人提供医疗、护理服务的医疗机构。包括县及县以上医院、农村乡卫生院、其他医院三部分。按所属性质分为卫生部门、工业及其他部门,集体经济单位三类。其中县及县以上医院按业务性质分为综合医院和专科医院。

卫生技术人员 指卫生事业机构支付工资的全部固定职工和合同制职工中现任职务为卫生技术工作的专业人员。包括中医师、西医师、中西医结合高级医师、护师、中药师、西药师、检验师、其他技师、中医士、西医士、助产士、中药剂士、西药剂士、检验士、其他技士、其他中医、护理员、中药剂员、西药剂员、检验员,其他初级卫生技术人员。

医生 指经卫生部门审查合格,从事医疗工作的专业人员。分为中医医生和西医医生。包括卫生技术人员中的中医师、西医师、中西医结合高级医师、中医士、西医士和其他中医。

卫生机构床位 指年末卫生机构实有固定床位数,包括正规、简易和正在消毒、修理的床位以及因扩建或大修而停用的床位,不包括产科的新生儿床、库存床、观察床、临时增设的床位、病人家属的陪侍床、接产室的待产床。

社会福利事业单位 指集中收养社会孤、老、残、幼的机构。包括由民政部门管理的社会福利院、儿童福利院、精神病人福利院和城镇集体办的福利院,以及农村集体举办的敬老院。

社会福利事业单位收养人数 包括民政部门管理的和城镇及农村集体举办的社会福利事业单位中收养的老人、少年儿童、缺乏生活自理能力的残疾人员和精神病人。

社会福利企业单位 指以安置城镇有一定劳动能力的盲、聋、哑和肢体残疾人员就业为目的,享受国家减免税待遇的国有或集体经济性质的企业。包括福利工厂、福利商业服务业、假肢厂和安置农场等单位。

农村五保户 指农村中既无劳动能力,又无经济来源的老、弱、孤、残的农民生活由集体供养、实行保吃、保穿、保住、保医、保葬(孤儿保教),简称:"五保"。享受五保待遇的家庭叫五保户。

双扶户 包括被扶持的优扶户和贫困户。主要是对其具有一定劳动能力且生活困难的两户给予一定的救济金以扶持其通过生产自救达到脱贫的目的。

律师 指受聘参加法律顾问处工作,担任法律顾问、刑(民)事代理人、刑事辩护人,办理非诉讼事件、解答法律询问、代定法律事务文书等主要从事律师业务的专职法律工作者和兼职律师。

公证人员 指在国家公证机关依法办理公证事务的司法人员。包括公证员、助理公证员和在公证处工作的其他人员。

办理公证文书 指公证处在一定时期内办结的公证文书件数。公证文书系按司法部门规定或批准的格式制作。包括国内公证和涉外公证两部分。其中国内公证分为经济合同公证和民事法律关系公证两大类。

调解人员 在人民调解委员会担负调解民间一般民事纠纷和轻微违法行为所引起的纠纷的工作人员。包括调解委员会的委员和调解小组的调解员。

调解民间纠纷 指调解委员会依照法律规定,根据自愿原则,用说服教育的方法调解民间发生的有关民事权利和义务的争执,促成当事双方达到协议的谅解,解决纠纷。包括婚姻家庭纠纷,财产权益纠纷等。不包括法院受理调解的民事案件数。

第 17 部分

县(市)社会经济(1978-2010)

SOCIAL ECONOMIC OF COUNTIES (CITIES)

版面负责人：张玉强

编　　　辑：鹿　燕

关于有关单位和个人配合统计机构履行监督检查职责义务的规定

第三十六条 县级以上人民政府统计机构履行监督检查职责时，有关单位和个人应当如实反映情况，提供相关证明和资料，不得拒绝、阻碍检查，不得转移、隐匿、篡改、毁弃原始记录和凭证、统计台账、统计调查表、会计资料及其他相关证明和资料。

【释义】 本条是关于有关单位和个人配合统计机构履行监督检查职责义务的规定。

县级以上人民政府统计机构的监督检查职责是其法定职责，有关单位和个人应当予以配合。本条规定的有关单位和个人配合检查的义务主要包括三项：一是有关单位和个人应当如实反映情况，提供相关证明和资料。如实反映情况，也就是检查对象应当按照政府统计机构的要求，将自己所掌握的有关监督检查所需要的情况，以及相关证明和资料，实事求是地向统计机构提供。二是不得拒绝、阻碍检查。在接受检查时，被检查的有关单位和个人要为政府统计机构依法履行监督检查职权提供便利，不能消极应付，更不能采取任何方式阻碍检查。三是不得转移、隐匿、篡改、毁弃原始记录和凭证、统计台账、统计调查表、会计资料及其他相关证明和资料。对拒不配合统计机构检查的单位和个人，应当根据统计法第四十一条的规定依法追究其法律责任。

编辑：张　霖

17-1 历年地区生产总值

（当年价格） 单位:亿元

年份	丰县	沛县	铜山区	睢宁县	新沂市	邳州市
1978	1.72	2.04	3.18	2.12	2.21	2.42
1979	1.99	2.24	4.08	2.21	2.24	2.82
1980	2.32	2.54	4.18	2.69	2.38	3.11
1981	2.42	2.80	4.83	2.91	2.62	3.23
1982	3.04	3.39	5.76	3.41	2.82	3.73
1983	3.53	3.78	6.96	3.61	3.55	4.93
1984	4.14	4.85	7.95	4.90	4.27	5.69
1985	3.87	5.88	8.89	5.30	5.02	6.46
1986	4.48	6.36	10.20	5.58	5.80	7.99
1987	4.86	7.11	12.35	5.70	6.85	8.94
1988	5.37	8.96	15.29	6.26	8.46	11.29
1989	7.06	8.59	15.13	6.88	9.49	12.04
1990	7.51	9.37	16.37	8.49	10.10	13.55
1991	9.28	13.18	18.29	9.46	11.42	14.70
1992	9.77	15.56	16.38	11.45	12.69	17.10
1993	12.42	20.07	21.79	15.28	17.41	20.75
1994	14.61	25.42	32.37	22.07	28.50	29.79
1995	16.36	32.33	45.67	29.53	32.51	34.59
1996	17.13	35.81	50.37	32.59	36.50	38.94
1997	17.91	38.88	55.55	30.29	39.51	44.48
1998	19.47	43.86	60.70	32.69	43.30	50.71
1999	22.78	49.23	64.65	34.31	44.53	55.96
2000	26.28	60.15	70.91	36.61	38.91	62.68
2001	30.40	68.00	77.75	41.35	43.66	69.05
2002	34.91	76.41	86.21	47.03	47.96	76.46
2003	40.50	86.57	99.00	53.20	54.24	88.07
2004	48.89	104.75	117.39	54.04	64.55	102.26
2005	57.80	124.10	138.27	62.24	77.80	124.14
2006	67.94	147.60	168.66	72.10	91.01	149.96
2007	79.85	173.37	206.00	84.50	106.30	176.42
2008	100.02	208.01	250.50	108.12	128.41	218.85
2009	120.15	249.98	338.11	151.15	195.53	298.46
2010	150.18	301.60	462.75	200.10	241.20	365.39

注:1993-2004 年为按 2004 年经济普查调整修订数据;2006-2008 年数据是全国第二次经济普查调整修订后的数据。

17-2 历年地区生产总值指数

（按可比价格计算、以 1978 年为 100）

年 份	丰 县	沛 县	铜山区	睢宁县	新沂市	邳州市
1978	100.0	100.0	100.0	100.0	100.0	100.0
1979	99.0	95.5	110.3	90.8	89.5	99.9
1980	114.1	107.5	113.7	109.2	93.8	108.5
1981	117.5	117.6	128.3	115.8	101.1	110.1
1982	140.8	138.1	150.4	129.6	105.9	122.6
1983	161.0	151.6	181.0	134.8	129.7	159.3
1984	181.9	188.0	200.2	174.3	151.6	175.9
1985	158.6	210.8	209.6	173.2	165.0	189.4
1986	170.4	219.0	226.2	178.9	180.5	215.1
1987	171.9	228.4	256.3	173.1	195.7	224.0
1988	167.7	254.6	289.7	169.6	221.8	241.7
1989	199.1	221.2	249.8	169.8	240.8	238.1
1990	202.1	224.3	261.3	195.9	254.7	248.8
1991	241.7	304.8	283.8	212.9	277.1	269.7
1992	245.3	347.5	359.3	249.7	312.3	308.0
1993	274.5	376.0	395.6	283.9	360.7	363.7
1994	326.4	418.9	447.0	343.5	445.8	432.1
1995	378.0	517.8	596.3	401.6	465.9	523.7
1996	408.6	577.3	647.6	425.6	515.3	573.5
1997	455.6	665.6	736.3	435.9	563.7	543.1
1998	506.2	752.1	832.8	471.6	635.3	608.8
1999	569.5	843.1	934.4	509.3	688.7	679.4
2000	632.1	936.7	1 047.5	547.0	739.7	754.8
2001	704.8	1 041.6	1 153.3	618.1	828.5	841.6
2002	787.3	1 172.8	1 287.1	685.5	927.1	943.4
2003	866.0	1 322.9	1 455.7	760.9	1 043.0	1 069.8
2004	976.0	1 504.1	1 669.7	858.3	1 185.9	1 227.1
2005	1 107.8	1 729.7	1 928.5	974.2	1 361.4	1 422.2
2006	1 275.1	2 006.5	2 250.6	1 120.3	1 575.1	1 659.7
2007	1 469.9	2 321.0	2 604.9	1 290.7	1 816.0	1 920.2
2008	1 678.6	2 664.5	2 993.0	1 474.0	2 077.5	2 204.4
2009	1 916.9	3 056.2	3 439.0	1 690.7	2 385.0	2 532.9
2010	2 183.8	3 508.5	3 941.0	1 937.5	2 740.1	2 904.7

17-3 历年地区生产总值指数

(按可比价格计算、以上年为100)

年份	丰县	沛县	铜山区	睢宁县	新沂市	邳州市
1978						
1979	99.0	95.5	110.3	90.8	89.5	99.9
1980	115.3	112.6	103.1	120.3	104.8	108.6
1981	103.0	109.4	112.8	106.0	107.8	101.5
1982	119.8	117.4	117.2	111.9	104.7	111.4
1983	114.3	109.8	120.3	104.0	122.5	129.9
1984	113.0	124.0	110.6	129.3	116.9	110.4
1985	87.2	112.1	104.7	99.4	108.8	107.7
1986	107.4	103.9	107.9	103.3	109.4	113.6
1987	100.9	104.3	113.3	96.8	108.4	104.1
1988	97.6	111.5	113.0	98.0	113.3	107.9
1989	118.7	86.9	86.2	100.1	108.6	98.5
1990	101.5	101.4	104.6	115.4	106.5	104.5
1991	119.6	135.9	108.6	108.7	113.0	108.4
1992	101.5	114.0	126.6	117.3	111.1	114.2
1993	111.9	108.2	110.1	113.7	122.7	118.1
1994	118.9	111.4	113.0	121.0	123.6	118.8
1995	115.8	123.6	133.4	116.9	104.5	121.2
1996	108.1	111.5	108.6	106.0	110.6	109.5
1997	111.5	115.3	113.7	102.4	109.4	94.7
1998	111.1	113.0	113.1	108.2	112.7	112.1
1999	112.5	112.1	112.2	108.0	108.4	111.6
2000	111.0	111.1	112.1	107.4	107.4	111.1
2001	111.5	111.2	110.1	113.0	112.0	111.5
2002	111.7	112.6	111.6	110.9	111.9	112.1
2003	110.0	112.8	113.1	111.0	112.5	113.4
2004	112.7	113.7	114.7	112.8	113.7	114.7
2005	113.5	115.0	115.5	113.5	114.8	115.9
2006	115.1	116.0	116.7	115.0	115.7	116.7
2007	115.3	115.7	115.7	115.2	115.3	115.7
2008	114.2	114.8	114.9	114.2	114.4	114.9
2009	114.2	114.7	114.9	114.7	114.8	114.9
2010	113.9	114.8	114.6	114.6	114.9	114.7

17-4 历年年末总人口

单位:万人

年 份	丰 县	沛 县	铜山区	睢宁县	新沂市	邳州市
1978	80.53	81.07	135.85	95.06	71.53	114.30
1979	81.10	82.03	136.27	95.71	71.85	114.92
1980	81.78	83.46	137.36	96.22	72.38	115.81
1981	83.00	85.64	139.90	97.56	73.38	117.58
1982	84.21	87.43	142.58	98.95	74.48	119.51
1983	84.94	88.88	143.99	99.74	75.22	120.89
1984	85.50	88.59	145.73	100.48	76.31	122.79
1985	86.13	89.66	146.90	101.07	77.25	124.07
1986	86.68	90.93	147.97	101.96	78.28	125.51
1987	87.62	92.20	150.68	102.96	79.38	127.47
1988	89.08	96.18	154.90	104.84	80.69	130.89
1989	90.78	99.28	160.13	107.03	82.36	132.96
1990	95.78	105.36	170.35	114.40	88.37	142.22
1991	97.61	107.16	172.16	117.23	89.44	144.71
1992	98.51	108.15	172.38	118.26	89.74	146.06
1993	99.39	109.29	173.29	119.15	90.33	147.32
1994	100.67	111.84	128.56	120.09	90.62	148.59
1995	101.51	112.66	129.90	121.21	91.13	149.60
1996	102.14	113.32	130.30	122.12	94.10	150.11
1997	104.28	113.62	131.34	123.08	95.05	150.45
1998	105.57	115.16	132.77	124.25	96.15	150.02
1999	106.04	115.79	133.00	122.96	94.59	152.74
2000	109.38	118.13	128.34	128.06	96.34	155.59
2001	109.74	118.48	128.90	128.71	97.22	156.25
2002	109.80	118.92	128.94	129.09	96.58	156.56
2003	109.51	119.50	128.80	129.93	95.55	158.04
2004	110.24	120.34	129.19	131.76	96.48	161.43
2005	111.03	120.48	119.60	132.89	97.47	163.96
2006	112.11	121.74	120.72	134.04	99.06	165.46
2007	113.30	123.59	120.47	132.89	99.11	168.66
2008	114.03	123.80	122.11	132.51	100.31	169.70
2009	114.58	125.81	124.21	132.91	101.95	171.93
2010	116.49	127.94	129.27	133.12	104.01	178.62

17-5 历年年末农业人口

单位:万人

年　份	丰　县	沛　县	铜山区	睢宁县	新沂市	邳州市
1978	78.34	76.75	132.80	92.61	68.32	111.00
1979	78.77	77.47	133.36	93.08	68.45	111.23
1980	79.32	78.39	134.26	93.45	68.85	112.03
1981	80.39	79.99	136.72	94.61	69.69	113.56
1982	81.40	81.42	139.37	95.74	70.66	115.27
1983	81.98	82.04	140.96	96.45	71.22	116.55
1984	82.29	81.39	142.46	96.95	72.01	118.15
1985	82.28	81.39	143.21	97.13	72.49	118.85
1986	82.64	82.12	143.88	97.90	73.27	120.38
1987	83.13	82.80	145.43	98.59	74.26	122.01
1988	83.61	85.46	145.78	98.90	74.88	123.42
1989	84.68	87.23	148.35	99.98	75.10	124.39
1990	89.28	92.58	156.87	106.85	80.56	132.65
1991	90.74	92.83	156.98	109.39	81.11	134.64
1992	91.28	93.41	155.94	110.19	81.06	135.39
1993	91.78	94.01	155.17	110.64	80.98	136.11
1994	92.77	95.73	116.63	111.30	80.90	136.69
1995	93.12	95.89	116.09	111.74	80.68	136.36
1996	93.22	95.88	115.72	112.30	82.85	135.79
1997	94.82	95.57	115.94	112.93	83.21	135.14
1998	95.62	96.11	117.04	113.70	83.40	134.10
1999	95.75	95.95	116.88	112.04	81.24	135.60
2000	94.02	96.88	111.68	111.56	77.95	121.74
2001	93.62	97.27	110.92	111.67	76.27	120.89
2002	93.48	97.42	110.85	111.68	75.92	121.32
2003	90.54	87.09	101.09	113.29	75.80	124.46
2004	88.15	87.56	101.00	110.86	76.35	121.62
2005	88.40	87.48	94.56	109.91	77.14	121.72
2006	89.47	88.69	95.92	110.95	78.13	122.92
2007	90.20	94.09	91.06	109.99	79.70	125.60
2008	80.75	93.64	91.82	110.26	80.89	126.45
2009	65.10	81.04	85.55	110.68	82.30	127.49
2010	65.22	79.67	83.65	100.83	43.69	129.62

17-6 历年人口出生率

单位:‰

年 份	丰 县	沛 县	铜山区	睢宁县	新沂市	邳州市
1978	18.96	19.40	15.94	15.36	16.94	14.67
1979	13.03	15.91	13.58	12.35	12.34	11.93
1980	17.51	25.44	22.86	17.35	15.19	17.48
1981	16.88	19.30	21.51	14.19	18.08	16.79
1982	15.41	17.87	20.46	14.64	17.58	18.05
1983	13.44	12.81	16.46	12.05	14.46	15.63
1984	12.52	16.54	14.42	11.71	15.99	15.28
1985	11.79	11.50	12.50	9.99	14.91	12.86
1986	13.25	13.34	13.48	11.14	16.98	13.72
1987	15.89	15.08	16.52	12.02	16.30	15.33
1988	19.13	44.33	25.48	13.18	19.01	22.87
1989	21.83	31.63	31.69	15.49	19.22	18.90
1990	19.77	23.92	28.08	17.19	18.90	18.50
1991	21.24	19.90	18.31	26.21	16.72	20.93
1992	13.20	13.29	12.22	14.08	11.52	12.77
1993	13.78	15.92	12.37	10.76	10.08	11.26
1994	16.73	22.94	14.20	10.78	9.26	10.96
1995	12.67	10.68	10.75	9.90	8.29	8.75
1996	10.64	9.28	8.88	10.85	12.57	7.92
1997	23.83	8.28	13.83	10.74	9.03	7.77
1998	13.64	9.60	13.54	8.88	8.23	9.67
1999	9.49	7.73	8.32	7.49	8.00	8.44
2000	35.54	24.04	13.86	18.66	13.15	15.28
2001	7.74	8.17	7.85	6.96	8.10	8.47
2002	7.31	7.17	8.72	7.04	6.65	9.59
2003	6.45	8.92	8.85	13.76	6.91	13.18
2004	15.74	11.69	9.18	19.10	15.70	22.63
2005	13.07	9.23	14.50	14.01	15.32	19.52
2006	15.24	15.58	14.68	15.03	16.50	17.92
2007	20.13	21.01	18.86	14.67	22.31	32.02
2008	17.09	18.93	20.62	13.85	21.24	23.21
2009	17.34	19.14	20.67	14.30	16.24	30.79
2010	26.31	24.14	18.09	15.69	23.33	26.77

注:各县(市、区)出生人口中包含往年补报出生人口,下同。

17-7 历年人口自然增长率

单位:‰

年 份	丰 县	沛 县	铜山区	睢宁县	新沂市	邳州市
1978	13.44	14.30	10.35	9.50	10.82	9.11
1979	7.55	11.13	8.16	6.60	6.36	6.52
1980	11.53	17.81	15.24	9.61	8.65	11.07
1981	11.76	14.10	15.00	9.05	11.86	11.88
1982	10.71	13.13	15.66	9.54	12.50	13.12
1983	8.55	7.72	11.59	7.16	9.38	11.13
1984	7.09	11.01	9.23	6.31	10.98	10.75
1985	6.62	6.81	7.29	5.20	9.96	8.31
1986	8.08	8.74	8.47	6.63	11.93	9.17
1987	10.76	10.73	11.38	7.49	11.36	11.06
1988	13.77	39.92	20.19	8.80	13.80	18.23
1989	16.48	27.40	27.02	11.28	14.38	14.61
1990	15.14	19.70	23.08	12.51	13.70	14.27
1991	17.07	15.42	13.00	20.70	11.60	15.66
1992	8.16	8.65	6.60	8.67	6.36	7.34
1993	8.93	11.42	6.93	5.20	4.79	5.94
1994	11.43	18.14	8.44	5.44	4.06	5.55
1995	7.83	6.42	5.97	5.02	3.42	3.63
1996	5.82	4.90	2.96	5.67	8.25	2.46
1997	19.26	4.42	7.81	5.55	4.93	2.84
1998	9.09	6.17	8.04	3.82	3.52	5.47
1999	5.69	4.80	2.86	3.22	4.18	5.04
2000	30.15	18.83	7.50	14.38	9.06	11.18
2001	4.37	4.29	4.14	4.03	4.99	5.32
2002	3.51	4.27	4.63	4.18	0.68	5.71
2003	2.85	5.47	2.97	10.06	4.67	9.29
2004	10.18	6.84	4.32	14.54	11.13	17.91
2005	10.58	5.92	11.83	12.22	13.91	17.33
2006	10.82	12.64	10.66	12.40	14.86	11.60
2007	11.82	14.06	-2.70	-6.91	1.37	17.24
2008	7.01	1.66	11.93	-2.16	11.50	9.56
2009	5.54	15.37	16.11	2.85	14.97	17.57
2010	17.19	16.66	2.84	5.89	17.79	21.40

注:2007年死亡人口中含有往年未销户人口。

17-8 历年从业人员

单位:万人

年 份	丰 县	沛 县	铜山区	睢宁县	新沂市	邳州市
1978	34.29	32.05	57.76	40.84	29.23	45.71
1979	31.55	31.76	57.82	40.14	29.59	45.20
1980	32.83	34.16	59.44	41.92	30.15	46.46
1981	34.33	36.01	61.67	43.22	30.45	47.78
1982	35.75	38.04	62.54	44.42	32.74	50.07
1983	36.00	39.20	64.85	44.83	32.37	51.67
1984	38.19	41.00	68.50	46.10	34.02	53.93
1985	39.44	41.72	70.57	48.16	34.37	56.64
1986	39.98	43.20	72.07	49.64	36.18	57.70
1987	41.69	43.83	72.48	52.21	37.06	60.27
1988	43.18	46.23	75.02	53.25	38.46	63.87
1989	44.02	47.28	77.43	54.45	40.58	65.20
1990	46.85	49.73	80.08	57.42	42.66	69.25
1991	47.98	50.97	81.50	59.21	42.76	73.44
1992	48.65	51.39	82.72	58.40	43.12	74.17
1993	49.49	49.25	81.91	60.03	43.78	74.98
1994	50.34	49.81	61.46	59.55	46.18	75.89
1995	50.75	48.46	58.56	60.95	47.23	76.59
1996	51.22	49.64	58.67	61.28	47.74	77.50
1997	51.60	51.42	59.47	61.14	48.41	77.99
1998	50.93	51.45	58.22	61.28	47.10	77.72
1999	51.69	50.24	58.01	62.73	45.86	78.83
2000	52.03	55.75	55.60	63.62	44.79	73.71
2001	54.01	55.21	54.10	61.92	44.68	73.05
2002	54.02	52.73	52.44	57.15	41.37	70.88
2003	53.77	51.74	50.23	52.69	39.82	71.03
2004	53.43	51.85	52.51	52.91	42.30	71.13
2005	58.09	56.39	52.48	66.72	48.65	78.77
2006	58.74	57.52	54.37	68.38	48.67	80.73
2007	58.97	58.55	59.13	71.12	50.47	82.55
2008	59.71	57.01	62.28	72.85	50.10	84.93
2009	61.30	58.18	64.69	73.32	52.43	87.41
2010	62.76	60.80	68.38	73.09	55.57	89.61

17-9 历年在岗职工人数

单位:万人

年　份	丰　县	沛　县	铜山区	睢宁县	新沂市	邳州市
1978	2.72	3.46	4.44	3.30	3.11	3.89
1979	2.72	2.86	4.02	3.31	3.23	3.68
1980	2.95	3.66	4.58	3.73	3.58	3.76
1981	3.21	3.86	4.82	3.89	3.55	3.89
1982	3.29	4.04	5.03	3.86	3.61	3.99
1983	3.29	4.00	5.04	3.97	3.53	3.97
1984	3.61	4.37	5.52	4.00	4.12	5.02
1985	3.77	4.52	5.39	4.28	4.06	4.62
1986	3.71	4.97	5.56	4.48	4.27	4.73
1987	3.86	4.90	5.68	4.83	4.41	5.13
1988	4.25	5.41	5.84	5.21	4.70	6.40
1989	4.32	5.14	5.92	5.15	4.86	5.99
1990	4.73	5.24	6.14	5.14	4.91	6.14
1991	4.84	5.55	6.46	5.42	4.86	6.41
1992	4.80	5.79	6.69	5.44	4.91	6.44
1993	5.00	6.15	7.16	5.10	5.47	6.81
1994	5.15	6.05	6.49	5.39	5.56	7.00
1995	5.22	6.04	7.00	5.45	5.87	6.89
1996	4.99	6.53	7.53	5.63	5.99	7.36
1997	5.03	6.32	7.51	5.56	6.03	7.42
1998	3.86	5.61	7.11	4.65	5.14	6.64
1999	3.76	5.40	6.76	4.48	5.12	6.70
2000	3.80	5.06	6.41	4.31	4.94	6.41
2001	3.41	4.84	6.03	4.03	4.94	6.27
2002	3.28	4.44	5.46	3.58	4.73	5.93
2003	3.13	4.44	5.17	3.41	4.77	5.56
2004	3.03	4.03	5.04	3.44	4.88	5.17
2005	3.11	4.14	4.82	3.51	4.90	5.24
2006	3.25	4.17	5.17	3.66	5.11	5.36
2007	3.62	4.12	5.25	3.73	4.86	5.44
2008	3.67	4.07	5.63	3.84	4.97	5.85
2009	3.76	4.04	5.39	4.06	4.89	6.15
2010	3.84	3.99	5.48	4.16	4.95	6.23

17-10 历年乡村从业人员

单位:万人

年 份	丰 县	沛 县	铜山区	睢宁县	新沂市	邳州市
1978	31.57	28.59	53.32	37.54	26.12	41.82
1979	28.79	28.81	53.80	36.82	26.36	41.49
1980	29.84	30.36	54.86	38.00	23.54	42.69
1981	31.02	31.92	56.85	39.21	26.81	43.88
1982	32.43	33.96	57.51	40.53	29.10	46.06
1983	32.68	35.14	59.81	40.80	28.80	46.69
1984	34.55	36.52	62.98	41.99	29.83	48.88
1985	35.64	37.14	65.18	43.77	30.17	51.98
1986	36.24	38.13	66.51	45.04	31.78	52.92
1987	37.79	33.80	66.81	47.24	32.55	55.08
1988	38.89	40.73	69.18	47.95	33.66	57.40
1989	39.65	41.91	71.51	49.20	34.74	59.13
1990	42.07	44.27	73.94	52.15	36.78	63.04
1991	43.02	45.21	75.04	53.64	37.79	66.95
1992	43.76	45.35	75.87	52.78	37.90	67.63
1993	44.26	42.65	74.71	54.73	37.63	67.98
1994	44.96	43.06	54.86	53.90	39.66	68.63
1995	45.19	41.80	51.46	55.18	39.96	69.01
1996	45.85	42.33	51.00	55.11	40.03	69.44
1997	46.43	44.21	51.93	57.54	41.46	71.06
1998	46.62	44.34	51.13	58.26	41.51	71.06
1999	46.48	42.43	50.41	56.71	39.35	70.01
2000	46.59	47.84	48.33	57.68	38.16	66.55
2001	49.04	47.79	47.62	56.29	37.61	65.64
2002	49.90	48.73	48.73	59.33	38.33	69.56
2003	50.87	49.61	46.87	60.18	38.31	68.66
2004	51.50	50.24	50.37	61.48	39.55	70.30
2005	53.24	49.99	45.83	61.64	40.36	68.75
2006	53.48	50.40	46.73	62.76	40.37	68.76
2007	51.38	49.74	49.91	63.96	40.40	69.76
2008	51.53	47.26	51.46	64.38	40.36	69.71
2009	52.00	47.61	52.62	63.66	41.72	69.70
2010	52.81	49.46	54.41	62.83	43.43	69.50

17-11 历年全社会固定资产投资

单位:万元

年 份	丰 县	沛 县	铜山区	睢宁县	新沂市	邳州市
1978	846	381	932	257	721	927
1979	830	575	1 394	468	1 040	1 036
1980	654	795	1 817	1 054	810	844
1981	456	552	1 226	577	726	613
1982	811	956	2 377	637	846	1 134
1983	640	1 255	2 114	538	1 137	1 485
1984	572	2 036	1 871	863	946	1 530
1985	1 016	1 917	4 021	1 034	1 609	2 983
1986	5 058	8 509	30 918	6 564	16 901	6 136
1987	6 794	9 879	26 961	8 976	18 966	26 902
1988	8 435	11 978	31 727	10 496	23 567	14 313
1989	6 587	11 901	35 441	8 836	24 988	30 930
1990	9 373	12 345	38 817	10 194	30 595	15 335
1991	14 560	16 841	52 059	11 899	34 845	17 397
1992	19 873	19 901	71 959	15 199	36 754	41 934
1993	30 578	30 026	94 013	45 751	46 133	55 851
1994	46 867	42 717	141 040	62 722	66 874	84 525
1995	63 137	79 776	190 435	82 607	92 935	88 830
1996	80 677	94 540	238 234	91 157	94 616	163 509
1997	86 698	113 573	239 240	84 216	91 756	116 662
1998	96 895	112 588	211 505	76 037	129 451	137 538
1999	109 440	144 693	214 600	102 185	155 269	165 504
2000	125 324	159 146	229 307	110 264	129 970	195 998
2001	142 671	175 018	260 666	132 805	173 082	227 638
2002	172 107	208 096	295 093	175 419	197 020	258 616
2003	247 625	310 271	395 956	240 029	236 778	383 732
2004	323 756	480 920	537 958	301 340	461 986	523 462
2005	310 470	607 311	717 791	325 584	608 550	950 910
2006	413 310	750 129	1 050 982	402 385	785 000	1 082 000
2007	505 000	1 001 518	1 469 954	508 178	922 500	1 465 814
2008	516 480	1 138 254	1 819 519	617 000	1 184 300	1 816 780
2009	650 120	1 586 504	2 397 838	1 058 325	1 583 500	2 602 000
2010	901 750	2 140 020	3 351 370	1 345 338	2 101 912	3 349 981

17-12 历年财政收入

单位:万元

年 份	丰 县	沛 县	铜山区	睢宁县	新沂市	邳州市
1978	1 326	1 612	1 831	1 839	1 491	1 625
1979	962	1 417	1 611	1 538	1 377	1 498
1980	1 003	1 322	1 818	1 604	1 546	1 608
1981	1 014	1 400	2 251	1 879	1 617	1 615
1982	1 341	1 751	3 609	1 820	1 800	2 123
1983	1 441	2 008	4 025	2 029	1 736	2 156
1984	1 503	2 132	4 841	2 285	1 954	2 489
1985	1 852	2 829	5 401	2 692	2 375	2 941
1986	2 195	2 944	6 336	2 960	2 622	3 400
1987	2 509	3 517	6 316	3 275	3 045	3 726
1988	2 853	4 465	7 737	3 778	3 819	4 264
1989	2 483	4 552	11 609	3 769	3 434	3 927
1990	2 831	5 227	12 021	3 879	3 721	4 309
1991	3 004	5 928	12 122	3 672	4 151	4 375
1992	3 570	6 579	12 551	3 886	4 431	4 963
1993	5 331	9 350	16 627	5 212	7 367	7 462
1994	7 851	13 335	18 225	7 574	10 702	11 575
1995	12 054	18 003	23 454	11 252	12 468	15 183
1996	14 308	21 534	30 026	14 002	15 125	19 222
1997	15 559	26 208	34 911	14 259	16 772	22 055
1998	16 586	28 004	38 507	15 360	18 204	24 271
1999	17 620	30 039	43 062	16 906	19 410	26 726
2000	17 886	33 018	48 118	16 330	20 605	29 060
2001	18 508	36 320	55 685	18 008	24 463	34 442
2002	19 662	44 582	62 452	21 137	27 284	42 168
2003	25 318	50 609	76 398	26 139	33 342	56 998
2004	27 724	63 601	92 668	29 502	40 227	80 058
2005	35 221	85 008	116 500	35 016	50 576	95 826
2006	49 318	120 271	156 800	47 073	75 278	131 022
2007	59 755	157 645	185 086	55 122	89 561	150 777
2008	81 671	203 279	236 725	78 109	114 918	188 589
2009	122 515	261 124	295 654	115 424	153 260	253 046
2010	169 252	353 923	387 417	183 819	236 023	307900

注:2007 年及以后财政收入及支出中不包括基金性收入和支出,与往年不可比(下同)。

17-13 历年财政支出

单位:万元

年 份	丰 县	沛 县	铜山区	睢宁县	新沂市	邳州市
1978	1 590	1 314	2 088	1 680	1 447	1 684
1979	2 018	1 675	2 529	1 840	1 531	2 237
1980	1 667	1 709	2 315	1 973	1 479	2 125
1981	1 693	1 724	2 174	1 951	1 522	2 160
1982	1 896	2 182	3 082	2 127	2 016	2 371
1983	2 429	2 554	3 416	2 629	2 256	2 858
1984	2 840	3 802	3 706	2 738	2 531	3 153
1985	2 742	3 950	4 536	2 940	2 682	3 488
1986	3 653	5 073	5 628	4 067	3 538	4 495
1987	4 290	5 118	6 212	4 199	3 975	4 661
1988	5 181	6 501	7 952	5 170	5 187	5 465
1989	5 924	7 687	10 851	6 605	6 168	6 678
1990	6 896	8 989	13 543	7 252	6 811	7 556
1991	7 614	9 556	15 276	7 886	7 771	8 476
1992	7 586	9 506	15 621	8 056	8 303	9 014
1993	10 265	13 261	16 591	10 324	10 355	10 811
1994	12 891	13 324	16 611	12 675	11 454	14 275
1995	16 217	18 621	20 332	16 013	14 375	16 403
1996	20 248	21 725	27 532	19 392	17 820	21 464
1997	24 032	25 682	32 493	21 162	19 223	24 898
1998	26 558	27 162	35 526	23 762	21 683	29 529
1999	26 651	29 588	39 390	26 580	24 986	34 094
2000	29 667	31 180	40 284	26 386	28 064	36 627
2001	35 393	36 889	44 391	33 568	34 858	42 889
2002	37 866	45 020	50 338	39 808	39 122	49 543
2003	45 639	53 456	62 569	46 134	48 682	66 217
2004	55 325	67 373	78 394	54 676	58 307	84 928
2005	72 979	88 488	107 780	77 545	79 123	113 430
2006	91 672	116 118	145 418	96 865	99 903	143 508
2007	116 415	168 273	162 830	117 449	113 104	173 183
2008	157 929	203 316	224 738	167 227	157 278	237 026
2009	208 700	271 959	285 893	217 116	221 451	311 689
2010	276 883	360 103	382 972	284 511	303 498	411 118

17-14 历年常用耕地面积

（年底数） 单位：千公顷

年 份	丰 县	沛 县	铜山区	睢宁县	新沂市	邳州市
1978	89.29	83.81	159.38	103.04	84.12	118.23
1979	89.07	83.64	158.77	102.47	84.04	117.75
1980	88.30	83.03	157.90	102.43	83.76	117.66
1981	87.80	82.87	157.07	102.27	83.73	117.60
1982	87.76	82.73	156.29	102.22	83.55	117.57
1983	88.00	82.67	156.00	102.00	83.33	117.33
1984	88.03	82.46	155.15	102.08	83.49	117.23
1985	88.01	81.19	154.73	102.03	83.48	117.01
1986	88.01	81.12	151.88	102.03	83.35	116.53
1987	87.93	80.86	151.32	101.95	83.21	116.32
1988	87.81	80.77	150.63	101.91	82.54	115.79
1989	87.63	80.73	149.94	101.89	82.32	115.73
1990	87.61	80.62	148.89	101.82	82.15	114.83
1991	87.51	80.45	148.33	101.25	82.10	114.67
1992	86.01	80.38	147.53	100.79	81.63	114.16
1993	86.00	80.20	146.79	100.52	81.55	112.86
1994	85.85	79.97	115.52	100.09	81.42	112.45
1995	85.85	77.97	115.38	99.92	81.07	111.88
1996	85.68	77.91	115.15	99.62	80.47	111.44
1997	76.65	77.44	117.47	100.79	79.37	122.66
1998	76.60	77.03	117.40	100.67	80.65	122.83
1999	76.64	77.05	117.66	100.63	80.14	122.48
2000	76.70	77.22	115.99	100.63	80.57	121.37
2001	76.25	77.13	116.05	100.10	79.90	121.16
2002	76.41	76.93	116.31	100.05	79.85	121.17
2003	76.10	76.72	113.19	100.08	79.70	112.70
2004	76.09	76.56	108.97	100.08	79.57	111.84
2005	76.28	76.44	109.43	100.08	79.37	111.39
2006	75.34	75.92	109.31	99.84	79.02	112.38
2007	75.51	75.80	109.37	99.76	79.00	111.79
2008	75.72	75.48	106.52	100.00	78.76	110.68
2009	75.67	73.57	105.10	99.40	78.64	111.86
2010	75.67	75.51	106.52	97.46	78.43	111.96

17-15　历年农业机械总动力

（年底数）　　单位:万千瓦

年　份	丰　县	沛　县	铜山区	睢宁县	新沂市	邳州市
1978	12.44	12.95	23.21	11.44	10.47	13.70
1979	12.86	14.47	26.21	12.64	14.28	14.87
1980	15.96	15.65	29.45	14.10	15.65	16.74
1981	16.77	17.27	30.82	16.04	17.15	18.35
1982	18.95	19.29	35.35	18.84	18.47	22.39
1983	20.59	21.80	40.13	20.18	20.05	25.99
1984	24.02	23.91	49.46	21.56	19.99	29.12
1985	25.74	24.32	56.19	22.93	19.91	30.07
1986	27.61	25.54	60.61	25.00	21.27	34.61
1987	30.40	28.50	72.00	26.84	22.76	36.96
1988	32.50	29.16	86.62	28.11	23.23	38.18
1989	34.39	27.70	93.14	26.25	23.44	39.96
1990	30.27	34.42	93.52	25.27	23.15	39.81
1991	30.49	34.29	72.86	25.19	22.34	40.40
1992	28.09	33.17	65.23	24.79	22.66	36.61
1993	29.56	32.81	63.29	25.59	22.73	34.90
1994	29.51	32.73	39.84	25.89	23.66	33.58
1995	30.34	34.52	36.93	23.55	24.74	29.72
1996	31.80	35.32	36.37	24.55	25.02	31.54
1997	44.92	40.34	54.86	26.98	29.97	38.24
1998	47.90	41.96	58.19	29.92	32.61	41.47
1999	50.58	43.30	72.20	31.33	36.55	46.83
2000	57.51	65.59	70.67	45.85	41.18	57.97
2001	58.11	67.20	71.06	48.66	43.09	65.02
2002	57.81	68.52	73.14	50.93	44.58	70.80
2003	59.37	69.07	73.85	53.43	46.42	75.55
2004	59.98	70.25	73.95	55.83	46.62	78.06
2005	60.44	74.62	67.30	60.02	49.76	83.15
2006	61.66	78.44	70.46	65.01	53.91	88.34
2007	62.13	79.94	71.50	66.99	56.71	94.46
2008	66.25	82.31	91.90	82.07	60.40	96.80
2009	69.13	84.10	93.90	86.26	65.84	101.40
2010	69.93	85.65	96.20	89.37	69.03	104.10

17-16　历年农林牧渔业总产值

（当年价格）　　单位:万元

年　份	丰　县	沛　县	铜山区	睢宁县	新沂市	邳州市
1978	15 810	18 382	31 848	18 356	18 265	24 491
1979	20 724	19 705	42 217	18 880	18 612	28 479
1980	23 182	21 854	37 976	23 603	18 598	31 461
1981	24 163	24 754	37 987	26 421	21 157	34 168
1982	29 770	27 695	47 763	33 934	26 418	38 514
1983	35 419	33 163	60 996	35 885	33 330	43 581
1984	43 388	40 732	66 347	47 968	37 414	55 344
1985	41 474	42 583	75 225	49 402	41 786	59 884
1986	45 200	55 998	85 209	51 449	50 860	76 645
1987	52 613	62 592	94 380	51 600	63 375	83 140
1988	64 426	73 268	146 023	54 879	78 355	110 264
1989	69 328	73 819	147 659	66 570	87 884	110 596
1990	78 230	91 721	163 381	80 470	94 180	128 027
1991	91 766	93 687	175 889	89 271	104 601	135 059
1992	91 465	91 402	209 745	102 009	119 878	142 777
1993	131 067	122 049	257 302	135 878	154 151	171 199
1994	180 928	197 257	320 311	217 635	213 544	292 885
1995	239 818	247 827	399 924	269 129	256 031	384 102
1996	280 443	324 758	454 553	317 969	293 759	461 242
1997	256 802	333 973	384 232	296 479	285 292	426 967
1998	266 865	348 366	401 055	282 536	303 556	450 727
1999	279 736	354 591	381 167	278 597	312 216	459 072
2000	300 605	363 461	400 294	273 376	321 307	486 340
2001	320 867	381 637	431 471	289 274	339 682	516 544
2002	342 465	405 504	460 307	314 341	360 180	552 480
2003	366 826	422 362	405 606	325 021	308 914	580 636
2004	414 977	483 373	478 627	399 044	380 824	599 434
2005	355 373	566 218	464 871	389 692	414 548	695 374
2006	395 859	594 072	501 253	413 557	446 353	779 016
2007	437 125	651 825	541 433	442 820	507 574	830 250
2008	530 887	673 930	599 778	519 253	503 328	882 368
2009	580 693	751 617	670 996	665 887	615 434	991 811
2010	649 355	903 156	684 373	787 066	694 783	1 100 101

17-17 历年粮食产量

单位:万吨

年份	丰县	沛县	铜山区	睢宁县	新沂市	邳州市
1978	24.82	29.08	51.50	30.57	31.47	36.94
1979	28.59	33.87	60.73	32.04	36.83	41.14
1980	30.81	32.71	63.44	37.69	38.98	44.22
1981	31.30	35.49	69.80	45.39	41.40	49.93
1982	35.09	36.30	68.95	52.62	45.55	53.33
1983	42.13	49.79	95.67	57.79	55.16	65.35
1984	49.19	56.51	103.18	64.08	58.77	71.22
1985	49.41	48.94	94.84	62.97	54.68	67.14
1986	51.27	55.30	105.80	66.17	57.32	72.59
1987	45.11	54.20	100.12	68.25	58.89	74.99
1988	38.92	52.38	94.04	59.29	52.50	71.34
1989	43.55	55.97	104.71	68.58	54.27	75.44
1990	43.72	55.69	107.60	67.29	51.54	71.20
1991	48.70	55.82	108.48	66.88	55.30	74.62
1992	46.11	55.63	111.70	68.27	55.47	79.67
1993	50.15	59.30	105.65	60.79	54.54	74.86
1994	46.64	52.62	72.63	61.02	50.61	70.92
1995	51.24	58.58	76.75	63.66	54.20	76.10
1996	52.24	62.25	79.94	69.76	54.29	78.25
1997	53.44	62.50	82.56	73.80	56.55	81.10
1998	44.19	51.91	75.87	64.62	49.79	73.00
1999	54.93	56.89	81.88	73.62	50.74	75.66
2000	40.34	45.60	56.63	53.92	39.00	64.57
2001	38.25	44.43	54.17	51.53	37.55	65.30
2002	38.06	45.22	48.88	49.49	37.69	60.38
2003	23.83	36.22	33.28	39.70	25.74	36.80
2004	43.17	47.35	51.32	58.48	35.07	62.03
2005	38.08	48.19	53.30	53.68	36.80	60.65
2006	42.77	48.03	61.58	65.47	41.98	60.30
2007	40.03	46.29	65.43	61.34	49.12	66.11
2008	43.91	51.76	65.43	74.67	52.94	69.93
2009	49.43	55.62	71.37	84.29	59.93	73.75
2010	46.01	58.11	79.20	85.31	62.67	75.88

注:2006年数据根据农普资料进行了调整。

17-18　历年棉花产量

单位:万吨

年　份	丰　县	沛　县	铜山区	睢宁县	新沂市	邳州市
1978	0.25	0.37	0.73	0.64	0.07	0.41
1979	0.32	0.31	0.60	0.41	0.01	0.35
1980	0.71	0.73	1.22	1.00	0.01	0.79
1981	0.63	0.75	1.26	0.93	0.01	0.75
1982	1.15	1.07	1.73	0.94		0.80
1983	1.43	1.25	2.33	1.28		1.04
1984	2.33	1.40	2.56	1.68		1.36
1985	1.45	1.04	1.97	1.06		1.53
1986	1.77	0.77	1.63	0.76		1.31
1987	2.05	1.09	1.94	0.85		1.56
1988	1.94	1.18	2.55	1.15	0.04	1.97
1989	1.25	0.30	1.23	0.72	0.03	1.16
1990	1.62	0.42	1.51	0.84	0.01	1.18
1991	1.98	0.86	2.36	1.05		1.70
1992	1.00	0.41	1.81	0.98		1.26
1993	1.12	0.55	1.74	0.60		0.78
1994	0.80	0.32	1.04	0.71		1.10
1995	1.01	0.55	1.54	0.85		1.69
1996	0.90	0.61	1.25	0.68		1.17
1997	0.80	0.40	0.86	0.68		1.20
1998	0.71	0.23	1.02	0.57		1.07
1999	0.36	0.09	0.71	0.39		0.70
2000	1.53	0.26	1.24	0.62		1.12
2001	1.66	0.47	1.43	1.02		1.80
2002	1.71	0.49	1.16	1.10		1.51
2003	1.45	0.31	0.78	0.58		1.03
2004	2.31	1.02	1.65	0.99		1.95
2005	0.95	0.39	0.84	0.62		1.04
2006	1.05	0.31	0.54	0.37		0.78
2007	1.60	0.52	0.63	0.34		0.86
2008	1.68	0.45	0.81	0.25		0.86
2009	1.61	0.42	0.80	0.14		0.77
2010	1.10	0.34	0.79	0.21		0.68

17-19 历年油料产量

单位:万吨

年份	丰县	沛县	铜山区	睢宁县	新沂市	邳州市
1978	0.11	0.08	0.35	0.19	0.73	0.12
1979	0.17	0.12	0.32	0.29	0.99	0.18
1980	0.28	0.23	0.50	0.44	1.37	0.33
1981	0.41	0.24	0.67	0.96	2.20	0.56
1982	0.44	0.21	0.83	2.63	2.67	0.77
1983	0.27	0.11	0.53	1.86	2.49	0.43
1984	0.30	0.26	0.52	1.69	1.92	0.41
1985	0.79	0.74	1.41	3.67	3.09	0.79
1986	1.00	0.78	1.29	3.75	3.05	0.76
1987	0.68	0.61	1.28	4.53	2.71	0.80
1988	0.36	0.46	0.40	0.61	2.67	0.31
1989	0.44	0.47	0.50	0.87	2.34	0.38
1990	0.51	0.57	0.57	0.62	2.08	0.41
1991	0.49	0.60	0.70	1.18	2.53	0.82
1992	0.50	0.43	0.66	0.97	2.21	0.75
1993	0.62	0.50	0.86	1.44	3.14	0.57
1994	0.68	0.40	0.45	2.15	4.04	1.33
1995	0.63	0.55	0.35	1.42	3.91	1.22
1996	0.68	0.70	0.32	0.96	2.75	0.70
1997	0.86	0.75	0.36	1.22	3.83	0.58
1998	1.18	1.01	0.23	2.11	4.03	0.61
1999	1.73	1.07	1.00	3.43	5.79	0.78
2000	2.68	1.44	1.40	5.28	7.65	1.21
2001	3.50	1.46	1.13	4.83	8.78	2.54
2002	2.20	1.60	1.42	5.52	9.09	1.92
2003	1.12	0.86	0.93	3.01	2.78	1.09
2004	1.56	0.81	1.78	4.73	8.67	1.97
2005	0.60	0.62	1.19	3.33	8.43	1.62
2006	0.70	0.68	0.95	2.20	6.11	1.33
2007	0.68	0.35	0.96	1.75	5.76	1.60
2008	0.62	0.36	0.73	1.95	5.40	1.47
2009	0.61	0.40	0.68	2.06	7.04	1.49
2010	0.51	0.24	0.64	1.60	7.44	1.48

17-20 历年肉类总产量

单位:万吨

年 份	丰 县	沛 县	铜山区	睢宁县	新沂市	邳州市
1978						
1979						
1980						
1981						
1982						
1983						
1984						
1985	1.71	1.83	2.65	2.53	2.39	2.81
1986	1.79	1.70	2.86	2.88	2.40	2.36
1987	2.52	1.68	3.58	2.72	2.49	3.01
1988	2.78	2.27	4.33	3.25	2.72	3.05
1989	2.83	2.27	4.48	3.17	2.58	3.38
1990	3.03	2.61	5.12	3.56	2.86	4.13
1991	3.66	2.86	5.37	3.65	2.90	4.54
1992	3.98	2.96	6.09	4.14	3.16	5.10
1993	4.45	3.49	7.32	4.99	3.64	5.30
1994	4.55	3.81	6.56	6.17	4.93	6.23
1995	5.03	4.67	8.15	7.25	5.32	7.67
1996	7.48	6.32	9.16	8.92	5.15	8.98
1997	3.14	5.19	4.78	6.06	5.29	6.20
1998	4.76	5.67	4.55	4.82	5.58	7.26
1999	4.35	5.49	5.06	4.06	5.01	6.84
2000	4.56	6.30	5.63	3.97	6.20	7.45
2001	5.10	6.87	5.79	4.36	6.89	8.06
2002	5.23	6.94	6.03	5.32	6.11	8.26
2003	5.60	6.94	6.61	5.34	6.30	8.81
2004	5.63	7.15	6.82	6.22	6.30	9.38
2005	6.32	8.17	6.40	7.06	6.86	10.17
2006	4.29	11.36	7.14	6.43	7.34	10.56
2007	4.23	9.90	6.42	5.48	5.89	8.83
2008	7.86	11.94	7.30	7.22	7.80	13.36
2009	10.57	12.67	8.74	9.24	9.88	17.48
2010	12.01	17.61	10.23	11.04	12.70	20.42

17-21 历年工业产品销售收入

单位:万元

年 份	丰 县	沛 县	铜山区	睢宁县	新沂市	邳州市
1978	6 093	5 539	6 942	4 038	3 789	3 597
1979	5 521	4 748	8 234	6 101	5 110	7 643
1980	7 288	5 914	13 371	9 432	7 945	9 448
1981	7 594	7 593	10 992	9 663	8 080	11 276
1982	9 037	7 635	21 254	12 244	11 178	11 518
1983	9 940	8 399	23 379	13 468	12 296	12 670
1984	10 442	10 412	24 848	13 830	13 966	15 216
1985	12 089	12 889	29 743	16 709	17 718	19 573
1986	12 978	15 635	34 276	19 551	22 452	23 271
1987	17 426	19 654	43 188	24 516	28 916	26 512
1988	25 030	27 617	65 925	33 840	46 398	40 831
1989	31 697	32 552	81 245	42 265	52 302	49 290
1990	30 066	31 251	82 778	34 802	53 081	53 643
1991	30 698	36 702	91 081	39 554	55 867	59 475
1992	40 842	47 562	127 876	47 105	71 612	78 587
1993	54 946	54 946	194 665	73 764	108 146	124 530
1994	74 415	101 265	228 878	110 356	144 329	166 624
1995	123 593	167 353	463 747	155 227	195 580	271 147
1996	160 092	216 443	626 225	202 132	236 024	291 125
1997	196 218	279 907	740 342	119 934	285 216	185 141
1998	137 860	151 483	837 798	61 014	135 734	135 609
1999	155 166	163 600	942 589	68 148	152 031	158 264
2000	160 578	176 848	1 020 779	74 519	170 343	168 582
2001	173 585	193 699	1 141 803	88 199	202 297	196 712
2002	130 208	221 719	1 312 678	126 891	239 156	256 489
2003	200 799	285 100	1 209 910	181 201	287 972	352 189
2004	217 832	431 470	1 502 553	257 885	412 006	596 828
2005	288 579	659 600	1 961 668	397 786	637 953	957 120
2006	365 312	946 365	2 927 393	537 142	889 313	1 364 986
2007	494 401	1 445 039	4 188 926	661 268	1 216 672	2 014 706
2008	697 564	2 025 139	6 173 759	839 734	1 705 810	3 057 777
2009	961 436	3 100 737	8 737 012	1 414 594	2 344 880	4 524 177
2010	1 352 859	5 207 771	12 668 254	2 328 915	3 824 086	6 977 492

注:根据《企业会计制度》修订要求,该指标统计口径即为主营业务收入。

17-22 历年工业利税总额

单位:万元

年 份	丰 县	沛 县	铜山区	睢宁县	新沂市	邳州市
1978	654	751	1 294	1 088	1 173	937
1979	765	802	1 552	1 212	1 156	1 026
1980	1 070	770	2 821	1 680	1 338	1 488
1981	1 215	906	3 095	1 936	1 593	1 318
1982	1 077	1 064	3 851	1 667	1 541	1 325
1983	1 178	1 053	3 696	1 810	1 860	1 487
1984	1 352	1 920	4 086	2 334	2 422	2 485
1985	1 303	1 550	4 072	2 272	2 175	2 197
1986	936	1 688	3 224	2 257	2 383	2 545
1987	1 677	2 169	3 689	2 633	3 523	2 527
1988	2 401	3 245	6 385	3 710	5 661	3 314
1989	2 812	3 588	7 147	3 052	5 513	3 207
1990	2 332	2 153	2 400	1 743	5 400	3 149
1991	1 859	3 355	4 765	2 195	4 609	3 928
1992	3 032	4 080	9 292	2 933	6 333	5 415
1993	2 463	2 463	14 971	3 622	8 603	8 609
1994	5 903	8 184	22 357	6 591	13 445	14 062
1995	8 234	13 999	55 036	8 154	14 785	16 898
1996	11 377	13 885	54 521	11 171	11 742	19 740
1997	12 760	17 344	59 679	243	13 488	11 367
1998	6 654	10 021	67 158	-413	2 789	11 542
1999	7 112	8 777	72 330	1 191	3 545	10 051
2000	7 272	10 420	76 355	5 287	4 502	12 594
2001	7 699	12 794	90 875	6 819	6 460	13 449
2002	5 287	15 460	121 167	10 308	7 624	18 588
2003	8 287	20 846	103 248	13 715	16 006	23 195
2004	13 409	19 761	139 549	21 430	25 108	35 289
2005	18 137	33 090	194 102	30 257	38 674	59 337
2006	27 396	63 530	329 099	39 931	66 066	98 171
2007	39 878	79 715	505 331	46 627	101 417	161 090
2008	64 581	266 504	976 394	125 773	158 478	552 478
2009	122 028	453 514	1 287 571	232 828	248 118	793 915
2010	203 384	705 335	1 936 434	384 522	466 113	1 054 324

17–23 历年邮电业务总量

单位:万元

年份	丰县	沛县	铜山区	睢宁县	新沂市	邳州市
1978	53	66	72	65	67	72
1979	56	74	70	70	78	73
1980	63	79	80	76	84	82
1981	68	88	89	82	97	94
1982	69	92	95	82	101	97
1983	74	100	107	87	106	99
1984	81	113	107	98	110	114
1985	93	130	122	112	126	128
1986	97	148	128	119	148	142
1987	108	165	128	138	162	163
1988	131	199	153	176	199	216
1989	139	213	172	193	217	222
1990	325	483	206	430	477	480
1991	386	529	593	544	543	596
1992	511	763	774	752	840	829
1993	722	1 207	1 154	1 008	1 259	1 227
1994	1 356	1 750	1 398	1 598	1 834	2 090
1995	2 200	2 594	2 335	2 575	3 405	3 354
1996	2 994	3 779	3 735	3 464	4 087	4 463
1997	4 520	5 628	4 880	5 169	5 614	6 272
1998	5 851	6 986	1 084	6 756	7 227	8 534
1999	6 981	9 140	1 164	8 144	8 275	10 724
2000	10 487	14 645	1 638	10 763	13 269	17 517
2001	10 308	12 875	2 010	11 297	11 784	16 573
2002	10 742	13 486	2 488	11 767	11 986	16 611
2003	12 905	15 924	9 207	13 946	14 313	19 077
2004	6 234	8 340	11 043	7 227	7 245	10 789
2005	7 235	9 905	5 233	8 630	9 111	12 756
2006	10 181	13 059	14 502	11 904	11 399	16 508
2007	26 922	37 403	45 696	33 023	33 868	49 353
2008	30 719	38 781	58 462	37 780	39 634	56 284
2009	40 988	51 202	46 242	46 782	44 708	59 252
2010	56 228	69 137	58 455	60 394	60 718	79 485

注:2006 年及以前邮电业务总量中电信业务总量以电信业务收入代替。

17-24　历年年末本地电话用户

单位：户

年　份	丰　县	沛　县	铜山区	睢宁县	新沂市	邳州市
1978	992	2 044		1 517	1 391	1 716
1979	1 110	2 130		1 563	1 483	1 809
1980	1 186	2 130		1 674	1 705	1 881
1981	1 250	2 162		1 729	1 774	1 898
1982	1 229	2 237		1 799	2 132	1 863
1983	1 152	2 374		1 815	2 253	1 917
1984	1 224	2 500		1 907	2 508	2 076
1985	1 353	2 744		2 028	2 833	2 310
1986	1 462	3 122		2 167	2 965	2 348
1987	1 547	3 579		2 304	3 288	2 611
1988	1 800	4 141		2 625	3 650	2 946
1989	1 961	5 059		3 189	4 060	3 418
1990	2 256	6 011		3 659	4 316	3 791
1991	2 848	6 767		4 779	4 953	4 502
1992	3 133	8 601		5 393	7 452	5 845
1993	3 627	11 141		6 763	9 206	7 883
1994	6 910	16 834		10 704	11 529	11 767
1995	12 173	22 799		16 219	20 675	22 594
1996	21 588	33 719		29 817	39 309	34 371
1997	36 893	53 963		40 811	54 080	48 738
1998	49 871	70 380		61 097	75 566	82 685
1999	44 267	59 464		52 052	58 453	70 343
2000	65 944	81 326		73 890	80 146	100 162
2001	94 810	106 240		106 927	98 699	134 368
2002	124 422	140 187		134 598	129 540	175 820
2003	165 988	187 204	198 979	177 939	168 802	229 143
2004	208 672	239 275	282 600	228 993	209 109	293 284
2005	239 468	275 750	295 707	273 883	257 232	353 097
2006	248 726	288 165	270 251	298 558	266 937	372 969
2007	242 158	235 777	272 056	297 598	270 527	353 257
2008	220 611	230 571	241 018	270 364	237 400	312 135
2009	145 540	167 392	180 008	199 079	160 805	202 749
2010	137 603	157 466	173 708	188 348	150 520	190 971

17-25 历年社会消费品零售总额

单位:万元

年份	丰县	沛县	铜山区	睢宁县	新沂市	邳州市
1978	5 581	6 587	11 569	7 448	6 594	7 799
1979	6 981	8 136	12 704	9 037	7 842	10 096
1980	8 962	9 357	13 144	10 741	8 968	12 282
1981	10 167	10 934	14 478	11 616	10 625	13 140
1982	11 883	12 036	16 486	12 343	12 169	14 186
1983	12 191	13 541	18 637	13 945	13 490	15 083
1984	14 000	16 071	21 802	16 575	14 216	17 547
1985	18 465	19 762	27 613	21 199	18 869	22 883
1986	20 579	22 168	32 365	23 307	22 833	26 869
1987	23 555	26 658	37 441	25 849	25 821	29 582
1988	28 620	31 213	43 827	30 628	30 630	35 904
1989	31 599	33 343	44 445	31 893	31 650	38 837
1990	32 267	32 521	42 464	31 685	32 118	40 060
1991	32 403	34 096	49 490	31 180	32 383	41 918
1992	34 881	35 409	53 118	32 751	34 459	46 422
1993	41 004	50 429	67 999	38 870	42 663	54 945
1994	54 011	61 581	64 651	51 600	58 291	68 552
1995	74 978	85 502	85 414	63 669	77 231	86 774
1996	91 807	104 356	110 087	72 042	90 872	111 463
1997	105 186	119 155	129 757	77 511	102 264	125 514
1998	115 033	128 715	135 971	76 110	110 139	130 665
1999	123 018	137 866	151 757	78 839	119 568	144 046
2000	134 526	156 215	164 494	82 276	131 226	163 492
2001	153 120	173 339	182 109	93 115	147 012	189 651
2002	173 596	191 614	200 440	127 452	163 521	214 305
2003	168 067	185 347	191 502	140 192	178 210	237 918
2004	190 284	347 448	281 052	233 373	228 244	295 771
2005	218 489	401 302	322 648	268 379	262 708	342 503
2006	253 188	465 918	374 434	310 894	304 810	399 337
2007	294 141	545 168	438 068	362 246	355 990	469 111
2008	374 000	701 000	575 000	460 000	455 000	619 000
2009	429 748	807 965	664 348	528 884	523 198	713 333
2010	508 844	921 280	871 283	629 654	613 273	843 942

注:2004 及 2009 年数据为经济普查调整数。

17-26 历年实际利用外资

单位:万美元

年　份	丰　县	沛　县	铜山区	睢宁县	新沂市	邳州市
1978						
1979						
1980						
1981						
1982						
1983						
1984						
1985						
1986						
1987						
1988						
1989						
1990		58				10
1991		61	19		143	
1992	531	62	154	29	44	52
1993		142		127	528	150
1994	112	330	552	47	711	265
1995	23	316	1 734	659	1 067	70
1996	520	878	1 544	604	608	820
1997	42	632	878	253	717	118
1998	426	759	1 294	91	762	280
1999	377	821	1 624	10	143	15
2000	3 477	5 240	3 448	1 164	453	464
2001	1 843	1 345	2 360	881	913	784
2002	1 518	1 840	2 458	1 242	1 828	2 586
2003	2 129	3 110	3 817	1 750	1 945	4 030
2004	701	2 037	3 254	1 998	2 859	4 811
2005	453	793	3 709	1 698	914	3 337
2006	669	1 813	3 006	385	1 197	3 940
2007	119	955	4 279	1 310	1 930	3 910
2008	482	2 394	6 073	1 134	1 326	3 012
2009	1 098	1 981	8 080	2 667	2 604	6 653
2010	3 548	8 186	5 013	5 351	4 214	4 227

17–27 历年金融机构存款余额

（年底数）　　单位：万元

年　份	丰　县	沛　县	铜山区	睢宁县	新沂市	邳州市
1978	1 837	3 136	5 345		2 316	3 106
1979	2 399	3 284	4 902		3 120	3 100
1980	2 875	4 200	9 832		4 069	1 961
1981	5 022	6 940	14 116	4 877	5 027	6 553
1982	5 088	7 023	20 008	4 838	6 008	6 372
1983	6 797	10 208	22 421	6 141	7 317	8 638
1984	8 901	14 301	29 211	8 842	8 902	13 061
1985	9 533	15 979	27 026	8 953	7 778	12 967
1986	14 755	23 518	36 338	13 134	13 392	18 106
1987	21 314	31 463	42 162	15 096	16 638	23 157
1988	33 930	50 916	101 302	26 576	24 604	38 244
1989	41 592	54 235	101 385	30 909	28 825	45 297
1990	45 540	72 942	130 105	30 578	37 086	51 235
1991	58 389	91 595	163 671	43 924	44 799	63 715
1992	68 038	109 118	191 854	56 667	53 151	76 573
1993	82 111	138 413	235 212	69 903	65 805	98 074
1994	101 203	177 476	227 397	89 463	84 266	133 823
1995	126 259	228 300	299 449	108 597	114 259	170 289
1996	160 051	282 481	397 126	129 704	144 377	212 096
1997	184 294	334 381	466 258	155 819	172 473	265 491
1998	202 842	375 402	479 798	176 429	189 829	290 241
1999	214 309	399 968	447 114	195 967	200 851	327 727
2000	234 947	435 149		232 361	211 738	376 325
2001	267 706	515 503		277 154	238 487	416 461
2002	313 444	591 085		328 267	286 770	465 173
2003	342 292	650 666	782 659	376 152	339 602	531 812
2004	381 379	766 597	1 005 189	450 926	401 685	640 338
2005	464 517	894 761	1 227 538	541 638	459 154	714 438
2006	579 389	1 022 218	1 448 235	648 257	542 146	832 182
2007	685 879	1 160 059	1 673 637	748 577	634 831	965 045
2008	818 346	1 449 307	2 102 891	874 589	762 853	1 117 426
2009	1 012 609	1 802 697	2 713 274	1 203 225	1 022 393	1 412 470
2010	1 237 618	2 105 658	3 500 298	1 552 054	1 367 829	1 777 676

17-28 历年金融机构贷款余额

（年底数） 单位：万元

年　份	丰　县	沛　县	铜山区	睢宁县	新沂市	邳州市
1978	5 797	5 147	7 531		6 539	7 389
1979	6 557	6 056	507		9 046	8 416
1980	8 608	8 320	11 041		11 117	5 693
1981	10 657	10 164	14 552	14 950	12 047	12 502
1982	11 838	11 047	18 971	16 873	12 806	13 666
1983	14 961	14 973	23 631	18 659	15 731	17 608
1984	22 800	20 272	33 537	26 554	20 597	23 621
1985	23 955	21 811	30 849	26 556	21 967	24 260
1986	23 619	25 493	34 318	30 139	25 202	28 473
1987	30 051	34 615	43 078	35 710	27 659	35 065
1988	40 078	42 129	72 414	42 454	33 682	45 529
1989	42 760	48 419	30 092	45 644	39 567	51 291
1990	54 344	60 156	97 147	48 158	47 492	63 296
1991	68 054	75 465	122 990	65 786	60 662	78 020
1992	71 953	87 955	137 975	72 499	70 518	82 859
1993	83 172	104 424	165 564	81 590	82 763	93 846
1994	101 478	123 824	172 538	101 536	99 263	119 778
1995	122 433	156 109	229 780	119 301	116 298	146 597
1996	139 456	199 805	288 921	127 800	144 036	165 083
1997	162 500	270 044	340 406	154 744	194 145	210 939
1998	177 176	290 329	389 318	174 750	214 116	228 154
1999	185 233	300 287	356 499	169 663	211 732	232 973
2000	172 863	290 188		143 036	192 087	221 341
2001	186 201	302 386		158 528	200 594	358 097
2002	186 511	317 655		175 184	208 252	416 690
2003	196 355	378 965	541 456	193 408	243 692	461 613
2004	180 528	372 238	586 723	201 152	269 633	500 891
2005	190 997	344 037	630 614	217 166	275 663	495 003
2006	245 075	357 974	721 496	271 389	353 228	567 831
2007	238 736	347 166	873 131	312 390	435 818	619 833
2008	289 367	346 410	990 968	369 949	539 993	679 753
2009	466 892	520 922	1 471 172	593 081	842 694	975 664
2010	638 501	706 312	2 075 650	808 866	1 067 845	1 241 637

17–29 历年各类专业技术人员

单位:万人

年 份	丰 县	沛 县	铜山区	睢宁县	新沂市	邳州市
1978	0.24	0.21	0.32	0.16	0.18	0.25
1979	0.27	0.24	0.35	0.18	0.20	0.27
1980	0.29	0.27	0.39	0.21	0.23	0.30
1981	0.32	0.30	0.43	0.24	0.26	0.33
1982	0.36	0.33	0.47	0.27	0.29	0.36
1983	0.39	0.38	0.52	0.30	0.32	0.39
1984	0.43	0.42	0.57	0.34	0.36	0.43
1985	0.44	0.44	0.65	0.41	0.31	0.51
1986	0.45	0.49	0.68	0.44	0.38	0.50
1987	0.55	0.51	0.77	0.52	0.45	0.57
1988	0.65	0.63	0.79	0.63	0.53	0.66
1989	0.78	0.81	0.93	0.87	0.66	0.84
1990	0.82	0.82	0.98	0.91	0.68	0.89
1991	0.97	0.94	1.08	0.92	0.72	0.99
1992	1.00	0.93	1.18	0.98	0.77	0.85
1993	1.01	1.04	1.29	1.04	0.86	1.08
1994	1.01	1.16	1.12	1.04	0.88	1.12
1995	1.18	1.50	1.57	1.29	1.00	1.28
1996	1.40	1.56	1.70	1.43	1.43	1.29
1997	1.53	1.81	1.76	1.65	1.58	1.77
1998	1.58	2.00	1.83	1.79	1.69	2.05
1999	1.62	2.05	1.87	1.81	1.74	2.23
2000	1.67	2.16	1.95	1.86	1.91	2.39
2001	1.67	2.06	1.93	1.88	1.89	2.57
2002	1.71	2.04	1.86	1.76	1.94	2.46
2003	1.63	2.05	1.87	1.80	1.77	2.38
2004	1.40	2.87	1.88	1.80	1.65	2.10
2005	1.51	1.92	2.13	1.79	2.09	2.60
2006	1.83	3.30	2.59	1.83	2.57	3.29
2007	1.84	3.31	2.59	1.84	2.58	3.30
2008	2.27	2.51	2.25	2.60	3.39	2.55
2009	2.27	2.52	2.25	2.61	3.40	2.56
2010	2.53	2.74	2.65	2.74	3.76	2.79

17-30 历年普通中学在校学生

单位：万人

年 份	丰 县	沛 县	铜山区	睢宁县	新沂市	邳州市
1978	9.57	5.64	7.31	5.54	4.21	6.52
1979	8.45	5.28	6.34	5.00	4.02	5.48
1980	7.69	4.32	5.74	4.61	3.80	4.40
1981	4.28	4.18	5.45	3.88	3.16	3.60
1982	4.05	3.75	5.45	3.52	3.09	3.51
1983	3.73	3.61	5.71	3.39	3.13	4.01
1984	3.71	3.65	6.18	3.57	3.06	4.08
1985	4.00	3.88	6.77	3.95	3.47	4.44
1986	4.16	4.16	6.98	4.24	3.57	5.31
1987	4.16	4.28	6.90	4.11	3.43	5.18
1988	3.94	4.32	6.73	3.84	3.31	5.10
1989	3.90	4.50	6.96	3.82	3.23	5.15
1990	3.69	4.15	7.45	3.72	3.02	5.15
1991	3.20	3.79	7.71	3.48	3.22	5.50
1992	3.31	3.89	7.74	3.61	3.38	5.51
1993	3.41	4.20	7.89	3.76	3.51	5.84
1994	4.06	5.49	6.56	4.20	3.57	6.73
1995	4.72	6.30	7.29	4.85	3.95	7.80
1996	5.28	7.05	8.18	5.66	4.49	7.67
1997	5.84	7.00	8.76	6.10	5.15	7.08
1998	6.25	7.22	9.53	6.73	5.70	7.67
1999	6.65	7.65	9.04	7.23	6.14	8.96
2000	7.14	8.06	8.21	7.82	5.89	10.85
2001	7.59	8.51	8.21	8.94	7.72	12.15
2002	8.20	9.45	9.53	10.24	8.84	13.94
2003	8.83	10.69	11.30	11.62	9.71	15.86
2004	9.42	11.49	11.92	12.62	9.97	15.80
2005	9.69	11.78	10.26	12.54	9.48	15.18
2006	10.17	11.34	10.29	12.21	8.83	13.94
2007	10.47	10.63	9.60	11.55	7.93	12.64
2008	10.12	9.93	8.28	10.95	6.93	11.27
2009	8.99	8.57	7.01	10.00	5.78	10.02
2010	7.94	7.17	5.85	8.95	4.72	9.00

17-31 历年小学在校学生

单位:万人

年 份	丰 县	沛 县	铜山区	睢宁县	新沂市	邳州市
1978	8.85	13.91	21.36	14.47	12.32	16.60
1979	9.72	13.61	21.67	14.57	12.34	18.80
1980	9.99	12.86	22.34	14.11	12.50	17.17
1981	12.75	12.67	21.26	12.96	11.61	16.29
1982	12.09	12.15	20.58	12.59	10.68	15.52
1983	11.97	11.82	19.96	13.21	10.55	16.82
1984	11.67	11.59	19.65	12.45	10.27	16.84
1985	11.29	11.14	19.63	12.23	9.72	16.38
1986	10.92	10.82	18.67	12.15	9.32	16.10
1987	10.57	11.18	17.41	11.84	9.28	15.53
1988	10.38	11.48	16.93	11.50	9.10	14.51
1989	10.55	11.75	16.84	11.30	9.21	14.30
1990	10.40	12.66	16.87	12.19	9.58	15.03
1991	11.35	14.01	17.80	13.15	10.00	15.45
1992	11.56	14.31	18.73	13.78	10.59	16.51
1993	11.76	14.34	19.56	13.90	11.41	17.61
1994	12.30	14.79	15.04	15.05	12.46	19.09
1995	12.73	15.32	15.94	16.43	13.51	21.12
1996	13.24	15.94	16.51	17.50	14.72	24.18
1997	13.86	16.69	17.46	19.13	15.79	27.42
1998	14.38	17.41	17.98	20.29	16.00	27.95
1999	14.56	17.96	17.77	20.33	14.89	27.29
2000	14.69	17.82	18.29	20.17	13.92	25.05
2001	14.90	17.68	17.16	19.32	12.89	22.25
2002	14.55	16.46	15.51	17.96	11.43	19.39
2003	13.53	14.73	13.37	16.04	9.60	16.15
2004	12.24	12.70	11.01	13.95	7.97	13.47
2005	10.83	10.59	8.09	12.27	7.00	11.78
2006	9.63	8.73	6.89	10.97	6.21	11.21
2007	8.32	7.42	5.90	9.88	5.78	10.70
2008	7.11	6.78	5.36	8.62	4.96	10.68
2009	6.43	6.37	5.22	7.60	4.88	11.17
2010	6.34	6.53	5.53	7.19	5.37	11.87

17-32 历年卫生机构数

单位:个

年 份	丰 县	沛 县	铜山区	睢宁县	新沂市	邳州市
1978	50	28	46	15	51	44
1979	50	28	46	15	51	46
1980	51	57	98	58	62	70
1981	59	66	102	69	67	76
1982	64	66	105	69	65	76
1983	64	71	96	71	77	74
1984	67	70	96	72	76	73
1985	71	70	101	74	77	73
1986	74	70	96	73	62	72
1987	74	70	92	74	62	73
1988	74	70	102	66	63	73
1989	74	79	102	70	69	77
1990	74	79	111	70	65	77
1991	74	79	149	72	65	77
1992	74	77	132	72	68	78
1993	82	109	144	72	68	82
1994	82	109	123	71	68	82
1995	82	109	123	71	68	82
1996	82	109	123	69	67	83
1997	82	109	123	69	67	84
1998	94	169	136	67	67	86
1999	86	69	61	56	47	86
2000	85	80	72	68	50	111
2001	91	89	65	56	40	101
2002	85	102	73	30	46	94
2003	152	125	71	22	51	91
2004	192	217	66	29	50	149
2005	192	192	63	29	60	149
2006	159	192	64	29	62	149
2007	154	188	63	28	187	149
2008	144	67	63	27	61	96
2009	177	66	63	37	60	138
2010	194	70	90	51	64	136

17-33 历年卫生技术人员

单位:万人

年 份	丰 县	沛 县	铜山区	睢宁县	新沂市	邳州市
1978	0.11	0.12	0.14	0.14	0.12	0.14
1979	0.10	0.13	0.14	0.14	0.12	0.18
1980	0.10	0.13	0.13	0.14	0.13	0.16
1981	0.10	0.13	0.15	0.14	0.13	0.12
1982	0.11	0.13	0.15	0.14	0.13	0.15
1983	0.11	0.13	0.15	0.14	0.14	0.14
1984	0.11	0.13	0.17	0.14	0.14	0.15
1985	0.12	0.14	0.19	0.14	0.14	0.16
1986	0.12	0.15	0.20	0.14	0.15	0.17
1987	0.12	0.15	0.20	0.15	0.14	0.17
1988	0.14	0.16	0.23	0.15	0.14	0.18
1989	0.14	0.18	0.24	0.16	0.16	0.18
1990	0.15	0.19	0.26	0.17	0.16	0.18
1991	0.16	0.21	0.29	0.18	0.17	0.20
1992	0.17	0.21	0.31	0.19	0.18	0.23
1993	0.18	0.33	0.32	0.19	0.19	0.24
1994	0.18	0.35	0.26	0.19	0.20	0.29
1995	0.19	0.36	0.27	0.19	0.20	0.31
1996	0.19	0.37	0.27	0.19	0.20	0.34
1997	0.19	0.38	0.28	0.21	0.21	0.40
1998	0.19	0.39	0.28	0.21	0.22	0.40
1999	0.19	0.38	0.28	0.21	0.22	0.43
2000	0.19	0.37	0.28	0.20	0.22	0.47
2001	0.20	0.37	0.27	0.20	0.22	0.48
2002	0.18	0.35	0.27	0.19	0.21	0.48
2003	0.19	0.33	0.28	0.19	0.16	0.47
2004	0.20	0.34	0.27	0.19	0.18	0.48
2005	0.18	0.31	0.26	0.19	0.21	0.46
2006	0.19	0.32	0.27	0.19	0.22	0.47
2007	0.20	0.33	0.25	0.19	0.22	0.48
2008	0.22	0.32	0.25	0.20	0.23	0.47
2009	0.22	0.32	0.26	0.19	0.24	0.47
2010	0.22	0.34	0.28	0.22	0.27	0.46

17-34 历年医院、卫生院床位数

单位:万张

年　份	丰　县	沛　县	铜山区	睢宁县	新沂市	邳州市
1978	0.06	0.10	0.15	0.11	0.10	0.10
1979	0.06	0.11	0.15	0.12	0.11	0.11
1980	0.06	0.11	0.15	0.12	0.11	0.10
1981	0.08	0.11	0.15	0.12	0.11	0.10
1982	0.08	0.11	0.15	0.13	0.11	0.10
1983	0.08	0.11	0.15	0.13	0.11	0.09
1984	0.08	0.11	0.15	0.11	0.11	0.10
1985	0.08	0.10	0.16	0.11	0.12	0.10
1986	0.08	0.12	0.16	0.11	0.12	0.10
1987	0.09	0.11	0.16	0.11	0.11	0.10
1988	0.10	0.11	0.17	0.11	0.12	0.10
1989	0.10	0.11	0.17	0.11	0.12	0.10
1990	0.10	0.11	0.17	0.11	0.13	0.10
1991	0.10	0.12	0.17	0.12	0.13	0.10
1992	0.11	0.13	0.18	0.12	0.12	0.11
1993	0.10	0.17	0.18	0.12	0.12	0.13
1994	0.11	0.17	0.15	0.11	0.11	0.12
1995	0.10	0.17	0.15	0.11	0.12	0.13
1996	0.10	0.17	0.15	0.12	0.12	0.12
1997	0.10	0.17	0.14	0.11	0.11	0.12
1998	0.11	0.17	0.15	0.12	0.11	0.13
1999	0.10	0.20	0.14	0.11	0.12	0.15
2000	0.10	0.20	0.14	0.11	0.12	0.16
2001	0.10	0.20	0.14	0.11	0.13	0.15
2002	0.10	0.19	0.14	0.12	0.12	0.14
2003	0.10	0.19	0.13	0.12	0.12	0.15
2004	0.11	0.19	0.14	0.12	0.12	0.15
2005	0.11	0.20	0.14	0.12	0.13	0.15
2006	0.11	0.21	0.15	0.12	0.14	0.15
2007	0.11	0.23	0.14	0.12	0.15	0.18
2008	0.15	0.25	0.16	0.13	0.14	0.19
2009	0.18	0.26	0.17	0.15	0.18	0.21
2010	0.20	0.29	0.21	0.18	0.17	0.25

17-35 历年职工平均工资

单位:元

年　份	丰　县	沛　县	铜山区	睢宁县	新沂市	邳州市
1978	403	381	442	364	472	471
1979	503	454	464	451	496	501
1980	584	547	598	551	564	565
1981	609	548	581	541	571	587
1982	640	596	608	578	621	625
1983	635	606	616	576	641	634
1984	870	902	936	786	971	861
1985	943	1 101	960	914	995	941
1986	1 106	1 072	1 134	1 079	1 106	1 124
1987	1 164	1 141	1 160	1 132	1 217	1 174
1988	1 541	1 487	1 416	1 355	1 517	1 590
1989	1 558	1 520	1 568	1 551	1 549	1 480
1990	1 691	1 647	1 751	1 700	1 787	1 653
1991	1 725	1 837	1 838	1 742	1 928	1 777
1992	2 159	2 118	1 961	2 042	2 243	2 047
1993	2 676	2 328	2 339	2 328	2 638	2 506
1994	3 422	3 081	3 464	3 203	3 841	3 755
1995	4 071	3 890	4 442	3 964	4 580	3 964
1996	4 789	4 411	5 379	4 416	5 151	5 035
1997	4 719	5 111	5 997	4 193	5 024	4 832
1998	5 625	6 108	6 678	5 148	5 974	5 972
1999	6 264	6 687	7 260	5 476	6 533	6 382
2000	6 669	7 234	7 862	5 693	7 047	7 002
2001	7 200	7 765	8 441	5 868	7 519	7 560
2002	7 568	8 202	9 012	7 331	7 998	8 085
2003	8 254	8 838	9 708	8 242	8 313	8 659
2004	9 455	9 950	10 938	8 987	9 525	9 485
2005	11 220	11 950	13 235	10 658	11 659	11 625
2006	12 530	13 688	15 604	11 984	13 423	13 412
2007	14 406	16 128	18 725	13 825	15 855	15 746
2008	17 389	18 688	21 845	17 136	18 483	18 722
2009	20 791	22 166	25 393	20 694	22 156	22 168
2010	24 090	25 786	30 525	22 993	26 061	26 130

17–36 历年城乡居民储蓄存款余额

（年底数） 单位：万元

年份	丰县	沛县	铜山区	睢宁县	新沂市	邳州市
1978	586	624	1 507	539	632	734
1979	1 336	898	2 432	777	1 101	937
1980	1 615	1 810	3 539	1 512	1 649	1 603
1981	2 382	2 559	4 856	2 133	2 130	2 326
1982	2 958	3 404	7 008	2 539	2 681	3 036
1983	4 103	5 190	12 165	3 434	3 964	4 214
1984	6 131	7 736	17 268	5 428	4 794	6 706
1985	8 368	10 594	21 242	6 057	5 823	7 973
1986	12 708	16 225	30 893	8 861	8 585	12 290
1987	16 501	23 200	41 731	11 992	11 733	16 771
1988	21 174	32 136	52 867	15 390	14 500	22 296
1989	25 950	41 532	70 538	19 006	18 521	26 550
1990	34 202	56 573	94 683	25 825	25 157	35 367
1991	43 926	72 169	117 328	32 366	31 235	44 820
1992	49 950	86 495	139 644	41 025	37 116	55 914
1993	66 718	113 260	178 720	55 765	47 034	76 298
1994	80 922	142 420	167 956	76 328	63 093	103 133
1995	99 477	184 149	223 857	90 917	87 749	136 143
1996	123 305	232 008	275 204	107 658	108 385	169 884
1997	147 178	278 504	313 763	126 611	125 355	201 070
1998	165 461	314 558	344 175	147 203	136 191	220 552
1999	177 192	347 884	322 766	161 323	140 484	244 637
2000	198 535	374 997		190 522	159 261	274 035
2001	229 579	416 814		227 229	186 972	313 571
2002	264 249	474 533		268 767	222 142	345 541
2003	289 921	535 110	660 774	308 658	261 334	402 443
2004	330 664	611 413	778 962	372 365	310 294	492 403
2005	395 565	710 275	896 873	457 046	362 101	583 793
2006	479 684	786 261	1 030 057	532 538	404 096	648 887
2007	544 418	863 847	1 197 030	592 255	463 567	736 551
2008	659 610	1 065 308	1 526 967	719 016	559 798	890 588
2009	764 610	1 222 173	1 509 486	857 904	611 631	1 030 206
2010	924 204	1 439 169		1 065 322	710 413	1 195 898

17-37 历年农民人均纯收入

单位:元

年 份	丰 县	沛 县	铜山区	睢宁县	新沂市	邳州市
1978	84	131	120	54	72	55
1979	121	149	176	56	77	64
1980	117	170	205	74	163	76
1981	129	193	268	109	199	92
1982	144	215	342	164	282	123
1983	307	373	377	325	308	257
1984	419	425	478	379	424	345
1985	422	428	412	316	356	345
1986	412	451	522	378	426	427
1987	454	498	567	369	443	476
1988	462	578	646	460	535	576
1989	491	682	785	448	624	639
1990	504	613	832	519	610	648
1991	595	739	873	559	729	783
1992	669	758	982	638	760	815
1993	777	919	1 142	761	890	893
1994	1 067	1 170	1 451	1 022	1 291	1 259
1995	1 545	1 751	2 038	1 513	1 764	1 706
1996	2 162	2 362	2 770	2 121	2 301	2 360
1997	2 561	2 852	3 202	2 427	2 643	2 604
1998	2 807	3 109	3 428	2 551	2 857	2 847
1999	3 003	3 241	3 590	2 661	3 016	3 001
2000	3 129	3 365	3 748	2 664	2 814	3 121
2001	3 034	3 544	3 943	2 850	2 959	3 295
2002	3 479	3 735	3 780	3 050	3 123	3 475
2003	3 611	3 880	3 930	3 163	3 231	3 613
2004	4 027	4 325	4 402	3 465	3 613	4 004
2005	4 026	4 550	4 920	3 845	4 025	4 477
2006	4 537	5 143	5 591	4 314	4 516	5 088
2007	5 104	5 831	6 340	4 849	5 076	5 770
2008	5 724	6 593	7 167	5 452	5 698	6 526
2009	6 369	7 342	7 988	6 077	6 340	7 267
2010	7 258	8 378	9 173	7 022	7 231	8 331

17-38 历年农民人均生活消费支出

单位:元

年 份	丰 县	沛 县	铜山区	睢宁县	新沂市	邳州市
1978	71		109		65	
1979	85		148		71	
1980	116		160		148	
1981	175		221		177	
1982	211		239		225	
1983	253	210	272	247	289	223
1984	294	272	311	278	350	247
1985	363	343	353	269	347	285
1986	398	362	390	334	424	353
1987	418	415	443	370	400	448
1988	500	511	544	386	450	447
1989	585	611	622	423	590	598
1990	565	510	575	425	537	550
1991	663	622	536	497	530	603
1992	526	579	582	546	512	684
1993	594	955	690	499	606	679
1994	864	938	927	891	1 039	992
1995	917	1 227	1 040	1 073	1 361	1 192
1996	1 455	1 699	1 610	1 325	1 344	1 467
1997	1 605	1 714	1 943	1 555	1 393	1 311
1998	1 586	1 576	1 258	1 466	1 538	1 227
1999	1 685	1 603	1 459	1 286	1 496	1 258
2000	1 468	1 741	1 384	1 429	1 358	1 583
2001	1 596	1 913	1 582	1 395	1 453	1 381
2002	1 912	2 296	1 674	1 588	1 552	1 311
2003	1 933	2 510	1 881	1 648	1 915	1 361
2004	2 230	2 110	2 200	1 861	1 862	1 257
2005	3 082	3 282	2 961	2 567	2 501	2 630
2006	3 118	3 666	3 515	2 932	3 145	3 027
2007	3 461	4 695	4 311	3 432	3 565	3 528
2008	4 085	5 318	4 807	3 746	3 756	4 218
2009	4 695	5 814	4 957	4 079	3 951	4 761
2010	5 306	6 572	5 513	4 436	4 651	4 937

17-39 县(市)社会经济主要指标

(2010 年)

指标名称		丰县	沛县	铜山区	睢宁县	新沂市	邳州市
人口、就业及土地面积							
年末总人口	(万人)	116.49	127.94	129.27	133.12	104.01	178.62
年平均人口	(万人)	115.53	126.87	126.74	133.01	102.98	175.28
当年出生人口	(人)	9 881	12 782	11 009	9 929	8 873	16 902
当年死亡人口	(人)	10 533	9 313	19 962	13 029	5 704	9 416
年末总户数	(万户)	31.79	38.39	38.72	33.89	32.64	45.42
从业人员	(万人)	62.76	60.80	68.38	73.09	55.57	89.61
第一产业		32.11	19.33	25.89	26.89	20.77	25.68
第二产业		18.22	21.69	22.61	27.93	19.75	34.69
第三产业		12.44	19.77	19.88	18.26	15.05	29.25
年末单位从业人员	(人)	42 203	45 096	58 371	43 559	51 971	64 536
(一)按国民经济行业分组							
第一产业(农林牧渔业)		150	7 951	7 807		677	1 370
第二产业		11 840	3 485	25 326	13 440	21 291	20 523
第三产业		30 213	33 660	25 238	30 119	30 003	42 643
(二)按登记注册类型分组							
#国有单位		28 966	37 459	31 483	28 062	22 884	36 584
城镇集体单位		4 231	4 980	2 799	3 104	3 574	4 413
港澳台商投资单位		1 020			3 621	1 004	5 801
外商投资单位		236		77	291	2 701	5 534
在岗职工人数	(人)	38 354	39 884	54 849	41 611	49 504	62 324
在岗职工平均人数	(人)	38 916	40 127	54 688	40 546	48 879	62 406
私营企业从业人员	(人)	58 762	94 827	78 227	77 363	181 552	127 800
个体从业人员	(人)	21 244	36 745	25 588	32 593	29 932	47 483
年末城镇登记失业人员数	(人)	1 429	2 566	3 697	1 837	2 238	3 617
行政区域土地面积	(平方公里)	1 446	1 349	1 909	1 767	1 571	2 088
综合经济							
地区生产总值	(亿元)	150.18	301.60	462.75	200.10	241.20	365.39
第一产业		34.01	50.00	35.01	42.36	36.09	59.58
第二产业		67.57	144.23	263.92	85.70	103.30	160.75
#工业		47.55	116.76	223.52	67.03	87.15	130.42
第三产业		48.60	107.37	163.82	72.04	101.81	145.06
地区生产总值指数(上年=100)		113.9	114.8	114.6	114.6	114.9	114.7
第一产业		104.8	105.0	102.8	112.9	104.5	105.5
第二产业		117.8	117.5	116.6	116.6	117.9	117.5
#工业		117.8	118.0	116.5	120.0	118.9	118.4
第三产业		116.1	115.7	114.3	113.5	116.0	115.8
固定资产投资							
城镇固定资产投资	(亿元)	79.89	165.14	261.45	94.53	155.86	185.12
#房地产开发投资		10.93	15.51	17.03	10.94	22.12	19.21

17-39 续表 1 （2010 年）

指 标 名 称		丰 县	沛 县	铜山区	睢宁县	新沂市	邳州市
商品房销售面积	（万平方米）	55.76	62.36	55.21	62.20	49.00	51.00
#住宅		49.12	57.06	53.45	52.81	35.10	43.91
空置面积	（万平方米）	4.22	0.45	3.02	0.69	0.10	11.14
#住宅		0.25	0.24	2.63	0.36	0.10	11.04
财政、金融、保险							
上划中央收入	（亿元）	4.04	14.15	11.34	5.44	6.02	7.69
一般预算收入	（亿元）	12.89	21.24	27.40	12.94	17.58	23.10
#税收收入		10.32	18.14	21.13	10.58	13.67	17.11
#增值税（25%）		0.84	2.93	2.64	1.09	1.10	2.05
营业税		3.93	5.73	7.42	4.86	4.67	6.87
企业所得税（40%）		0.55	2.59	1.85	0.73	0.99	0.52
个人所得税（40%）		0.36	0.75	0.86	0.51	0.46	0.34
一般预算支出	（亿元）	27.69	36.01	38.30	28.45	30.35	41.11
#一般公共服务		3.53	3.92	4.26	3.95	2.75	4.06
科学技术		0.13	0.99	0.14	0.44	0.48	0.38
教育		5.65	7.27	7.74	5.79	4.59	10.41
文化体育与传媒		0.18	0.60	0.23	0.19	0.21	0.25
社会保障和就业		3.87	3.20	3.47	3.40	2.44	3.70
医疗卫生		2.11	2.26	3.08	2.76	2.14	2.47
环境保护		0.52	1.52	2.00	0.22	0.77	0.28
城乡社区事务		3.44	5.30	3.34	3.02	8.56	7.40
交通运输		1.20	0.46	0.56	0.45	0.79	1.23
农林水事务		3.63	7.09	7.71	4.98	4.23	7.88
年末金融机构各项存款余额	（亿元）	123.76	210.57	350.03	155.21	136.78	177.77
#居民储蓄存款		92.42	143.92		106.53	71.04	119.59
年末金融机构各项贷款余额	（亿元）	63.85	70.63	207.57	80.89	106.78	124.16
保费收入	（亿元）	4.79	6.02	4.92	4.50	3.54	6.99
财产险		1.27	1.24	1.70	1.23	1.52	2.13
人寿险		3.52	4.77	3.21	3.27	2.02	4.86
赔款和给付	（亿元）	0.58	0.63	0.85	0.50	0.75	0.94
财产险		0.51	0.55	0.76	0.46	0.69	0.82
人寿险		0.07	0.08	0.09	0.04	0.06	0.12
农业							
乡村户数	（万户）	26.49	24.43	28.91	28.48	22.56	37.10
乡村人口数	（万人）	99.73	94.66	104.70	113.29	82.70	140.98
乡村从业人数	（万人）	52.81	49.46	54.41	62.83	43.43	69.50
#农林牧渔业		32.05	18.47	25.05	26.84	20.63	25.40
年末耕地总资源	（公顷）	75 656	75 514	106 524	97 463	78 430	111 961

17-39 续表 2 (2010 年)

指标名称		丰县	沛县	铜山区	睢宁县	新沂市	邳州市
农林牧渔业总产值(当年价)	(万元)	649 355	903 156	684 373	787 066	694 783	1 100 101
农业		483 568	572 674	440 133	460 395	365 681	707 755
林业		4 779	6 109	13 341	19 105	24 056	24 039
牧业		136 490	277 535	178 241	259 304	203 840	301 524
渔业		5 768	20 838	42 456	34 412	83 606	53 703
农林牧渔服务业		18 750	26 000	10 202	13 850	17 600	13 080
农作物总播种面积	(千公顷)	134.92	144.99	185.13	186.77	153.10	223.62
#粮食作物		78.44	87.05	128.52	147.23	98.74	118.82
粮食总产量	(万吨)	46.01	58.11	79.20	85.31	62.67	75.88
油料产量	(万吨)	0.51	0.24	0.64	1.60	7.44	1.48
棉花产量	(万吨)	1.10	0.34	0.79	0.21		0.68
肉类总产量	(万吨)	12.01	17.61	10.23	11.04	12.70	20.42
#猪肉		4.86	4.79	6.08	6.26	7.76	8.90
牛肉		0.09	0.18	0.15	0.12	0.12	0.16
羊肉		0.91	0.58	0.63	1.09	0.43	0.48
水产品产量	(万吨)	1.47	1.70	1.68	1.34	1.36	1.52
农民居民人均纯收入	(元)	7 258	8 378	9 173	7 022	7 231	8 331
农民人均生活消费支出	(元)	5 306	6 572	5 513	4 436	4 651	4 937
#食品		2 112	2 049	2 011	1 932	1 642	1 958
农民人均住房面积	(平方米)	35.73	43.11	58.18	38.81	36.95	38.57
规模以上工业、建筑业							
规模以上工业企业单位数	(个)	314	535	710	244	413	645
内资企业		290	525	688	230	402	605
港澳台商投资企业		9	6	7	10	4	18
外商投资企业		15	4	15	4	7	22
工业总产值(当年价)	(亿元)	146.63	544.07	1 278.94	239.06	381.42	687.70
内资企业		130.67	531.94	1 200.03	202.75	364.43	606.46
港澳台商投资企业		7.58	9.19	20.68	31.35	5.45	47.44
外商投资企业		8.38	2.95	58.22	4.96	11.54	33.80
主营业务收入	(亿元)	135.29	520.78	1 266.83	232.89	382.41	697.75
#主营业务税金及附加		1.02	3.15	11.88	1.42	4.18	7.68
利润总额	(亿元)	11.68	36.75	112.67	25.62	23.40	63.46
亏损企业亏损总额	(亿元)	0.04	0.73	0.10		0.16	
利税总额	(亿元)	20.34	70.53	193.64	38.45	46.61	105.43
本年应交增值税	(亿元)	7.64	30.64	69.10	11.41	19.03	34.29
全部从业人员年平均人数	(万人)	3.09	9.24	11.73	4.03	5.41	11.19
建筑企业单位数	(个)	27	72	60	16	54	25
建筑企业期末从业人员	(万人)	2.93	7.74	8.35	0.99	2.18	3.26
建筑业总产值	(亿元)	54.34	107.43	118.88	26.50	28.74	27.92

17-39 续表 3 （2010 年）

指标名称		丰县	沛县	铜山区	睢宁县	新沂市	邳州市
交通运输、邮电通信、电力							
公路里程	（公里）	1 790	2 283	2 532	2 401	2 772	3 027
#等级公路		1 790	2 283	2 389	2 207	2 257	2 686
#高速公路		16	34	159	59	83	39
一级公路		105	116	207	157	142	131
公路客运量	（万人）	1 223	1 658	2 436	1 141	2 276	1 234
公路货运量	（万吨）	1 296	1 249	2 259	1 427	1 815	2 003
民用汽车拥有量	（万辆）	3.82	3.81	6.48	3.93	3.21	5.60
#私人汽车拥有量		3.35	3.17	5.70	3.46	2.71	4.84
邮政局所数	（处）	28	32		32	34	43
邮电业务总量	（亿元）	5.62	6.91	5.85	6.04	6.07	7.95
#邮政业务总量		0.97	0.96		0.90	0.68	1.04
邮政业务收入	（亿元）	0.84	0.74	0.48	0.55	0.52	0.72
电信业务收入	（亿元）	3.26	4.30	4.14	3.88	3.90	5.13
本地电话用户	（万户）	13.76	15.75	17.37	18.83	15.05	19.10
年末住宅电话用户	（万户）	10.95	12.50	15.01	14.98	11.90	15.09
年末移动电话年末用户	（万户）	59.56	68.64	74.70	56.68	60.13	77.18
年末国际互联网用户	（万户）	3.77	4.72	5.06	4.86	5.35	6.33
全年用电量	（亿千瓦时）	8.53	22.35	35.05	16.29	29.81	19.08
#工业用电		4.31	17.69	29.39	12.02	25.48	12.85
城乡居民生活用电		2.72	2.67	3.22	2.78	2.48	3.65
批发零售贸易、外经							
社会消费品零售总额	（亿元）	50.88	92.13	87.13	62.97	61.33	84.39
#城镇		25.34	50.21	64.22	30.83	31.93	45.48
农村		25.54	41.92	22.90	32.13	29.40	38.91
#批发和零售业		45.09	73.51	79.55	57.06	54.09	68.54
住宿和餐饮业		5.80	18.62	7.58	5.91	7.24	15.85
进出口总额(海关数)	（亿美元）	0.73	0.86	1.54	2.03	2.51	6.69
#出口总额		0.64	0.82	1.18	1.05	1.54	6.41
外国和港、澳、台地区在华直接投资							
新签项目(合同)个数	（个）	11	16	28	33	19	9
合同外资金额	（亿美元）	0.59	1.57	2.49	1.16	1.67	0.25
实际到帐外资(商务部口径)	（亿美元）	0.35	0.82	0.50	0.54	0.42	0.42

注：此表中的公路客货运量为营业性口径，下同。

17-39　续表 4　　　　　　　　　　　　(2010 年)

指　标　名　称		丰　县	沛　县	铜山区	睢宁县	新沂市	邳州市
市政公用事业、环境保护(城市)							
城市维护建设资金支出	(亿元)	2.41	10.59		3.13	1.94	0.72
供水综合生产能力(包括自备水源)	(万吨/日)	5	7		8	20	10
供水总量	(万吨)	1 702	2 385		1 612	2 871	2 918
售水量		1 685	2 132		1 612	2 501	2 820
#居民家庭用水		727	1 223		935	482	1 350
用水人口	(万人)	17.55	27.70		25.10	27.10	35.00
公共汽(电)车运营车辆数	(辆)	40	58	111	30	148	134
公共汽(电)车客运总量	(万人次)	240	740	733	2 544	685	2 223
出租汽车数(辆)		302	623		598	362	536
煤气(人工煤气、天然气)供气总量	(万立方米)		576		18	14	200
#家庭用量			310		17	13	60
煤气用气人口	(万人)		9.00		0.85	0.60	3.30
液化石油气供气总量	(吨)	4 388	8 410		13 200	9 513	22 000
#家庭用量		4 326	5 290		11 800	7 200	20 000
液化石油气用气人口	(万人)	15.99	18.80		24.20	26.50	31.50
道路面积	(万平方米)	323	528		400	586	514
排水管道长度	(公里)	184	514		145	308	510
建成区绿化覆盖面积	(公顷)	799	1 405	1 316	1 083	1 273	1 590
绿地面积		992	1 398		1 396	1 814	1 510
公园绿地面积	(公顷)	221	342		235	246	354
污水处理厂数	(座)	1	1	1	1	1	3
垃圾处理站数	(个)	1	1		1	1	1
生活垃圾无害化处理率	(%)						
污水处理率	(%)	94.9	85.1		64.6	88.0	67.8
自然保护区个数	(个)		1	1		2	5
自然保护区面积	(公顷)		23 700	15 330		26 591	27 563
工业废水排放量	(万吨)	664	1 222	1 545	505	1 919	451
工业废水排放达标量	(万吨)	650	1 222	1 526	501	1 916	410
工业废水排放达标率	(%)	97.9	100.0	98.7	99.2	99.9	90.8
工业二氧化硫去除量	(吨)		23 572	118 237		2 843	46 522
工业二氧化硫排放量	(吨)	4 306	14 754	33 294	929	2 951	12 838
化学需氧量排放量	(吨)	706	1 268	2 980	940	2 489	1 085
工业烟尘去除量	(吨)	22 073	783 534	2 658 416	952	18 954	1 052 430
工业烟尘排放量	(吨)	1 312	3 234	11 256	370	3 185	1 779
工业烟尘排放达标率	(%)	100.0	100.0	100.0	98.5	100.0	100.0

注:工业污染治理情况统计口径为全部工业企业,下同。

17-39 续表 5 （2010 年）

指 标 名 称		丰 县	沛 县	铜山区	睢宁县	新沂市	邳州市
工业废气排放量	（亿标米）	32.84	398.90	1353.96	7.23	67.14	391.48
工业固体废物产生量	（万吨）	13	335	598	2	56	160
工业固体废物综合利用率	（%）	100.0	100.0	99.7	100.0	99.8	100.0
三废综合利用产品产值	（万元）	702	3 740	29 798	2 921	5 849	7 767
环境污染治理本年投资总额	（万元）			8 655		4 515	
教育、科技、卫生							
学校总数	（个）	153	164	168	192	137	221
# 普通高等学校							
普通中等专业学校							1
普通中学		42	40	44	46	38	54
职业高中		1	3	3	4	2	3
技工学校							
小学		108	120	120	141	96	161
在校学生总数	（万人）	14.93	15.19	12.32	16.88	10.85	22.32
# 普通高等学校							
普通中等专业学校							0.25
普通中学		7.94	7.17	5.85	8.95	4.72	9.00
职业高中		0.52	1.37	0.79	0.68	0.64	1.02
技工学校							
小学		6.34	6.53	5.53	7.19	5.37	11.87
专任教师总数	（人）	9 575	9 043	9 677	11 898	8 009	13 575
# 普通高等学校							
普通中等专业学校							121
普通中学		4 931	4 620	5 261	5 878	4 360	6 751
职业高中		247	371	405	388	225	369
技工学校							
小学		4 363	4 003	3 952	5 581	3 373	6 287
幼儿园数	（个）	94	45	36	68	112	77
在园幼儿数	（万人）	3.16	4.68	5.33	2.70	4.16	5.57
学龄儿童入学率	（%）	100.0	100.0	100.0	100.0	100.0	100.0
小学毕业生升学率	（%）	99.7	100.0	100.0	100.0	92.2	100.0
初中毕业生升学率	（%）	96.4	96.7	95.8	96.0	96.1	96.1
各类专业技术人员数	（万人）	2.53	2.74	2.65	2.74	3.76	2.79
# 中级技术职称以上人员		1.27	1.35	1.36	1.24	1.06	1.68
专利申请受理量	（件）	1110	1236	2107	194	636	434
专利申请授权量	（件）	247	933	865	149	257	314
# 发明		3	4	26	4	3	6

17-39 续表 6 (2010年)

指 标 名 称		丰 县	沛 县	铜山区	睢宁县	新沂市	邳州市
广播覆盖率	(%)	100.0	100.0	100.0	100.0	100.0	100.0
电视覆盖率	(%)	100.0	100.0	100.0	100.0	100.0	100.0
有线电视入户率	(%)	85.6	74.6	74.5	64.7	84.2	65.2
剧场、影剧院数	(个)	1	2	1	2	1	1
公共图书馆	(个)	1	1	1	1	1	1
公共图书馆图书总藏量	(千册、件)	242	455	448	191	254	122
卫生机构数	(个)	194	70	90	51	64	136
# 医院		2	8	14	8	8	4
卫生院		24	27	23	25	18	33
卫生机构床位数	(张)	2 173	2 939	2 060	1 931	1 902	2 608
# 医院		1 060	1 589	1 031	873	1 183	1 474
卫生院		975	1 350	1 019	948	542	1 009
卫生技术人员	(人)	2 238	3 376	2 815	2 157	2 676	4 647
# 执业(助理)医师		1 048	1 438	1 137	675	855	1 335
注册护士		684	1 179	949	779	1 034	1 358
# 卫生防疫人员		49	78	53	48	57	95
人民生活							
在岗职工工资总额	(亿元)	9.37	10.35	16.69	9.32	12.74	16.31
城镇居民人均可支配收入	(元)	12 091	14 330	17 065	12 171	13 149	15 384
城镇居民人均消费性支出	(元)	8 854	9 052	10 164	7 627	11 521	7 935
# 食品		2 793	3 263	3 558	3 102	4 003	3 031
衣着		877	1 263	1 275	686	2 166	972
居住		914	909	813	840	632	728
家庭设备用品及服务		543	585	612	403	797	688
医疗保健		509	481	637	474	508	437
交通和通讯		1 561	910	785	734	932	1 111
娱乐教育文化及服务		1 458	1 427	2 200	1 105	2 075	741
城镇企业职工基本养老保险参保人数	(万人)	5.03	5.23	5.42	5.01	5.15	7.48
城镇职工基本医疗保险参保人数	(万人)	6.81	6.70	6.09	4.53	6.76	9.21
城镇失业保险参保人数	(万人)	3.63	6.68	5.16	4.28	5.05	6.28
社会福利收养性单位数	(人)	28	27	77	24	22	35
社会福利收养性单位床位数	(张)	3 881	4 879	4 875	4 380	4 322	5 836
社区服务设施数	(个)	407	331	412	406	263	266
社会治安							
刑事案件立案数	(件)	354	511	697	562	599	756
民事案件发案数	(件)	4 135	5 891	5 770	8 108	9 323	8 361
交通事故发生数	(起)	58	53	264	73	133	137
交通事故死伤人数	(人)	63	70	400	102	177	168
火灾事故发生数	(起)	28	87	140	33	69	28
火灾死伤人数	(人)	4	1		2		1

注:城镇居民人均可支配收入及消费性支出为市区、六县加权数。

第 18 部分

乡镇基本情况

BASIC CONDITIONS OF COUNTRY AND TOWN

版面负责人：魏垂成

编　　辑：刘　畅

关于地方人民政府、政府统计机构或者有关部门、单位的负责人违法行为及法律责任的规定

第三十七条 地方人民政府、政府统计机构或者有关部门、单位的负责人有下列行为之一的，由任免机关或者监察机关依法给予处分，并由县级以上人民政府统计机构予以通报：

（一）自行修改统计资料、编造虚假统计数据的；

（二）要求统计机构、统计人员或者其他机构、人员伪造、篡改统计资料的；

（三）对依法履行职责或者拒绝、抵制统计违法行为的统计人员打击报复的；

（四）对本地方、本部门、本单位发生的严重统计违法行为失察的。

【释义】 本条是关于地方人民政府、政府统计机构或者有关部门、单位的负责人违法行为及法律责任的规定。

本条规定地方各级人民政府、政府统计机构或者有关部门、各单位的负责人有下列违法行为之一的，应当承担法律责任：一是自行修改统计资料、编造虚假统计数据。自行修改统计资料，是指没有按照规定的权限、程序和要求，擅自修改统计资料的行为；编造虚假统计数据，是指没有事实根据，凭主观臆测捏造不真实的统计数据的行为。地方、部门、单位的负责人无权对统计资料进行修改，如果统计数据有错误，只能由统计机构、统计人员依照法定权限和程序进行核实订正。二是不得要求统计机构、统计人员或者其他有关机构、人员伪造、篡改统计资料。要求统计机构、统计人员或者其他机构、人员伪造、篡改统计资料，是指利用职权强令、授意或者以其他方式，要求他人编造虚假的统计资料或者没有根据地修改统计资料。三是不得对依法履行职责或者拒绝、抵制统计违法行为的统计人员打击报复。统计人员依法履行职责的行为受法律保护，有关负责人不得通过调动工作、撤换职务、进行处罚以及其他任何方式，对依法履行职责或者拒绝、抵制统计违法行为的统计人员进行打击报复。四是对本地方、本部门、本单位发生的严重统计违法行为失察。该行为是指当本地方、本部门、本单位发生严重的统计违法行为时，由于有关负责人工作上的疏失没有发现，或者发现后不立即予以纠正，而是听之任之，造成不良后果的行为。

对于有上述违法行为的地方政府、部门、单位的负责人，由任免机关或者监察机关依法给予处分。依照行政监察法、公务员法、行政机关公务员处分条例等法律、行政法规的规定，对国家工作人员给予处分，由任免机关或者监察机关按照管理权限决定。处分分为警告、记过、记大过、降级、撤职、开除六种。具体应当给予何种处分，由处分决定机关根据违法行为的性质、情节及危害程度决定。对上述负责人的违法行为，除由任免机关或者监察机关依法给予处分外，还应由县级以上人民政府统计机构予以通报，即在一定范围内以一定方式对违法行为及其处理情况予以公开，对违法行为人予以警戒。

编辑：张　霖

18–1　分镇主要经济指标

（2010 年）

乡镇名称	居委会数（个）	村委会数（个）	通公路村　数（个）	通自来水　村（个）	通有线电视村（个）	乡镇行政区域面积（公顷）	年末常用耕地面积（公顷）	年末有效灌溉面积（公顷）	农业机械总动力（千瓦）	乡　村用电量（万度）
贾汪区										
贾汪镇	2	10	10	10	10	7 956	2 350	454	46 330	1 627
青山泉镇	6	13	13	13	13	8 366	3 592	2 172	47 529	38 248
大吴镇	15	11	11	11	11	6 620	1 758	1 643	40 219	39 642
紫庄镇	3	15	15	13	15	6 668	3 200	2 373	60 428	4 093
塔山镇	3	20	20	11	20	9 468	5 438	5 000	50 219	3 279
汴塘镇		18	18	8	18	10 500	4 568	4 200	62 340	2 056
江庄镇		11	11	6	11	7 496	4 228	1 120	27 233	1 054
金山桥										
大黄山镇	2	12	12	12	12	4 300	1 288	561	16 800	15 103
大庙镇	2	16	16	14	16	8 346	2 948	1 934	50 100	14 616
丰　县										
凤城镇	8	17	17	14	17	6 197	2 652	2 600	30 489	2 910
首羡镇		33	33	28	33	12 176	7 429	7 429	67 447	2 353
顺河镇		22	22	15	22	8 648	5 831	5 775	52 525	995
常店镇		27	27	27	27	7 727	4 879	4 879	40 100	3 078
欢口镇		27	27	24	27	10 500	6 561	6 561	69 072	4 777
师寨镇		36	36	25	36	10 450	6 781	5 422	71 500	1 710
华山镇		28	28	28	28	11 300	4 265	4 265	68 791	2 366
梁寨镇		20	20	20	20	8 680	4 592	4 592	61 237	2 454
范楼镇		31	31	29	31	11 610	7 331	6 192	64 123	2 020
孙楼镇		19	19	15	19	6 608	3 490	3 490	26 106	3 693
宋楼镇		32	32	17	32	12 214	3 340	3 270	49 900	3 712
大沙河镇		19	19	18	19	8 150	2 054	2 054	43 890	2 480
王沟镇		31	31	31	31	12 621	8 088	8 088	62 164	2 381
赵庄镇		18	18	18	18	9 100	5 078	4 555	56 650	2 100
沛　县										
龙固镇	12	11	11	9	11	5 302	2 659	2 659	59 988	15 044
杨屯镇	4	17	17	6	17	4 100	2 034	2 034	62 783	14 000
大屯镇	15	11	11	11	11	5 540	2 665	2 665	58 619	5 216
沛城镇	16	21	21	18	19	10 560	4 260	4 250	67 316	8 810
胡寨镇	4	10	10	8	10	4 594	2 731	2 731	69 560	655
魏庙镇	1	17	17	7	15	5 200	3 950	3 490	55 820	876
五段镇	2	15	15	15	15	4 700	2 800	2 400	9 600	2 980
张庄镇	8	31	31	24	19	11 200	6 149	5 916	91 780	2 783
张寨镇	3	26	26	23	20	10 634	7 372	2 839	5 250	2 756
敬安镇	7	19	19	19	19	9 600	5 035	5 035	19 450	2 083
河口镇	2	16	16	9	15	8 257	5 322	5 200	57 000	1 904
栖山镇	4	18	18	15	18	8 951	6 358	6 012	41 800	940
鹿楼镇		24	24	10	24	12 540	5 996	5 716	69 811	6 990
朱寨镇	2	20	20	5	20	7 900	4 482	3 898	43 187	1 332
安国镇	8	23	23	23	23	13 328	5 535	5 320	53 400	13 520

18-1 续表1 （2010年）

乡镇名称	居委会数（个）	村委会数（个）	通公路村数（个）	通自来水村（个）	通有线电视村（个）	乡镇行政区域面积（公顷）	年末常用耕地面积（公顷）	年末有效灌溉面积（公顷）	农业机械总动力（千瓦）	乡村用电量（万度）
铜山区										
铜山镇	7	4	4	4	4	5 000	867	385	630	27 505
何桥镇		15	15	5	15	7 400	5 353	3 760	35 129	1 196
黄集镇		18	18	15	18	8 340	4 533	3 810	35 300	2 678
马坡镇		12	12	1	12	6 900	3 210	2 768	61 098	8 015
郑集镇		10	10	5	10	6 800	5 062	4 440	67 860	3 690
柳新镇		19	19	15	19	8 500	4 222	3 855	37 500	14 035
刘集镇		15	15	13	15	8 360	4 074	3 418	57 350	3 058
大彭镇		14	14	9	14	7 600	3 029	2 300	35 600	6 140
汉王镇		12	12	12	12	9 300	2 812	2 248	23 684	4 005
三堡镇	6	6	6	6	6	7 157	3 695	2 005	51 325	17 821
棠张镇		18	18	13	18	8 500	4 567	4 567	45 333	5 951
张集镇	1	19	19	19	19	14 800	7 933	7 467	62 810	7 204
房村镇		20	20	11	20	13 600	7 987	7 600	88 426	2 461
伊庄镇		15	15	9	15	8 560	3 340	3 340	55 670	1 667
单集镇		21	21	18	21	13 210	7 384	2 333	53 182	1 851
徐庄镇		22	22	14	22	13 259	6 260	3 042	55 620	3 435
大许镇		23	23	13	23	12 900	6 284	4 333	63 656	4 017
茅村镇		13	13	10	13	8 396	3 861	2 212	64 120	46 655
柳泉镇	1	17	17	16	17	10 520	3 397	1 500	26 100	24 142
利国镇		13	13	13	13	7 769	2 583	1 186	21 960	125 820
睢宁县										
睢城镇	14	6	6	6	6	9 600	3 785	3 121	42 000	11 225
王集镇	4	24	24	16	24	13 152	7 188	4 825	68 823	2 674
双沟镇	2	18	18	5	18	9 827	5 320	2 890	33 250	12 560
岚山镇	2	19	19	8	19	12 837	8 454	5 510	92 832	2 148
李集镇	3	12	12	12	12	6 368	3 471	2 585	41 950	2 889
桃元镇	5	23	23	23	23	10 900	6 335	4 100	51 440	3 376
官山镇	6	18	18	11	18	12 528	7 200	7 018	59 110	1 810
高作镇	9	11	11	11	11	6 227	3 513	2 558	35 206	20 197
沙集镇	2	15	15	10	15	4 000	3 430	2 800	29 000	3 100
凌城镇	4	21	21	21	21	9 365	5 381	4 134	58 000	3 100
邱集镇	3	30	30	20	30	14 079	8 875	8 000	65 060	2 950
古邳镇	4	22	22	22	22	10 666	4 775	4 386	36 660	2 153
姚集镇	5	31	31	31	31	16 700	6 700	1 600	57 000	2 450
魏集镇	4	23	23	23	23	12 938	7 134	4 131	37 800	1 150
梁集镇	8	14	14	14	14	11 036	5 946	2 710	33 190	5 950
庆安镇	6	20	20	20	20	11 571	6 187	5 726	49 000	2 620

18-1 续表 2 （2010 年）

乡镇名称	居委会数（个）	村委会数（个）	通公路村数（个）	通自来水村（个）	通有线电视村（个）	乡镇行政区域面积（公顷）	年末常用耕地面积（公顷）	年末有效灌溉面积（公顷）	农业机械总动力（千瓦）	乡村用电量（万度）
新沂市										
新安镇	10	12	12	12	12	7 856	3 250	2 380	40 352	21 534
瓦窑镇		12	12	12	12	6 172	3 378	3 227	23 022	20 210
港头镇		12	12	12	12	7 818	3 647	2 501	40 864	682
唐店镇		11	11	11	11	8 260	3 798	2 480	42 890	5 045
合沟镇		20	20	10	20	6 172	2 849	2 738	34 560	1 926
草桥镇		16	16	16	16	10 025	3 643	2 658	25 722	4 021
窑湾镇	1	21	21	21	21	11 597	4 366	3 080	33 168	4 600
棋盘镇		28	28	22	28	16 735	8 054	2 100	50 120	2 732
新店镇		15	15	15	15	12 800	4 720	2 200	52 350	1 500
邵店镇		14	14	14	14	5 845	2 654	1 360	18 458	1 252
北沟镇		7	7	7	7	3 400	1 161	1 129	4 322	4 203
时集镇		18	18	18	18	12 119	6 552	4 241	71 384	2 350
高流镇		14	14	14	14	12 190	8 620	7 300	62 710	1 962
阿湖镇		18	18	17	18	12 545	5 500	3 600	70 000	4 200
双唐镇		14	14	14	14	9 200	3 515	2 840	35 735	6 383
马陵山镇		17	17	17	17	10 600	4 142	1 832	58 142	3 270
邳州市										
运河镇	22	13	13	13	13	10 806	3 953	2 078	56 745	16 805
邳城镇	1	22	22	20	22	9 028	5 034	3 510	31 800	1 200
官湖镇		27	27	27	27	8 880	2 338	2 197	19 764	9 606
四户镇		17	17	17	17	8 100	4 880	4 820	72 630	3 926
宿羊山镇	1	24	24	20	24	9 013	4 543	4 543	74 420	1 558
八义集镇	1	25	25	18	25	9 112	8 327	3 100	275 600	4 430
土山镇		21	21	17	18	6 380	3 542	3 326	42 584	1 820
碾庄镇	1	27	27	23	27	12 100	7 117	6 138	56 486	8 896
港上镇	3	19	19	19	19	6 400	3 098	2 880	108 330	3 400
邹庄镇	1	16	16	16	16	7 366	5 980	5 980	32 135	1 426
占城镇		18	13	2	18	8 900	3 862	1 810	28 640	665
新河镇		19	19	14	19	9 797	4 983	3 270	18 000	2 200
八路镇		14	14	5	14	6 695	3 667	3 110	32 280	7 530
炮车镇	5	10	10	10	10	6 225	2 712	1 863	29 830	9 750
铁富镇		30	30	23	13	12 444	6 020	6 020	25 187	1 513
岔河镇		12	12	6	12	7 030	3 487	3 487	37 520	1 978
戴圩镇		11	11	11	7	3 478	2 106	1 785	21 448	2 006
陈楼镇		11	11	11	11	3 667	1 840	380	2 532	4 227
邢楼镇		18	18	14	18	9 650	5 510	5 510	90 000	1 000
戴庄镇		16	16	11	14	7 373	3 453	1 908	10 000	2 800
车辐山镇		16	16	13	14	9 500	5 230	4 325	58 700	3 560
燕子埠镇		16	16	16	14	7 700	4 000	1 500	11 025	4 000
赵墩镇		28	28	20	28	12 000	5 700	3 017	40 000	1 930
议堂镇	3	12	12	12	12	5 760	2 633	2 205	35 386	3 425

18-1 续表 3 （2010 年）

乡镇名称	乡镇总户数（户）	乡镇总人口（人）	#外来人口	乡镇从业人员数（人）	#外来从业人员	离开本乡镇6个月以上从业人员（人）	经济总收入（万元）	#出售产品收入	农民人均纯收入（元）
贾汪区									
贾汪镇	16 459	52 252	211	21 645	207	2 712	172 159	34 291	6 982
青山泉镇	16 462	55 707	3 778	30 292	3 752	919	1 219 692	1 170 916	10 724
大吴镇	24 131	86 082	4 285	36 184	1 902	4 106	935 872	414 807	10 832
紫庄镇	16 837	50 321	206	25 817	112	8 227	215 874	150 152	8 241
塔山镇	17 832	65 732	816	27 544	1 386	8 956	83 075	49 547	8 005
汴塘镇	15 084	57 873	227	17 348	30	6 476	76 291	65 765	6 242
江庄镇	9 846	34 430	417	12 150	250	3 500	55 596	30 000	7 824
金山桥									
大黄山镇	13 107	48 568	3 141	25 292	1 518	3 893	492 883	116 279	10 311
大庙镇	20 838	76 278	11 000	40 460	4 308	5 700	62 666	14 600	10 530
丰　县									
凤城镇	18 968	61 238	2 467	30 674	1 509	7 123	82 380	39 594	10 151
首羡镇	26 152	99 927	1 062	48 259	2 408	12 344	79 175	49 547	7 364
顺河镇	15 831	58 950	280	31 145	50	15 560	58 168	42 800	5 958
常店镇	17 222	66 101	166	27 831	166	6 048	42 273	25 000	6 468
欢口镇	28 361	101 000	2 809	50 030	1 601	18 460	88 143	83 736	8 355
师寨镇	21 903	78 857	1 643	43 472	825	13 000	61 735	46 995	6 272
华山镇	26 088	87 303	1 598	49 778	830	9 745	70 168	43 095	7 556
梁寨镇	19 116	63 496	400	31 944	350	9 782	83 760	56 620	6 490
范楼镇	22 986	82 351	192	44 893	154	11 074	91 375	76 528	6 537
孙楼镇	14 367	52 526	217	26 147	530	6 785	45 700	20 949	7 350
宋楼镇	23 895	91 954	782	45 077	1 209	6 120	79 101	51 434	7 206
大沙河镇	13 843	60 075	558	28 369	510	2 860	53 821	43 057	7 709
王沟镇	26 954	102 860	300	56 722	300	20 260	78 461	54 923	6 316
赵庄镇	18 922	70 102	275	41 230	125	15 680	61 274	17 159	6 208
沛　县									
龙固镇	14 236	60 826	2 645	29 110	2 112	11 367	509 678	489 926	9 349
杨屯镇	17 397	60 020	652	28 791	920	2 450	458 448	409 500	8 364
大屯镇	19 332	63 703	2 700	31 111	2 600	8 484	715 127	624 306	8 897
沛城镇	61 027	172 139	11 500	80 612	9 121	17 138	971 820	774 189	9 250
胡寨镇	10 210	40 321	380	22 302	160	7 430	45 267	25 180	8 373
魏庙镇	16 353	58 558	400	29 426	220	14 890	107 038	96 598	8 349
五段镇	11 304	45 672	379	23 951	291	8 062	143 590	113 679	8 177
张庄镇	27 230	95 086	530	52 537	1 631	27 420	480 596	429 128	8 680
张寨镇	24 614	94 661	150	37 902	160	24 992	96 577	77 684	8 155
敬安镇	16 626	63 129	370	33 153	290	12 799	603 630	418 321	8 641
河口镇	15 140	58 735	252	31 870	235	9 240	436 170	370 297	8 389
栖山镇	15 680	64 680	160	25 997		12 958	80 083	41 331	8 367
鹿楼镇	21 197	73 960	125	42 535	106	15 768	90 012	49 102	7 910
朱寨镇	15 487	60 140		26 525	260	18 050	98 521	64 793	8 522
安国镇	21 280	81 620	997	51 107	997	9 124	131 840	101 780	8 832

18-1 续表 4 （2010 年）

乡镇名称	乡镇总户数（户）	乡镇总人口（人）	#外来人口	乡镇从业人员数（人）	#外来从业人员	离开本乡镇6个月以上从业人员（人）	经济总收入（万元）	#出售产品收入	农民人均纯收入（元）
铜山区									
铜山镇	42 538	157 498	76 046	71 421	28 142	27 958	3 465 237	2 637 229	13 831
何桥镇	15 977	49 903	351	28 881	136	12 243	33 234	14 324	7 442
黄集镇	17 184	56 590	649	34 305	450	18 471	130 232	73 470	7 668
马坡镇	13 190	48 506	854	21 968	467	7 404	116 160	52 268	8 407
郑集镇	15 867	50 734	898	27 360	300	7 680	163 910	145 047	8 726
柳新镇	21 501	70 558	4 654	37 370	4 645	5 600	637 245	527 056	12 428
刘集镇	19 457	64 279	2 107	29 144	1 620	14 736	257 453	205 962	8 636
大彭镇	18 939	62 808	3 000	40 023	2 520	1 130	284 390	241 732	9 069
汉王镇	14 695	52 801	983	24 398	912	17 411	49 230	22 178	8 700
三堡镇	13 685	44 860	804	22 934	2 873	3 268	173 421	108 434	11 668
棠张镇	16 920	56 527	6 100	32 500	5 080	7 660	113 037	73 310	10 280
张集镇	21 402	76 100	3 180	32 872	2 650	7 860	370 205	287 231	10 420
房村镇	18 733	72 538	1 806	38 820	632	9 636	187 644	122 459	7 603
伊庄镇	12 113	43 548	490	20 178	344	8 820	46 659	22 111	7 238
单集镇	18 328	66 912	367	29 472	37	9 684	85 435	51 565	6 869
徐庄镇	19 202	67 925	698	32 016	366	15 606	69 266	56 388	7 150
大许镇	21 085	80 854	4 561	33 078	2 011	18 928	76 936	46 797	7 578
茅村镇	20 947	68 631	1 431	32 831	621	3 120	122 957	45 380	10 350
柳泉镇	17 941	58 720	2 260	31 648	1 200	12 110	128 047	60 042	10 689
利国镇	18 987	57 320	9 924	23 210	1 365	4 291	381 459	280 551	12 953
睢宁县									
睢城镇	71 923	234 210	6 501	139 820	14 039	5 651	1 634 923	1 004 254	9 560
王集镇	20 297	77 322	815	50 820	815	25 710	134 928	30 433	7 155
双沟镇	15 323	58 220	1 013	33 950	1 013	12 950	72 520	53 758	7 093
岚山镇	19 450	86 343	450	54 270	250	21 033	95 120	62 320	6 301
李集镇	13 235	54 620	939	35 503	910	15 875	178 056	144 907	7 867
桃元镇	20 827	76 554	797	38 921	785	15 721	74 785	22 944	6 830
官山镇	19 142	75 996	412	49 626	512	19 810	142 180	87 167	6 420
高作镇	13 971	53 883	2 480	35 520	2 480	9 678	214 351	72 180	8 883
沙集镇	13 444	58 000	250	28 269	81	8 800	112 218	70 697	6 666
凌城镇	18 237	77 132	348	37 783	332	23 420	91 277	39 602	6 654
邱集镇	25 802	105 448	140	53 275	120	28 700	143 540	72 724	6 765
古邳镇	18 673	73 322	1 200	47 658	1 050	18 620	131 280	32 157	6 394
姚集镇	21 473	94 232	350	45 726	310	28 500	106 461	42 584	6 354
魏集镇	19 190	74 100	150	38 800	135	18 515	105 922	83 232	6 687
梁集镇	20 347	86 075	4 572	41 065	5 660	14 520	128 809	75 043	6 534
庆安镇	15 682	67 786	1 204	44 070	1 460	26 355	179 958	119 750	6 350

18-1 续表 5

（2010 年）

乡镇名称	乡镇总户数（户）	乡镇总人口（人）	#外来人口	乡镇从业人员数（人）	#外来从业人员	离开本乡镇6个月以上从业人员（人）	经济总收入（万元）	#出售产品收入	农民人均纯收入（元）
新沂市									
新安镇	87 667	215 400	13 262	126 435	7 232	4 120	813 471	634 452	10 837
瓦窑镇	10 643	37 102	1 017	23 171	920	10 223	99 875	78 193	7 640
港头镇	11 572	42 342	500	20 764	500	13 462	49 648	29 376	5 980
唐店镇	13 850	48 225	200	27 985	3 520	5 520	38 240	24 550	5 952
合沟镇	14 949	58 102	400	29 654	966	15 220	82 850	57 000	8 487
草桥镇	20 562	69 843	1 356	36 060	1 356	5 500	63 172	53 680	7 721
窑湾镇	19 864	70 154	48	24 477	48	5 600	78 000	28 644	7 298
棋盘镇	19 449	73 560	465	38 119	465	21 060	43 831	22 508	5 319
新店镇	15 400	51 884	690	26 749	650	5 335	49 600	35 365	6 072
邵店镇	10 288	38 577	220	17 191	220	8 873	39 565	32 446	7 092
北沟镇	20 869	61 754	2 143	25 646	2 226	4 102	35 235	11 720	8 328
时集镇	12 663	50 991	43	26 648	43	11 800	31 933	22 634	6 011
高流镇	14 863	61 230	900	29 930	850	9 300	88 353	56 104	7 432
阿湖镇	17 600	61 000	195	31 600	195	7 000	50 156	37 000	6 522
双唐镇	10 502	36 698	2 100	23 297	880	11 801	38 460	34 065	6 305
马陵山镇	18 028	54 460	125	29 016	473	12 499	55 600	41 020	8 226
邳州市									
运河镇	80 685	264 453	31 888	114 778	8 234	18 863	837 490	678 984	10 626
邳城镇	17 665	76 341	136	38 638	130	11 280	164 347	141 338	7 420
官湖镇	29 830	108 750	9 957	55 808	13 100	1 875	1 845 110	1 605 150	10 834
四户镇	12 257	54 074	430	25 616	400	9 860	106 203	66 345	9 955
宿羊山镇	19 539	74 930	4 038	39 604	2 576	13 019	266 196	230 643	9 885
八义集镇	18 153	79 967	323	42 249	437	12 763	129 374	63 548	7 908
土山镇	13 625	53 520	2 658	32 903	812	7 925	99 250	68 000	8 099
碾庄镇	23 756	86 738	989	37 992	948	7 081	107 082	57 426	8 599
港上镇	15 352	58 020	170	31 400	1 074	9 047	164 100	125 602	8 190
邹庄镇	12 103	58 000	710	32 480	710	25 000	137 595	98 750	8 800
占城镇	10 776	41 910	500	20 639	421	4 205	143 206	96 500	6 970
新河镇	14 230	58 385	520	32 120	420	12 320	101 001	31 214	7 383
八路镇	12 920	47 930	320	24 870	200	13 200	58 890	28 850	7 990
炮车镇	16 835	62 212	2 470	39 704	1 153	10 012	69 380	22 513	8 470
铁富镇	27 903	111 481	1 673	53 312	673	24 893	207 197	128 190	9 509
岔河镇	9 244	39 823	148	21 326	148	6 973	113 200	87 528	7 121
戴圩镇	7 856	22 000	385	12 669	276	2 965	182 362	162 209	8 875
陈楼镇	11 752	45 649	426	25 974	426	1 872	168 230	163 276	9 387
邢楼镇	11 325	47 100	1 200	34 000	300	8 600	95 600	76 500	6 841
戴庄镇	10 824	47 828	400	30 400	400	9 346	39 542	29 250	6 530
车辐山镇	11 932	47 183	3 125	28 609	2 050	12 563	92 165	39 216	7 125
燕子埠镇	9 015	35 034	250	23 900	250	10 477	62 000	54 000	7 500
赵墩镇	21 340	98 440	170	52 646	140	8 120	156 730	41 950	6 900
议堂镇	10 824	32 986	1 255	17 032	989	3 181	78 294	36 796	9 337

18-1 续表 6 （2010 年）

乡镇名称	农作物总播种面积（公顷）	#粮食播种面积	粮食总产量（吨）	棉花总产量（吨）	油料总产量（吨）	肉类总产量（吨）	#猪肉产量
贾汪区							
贾汪镇	4 072	3 665	21 603	156	71	3 758	1 449
青山泉镇	7 117	6 061	30 535	63	202	4 926	3 785
大吴镇	4 247	3 909	24 669			3 166	3 074
紫庄镇	8 218	5 668	39 221			8 379	5 017
塔山镇	10 148	6 652	50 443	445		7 159	6 816
汴塘镇	9 400	7 208	32 480	250	450	3 248	3 060
江庄镇	8 019	6 916	33 249	143	915	8 600	4 200
金山桥							
大黄山镇	3 281	2 612	17 692			3 869	2 978
大庙镇	6 033	5 297	39 603			7 620	3 500
丰　县							
凤城镇	4 798	4 254	25 543	29		8 675	3 269
首羡镇	14 612	2 586	15 064	5 843		5 159	4 750
顺河镇	10 612	5 085	37 599	2 380	64	4 595	2 779
常店镇	8 172	6 427	40 321	497	64	8 320	4 180
欢口镇	12 302	11 011	78 598	525		7 598	3 223
师寨镇	10 625	8 811	53 950	509	51	5 580	2 600
华山镇	8 825	5 322	28 956	504	750	12 520	6 500
梁寨镇	8 697	5 296	35 670	1 308	312	9 232	1 900
范楼镇	12 349	6 947	41 001	502	100	4 906	2 300
孙楼镇	5 828	5 223	28 835	82	64	3 865	2 958
宋楼镇	5 929	4 780	23 918	209	848	7 680	4 967
大沙河镇	3 871	2 988	14 390	43	923	5 134	3 568
王沟镇	12 701	10 422	56 569	425	708	9 257	4 729
赵庄镇	10 336	4 434	25 261	2 672	136	8 636	5 120
沛　县							
龙固镇	5 986	4 333	28 690	94	144	5 122	4 076
杨屯镇	4 804	4 519	31 135			5 153	4 500
大屯镇	6 330	4 754	32 886	3	4	9 800	9 000
沛城镇	9 612	6 900	50 190			9 219	7 216
胡寨镇	6 899	5 566	39 800			7 750	6 400
魏庙镇	9 353	6 920	49 503	60	175	6 500	6 500
五段镇	7 994	5 934	59 210			7 024	3 624
张庄镇	14 586	7 900	46 922	220	146	9 875	9 345
张寨镇	14 772	8 629	56 262	203	533	11 850	9 850
敬安镇	10 433	4 900	30 252	675	385	9 800	4 210
河口镇	11 093	3 207	20 791	100	357	9 854	6 100
栖山镇	13 433	6 567	42 190	220	400	9 768	9 500
鹿楼镇	14 432	9 622	60 714	537	73	9 950	9 700
朱寨镇	9 324	4 971	33 874	225	256	9 560	5 500
安国镇	12 900	6 333	45 245	4 800	128	9 978	8 780

18-1 续表 7 （2010 年）

乡镇名称	农作物总播种面积（公顷）	#粮食播种面积	粮食总产量（吨）	棉花总产量（吨）	油料总产量（吨）	肉类总产量（吨）	#猪肉产量
铜山区							
铜山镇	1 021	941	5 117	1		820	700
何桥镇	9 700	5 167	28 887			2 100	1 300
黄集镇	12 450	8 210	50 788	219	446	9 560	8 500
马坡镇	12 303	8 020	57 178			5 329	2 833
郑集镇	7 875	6 200	42 738	150	88	12 500	10 010
柳新镇	8 133	7 586	53 024			1 570	1 398
刘集镇	9 592	6 743	37 580	387	80	6 596	3 244
大彭镇	8 935	5 682	33 324	86		4 800	4 100
汉王镇	7 037	4 049	20 937	26	40	1 980	1 550
三堡镇	9 170	5 330	30 466	8		1 800	785
棠张镇	8 206	4 476	30 496	425		4 800	4 300
张集镇	13 019	9 080	51 422	1 331	305	9 160	5 450
房村镇	15 068	10 421	64 775	1 137		3 878	3 142
伊庄镇	6 877	5 007	32 799	880	362	1 600	400
单集镇	12 398	8 416	53 351	1 341	2 560	8 453	6 921
徐庄镇	14 221	11 565	78 070	409	667	6 670	5 350
大许镇	13 880	11 573	71 100	690	50	9 326	8 600
茅村镇	5 682	5 364	35 305	25	39	4 850	2 120
柳泉镇	7 710	6 499	39 811	222	946	6 448	5 080
利国镇	5 164	3 960	27 892	28	1 056	4 024	1 800
睢宁县							
睢城镇	8 327	7 449	39 089		49	3 578	2 916
王集镇	15 834	8 811	38 428	1 218	6 161	8 290	5 230
双沟镇	11 522	8 500	42 510	350	2 510	5 502	4 187
岚山镇	15 789	13 560	70 908	401	755	7 161	4 554
李集镇	6 988	6 365	33 040		69	1 647	1 165
桃元镇	13 294	10 348	57 987	160	980	6 256	3 260
官山镇	14 322	13 019	74 980		43	6 089	3 266
高作镇	6 607	5 727	30 954	3	96	4 860	3 094
沙集镇	6 960	6 572	33 481	5	50	2 613	1 502
凌城镇	10 575	9 633	58 837		37	3 078	1 752
邱集镇	16 990	14 376	86 785		194	5 813	3 084
古邳镇	11 786	9 978	47 989	30	1 370	2 908	728
姚集镇	13 339	11 737	60 332	153	1 418	7 442	3 628
魏集镇	13 782	11 973	72 763	23	987	7 844	3 329
梁集镇	14 332	9 135	55 998	562	1 877	4 982	1 735
庆安镇	12 042	9 722	55 409	577	870	7 952	5 391

18-1　续表 8　　　　　　　　　　　　　　（2010 年）

乡镇名称	农作物总播种面积（公顷）	# 粮食播种面积	粮食总产量（吨）	棉花总产量（吨）	油料总产量（吨）	肉类总产量（吨）	# 猪肉产量
新沂市							
新安镇	6 038	5 230	31 156		390	6 780	3 247
瓦窑镇	4 808	4 488	28 604			9 846	9 046
港头镇	8 420	6 689	43 961		191	6 295	1 854
唐店镇	8 010	6 494	40 102		700	2 100	1 500
合沟镇	4 973	4 897	29 938		93	3 950	3 012
草桥镇	8 496	6 276	41 883		296	7 962	4 527
窑湾镇	8 344	7 341	53 798		250	2 800	1 500
棋盘镇	14 406	12 144	49 992		2 395	9 690	8 290
新店镇	8 133	7 719	66 106		733	9 000	7 000
邵店镇	5 347	4 577	28 295		70	2 956	1 278
北沟镇	2 003	1 996	11 976		321	504	497
时集镇	12 981	11 615	67 019		5 202	5 500	4 700
高流镇	10 062	7 802	46 820		8 010	8 844	6 960
阿湖镇	10 000	8 800	62 652		6 285	7 500	5 500
双唐镇	8 222	6 239	37 665		4 130	4 985	3 094
马陵山镇	11 565	8 751	61 406		6 636	9 998	4 600
邳州市							
运河镇	6 023	5 130	32 196			11 448	7 555
邳城镇	6 911	4 150	24 367	245	142	9 161	6 853
官湖镇	3 458	2 369	20 425	80	560	13 352	7 855
四户镇	9 418	7 503	46 242	49	375	4 020	2 400
宿羊山镇	9 337	4 530	31 327	766	826	7 040	4 320
八义集镇	17 510	10 258	46 020	1 766	408	14 580	10 280
土山镇	7 172	2 805	24 740	695	1 072	4 311	3 126
碾庄镇	15 280	6 890	44 849	2 038	239	9 176	7 868
港上镇	2 902	1 594	8 920	210	330	4 060	2 412
邹庄镇	5 260	4 930	30 611	360	1 050	8 400	6 700
占城镇	7 996	5 187	29 150	340	2 580	1 320	1 100
新河镇	13 248	8 600	50 002		2 120	9 321	6 800
八路镇	6 190	4 878	31 420	80	110	32 280	11 300
炮车镇	4 580	3 090	21 030		30	7 502	5 507
铁富镇	7 844	5 502	33 472	132	378	10 526	6 729
岔河镇	7 816	6 740	43 131	21	678	4 200	3 500
戴圩镇	3 022	2 285	16 753	12	82	3 588	2 476
陈楼镇	1 312	1 076	5 976			258	213
邢楼镇	7 463	5 500	35 200	1 500	7 000	6 000	6 000
戴庄镇	6 590	4 992	33 319	54	2 189	1 000	800
车辐山镇	13 068	7 213	47 658	236	353	11 863	11 657
燕子埠镇	7 100	5 000	40 000	200	600	6 000	5 000
赵墩镇	14 170	7 500	45 980	87		8 900	8 800
议堂镇	4 746	4 088	27 283	106		2 638	1 372

18-1 续表 9 （2010 年）

乡镇名称	牛奶产量（吨）	禽蛋产量（吨）	水产品产量（吨）	企业个数（个）	#工业企业	企业从业人员（人）	#工业企业	企业营业收入总额（万元）	企业年净利润总额（万元）	企业实交税金总额（万元）
贾汪区										
贾汪镇	1 462	391	274	283	74	9 974	5 982	225 159	7 560	11 549
青山泉镇		1 328	390	245	173	20 238	17 588	1 202 523	72 296	36 128
大吴镇	10	818	2 641	520	245	31 400	19 670	935 738	34 121	32 222
紫庄镇	25	839	1 446	148	107	7 207	5 589	152 643	4 008	1 927
塔山镇		8 050	655	187	114	6 095	4 176	77 105	962	1 381
汴塘镇	50	3 350	1 810	220	139	2 649	2 012	45 099	917	697
江庄镇	280	2 460	33	480	100	5 600	4 800	328 662	4 458	15 661
金山桥										
大黄山镇	1 123	4 372	501	1 207	116	20 724	11 622	471 046	9 872	21 670
大庙镇	1 600	4 960	618	150	120	12 500	10 050	993 827	99 000	32 389
丰　县										
凤城镇	5	1 280	61	2 472	1 822	32 160	20 153	940 961	58 691	38 262
首羡镇	35	1 678	71	1 420	703	15 965	14 476	324 450	23 698	16 310
顺河镇	2 500	2 316	280	1 940	680	28 668	19 848	160 520	12 202	4 060
常店镇	90	1 490	510	1 082	878	18 200	15 100	157 674	12 070	3 526
欢口镇		32 443	1 298	1 705	1 489	22 906	20 328	267 180	38 296	11 744
师寨镇	130	2 430		1 706	915	16 000	14 500	202 800	10 350	4 182
华山镇	112	5 592	795	1 830	1 182	20 500	15 465	190 664	9 472	4 908
梁寨镇		1 535	165	1 065	500	13 773	10 738	99 209	6 535	4 448
范楼镇		2 123	16	1 168	768	14 450	10 100	207 012	16 302	10 351
孙楼镇		3 115	60	1 575	1 225	24 200	22 100	266 300	23 800	4 990
宋楼镇		6 462	532	1 920	1 650	27 500	21 000	221 300	22 000	3 600
大沙河镇	3	1 704	2 014	1 230	730	13 569	11 169	234 748	13 640	6 108
王沟镇		8 460	115	1 608	1 108	15 655	13 385	170 381	6 550	2 931
赵庄镇	11	6 265	131	3 280	1 785	26 240	17 850	169 785	6 970	4 827
沛　县										
龙固镇	91	2 987	3 684	1 167	896	19 221	12 279	488 790	39 684	15 372
杨屯镇		3 304	17 640	555	326	15 642	11 023	390 600	19 617	8 016
大屯镇	30	12 135	11 560	751	367	53 433	29 584	583 061	35 280	21 573
沛城镇	310	7 113	5 121	6 641	1 928	56 095	28 854	1 800 674	196 041	32 408
胡寨镇	150	7 300	3 798	508	332	8 128	6 490	238 208	18 879	21 420
魏庙镇	1 500	3 993	408	360	246	8 410	5 045	319 800	18 952	1 410
五段镇	25	5 608	5 627	612	461	4 887	4 721	138 210	1 299	1 127
张庄镇	127	3 600	8 244	1 771	1 165	15 842	11 720	301 106	13 019	4 526
张寨镇	1 500	14 000	2 955	303	179	5 665	4 160	125 000	4 800	2 500
敬安镇	95	5 500	3 100	1 038	526	9 802	7 043	642 007	16 560	3 951
河口镇	30	1 100	290	1 210	550	11 348	7 942	430 092	43 280	26 054
栖山镇	110	3 100	392	980	643	12 000	8 800	229 900	14 270	5 046
鹿楼镇	125	7 170	77	1 012	548	9 977	8 932	201 960	12 186	4 652
朱寨镇	3 800	7 991	239	1 105	765	9 800	8 210	239 075	10 700	21 939
安国镇	7	7 000	312	163	102	6 013	5 200	23 145	15 720	1 890

18-1 续表 10 （2010 年）

乡镇名称	牛奶产量（吨）	禽蛋产量（吨）	水产品产量（吨）	企业个数（个）	#工业企业	企业从业人员（人）	#工业企业	企业营业收入总额（万元）	企业年净利润总额（万元）	企业实交税金总额（万元）
铜山区										
铜山镇	45	4		2 450	290	47 225	29 335	3 356 064	324 180	104 799
何桥镇	800	5 900	1 290	93	69	8 071	2 959	51 552	3 214	923
黄集镇	15	580	1 055	730	169	9 150	7 150	118 020	5 900	1 858
马坡镇	152	2 374	1 191	212	164	8 268	6 168	207 795	7 521	7 212
郑集镇	325	2 350	8 650	176	85	16 200	7 889	111 250	7 005	3 597
柳新镇	2 200	455	3 310	1 720	286	18 668	11 860	696 823	80 636	23 120
刘集镇	10	6 125	12 966	1 132	924	14 301	13 927	231 402	11 570	9 970
大彭镇	1 200	25 600	2 300	293	141	6 750	5 820	338 000	3 100	3 120
汉王镇	3 376	2 610	920	860	309	10 424	8 213	51 200	5 104	919
三堡镇	105	254	397	786	126	18 329	11 387	784 175	23 520	5 575
棠张镇			860	744	520	8 655	7 800	245 800	8 400	3 460
张集镇	11 100	7 980	3 560	1 024	910	20 920	17 765	615 800	26 580	10 210
房村镇	5 950	10 457	2 653	110	71	6 241	4 745	229 050	24 441	20 529
伊庄镇	412	285	328	406	158	6 195	3 100	159 970	12 625	9 240
单集镇	9 600	2 970	1 017	443	302	5 365	3 105	106 526	8 849	1 889
徐庄镇	260	33 100	477	452	233	5 975	2 982	245 510	13 500	4 610
大许镇	850	4 800	1 561	477	281	12 769	11 092	226 050	13 680	12 860
茅村镇	1 900	4 200	2 368	478	379	16 423	12 623	922 150	46 105	64 550
柳泉镇	1 921	4 350	2 322	660	529	18 550	13 660	536 259	69 856	27 808
利国镇	3 475	3 155	8 508	2 072	1 192	22 171	13 412	1 312 810	58 172	57 214
睢宁县										
睢城镇	913	5 063	1 516	1 053	698	77 540	27 480	1 385 846	113 952	84 654
王集镇	13 840	6 940	977	116	68	5 992	4 894	95 956	19 230	5 698
双沟镇	11 561	6 208	1 600	520	293	4 612	3 250	105 230	4 850	2 130
岚山镇	145	5 185	736	129	95	2 619	2 589	46 730	4 696	1 080
李集镇		2 183	1 786	385	317	9 512	6 423	96 234	14 435	5 424
桃元镇	8	4 849	1 746	142	121	6 548	6 014	216 990	27 346	6 865
官山镇		4 829	1 921	104	100	2 410	2 298	57 650	4 618	1 912
高作镇		8 877	895	112	74	13 945	7 980	378 913	35 621	12 940
沙集镇	66	680	890	580	320	6 150	4 850	69 661	3 250	2 454
凌城镇	6	1 497	2 180	118	85	4 369	3 490	72 510	3 895	3 997
邱集镇	166	7 583	1 600	112	102	2 176	1 876	45 026	4 974	2 440
古邳镇		1 512	15 360	773	427	9 098	7 012	49 100	7 500	2 890
姚集镇	40	3 904	950	360	348	5 800	5 600	52 000	3 800	910
魏集镇	9 580	4 993	1 500	855	620	11 096	6 657	35 538	2 305	1 540
梁集镇		6 854	2 854	121	115	6 971	5 890	276 060	38 860	3 481
庆安镇	602	3 207	2 332	112	78	6 323	5 307	131 728	71 880	4 904

18-1 续表 11 （2010 年）

乡镇名称	牛奶产量（吨）	禽蛋产量（吨）	水产品产量（吨）	企业个数（个）	#工业企业	企业从业人员（人）	#工业企业	企业营业收入总额（万元）	企业年净利润总额（万元）	企业实交税金总额（万元）
新沂市										
新安镇	6 970	4 262	672	1 701	192	41 754	18 346	1 274 640	124 911	50 987
瓦窑镇	22	4 650	2 100	465	358	6 718	5 240	180 622	12 342	10 580
港头镇	182	5 842	6 500	314	96	8 493	8 165	168 475	6 234	3 248
唐店镇		2 150	1 400	1 215	175	13 560	9 240	204 570	10 059	6 824
合沟镇		14 750	1 790	807	395	8 110	3 960	84 500	821	1 960
草桥镇		2 775	12 950	1 975	1 092	15 917	11 933	293 876	14 974	14 313
窑湾镇	7	10 116	31 126	1 530	547	12 560	9 976	212 802	21 280	31 920
棋盘镇		3 690	12 690	426	319	8 390	8 190	201 358	5 960	4 650
新店镇		3 000	9 436	197	107	3 940	2 024	64 148	2 988	1 382
邵店镇		1 462	89	90	42	5 620	1 810	58 670	5 867	2 640
北沟镇		192	109	95	80	8 321	5 121	312 944	16 691	10 214
时集镇	150	5 200	250	549	84	7 136	4 450	104 700	5 550	2 700
高流镇		1 230	1 469	862	393	10 200	5 100	43 650	1 100	510
阿湖镇	38	1 200	860	1 600	970	12 900	10 700	216 000	6 270	3 600
双唐镇	130	5 683	603	1 067	743	11 577	10 719	225 975	9 548	12 752
马陵山镇	350	10 500	7 300	258	172	6 210	3 150	226 800	1 850	2 850
邳州市										
运河镇	20	3 691	9 250	6 578	1 653	75 080	32 416	1 692 000	121 130	102 340
邳城镇	140	960	1 980	275	178	3 097	1 889	240 582	24 058	5 300
官湖镇	48	9 490	8 460	2 056	1 485	54 160	50 156	1 706 815	104 425	21 600
四户镇		3 060	478	612	166	8 356	5 475	148 740	12 600	6 684
宿羊山镇		810	3 442	340	275	9 550	6 240	148 446	47 380	4 758
八义集镇	186	6 120	1 160	1 861	531	18 930	8 640	174 600	13 850	1 880
土山镇		5 721	3 125	927	251	18 169	13 772	257 966	19 714	18 253
碾庄镇		7 856	4 182	1 767	219	18 610	11 248	342 281	30 526	17 006
港上镇		7 759	428	830	511	12 845	5 620	114 202	4 200	2 270
邹庄镇		260	1 300	120	50	5 300	4 400	66 000	10 500	1 300
占城镇		1 200	731	85	66	2 230	1 820	92 700	5 030	655
新河镇		1 443	7 319	500	197	9 001	6 500	145 520	3 300	3 900
八路镇		3 820	3 950	223	115	6 230	3 520	34 530	4 230	2 201
炮车镇	295	14 100	5 100	822	431	14 900	11 212	249 632	23 577	18 210
铁富镇		9 581	2 541	666	83	10 113	2 403	100 136	3 078	1 921
岔河镇		11 300	678	281	262	3 750	3 200	120 783	63 150	4 072
戴圩镇		5 865	2 236	259	223	6 240	5 100	92 110	15 212	3 636
陈楼镇	164	4 206	612	1 267	798	21 290	18 800	231 700	13 451	9 400
邢楼镇	1 500	20 000	900	525	360	15 000	14 000	100 500	4 500	2 200
戴庄镇		6 000	100	30	20	5 000	3 000	50 000	9 000	4 500
车辐山镇		3 856	1 356	925	485	16 532	8 856	11 356	920	2 156
燕子埠镇		2 200	1	121	101	1 425	1 260	43 000	1 265	820
赵墩镇		8 590	4 458	103	95	4 005	2 732	59 870	3 700	1 600
议堂镇		2 107	1 205	277	243	6 035	5 387	324 823	32 304	7 485

18-1 续表 12 （2010 年）

乡镇名称	乡(镇)固定资产原值(万元)	固定资产投资完成额(万元)	#农业投资完成额	机构在职财政供给人数(人)	公务员	事业编制	其他人员	机构在职财政供给人员工资总额(万元)	机构在职非财政供给人数(人)	机构在职非财政供给人员工资总额(万元)	财政总收入(万元)
贾汪区											
贾汪镇	46 372	85 129	937	72	28	44		179	36	34	13 209
青山泉镇	718 900	315 200	2 500	142	30	112		298	151	109	43 890
大吴镇	571 474	301 028	10 278	114	32	51	31	372	31	29	44 125
紫庄镇	55 030	42 800	3 980	63	30	33		151	4	4	1 927
塔山镇	50 768	50 500	3 890	107	44	63		251	102	118	2 447
汴塘镇	22 900	30 050		39	19	20		128	15	20	1 270
江庄镇	287 896	282 391	620	57	19	28	10	91	34	38	19 803
金山桥											
大黄山镇	527 059	207 379	180	117	36	45	36	351	36	18	33 951
大庙镇	1 103 289	521 986	4 500	114	37	77		787			36 922
丰　县											
凤城镇	514 000	812 000	56 862	162	81	63	18	496	11	15	73 687
首羡镇	222 728	49 687	1 560	107	35	62	10	287	9	21	11 599
顺河镇	43 255	26 500	1 800	118	34	64	20	242	8	22	4 188
常店镇	65 500	39 240	700	85	31	29	25	556			3 652
欢口镇	60 895	83 310	2 975	107	48	44	15	366	19	33	6 443
师寨镇	54 780	56 000	2 700	83	38	29	16	185			4 162
华山镇	53 450	26 887	1 650	89	43	38	8	198	6	7	7 464
梁寨镇	38 864	18 267	3 780	146	69	54	23	289	8	16	5 797
范楼镇	50 327	32 600	3 545	95	41	48	6	257	17	16	4 961
孙楼镇	35 830	49 120	1 200	86	33	33	20	205	9	18	3 689
宋楼镇	64 250	21 400	2 800	102	37	48	17	408	16	20	3 875
大沙河镇	34 560	65 130	915	97	33	47	17	245	9	13	3 982
王沟镇	62 230	25 710	1 800	117	40	58	19	238	23	33	4 610
赵庄镇	38 200	77 800	8 620	87	39	48		290			3 825
沛　县											
龙固镇	147 648	156 721	5 897	113	48	51	14	251	21	38	24 562
杨屯镇	90 185	103 000	550	86	36	46	4	190	50	65	11 776
大屯镇	342 790	422 000	8 300	276	61	123	92	514	62	99	33 451
沛城镇	195 232	206 820	8 200	311	68	213	30	902	89	166	57 806
胡寨镇	35 100	102 860	3 842	88	22	58	8	189	48	82	4 971
魏庙镇	36 890	89 660	890	105	28	70	7	268	32	56	6 112
五段镇	8 093	12 203	4 406	256	41	211	4	197	57	158	5 041
张庄镇	89 120	145 416	9 987	213	24	126	63	638			9 285
张寨镇	124 720	107 220	11 320	108	42	55	11	270	58	107	6 566
敬安镇	236 960	86 000	14 100	191	42	134	15	381	180	372	10 174
河口镇	103 500	98 600		113	53	52	8	258	71	105	5 743
栖山镇	15 000	105 400	9 500	119	42	68	9	236	36	61	3 463
鹿楼镇	29 689	7 852	1 563	205	92	106	7	639	7	8	5 834
朱寨镇	21 700	98 110	16 500	128	65	55	8	285	91	71	9 967
安国镇	156 780	22 000		93	39	54		194			9 562

18-1 续表 13 （2010 年）

乡镇名称	乡(镇)固定资产原值(万元)	固定资产投资完成额(万元)	# 农业投资完成额	机构在职财政供给人数(人)	公务员	事业编制	其他人员	机构在职财政供给人员工资总额（万元）	机构在职非财政供给人数（人）	机构在职非财政供给人员工资总额（万元）	财政总收入（万元）
铜山区											
铜山镇	1 130 016	1 112 862		232	20	36	176	450	10	20	254 254
何桥镇	52 000	204 000	23 000	73	30	28	15	132	6	13	3 750
黄集镇	91 500	117 800	38 480	64	37	23	4	181	20	38	5 033
马坡镇	191 219	61 179	35 724	61	35	23	3	212	6	12	6 124
郑集镇	219 967	186 013	21 850	65	22	32	11	182	5	5	7 429
柳新镇	454 981	185 480	540	121	50	33	38	328	10	8	30 162
刘集镇	98 560	71 960	28 417	59	30	29		219	11	23	9 739
大彭镇	384 350	124 800	68 000	69	31	31	7	210	8	17	9 104
汉王镇	114 500	203 810	25 750	59	35	23	1	164	42	55	13 339
三堡镇	310 876	589 705	286	101	42	27	32	295	7	14	13 893
棠张镇	210 988	214 600	75 000	78	35	43		222	6	13	9 600
张集镇	351 103	265 600	21 380	113	45	52	16	191	3	2	14 295
房村镇	11 704	157 677	400	63	25	37	1	188	3	3	5 020
伊庄镇	47 550	139 728	460	50	29	20	1	96	7	15	3 922
单集镇	66 891	82 652	1 783	57	23	22	12	146	21	43	4 915
徐庄镇	448 500	368 996	1 051	68	31	37		220	9	27	5 166
大许镇	102 141	249 700	43 760	50	25	25		188	19	24	7 313
茅村镇	1 367 000	920 000	1 600	61	30	22	9	189	7	14	8 885
柳泉镇	24 770	598 620	1 880	61	25	27	9	224			18 622
利国镇	431 721	420 000	3 820	88	30	38	20	286	9	20	37 041
睢宁县											
睢城镇	175 600	113 200	1 210	290	140	118	32	520			37 815
王集镇	185 762	49 890	10 845	139	31	94	14	265	148	236	3 396
双沟镇	90 720	47 340	6 230	130	39	53	38	310	90	334.1	5 069
岚山镇	141 212	67 121	11 200	117	30	67	20	209	90	415	3 434
李集镇	83 354	72 150	6 159	89	36	41	12	174	82	98	6 599
桃元镇	36 130	49 209	19 408	238	75	91	72	441			5 725
官山镇	209 836	44 812	9 215	102	41	36	25	246	63	160	3 504
高作镇	44 045	80 000	6 700	134	38	65	31	233			11 044
沙集镇	229 000	57 500	150	114	26	88		631			5 098
凌城镇	44 850	45 230	8 500	91	30	35	26	162	23	18.5	7 159
邱集镇	87 110	56 820	6 500	80	30	50		150	70	40	4 541
古邳镇	74 600	32 600	6 000	84	54	30		126	18	20	3 419
姚集镇	167 000	48 000	1 800	102	41	56	5	430	26	14	3 800
魏集镇	96 780	41 580	3 800	102	30	52	20	250	8	15	2 871
梁集镇	41 765	97 499	2 864	133	36	42	55	320	44	46	7 365
庆安镇	171 124	69 565	17 087	183	38	137	8	662	8	10	5 437

18-1 续表 14 （2010 年）

乡镇名称	乡(镇)固定资产原值(万元)	固定资产投资完成额(万元)	#农业投资完成额	机构在职财政供给人数(人)	公务员	事业编制	其他人员	机构在职财政供给人员工资总额(万元)	机构在职非财政供给人数(人)	机构在职非财政供给人员工资总额(万元)	财政总收入(万元)
新沂市											
新安镇	159 000	235 300	18 580	234	60	42	132	486			42 422
瓦窑镇	116 600	106 000	10 600	105	36	39	30	198	6	6	10 958
港头镇	7 348	149 500	65 000	101	42	33	26	224			4 518
唐店镇	60 450	155 500	12 500	78	36	32	10	222			5 504
合沟镇	45 180	16 083	1 400	64	28	23	13	256	7	11	5 713
草桥镇	152 767	145 455	3 000	122	51	51	20	291			7 521
窑湾镇	30 530	30 530	2 700	75	32	26	17	172			3 718
棋盘镇	182 615	99 015		111	40	68	3	269	56	59	4 790
新店镇	55 848	64 726	379	99	43	37	19	298	20	19	2 587
邵店镇	131 600	112 630	64 199	101	31	43	27	171			5 307
北沟镇	57 565	34 000		87	33	34	20	218	20	20	2 147
时集镇	84 000	31 000	1 200	63	37	25	1	131	41	27	4 532
高流镇	32 890	21 920	12 100	62	27	28	7	246			4 500
阿湖镇	135 000	97 000	300	117	51	57	9	259			4 617
双唐镇	210 964	69 900	15 000	89	49	40		178	9	7	10 305
马陵山镇	70 000	150 000	20 000	128	40	49	39	222			4 042
邳州市											
运河镇	1 340 653	767 630	25 590	422	162	260		2 313			70 801
邳城镇	138 000	65 200	2 200	86	48	28	10	168	6	10	6 040
官湖镇	381 617	339 610	7 154	215	65	150		563	58	58	37 339
四户镇	449 570	9 999	400	82	33	40	9	192			8 763
宿羊山镇	11 460	114 600		371	29	314	28	456	420	420	6 219
八义集镇	50 000	150 938	63 000	113	43	34	36	276			4 560
土山镇	119 248	119 217	20 252	92	33	47	12	262	23	33	3 078
碾庄镇	151 653	148 100	1 269	132	53	79		565	28	49	18 348
港上镇	34 960	10 800	2 610	120	63	34	23	224	50	38	7 083
邹庄镇	40 170	78 000	36 500	78	40	30	8	168	5	10	7 800
占城镇	38 360	15 400	450	88	37	43	8	156	8	10	2 480
新河镇	41 000	43 000	17 500	79	48	26	5	96	51	48	4 530
八路镇	198 900	68 950	23 890	108	38	67	3	192			2 830
炮车镇	500 000	249 000	3 210	93	43	38	12	215			19 662
铁富镇	59 335	84 113	500	80	37	43		193	28	116	10 531
岔河镇	69 000	79 500	73 000	66	32	2	21	203	30	39	3 695
戴圩镇	12 358	162 365	4 833	499	23	466	10	958	16	15	6 802
陈楼镇	216 700	136 700	630	73	28	40	5	135	32	49	10 780
邢楼镇	85 000	16 000	400	70	44	20	6	175			4 750
戴庄镇	199 000	30 000	25 000	83	35	48		162	27	40	3 600
车辐山镇	52 638	7 256	350	65	34	26	5	150	38	46	4 166
燕子埠镇	5 700	25 000	14 000	91	39	42	10	200	45	90	1 834
赵墩镇	114 500	48 043	90	185	45	12	128	1 277	7	8	5 515
议堂镇	38 615	138 650	7 800	100	48	37	15	473	24	26	7 569

18-1 续表 15 (2010年)

乡镇名称	预算内收入（万元）	#一般预算收入	预算外资金收入（万元）	本乡镇可用财政收入（万元）	财政支出（万元）	年末各项存款余额（万元）	#居民储蓄存款余额	年末各项贷款余额（万元）	#农业贷款	年末资产总额（万元）
贾汪区										
贾汪镇	12 689	7 391	216	1 421	1 264	23 084	14 270	14 890	10 251	7 865
青山泉镇	41 322	22 294	1 728	1 954	5 383	64 310	56 412	37 019	22 322	1 372
大吴镇	43 127	21 709	514	830	5 125	119 865	98 433	47 412	19 011	4 992
紫庄镇	1 391	1 111	35	674	2 674	40 343	32 336	21 282	18 149	5 313
塔山镇	1 620	915	180	791	3 537	52 000	46 235	18 584	15 129	10 566
汴塘镇	970	701	232	638	2 209	14 000	14 000	12 000	12 000	1 714
江庄镇	19 256	9 659	47	865	1 292	7 830	5 273	14 501	6 974	3 164
金山桥										
大黄山镇	33 323	14 273	628	6 806	5 787	56 487	43 251	21 486	7 652	2 609
大庙镇	32 783	16 746	353	20 886	20 267	118 990	98 393	19 758	11 033	2 062
丰　县										
凤城镇	59 561	48 704	382	25 789	67 669	22 103	18 056	14 850	2 310	3 765
首羡镇	8 805	4 970	36	2 298	4 863	53 325	46 755	22 845	17 210	4 298
顺河镇	2 508	2 508		4 188	3 788	41 000	40 000	15 500	9 200	2 754
常店镇	2 829	2 829		2 870	2 870	28 788	28 788	10 798	8 114	3 522
欢口镇	3 362	3 362		3 404	6 456	65 501	64 445	17 751	17 151	520
师寨镇	3 026	3 026		2 595	6 243	31 577	30 499	16 827	14 717	2 260
华山镇	4 823	3 100		2 295	5 741	18 345	16 221	8 436	5 120	3 542
梁寨镇	3 865	3 865		3 316	4 507	15 670	14 769	8 896	2 500	3 535
范楼镇	2 807	2 807		2 062	4 469	9 760	7 930	7 830	1 920	2 258
孙楼镇	2 797	2 797		2 960	2 966	15 000	14 500	15 844	8 144	2 588
宋楼镇	2 591	2 591		2 185	5 584	14 100	12 800	13 900	10 500	2 020
大沙河镇	2 557	1 741		1 661	3 745	16 300	15 200	14 400	13 000	7 737
王沟镇	2 195	1 926		2 195	5 130	37 461	36 991	17 837	14 177	2 504
赵庄镇	1 746	1 746		1 970	3 533	42 264	41 870	7 738	7 320	1 672
沛　县										
龙固镇	22 248	15 180	472	10 076	10 010	88 675	82 761	15 435	5 466	6 210
杨屯镇	9 680	7 908	431	7 056	9 573	45 000	39 118	19 064	10 980	1 954
大屯镇	30 260	23 609	671	26 799	26 861	82 721	79 806	23 430	18 041	19 437
沛城镇	52 345	38 030	764	43 481	43 325	165 192	147 625	102 631	2 178	1 230
胡寨镇	2 702	2 702	245	2 946	2 955	10 581	6 800	4 600	3 400	980
魏庙镇	2 968	2 602	1 255	2 889	5 746	32 717	10 145	25 939	14 160	1 850
五段镇	1 104	670	89	2 916	2 878	14 658	13 065	8 951	7 263	814
张庄镇	5 870	4 869	477	5 119	5 119	57 620	26 120	7 977	5 430	1 610
张寨镇	3 538	2 444	128	2 444	4 804	55 551	55 551	8 840	8 840	1 251
敬安镇	5 134	5 134	423	5 134	5 387	25 140	23 460	7 860	810	3 118
河口镇	2 753	2 753	968	2 554	3 034	32 570	29 156	7 953	5 942	1 150
栖山镇	3 210	3 210	253	3 210	3 810	22 900	21 520	6 500	5 900	2 950
鹿楼镇	3 024	3 024	297	2 959	3 545	27 022	27 022	6 291	5 469	554
朱寨镇	6 441	5 115	991	5 115	5 174	33 474	18 360	11 179	10 435	2 439
安国镇	6 479	6 479	392	2 691	5 872	24 300	22 300	14 500	13 500	937

18-1　续表 16　　　　　　　　　　　　　　（2010 年）

乡镇名称	预算内收入（万元）	#一般预算收入	预算外资金收入（万元）	本乡镇可用财政收入（万元）	财政支出（万元）	年末各项存款余额（万元）	#居民储蓄存款余额	年末各项贷款余额（万元）	#农业贷款	年末资产总额（万元）
铜山区										
铜山镇	166 741	108 685	58	21 234	28 244	1 590 424	774 176	874 176	222 294	5 819
何桥镇	1 869	1 513	76	421	4 179	21 000	19 600	8 204	6 100	983
黄集镇	2 707	2 088	149	506	4 890	28 150	21 520	19 050	4 850	3 956
马坡镇	3 387	2 493	427	1 097	4 640	7 262	6 681	4 597	3 733	2 983
郑集镇	4 922	3 679	304	1 916	5 408	19 010	14 200	13 520	1 850	1 950
柳新镇	24 452	15 214	886	2 603	9 154	40 562	32 875	31 032	6 840	1 413
刘集镇	6 725	3 529	479	563	5 967	32 268	22 510	19 336	1 157	5 464
大彭镇	6 121	4 883	207	2 471	6 683	29 300	21 200	14 800	2 200	550
汉王镇	10 311	8 819	152	4 752	6 134	49 159	40 164	15 753	8 628	2 984
三堡镇	10 287	7 337	470	4 495	9 235	56 732	49 927	25 361	5 234	2 568
棠张镇	6 428	3 867	684	1 360	5 993	30 500	28 560	23 420	19 150	1 611
张集镇	10 211	5 949	910	1 909	8 637	21 085	19 320	9 100		9 805
房村镇	2 075	1 727	461		6 230	23 413	18 915	18 397	14 300	2 167
伊庄镇	2 054	1 670	124	814	3 996	9 610	9 200	9 928	9 215	1 670
单集镇	2 355	1 735	253	517	5 492	15 156	14 107	13 643	3 568	2 571
徐庄镇	2 580	1 857	292	491	4 905	15 350	10 744	8 370	4 750	980
大许镇	3 798	2 725	846	990	6 280	43 120	33 515	10 845	9 073	5 277
茅村镇	6 339	4 895	350	1 910	5 814	103 220	98 523	13 550	6 063	6 222
柳泉镇	14 103	9 344	902	6 929	10 339	19 121	17 200	9 550	1 200	7 977
利国镇	30 854	17 841	1 625	6 345	10 745	39 124	32 171	31 864	8 271	4 813
睢宁县										
睢城镇	30 791	30 791	1 227	15 828	11 338	785 540	188 455	402 231		10 833
王集镇	1 408	1 408	120	701	1 853	60 836	31 857	13 155	11 232	907
双沟镇	2 758	1 958	630	1 641	2 044	55 519	47 773	12 265	11 675	657
岚山镇	1 585	1 585	270	1 476	3 422	39 989	34 815	13 652	13 105	4 561
李集镇	4 284	2 142	165	2 141	2 558	47 815	41 842	18 934	11 213	1 467
桃元镇	3 693	2 305	175	1 942	2 370	39 938	32 750	12 333	11 070	1 980
官山镇	2 100	1 600	55	1 830	2 812	32 029	30 930	14 112	7 860	1 896
高作镇	6 497	6 497	2 383	5 499	7 644	44 253	39 253	46 251	16 651	4 355
沙集镇	3 387	1 949	227	1 850	2 914	15 200	12 100	7 240	5 200	2 400
凌城镇	4 837	1 605	56	2 124	2 745	31 500	28 870	10 590	9 250	2 195
邱集镇	2 367	1 580	163	1 294	2 089	35 050	32 040	15 000	10 000	2 248
古邳镇	1 979	1 399	242		1 997	38 000	37 600	29 230	1 875	1 150
姚集镇	1 570	1 570	25	120	3 780	48 006	48 006	14 500	12 000	6 000
魏集镇	1 686	1 530	80	1 680	2 100	32 952	32 680	30 920	25 890	1 980
梁集镇	3 314	2 241	295	2 354	4 989	15 661	15 264	6 987	658	5 630
庆安镇	3 029	1 866	614	1 651	4 027	35 913	35 321	16 376	13 810	1 302

18-1 续表 17 （2010 年）

乡镇名称	预算内收入（万元）	#一般预算收入	预算外资金收入（万元）	本乡镇可用财政收入（万元）	财政支出（万元）	年末各项存款余额（万元）	#居民储蓄存款余额	年末各项贷款余额（万元）	#农业贷款	年末资产总额（万元）
新沂市										
新安镇	37 764	36 638	2 217	17 076	19 393	37 960	14 670			11 600
瓦窑镇	9 217	8 186	358	9 927	9 892	7 166	6 306	7 655	6 263	2 634
港头镇	4 038	3 426	290	2 903	3 681	13 472	12 048	13 682	12 417	1 847
唐店镇	4 029	4 029	45	2 958	3 211	12 563	11 260	12 485	11 572	5 587
合沟镇	4 818	3 249	895	5 329	3 881	9 850	8 265	7 143	2 260	2 160
草桥镇	5 326	2 947	280	4 826	5 381	25 900	23 900	24 800	22 800	100
窑湾镇	2 105	2 105	570	3 607	3 607	21 200	21 200	25 300	8 600	970
棋盘镇	3 780	3 576	794	3 780	3 362	10 099	9 039	12 640	12 640	2 369
新店镇	1 964	1 368	467	1 798	3 513	29 660	21 920	13 550	9 600	2 933
邵店镇	3 674	2 976	558	2 628	4 393	20 265	9 175	7 151	6 210	1 520
北沟镇	2 040	1 012	68	859	1 130	9 210	3 626	8 912	5 983	230
时集镇	3 000	2 200	532	3 747	3 747	10 063	9 000	10 050	9 250	2 066
高流镇	3 103	2 045	295	2 478	4 093	11 731	8 925	8 322	5 466	1 434
阿湖镇	3 375	3 374	34	3 012	2 500	14 000	13 500	11 000	9 600	3 501
双唐镇	10 261	6 538	44	7 342	7 342	12 768	7 200	9 810	2 200	8 145
马陵山镇	2 716	2 716		2 716	2 716	22 196	21 583	14 121	13 522	1 116
邳州市										
运河镇	62 018	58 200	58	17 910	26 000	450 427	334 567	325 983	45 928	10 068
邳城镇	2 301	2 033	268	2 707	5 220	17 000	12 000	8 200	5 700	1 200
官湖镇	21 627	21 627	58	19 996	20 856	55 940	35 170	15 844	6 790	2 399
四户镇	8 763	5 793		5 615	5 615	19 500	12 000	1 800	1 700	2 300
宿羊山镇	3 489	2 785	97	2 489	5 508	8 548	8 100	3 700		2 364
八义集镇	3 847	2 909	713	3 933	4 476	17 230	15 380	3 450	830	4 020
土山镇	1 846	1 108	503	2 626	2 879	44 652	23 651	15 645	5 475	4 362
碾庄镇	9 446	9 446	78	9 768	10 202	39 675	36 169	11 750	11 750	3 005
港上镇	4 419	1 973	464	2 600	5 434	18 000	16 400	8 850	5 200	2 124
邹庄镇	6 500	3 200	950	4 000	5 900	17 250	17 000	7 000	4 000	1 800
占城镇	1 930	1 000	68	1 580	2 480	3 021	2 085	96	55	1 273
新河镇	2 100	430	830	230	1 615	16 100	9 300	5 800	3 300	2 800
八路镇	1 850	832	700	1 020	1 080	7 490	5 380	4 880	3 300	720
炮车镇	16 050	13 959	203	19 539	19 256	25 010	14 951	8 130	525	8 535
铁富镇	5 526	5 526	227	8 740	5 651	20 409	16 308	9 726	5 831	6 383
岔河镇	3 659	3 475		3 478	3 475	13 080	1 105	159	87	960
戴圩镇	6 272	5 393	67	5 822	6 140	5 368	5 126	3 759	3 648	3 188
陈楼镇	10 469	7 999	13	7 768	8 053	11 800	2 180	8 000	2 180	3 846
邢楼镇	3 000	2 000	250	1 900	1 950	9 100	8 000	1 800	1 700	2 100
戴庄镇	1 500	1 000	2 100	1 800	3 500	8 900	8 000	1 750	650	3 248
车辐山镇	3 800	2 100	136	3 000	3 000	6 580	6 580	6 230	5 800	3 100
燕子埠镇	1 200	1 200	300	195	2 367	2 600	1 700	1 200	1 200	674
赵墩镇	1 520	480	1 505	480	4 800	25 700	18 030	5 900	4 500	2 800
议堂镇	7 370	3 372	199	6 737	7 450	9 201	5 860	6 200	4 921	4 668

18-1 续表 18 （2010 年）

乡镇名称	年末累计负债金额（万元）	#当年负债	#乡镇财政负债	本乡镇公路里程（公里）	市场个数（个）	集贸市场成交额（万元）	公园个数（个）	小汽车拥有量（辆）	各类科技人员（人）	农技推广服务从业人员（个）	农业专业合作经济组织个数（个）	农业专业合作经济组织成员（户）
贾汪区												
贾汪镇	9 708	571	482	123	1	14 418	1	316	887	14	18	537
青山泉镇	2 476			108	2	11 821	2	1 382	2 729	39	13	2 218
大吴镇	8 108			195	6	99 882	1	1 982	3 012	35	29	220
紫庄镇	11 214	1 426	6 290	153	2	5 180		493	613	10	40	236
塔山镇	14 134	1 777	1 777	200	5	32 650		183	850	30	44	8 100
汴塘镇	6 148	1 181	1 181	254	3	316		681	536	7	12	1 235
江庄镇	6 977			96	1	13 180	1	480	350	15	9	300
金山桥												
大黄山镇	7 259		688	128	2	9 518		1 008	772	22	23	128
大庙镇	2 062		1 959	141	5	16 157	2	920	1 131	22	13	12 979
丰　县												
凤城镇	11 046	6 500		303	5	120 123	2	1 300	1 476	56	24	3 876
首羡镇	4 196	1 349	4 196	212	4	11 308		124	824	11	30	218
顺河镇	2 844	339		210	1	10 052		357	631	15	27	266
常店镇	2 985	522	2 561	144	3	5 365		240	920	8	38	210
欢口镇	2 900		1 200	250	4	23 440		330	1 056	12	28	3 516
师寨镇	2 213	191	1 641	240	2	7 500		135	620	16	46	1 200
华山镇	2 507		2 451	341	5	32 456		562	956	9	18	1 120
梁寨镇	4 474		4 474	266	2	16 720		332	809	8	15	360
范楼镇	4 209	789	4 209	140	3	21 420		146	652	11	6	57
孙楼镇	2 179	73	73	165	1	4 200		450	440	15	35	650
宋楼镇	7 633	564	7 633	350	4	13 250		470	1 291	19	42	10 020
大沙河镇	11 058	520	11 058	196	2	6 775	1	289	592	21	35	1 882
王沟镇	2 569	634	2 569	235	2	8 800		1 395	920	10	38	914
赵庄镇	2 806	627		136	2	19 380		372	598	12	37	29 200
沛　县												
龙固镇	2 687		2 687	160	1	18 749	1	612	787	65	39	2 274
杨屯镇	1 370	506	465	54	3	38 610		185	585	9	50	8 956
大屯镇	11 397	6 922	11 397	58	8	33 912	2	1 860	3 392	14	64	11 800
沛城镇	7 108			197	6	52 187	3	5 335	25	19	62	8 852
胡寨镇	3 670	540		77	1	1 350		100	38	19	30	1 820
魏庙镇	933	905		156	6	748		149	620	13	35	5 260
五段镇	762	26	762	35	2	1 407	1	95	895	48	22	115
张庄镇	4 930	1 407	4 926	182	3	11 288		832	889	25	60	4 812
张寨镇	4 270	633	633	148	3	32 500		186	1 356	12	60	7 480
敬安镇	4 559	1 189	4 559	156	3	9 226	2	186	792	17	60	6 330
河口镇	4 813	1 200	4 813	36	2	10 700		280	98	18	12	190
栖山镇	3 223	226	3 223	15	3	2 100		490	6	3	25	380
鹿楼镇	6 697	1 117	499	67	2	13 461		231	862	16	24	536
朱寨镇	3 603	1 093	1 093	29	4	38		74	1 159	5	40	230
安国镇	3 372			130	3	16 000		245	870	6	64	340

18-1 续表 19 （2010 年）

乡镇名称	年末累计负债金额（万元）	# 当年负债	# 乡镇财政负债	本乡镇公路里程（公里）	市场个数（个）	集贸市场成交额（万元）	公园个数（个）	小汽车拥有量（辆）	各类科技人员（人）	农技推广服务从业人员（人）	农业专业合作经济组织个数（个）	农业专业合作经济组织成员（户）
铜山区												
铜山镇	9 807	2 871		125	3	70 642	1	7 000	8 730	4	6	564
何桥镇	7 620	1 512	3 630	65	3	1 900		168	500	12	18	479
黄集镇	8 346	710	8 346	215	4	1 838	2	600	755	15	63	2 950
马坡镇	10 608	2 351	10 608	110	3	1 621		136	438	17	35	432
郑集镇	13 632	2 919		137	2	7 850		639	1 315	32	24	615
柳新镇	2 612		2 310	229	6	158 000	1	1 620	986	10	4	116
刘集镇	11 622	2 896	11 622	182	4	7 972		252	674	41	13	376
大彭镇	9 222	2 947	9 221	35	2	3 850		700	1 100	11	28	145
汉王镇	7 150	421	3 432	165	3	7 206	1	930	657	18	12	839
三堡镇	6 818		5 255	398	2	50 732	2	320	630	17	22	1 876
棠张镇	6 299	88	6 299	120	3	39 120	2	2 710	660	30	24	5 120
张集镇	13 150			185	5	46 500		1 140	1 210	15	18	1 760
房村镇	16 401	3 304	16 401	77	2	4 296	1	127	720	15	45	1 815
伊庄镇	13 005	2 260	9 100	235	6	41 520		470	320	50	11	66
单集镇	8 353	90	8 012	342	4	25 402	1	295	715	34	21	126
徐庄镇	14 008	2 152		220	5	5 852		954	728	17	22	185
大许镇	16 220		179	210	4	12 350		908	1 120	19	49	4 600
茅村镇	6 326		1 330	208	1	13 850	4	1 938	722	46	34	9 800
柳泉镇	10 201	2 615	3 508	115	3	24 400		2 340	533	5	19	95
利国镇	22 041	16 118		127	4	104 134	3	682	1 614	15	9	92
睢宁县												
睢城镇	2 740			110	21	13 400	8	9 800	3 450	8	6	3 100
王集镇	4 438	52	2 837	374	9	49 111		328	1 641	21	45	3 578
双沟镇	2 846		1 055	103	4	11 230		102	783	23	16	5 381
岚山镇	6 868	577	430	183	5	38 762		386	986	18	21	460
李集镇	1 352	200	200	95	1	10 398	1	295	907	34	23	115
桃元镇	5 014	471	5 013	77	3	23 830		248	865	15	28	503
官山镇	6 431		3 734	103	4	5 980		161	836	17	13	413
高作镇	2 404	181	2 404	180	3	59 820	1	1 021	1 150	19	25	5 685
沙集镇	1 327	32	1 310	210	3	31 800		450	610	13	8	390
凌城镇	2 495	180	739	198	3	5 412		286	932	24	6	1 610
邱集镇	5 187	933	933	250	5	8 100		200	1 670	20	31	600
古邳镇	3 073	216	250	56	2	3 600		288	151	50	42	217
姚集镇	6 000	10	6 000	210	5	30 000		160	1 240	11	14	75
魏集镇	220		125	68	2	35 000		80	885	25	15	300
梁集镇	5 778	248		398	10	6 526	1	210	1 065	36	12	4 695
庆安镇	2 643	671	2 549	160	5	25 560	1	275	1 030	34	23	8 100

18-1　续表 20　　　　　　　　　　　　　　　　（2010 年）

乡镇名称	年末累计负债金额（万元）	#当年负债	#乡镇财政负债	本乡镇公路里程（公里）	市场个数（个）	集贸市场成交额（万元）	公园个数（个）	小汽车拥有量（辆）	各类科技人员（人）	农技推广服务从业人员（人）	农业专业合作经济组织个数（个）	农业专业合作经济组织成员（户）
新沂市												
新安镇	11 790	1 320	11 790	50	12	71 069	2	10 120	1 268	23	10	1 510
瓦窑镇	2 494	180	2 494	15	5	5 224		134	697	23	42	3 262
港头镇	3 844		1 200	50	4	22 345		164	584	18	60	1 864
唐店镇	3 850	829	3 850	50	4	23 550		496	602	11	16	1 420
合沟镇	2 958			23	3	560		354	516	6	1	10
草桥镇	2 471	600	2 471	48	5	18 790	3	560	1 870	24	12	2 850
窑湾镇	816			95	2	20 012		436	876	66	50	1 126
棋盘镇	4 716	211	4 716	360	7	1 270		360	936	14	16	3 190
新店镇	2 085	120		52	3	8 600		250	62	10	53	2 150
邵店镇	1 400		1 398	102	2	36 280	14	365	48	10	32	1 980
北沟镇				48	3	27 175		413	1 230	12	1	60
时集镇	1 984	200	200	75	3	5 100	1	120	605	11	63	7 420
高流镇	1 421			176	4	11 447		630	920	12	13	2 094
阿湖镇	2 057	234	434	135	6	500		185	650	6	53	5 000
双唐镇	1 036			65	6	25 000		600	435	13	14	125
马陵山镇	1 632	150		85	1	20 000		380	1 620	10	30	2 800
邳州市												
运河镇	11 719		11 644	636	26	255 528	23	15 890	8 753	140	5	200
邳城镇	901	100	901	115	3	15 400		508	120	11	26	4 628
官湖镇	6 947	66	5 000	250	5	3 056 800	3	1140	1 590	20	30	15 510
四户镇	681		110	77	6	8 900		221	439	10	20	4 600
宿羊山镇	4 481	200		10	4	6 311		231	1 090	100	1	90
八义集镇	2 161		471	120	5	14 600	2	280	32	20	20	5 675
土山镇	2 550	500	2 000	530	3	14 855	3	986	1 197	16	34	7 796
碾庄镇	3 494		3 494	273	4	785	2	408	1 102	27	32	1 642
港上镇	3 368	215	3 367	180	2	8 400	4	120	685	20	12	14 910
邹庄镇	300			55	5	1 600	1	1 000	100	40	20	3 000
占城镇	2 487		2 000	136	3	3 026		280	130	14	5	307
新河镇	1 530	82		164	2	21 000		135	73	12	20	4 200
八路镇	1 360	60	720	102	1	560		360	380	22	9	580
炮车镇	4 322		4 322	175	3	20 131		330	225	12	45	3 200
铁富镇	4 948			33	4	1 407	1	232	183	13	18	3 682
岔河镇	846	105	760	134	3	5 000	1	135	100	14	2	10
戴圩镇	391	200	67	65	10	8 960	1	236	428	26	4	49
陈楼镇	4 060	1 823	3 976	168	5	45 600	1	820	60	22	20	4 200
邢楼镇	420	150	420	65	3	8 600	1	670	440	10	18	480
戴庄镇	1 050	950		113	3	19 000		130	80	35	2	800
车辐山镇	3 880	1 752	135	152	1	1 750	1	302	56	25	7	380
燕子埠镇	623		623	84	2	8 000		240	400	7	22	4 000
赵墩镇	4 821	920	940	126	4	1 038		150	150	50	2	10
议堂镇				144	1	1 854		145	174	15	12	1 342

18-1　续表 21　　　　　　　　　　（2010 年）

乡镇名称	学校总数（个）	在校学生总数（人）	教师总数（人）	影剧院（个）	幼儿园、托儿所（个）	医院、卫生院（个）	医生数（人）	病床数（张）	固定电话装机数量（部）	移动电话拥有数量（部）
贾汪区										
贾汪镇	11	12 671	690	2	17	2	122	146	4 995	4 715
青山泉镇	9	7 294	492	1	5	2	50	70	11 298	19 785
大吴镇	11	5 901	715	2	17	4	90	100	18 285	33 762
紫庄镇	10	5 979	447		11	2	98	120	7 389	23 069
塔山镇	10	8 125	487	1	17	2	53	108	8 245	12 220
汴塘镇	12	6 708	370	1	11	1	48	126	10 128	16 317
江庄镇	5	2 880	225	1	5	2	40	60	4 500	7 200
金山桥										
大黄山镇	7	4 321	508		10	2	41	60	6 129	14 852
大庙镇	8	13 217	1 072	1	28	2	76	60	11 000	15 800
丰　县										
凤城镇	19	25 008	986	1	47	4	339	643	14 523	43 200
首羡镇	11	6 407	510		27	2	82	150	8 102	13 610
顺河镇	8	12 175	519	1	27	1	65	110	9 680	7 815
常店镇	8	3 409	457		22	2	70	110	7 858	8 998
欢口镇	12	14 607	723	1	28	2	80	105	11 100	29 850
师寨镇	12	5 953	536		12	2	49	80	7 000	11 500
华山镇	14	14 126	970		29	2	116	120	9 450	8 120
梁寨镇	14	9 572	673		17	2	85	148	6 028	6 780
范楼镇	13	7 119	659		28	2	68	92	11 369	16 375
孙楼镇	6	2 030	322		7	1	67	71	6 760	17 530
宋楼镇	11	13 037	813		37	2	143	170	12 950	20 750
大沙河镇	7	4 785	396		8	2	70	82	7 300	13 050
王沟镇	12	7 650	792		13	2	88	98	9 412	31 251
赵庄镇	10	4 150	410		25	1	65	86	11 750	10 238
沛　县										
龙固镇	10	7 846	578	1	19	1	48	88	12 965	19 886
杨屯镇	7	4 124	389	1	1	1	36	40	10 942	5 864
大屯镇	14	4 643	806	1	18	2	199	210	19 400	29 800
沛城镇	18	13 897	1 043	1	14	9	1 986	2 102	30 162	58 132
胡寨镇	6	6 453	327		11	2	65	75	2 410	4 200
魏庙镇	7	3 284	326		23	1	72	90	8 230	9 226
五段镇	7	8 785	578	1	8	1	89	95	11 896	5 997
张庄镇	15	9 238	612	1	20	2	151	156	22 125	17 385
张寨镇	13	16 000	855		20	2	108	116	15 100	15 650
敬安镇	9	3 733	461		29	1	31	76	10 740	19 610
河口镇	8	5 260	402	2	12	2	128	135	8 155	8 860
栖山镇	12	5 105	448	1	2	2	127	140	10 420	13 500
鹿楼镇	17	5 812	520	1	18	2	160	120	9 230	9 235
朱寨镇	9	4 725	706		6	2	86	110	8 400	5 410
安国镇	13	7 636	518		18	2	106	136	11 200	15 300

18-1 续表 22 （2010 年）

乡镇名称	学校总数（个）	在校学生总数（人）	教师总数（人）	影剧院（个）	幼儿园、托儿所（个）	医院、卫生院（个）	医生数（人）	病床数（张）	固定电话装机数量（部）	移动电话拥有数量（部）
铜山区										
铜山镇	20	15 426	1 452		26	2	109	300	50 160	147 382
何桥镇	8	4 396	295		18	1	80	34	8 547	9 800
黄集镇	10	3 432	402	1	5	1	40	60	9 950	8 350
马坡镇	5	4 627	382		15	1	63	32	6 151	5 912
郑集镇	9	14 206	978	1	13	1	209	200	12 200	16 850
柳新镇	12	8 852	793	1	7	1	55	79	17 543	40 970
刘集镇	6	4 821	545		13	1	65	47	9 293	21 313
大彭镇	8	9 008	582	1	12	1	35	50	40 523	10 325
汉王镇	6	2 610	309	1	19	1	48	55	6 483	12 920
三堡镇	6	2 993	276	1	12	1	63	108	9 813	10 589
棠张镇	6	6 950	638	1	9	1	134	85	10 600	18 700
张集镇	11	16 700	1 186	2	8	2	116	150	14 200	11 300
房村镇	8	4 737	515		20	2	55	80	7 816	12 580
伊庄镇	7	2 567	276		10	2	28	48	6 810	13 520
单集镇	10	8 568	421		4	2	26	66	12 570	16 480
徐庄镇	9	4 240	408		29	2	30	55	12 190	28 450
大许镇	12	8 597	742		10	3	195	210	13 260	43 160
茅村镇	8	7 427	635		27	1	48	50	11 256	39 750
柳泉镇	5	6 820	351		4	1	33	35	8 928	16 977
利国镇	8	6 176	424		6	1	104	50	17 081	27 120
睢宁县										
睢城镇	34	55 884	3 367	1	30	7	735	580	71 134	156 940
王集镇	17	12 250	957		4	3	86	145	16 144	31 245
双沟镇	12	5 896	448		7	1	19	79	7 645	25 210
岚山镇	15	5 333	491	1	21	2	146	75	9 400	32 212
李集镇	7	10 363	715		6	1	55	122	10 834	19 184
桃元镇	17	8 088	630		16	2	56	49	14 032	26 100
官山镇	10	8 102	592		16	2	71	90	14 052	17 110
高作镇	8	3 312	493		3	1	90	50	17 912	28 423
沙集镇	9	4 028	368		8	1	70	120	11 200	7 100
凌城镇	12	9 628	510		2	1	142	60	11 560	13 580
邱集镇	16	7 650	653	1	14	3	195	220	16 460	20 100
古邳镇	10	6 423	440		8	1	87	73	12 000	31 000
姚集镇	16	8 400	658		2	4	120	128	18 560	14 000
魏集镇	12	10 380	650		4	2	90	88	9 910	18 800
梁集镇	30	11 596	658	1	26	2	146	134	16 019	36 312
庆安镇	11	7 260	534		24	2	165	108	9 886	31 412

18-1 续表 23 （2010 年）

乡镇名称	学校总数（个）	在校学生总数（人）	教师总数（人）	影剧院（个）	幼儿园、托儿所（个）	医院、卫生院（个）	医生数（人）	病床数（张）	固定电话装机数量（部）	移动电话拥有数量（部）
新沂市										
新安镇	15	11 628	1 147	2	15	3	122	1 120	62 679	87 538
瓦窑镇	5	3 620	413		4	1	72	124	6 842	5 207
港头镇	7	2 968	310	1	1	1	50	60	7 862	13 486
唐店镇	5	3 450	374		11	1	75	105	11 175	17 840
合沟镇	7	7 025	341		5	1	30	95	10 100	17 260
草桥镇	11	3 812	457		26	2	129	150	15 130	20 987
窑湾镇	9	12 420	602	1	4	2	99	100	8 017	10 300
棋盘镇	14	6 510	602	1	20	2	166	180	13 210	19 160
新店镇	8	3 050	327	1	8	2	60	70	5 171	21 600
邵店镇	6	2 433	238		1	1	58	160	7 210	17 985
北沟镇	11	15 415	1 433		4	6	77	90	14 675	15 571
时集镇	11	4 719	436		4	2	104	120	8 005	19 500
高流镇	9	11 600	649		9	10	136	251	8 310	16 500
阿湖镇	10	3 900	375		10	2	175	190	9 600	23 000
双唐镇	4	2 305	262		18	2	117	120	8 200	23 000
马陵山镇	8	7 100	627	1	12	2	40	55	7 650	39 000
邳州市										
运河镇	32	66 467	4 313	3	56	10	2122	910	80 106	246 998
邳城镇	11	6 995	528		20	1	160	74	6 200	18 230
官湖镇	24	15 876	1 590	2	55	1	120	187	21 040	63 150
四户镇	6	4 381	282	1	8	1	70	35	4 660	5 300
宿羊山镇	10	7 633	973		12	1	160	150	10 320	30 150
八义集镇	17	18 130	706	1	22	1	182	85	11 730	13 850
土山镇	8	11 977	853		5	2	325	225	6 778	14 796
碾庄镇	10	10 480	578		20	1	178	70	13 126	9 356
港上镇	7	5 614	486	1	5	1	87	60	11 000	6 200
邹庄镇	7	1 600	50		5	1	54	40	7 100	19 500
占城镇	10	3 054	358	1	4	1	85	32	1 697	4 230
新河镇	14	8 976	541	1	6	1	126	17	3 300	25 203
八路镇	6	4 490	360		2	1	82	52	3 600	28 200
炮车镇	7	11 900	1 125		8	1	187	55	13 000	13 907
铁富镇	21	12 863	896		21	1	87	146	13 976	15 213
岔河镇	9	4 290	415	1	6	1	24	60	5 400	6 150
戴圩镇	7	5 876	456		13	1	210	240	2 420	15 880
陈楼镇	7	3 990	410		12	1	113	13	7 300	18 900
邢楼镇	6	5 500	195	1	8	1	65	50	3 400	1 500
戴庄镇	6	4 360	360		15	1	48	45	5 100	15 000
车辐山镇	7	13 100	632		8	1	86	75	8 625	11 268
燕子埠镇	7	2 422	276		1	1	26	36	5 500	6 800
赵墩镇	9	13 500	920		15	1	52	48	13 200	9 000
议堂镇	5	3 009	361		6	1	142	20	2 855	10 334

18-1 续表 24 （2010 年）

乡镇名称	自来水普及率（%）	生活用燃气普及率（%）	有线电视入户率（%）	农户享有卫生厕所比重(%)	住楼房户比重（%）	平均人口预期寿命（岁）	敬老院、福利院（个）	现收养人数（人）	参加农村养老保险的人数（人）	参加农村新型合作医疗人数（人）	享受最低生活保障人数（人）
贾汪区											
贾汪镇	95	27	75	70	90	78	3	126	19 264	40 021	961
青山泉镇	95	45	21	11	24	76	2	90	29 478	47 856	287
大吴镇	100	89	75	15	45	75	1	128	27 300	57 507	380
紫庄镇	89	62	61	8	54	79	1	179	23 192	47 786	747
塔山镇	9	22	27	2	30	72	5	320	24 627	59 779	1 166
汴塘镇	34	30	90	35	23	75	6	258	18 410	45 512	917
江庄镇	19	38	62	6	37	76	1	60	12 807	30 656	711
金山桥											
大黄山镇	80	55	56	90	60	76			1 986	33 018	581
大庙镇	92	95	60	85	92	80	1	66	32 800	75 663	668
丰　县											
凤城镇	70	78	90	17	55	75	1	132	15 915	59 876	2 165
首羡镇	79	55	48	29	8	79	2	48	44 100	80 528	3 741
顺河镇	60	55	75	17	19	75	1	68	21 000	48 700	2 058
常店镇	80	68	70	20	30	78	1	60	15 062	54 500	3 299
欢口镇	61	65	60	15	15	73	1	101	26 587	79 817	3 947
师寨镇	50	70	95	15	14	74	2	102	20 336	68 653	3 390
华山镇	85	50	56	24	32	76	2	72	12 240	68 925	3 365
梁寨镇	45	55	78	15	20	74	2	85	21 720	52 960	2 230
范楼镇	55	38	78	20	29	77	2	39	26 093	69 162	2 645
孙楼镇	35	60	80	18	28	73	1	86	15 586	49 053	2 076
宋楼镇	24	34	64	31	17	74	1	236	24 216	79 855	4 621
大沙河镇	70	45	85	9	25	74	1	74	11 965	58 590	2 438
王沟镇	75	50	70	22	15	75	1	120	13 287	88 183	4 959
赵庄镇	65	68	72	25	32	75	2	93	21 400	58 985	2 872
沛　县											
龙固镇	55	51	86	52	52	79	2	46	26 000	58 392	2 225
杨屯镇	60	51	68	70	62	76	1	58	15 849	51 926	1 733
大屯镇	87	87	71	51	53	80	2	147	16 825	52 876	1 774
沛城镇	70	61	52	65	55	79	6	196	18 219	84 208	10 910
胡寨镇	52	56	52	51	50	72	1	8	11 284	34 692	2 116
魏庙镇	60	95	60	98	60	76	2	142	12 607	56 420	1 226
五段镇	95	90	90	60	80	72	1	40	1 925	42 125	785
张庄镇	75	79	60	52	62	78	3	90	38 120	88 420	3 203
张寨镇	50	52	70	51	52	78	2	126	29 667	76 653	2 570
敬安镇	80	52	60	51	51	76	1	192	16 100	54 443	1 726
河口镇	50	50	51	51	52	76	2	46	14 688	56 570	2 309
栖山镇	75	75	70	51	50	75	1	101	16 500	57 900	2 375
鹿楼镇	51	55	51	52	51	76	1	79	7 518	68 732	2 392
朱寨镇	52	51	52	51	52	75	2	241	3 500	58 968	1 886
安国镇	76	60	58	52	52	77	2	112	30 866	79 120	2 221

18-1　续表 25　　（2010 年）

乡镇名称	自来水普及率（%）	生活用燃气普及率（%）	有线电视入户率（%）	农户享有卫生厕所比重(%)	住楼房户比重（%）	平均人口预期寿命（岁）	敬老院、福利院（个）	现收养人数（人）	参加农村养老保险的人数（人）	参加农村新型合作医疗人数（人）	享受最低生活保障人数（人）
铜山区											
铜山镇	100	95	100	92	92	82	1	58	5 132	44 063	7 769
何桥镇	8	48	56	41	38	75	3	150	14 000	47 000	1 985
黄集镇	88	92	98	30	78	77	3	241	22 012	53 875	1 360
马坡镇	9	31	39	92	70	78	5	100	6 760	42 485	1 174
郑集镇	80	92	95	73	86	75	4	138	15 600	48 160	1 274
柳新镇	56	96	96	65	75	71	5	158	20 235	68 517	823
刘集镇	33	77	90	35	61	76	4	162	2 469	60 231	1 480
大彭镇	70	80	73	45	57	80	1	125	2 498	53 589	1 360
汉王镇	87	48	82	34	78	73	5	50	1 623	46 521	1 189
三堡镇	69	85	75	25	55	77	2	136	14 081	38 357	1 177
棠张镇	90	97	91	86	81	70	9	152	3 200	49 500	1 210
张集镇	48	52	85	95	46	76	2	80	2 180	69 700	4 800
房村镇	26	32	67	21	61	75	6	497	19 029	68 086	2 457
伊庄镇	52	77	85	51	83	76	6	260	10 876	40 050	2 072
单集镇	86	61	85	60	48	80	4	337	26 754	62 985	3 412
徐庄镇	31	32	54	88	17	71	5	268	15 430	61 575	2 022
大许镇	61	75	75	38	50	72	3	384	25 000	66 618	2 322
茅村镇	48	70	54	54	73	71	4	74	18 678	55 322	1 032
柳泉镇	98	97	92	70	70	76	2	57	2 090	53 660	1 920
利国镇	99	98	94	88	93	74	6	357	1 938	56 024	894
睢宁县											
睢城镇	76	79	97	10	55	77	8	215	58 450	117 350	7 735
王集镇	51	55	70	40	29	75	2	160	19 211	75 440	3 165
双沟镇	25	46	78	25	32	75	1	58	13 692	56 222	2 002
岚山镇	30	89	72	26	19	72	3	201	34 521	78 342	3 272
李集镇	97	71	94	97	72	75	1	160	13 010	49 232	2 258
桃元镇	90	42	62	65	30	75	2	160	20 139	70 934	3 686
官山镇	30	39	51	29	14	75	1	61	19 206	73 410	2 959
高作镇	43	43	60	65	28	73	1	52	14 608	52 883	2 742
沙集镇	50	70	50	45	30	70	1	60	29 000	51 000	2 300
凌城镇	75	40	16	16	15	76	1	175	1 576	72 700	2 850
邱集镇	49	45	45	12	25	73	2	190	29 800	98 260	4 053
古邳镇	95	86	99	70	40	80	1	50	1 723	66 000	3 220
姚集镇	82	86	83	35	12	78	1	70	48 000	85 000	1 570
魏集镇	62	36	65	37	21	73	1	125	2 120	65 800	3 850
梁集镇	25	33	18	37	18	74	1	156	9 099	73 055	3 745
庆安镇	96	90	75	34	38	74	2	102	25 279	63 205	3 668

18-1 续表 26 （2010 年）

乡镇名称	自来水普及率（%）	生活用燃气普及率（%）	有线电视入户率（%）	农户享有卫生厕所比重（%）	住楼房户比重（%）	平均人口预期寿命（岁）	敬老院、福利院（个）	现收养人数（人）	参加农村养老保险的人数（人）	参加农村新型合作医疗人数（人）	享受最低生活保障人数（人）
新沂市											
新安镇	92	96	90	45	56	72	1	135	12 307	67 987	6 857
瓦窑镇	85	67	94	16	24	74	1	264	9 261	33 503	2 214
港头镇	80	85	92	50	60	75	1	175	11 486	41 820	2 300
唐店镇	90	91	92	66	29	74	1	193	14 447	46 200	2 372
合沟镇	35	20	95	45	8	74	1	38	41 250	57 650	2 148
草桥镇	95	95	85	26	35	78	2	240	5 230	61 311	4 222
窑湾镇	59	46	76	30	32	77	1	127	7 600	61 000	2 600
棋盘镇	79	55	68	9	8	73	2	380	24 608	72 089	2 980
新店镇	80	90	95	40	10	73	1	360	16 532	39 645	1 630
邵店镇	92	80	96	80	10	72	2	90	12 062	32 218	1 264
北沟镇	50	50	90	100	26	73	1	81	5 122	28 711	1 732
时集镇	50	58	86	32	10	72	2	162	12 161	47 116	2 320
高流镇	92	85	99	43	22	71	1	80	920	56 220	310
阿湖镇	85	70	95	25	30	72	3	260	7 000	46 500	2 500
双唐镇	91	70	85	30	20	73	1	123	13 395	34 650	1 444
马陵山镇	95	92	95	26	25	75	2	189	18 600	52 295	2 416
邳州市											
运河镇	88	90	82	74	85	78	2	67	65 000	187 000	7 155
邳城镇	90	42	53	33	50	77	2	110	17 580	63 000	956
官湖镇	99	90	88	70	56	78	3	200	49 776	105 459	2 560
四户镇	72	43	40	28	8	72	1	70	1 100	47 000	1 120
宿羊山镇	50	90	85	50	40	80	1	142	2 000	63 000	1 230
八义集镇	76	65	85	2	6	76	3	145	32 508	65 322	1 328
土山镇	76	0	82	75	16	72	2	236	12 775	53 520	2 176
碾庄镇	37	21	13	9	11	75	2	152	31 892	75 827	2 427
港上镇	100	40	80	70	45	78	1	72	34 100	58 020	1 270
邹庄镇	75	96	98	70	70	78	2	53	12 000	47 617	20
占城镇	30	6	22	10	18	71	1	34	2 060	40 120	306
新河镇	85	56	75	70	45	73	2	234	15 860	57 400	380
八路镇	71	30	58	20	25	75	1	123	5 900	47 820	248
炮车镇	80	69	97	10	38	72	2	125	12 150	58 793	2 515
铁富镇	65	49	21	19	32	76	1	86	25 574	97 678	1 936
岔河镇	50	90	85	32	37	78	1	62	372	39 823	1 057
戴圩镇	100	63	80	33	17	74	1	38	436	21 000	540
陈楼镇	92	74	82	17	45	74	1	24	15 362	37 280	689
邢楼镇	55	90	92	17	10	76	1	120	420	45 000	280
戴庄镇	60	40	85	85	20	70	1	75	35 000	47 000	580
车辐山镇	26	16	83	35	28	79	2	121	2 056	36 258	625
燕子埠镇	90	48	24	10	12	78	1	110	900	31 000	1 177
赵墩镇	67	30	17	30	5	70	1	27	5 756	83 000	2 450
议堂镇	70	81	84	10	27	74	1	55	794	31 060	1 568

18-2 分镇建成区主要经济指标

（2010年）

乡镇名称	建成区占地面积（公顷）	工业园区面积（公顷）	公共绿地面积（公顷）	建成区总户数（户）	建成区总人口（人）	暂住人口（人）	建成区从业人员数（人）	#从事二三产业人员	固定资产投资完成额（万元）	建成区企业营业收入（万元）	自来水普及率（%）
贾汪区											
贾汪镇	192		3	4 395	14 291	90	6 319	6 258	10 039	18 295	100
青山泉镇	572	400	213	10 785	36 766	1 872	13 295	12 198	167 520	721 280	100
大吴镇	510	90	240	15 939	49 347	2 012	18 091	15 708	85 150	57 499	100
紫庄镇	649	27	13	4 959	16 464	49	8 378	6 998	9 780	13 195	100
塔山镇	550	30	1	4 063	13 823	298	8 058	6 248	21 220	18 640	100
汴塘镇	348			2 305	8 296	57	5 372	3 382	5 000	248	89
江庄镇	320	160	40	920	3 780	120	2 400	1 600	36 260	50 870	22
金山桥											
大黄山镇	400	180	9	6 582	18 983	1 165	9 516	8 647	184 612	326 817	96
大庙镇	466	58	34	14 704	51 573	550	6 148	5 500	74 208	362 215	100
丰　县											
凤城镇	182	37	43	4 136	14 420	171	12 088	9 443	58 000	16 854	86
首羡镇	210	53	3	3 360	9 186	888	4 078	2 502	15 300	20 327	90
顺河镇	320	120	30	2 751	10 927	281	5 063	4 086	13 120	22 260	70
常店镇	267	25	4	2 635	8 573	43	4 879	3 784	13 650	11 300	90
欢口镇	420	300	10	8 047	38 105	2 280	14 020	11 015	69 240	223 500	90
师寨镇	140	50	4	1 800	5 600	356	3 500	3 100	12 000	13 000	95
华山镇	385	68	12	3 722	14 520	415	9 965	6 536	10 254	9 874	98
梁寨镇	225	25	8	4 521	15 278	1 120	8 536	6 350	15 230	25 630	80
范楼镇	201	31	7	2 516	7 492	163	3 775	2 543	1 520	7 150	80
孙楼镇	140	47	5	2 386	5 724	77	4 750	3 800	8 530	16 560	42
宋楼镇	226	52	13	3 935	9 963	540	4 355	4 056	10 200	7 200	84
大沙河镇	145	45	10	2 040	6 885	370	3 450	2 870	12 385	16 595	90
王沟镇	195	50	15	1 713	7 632	300	4 080	1 892	2 700	16 680	80
赵庄镇	270	62	9	3 150	12 322	110	7 660	6 210	20 850	45 300	100
沛　县											
龙固镇	540	260	226	8 672	39 900	1 567	13 561	9 759	11 231	189 460	62
杨屯镇	150		1	4 440	16 356	340	8 166	7 105	14 000	145 500	51
大屯镇	400	87	180	6 371	22 862	536	11 165	11 080	220 400	410 000	98
沛城镇	980	80	57	53 210	131 216	5 800	67 216	62 085	153 216	335 684	100
胡寨镇	130		4	830	2 300	280	900	600	7 640	9 840	92
魏庙镇	142	18	17	3 192	9 576	960	5 200	3 100	17 960	55 458	89
五段镇	85	22	2	1 607	6 125	417	3 815	2 607	1 012	44 815	100
张庄镇	460	300	53	6 890	20 820	2 746	14 940	10 123	48 380	19 400	100
张寨镇	71	20	6	699	3 210	12	2 910	2 430	12 400	11 200	90
敬安镇	337	200	148	5 661	23 547	170	14 128	10 910	84 000	285 570	96
河口镇	100	28		1 120	4 560	132	3 140	2 376	14 800	16 650	52
栖山镇	65			1 752	6 715	105	22 590	17 960	7 800	19 500	98
鹿楼镇	132		10	2 439	9 512	15	4 681	2 882	4 000	500	51
朱寨镇	100	8	2	1 517	5 883		2 890	2 597	3 000	2 500	80
安国镇	235	80	5	4 894	17 494	758	5 314	4 900	8 000	15 000	100

18-2　续表 1　　（2010 年）

乡镇名称	建成区占地面积（公顷）	工业园区面积（公顷）	公共绿地面积（公顷）	建成区总户数（户）	建成区总人口（人）	暂住人口（人）	建成区从业人员数（人）	#从事二三产业人员	固定资产投资完成额(万元)	建成区企业营业收入(万元)	自来水普及率（%）
铜山区											
铜山镇	4 133	1 330	1 500	39 138	150 026	5 000	65 000	52 000	284 632	1 298 450	100
何桥镇	295	50	70	1 663	3 960	183	2 100	1 950	6 120	2 390	43
黄集镇	500	350	80	3 850	12 020	385	4 210	2 800	25 800	41 510	99
马坡镇	229	220	10	2 342	10 402	558	4 789	2 093	6 164	40 458	43
郑集镇	200	15	10	5 500	21 820	735	10 680	5 978	65 000	83 180	95
柳新镇	610	126	245	4 210	27 090	4 250	12 110	9 560	6 500	112 000	95
刘集镇	400	45	40	2 713	10 922	508	8 465	1 893	16 124	87 179	90
大彭镇	250	70	6	2 015	7 945	558	5 080	2 820	21 010	18 430	100
汉王镇	331	223	23	1 763	9 987	903	3 134	2 317	9 812	10 432	98
三堡镇	165	73	5	3 128	8 135	423	6 738	4 256	9 982	22 681	100
棠张镇	200	150	11	8 950	26 780	6 200	14 500	10 200	135 000	155 000	100
张集镇	410	330	40	3 250	6 720	2 810	3 760	2 400	11 210	18 326	57
房村镇	180	34	14	2 154	8 465	160	5 079	4 012	3 650	43 180	61
伊庄镇	220	150	11	2 358	7 250	678	2 710	1 250	28 810	36 000	99
单集镇	245	153	10	4 208	12 371	322	4 753	4 335	54 081	35 017	100
徐庄镇	290	206	60	7 550	28 842	712	13 258	5 485	14 550	4 580	77
大许镇	410	213	55	7 276	23 624	9 426	10 091	6 638	92 350	41 165	96
茅村镇	300	100	8	13 625	34 412	1 350	11 210	8 968	13 400	78 500	100
柳泉镇	283	226	15	3 770	21 200	1 220	12 200	5 430	438 250	498 101	100
利国镇	295	72	28	5 914	23 782	266	11 427	9 028	344 820	1 248 710	100
睢宁县											
睢城镇	3 420	1 900	355	58 265	199 460	35 640	74 800	68 215	95 380	189 520	97
王集镇	473		55	3 458	18 045	1 010	12 008	8 490	12 407	51 020	99
双沟镇	500	200	50	4 620	16 520	250	12 210	7 842	25 412	62 240	49
岚山镇	732	100	4	6 845	25 289	96	3 865	1 699	21 136	10 441	92
李集镇	440	68	67	5 863	21 578	599	9 113	7 781	42 670	64 159	100
桃元镇	345	155	4	4 072	16 225	544	9 289	5 726	16 263	126 840	95
官山镇	345	15	5	2 195	6 502	320	5 310	3 386	6 395	41 320	90
高作镇	260	95	49	5 802	16 630	1198	11 641	9 923	5 070	14 522	82
沙集镇	430	150	50	3 800	13 950		10 500	9 900	9 200	21 800	45
凌城镇	263	60	2	4 648	15 160	270	9 680	7 865	8 900	13 540	75
邱集镇	355	3	25	5 600	20 000	200	10 000	7 600	8 300	30 960	95
古邳镇	665	245	58	4 569	25 600	2 125	19 659	10 910	12 000	28 000	98
姚集镇	580	120	16	3 800	18 200	105	8 800	8 500	18 000	580	99
魏集镇	720	20	4	6 280	16 610	150	6 990	5 300	11 300	18 900	82
梁集镇	229	71	8	2 562	10 436	2 620	6 854	3 396	20 451	48 956	30
庆安镇	292	36	70	3 820	15 658	1 026	7 535	5 616	25 330	70 090	97

18-2 续表 2 （2010 年）

乡镇名称	建成区占地面积（公顷）	工业园区面积（公顷）	公共绿地面积（公顷）	建成区总户数（户）	建成区总人口（人）	暂住人口（人）	建成区从业人员数（人）	#从事二三产业人员	固定资产投资完成额(万元)	建成区企业营业收入(万元)	自来水普及率（%）
新沂市											
新安镇	985		100	20 723	71 389	10 278	20 177	17 345	82 359	153 718	97
瓦窑镇	256	243	4	4 145	15 926	1 025	9 624	8 211	25 260	108 164	100
港头镇	260	41	6	1 884	7 282	588	5 773	4 682	48 473	64 892	92
唐店镇	720	600	25	4 715	15 240	1 210	5 420	4 251	27 660	46 320	100
合沟镇	400	60	11	890	5 476	94	2 568	1 990	860	600	95
草桥镇	677	260	11	5 506	34 803	2 124	19 820	13 000	12 120	46 720	100
窑湾镇	3 479		1 314	7 430	23 838	500	7 408	3 798	30 000	49 000	96
棋盘镇	459	400	104	1 734	6 715	106	3 356	2 478	1 810	12 100	98
新店镇	260		5	2 100	8 000	210	4 200	3 800	850	8 600	100
邵店镇	395			1 980	3 967	320	729	462	10 560	31 210	96
北沟镇	1 000	800	22	1 105	5 041	2 083	4 269	4 151	30 411	10 312	100
时集镇	300	200	18	2 431	8 482	96	6 237	3 203	1 600	17 000	86
高流镇	428		6	5 720	17 248	1 210	8 100	6 700	17 000	34 200	94
阿湖镇	450	350	15	2 010	6 200	700	3 000	2 700	5 500	1 200	100
双唐镇	365	230	60	2 106	4 550	314	2 846	2 196	12 800	35 000	80
马陵山镇	3 000		1 230	7 208	24 058	1 020	12 078	11 780	80 000	85 000	98
邳州市											
运河镇	5 512	560	436	73 583	230 084	23 226	104 832	100 891	614 102	1 438 198	94
邳城镇	37		3	5 616	22 899		11 188	9 235	8 000	69 820	90
官湖镇	1 131	400	9	8 960	40 715	18 726	41 576	33 576	35 160	106 750	100
四户镇	400	9	7	2 180	7 690	250	6 050	5 160	6 200	16 900	92
宿羊山镇	62		32	3 014	10 910	1 473	11 400	11 400	114 200	103 500	90
八义集镇	335	6	5	1 490	6 842	310	3 520	3 396	27 680	23 600	50
土山镇	265	110	45	1 885	12 135	895	7 541	6 126	11 375	81 367	100
碾庄镇	360	108	119	5 179	18 130	768	9 815	7 926	58 165	123 160	95
港上镇	350	120	82	3 270	15 400	330	9 974	7 144	10 080	18 900	100
邹庄镇	500	300	40	2 100	7 600	700	6 000	3 200	45 000	29 000	99
占城镇	180	20	1	596	2 030	45	380	290	4 430	1 885	40
新河镇	330	23	4	1 520	6 100	320	2 930	2 200	25 000	120 300	100
八路镇	135	22	20	2 175	11 260	320	3 906	3 650	36 900	26 580	70
炮车镇	600	436	80	6 315	25 100	3 213	17 116	15 305	92 481	168 100	99
铁富镇	300	8	8	776	3 963	1 630	6 623	3 631	18 163	60 126	85
岔河镇	100	40	25	2 010	8 150	270	4 215	2 850	9 200	7 350	100
戴圩镇	86	10	2	1 888	9 600	922	5 300	3 860	2 680	7 000	100
陈楼镇	300	250	74	2 516	6 732	212	4 860	4 180	23 600	231 700	85
邢楼镇	170	13	23	900	3 800		3 600	3 500	860	70 000	96
戴庄镇	180	100	20	1 606	6 620	700	5 000	1 750	19 000	8 900	100
车辐山镇	395	30	11	1 805	7 056	162	4 905	4 200	6 302	4 366	83
燕子埠镇	90	25	25	920	3 655	270	1 800	900	10 200	26 000	70
赵墩镇	400	300	80	1 581	7 910	50	4 400	1 650	28 000	55 470	22
议堂镇	250	100	52	1 472	6 324	1 188	5 906	5 906	125 881	87 252	100

18-2 续表 3 （2010 年）

乡镇名称	生活用燃气普及率（%）	有线电视入户率（%）	绿化覆盖率（%）	排水管道覆盖率（%）	污水处理率（%）	人均住房面积（平方米）	人均年生活用电量（度）	互联网上网用户（户）
贾汪区								
贾汪镇	98	98	29	70	68	32	180	180
青山泉镇	92	93	37	72	75	30	175	2 127
大吴镇	98	98	47	100	93	34	236	4 187
紫庄镇	97	98	53	96		39	229	875
塔山镇	36	65	37	95	21	38	230	757
汴塘镇	96	98	18	45		30	76	78
江庄镇	70	96	28	39		33	96	78
金山桥								
大黄山镇	58	96	25	70		34	471	1 325
大庙镇	95	98	100	100	100	50	365	4 300
丰　县								
凤城镇	79	95	42	45		33	145	800
首羡镇	59	84	30	39		25	190	290
顺河镇	90	98	38	70		45	155	536
常店镇	85	95	38	66		35	162	430
欢口镇	90	92	39	100		39	150	1 185
师寨镇	95	100	40	45		30	95	1 200
华山镇	94	96	45	50		35	150	648
梁寨镇	90	90	31	50		32	145	350
范楼镇	70	92	50	73		30	180	112
孙楼镇	48	80	35	40		28	128	430
宋楼镇	58	80	43	35		34	135	825
大沙河镇	80	60	35	0		30	140	695
王沟镇	65	80	35	20		20	120	350
赵庄镇	90	95	50	40		35	150	506
沛　县								
龙固镇	51	90	42	98		25	260	697
杨屯镇	52	91	27	100		23	142	854
大屯镇	94	78	45	100	100	48	340	5 600
沛城镇	98	90	43	80	92	36	389	21 862
胡寨镇	96	75	28	90		39	300	140
魏庙镇	90	90	23	100		30	150	210
五段镇	98	90	10	90		54	145	459
张庄镇	95	79	48	95	27	50	281	2 385
张寨镇	70	95	30	20		30	287	560
敬安镇	70	96	44	90		40	260	1 165
河口镇	51	51	39	30		42	83	495
栖山镇	88	80	52	20	10	47	392	680
鹿楼镇	52	51	30	20	81	21	38	109
朱寨镇	58	85	45	2		28	221	50
安国镇	84	86	28	98		21	313	1 214

18-2 续表 4 （2010 年）

乡镇名称	生活用燃气普及率（%）	有线电视入户率（%）	绿化覆盖率（%）	排水管道覆盖率（%）	污水处理率（%）	人均住房面积（平方米）	人均年生活用电量（度）	互联网上网用户（户）
铜山区								
铜山镇	100	100	85	100	100	70	300	26 408
何桥镇	90	93	53	92	91	43	271	1 200
黄集镇	92	98	43	98	65	28	260	810
马坡镇	95	83	26	100	34	40	269	546
郑集镇	97	100	62	70	95	56	377	3 090
柳新镇	100	100	56	100	95	41	320	5 400
刘集镇	95	98	46	91	65	47	365	328
大彭镇	85	90	10	100	85	45	322	320
汉王镇	84	83	17	96	99	35	313	632
三堡镇	100	96	35	100	75	45	260	1 038
棠张镇	100	100	95	95	100	43	320	2 040
张集镇	75	95	45	90	36	60	298	820
房村镇	92	82	61	100	60	39	369	298
伊庄镇	88	92	80	57	45	44	360	809
单集镇	80	95	38	100	50	50	425	1 145
徐庄镇	60	66	26	66	63	36	390	425
大许镇	95	95	68	85	80	45	360	2 017
茅村镇	76	93	42	100	66	46	520	4 960
柳泉镇	99	97	35	90	55	60	310	980
利国镇	98	99	30	100	65	48	364	1 914
睢宁县								
睢城镇	98	97	25	97	50	45	195	9 890
王集镇	98	98	50	99		39	175	1 789
双沟镇	82	79	15	33	12	40	251	850
岚山镇	92	100	30	42	26	30	200	135
李集镇	94	97	13	93	35	45	50	72
桃元镇	52	80	42	79	18	38	68	626
官山镇	97	90	31	100	20	38	190	465
高作镇	99	99	33	80	20	65	334	1 093
沙集镇	90	90	50	95		45	280	1 850
凌城镇	86	78	18	82	16	28	320	510
邱集镇	75	80	40	80	30	32	90	510
古邳镇	98	98	33	92	38	60	135	820
姚集镇	92	96	56	87	40	36	56	70
魏集镇	63	78	32	58	12	38	145	138
梁集镇	95	59	90	25	26	41	95	360
庆安镇	91	86	76	85		54	26	358

18-2　续表 5　（2010 年）

乡镇名称	生活用燃气普及率（%）	有线电视入户率（%）	绿化覆盖率（%）	排水管道覆盖率（%）	污水处理率（%）	人均住房面积（平方米）	人均年生活用电量（度）	互联网上网用户（户）
新沂市								
新安镇	98	95	65	92	96	54	312	10 705
瓦窑镇	96	100	39	96	83	52	262	624
港头镇	94	96	95	87	9	60	140	482
唐店镇	98	100	64	82	75	42	262	1 635
合沟镇	65	100	25	90	10	45	130	790
草桥镇	100	100	100	100	100	55	260	760
窑湾镇	98	99	30	85	21	36	220	1 000
棋盘镇	88	94	40	63		28	178	519
新店镇	100	100	80	90	90	35	250	1 550
邵店镇	95	98	35	75	15	36	110	1 655
北沟镇	90	95	32	16		45	402	414
时集镇	88	100	42	100		50	220	986
高流镇	92	100	13	98	98	39	220	830
阿湖镇	95	100	15	50		30	140	900
双唐镇	95	95	30	70	50	25	300	600
马陵山镇	98	100	41	95	30	58	230	4 000
邳州市								
运河镇	95	93	40	91	95	34	232	26 500
邳城镇	66	65	40	75		30	280	960
官湖镇	95	95	40	90	90	40	160	4 590
四户镇	54	55	40	75		30	70	170
宿羊山镇	90	95	60	90		35	400	473
八义集镇	75	70	39	80	10	53	73	530
土山镇		100	65	95	57	44	85	796
碾庄镇	28	59	41	81		38	132	512
港上镇	80	100	75	100	100	35	120	285
邹庄镇	99	100	50	100	100	50	70	2 300
占城镇	20	65	36	26	20	36	148	105
新河镇	100	100	50	100	30	42	140	280
八路镇	59	90	28	90		30	98	1 220
炮车镇	99	100	41	97		38	195	1 580
铁富镇	66	50	35	61		31	56	631
岔河镇	95	100	70	70	60	28	135	160
戴圩镇	60	88	36	92		32	162	428
陈楼镇	87	96	40	26		31	100	1 800
邢楼镇	97	95	51	100	100	50	45	450
戴庄镇	100	100	60	100	85	35	105	320
车辐山镇	66	100	75	95	20	83	150	610
燕子埠镇	80	100	60	32	30	36	240	220
赵墩镇	34	30	35	78	30	36	98	100
议堂镇	99	100	28	94	11	37	132	839

18-3 分镇主要经济指标排序(2010年)

行政区域面积

排序	乡镇名称	绝对量（公顷）	排序	乡镇名称	绝对量（公顷）	排序	乡镇名称	绝对量（公顷）
1	新沂市棋盘镇	16 735	38	丰县欢口镇	10 500	77	铜山区利国镇	7 769
2	睢宁县姚集镇	16 700	40	丰县师寨镇	10 450	78	丰县常店镇	7 727
3	铜山区张集镇	14 800	41	新沂市草桥镇	10 025	79	邳州市燕子埠镇	7 700
4	睢宁县邱集镇	14 079	42	睢宁县双沟镇	9 827	80	铜山区大彭镇	7 600
5	铜山区房村镇	13 600	43	邳州市新河镇	9 797	81	贾汪区江庄镇	7 496
6	沛县安国镇	13 328	44	邳州市邢楼镇	9 650	82	铜山区何桥镇	7 400
7	铜山区徐庄镇	13 259	45	沛县敬安镇	9 600	83	邳州市戴庄镇	7 373
8	铜山区单集镇	13 210	45	睢宁县睢城镇	9 600	84	邳州市邹庄镇	7 366
9	睢宁县王集镇	13 152	47	邳州市车辐山镇	9 500	85	铜山区三堡镇	7 157
10	睢宁县魏集镇	12 938	48	贾汪区塔山镇	9 468	86	邳州市岔河镇	7 030
11	铜山区大许镇	12 900	49	睢宁县凌城镇	9 365	87	铜山区马坡镇	6 900
12	睢宁县岚山镇	12 837	50	铜山区汉王镇	9 300	88	铜山区郑集镇	6 800
13	新沂市新店镇	12 800	51	新沂市双塘镇	9 200	89	邳州市八路镇	6 695
14	丰县王沟镇	12 621	52	邳州市八义集镇	9 112	90	贾汪区紫庄镇	6 668
15	新沂市阿湖镇	12 545	53	丰县赵庄镇	9 100	91	贾汪区大吴镇	6 620
16	沛县鹿楼镇	12 540	54	邳州市邳城镇	9 028	92	丰县孙楼镇	6 608
17	睢宁县官山镇	12 528	55	邳州市宿羊山镇	9 013	93	邳州市港上镇	6 400
18	邳州市铁富镇	12 444	56	沛县栖山镇	8 951	94	邳州市土山镇	6 380
19	丰县宋楼镇	12 214	57	邳州市占城镇	8 900	95	睢宁县李集镇	6 368
20	新沂市高流镇	12 190	58	邳州市官湖镇	8 880	96	睢宁县高作镇	6 227
21	丰县首羡镇	12 176	59	丰县梁寨镇	8 680	97	邳州市炮车镇	6 225
22	新沂市时集镇	12 119	60	丰县顺河镇	8 648	98	丰县凤城镇	6 197
23	邳州市碾庄镇	12 100	61	铜山区伊庄镇	8 560	99	新沂市瓦窑镇	6 172
23	邳州市赵墩镇	12 000	62	铜山区柳新镇	8 500	99	新沂市合沟镇	6 172
25	丰县范楼镇	11 610	62	铜山区棠张镇	8 500	101	新沂市邵店镇	5 845
26	新沂市窑湾镇	11 597	64	铜山区茅村镇	8 396	102	邳州市议堂镇	5 760
27	睢宁县庆安镇	11 571	65	贾汪区青山泉镇	8 366	103	沛县大屯镇	5 540
28	丰县华山镇	11 300	66	铜山区刘集镇	8 360	104	沛县龙固镇	5 302
29	沛县张庄镇	11 200	67	金山桥开发区大庙镇	8 346	105	沛县魏庙镇	5 200
30	睢宁县梁集镇	11 036	68	铜山区黄集镇	8 340	106	铜山区铜山镇	5 000
31	睢宁县桃园镇	10 900	69	新沂市唐店镇	8 260	107	沛县五段镇	4 700
32	邳州市运河镇	10 806	70	沛县河口镇	8 257	108	沛县胡寨镇	4 594
33	睢宁县古邳镇	10 666	71	丰县大沙河镇	8 150	109	金山桥开发区大黄山街道	4 300
34	沛县张寨镇	10 634	72	邳州市四户镇	8 100	110	沛县杨屯镇	4 100
35	新沂市马陵山镇	10 600	73	贾汪区贾汪镇	7 956	111	睢宁县沙集镇	4 000
36	沛县沛城镇	10 560	74	沛县朱寨镇	7 900	112	邳州市陈楼镇	3 667
37	铜山区柳泉镇	10 520	75	新沂市新安镇	7 856	113	邳州市戴圩镇	3 478
38	贾汪区汴塘镇	10 500	76	新沂市港头镇	7 818	114	新沂市北沟镇	3 400

18-3 续表 1

财政总收入

排序	乡镇名称	绝对量（万元）	排序	乡镇名称	绝对量（万元）	排序	乡镇名称	绝对量（万元）
1	铜山区铜山镇	254 254	39	邳州市四户镇	8 763	77	新沂市阿湖镇	4 617
2	丰县凤城镇	73 687	40	邳州市邹庄镇	7 800	78	丰县王沟镇	4 610
3	邳州市运河镇	70 801	41	邳州市议堂镇	7 569	79	邳州市八义集镇	4 560
4	沛县沛城镇	57 806	42	新沂市草桥镇	7 521	80	睢宁县邱集镇	4 541
5	贾汪区大吴镇	44 125	43	丰县华山镇	7 464	81	新沂市时集镇	4 532
6	贾汪区青山泉镇	43 890	44	铜山区郑集镇	7 429	82	邳州市新河镇	4 530
7	新沂市新安镇	42 422	45	睢宁县梁集镇	7 365	83	新沂市港头镇	4 518
8	睢宁县睢城镇	37 815	46	铜山区大许镇	7 313	84	新沂市高流镇	4 500
9	邳州市官湖镇	37 339	47	睢宁县凌城镇	7 159	85	丰县顺河镇	4 188
10	铜山区利国镇	37 041	48	邳州市港上镇	7 083	86	邳州市车辐山镇	4 166
11	金山桥开发区大庙镇	36 922	49	邳州市戴圩镇	6 802	87	丰县师寨镇	4 162
12	金山桥开发区大黄山街道	33 951	50	睢宁县李集镇	6 599	88	新沂市马陵山镇	4 042
13	沛县大屯镇	33 451	51	沛县张寨镇	6 566	89	丰县大沙河镇	3 982
14	铜山区柳新镇	30 162	52	丰县欢口镇	6 443	90	铜山区伊庄镇	3 922
15	沛县龙固镇	24 562	53	邳州市宿羊山镇	6 219	91	丰县宋楼镇	3 875
16	贾汪区江庄镇	19 803	54	铜山区马坡镇	6 124	92	丰县赵庄镇	3 825
17	邳州市炮车镇	19 662	55	沛县魏庙镇	6 112	93	睢宁县姚集镇	3 800
18	铜山区柳泉镇	18 622	56	邳州市邳城镇	6 040	94	铜山区何桥镇	3 750
19	邳州市碾庄镇	18 348	57	沛县鹿楼镇	5 834	95	新沂市窑湾镇	3 718
20	铜山区张集镇	14 295	58	丰县梁寨镇	5 797	96	邳州市岔河镇	3 695
21	铜山区三堡镇	13 893	59	沛县河口镇	5 743	97	丰县孙楼镇	3 689
22	铜山区汉王镇	13 339	60	睢宁县桃园镇	5 725	98	丰县常店镇	3 652
23	贾汪区贾汪镇	13 209	61	新沂市合沟镇	5 713	99	邳州市戴庄镇	3 600
24	沛县杨屯镇	11 776	62	邳州市赵墩镇	5 515	100	睢宁县官山镇	3 504
25	丰县首羡镇	11 599	63	新沂市唐店镇	5 504	101	沛县栖山镇	3 463
26	睢宁县高作镇	11 044	64	睢宁县庆安镇	5 437	102	睢宁县岚山镇	3 434
27	新沂市瓦窑镇	10 958	65	新沂市邵店镇	5 307	103	睢宁县古邳镇	3 419
28	邳州市陈楼镇	10 780	66	铜山区徐庄镇	5 166	104	睢宁县王集镇	3 396
29	邳州市铁富镇	10 531	67	睢宁县沙集镇	5 098	105	邳州市土山镇	3 078
30	新沂市双唐镇	10 305	68	睢宁县双沟镇	5 069	106	睢宁县魏集镇	2 871
31	沛县敬安镇	10 174	69	沛县五段镇	5 041	107	邳州市八路镇	2 830
32	沛县朱寨镇	9 967	70	铜山区黄集镇	5 033	108	新沂市新店镇	2 587
33	铜山区刘集镇	9 739	71	铜山区房村镇	5 020	109	邳州市占城镇	2 480
34	铜山区棠张镇	9 600	72	沛县胡寨镇	4 971	110	贾汪区塔山镇	2 447
35	沛县安国镇	9 562	73	丰县范楼镇	4 961	111	新沂市北沟镇	2 147
36	沛县张庄镇	9 285	74	铜山区单集镇	4 915	112	贾汪区紫庄镇	1 927
37	铜山区大彭镇	9 104	75	新沂市棋盘镇	4 790	113	邳州市燕子埠镇	1 834
38	铜山区茅村镇	8 885	76	邳州市邢楼镇	4 750	114	贾汪区汴塘镇	1 270

18-3 续表 2

固定资产投资完成额

排序	乡镇名称	绝对量（万元）	排序	乡镇名称	绝对量（万元）	排序	乡镇名称	绝对量（万元）
1	铜山区铜山镇	1 112 862	39	铜山区大彭镇	124 800	77	丰县师寨镇	56 000
2	铜山区茅村镇	920 000	40	邳州市土山镇	119 217	78	贾汪区塔山镇	50 500
3	丰县凤城镇	812 000	41	铜山区黄集镇	117 800	79	睢宁县王集镇	49 890
4	邳州市运河镇	767 630	42	邳州市宿羊山镇	114 600	80	丰县首羡镇	49 687
5	铜山区柳泉镇	598 620	43	睢宁县睢城镇	113 200	81	睢宁县桃园镇	49 209
6	铜山区三堡镇	589 705	44	新沂市邵店镇	112 630	82	丰县孙楼镇	49 120
7	金山桥开发区大庙镇	521 986	45	沛县张寨镇	107 220	83	邳州市赵墩镇	48 043
8	沛县大屯镇	422 000	46	新沂市瓦窑镇	106 000	84	睢宁县姚集镇	48 000
9	铜山区利国镇	420 000	47	沛县栖山镇	105 400	85	睢宁县双沟镇	47 340
10	铜山区徐庄镇	368 996	48	沛县杨屯镇	103 000	86	睢宁县凌城镇	45 230
11	邳州市官湖镇	339 610	49	沛县胡寨镇	102 860	87	睢宁县官山镇	44 812
12	贾汪区青山泉镇	315 200	50	新沂市棋盘镇	99 015	88	邳州市新河镇	43 000
13	贾汪区大吴镇	301 028	51	沛县河口镇	98 600	89	贾汪区紫庄镇	42 800
14	贾汪区江庄镇	282 391	52	沛县朱寨镇	98 110	90	睢宁县魏集镇	41 580
15	铜山区张集镇	265 600	53	睢宁县梁集镇	97 499	91	丰县常店镇	39 240
16	铜山区大许镇	249 700	54	新沂市阿湖镇	97 000	92	新沂市北沟镇	34 000
17	邳州市炮车镇	249 000	55	沛县魏庙镇	89 660	93	丰县范楼镇	32 600
18	新沂市新安镇	235 300	56	沛县敬安镇	86 000	94	睢宁县古邳镇	32 600
19	铜山区棠张镇	214 600	57	贾汪区贾汪镇	85 129	95	新沂市时集镇	31 000
20	金山桥开发区大黄山街道	207 379	58	邳州市铁富镇	84 113	96	新沂市窑湾镇	30 530
21	沛县沛城镇	206 820	59	丰县欢口镇	83 310	97	贾汪区汴塘镇	30 050
22	铜山区何桥镇	204 000	60	铜山区单集镇	82 652	98	邳州市戴庄镇	30 000
23	铜山区汉王镇	203 810	61	睢宁县高作镇	80 000	99	丰县华山镇	26 887
24	铜山区郑集镇	186 013	62	邳州市岔河镇	79 500	100	丰县顺河镇	26 500
25	铜山区柳新镇	185 480	63	邳州市邹庄镇	78 000	101	丰县王沟镇	25 710
26	邳州市戴圩镇	162 365	64	丰县赵庄镇	77 800	102	邳州市燕子埠镇	25 000
27	铜山区房村镇	157 677	65	睢宁县李集镇	72 150	103	沛县安国镇	22 000
28	沛县龙固镇	156 721	66	铜山区刘集镇	71 960	104	新沂市高流镇	21 920
29	新沂市唐店镇	155 500	67	新沂市双唐镇	69 900	105	丰县宋楼镇	21 400
30	邳州市八义集镇	150 938	68	睢宁县庆安镇	69 565	106	丰县梁寨镇	18 267
31	新沂市马陵山镇	150 000	69	邳州市八路镇	68 950	107	新沂市合沟镇	16 083
32	新沂市港头镇	149 500	70	睢宁县岚山镇	67 121	108	邳州市邢楼镇	16 000
33	邳州市碾庄镇	148 100	71	邳州市邳城镇	65 200	109	邳州市占城镇	15 400
34	新沂市草桥镇	145 455	72	丰县大沙河镇	65 130	110	沛县五段镇	12 203
35	沛县张庄镇	145 416	73	新沂市新店镇	64 726	111	邳州市港上镇	10 800
36	铜山区伊庄镇	139 728	74	铜山区马坡镇	61 179	112	邳州市四户镇	9 999
37	邳州市议堂镇	138 650	75	睢宁县沙集镇	57 500	113	沛县鹿楼镇	7 852
38	邳州市陈楼镇	136 700	76	睢宁县邱集镇	56 820	114	邳州市车辐山镇	7 256

18-3　续表 3

年末各项存款余额

排序	乡镇名称	绝对量（万元）	排序	乡镇名称	绝对量（万元）	排序	乡镇名称	绝对量（万元）
1	铜山区铜山镇	1 590 424	39	睢宁县庆安镇	35 913	77	邳州市邳城镇	17 000
2	睢宁县睢城镇	785 540	40	睢宁县邱集镇	35 050	78	丰县大沙河镇	16 300
3	邳州市运河镇	450 427	41	沛县朱寨镇	33 474	79	邳州市新河镇	16 100
4	沛县沛城镇	165 192	42	睢宁县魏集镇	32 952	80	丰县梁寨镇	15 670
5	贾汪区大吴镇	119 865	43	沛县魏庙镇	32 717	81	睢宁县梁集镇	15 661
6	金山桥开发区大庙镇	118 990	44	沛县河口镇	32 570	82	铜山区徐庄镇	15 350
7	铜山区茅村镇	103 220	45	铜山区刘集镇	32 268	83	睢宁县沙集镇	15 200
8	沛县龙固镇	88 675	46	睢宁县官山镇	32 029	84	铜山区单集镇	15 156
9	沛县大屯镇	82 721	47	丰县师寨镇	31 577	85	丰县孙楼镇	15 000
9	丰县欢口镇	82 721	48	睢宁县凌城镇	31 500	86	沛县五段镇	14 658
11	贾汪区青山泉镇	64 310	49	铜山区棠张镇	30 500	87	丰县宋楼镇	14 100
12	睢宁县王集镇	60 836	50	新沂市新店镇	29 660	88	新沂市阿湖镇	14 000
13	沛县张庄镇	57 620	51	铜山区大彭镇	29 300	89	贾汪区汴塘镇	14 000
14	铜山区三堡镇	56 732	52	丰县常店镇	28 788	90	新沂市港头镇	13 472
15	金山桥开发区大黄山街道	56 487	53	铜山区黄集镇	28 150	91	邳州市岔河镇	13 080
16	邳州市官湖镇	55 940	54	沛县鹿楼镇	27 022	92	新沂市双唐镇	12 768
17	沛县张寨镇	55 551	55	新沂市草桥镇	25 900	93	新沂市唐店镇	12 563
18	睢宁县双沟镇	55 519	56	邳州市赵墩镇	25 700	94	邳州市陈楼镇	11 800
19	丰县首羡镇	53 325	57	沛县敬安镇	25 140	95	新沂市高流镇	11 731
20	贾汪区塔山镇	52 000	58	邳州市炮车镇	25 010	96	沛县胡寨镇	10 581
21	铜山区汉王镇	49 159	59	沛县安国镇	24 300	97	新沂市棋盘镇	10 099
22	睢宁县姚集镇	48 006	60	铜山区房村镇	23 413	98	新沂市时集镇	10 063
23	睢宁县李集镇	47 815	61	贾汪区贾汪镇	23 084	99	新沂市合沟镇	9 850
24	沛县杨屯镇	45 000	62	沛县栖山镇	22 900	100	丰县范楼镇	9 760
25	邳州市土山镇	44 652	63	新沂市马陵山镇	22 196	101	铜山区伊庄镇	9 610
26	睢宁县高作镇	44 253	64	丰县凤城镇	22 103	102	新沂市北沟镇	9 210
27	铜山区大许镇	43 120	65	新沂市窑湾镇	21 200	103	邳州市议堂镇	9 201
28	丰县赵庄镇	42 264	66	铜山区张集镇	21 085	104	邳州市邢楼镇	9 100
29	丰县顺河镇	41 000	67	铜山区何桥镇	21 000	105	邳州市戴庄镇	8 900
30	铜山区柳新镇	40 562	68	邳州市铁富镇	20 409	106	邳州市宿羊山镇	8 548
31	贾汪区紫庄镇	40 343	69	新沂市邵店镇	20 265	107	贾汪区江庄镇	7 830
32	睢宁县岚山镇	39 989	70	邳州市四户镇	19 500	108	邳州市八路镇	7 490
33	睢宁县桃园镇	39 938	71	铜山区柳泉镇	19 121	109	铜山区马坡镇	7 262
34	邳州市碾庄镇	39 675	72	铜山区郑集镇	19 010	110	新沂市瓦窑镇	7 166
35	铜山区利国镇	39 124	73	丰县华山镇	18 345	111	邳州市车辐山镇	6 580
36	睢宁县古邳镇	38 000	74	邳州市港上镇	18 000	112	邳州市戴圩镇	5 368
37	新沂市新安镇	37 960	75	邳州市邹庄镇	17 250	113	邳州市占城镇	3 021
38	丰县王沟镇	37 461	76	邳州市八义集镇	17 230	114	邳州市燕子埠镇	2 600

18-3 续表 4

农民人均纯收入

排序	乡镇名称	绝对量（元）	排序	乡镇名称	绝对量（元）	排序	乡镇名称	绝对量（元）
1	铜山区铜山镇	13 831	39	邳州市炮车镇	8 470	77	睢宁县王集镇	7 155
2	铜山区利国镇	12 953	40	铜山区马坡镇	8 407	78	铜山区徐庄镇	7 150
3	铜山区柳新镇	12 428	41	沛县河口镇	8 389	79	邳州市车辐山镇	7 125
4	铜山区三堡镇	11 668	42	沛县胡寨镇	8 373	80	邳州市岔河镇	7 121
5	新沂市新安镇	10 837	43	沛县栖山镇	8 367	81	睢宁县双沟镇	7 093
6	邳州市官湖镇	10 834	44	沛县杨屯镇	8 364	82	新沂市邵店镇	7 092
7	贾汪区大吴镇	10 832	45	丰县欢口镇	8 355	83	贾汪区贾汪镇	6 982
8	贾汪区青山泉镇	10 724	46	沛县魏庙镇	8 349	84	邳州市占城镇	6 970
9	铜山区柳泉镇	10 689	47	新沂市北沟镇	8 328	85	邳州市赵墩镇	6 900
10	邳州市运河镇	10 626	48	贾汪区紫庄镇	8 241	86	铜山区单集镇	6 869
11	金山桥开发区大庙镇	10 530	49	新沂市马陵山镇	8 226	87	邳州市邢楼镇	6 841
12	铜山区张集镇	10 420	50	邳州市港上镇	8 190	88	睢宁县桃园镇	6 830
13	铜山区茅村镇	10 350	51	沛县五段镇	8 177	89	睢宁县邱集镇	6 765
14	金山桥开发区大黄山街道	10 311	52	沛县张寨镇	8 155	90	睢宁县魏集镇	6 687
15	铜山区棠张镇	10 280	53	邳州市土山镇	8 099	91	睢宁县沙集镇	6 666
16	丰县凤城镇	10 151	54	贾汪区塔山镇	8 005	92	睢宁县凌城镇	6 654
17	邳州市四户镇	9 955	55	邳州市八路镇	7 990	93	丰县范楼镇	6 537
18	邳州市宿羊山镇	9 885	56	沛县鹿楼镇	7 910	94	睢宁县梁集镇	6 534
19	睢宁县睢城镇	9 560	57	邳州市八义集镇	7 908	95	邳州市戴庄镇	6 530
20	邳州市铁富镇	9 509	58	睢宁县李集镇	7 867	96	新沂市阿湖镇	6 522
21	邳州市陈楼镇	9 387	59	贾汪区江庄镇	7 824	97	丰县梁寨镇	6 490
22	沛县龙固镇	9 349	60	新沂市草桥镇	7 721	98	丰县常店镇	6 468
23	邳州市议堂镇	9 337	61	丰县大沙河镇	7 709	99	睢宁县官山镇	6 420
24	沛县沛城镇	9 250	62	铜山区黄集镇	7 668	100	睢宁县古邳镇	6 394
25	铜山区大彭镇	9 069	63	新沂市瓦窑镇	7 640	101	睢宁县姚集镇	6 354
26	沛县大屯镇	8 897	64	铜山区房村镇	7 603	102	睢宁县庆安镇	6 350
27	睢宁县高作镇	8 883	65	铜山区大许镇	7 578	103	丰县王沟镇	6 316
28	邳州市戴圩镇	8 875	66	丰县华山镇	7 556	104	新沂市双唐镇	6 305
29	沛县安国镇	8 832	67	邳州市燕子埠镇	7 500	105	睢宁县岚山镇	6 301
30	邳州市邹庄镇	8 800	68	铜山区何桥镇	7 442	106	丰县师寨镇	6 272
31	铜山区郑集镇	8 726	69	新沂市高流镇	7 432	107	贾汪区汴塘镇	6 242
32	铜山区汉王镇	8 700	70	邳州市邳城镇	7 420	108	丰县赵庄镇	6 208
33	沛县张庄镇	8 680	71	邳州市新河镇	7 383	109	新沂市新店镇	6 072
34	沛县敬安镇	8 641	72	丰县首羡镇	7 364	110	新沂市时集镇	6 011
35	铜山区刘集镇	8 636	73	丰县孙楼镇	7 350	111	新沂市港头镇	5 980
36	邳州市碾庄镇	8 599	74	新沂市窑湾镇	7 298	112	丰县顺河镇	5 958
37	沛县朱寨镇	8 522	75	铜山区伊庄镇	7 238	113	新沂市唐店镇	5 952
38	新沂市合沟镇	8 487	76	丰县宋楼镇	7 206	114	新沂市棋盘镇	5 319

附录一

小康社会进程监测(2004-2010年)

PROCESS INVESTIGATION OF WELL-OFF SOCIETY

版面负责人：张玉强

编　　　辑：唐子午

新《统计法》释义

关于作为统计调查对象的国家机关、企业事业单位或者其他组织在统计调查和执法检查活动中的违法行为和法律责任的规定

第四十一条 作为统计调查对象的国家机关、企业事业单位或者其他组织有下列行为之一的，由县级以上人民政府统计机构责令改正，给予警告，可以予以通报；其直接负责的主管人员和其他直接责任人员属于国家工作人员的，由任免机关或者监察机关依法给予处分：

（一）拒绝提供统计资料或者经催报后仍未按时提供统计资料的；

（二）提供不真实或者不完整的统计资料的；

（三）拒绝答复或者不如实答复统计检查查询书的；

（四）拒绝、阻碍统计调查、统计检查的；

（五）转移、隐匿、篡改、毁弃或者拒绝提供原始记录和凭证、统计台账、统计调查表及其他相关证明和资料的。

企业事业单位或者其他组织有前款所列行为之一的，可以并处五万元以下的罚款；情节严重的，并处五万元以上二十万元以下的罚款。

个体工商户有本条第一款所列行为之一的，由县级以上人民政府统计机构责令改正，给予警告，可以并处一万元以下的罚款。

【释义】 本条是关于作为统计调查对象的国家机关、企业事业单位或者其他组织在统计调查和执法检查活动中的违法行为和法律责任的规定。

作为统计调查对象的国家机关、企业事业单位和其他组织以及个体工商户违反上述义务，有下列违法行为之一的，应当承担法律责任：1.拒绝提供统计资料，是指明确表示不提供统计资料；2.经催报后仍未按时提供统计资料，是指虽没有明确表示不提供统计资料，但未按时提供，且经催报后仍不提供；3.提供不真实或者不完整的统计资料，是指所提供的统计资料与实际情况不符或者没有全面反映实际情况；4.拒绝答复或者不如实答复统计检查查询书，是指明确表示不答复统计检查查询书或者虽然答复了但答复内容与实际情况不符；5.拒绝、阻碍统计调查、统计检查，是指明确表示不接受统计调查、统计检查，或者使用暴力、威胁等各种方式阻挠、抗拒统计调查、统计检查。6.转移、隐匿、篡改、毁弃或者拒绝提供有关证明和资料。

作为统计调查对象的国家机关、企业事业单位或者其他组织、个体工商户，在统计调查和执法检查活动中有上述违法行为之一的，应当承担下列责任：1.违法主体是国家机关的，由县级以上人民政府统计机构责令改正，给予警告，可以予以通报；对其直接负责的主管人员和其他直接责任人员，由任免机关或者监察机关依法给予处分。2.违法主体是企业事业单位和其他组织的，由县级以上人民政府统计机构责令改正，给予警告，可以予以通报，并可以处五万元以下的罚款；情节严重的，并处五万元以上二十万元以下的罚款；其直接负责的主管人员和其他直接责任人员属于国家工作人员的，由任免机关或者监察机关依法给予处分。3.违法主体是个体工商户的，由县级以上人民政府统计机构责令改正，给予警告，可以并处一万元以下的罚款。本条没有对作为统计调查对象的国家机关规定罚款处罚，主要是考虑国家机关的经费来源于各级财政，对其给予罚款处罚，达不到惩戒目的，而应当通过给予处分追究其直接负责的主管人员和其他直接责任人员的责任。

编辑：张　霖

2010年徐州市全面建设小康社会进程测算表

指标名称	代码	单位	目标值	2010年实现值	2009年实现值	比上年增减值	年均应完成进度		时序进度情况	
							按省定时间	按自定时间	省定时间	市定时间
一、经济发展										
1.人均地区生产总值	1	元	≥24 000	34 084	27 514	6 570	—	—	√	√
2.二、三产业增加值占GDP比重	2	%	≥92	90.4	89.5	0.8	0.9	1.2	√	△
3.城市化水平	3	%	55	53.9	49.1	4.8	0.7	3.0	√	√
4.城镇登记失业率	4	%	<5	2.6	2.9	-0.3	—	—	√	√
二、生活水平										
5.居民收入										
(1)城镇居民人均可支配收入	5	元	≥16 000	16 762	14 798	1 964	150	601	√	√
(2)农村居民人均纯收入	6	元	≥8 000	7 955	6 951	1 004	131	525	√	√
6.居民住房										
(1)城镇人均住房建筑面积	7	M^2	30	32.9	32.5	0.4	—	—	√	√
(2)农村人均钢筋、砖木结构住房面积	8	M^2	40	41.4	37.2	4.2	0.4	1.4	√	√
7.居民出行										
(1)农村行政村通灰黑公路(或航道)比重	9	%	100	100	100	0.0	—	—	√	√
(2)城镇人均拥有道路面积	10	M^2	12	16.0	16.7	-0.7	—	—	√	√
8.居民信息化普及程度										
(1)百户家庭电话拥有量	11	部	200	268.1	256.8	11.3	—	—	√	√
(2)百户家庭电脑拥有量	12	台	40	46.5	37.1	9.4	0.4	1.5	√	√
9.居民文教娱乐服务支出占家庭消费支出比重	13	%	18	14.6	14.5	0.1	0.4	1.8	△	△
10.恩格尔系数	14	%	<40	36.3	36.9	-0.6	—	—	√	√
三、社会发展										
11.R&D经费支出占GDP比重	15	%	≥1.5	1.50	1.33	0.17	0.02	0.09	√	√
12.高中阶段教育毛入学率	16	%	≥90	93.5	89.2	4.3	0.1	0.4	√	√
13.卫生服务体系健全率	17	%	≥90	99.6	99.5	0.1	—	—	√	√
14.社会保障										
(1)城镇劳动保障三大保险各自覆盖面	18	%	≥95	96.8	96.5	0.3	—	—	√	√
#城镇基本养老保险		%	≥95	97.5	97.4	0.1	—	—	√	√
城镇失业保险		%	≥95	97.5	97.5	0.0	—	—	√	√
城镇基本医疗保险		%	≥95	95.3	94.5	0.8	0.1	0.2	√	√
(2)新型农村合作医疗覆盖面	19	%	≥85	99.2	99.0	0.2	—	—	√	√
15.人民群众对社会治安的满意率	20	%	90	98.6	98.0	0.6	—	—	√	√
16.城乡村(居)民依法自治										
(1)城镇社区居委会依法自治达标率	21	%	90	97.2	96.2	1.0	—	—	√	√
(2)农村村委会依法自治达标率	22	%	95	98.7	97.7	1.0	—	—	√	√
四、生态环境										
17.绿化水平										
(1)城市绿化覆盖率	23	%	40	40.3	39.2	1.1	0.1	0.4	√	√
(2)森林覆盖率	24	%	20	30.9	28.7	2.2	—	—	√	√
18.环境质量综合指数	25	分	80	85.6	80.1	5.5	—	—	√	√

注：1、表中“--”表示该指标上年总体已达到目标值；“√”表示当年达到时序进度，总体达标视同当年达到时序进度；“△”表示未达到时序进度。

2、徐州市省定与市自定实现目标时间分别为2017年和2011年。

3、由于区划调整2010年城市绿化覆盖率与往年不可比。

2009年徐州市全面建设小康社会进程测算表

指标名称	代码	单位	目标值	2009年实现值	2008年实现值	比上年增减值	年均应完成进度		时序进度情况	
							按省定时间	按自定时间	省定时间	市定时间
一、经济发展										
1.人均地区生产总值	1	元	≥24 000	27 514	24 350	3 164	—	—	√	√
2.二、三产业增加值占GDP比重	2	%	≥92	89.5	89.0	0.5	0.3	1.0	√	△
3.城市化水平	3	%	55	49.1	47.2	1.9	0.9	2.6	√	△
4.城镇登记失业率	4	%	< 5	2.9	2.7	0.2	—	—	√	√
二、生活水平										
5.居民收入										
(1)城镇居民人均可支配收入	5	元	≥16 000	14 798	13 205	1 593	311	932	√	√
(2)农村居民人均纯收入	6	元	≥8 000	6 951	6 240	711	196	587	√	√
6.居民住房										
(1)城镇人均住房建筑面积	7	M^2	30	32.5	32.1	0.4	—	—	√	√
(2)农村人均钢筋、砖木结构住房面积	8	M^2	40	37.2	35.0	2.2	0.6	1.7	√	√
7.居民出行										
(1)农村行政村通灰黑公路(或航道)比重	9	%	100	100	100	0.0	—	—	√	√
(2)城镇人均拥有道路面积	10	M^2	12	16.7	13.9	2.8	—	—	√	√
8.居民信息化普及程度										
(1)百户家庭电话拥有量	11	部	200	256.8	238.1	18.7	—	—	√	√
(2)百户家庭电脑拥有量	12	台	40	37.1	29.7	7.4	1.1	3.4	√	√
9.居民文教娱乐服务支出占家庭消费支出比重	13	%	18	14.5	13.8	0.7	0.5	1.4	√	△
10.恩格尔系数	14	%	< 40	36.9	38.6	-1.7	—	—	√	√
三、社会发展										
11.R&D经费支出占GDP比重	15	%	≥1.5	1.33	1.32	0.01	0.02	0.06	√	√
12.高中阶段教育毛入学率	16	%	≥90	89.2	82.9	6.3	0.8	2.4	√	√
13.卫生服务体系健全率	17	%	≥90	99.5	98.6	0.9	—	—	√	√
14.社会保障										
(1)城镇劳动保障三大保险各自覆盖面	18	%	≥95	96.5	94.2	2.3	0.1	0.3	√	√
#城镇基本养老保险		%	≥95	97.4	95.7	1.7	—	—	√	√
城镇失业保险		%	≥95	97.5	97.3	0.2	—	—	√	√
城镇基本医疗保险		%	≥95	94.5	89.7	4.8	0.6	1.8	√	√
(2)新型农村合作医疗覆盖面	19	%	≥85	99.0	97.6	1.4	—	—	√	√
15.人民群众对社会治安的满意率	20	%	90	98.0	99.0	1.0	—	—	√	√
16.城乡村(居)民依法自治										
(1)城镇社区居委会依法自治达标率	21	%	90	96.2	93.4	2.8	—	—	√	√
(2)农村村委会依法自治达标率	22	%	95	97.7	96.4	1.0	—	—	√	√
四、生态环境										
17.绿化水平										
(1)城市绿化覆盖率	23	%	40	39.2	40.1	-0.9	—	—	√	△
(2)森林覆盖率	24	%	20	28.7	27.6	1.1	—	—	√	√
18.环境质量综合指数	25	分	80	80.1	79.7	0.4	0.0	0.1	√	√

注：1、表中"--"表示该指标上年总体已达到目标值；"√"表示当年达到时序进度，总体达标视同当年达到时序进度；"△"表示未达到时序进度。

2、徐州市省定与市自定实现目标时间分别为2017年和2011年。

3、本表2008年人均地区生产总值、二三产业增加值占GDP比重为2008年经济普查调整数。

2008年徐州市全面建设小康社会进程测算表

指标名称	代码	单位	目标值	2008年实现值	2007年实现值	比上年增减值	年均应完成进度		时序进度情况	
							按省定时间	按自定时间	省定时间	市定时间
一、经济发展										
1.人均地区生产总值	1	元	≥24 000	23 069	19 221	3 847	478	1 195	√	√
2.二、三产业增加值占GDP比重	2	%	≥92	89.5	88.5	1.0	0.3	0.9	√	√
3.城市化水平	3	%	55	47.2	45.8	1.4	0.9	2.3	√	△
4.城镇登记失业率	4	%	<5	2.7	2.8	-0.1	—	—	√	√
二、生活水平										
5.居民收入										
(1)城镇居民人均可支配收入	5	元	≥16 000	13 205	11 418	1 787	458	1 145	√	√
(2)农村居民人均纯收入	6	元	≥8 000	6 240	5 534	706	247	617	√	√
6.居民住房										
(1)城镇人均住房建筑面积	7	M^2	30	32.1	31.5	0.6	—	—	√	√
(2)农村人均钢筋、砖木结构住房面积	8	M^2	40	35.0	33.8	1.2	0.6	1.6	√	△
7.居民出行										
(1)农村行政村通灰黑公路(或航道)比重	9	%	100	100	100	0.0	—	—	√	√
(2)城镇人均拥有道路面积	10	M^2	12	13.9	15.1	-1.2	—	—	√	√
8.居民信息化普及程度										
(1)百户家庭电话拥有量	11	部	200	238.1	224.3	13.8	—	—	√	√
(2)百户家庭电脑拥有量	12	台	40	29.7	23.3	6.4	1.7	4.2	√	√
9.居民文教娱乐服务支出占家庭消费支出比重	13	%	18	13.8	14.4	-0.6	0.4	0.9	△	△
10.恩格尔系数	14	%	<40	38.6	38.2	0.4	—	—	√	√
三、社会发展										
11.R&D经费支出占GDP比重	15	%	≥1.5	1.32	1.12	0.20	0.04	0.10	√	√
12.高中阶段教育毛入学率	16	%	≥90	82.9	70.1	12.8	2.0	5.0	√	√
13.卫生服务体系健全率	17	%	≥90	98.6	97.0	1.6	—	—	√	√
14.社会保障										
(1)城镇劳动保障三大保险各自覆盖面	18	%	≥95	94.2	93.1	1.1	0.2	0.5	√	√
#城镇基本养老保险		%	≥95	95.7	95.3	0.4	—	—	√	√
城镇失业保险		%	≥95	97.3	98.0	-0.7	—	—	√	√
城镇基本医疗保险		%	≥95	89.7	86.1	3.6	0.9	2.2	√	√
(2)新型农村合作医疗覆盖面	19	%	≥85	97.6	95.0	2.6	—	—	√	√
15.人民群众对社会治安的满意率	20	%	90	99.0	97.6	1.4	—	—	√	√
16.城乡村(居)民依法自治										
(1)城镇社区居委会依法自治达标率	21	%	90	93.4	92.7	0.7	—	—	√	√
(2)农村村委会依法自治达标率	22	%	95	96.4	95.8	0.6	—	—	√	√
四、生态环境										
17.绿化水平										
(1)城市绿化覆盖率	23	%	40	40.1	38.2	1.9	0.2	0.5	√	√
(2)森林覆盖率	24	%	20	27.6	26.6	1.0	—	—	√	√
18.环境质量综合指数	25	分	80	79.7	79.6	0.1	0.0	0.1	√	√

注:1、表中“--”表示该指标上年总体已达到目标值;“√”表示当年达到时序进度,总体达标视同当年达到时序进度;“△”表示未达到时序进度。

2、徐州市省定与市自定实现目标时间分别为2017年和2011年。

3、2007年及以后城镇居民人均可支配收入、城镇居民人均住房建筑面积、百户家庭电话拥有量、百户家庭电脑拥有量、居民文教娱乐支出占家庭消费支出比重、城镇居民人均拥有道路面积、恩格尔系数计算口径由市区调整为全市(含县、区)城镇住户。

2007年徐州市全面建设小康社会进程测算表

指标名称	代码	单位	目标值	2007年实现值	2006年实现值	比上年增减值	年均应完成进度		时序进度情况	
							按省定时间	按自定时间	省定时间	市定时间
一、经济发展										
1.人均地区生产总值	1	元	≥24 000	19 221	16 256	2 965	704	1 549	√	√
2.二、三产业增加值占GDP比重	2	%	≥92	88.5	87.3	1.2	0.4	0.9	√	√
3.城市化水平	3	%	55	45.8	44.8	1.0	0.9	2.0	√	△
4.城镇登记失业率	4	%	<5	2.8	3.0	-0.2	—	—	√	√
二、生活水平										
5.居民收入										
(1)城镇居民人均可支配收入	5	元	≥16 000	14 875	12 836	2 039	288	633	√	√
(2)农村居民人均纯收入	6	元	≥8 000	5 534	4 896	638	282	621	√	√
6.居民住房										
(1)城镇人均住房建筑面积	7	M^2	30	26.2	25.8	0.4	0.4	0.8	√	△
(2)农村人均钢筋、砖木结构住房面积	8	M^2	40	33.8	32.1	1.7	0.7	1.6	√	√
7.居民出行										
(1)农村行政村通灰黑公路(或航道)比重	9	%	100	100	100	0.0	—	—	√	√
(2)城镇人均拥有道路面积	10	M^2	12	12.9	12.7	0.2	—	—	√	√
8.居民信息化普及程度										
(1)百户家庭电话拥有量	11	部	200	234.1	212.1	22.0	—	—	√	√
(2)百户家庭电脑拥有量	12	台	40	28.8	23.9	4.9	1.5	3.2	√	√
9.居民文教娱乐服务支出占家庭消费支出比重	13	%	18	14.7	14.4	0.3	0.3	0.7	√	△
10.恩格尔系数	14	%	<40	37.1	37.8	-0.7	—	—	√	√
三、社会发展										
11.R&D经费支出占GDP比重	15	%	≥1.5	1.12	0.97	0.15	0.05	0.11	√	√
12.高中阶段教育毛入学率	16	%	≥90	70.1	56.1	14.0	3.1	6.8	√	√
13.卫生服务体系健全率	17	%	≥90	97.0	86.0	11.0	0.4	0.8	√	√
14.社会保障										
(1)城镇劳动保障三大保险各自覆盖面	18	%	≥95	93.1	91.8	1.3	0.3	0.6	√	√
#城镇基本养老保险		%	≥95	95.3	95.1	0.2	—	—	√	√
城镇失业保险		%	≥95	98.0	98.0	0.0	—	—	√	√
城镇基本医疗保险		%	≥95	86.1	82.4	3.7	1.1	2.5	√	√
(2)新型农村合作医疗覆盖面	19	%	≥85	95.0	91.5	3.5	—	—	√	√
15.人民群众对社会治安的满意率	20	%	90	97.6	96.9	0.7	—	—	√	√
16.城乡村(居)民依法自治										
(1)城镇社区居委会依法自治达标率	21	%	90	92.7	91.1	1.6	—	—	√	√
(2)农村村委会依法自治达标率	22	%	95	95.8	95.0	0.8	—	—	√	√
四、生态环境										
17.绿化水平										
(1)城市绿化覆盖率	23	%	40	38.2	37.9	0.3	0.2	0.4	√	△
(2)森林覆盖率	24	%	20	26.6	25.5	1.1	—	—	√	√
18.环境质量综合指数	25	分	80	79.6	79.2	0.4	0.1	0.2	√	√

注:1、表中"—"表示该指标上年总体已达到目标值;"√"表示当年达到时序进度,总体达标视同当年达到时序进度;"△"表示未达到时序进度。

2、徐州市省定与市自定实现目标时间分别为2017年和2011年。

2006 年徐州市全面建设小康社会进程测算表

指标名称	代码	单位	目标值	2006 年实现值	2005 年实现值	比上年增减值	年均应完成进度		时序进度情况	
							按省定时间	按自定时间	省定时间	自定时间
一、经济发展										
1.人均地区生产总值	1	元	≥24 000	16 256	13 697	2 559	859	1 717	√	√
2.二、三产业增加值占 GDP 比重	2	%	≥92	87.3	86.0	1.3	0.5	1.0	√	√
3.城市化水平	3	%	55	44.8	43.4	1.4	1.0	1.9	√	△
4.城镇登记失业率	4	%	<5	3.0	3.4	-0.4	--	--	√	√
二、生活水平										
5.居民收入										
（1）城镇居民人均可支配收入	5	元	≥16 000	12 836	11 185	1 651	401	802	√	√
（2）农村居民人均纯收入	6	元	≥8 000	4 896	4 443	453	296	593	√	△
6.居民住房										
（1）城镇人均住房建筑面积	7	M^2	30	25.8	24.8	1.0	0.4	0.9	√	√
（2）农村人均钢筋、砖木结构住房面积	8	M^2	40	32.1	28.8	3.3	0.9	1.9	√	√
7.居民出行										
（1）农村行政村通灰黑公路（或航道）比重	9	%	100	100	100	0.0	--	--	√	√
（2）城镇人均拥有道路面积	10	M^2	12	12.7	10.9	1.8	0.1	0.2	√	√
8.居民信息化普及程度										
（1）百户家庭电话拥有量	11	部	200	212.1	182.9	29.2	1.4	2.9	√	√
（2）百户家庭电脑拥有量	12	台	40	23.9	19.7	4.2	1.7	3.4	√	√
9.居民文教娱乐服务支出占家庭消费支出比重	13	%	18	14.4	16.6	-2.2	0.1	0.2	△	△
10.恩格尔系数	14	%	<40	37.8	38.6	-0.8	--	--	√	√
三、社会发展										
11.R&D 经费支出占 GDP 比重	15	%	≥1.5	0.97	1.00	-0.03	0.04	0.08	△	△
12.高中阶段教育毛入学率	16	%	≥90	56.1	51.6	4.5	3.2	6.4	√	△
13.卫生服务体系健全率	17	%	≥90	86.0	78.4	7.6	1.0	1.9	√	√
14.社会保障										
（1）城镇劳动保障三大保险各自覆盖面	18	%	≥95	91.8	91.8	0.0	0.3	0.5	△	△
# 城镇基本养老保险		%	≥95	95.1	98.0	-2.9	--	--	√	√
城镇失业保险		%	≥95	98.0	99.0	-1.0	--	--	√	√
城镇基本医疗保险		%	≥95	82.4	78.4	4.0	1.4	2.8	√	√
（2）新型农村合作医疗覆盖面	19	%	≥85	91.5	82.4	9.1	0.2	0.4	√	√
15.人民群众对社会治安的满意率	20	%	90	96.9	96.6	0.3	--	--	√	√
16.城乡村（居）民依法自治										
（1）城镇社区居委会依法自治达标率	21	%	90	91.1	91.0	0.1	--	--	√	√
（2）农村村委会依法自治达标率	22	%	95	95.0	95.0	0.0	--	--	√	√
四、生态环境										
17.绿化水平										
（1）城市绿化覆盖率	23	%	40	37.9	36.3	1.6	0.3	0.6	√	√
（2）森林覆盖率	24	%	20	25.5	24.9	0.6	--	--	√	√
18.环境质量综合指数	25	分	80	79.2	68.8	10.4	0.9	1.9	√	√

注：1、表中“--”表示该指标上年总体已达到目标值；“√”表示当年达到时序进度，总体达标视同当年达到时序进度；“△”表示未达到时序进度。

2、徐州市省定与市自定实现目标时间分别为 2017 年和 2011 年。

2005年徐州市全面建设小康社会进程测算表

指标名称	代码	单位	目标值	2005年实现值	2004年实现值	比上年增减值	年均应完成进度		时序进度情况	
							按省定时间	按自定时间	省定时间	自定时间
一、经济发展										
1.人均地区生产总值	1	元	≥24 000	13 697	11 596	2 101	954	1 240	√	√
2.二、三产业增加值占GDP比重	2	%	≥92	86.0	84.6	1.4	0.6	0.7	√	√
3.城市化水平	3	%	55	43.4	42.0	1.4	1.0	1.3	√	√
4.城镇登记失业率	4	%	<5	3.4	4.0	-0.6	--	--	√	√
二、生活水平										
5.居民收入										
(1)城镇居民人均可支配收入	5	元	≥16 000	11 185	9 840	1 346	474	616	√	√
(2)农村居民人均纯收入	6	元	≥8 000	4 443	4 003	440	307	400	√	√
6.居民住房										
(1)城镇人均住房建筑面积	7	M^2	30	24.8	21.4	3.4	0.7	0.9	√	√
(2)农村人均钢筋、砖木结构住房面积	8	M^2	40	28.8	27.8	1.0	0.9	1.2	√	√
7.居民出行										
(1)农村行政村通灰黑公路(或航道)比重	9	%	100	100	100	0.0	--	--	√	√
(2)城镇人均拥有道路面积	10	M^2	12	10.9	11.4	-0.5	0.04	0.1	△	△
8.居民信息化普及程度										
(1)百户家庭电话拥有量	11	部	200	182.9	150.6	32.3	3.8	4.9	√	√
(2)百户家庭电脑拥有量	12	台	40	19.7	14.8	4.9	1.9	2.5	√	√
9.居民文教娱乐服务支出占家庭消费支出比重	13	%	18	16.6	15.2	1.4	0.2	0.3	√	√
10.恩格尔系数	14	%	<40	38.6	41.1	-2.5	-0.1	-0.1	√	√
三、社会发展										
11.R&D经费支出占GDP比重	15	%	≥1.5	1.00	0.83	0.17	0.05	0.07	√	√
12.高中阶段教育毛入学率	16	%	≥90	51.6	47.9	3.7	3.2	4.2	√	△
13.卫生服务体系健全率	17	%	≥90	78.4	66.8	11.6	1.8	2.3	√	√
14.社会保障										
(1)城镇劳动保障三大保险各自覆盖面	18	%	≥95	91.8	87.4	4.4	0.6	0.8	√	√
#城镇基本养老保险		%	≥95	98.0	95.8	2.2	--	--	√	√
城镇失业保险		%	≥95	99.0	94.9	4.1	0.01	0.01	√	√
城镇基本医疗保险		%	≥95	78.4	71.6	6.8	1.8	2.3	√	√
(2)新型农村合作医疗覆盖面	19	%	≥85	82.4	64.9	17.5	1.5	2.0	√	√
15.人民群众对社会治安的满意率	20	%	90	96.6	90.1	6.5	--	--	√	√
16.城乡村(居)民依法自治										
(1)城镇社区居委会依法自治达标率	21	%	90	91.0	90.0	1.0	--	--	√	√
(2)农村村委会依法自治达标率	22	%	95	95.0	95.0	0.0	--	--	√	√
四、生态环境										
17.绿化水平										
(1)城市绿化覆盖率	23	%	40	36.3	33.4	2.9	0.5	0.7	√	√
(2)森林覆盖率	24	%	20	24.9	24.1	0.9	--	--	√	√
18.环境质量综合指数	25	分	80	68.8	64.4	4.4	1.2	1.6	√	√

注:1.表中“—”表示该指标上年总体已达到目标值;“√”表示当年达到时序进度,总体达标视同当年达到时序进度;“△”表示未达到时序进度。

2.徐州市省定与市自定实现目标时间分别为2017年和2014年。

2004 年徐州市全面建设小康社会进程测算表

指标名称	代码	单位	目标值	2004 年实现值	2003 年实现值	比上年增减值	年均应完成进度		时序进度情况	
							按省定时间	按自定时间	省定时间	自定时间
一、经济发展										
1.人均地区生产总值	1	元	≥24 000	11 596	9 992	1 604	1 001	1 273	√	√
2.二、三产业增加值占 GDP 比重	2	%	≥92	84.6	85.1	-0.5	0.5	0.6	√	△
3.城市化水平	3	%	55	42.0	40.4	1.6	1.0	1.3	√	√
4.城镇登记失业率	4	%	<5	4.0	4.3	-0.3	--	--	√	√
二、生活水平										
5.居民收入										
(1)城镇居民人均可支配收入	5	元	≥16 000	9 840	8 954	886	503	641	√	√
(2)农村居民人均纯收入	6	元	≥8 000	4 003	3 605	398	314	400	√	△
6.居民住房										
(1)城镇人均住房建筑面积	7	M^2	30	21.4	20.3	1.1	0.7	0.9	△	√
(2)农村人均钢筋、砖木结构住房面积	8	M^2	40	27.8	26.6	1.2	1.0	1.2	√	√
7.居民出行										
(1)农村行政村通灰黑公路(或航道)比重	9	%	100	100	100	0.0	--	--	√	√
(2)城镇人均拥有道路面积	10	M^2	12	11.4	11.0	0.4	0.1	0.1	√	√
8.居民信息化普及程度										
(1)百户家庭电话拥有量	11	部	200	150.6	126.0	24.6	5.3	6.7	√	√
(2)百户家庭电脑拥有量	12	台	40	14.8	11.6	3.2	2.0	2.6	√	√
9.居民文教娱乐服务支出占家庭消费支出比重	13	%	18	15.2	16.3	-1.1	0.1	0.2	△	△
10.恩格尔系数	14	%	<40	41.1	38.3	2.8	--	--	△	△
三、社会发展										
11.R&D 经费支出占 GDP 比重	15	%	≥1.5	0.83	0.68	0.15	0.06	0.07	△	√
12.高中阶段教育毛入学率	16	%	≥90	47.9	45.8	2.1	3.2	4.0	△	△
13.卫生服务体系健全率	17	%	≥90	66.8	62.7	4.1	1.9	2.5	√	√
14.社会保障										
(1)城镇劳动保障三大保险各自覆盖面	18	%	≥95	87.4	83.3	4.1	0.8	1.1	√	√
# 城镇基本养老保险		%	≥95	95.8	94.9	0.9	0.0	0.0	√	√
城镇失业保险		%	≥95	94.9	86.2	8.7	0.6	0.8	√	√
城镇基本医疗保险		%	≥95	71.6	68.9	2.7	1.9	2.4	√	√
(2)新型农村合作医疗覆盖面	19	%	≥85	64.9	19.6	45.3	4.7	5.9	√	√
15.人民群众对社会治安的满意率	20	%	90	90.1	95.5	-5.4	--	--	√	√
16.城乡村(居)民依法自治										
(1)城镇社区居委会依法自治达标率	21	%	90	90.0	89.0	1.0	0.1	0.1	√	√
(2)农村村委会依法自治达标率	22	%	95	95.0	95.0	0.0	--	--	√	√
四、生态环境										
17.绿化水平										
(1)城市绿化覆盖率	23	%	40	33.4	29.5	3.9	0.7	1.0	√	√
(2)森林覆盖率	24	%	20	24.1	19.7	4.4	0.0	0.0	√	√
18.环境质量综合指数	25	分	80	64.4	55.5	8.9	1.8	2.2	√	√

注：1、表中“--”表示该指标上年总体已达到目标值；“√”表示当年达到时序进度，总体达标视同当年达到时序进度；“△”表示未达到时序进度。
2、徐州市省定与市自定实现目标时间分别为 2017 年和 2014 年。

指标解释及计算方法

人均地区生产总值:国内生产总值(GDP)是指一个国家(或地区)所有常住单位在一定时期内生产活动的最终成果。对于地区,GDP中文名称为“地区生产总值”。人均地区生产总值是指一定时期内按平均常住人口计算的地区生产总值。资料来源:统计部门,计算公式为:

人均地区生产总值 = 地区生产总值 / 年平均常住人口

二、三产业增加值占GDP的比重:指第二产业、第三产业实现的增加值之和在全部地区生产总值中所占的比重。

我国的三次产业划分是:

第一产业:农业(即农林牧渔业)。

第二产业:工业(包括采矿业、制造业、电力燃气及水的生产和供应业)、建筑业。

第三产业:除第一、第二产业以外的其他各行业。

资料来源:统计部门,计算公式为:

二、三产业增加值占GDP的比重 = (第二产业增加值 + 第三产业增加值) / 地区生产总值(GDP) × 100%

城市化水平:指一个地区城镇人口占该地区总人口的比重。资料来源:统计部门,计算公式为:

城市化水平 = 年末城镇人口 / 年末总人口 × 100%

城镇登记失业率:指期末城镇登记失业人数占期末城镇从业人员总数与城镇登记失业人数之和的比重。城镇登记失业人员:指非农业人口,在劳动年龄(16周岁至退休年龄)内,有劳动能力、无业而要求就业、并在当地就业服务机构进行求职登记的人员。但不包括:(1)正在就读的学生和等待就学的人员;(2)已经达到国家规定的退休年龄或虽未达到国家规定的退休年龄但已经办理了退休(含离休)、退职手续的人员;(3)其他不符合失业定义的人员。期末城镇从业人员总数:指辖区内城镇劳动年龄人口中处于就业状态的人员总数。包括离开本单位仍保留劳动关系的职工,不包括聘用的离退休人员、港澳台及外籍人员和使用的农村劳动力。资料来源:劳动和社会保障部门,计算公式为:

年末城镇登记失业率 = 年末城镇登记失业人数 / (年末城镇从业人员总数 + 年末城镇登记失业人数) × 100%

城镇居民人均可支配收入:指调查户按人平均计算的可用于最终消费支出和其它非义务性支出以及储蓄的总和,即居民家庭可以用来自由支配的收入。它是家庭总收入扣除交纳的所得税、个人交纳的社会保障费以及调查户的记帐补贴后的收入。资料来源:统计部门,计算公式为:

可支配收入 = 家庭总收入 - 交纳个人所得税 - 个人交纳社会保障支出 - 记帐补贴

农村居民人均纯收入:指农村居民按人平均计算的总收入扣除从事生产和非生产经营费用支出、缴纳税款和上交承包集体任务金额以后,归农民所有的收入。资料来源:统计部门,计算公式为:

纯收入 = 家庭总收入 - 从事生产和非生产经营费用支出 - 缴纳税款 - 上交承包集体任务金额

城镇住房建筑面积:指城镇居民家庭现有住房的总建筑面积。现住房计算总建筑面积时以房屋产权证或租赁证为准,无建筑面积的可按使用面积乘以1.33计算得出。资料来源:统计部门。

农村钢筋、砖木结构住房面积:指农村居民按人平均的钢筋混凝土结构和砖木结构住房的室内面积。房屋面积从内墙线算起,不包括房屋结构(如墙、柱)占用的面积,多层建筑按各层面积总和计算。钢筋混凝土结构是指房屋的梁、柱、承重墙等主要部分是用钢筋混凝土建造的。砖木结构是指梁、柱、承重墙等主要部分是用砖、石和木料建造的。资料来源:统计部门。

城镇人均拥有道路面积:指按城镇人口计算平均每人拥有的道路面积。道路面积:指城市(县城)路面面积和与道路相通的广场、桥梁、隧道、人行道面积。人行道面积按道路两侧面积相加计算,包括步行街和广场,不含人车混行的道路。资料来源:建设部门。

农村行政村通达灰黑公路(或航道)比重:指农村通达灰黑公路(或航道)的行政村个数占行政村总数的比重;农村村通公路:指由乡(镇)通达行政村的公路。农村灰黑公路:指路基4.5米、路面3.5米宽以上的公路(包含等级公路和等外公路)。资料来源:交通部门。

百户家庭电话拥有量:指每百户家庭平均拥有固定电话(电信、网通、铁通等)、移动市话(小灵通、万信通等)和移动电话(移动、联通等)。以单独使用的号码计算数量,一个号码统计为1户,不包括房间内部联接的分机(子机)。资料来源:统计部门,计算公式为:

百户家庭电话拥有量 = 城镇百户家庭电话拥有量 × 城市化水平 + 农村百户家庭电话拥有量 × (1- 城市化水平)

百户家庭电脑拥有量:指每百户家庭平均拥有的由显示器、中央处理器、键盘输入设备、存贮器等主要部件组成的家用电子计算机,包括台式计算机和便携式计算机。不包括学习机、掌上电脑。资料来源:统计部门,计算公式为:

百户家庭电脑拥有量 = 城镇百户家庭电脑拥有量 × 城市化水平 + 农村百户家庭电脑拥有量 × (1- 城市化水平)

居民文教娱乐服务支出占家庭消费支出的比重:指居民用于文化、教育、娱乐方面的服务性支出占生活消费支出的比重。

居民文教娱乐服务支出:是指调查户用于教育和文化娱

乐方面的支出，包括商品和非商品支出的总和。家庭消费支出：指调查户用于家庭日常生活的全部支出，包括食品、衣着、家庭设备用品及服务、医疗保健、交通和通讯、娱乐教育文化服务、居住、杂项商品和服务等八大类。资料来源：统计部门，计算公式为：

居民文教娱乐服务支出占家庭消费支出的比重 = 城镇居民文教娱乐服务支出占家庭消费支出的比重 × 城市化水平 + 农村居民文教娱乐服务支出占家庭消费支出的比重 ×（1- 城市化水平）

恩格尔系数：指居民用于食品消费的支出占生活消费支出的比重。食品支出是指居民用于主食、副食、其他食品以及在外饮食的支出总和。资料来源：统计部门，计算公式为：

恩格尔系数 =（城镇食品支出 / 消费性支出 × 100%）× 城市化水平 +（农村食品支出 / 生活消费支出 × 100%）×（1- 城市化水平）

R&D 经费支出占 GDP 的比重：指用于研究与试验发展（R&D）活动的经费占地区生产总值（GDP）的比重。研究与试验发展（R&D）活动指在科学技术领域，为增加知识总量、以及运用这些知识去创造新的应用而进行的系统的创造性的活动，包括基础研究、应用研究、试验发展三类活动。（注：为避免重复计算，指标中 R&D 经费支出指 R&D 经费内部支出）

统计范围是各级各部门（县及县以上）所属国有独立核算的科学研究与技术开发机构；科技情报与文献机构；全日制普通高校、国防科技工业系统的科学研究与技术开发机构及科技情报与文献机构、大中型工业企业、综合技术服务机构。小型工业企业可用 2004 年经济普查数据替代；建筑企业可用 2005 年科技滚动调查数据替代；交通运输仓储及邮电通信企业、农业及地质水利企事业单位、医疗卫生机构、软件开发等企事业单位可用 2000 年科技清查数据替代。资料来源：统计部门。

高中阶段教育毛入学率：指高中阶段在校生人数占 15－17 岁学龄人口的比重。资料来源：教育部门的普通高中、职业高中、中等职业学校在校生及劳动和社会保障部门的技工学校在校生，以及统计部门的适龄人口。县级小康用“初中毕业生升学率”指标来代替，由教育部门提供。

卫生服务体系健全率：包括县乡村卫生服务网络健全率、卫生服务人员资格合格率、社区卫生服务普及率等三项指标。计算公式为：

省及省辖市卫生服务体系健全率 = 县乡村卫生服务网络健全率 ×（1/3）+ 卫生服务人员资格合格率 ×（1/3）+ 社区卫生服务普及率 ×（1/3）

县级卫生服务体系健全率 = 县乡村卫生服务网络健全率 ×（1/2）+ 卫生服务人员资格合格率 ×（1/2）

各项指标值超过 100% 的一律按 100% 计算。

县乡村卫生服务网络健全率：指医疗卫生机构数占应建设总数的百分比。医疗卫生机构包括区域内县（市、区）政府举办的县疾病预防控制中心、县综合医院、县中医院、县妇幼保健院（所）、县传染病分院或病区、县急救医疗站以及县卫生监督所；建制乡（镇）政府举办，其人员、业务、经费等划归县卫生行政部门按职责管理的卫生院；行政村设卫生室（按《省卫生厅关于 2008-2009 年卫生统计调查工作的通知》（苏卫办〔2008〕35 号）执行）。

卫生服务人员资格合格率：指区域内县（市、区）、乡（镇）医疗卫生机构中的医疗卫生技术人员取得规定执业证书依法执业的人数占医疗卫生技术人员总数的百分比。规定执业证书指：县（市、区）、乡（镇）医疗卫生机构的卫生技术人员必须具备执业助理医师及以上执业资格，护理、助产岗位上的人员必须具备护士执业资格，其他卫生技术岗位上的人员要具备初级及以上专业技术资格；乡村医生要取得乡村医生执业证书。

社区卫生服务普及率：指省辖市城区街道已建社区卫生服务中心数占行政街道数的百分比。社区卫生服务中心按经过卫生行政部门批准设置并取得医疗机构执业许可证进行统计。县和县级市以及农业人口较多的区不填报该指标，按《省卫生厅关于 2008-2009 年卫生统计调查工作的通知》（苏卫办〔2008〕35 号）执行。

城镇劳动保障三大保险各自覆盖面：即城镇企业职工基本养老保险覆盖面、城镇职工基本医疗保险覆盖面、城镇失业保险覆盖面，指三大保险各自参保人数占应参保总人数的比重。资料来源：劳动和社会保障部门。

城镇企业职工基本养老保险覆盖范围：国有和国有控股企业、外商投资企业（包括外国企业驻江苏机构）、城镇集体企业、城镇私营企业和其他城镇企业及其职工，实行企业化管理的事业单位及其职工，国家机关、事业单位、社会团体聘用的职工；民办非企业单位及其职工，城镇个体工商户及其雇工。

城镇职工基本医疗保险覆盖范围：国有和国有控股企业、外商投资企业（包括外国企业驻江苏机构）、城镇集体企业、城镇私营企业和其他城镇企业及其职工，国家机关及其工作人员，事业单位及其职工，社会团体及其专职人员，民办非企业单位及其职工，城镇个体工商户及其雇工。

城镇失业保险覆盖范围：国有和国有控股企业、外商投资企业（包括外国企业驻江苏机构）、城镇集体企业、城镇私营企业和其他城镇企业及其职工，事业单位及其职工，社会团体及其专职人员，国家机关及其聘用的职工，民办非企业单位及其职工，有雇工的城镇个体工商户及其雇工。

新型农村合作医疗覆盖面：指参加新型农村合作医疗人数占农村总人口的比重。新型农村合作医疗制度：指由政府组织、引导、支持，农民自愿参加，个人、集体和政府多方筹资，以大病统筹为主的农民互助共济制度。资料来源：卫生部门。

人民群众对社会治安的满意率：反映社会治安的综合状况，体现“平安江苏”建设的要求；既反映公众安全感的高低，也反映人民群众对政府和社会治安综合治理各个部门工作绩效的评价，通过专业部门问卷调查取得。

问卷调查中，当问及“你对当前社会治安的评价”时，回答分“很好、较好、一般、较差、很差”等五个等级。其中回答“很好、较好、一般”的人数之和占问卷调查总人数的比重即为人民群众对社会治安的满意率。

资料来源:省统计局、省政法委综治办(县级数据)

城镇社区居委会依法自治达标率:指根据苏民基(2002)2号文件要求,达到四民主(即民主选举、民主决策、民主管理、民主监督)、三自我(即自我管理、自我教育、自我服务)要求的居委会所占的比重。资料来源:民政部门。

农村村委会依法自治达标率:指根据苏民基(1999)14号文件要求,达到四民主(即民主选举、民主决策、民主管理、民主监督)、三自我(即自我管理、自我教育、自我服务)村委会所占的比重。资料来源:民政部门。

城市绿化覆盖率:指城市建成区绿化覆盖面积占城市建成区面积的比重。绿化覆盖面积指统计区域内的乔木、灌木、草坪等所有植被的垂直投影面积。包括公共绿地、居住区绿地、单位附属绿地、防护绿地、生产绿地、道路绿地、风景林地等的绿化种植覆盖面积、屋顶绿化覆盖面积以及零散树木的覆盖面积。资料来源:建设部门,计算公式为:

绿化覆盖率 = 建成区绿化覆盖面积 / 建成区面积 × 100%

森林覆盖率:指有林地面积、国家特别规定灌木林地面积及四旁树占地面积之和占土地面积的比重,以百分数表示。资料来源:林业部门。计算公式为:

森林覆盖率 =(有林地面积 + 灌木林地面积 + 四旁树占地面积)/ 土地总面积 × 100%

环境质量综合指数:包括环境空气质量良好天数百分率、集中式饮用水源地水质达标率、水域功能区水质达标率、功能区环境噪声达标率和公众对城乡环境保护满意率。

计算公式:环境质量综合指数 =[(环境空气质量良好天数百分率 × 20)+(集中式饮用水源地水质达标率 × 20)+(水域功能区水质达标率 × 40)+(功能区环境噪声达标率 × 10)+(公众对城乡环境保护满意率 × 10)] × 小康环保考核监察系数。

环境空气质量良好天数百分率:指省辖市市区及所辖县(市)城区全年环境空气质量良好以上天数(即空气污染指数API小于或等于100的天数)占总天数比例的平均值。计算公式:

环境空气质量良好天数百分率 =(∑(全年环境空气质量良好以上天数 / 总天数)/n) × 100%

n为省辖市和县(市)空气自动监测站数(未建空气自动监测站的县(市)暂不参加统计)。

集中式饮用水源地水质达标率:指省辖市市区及所辖县(市)城区从集中式饮用水源地取得达到Ⅲ类标准(《地表水环境质量标准》)的水量占取水总量的百分比。计算公式:

集中式饮用水源地水质达标率 = 各饮用水源地取水水质达标量之和 / 各饮用水源地取水量之和 × 100%

各饮用水源地取水水质达标量按照达标项次占监测总项次的百分比乘以取水总量计算,每月达标项次的监测项目基数按26项计算。监测项目与频次:9个必测项目(水温、PH、溶解氧、高锰酸盐指数、氨氮、氟化物、挥发酚、石油类、粪大肠菌群)每月监测一次;17个选测项目(硫酸盐、五日生化需氧量、氯化物、铁、锰、硝酸盐、铜、锌、硒、砷、汞、镉、铬(六价)、铅、氰化物、阴离子表面活性剂、硫化物)每年1月和7月各监测一次,如未达到地表水Ⅱ类标准,则需要每月监测。

水域功能区水质达标率:指省辖市及所辖县(市)所有水域功能区达标的断面数占总断面数的比例。

计算公式:水域功能区水质达标率 = 各地表水环境功能区断面中全年水质达标的断面数 / 各地表水环境功能区断面总数 × 100%

水域功能区监测断面水质达标评价,按9项例行监测项目年均值与考核目标相比(太湖流域国家考核断面高锰酸盐指数和氨氮两项指标按国家"十一五"考核目标执行),有一项不达标则该断面全年水质考核为不达标。监测项目与频次:9个监测项目(PH、溶解氧、高锰酸盐指数、五日生化需氧量、氨氮、汞、铅、挥发酚、石油类)逢单月监测。

功能区环境噪声达标率:指辖区内4类功能区环境噪声平均达标率。

功能区环境噪声达标率 =(4类功能区环境噪声昼间平均率 +4类功能区环境噪声夜间平均达标率)/2

公众对城乡环境保护满意率:对各地城乡空气污染、水污染、噪声污染、垃圾处理、环保宣传教育等五个方面开展民意调查,综合计算满意率。

小康环保考核监察系数:根据国控重点源省级以上抽测达标率和各地被省级以上挂牌督办事件次数,确定小康环保考核监察系数,对各地环境质量综合指数进行校正。国控重点源省级以上抽测率在80%以下的,每下降10个百分点,环境质量综合指数分值扣1%;被省级以上挂牌督办一次,环境质量综合指数分值扣1%。

小康环保考核监察系数 =1-(80%- 国控重点源省级以上达标率) × 10 × 1%- 被省级以上挂牌督办事件次数 × 1%

附录二

江苏省市、县主要经济指标(2010年)

MAJOR ECONOMIC INDICATORS OF CITIES AND COUNTIES OF JIANGSU

版面负责人：张玉强

编　　辑：鹿　燕

关于迟报或未设置原始记录、统计台账的法律责任的规定

第四十二条 作为统计调查对象的国家机关、企业事业单位或者其他组织迟报统计资料，或者未按照国家有关规定设置原始记录、统计台账的，由县级以上人民政府统计机构责令改正，给予警告。

企业事业单位或者其他组织有前款所列行为之一的，可以并处一万元以下的罚款。

个体工商户迟报统计资料的，由县级以上人民政府统计机构责令改正，给予警告，可以并处一千元以下的罚款。

【释义】 本条是关于作为统计调查对象的国家机关、企业事业单位或者其他组织以及个体工商户，迟报统计资料或者未按照规定设置原始记录、统计台账的法律责任的规定。

本条规定了两类统计违法行为：一是国家机关、企业事业单位或者其他组织、个体工商户等统计调查对象迟报统计资料。迟报统计资料，是指统计调查对象违反本法及其他有关法律、法规、规章和统计调查制度的规定，没有按时报送统计资料的违法行为。二是国家机关、企业事业单位或者其他组织未依法设置原始记录和统计台账。原始记录、统计台账是保障统计调查对象真实、准确、及时、完整履行资料报送义务的基础，国家机关、企业事业单位或者其他组织未按照国家有关规定设置原始记录和统计台账的，属于本条所规定的违法行为，应当承担法律责任。

作为统计调查对象的国家机关、企业事业单位或者其他组织、个体工商户，有上述违法行为之一的，应当承担下列责任：国家机关迟报统计资料或者未按照国家有关规定设置原始记录、统计台账的，由县级以上人民政府统计机构责令改正，给予警告；企业事业单位或者其他组织迟报统计资料或者未按照国家有关规定设置原始记录、统计台账的，由县级以上人民政府统计机构责令改正，给予警告，可以并处一万元以下的罚款；个体工商户迟报统计资料的，由县级以上人民政府统计机构责令改正，给予警告，可以并处一千元以下的罚款。

编辑：张　霖

江苏省市、县主要经济指标

（2010 年）

市(县)名　称	土地面积(平方公里)	年末总人口(万人)	当　年出生人口(人)	当　年死亡人口(人)	年　末总户数(万户)	从业人员(万人)	第一产业	第二产业	第三产业
南京市	**6 587**	**632.42**	**43 889**	**38 231**	**209.29**	**457.75**	**51.30**	**174.79**	**231.66**
溧水县	1 064	41.33	1 743	4 236	14.13	27.90	4.48	16.71	6.71
高淳县	790	42.72	2 167	3 236	14.66	26.55	6.29	13.36	6.90
无锡市	**4 627**	**466.56**	**36 504**	**33 234**	**155.56**	**382.34**	**22.81**	**210.41**	**149.12**
江阴市	987	120.71	10 448	8 269	36.58	95.77	6.87	54.72	34.18
宜兴市	1 997	107.24	8 297	8 906	38.04	74.05	11.02	38.72	24.31
徐州市	**11 259**	**972.89**	**88 440**	**79 390**	**277.28**	**520.74**	**162.36**	**187.13**	**171.25**
丰　县	1 446	116.49	9 881	10 533	31.79	62.76	32.11	18.22	12.44
沛　县	1 349	127.94	12 782	9 313	38.39	60.80	19.33	21.69	19.77
铜山区	1 909	129.27	11 009	19 962	38.72	68.38	25.89	22.61	19.88
睢宁县	1 767	133.12	9 929	13 029	33.89	73.09	26.89	27.93	18.26
新沂市	1 571	104.01	8 873	5 704	32.64	55.57	20.77	19.75	15.05
邳州市	2 088	178.62	16 902	9 416	45.42	89.61	25.68	34.69	29.25
常州市	**4 372**	**360.80**	**27 950**	**30 510**	**127.11**	**323.41**	**28.25**	**179.64**	**115.52**
溧阳市	1 535	78.15	6 164	7 927	26.45	53.44	9.44	29.28	14.72
金坛市	976	54.90	3 688	7 010	21.11	41.99	5.91	22.62	13.46
苏州市	**8 488**	**637.66**	**58 402**	**42 866**	**211.79**	**589.12**	**27.83**	**330.14**	**231.16**
常熟市	1 276	106.69	6 452	8 308	33.53	90.33	4.49	55.35	30.49
张家港市	990	90.51	7 763	6 366	34.09	82.08	4.30	49.42	28.36
昆山市	932	71.13	7 477	3 939	23.88	88.04	2.26	50.78	35.00
吴江市	1 238	79.96	7 102	6 087	25.53	68.45	4.44	40.59	23.42
太仓市	823	46.89	3 066	3 870	14.72	41.04	3.64	25.41	11.99
南通市	**8 001**	**762.92**	**53 385**	**60 138**	**283.17**	**463.72**	**80.95**	**215.75**	**167.02**
海安县	1 108	93.42	4 953	7 187	34.75	54.77	8.95	27.07	18.75
如东县	1 733	104.84	5 755	10 311	37.72	64.51	10.20	31.76	22.55
启东市	1 208	112.05	8 435	7 783	46.30	69.75	15.67	30.54	23.54
如皋市	1 492	141.21	10 114	10 569	45.77	76.01	16.48	35.58	23.95
海门市	939	99.86	7 900	7 266	38.40	64.49	13.26	29.39	21.84
连云港市	**7 500**	**497.73**	**68 558**	**43 738**	**139.66**	**302.08**	**92.02**	**95.85**	**114.21**
赣榆县	1 427	112.62	14 955	15 016	34.25	59.98	19.91	20.97	19.10
东海县	2 037	115.10	16 905	8 665	29.12	63.51	25.30	19.14	19.07
灌云县	1 853	100.26	14 304	4 438	26.67	47.43	20.15	12.20	15.08
灌南县	1 027	76.16	9 081	9 146	20.79	37.78	18.22	8.21	11.35

注：2010 年区划调整，铜山县设为铜山区。

续表 1　　（2010 年）

市（县）名称	土地面积（平方公里）	年末总人口（万人）	当年出生人口（人）	当年死亡人口（人）	年末总户数（万户）	从业人员（万人）	第一产业	第二产业	第三产业
淮安市	**10 072**	**538.74**	**74 395**	**38 310**	**159.97**	**326.50**	**94.38**	**104.16**	**127.96**
涟水县	1 670	109.35	16 910	5 940	27.42	62.87	23.78	12.93	26.16
洪泽县	1 394	38.08	4 295	2 993	12.43	27.16	7.35	12.34	7.48
盱眙县	2 493	77.03	8 832	5 174	21.83	49.26	14.30	14.98	19.98
金湖县	1 344	35.94	2 492	6 952	13.01	21.72	6.04	7.81	7.87
盐城市	**16 972**	**816.12**	**101 174**	**66 682**	**277.86**	**348.26**	**110.72**	**110.26**	**127.28**
响水县	1 461	61.33	10 456	5 161	17.94	21.69	7.70	6.07	7.92
滨海县	1 915	117.60	18 206	6 820	34.83	42.13	17.44	9.27	15.42
阜宁县	1 439	109.64	13 700	10 292	35.77	41.29	15.28	11.56	14.45
射阳县	2 855	97.49	16 481	6 568	32.82	42.34	14.90	12.28	15.16
建湖县	1 160	80.89	7 774	6 054	31.07	37.43	9.69	14.60	13.14
东台市	3 221	113.36	8 707	11 691	40.89	57.79	16.41	20.23	21.15
大丰市	3 059	72.54	5 250	5 577	28.32	37.18	10.52	12.27	14.39
扬州市	**6 591**	**459.12**	**35 396**	**42 870**	**154.21**	**296.84**	**38.52**	**151.78**	**106.54**
宝应县	1 462	91.38	8 313	11 871	29.78	58.15	11.76	29.59	16.79
仪征市	857	56.52	4 091	5 300	19.42	38.22	3.83	21.79	12.61
高邮市	1 922	82.08	4 752	6 856	26.70	48.57	9.04	24.85	14.68
江都市	1 330	106.65	8 018	10 421	37.26	63.29	8.96	32.45	21.88
镇江市	**3 847**	**270.71**	**21 247**	**21 053**	**102.23**	**182.14**	**33.92**	**90.20**	**58.02**
丹阳市	1 047	80.88	6 009	6 334	28.65	57.82	11.20	32.58	14.03
扬中市	331	27.82	2 271	2 264	10.99	19.89	3.25	11.56	5.07
句容市	1 387	58.48	5 249	6 008	22.37	35.81	10.02	16.07	9.72
泰州市	**5 787**	**504.65**	**46 316**	**56 022**	**172.93**	**284.33**	**67.05**	**118.57**	**98.71**
兴化市	2 395	156.12	19 747	20 606	54.03	71.22	27.86	20.39	22.96
靖江市	656	66.82	4 186	5 707	22.16	40.62	7.12	18.77	14.72
泰兴市	1 170	119.62	9 306	11 308	40.21	66.26	16.38	26.68	23.20
姜堰市	928	79.38	4 066	5 266	27.56	44.79	8.82	22.32	13.65
宿迁市	**8 555**	**546.28**	**101 598**	**54 721**	**148.50**	**333.06**	**99.37**	**134.35**	**99.34**
沭阳县	2 298	183.06	43 042	13 051	49.65	120.03	33.58	48.35	38.09
泗阳县	1 418	101.73	9 503	9 619	27.08	57.32	17.17	24.81	15.35
泗洪县	2 731	101.71	20 975	13 333	29.31	55.20	25.59	16.76	12.86

续表 2　　(2010 年)

市(县)名称	在岗职工人数(万人)	# 国有单位	城镇集体单位	港澳台商投资单位	外商投资单位	私营企业和个体从业人员(万人)	乡村从业人员(万人)	# 农林牧渔业
南京市	**116.71**	**46.27**	**4.57**	**8.35**	**18.33**	**191.73**	**121.49**	**30.05**
溧水县	3.79	1.24	0.13	1.21	0.57	10.87	17.74	4.48
高淳县	3.97	1.29	0.15	0.11	0.14	11.70	22.86	6.29
无锡市	**68.89**	**14.86**	**1.22**	**5.86**	**16.85**	**210.61**	**130.79**	**22.17**
江阴市	18.43	3.16	0.34	2.95	1.54	57.11	43.60	6.76
宜兴市	9.37	2.54	0.30	0.43	0.68	39.34	38.25	10.77
徐州市	**58.38**	**38.59**	**2.89**	**1.62**	**1.17**	**129.87**	**366.23**	**159.67**
丰　县	3.84	2.55	0.40	0.10	0.02	8.00	52.81	32.05
沛　县	3.99	3.37	0.41			13.16	49.46	18.47
铜山区	5.48	2.90	0.25		0.01	10.38	54.41	25.05
睢宁县	4.16	2.65	0.31	0.35	0.03	11.00	62.83	26.84
新沂市	4.95	2.21	0.32	0.10	0.24	21.15	43.43	20.63
邳州市	6.23	3.63	0.43	0.58	0.54	17.53	69.50	25.40
常州市	**36.70**	**13.83**	**1.27**	**3.57**	**4.31**	**152.19**	**133.95**	**27.39**
溧阳市	5.23	2.32	0.06	0.22	0.52	21.55	31.34	9.23
金坛市	5.24	1.52	0.26	0.82	1.13	17.93	20.62	5.71
苏州市	**126.97**	**21.57**	**2.54**	**18.38**	**59.15**	**340.64**	**190.42**	**26.82**
常熟市	11.62	2.82	0.51	2.22	2.29	53.24	42.42	4.35
张家港市	13.07	3.15	0.41	0.83	1.53	53.08	33.68	4.20
昆山市	18.32	2.56	0.41	3.16	10.95	51.78	22.50	2.05
吴江市	11.04	2.31	0.29	1.81	4.93	34.80	31.98	4.31
太仓市	11.29	1.90	0.20	2.00	5.66	19.70	16.94	3.53
南通市	**58.96**	**18.78**	**1.90**	**6.27**	**12.42**	**245.91**	**327.42**	**78.34**
海安县	6.41	1.84	0.21	0.49	0.62	29.06	40.09	8.51
如东县	6.53	2.42	0.15	1.04	0.94	50.29	49.55	9.09
启东市	5.79	1.91	0.16	0.69	1.43	24.82	54.89	15.58
如皋市	6.08	2.27	0.17	0.99	1.39	37.51	61.14	16.36
海门市	6.48	2.18	0.27	0.92	1.51	33.58	50.08	12.95
连云港市	**30.61**	**15.49**	**1.70**	**1.70**	**3.07**	**52.27**	**175.33**	**92.02**
赣榆县	3.55	2.51	0.23	0.27	0.17	9.60	41.92	19.91
东海县	3.95	2.38	0.11	0.40	0.50	9.95	47.71	25.30
灌云县	3.82	2.65	0.27	0.01	0.27	8.01	36.43	20.15
灌南县	3.32	1.47	0.34	0.22	0.07	6.34	31.43	18.22

续表 3　　（2010 年）

市（县）名称	在岗职工人数（万人）	#国有单位	城镇集体单位	港澳台商投资单位	外商投资单位	私营企业和个体从业人员（万人）	乡村从业人员（万人）	#农林牧渔业
淮安市	**35.81**	**17.75**	**1.56**	**4.09**	**2.31**	**90.67**	**212.39**	**91.79**
涟水县	4.65	2.49	0.36	0.92	0.13	9.31	49.69	23.35
洪泽县	2.98	0.89	0.14	0.36	0.16	7.70	18.94	7.32
盱眙县	3.74	2.13	0.50	0.32	0.10	12.97	33.81	13.60
金湖县	2.81	1.33	0.18	0.22	0.27	7.06	14.00	5.73
盐城市	**48.70**	**22.08**	**1.51**	**2.59**	**3.26**	**184.59**	**299.84**	**120.10**
响水县	3.22	2.13	0.19	0.14	0.10	8.90	21.74	9.54
滨海县	3.57	1.95	0.09	0.01		16.57	41.79	16.80
阜宁县	4.81	1.73	0.09	0.09	0.45	25.82	37.01	16.51
射阳县	5.76	2.84	0.22	0.42	0.13	18.38	33.95	13.75
建湖县	4.98	1.58	0.27	0.36		24.75	29.97	9.99
东台市	6.33	2.64	0.29	0.24	0.28	22.16	50.19	23.65
大丰市	5.91	2.04	0.17	0.57	1.13	20.20	31.74	10.94
扬州市	**38.16**	**16.94**	**2.75**	**1.89**	**3.47**	**116.53**	**177.14**	**38.32**
宝应县	7.49	2.07	0.65	0.13	0.62	13.34	40.97	11.85
仪征市	5.43	2.37	0.19	0.45	0.79	14.72	22.83	3.79
高邮市	4.75	1.90	1.11	0.65	0.35	19.28	34.42	9.06
江都市	5.52	2.23	0.60	0.22	0.28	26.04	39.85	8.73
镇江市	**35.67**	**13.59**	**1.76**	**4.41**	**4.90**	**107.41**	**100.06**	**27.47**
丹阳市	7.85	3.36	0.36	1.80	1.16	38.21	35.67	9.40
扬中市	4.23	1.02	0.47	0.11	0.14	11.90	12.54	2.48
句容市	5.89	1.86	0.33	1.44	1.31	18.51	25.02	8.30
泰州市	**34.09**	**12.27**	**3.30**	**2.04**	**4.27**	**104.07**	**207.48**	**49.63**
兴化市	5.20	2.55	0.41	0.32	0.95	21.78	59.31	21.35
靖江市	6.25	1.93	0.56	0.53	1.29	18.03	27.28	5.85
泰兴市	5.83	2.47	0.57	0.22	0.43	21.70	55.11	11.56
姜堰市	4.88	1.71	0.25	0.41	0.95	15.00	34.65	6.54
宿迁市	**20.94**	**11.93**	**0.39**	**0.08**		**77.86**	**228.14**	**96.06**
沭阳县	6.21	3.36	0.33	0.08		28.23	84.83	31.31
泗阳县	3.42	1.91	0.04			13.00	39.73	16.94
泗洪县	3.84	2.49	0.02			10.97	39.22	25.16

续表 4　　　　（2010 年）

市(县)名称	地区生产总值(亿元)	第一产业	第二产业	# 工业	第三产业	人均地区生产总值(按常住人口计算,元)	地区生产总值指数(上年=100)	三次产业占 GDP 比重(%) 第一产业	第二产业	第三产业
南京市	**5 130.65**	**142.29**	**2 327.86**	**2 005.21**	**2 660.49**	**65 273**	**113.1**	**2.8**	**45.4**	**51.9**
溧水县	250.16	22.38	156.60	132.60	71.18	59 667	116.0	8.9	62.6	28.5
高淳县	247.26	23.46	141.29	113.67	82.51	58 286	114.8	9.5	57.1	33.4
无锡市	**5 793.30**	**104.94**	**3 208.79**	**2 986.52**	**2 479.57**	**92 167**	**113.2**	**1.8**	**55.4**	**42.8**
江阴市	2 000.92	36.26	1 184.23	1 143.71	780.43	126 532	113.3	1.8	59.2	39.0
宜兴市	805.82	36.32	447.16	398.99	322.34	64 214	113.4	4.5	55.5	40.0
徐州市	**2 942.14**	**282.82**	**1 490.92**	**1 268.61**	**1 168.40**	**34 084**	**114.0**	**9.6**	**50.7**	**39.7**
丰　县	150.18	34.01	67.57	47.55	48.60	15 414	113.9	22.6	45.0	32.4
沛　县	301.60	50.00	144.23	116.76	107.37	26 727	114.8	16.6	47.8	35.6
铜山区	462.75	35.01	263.92	223.52	163.82	40 362	114.6	7.6	57.0	35.4
睢宁县	200.10	42.36	85.70	67.03	72.04	18 498	114.6	21.2	42.8	36.0
新沂市	241.20	36.09	103.30	87.15	101.81	26 360	114.9	15.0	42.8	42.2
邳州市	365.39	59.58	160.75	130.42	145.06	25 186	114.7	16.3	44.0	39.7
常州市	**3 044.89**	**99.78**	**1 683.68**	**1 530.86**	**1 261.43**	**67 327**	**113.1**	**3.3**	**55.3**	**41.4**
溧阳市	424.66	30.18	244.03	218.73	150.45	56 784	112.7	7.1	57.5	35.4
金坛市	308.28	21.97	173.71	154.00	112.60	56 127	112.9	7.1	56.3	36.5
苏州市	**9 228.91**	**155.79**	**5 253.81**	**4 916.49**	**3 819.31**	**93 043**	**113.3**	**1.7**	**56.9**	**41.4**
常熟市	1 453.61	29.40	815.89	783.12	608.32	96 518	113.6	2.0	56.1	41.9
张家港市	1 603.51	21.94	974.75	941.47	606.82	129 535	112.3	1.4	60.8	37.8
昆山市	2 100.28	19.40	1345.86	1 283.58	735.02	142 185	114.2	0.9	64.1	35.0
吴江市	1 003.39	27.04	605.10	575.71	371.25	83 024	112.6	2.7	60.3	37.0
太仓市	730.32	26.98	418.96	397.07	284.38	104 413	114.6	3.7	57.4	38.9
南通市	**3 465.67**	**266.22**	**1 908.56**	**1 568.49**	**1 290.89**	**48 083**	**113.0**	**7.7**	**55.1**	**37.2**
海安县	355.57	38.25	193.26	157.53	124.06	41 374	114.1	10.8	54.4	34.9
如东县	352.36	45.10	188.25	152.01	119.01	35 592	114.0	12.8	53.4	33.8
启东市	430.04	54.49	229.98	183.37	145.57	44 745	114.1	12.7	53.5	33.9
如皋市	431.00	41.35	244.85	207.59	144.80	34 296	114.3	9.6	56.8	33.6
海门市	500.10	37.29	301.95	247.14	160.86	55 634	114.3	7.5	60.4	32.2
连云港市	**1 193.31**	**182.60**	**545.07**	**431.84**	**465.64**	**26 987**	**113.6**	**15.3**	**45.7**	**39.0**
赣榆县	223.07	36.64	109.56	81.98	76.87	23 199	115.4	16.4	49.1	34.5
东海县	200.14	41.10	91.21	78.12	67.83	20 696	115.2	20.5	45.6	33.9
灌云县	150.13	40.99	69.88	53.40	39.26	17 765	115.2	27.3	46.5	26.2
灌南县	140.08	29.19	70.37	58.86	40.52	22 472	115.4	20.8	50.2	28.9

续表 5

（2010 年）

市(县)名称	地区生产总值(亿元)	第一产业	第二产业	#工业	第三产业	人均地区生产总值(按常住人口计算,元)	地区生产总值指数(上年=100)	三次产业占GDP比重(%) 第一产业	第二产业	第三产业
淮安市	**1 388.07**	**195.97**	**647.10**	**537.00**	**545.00**	**28 861**	**113.8**	**14.1**	**46.6**	**39.3**
涟水县	157.45	41.89	65.05	50.68	50.51	18 445	114.7	26.6	41.3	32.1
洪泽县	105.15	18.61	46.08	37.88	40.46	31 643	114.0	17.7	43.8	38.5
盱眙县	154.25	30.21	71.05	55.72	52.99	23 926	115.1	19.6	46.1	34.4
金湖县	98.55	16.94	43.16	37.38	38.45	30 212	115.0	17.2	43.8	39.0
盐城市	**2 332.76**	**374.21**	**1 096.55**	**935.51**	**862.00**	**31 640**	**113.6**	**16.0**	**47.0**	**37.0**
响水县	135.20	29.44	64.87	57.44	40.89	26 502	115.3	21.8	48.0	30.2
滨海县	198.16	41.09	84.87	72.11	72.20	20 668	114.4	20.7	42.8	36.4
阜宁县	206.16	37.73	97.94	73.60	70.49	23 024	113.7	18.3	47.5	34.2
射阳县	244.67	55.37	99.70	91.35	89.60	27 070	113.2	22.6	40.7	36.6
建湖县	245.97	35.80	115.93	100.57	94.24	32 849	113.7	14.6	47.1	38.3
东台市	381.54	63.37	175.07	155.92	143.10	36 616	113.2	16.6	45.9	37.5
大丰市	293.58	52.17	128.63	110.03	112.78	41 913	113.7	17.8	43.8	38.4
扬州市	**2 229.49**	**161.37**	**1 229.34**	**1 074.61**	**838.78**	**49 786**	**113.5**	**7.2**	**55.1**	**37.6**
宝应县	242.86	43.17	116.58	94.76	83.11	30 924	113.2	17.8	48.0	34.2
仪征市	280.70	15.13	168.63	149.83	96.94	50 278	114.8	5.4	60.1	34.5
高邮市	255.81	44.38	127.54	105.50	83.89	34 227	113.8	17.3	49.9	32.8
江都市	488.88	36.72	275.86	236.34	176.30	48 559	114.9	7.5	56.4	36.1
镇江市	**1 987.64**	**81.53**	**1 120.63**	**1 039.78**	**785.48**	**64 284**	**113.3**	**4.1**	**56.4**	**39.5**
丹阳市	607.67	31.91	345.19	331.14	230.56	63 881	114.7	5.3	56.8	37.9
扬中市	246.99	8.21	145.23	139.17	93.55	74 132	114.0	3.3	58.8	37.9
句容市	243.09	23.61	134.13	122.68	85.35	39 366	113.8	9.7	55.2	35.1
泰州市	**2 048.72**	**151.65**	**1 125.85**	**981.02**	**771.22**	**44 118**	**113.5**	**7.4**	**55.0**	**37.6**
兴化市	387.11	64.51	173.02	147.70	149.58	30 025	113.6	16.7	44.7	38.6
靖江市	441.00	14.83	253.78	237.15	172.39	65 752	115.1	3.4	57.5	39.1
泰兴市	407.58	33.66	224.45	194.40	149.47	36 994	114.1	8.3	55.1	36.7
姜堰市	306.76	24.91	165.28	137.48	116.57	41 606	114.1	8.1	53.9	38.0
宿迁市	**1 064.09**	**187.09**	**479.14**	**386.37**	**397.86**	**22 525**	**113.7**	**17.6**	**45.0**	**37.4**
沭阳县	308.49	57.33	135.74	116.17	115.42	20 024	13.9	18.6	44.0	37.4
泗阳县	192.20	37.21	92.26	74.55	62.73	22 732	113.8	19.4	48.0	32.6
泗洪县	181.00	41.30	73.31	57.21	66.39	19 991	113.6	22.8	40.5	36.7

续表 6　　　　（2010 年）

市(县)名称	农林牧渔业总产值(亿元)(现价)	农作物总播种面积(千公顷)	#粮食作物	粮食总产量(万吨)	油料产量(万吨)	棉花产量(吨)	肉类总产量(万吨)	水产品产量(万吨)	农村用电量(亿千瓦小时)
南京市	**244.75**	**335.28**	**161.11**	**110.64**	**11.77**	**4 135**	**12.30**	**20.42**	**28.62**
溧水县	38.11	58.63	33.10	22.54	2.29	767	1.87	2.67	5.60
高淳县	40.84	52.28	25.78	18.36	2.24	749	1.64	4.08	3.12
无锡市	**171.01**	**180.90**	**118.73**	**80.44**	**1.16**		**10.72**	**12.10**	**337.12**
江阴市	59.15	43.84	28.82	19.63	0.18		5.01	2.24	154.94
宜兴市	58.39	95.24	67.80	45.58	0.87		3.43	7.84	70.31
徐州市	**514.73**	**1 099.09**	**714.05**	**440.20**	**12.11**	**32 334**	**88.51**	**17.04**	**50.23**
丰　县	64.94	134.92	78.44	46.01	0.51	10 996	12.01	1.47	2.60
沛　县	90.32	144.99	87.05	58.11	0.24	3 357	17.61	1.70	5.09
铜山区	68.44	185.13	128.52	79.20	0.64	7 902	10.23	1.68	8.22
睢宁县	78.71	186.77	147.23	85.31	1.60	2 112	11.04	1.34	7.35
新沂市	69.48	153.10	98.74	62.67	7.44		12.70	1.36	2.70
邳州市	110.01	223.62	118.82	75.88	1.48	6 804	20.42	1.53	11.22
常州市	**174.08**	**231.02**	**161.48**	**115.16**	**4.00**	**506**	**12.95**	**14.79**	**155.94**
溧阳市	54.57	95.89	70.19	52.72	2.64	451	2.13	5.61	34.95
金坛市	41.12	56.62	40.34	28.22	0.97	55	3.90	3.91	14.04
苏州市	**271.29**	**269.92**	**161.72**	**114.43**	**3.45**	**1 685**	**15.64**	**28.30**	**486.29**
常熟市	50.23	75.65	43.36	31.21	0.93	1 163	2.02	3.79	62.24
张家港市	39.21	57.60	42.00	28.07	0.57	123	1.39	1.76	125.01
昆山市	33.19	26.61	17.57	12.37	0.18	42	0.84	5.21	87.71
吴江市	46.30	39.54	20.30	15.89	0.85		1.64	7.63	95.54
太仓市	46.02	50.06	30.35	21.04	0.64	357	7.02	3.74	45.04
南通市	**463.31**	**854.96**	**528.78**	**324.94**	**42.21**	**59 505**	**46.39**	**79.22**	**120.94**
海安县	71.75	103.27	79.41	63.28	1.62	332	8.98	2.71	14.30
如东县	93.80	173.00	132.44	89.42	5.25	16 922	9.42	26.03	13.86
启东市	97.15	153.41	70.67	24.19	10.55	18 653	5.69	34.14	7.78
如皋市	68.59	150.61	111.08	69.63	3.99	264	10.68	2.25	26.36
海门市	59.98	109.67	42.31	18.73	9.68	13 728	4.13	8.08	22.04
连云港市	**322.80**	**591.88**	**485.11**	**339.36**	**11.17**	**3 937**	**27.85**	**61.01**	**24.20**
赣榆县	84.50	106.08	77.11	52.65	6.86	340	7.19	38.28	7.15
东海县	73.11	192.98	152.94	104.15	3.91	60	7.29	4.85	7.76
灌云县	75.22	136.50	118.53	84.63	0.12	3 072	6.12	4.03	4.72
灌南县	54.41	98.59	85.57	60.57	0.24	31	4.21	3.09	1.19

续表 7 （2010 年）

市(县)名 称	农林牧渔业总产值（亿元）（现价）	农作物总播种面积（千公顷）	#粮食作物	粮 食总产量（万吨）	油料产量（万吨）	棉花产量（吨）	肉 类总产量（万吨）	水产品产 量（万吨）	农 村用电量（亿千瓦小时）
淮安市	**349.46**	**779.53**	**646.34**	**445.74**	**10.52**	**444**	**28.39**	**25.28**	**10.58**
涟水县	79.88	164.76	131.72	88.34	3.33	343	5.58	1.82	1.40
洪泽县	37.13	67.34	57.29	41.09	0.29		2.00	5.32	0.73
盱眙县	56.30	165.00	136.11	92.51	3.29	101	6.66	5.20	1.64
金湖县	30.67	79.48	72.07	49.25	0.82		1.42	4.87	1.59
盐城市	**759.21**	**1 460.12**	**949.00**	**651.66**	**33.43**	**136 130**	**80.22**	**98.69**	**57.96**
响水县	49.81	109.20	75.04	48.96	2.38	7 035	4.20	5.78	2.62
滨海县	71.36	169.91	123.59	86.90	4.66	382	9.80	9.22	4.38
阜宁县	74.88	161.71	125.22	88.31	1.80	242	17.35	6.41	7.41
射阳县	125.86	218.43	147.84	103.15	4.56	43 241	7.37	17.31	7.08
建湖县	64.11	115.63	98.17	71.65	1.63	2 804	5.62	9.01	8.25
东台市	139.16	242.90	134.26	84.02	9.33	11 466	13.42	16.60	11.22
大丰市	124.51	252.52	117.67	77.44	6.24	47 222	10.73	15.05	6.35
扬州市	**285.89**	**500.13**	**410.33**	**287.09**	**8.01**	**5 378**	**17.94**	**37.73**	**39.74**
宝应县	76.66	131.36	114.06	84.90	1.49	54	4.76	14.70	5.04
仪征市	26.77	60.69	49.10	30.37	0.97	63	2.29	0.59	2.65
高邮市	78.08	137.38	112.93	79.97	2.17	3 943	4.42	15.20	9.43
江都市	63.80	108.79	85.52	59.93	2.52	620	3.79	4.37	6.95
镇江市	**122.72**	**238.28**	**177.28**	**119.56**	**5.85**	**1 508**	**6.89**	**8.56**	**53.97**
丹阳市	45.51	85.46	70.63	49.11	1.09	15	2.29	3.69	34.50
扬中市	13.30	19.43	14.95	10.78	0.14		0.90	0.66	5.58
句容市	36.30	77.91	49.94	32.63	3.33	1 453	1.46	2.36	5.05
泰州市	**247.76**	**571.97**	**433.18**	**314.40**	**11.66**	**17 362**	**23.55**	**32.58**	**84.91**
兴化市	107.92	229.03	182.28	134.42	3.56	15 111	5.14	24.60	29.56
靖江市	23.74	55.16	46.56	33.14	0.48		2.85	0.92	13.17
泰兴市	54.55	131.54	93.25	66.43	3.84		7.68	2.08	21.58
姜堰市	40.41	104.27	71.36	52.36	2.67	2 200	5.34	3.49	11.48
宿迁市	**325.91**	**703.96**	**570.68**	**365.55**	**6.00**	**2 091**	**31.36**	**24.73**	**22.37**
沭阳县	105.57	243.61	183.21	122.18	1.70	68	10.00	1.80	10.23
泗阳县	65.41	111.47	87.45	56.97	1.18	27	4.40	6.75	1.68
泗洪县	76.18	188.01	162.03	94.48	2.43	1 782	6.31	9.59	1.97

续表 8　　　　（2010 年）

市(县)名称	工业企业个数（个）	工业总产值（当年价）（亿元）	# 内资企业	# 大中型企业	# 轻工业	主营业务收入（亿元）	利润总额（亿元）	利税总额（亿元）	从业人员年平均人数（万人）
南京市	**3 917**	**8 609.50**	**5 348.05**	**5 879.83**	**1 554.50**	**8 625.35**	**497.91**	**1079.96**	**80.59**
溧水县	557	461.76	350.74	139.59	113.64	453.09	41.96	64.58	6.63
高淳县	277	384.10	343.62	115.90	133.70	383.38	30.20	46.78	6.28
无锡市	**7 988**	**12 971.08**	**8 045.96**	**8 630.15**	**2 974.83**	**12 879.78**	**945.91**	**1232.01**	**146.67**
江阴市	1 688	5 094.72	3 726.98	4 009.05	1 335.82	5 006.89	372.59	489.59	51.42
宜兴市	1 220	2 010.95	1 670.74	1 075.33	306.86	1 992.38	115.88	168.40	20.55
徐州市	**3 412**	**5 112.97**	**4 461.62**	**2 400.38**	**1 401.75**	**5 102.14**	**457.80**	**824.50**	**67.19**
丰　县	314	146.63	130.67	16.89	49.34	135.29	11.68	20.34	3.09
沛　县	535	544.07	531.94	78.17	196.82	520.78	36.75	70.53	9.24
铜山区	710	1 278.94	1 200.03	554.49	450.92	1 266.83	112.67	193.64	11.73
睢宁县	244	239.06	202.75	94.63	113.50	232.89	25.62	38.45	4.03
新沂市	413	381.42	364.43	59.89	115.91	382.41	23.40	46.61	5.41
邳州市	645	687.70	606.46	136.00	132.63	697.75	63.46	105.43	11.19
常州市	**6 375**	**7 396.09**	**4 943.23**	**4 044.37**	**1 596.56**	**7 274.88**	**413.47**	**620.18**	**97.35**
溧阳市	528	932.65	607.96	662.74	79.51	915.55	63.33	106.40	9.17
金坛市	504	590.27	376.43	301.28	209.13	569.65	52.78	71.46	9.51
苏州市	**13 538**	**24 651.67**	**8 337.57**	**17 973.91**	**6 765.76**	**24 577.51**	**1 507.06**	**1 988.28**	**345.20**
常熟市	2 029	2 883.27	1 628.30	1 805.23	1 244.45	2 823.41	167.92	222.96	41.22
张家港市	1 651	3 957.98	3 121.32	3 064.62	1 105.25	4 029.27	207.82	295.38	35.45
昆山市	2 382	6 590.80	486.79	5 472.77	1 035.50	6 555.44	411.47	501.97	92.15
吴江市	2 240	2 621.62	1 041.51	1 767.14	991.64	2 651.15	161.77	215.07	44.53
太仓市	1 433	1 484.05	728.88	694.30	619.86	1 435.13	105.36	144.61	19.37
南通市	**7 589**	**7 383.16**	**4 444.33**	**2 765.42**	**2 853.93**	**7 254.56**	**553.09**	**825.79**	**90.84**
海安县	932	852.68	641.99	384.82	403.96	839.33	68.72	97.43	10.18
如东县	1 009	854.99	562.99	276.74	420.68	836.62	58.16	86.39	11.06
启东市	839	858.09	536.01	281.39	285.83	845.66	67.69	101.42	10.95
如皋市	1 154	987.56	706.62	393.28	305.18	971.84	69.61	103.93	14.64
海门市	948	1 031.95	554.41	139.21	352.47	1 055.48	101.98	152.04	9.83
连云港市	**1 648**	**1 936.28**	**1 388.15**	**1 132.23**	**617.99**	**1 905.48**	**165.82**	**252.91**	**22.71**
赣榆县	364	360.63	334.12	180.33	98.48	359.14	26.61	44.88	3.93
东海县	375	247.41	170.48	48.23	101.43	241.78	15.08	23.32	3.65
灌云县	261	219.27	210.53	105.80	68.68	217.48	15.21	21.11	3.27
灌南县	259	250.99	244.40	119.70	28.44	244.70	10.25	22.73	2.82

注：本表中的工业指标统计范围为年主营业务收入 500 万元以上工业企业（下同）。

续表 9　　（2010 年）

市(县)名称	工业企业个数(个)	工业总产值(当年价)(亿元)	#内资企业	#大中型企业	#轻工业	主营业务收入(亿元)	利润总额(亿元)	利税总额(亿元)	从业人员年平均人数(万人)
淮安市	**2 399**	**2 043.71**	**395.40**	**979.75**	**914.85**	**2 411.10**	**124.39**	**248.12**	**32.12**
涟水县	317	262.45	18.94	65.94	146.83	275.79	11.96	19.24	4.55
洪泽县	272	197.88	31.66	41.25	68.47	227.68	16.93	25.00	3.06
盱眙县	404	238.12	22.94	24.39	102.89	252.30	6.70	13.48	4.05
金湖县	331	192.81	28.53	70.64	81.77	215.57	9.93	14.61	2.77
盐城市	**3 827**	**3 055.48**	**882.85**	**1 536.67**	**1 483.28**	**3 891.66**	**217.08**	**404.45**	**55.97**
响水县	177	228.42	44.73	14.15	72.58	262.59	22.95	31.33	3.22
滨海县	256	272.17	9.24	102.50	116.43	279.85	16.68	31.60	4.34
阜宁县	369	308.79	33.29	62.02	154.16	348.90	14.70	30.02	6.45
射阳县	354	301.91	51.57	8.99	59.11	350.54	12.57	26.07	4.61
建湖县	406	352.83	56.66	160.92		415.03	26.75	44.78	5.88
东台市	785	475.95	82.41	150.71	245.77	556.05	27.91	54.92	9.43
大丰市	612	294.52	86.89	98.84	209.36	378.83	16.61	32.64	6.84
扬州市	**3 847**	**4 278.35**	**1 474.99**	**2 671.91**	**1 557.96**	**5 637.77**	**417.53**	**698.03**	**83.01**
宝应县	579	462.97	74.55	189.56	135.67	524.55	23.44	41.80	7.60
仪征市	488	559.38	231.38	313.83	147.84	794.04	64.70	97.96	9.72
高邮市	647	487.19	119.45	189.99	206.77	592.29	41.47	68.41	11.08
江都市	880	1 318.43	118.08	594.04	299.98	1 389.46	136.83	217.89	17.52
镇江市	**3 125**	**2 692.40**	**1 498.01**	**2 197.66**	**876.58**	**4 009.31**	**228.08**	**366.92**	**49.81**
丹阳市	1 303	982.97	316.32	734.06	276.57	1 264.49	47.07	84.51	18.70
扬中市	475	470.23	96.57	337.06	35.64	540.06	36.27	59.25	7.21
句容市	473	372.87	226.72	116.31	228.96	580.48	22.13	47.57	9.33
泰州市	**4 012**	**3 544.92**	**1 371.16**	**2 202.38**	**1 318.87**	**4 742.55**	**343.88**	**565.65**	**50.98**
兴化市	836	577.47	103.20	143.35	158.80	665.33	41.54	70.21	7.87
靖江市	792	589.47	586.90	731.53	168.61	1 121.49	116.61	158.12	9.73
泰兴市	837	677.06	228.08	326.72	245.09	880.92	60.85	110.48	11.63
姜堰市	703	503.96	167.22	156.85	182.09	626.55	43.69	68.35	6.90
宿迁市	**2 471**	**1 081.70**	**55.67**	**353.70**	**597.65**	**1 124.30**	**112.86**	**157.33**	**29.34**
沭阳县	680	304.66	14.54	51.25	123.88	313.75	32.26	48.75	7.73
泗阳县	514	190.04	2.89	28.27	92.59	193.96	26.80	32.71	6.83
泗洪县	422	128.75	2.87	30.27	93.62	130.26	4.26	10.44	4.22

续表 10 （2010 年）

市(县)名　称	社会消费品零售总额（亿元）	# 批发和零售业	进出口总　额（海关数）（亿美元）	# 出口总额	实际到帐外资(商务部口径)（亿美元）	城镇固定资产投资（亿元）	# 房地产开发投资	商品房销售面积（万平方米）	# 住宅
南京市	**2 288.74**	**2 055.37**	**456.01**	**248.85**	**26.76**	**2 623.96**	**748.35**	**823.17**	**754.82**
溧水县	70.51	60.78	3.20	2.77	1.18	151.28	12.51	55.27	53.23
高淳县	82.49	71.21	2.81	2.34	0.30	62.42	11.20	38.34	33.24
无锡市	**1 825.79**	**1 676.54**	**612.23**	**362.72**	**33.00**	**2 067.99**	**612.67**	**1 045.07**	**880.00**
江阴市	384.90	357.81	158.49	94.24	7.00	386.53	106.51	239.10	201.23
宜兴市	277.34	261.89	42.49	26.49	5.00	199.61	53.86	107.64	86.85
徐州市	**956.99**	**851.61**	**41.61**	**26.31**	**10.13**	**1 646.98**	**205.32**	**621.75**	**548.71**
丰　县	50.88	45.09	0.73	0.64	0.35	79.89	10.93	55.76	49.12
沛　县	92.13	73.51	0.86	0.82	0.82	165.14	15.51	62.36	57.06
铜山区	87.13	79.55	1.54	1.18	0.50	261.45	17.03	55.21	53.45
睢宁县	62.97	57.06	2.03	1.05	0.54	94.53	10.94	62.20	52.81
新沂市	61.33	54.09	2.51	1.54	0.42	155.86	22.12	49.00	35.10
邳州市	84.39	68.54	6.69	6.41	0.42	185.12	19.21	51.00	43.91
常州市	**1 054.39**	**963.47**	**222.78**	**155.58**	**24.43**	**1 420.47**	**409.91**	**915.75**	**775.13**
溧阳市	147.54	134.54	6.56	5.60	3.54	148.19	24.07	73.47	62.72
金坛市	116.21	105.38	16.73	13.93	3.54	119.73	21.67	86.36	72.30
苏州市	**2 402.02**	**2 127.92**	**2 740.76**	**1 531.08**	**85.35**	**2 705.27**	**935.80**	**1 514.02**	**1 182.90**
常熟市	360.19	326.63	173.20	116.55	8.72	270.91	96.04	209.83	155.96
张家港市	267.86	233.28	260.66	99.55	8.30	267.57	57.00	78.94	52.55
昆山市	356.64	290.35	821.24	533.37	17.25	410.33	200.60	352.59	276.38
吴江市	222.97	196.65	192.81	99.34	8.91	296.06	93.10	177.07	153.36
太仓市	141.43	120.17	87.02	41.05	8.08	242.20	63.04	139.45	88.63
南通市	**1 277.07**	**1 174.85**	**210.75**	**140.85**	**20.61**	**1 281.39**	**272.78**	**739.52**	**664.74**
海安县	134.15	123.14	11.03	9.03	1.42	171.07	21.76	74.74	62.51
如东县	149.31	137.24	9.58	8.08	2.79	110.63	18.29	65.83	54.90
启东市	169.64	156.38	25.74	19.18	2.50	116.53	12.15	42.67	39.21
如皋市	171.19	157.21	19.32	10.05	3.40	133.75	23.50	80.25	68.96
海门市	174.97	161.42	12.32	9.33	3.49	106.26	15.42	68.17	64.61
连云港市	**430.68**	**384.16**	**50.72**	**26.00**	**11.01**	**920.82**	**132.36**	**474.18**	**401.09**
赣榆县	78.82	71.20	1.43	1.27	1.60	133.98	18.95	59.34	50.07
东海县	76.23	69.05	2.87	1.81	1.71	123.77	13.13	70.72	63.78
灌云县	58.02	53.53	1.95	1.79	1.51	142.73	13.26	60.07	49.01
灌南县	41.54	36.14	1.11	0.92	1.61	141.84	17.02	82.99	59.94

续表 11 （2010 年）

市(县)名　称	社会消费品零售总额（亿元）	#批发和零售业	进出口总　额（海关数）（亿美元）	#出口总额	实际到帐外资(商务部口径）（亿美元）	城镇固定资产投资（亿元）	#房地产开发投资	商品房销售面积（万平方米）	#住宅
淮安市	**469.09**	**416.92**	**21.71**	**14.96**	**10.51**	**841.22**	**237.77**	**641.14**	**560.73**
涟水县	43.29	38.34	1.28	1.11	1.00	101.54	37.82	79.16	64.26
洪泽县	40.30	35.51	1.04	0.95	1.00	67.90	24.13	92.54	90.08
盱眙县	42.39	37.31	0.87	0.56	1.01	111.49	15.21	30.32	23.81
金湖县	37.68	33.34	1.22	1.09	1.01	68.36	30.08	81.92	74.19
盐城市	**766.49**	**696.88**	**39.37**	**23.19**	**13.04**	**1 054.95**	**165.47**	**581.34**	**490.45**
响水县	31.55	29.29	3.64	2.72	1.00	79.23	8.72	49.63	41.76
滨海县	52.39	48.31	1.13	1.06	1.18	85.54	11.24	60.29	52.10
阜宁县	61.63	57.92	1.57	1.38	1.12	87.03	8.79	40.08	38.12
射阳县	82.29	75.07	1.43	1.03	1.10	77.87	6.85	29.93	21.92
建湖县	79.79	70.77	1.62	1.49	1.14	89.86	11.13	42.24	40.21
东台市	118.34	107.16	2.78	2.44	2.35	121.34	18.30	52.48	41.47
大丰市	81.59	75.58	4.23	3.12	2.35	120.81	15.44	62.99	57.06
扬州市	**726.12**	**651.40**	**82.40**	**60.55**	**20.56**	**890.68**	**165.16**	**628.75**	**582.09**
宝应县	79.46	74.27	4.43	3.24	1.44	79.11	13.97	78.55	68.16
仪征市	85.67	76.39	5.92	3.08	4.04	103.70	10.08	37.19	34.63
高邮市	82.35	72.34	3.51	3.21	1.56	161.73	14.46	77.57	73.90
江都市	146.23	131.27	8.43	7.35	3.96	187.42	36.98	119.76	113.79
镇江市	**564.68**	**504.06**	**81.54**	**47.51**	**16.15**	**749.35**	**114.88**	**374.77**	**300.74**
丹阳市	151.57	136.20	18.08	14.89	2.20	118.52	16.33	86.46	70.31
扬中市	66.37	59.05	6.50	3.22	1.02	53.09	9.58	27.69	22.79
句容市	69.28	61.93	4.42	3.06	2.19	67.33	15.56	49.82	44.83
泰州市	**555.35**	**477.79**	**85.86**	**58.77**	**13.63**	**693.01**	**152.19**	**523.79**	**463.30**
兴化市	85.85	72.66	4.27	3.20	1.04	98.14	16.99	83.98	66.57
靖江市	92.79	76.95	28.84	21.60	3.66	173.60	30.93	87.90	80.02
泰兴市	108.58	90.14	12.48	6.56	2.61	110.60	19.40	83.35	77.78
姜堰市	92.82	85.45	5.04	4.08	1.56	81.18	25.44	82.67	67.13
宿迁市	**289.38**	**252.74**	**12.20**	**9.14**	**1.81**	**554.92**	**147.63**	**603.62**	**508.91**
沭阳县	81.43	72.23	1.60	1.32	0.42	141.38	36.21	207.33	185.40
泗阳县	46.97	40.45	2.24	2.04	0.26	95.68	25.05	129.32	104.32
泗洪县	44.50	41.46	1.26	1.19	0.11	79.61	22.17	85.23	74.26

续表 12　　　　（2010 年）

市(县)名称	一般预算收入(亿元)	#税收收入	一般预算支出(亿元)	#医疗卫生	年末金融机构各项存款余额(亿元)	#居民储蓄存款	年末金融机构各项贷款余额(亿元)	保费收入(亿元)	赔款和给付(亿元)
南京市	**518.80**	**437.77**	**542.18**	**31.60**	**12 649.52**	**3 511.85**	**10 384.84**	**191.30**	**41.40**
溧水县	20.02	14.63	25.98	1.10	143.83	75.63	100.00	0.61	0.63
高淳县	13.50	10.80	19.14	1.27	129.55	73.64	99.24	1.27	0.43
无锡市	**511.89**	**440.86**	**488.68**	**22.95**	**8 545.05**	**3 080.27**	**6 160.60**	**131.36**	**30.61**
江阴市	130.72	111.63	115.90	3.76	1 956.20	652.62	1 460.76	27.97	7.58
宜兴市	58.02	50.82	59.91	2.55	1 123.19	503.64	804.82	18.17	4.81
徐州市	**222.16**	**173.90**	**325.72**	**21.34**	**2 632.19**	**1 324.39**	**1 436.44**	**82.02**	**15.23**
丰　县	12.89	10.32	27.69	2.11	123.76	92.42	63.85	4.79	0.58
沛　县	21.24	18.14	36.01	2.26	210.57	143.92	70.63	6.02	0.63
铜山区	27.40	21.13	38.30	3.08	350.03		207.57	4.92	0.85
睢宁县	12.94	10.58	28.45	2.76	155.21	106.53	80.89	4.50	0.50
新沂市	17.58	13.67	30.35	2.14	136.78	71.04	106.78	3.54	0.75
邳州市	23.10	17.11	41.11	2.47	177.77	119.59	124.16	6.99	0.94
常州市	**286.18**	**237.74**	**281.44**	**14.70**	**4 550.47**	**2 009.24**	**3 011.67**	**86.53**	**18.76**
溧阳市	29.00	24.17	33.47	1.76	454.64	262.98	299.11	7.49	1.93
金坛市	18.03	14.96	22.16	1.50	295.37	179.00	193.64	5.93	1.44
苏州市	**900.55**	**783.22**	**825.67**	**33.78**	**13 570.35**	**4 655.56**	**10 133.15**	**192.95**	**44.80**
常熟市	100.09	80.15	95.39	3.90	1 627.13	756.30	1 128.38	27.40	5.36
张家港市	116.06	87.06	114.07	4.82	1 606.93	597.04	1 180.17	24.16	5.36
昆山市	163.13	150.87	138.76	4.62	1 851.91	609.28	1 321.59	20.36	4.69
吴江市	90.28	72.25	84.03	4.12	1 371.36	515.56	1 016.54	18.80	4.01
太仓市	70.00	54.68	65.79	2.36	806.97	293.67	642.71	11.53	2.00
南通市	**290.81**	**225.24**	**316.75**	**17.38**	**4 857.85**	**2 678.55**	**2 843.14**	**133.89**	20.35
海安县	20.52	16.93	33.37	1.86	476.68	306.48	292.22	14.41	2.17
如东县	19.04	15.31	34.81	1.68	360.86	250.64	179.58	10.89	1.92
启东市	31.26	25.22	34.11	1.83	494.16	353.07	279.61	7.83	1.88
如皋市	33.69	29.38	47.45	2.44	486.91	315.85	234.37	13.21	2.47
海门市	31.27	23.79	34.13	2.31	546.74	361.98	285.56	14.08	1.85
连云港市	**141.39**	**97.36**	**202.75**	**9.99**	**1 227.26**	**535.28**	**862.48**	**33.42**	**7.68**
赣榆县	18.40	13.42	33.03	2.12	130.47	85.03	98.72		
东海县	18.02	12.45	31.94	2.09	141.63	86.69	87.28		
灌云县	16.47	11.91	28.86	1.74	113.17	64.77	63.14		
灌南县	18.18	11.82	30.44	1.31	65.77	42.43	41.88		

续表 13　　　　（2010 年）

市(县)名称	一般预算收入(亿元)	#税收收入	一般预算支出(亿元)	#医疗卫生	年末金融机构各项存款余额(亿元)	#居民储蓄存款	年末金融机构各项贷款余额(亿元)	保费收入(亿元)	赔款和给付(亿元)
淮安市	**141.43**	**98.51**	**206.15**	**11.72**	**1 190.80**	**585.63**	**842.63**	**31.76**	**9.82**
涟水县	10.68	7.93	25.04	1.85	132.09	75.83	72.87	3.53	
洪泽县	10.66	7.61	18.29	1.09	72.42	37.16	56.52	2.20	
盱眙县	13.83	9.48	22.56	1.22	121.53	59.29	85.49	2.75	
金湖县	8.75	7.48	16.16	1.07	93.14	51.72	71.97	2.47	
盐城市	**191.35**	**138.73**	**291.90**	**19.85**	**1 995.98**	**1 128.53**	**1 310.40**	**64.35**	**15.80**
响水县	10.80	8.41	18.46	1.12	76.41	44.78	65.21	1.79	0.33
滨海县	14.52	10.75	27.90	2.40	118.48	70.59	79.98	2.93	0.44
阜宁县	16.45	11.28	33.15	2.23	161.40	103.53	102.00	4.60	0.46
射阳县	14.75	8.85	27.55	1.88	160.29	106.52	112.83	5.40	0.54
建湖县	20.04	14.04	30.98	2.35	180.50	118.70	112.28	6.13	0.43
东台市	26.18	17.84	39.90	2.91	311.84	229.24	177.26	8.51	0.76
大丰市	20.67	15.52	31.17	1.54	243.37	143.35	131.20	5.87	0.55
扬州市	**167.78**	**121.08**	**201.68**	**10.56**	**2 430.55**	**1 252.39**	**1 486.06**	**65.99**	**14.50**
宝应县	15.68	11.38	26.36	1.39	188.40	126.26	116.42	8.36	
仪征市	19.22	13.90	20.66	1.30	258.35	136.36	127.96	7.18	
高邮市	14.42	11.61	23.20	1.39	228.04	151.59	122.55	8.22	
江都市	26.85	19.80	32.92	2.07	487.46	313.56	248.06	15.19	
镇江市	**138.10**	**110.87**	**159.07**	**7.70**	**2 203.22**	**993.57**	**1 563.34**	**54.04**	**9.62**
丹阳市	30.00	25.45	35.11	1.76	544.05	280.62	413.80	13.29	2.62
扬中市	14.75	12.56	16.84	0.75	267.28	150.68	169.04	6.02	1.09
句容市	14.58	12.12	23.47	1.36	221.34	124.34	135.11	6.53	1.15
泰州市	**170.80**	**131.75**	**215.73**	**12.14**	**2 320.32**	**1 160.60**	**1 460.68**	**65.32**	**12.43**
兴化市	21.13	16.92	41.44	3.19	303.67	206.94	198.97	7.99	1.82
靖江市	36.89	31.26	33.00	2.03	542.76	234.72	295.41	11.01	2.20
泰兴市	22.73	18.76	35.32	2.64	338.25	218.11	184.70	11.33	2.41
姜堰市	17.60	14.29	25.40	1.51	334.14	201.94	225.73	8.89	1.87
宿迁市	**89.57**	**69.07**	**168.36**	**9.17**	**810.59**	**418.61**	**625.61**	**22.44**	**5.12**
沭阳县	26.26	19.18	47.68	2.81	200.18	126.85	147.31	5.30	1.23
泗阳县	12.51	9.66	27.45	1.83	150.08	80.76	100.76	3.65	0.74
泗洪县	13.26	10.30	29.75	1.91	121.81	73.23	103.86	2.37	0.62

续表 14　　（2010 年）

市(县)名 称	公路里程（公里）	#等级公路	公 路客运量（万人）	公 路货运量（万吨）	私人汽车拥 有 量（万辆）	全 年用电量（亿千瓦时）	#工业用电	邮电业务总量（亿元）	本地电话用 户（万户）	移动电话年末用户（万户）	国 际互联网用 户（万户）
南京市	**10 749**	**9 638**	**36 004**	**17 683**	**64.76**	**373.66**	**242.66**	**139.07**	**290.14**	**931.34**	**147.75**
溧水县	1 560	1 530	1 006	896	1.91	12.55	9.52	3.63	11.22	58.12	4.01
高淳县	1 404	1 347	1 014	773	1.27	6.36	3.53	3.42	9.83	54.40	3.71
无锡市	**7 628**	**7 594**	**17 910**	**11 201**	**52.14**	**550.64**	**455.00**	**103.94**	**213.90**	**767.18**	**132.47**
江阴市	2 362	2 362	2 514	2 845	13.02	218.95	198.56	24.20	47.12	184.67	29.74
宜兴市	2 318	2 284	2 640	1 885	8.48	80.91	66.45	15.85	36.56	125.22	18.51
徐州市	**16 175**	**14 965**	**18 926**	**13 714**	**35.65**	**246.01**	**191.90**	**73.39**	**177.21**	**600.72**	**70.10**
丰 县	1 790	1 790	1 223	1 296	3.35	8.53	4.31	5.62	13.76	59.56	3.77
沛 县	2 283	2 283	1 658	1 249	3.17	22.35	17.69	6.91	15.75	68.64	4.72
铜山区	2 532	2 389	2 436	2 259	5.70	35.05	29.39	5.85	17.37	74.70	5.06
睢宁县	2 401	2 207	1 141	1 427	3.46	16.29	12.02	6.04	18.83	56.68	4.86
新沂市	2 772	2 257	2 276	1 815	2.71	29.81	25.48	6.07	15.05	60.13	5.35
邳州市	3 027	2 686	1 234	2 003	4.84	19.08	12.85	7.95	19.10	77.18	6.33
常州市	**8 348**	**8 296**	**12 286**	**11 532**	**33.94**	**291.19**	**231.82**	**57.40**	**159.58**	**501.39**	**84.87**
溧阳市	2 403	2 403	2 149	2 102	3.86	47.25	40.42	6.63	24.92	66.02	11.65
金坛市	1 982	1 930	1 518	1 128	2.39	28.76	23.24	5.10	22.03	51.75	9.55
苏州市	**12 296**	**12 296**	**45 181**	**12 769**	**98.17**	**1 024.10**	**855.25**	**176.86**	**351.68**	**1 308.82**	**188.47**
常熟市	3 066	3 066	5 408	1 391	13.34	124.60	104.81	21.43	50.36	165.96	25.10
张家港市	1 496	1 496	4 934	2 198	11.38	238.45	222.81	17.96	42.86	138.40	21.21
昆山市	1 960	1 960	10 134	1 334	13.51	161.91	134.49	31.56	53.42	236.92	29.55
吴江市	2 301	2 301	4 866	738	9.44	159.03	141.65	20.51	39.28	153.70	20.52
太仓市	1 229	1 229	2 490	2 112	6.41	70.82	60.92	10.64	22.37	76.99	12.06
南通市	**17 474**	**17 306**	**16 425**	**15 392**	**35.53**	**249.70**	**187.84**	**62.48**	**243.11**	**592.89**	**82.96**
海安县	2 244	2 223	1 589	1 829	2.85	31.21	24.97	6.45	31.98	64.82	10.18
如东县	2 418	2 395	747	1 519	3.42	27.73	21.12	6.58	27.99	68.27	8.52
启东市	3 406	3 373	1 808	896	4.83	19.91	12.90	7.36	34.11	71.74	9.58
如皋市	3 090	3 060	1 266	2 378	4.94	35.11	26.08	9.44	36.00	91.46	11.90
海门市	2 384	2 361	1 026	1 035	4.36	26.01	18.90	7.16	31.53	66.81	8.80
连云港市	**11 223**	**11 049**	**13 158**	**9 651**	**14.64**	**83.52**	**53.99**	**26.98**	**99.33**	**306.68**	**44.27**
赣榆县	2 676	2 676	1 297	1 813	2.86	16.68	11.93	4.72	20.95	59.84	7.35
东海县	2 865	2 796	1 261	1 562	3.06	14.16	9.69	4.75	18.91	58.01	6.52
灌云县	2 482	2 482	1 089	1 017	2.40	7.04	3.57	3.56	14.81	44.66	4.19
灌南县	1 794	1 750	946	801	1.49	12.46	9.62	2.76	11.36	33.69	3.83

注：本表中的公路客货运量为营业性口径，下同。

续表 15　　（2010 年）

市(县)名　称	公路里程（公里）	#等级公路	公　路客运量（万人）	公　路货运量（万吨）	私人汽车拥有量（万辆）	全　年用电量（亿千瓦时）	#工业用电	邮电业务总量（亿元）	本地电话用　户（万户）	移动电话年末用户（万户）	国　际互联网用　户（万户）
淮安市	**11 804**	**10 816**	**9 615**	**5 887**	**12.49**	**111.77**	**81.75**	**27.27**	**100.55**	**280.59**	**29.49**
涟水县	2 356	2 070			1.88	10.25	6.58	3.52	16.05	33.71	3.07
洪泽县	1 210	1 082			0.60	13.58	11.61	1.61	6.44	16.70	2.69
盱眙县	2 528	2 528			1.20	10.79	6.80	2.71	12.28	30.75	2.80
金湖县	1 196	987			0.58	7.48	5.11	1.96	7.40	18.45	2.85
盐城市	**18 415**	**16 340**	**11 946**	**6 914**	**20.77**	**158.63**	**111.86**	**38.95**	**332.99**	**236.51**	**58.69**
响水县	1 649	1 560			1.22	14.92	12.01	2.30	19.55	18.67	3.43
滨海县	2 010	1 709			2.37	12.66	8.10	3.40	33.65	28.35	4.68
阜宁县	1 710	1 332			1.96	20.37	15.89	3.67	34.09	31.16	4.96
射阳县	2 413	1 834			2.28	13.10	8.17	4.16	40.30	39.03	6.41
建湖县	1 580	1 445			1.43	13.06	8.65	3.61	32.55	31.27	5.70
东台市	3 046	2 834			2.72	28.06	21.96	4.87	56.98	34.62	9.32
大丰市	2 935	2 544			2.56	19.83	14.32	3.98	43.26	39.09	7.54
扬州市	**10 231**	**8 934**	**7 101**	**5 886**	**17.84**	**151.09**	**109.96**	**41.55**	**162.62**	**409.43**	**68.62**
宝应县	2 182	1 823	851	427	1.81	12.05	7.47	4.90	22.17	50.74	6.53
仪征市	1 458	1 458	1 016	567	1.84	22.41	18.36	4.66	19.75	49.75	7.27
高邮市	2 490	2 016	912	840	1.88	18.30	13.09	5.47	22.71	56.84	8.01
江都市	2 176	1 828	1 235	1 177	3.59	24.41	17.32	8.81	38.39	81.66	13.62
镇江市	**6 936**	**6 936**	**8 939**	**9 494**	**14.73**	**164.22**	**131.81**	**38.21**	**129.64**	**277.78**	**43.22**
丹阳市	2 084	2 084	3 250	2 163	4.52	51.70	42.68	9.77	37.33	82.81	12.52
扬中市	958	958	1 536	577	1.85	10.55	7.57	4.08	15.34	30.12	5.39
句容市	2 326	2 326	2 720	1 426	1.37	17.08	12.65	4.54	18.33	40.99	5.47
泰州市	**8 696**	**8 664**	**8 680**	**3 693**	**16.92**	**176.61**	**138.94**	**36.70**	**149.05**	**339.32**	**50.42**
兴化市	2 520	2 495	1 386	761	3.27	46.50	39.15	7.29	33.11	72.46	9.14
靖江市	1 212	1 212	1 068	1 300	3.24	31.98	24.82	6.83	25.21	58.09	9.56
泰兴市	2 009	2 009	3 158	878	2.28	33.41	26.13	7.72	34.78	72.89	9.92
姜堰市	1 855	1 854	1 102	644	2.78	24.75	19.79	5.49	22.58	55.05	6.85
宿迁市	**10 332**	**8 874**	**9 044**	**4 566**	**16.98**	**72.69**	**48.81**	**21.25**	**102.75**	**296.87**	**30.91**
沭阳县	3 343	2 471	2 804	1 598	5.02	20.13	13.44	6.23	27.89	84.24	8.19
泗阳县	1 609	1 550	1 448	822	2.61	9.47	5.20	3.92	22.84	52.73	6.59
泗洪县	2 342	2 334	1 898	594	2.26	9.17	4.48	3.67	18.66	53.72	5.55

续表 16 （2010 年）

市(县)名 称	工业废水排放达标率(%)	工业固体废物综合利用率(%)	三废综合利用产品产值(亿元)	专利申请受理量(件)	专利申请授权量(件)	在校学生总数(万人)	#普通中学	小学	专任教师总数(万人)
南京市	**95.2**	**88.8**	**21.04**	**19 275**	**9 150**	**145.22**	**24.86**	**28.83**	**9.90**
溧水县	94.7	98.8	0.21	557	160	4.28	1.95	1.84	0.31
高淳县	98.2	100.0	0.07	660	284	3.99	1.88	1.79	0.30
无锡市	**99.3**	**97.1**	**16.18**	**32 690**	**26 448**	**74.89**	**22.76**	**30.62**	**5.03**
江阴市	100.0	99.6	9.01	5 776	3 830	17.26	6.37	8.51	1.27
宜兴市	99.9	99.9	1.14	3 450	2 688	13.53	5.18	6.26	0.96
徐州市	**99.0**	**100.0**	**6.98**	**9 927**	**4 928**	**131.84**	**52.07**	**53.02**	**8.48**
丰 县	97.9	100.0	0.07	1 110	247	14.93	7.94	6.34	0.96
沛 县	100.0	100.0	0.37	1 236	933	15.19	7.17	6.53	0.90
铜山区	98.7	99.7	2.98	2 107	865	12.32	5.85	5.53	0.97
睢宁县	99.2	100.0	0.29	194	149	16.88	8.95	7.19	1.19
新沂市	99.9	99.8	0.58	636	257	10.85	4.72	5.37	0.80
邳州市	90.8	100.0	0.78	434	314	22.32	9.00	11.87	1.36
常州市	**100.0**	**94.9**	**46.42**	**15 872**	**9 093**	**60.39**	**18.88**	**22.15**	**3.46**
溧阳市	100.0	99.9	40.11	2 040	1 096	8.64	3.89	3.73	0.60
金坛市	100.0	99.5	0.38	1 554	438	5.48	2.58	2.54	0.44
苏州市	**99.5**	**98.7**	**63.93**	**77 194**	**46 109**	**95.45**	**27.25**	**38.84**	**6.48**
常熟市	100.0	98.6	1.52	12 812	4 242	13.97	4.38	6.44	0.93
张家港市	100.0	99.9	35.08	7 147	3 049	11.34	3.76	5.36	0.78
昆山市	100.0	87.5	6.64	14 923	10 750	10.96	3.25	5.16	0.69
吴江市	99.9	100.0	5.44	19 469	14 698	9.20	3.69	4.50	0.70
太仓市	96.9	99.6	1.86	3 951	2 602	5.91	2.02	3.02	0.39
南通市	**99.4**	**98.2**	**8.77**	**38 707**	**22 644**	**84.40**	**33.65**	**32.32**	**5.38**
海安县	95.6	99.3	0.29	5 399	2 310	9.03	4.00	3.58	0.65
如东县	100.0	97.9	0.05	2 113	1 622	9.44	4.53	3.87	0.65
启东市	100.0	99.5	0.85	4 566	2 533	8.98	4.28	4.00	0.66
如皋市	98.4	99.6	0.67	5 588	3 540	14.55	6.61	6.11	0.86
海门市	100.0	97.5	1.05	7 346	4 524	10.05	4.76	4.43	0.72
连云港市	**98.1**	**91.9**	**1.00**	**2 118**	**1 274**	**74.87**	**30.91**	**32.71**	**4.67**
赣榆县	97.8	100.0	0.06	346	145	16.19	7.90	7.33	1.16
东海县	98.2	100.0	0.02	344	109	15.75	7.28	7.12	1.00
灌云县	97.8	98.5	0.06	217	147	14.15	6.28	7.02	0.75
灌南县	97.9	99.7		200	81	9.89	4.08	5.36	0.62

续表 17　　（2010 年）

市(县)名称	工业废水排放达标率(%)	工业固体废物综合利用率(%)	三废综合利用产品产值(亿元)	专利申请受理量(件)	专利申请授权量(件)	在校学生总数(万人)	#普通中学	小学	专任教师总数(万人)
淮安市	**100.0**	**99.7**	**6.21**	**4 921**	**1 170**	**78.94**	**29.30**	**30.36**	**4.72**
涟水县	100.0	100.0	0.08	640	123	14.60	6.35	7.03	0.82
洪泽县	100.0	99.8	0.38	849	96	4.38	1.69	1.88	0.32
盱眙县	100.0	99.7		739	207	9.92	4.33	4.12	0.69
金湖县	100.0	98.3	0.07	500	204	3.59	1.55	1.44	0.22
盐城市	**92.6**	**93.0**	**29.45**	**6 016**	**2 499**	**87.38**	**34.33**	**35.97**	**6.20**
响水县	99.9	89.0	0.01	178	75	6.23	2.56	3.42	0.49
滨海县	75.1	99.0	0.11	392	149	10.06	4.33	4.91	0.75
阜宁县	100.0	99.0	2.29	684	246	9.65	4.24	4.77	0.80
射阳县	95.7	89.0	0.55	399	218	9.21	4.09	4.26	0.68
建湖县	99.0	98.0	0.76	722	224	7.61	3.33	3.57	0.60
东台市	89.5	100.0	24.71	1 064	458	9.47	4.76	4.02	0.70
大丰市	99.6	100.0	0.22	1 078	492	6.52	3.02	2.98	0.52
扬州市	**98.3**	**97.4**	**2.67**	**9 980**	**3 790**	**59.14**	**22.25**	**22.77**	**3.79**
宝应县	99.1	99.9	0.01	1 306	423	9.21	4.31	4.25	0.61
仪征市	100.0	96.2	0.76	1 248	535	5.92	2.63	2.49	0.43
高邮市	99.8	98.3	0.07	1 515	614	8.30	4.09	3.62	0.52
江都市	99.5	97.0	0.06	1 926	458	10.55	4.47	5.03	0.71
镇江市	**98.5**	**92.9**	**6.56**	**10 406**	**6 562**	**38.62**	**12.34**	**12.93**	**2.56**
丹阳市	100.0	99.7	2.74	2 806	1 178	9.52	4.27	4.47	0.65
扬中市	87.6	96.2	0.28	1 472	914	2.92	1.23	1.33	0.24
句容市	100.0	99.8	0.01	1 220	914	5.32	2.44	2.27	0.34
泰州市	**97.4**	**99.8**	**5.46**	**7 890**	**4 198**	**55.14**	**23.31**	**22.53**	**3.98**
兴化市	100.0	99.6	0.54	1 257	778	12.31	5.89	5.88	0.95
靖江市	95.3	99.9	1.84	1 513	771	7.13	2.99	3.22	0.55
泰兴市	99.4	99.4	1.88	1 588	800	13.12	6.65	5.60	0.96
姜堰市	93.2	100.0		1 938	700	8.17	4.01	3.54	0.56
宿迁市	**94.7**	**100.0**	**3.71**	**885**	**509**	**88.47**	**36.71**	**35.76**	**4.66**
沭阳县	98.0	100.0	0.07	286	131	27.04	14.12	10.52	1.45
泗阳县	99.1	100.0	0.65	124	62	15.09	6.13	7.00	0.86
泗洪县	98.7	100.0	0.07	277	132	15.81	5.90	7.64	0.83

续表 18　　　　（2010 年）

市(县)名　称	城镇居民人均可支配收入(元)	城镇居民人均消费性支出(元)	#食品	城镇居民人均住房建筑面积(平方米)	农村居民人均纯收入(元)	农村居民人均生活消费支出(元)	#食品	农村居民人均住房面　积(平方米)	在岗职工平均工资(元)
南京市	**27 383**	**17 409**	**6 120**	**30.1**	**11 128**	**8 477**	**3 110**	**49.9**	**48 780**
溧水县	24 468	13 825	4 675	37.1	10 804	8 307	2 839	56.5	36 040
高淳县	25 576	16 481	5 229	41.3	11 156	8 121	3 020	49.4	35 292
无锡市	**27 750**	**17 068**	**6 357**	**35.8**	**14 002**	**9 790**	**3 375**	**58.5**	**47 006**
江阴市	30 184	22 016	7 351	35.1	14 898	9 343	3 347	65.4	44 392
宜兴市	25 869	15 496	5 692	38.7	12 679	9 379	3 453	45.4	40 141
徐州市	**16 762**	**10 558**	**4 496**	**32.9**	**7 955**	**5 216**	**1 962**	**41.8**	**34 243**
丰　县	12 091	8 854	2 793	31.9	7 258	5 306	2 112	35.7	24 090
沛　县	14 330	9 052	3 263	41.3	8 378	6 572	2 049	43.1	25 786
铜山区	17 065	10 164	3 558	32.3	9 173	5 513	2 011	58.2	30 525
睢宁县	12 171	7 627	3 102	47.4	7 022	4 436	1 932	38.8	22 993
新沂市	13 149	11 521	4 003	40.4	7 231	4 651	1 642	37.0	26 061
邳州市	15 384	7 935	3 031	32.6	8 331	4 937	1 958	38.6	26 130
常州市	**25 875**	**17 205**	**5 605**	**36.7**	**12 637**	**9 924**	**3 480**	**58.4**	**44 214**
溧阳市	22 912	14 909	5 173	40.1	11 368	11 761	4 232	45.2	35 976
金坛市	23 996	15 020	4 988	40.0	11 761	8 942	3 155	47.6	34 450
苏州市	**30 366**	**18 837**	**6 607**	**34.8**	**14 657**	**10 397**	**3 527**	**68.0**	**45 566**
常熟市	30 738	17 831	5 915	38.6	14 664	10 997	3 706	75.5	41 784
张家港市	30 829	19 015	5 972	39.5	14 658	10 683	3 381	69.1	42 518
昆山市	30 923	20 670	7 209	35.6	14 824	11 631	3 832	71.2	41 669
吴江市	30 957	19 445	6 620	36.7	14 603	9 435	3 214	56.5	44 393
太仓市	30 629	20 041	6 821	40.8	14 662	9 538	3 369	75.8	45 120
南通市	**21 825**	**13 506**	**4 803**	**38.3**	**9 914**	**7 240**	**2 623**	**53.6**	**39 448**
海安县	20 512	11 972	4 278	41.3	9 478	6 955	2 582	53.4	37 065
如东县	20 502	13 786	4 709	46.7	9 120	7 212	2 469	58.8	35 894
启东市	20 618	12 571	4 528	38.6	10 587	7 792	2 952	53.4	34 103
如皋市	19 852	11 447	4 233	38.9	8 695	5 947	2 033	48.9	35 957
海门市	22 930	14 438	5 101	37.8	11 372	8 288	2 993	52.0	36 173
连云港市	**15 790**	**9 984**	**3 741**	**35.8**	**7 039**	**4 766**	**1 947**	**35.3**	**33 843**
赣榆县	14 672	9 239	3 340	36.4	7 582	4 702	1 855	34.7	29 380
东海县	14 766	9 305	3 386	37.5	7 273	5 137	1 904	36.0	28 603
灌云县	11 931	7 237	2 806	35.9	6 522	3 778	1 508	27.1	25 004
灌南县	13 952	8 464	2 753	38.4	6 199	4 668	1 845	36.9	27 762

续表 19 （2010 年）

市(县)名 称	城镇居民人均可支配收入（元）	城镇居民人均消费性支出（元）	#食品	城镇居民人均住房建筑面积（平方米）	农民居民人均纯收入（元）	农民人均生活消费支出（元）	#食品	农村居民人均住房面积（平方米）	在岗职工平均工资（元）
淮安市	**15 983**	**11 047**	**4 003**	**32.7**	**7 233**	**5 216**	**2 053**	**36.3**	**32 786**
涟水县	13 666	9 887	3 195	34.8	6 691	5 099	2 124	31.2	25 289
洪泽县	16 464	11 191	4 305	32.4	7 943	4 981	2 028	38.1	29 990
盱眙县	16 799	10 201	3 878	34.5	7 382	4 252	1 696	39.7	28 217
金湖县	16 730	9 930	3 662	33.3	7 782	6 286	2 729	38.6	29 376
盐城市	**16 935**	**12 026**	**4 302**	**33.7**	**8 751**	**5 074**	**1 871**	**39.0**	**30 462**
响水县	13 712	10 188	3 824	33.4	7 276	4 138	1 546	28.3	24 291
滨海县	14 390	9 087	4 009	33.7	7 716	4 108	1 921	30.9	27 192
阜宁县	13 771	10 085	3 855	32.8	7 801	4 518	1 825	37.8	27 384
射阳县	14 622	11 730	3 876	32.8	8 720	5 146	1 937	34.1	27 862
建湖县	16 026	11 248	4 046	37.6	8 704	4 491	1 644	33.1	28 194
东台市	18 059	12 071	4 321	37.8	10 097	5 496	1 727	54.5	29 917
大丰市	16 952	12 121	3 985	35.9	10 001	6 647	2 238	48.4	30 798
扬州市	**19 537**	**12 842**	**4 782**	**35.0**	**9 462**	**6 782**	**2 578**	**42.2**	**35 429**
宝应县	14 328	9 397	3 931	31.2	8 715	6 306	2 398	41.3	29 334
仪征市	20 147	13 036	4 905	32.1	9 136	7 086	2 608	48.7	34 295
高邮市	17 073	12 152	4 509	33.9	8 825	6 400	2 361	40.5	32 410
江都市	19 869	14 223	4 989	32.5	10 111	6 603	2 554	42.0	34 340
镇江市	**23 224**	**13 324**	**5 318**	**39.1**	**10 874**	**7 848**	**3 076**	**48.6**	**37 675**
丹阳市	23 015	12 056	4 727	41.4	11 446	8 820	3 499	50.9	34 710
扬中市	25 579	12 942	4 198	49.7	12 515	7 927	3 074	57.2	35 174
句容市	22 710	13 319	5 295	40.3	9 925	6 936	2 800	43.6	31 967
泰州市	**20 255**	**12 317**	**4 518**	**37.1**	**9 324**	**6 476**	**2 217**	**49.4**	**34 488**
兴化市	18 409	10 897	4 287	36.5	8 817	5 371	1 971	41.0	29 379
靖江市	21 904	13 278	4 335	47.7	10 242	8 311	2 830	61.9	34 567
泰兴市	20 026	12 596	4 453	38.0	9 338	6 203	2 300	52.6	32 148
姜堰市	20 352	12 269	4 588	31.3	9 131	6 511	1 934	43.4	30 203
宿迁市	**12 757**	**8 536**	**3 232**	**37.8**	**6 975**	**4 684**	**2 008**	**34.2**	**27 615**
沭阳县	12 874	8 459	3 025	35.5	7 021	4 838	2 088	30.5	23 454
泗阳县	12 428	7 564	2 870	41.0	7 002	4 844	2 187	40.6	23 131
泗洪县	11 783	8 826	3 638	41.4	6 830	3 827	1 596	33.6	28 095

附录三

淮海经济区主要经济指标（2010年）

MAJOR ECONOMIC INDICATORS OF HUAIHAI ECONOMIC ZONE

版面负责人：张玉强

编　　　辑：唐子午

关于政府统计机构处分建议权的规定

第四十三条 县级以上人民政府统计机构查处统计违法行为时，认为对有关国家工作人员依法应当给予处分的，应当提出给予处分的建议；该国家工作人员的任免机关或者监察机关应当依法及时作出决定，并将结果书面通知县级以上人民政府统计机构。

【释义】 本条是关于政府统计机构处分建议权的规定。

本法第三十三条规定，县级以上人民政府统计机构负有依法查处统计违法行为的职责。但是，由于县级以上人民政府统计机构仅对本单位、直属机构和派出机构中工作人员的统计违法行为，有权依法给予处分，对其他国家工作人员违反统计法应予处分的行为，则由该国家工作人员的任免机关或者监察机关依权限作出处分决定。为保障本法关于给予国家工作人员处分的规定得到有效执行，使国家工作人员在统计上弄虚作假等违法行为的责任切实受到追究，本条明确规定了县级以上人民政府统计机构的处分建议权，同时要求任免机关和监察机关应当依法及时对处分建议作出处理。县级以上人民政府统计机构查处统计违法行为时，认为对有关国家工作人员依法应当由该国家工作人员的任免机关或者监察机关给予处分的，应当向上述机构提出给予处分的建议。该国家工作人员的任免机关或者监察机关收到处分建议后，应当查明事实，根据违法行为的性质、情节及危害程度，及时作出决定，并将结果书面通知提出该处分建议的政府统计机构。

关于作为统计调查对象的个人在普查中违法行为及法律责任的规定

第四十四条 作为统计调查对象的个人在重大国情国力普查活动中拒绝、阻碍统计调查，或者提供不真实或者不完整的普查资料的，由县级以上人民政府统计机构责令改正，予以批评教育。

【释义】 本条是关于作为统计调查对象的个人在普查中违法行为及法律责任的规定。

重大国情国力普查，是国家专门组织的、全国性的、对全体统计调查对象进行的统计调查。重大国情国力普查对于全面、系统地收集、整理和提供反映国情国力情况的统计数据，分析国民经济和社会发展情况，制定经济社会发展战略，具有十分重要的作用。目前我国实行的重大国情国力普查有人口普查、经济普查和农业普查三类。与其他统计调查不同，重大国情国力普查需要动员各方面力量才能顺利开展，需要全体统计调查对象给予支持和配合，如实地提供统计资料。如全国人口普查，需要得到每一个居民的支持。个人的积极配合，是维护普查工作正常秩序，确保普查数据质量的根本保障。为了促进个人更好地依法履行普查义务，本条规定，作为统计调查对象的个人在重大国情国力普查活动中拒绝、阻碍统计调查，或者不如实提供普查资料的，应当由县级以上人民政府统计机构责令改正，予以批评教育

编辑：张　霖

淮海经济区主要经济指标

（2010 年）

地　区	地区生产总值（亿元）	第一产业增加值	第二产业增加值	#工业	第三产业增加值	人均地区生产总值（亿元）	地区生产总值增长速度（%）	地区生产总值中三次产业比重（%）
江苏省								
徐州市	2 942.14	282.82	1 490.92	1 268.61	1 168.40	34 084	14.0	9.6:50.7:39.7
连云港市	1 193.31	182.60	545.07	431.84	465.64	26 987	13.6	15.3:45.7:39.0
淮安市	1 388.07	195.97	647.10	537.00	545.00	28 861	13.8	14.1:46.6:39.3
盐城市	2 332.76	374.21	1 096.55	935.51	862.00	31 640	13.6	16.0:47.0:37.0
宿迁市	1 064.09	187.09	479.14	386.37	397.86	22 525	13.7	17.6:45.0:37.4
山东省								
菏泽市	1 151.58	220.18	595.08	499.68	336.32	13 928	14.3	19.1:51.7:29.2
聊城市	1 606.51	221.64	935.70	865.64	449.17	28 464	13.1	13.8:58.2:28.0
枣庄市	1 362.04	117.56	818.37	739.34	426.11	36 839	12.6	8.6:60.1:31.3
济宁市	2 542.81	320.41	1 356.47	1 237.23	865.93	31 561	12.9	12.6:53.3:34.1
泰安市	2 051.70	195.30	1 099.50	950.00	756.90	37 390	13.7	9.5:53.6:36.9
日照市	1 025.08	100.26	561.55	494.95	363.27	36 883	12.5	9.8:54.8:35.4
莱芜市	546.33	38.61	330.18	302.71	177.54	42 397	12.0	7.1:60.4:32.5
临沂市	2 400.00	264.00	1 206.30	1 009.30	929.70	23 890	12.9	11.0:50.3:38.7
德州市	1 657.82	210.51	899.55	794.79	547.76	29 751	12.9	12.7:54.3:33.0
安徽省								
亳州市	512.78	137.15	191.56	155.06	184.07	10 327	13.8	26.7:37.4:35.9
淮南市	603.50	47.00	388.80		167.70		13.0	7.8:64.4:27.8
蚌埠市	636.89	120.00	300.95	260.95	215.94	17 621	14.5	18.8:42.3:33.9
淮北市	416.60	40.40	298.40	273.70	122.80	22 300	14.2	8.8:64.6:26.6
阜阳市	721.80	197.30	282.80	242.60	242.60	9 068	13.6	27.3:39.2:33.5
宿州市	650.30	181.50	246.40	214.40	222.40	12 190	13.1	27.9:37.9:34.2
滁州市	695.65	148.42	342.01	298.51	205.22	16 800	15.6	21.3:49.2:29.5
六安市	676.10	159.30	285.80	233.10	231.10	12 047	13.7	23.6:42.3:34.2
河南省								
周口市	1 228.30	365.64	557.90	492.50	304.77	12 934	11.1	29.8:45.4:24.8
商丘市	1 146.50	299.50	532.60	464.50	314.40	15 112	12.0	26.1:46.5:27.4
信阳市	1 092.23	288.04	460.87	376.95	343.33		11.8	26.4:42.2:31.4

续表 1 （2010 年）

地 区	农林牧渔业总产值（现价）(亿元)	粮食总产量（万吨）	油料总产量（万吨）	棉花总产量（万吨）	肉类总产量（万吨）	水产品产量（万吨）
江苏省						
徐州市	514.73	440.20	12.11	3.23	88.51	17.04
连云港市	322.80	339.36	11.17	0.39	27.85	61.00
淮安市	349.46	445.74	10.52	0.04	28.39	25.28
盐城市	759.21	651.66	33.43	13.61	80.22	98.69
宿迁市	325.91	365.55	6.00	0.21	31.36	24.73
山东省						
菏泽市	394.50	564.94	23.36	23.72	57.70	10.09
聊城市	403.29	519.94	14.19	8.25	48.96	6.62
枣庄市	220.70	192.99	10.21	0.61	24.03	4.52
济宁市	621.93	464.80	22.93	13.75	76.67	34.59
泰安市	338.30	310.30	21.60	0.91	39.00	7.70
日照市	176.29	120.18	24.09	0.16	17.26	48.81
莱芜市	72.50	27.78	1.87	0.11	6.45	0.33
临沂市	477.90	468.80	81.00	1.30	68.80	12.40
德州市	423.80	704.20	1.72	13.51	59.33	8.10
安徽省						
亳州市	241.41	461.99	4.54	2.08	28.12	4.40
淮南市		139.10		0.15	8.10	6.50
蚌埠市	197.94	271.02	33.81	2.90	28.19	10.01
淮北市	68.20	124.56	1.00	0.24	8.16	2.50
阜阳市	369.80	530.10	8.60	1.80	56.10	8.70
宿州市	320.18	389.10	25.47	3.33	45.40	3.66
滁州市	252.15	430.80	21.70	0.99	34.76	2.78
六安市	280.40	459.10	20.40	1.56	48.80	26.20
河南省						
周口市	641.47	723.70	36.06	12.48	66.30	5.78
商丘市	530.90	615.00	37.00	8.70	51.00	7.60
信阳市	493.87	115.04	63.59	0.61	57.76	26.10

续表 2 （2010 年）

地 区	规模以上工业企业个数（个）	规模以上工业主营业务收入（亿元）	规模以上工业利税总额（亿元）	规模以上工业利润总额（亿元）	城镇固定资产投资（亿元）	#房地产开发投资
江苏省						
徐州市	3 412	5 102.14	824.50	457.80	1 646.98	205.32
连云港市	1 648	1 905.48	252.91	165.82	920.82	132.36
淮安市	2 399	2 411.10	248.12	124.39	841.22	237.77
盐城市	3 827	3 891.66	404.45	217.08	1 054.95	165.47
宿迁市	2 471	1 124.30	157.33	112.86	554.92	147.63
山东省						
菏泽市	2 001	2 453.95	303.93	189.13	301.67	106.23
聊城市	2 437	4 190.32	402.25	274.66	521.85	56.45
枣庄市	1 912	3 077.68	359.36	215.14	437.92	78.00
济宁市	3 907	3 908.66	591.39	398.39	1 076.13	134.60
泰安市	1 704	3 904.20	496.00	307.00	905.10	75.10
日照市	854	1 928.49	205.30	143.31	621.30	63.33
莱芜市	522	1 536.91	91.48	57.22	299.66	18.34
临沂市	4 154	4 825.00	409.85	280.81		158.20
德州市	3 477	4 058.81	469.53	253.61	1 026.27	90.19
安徽省						
亳州市	423	316.85	54.96	38.15	255.37	43.52
淮南市		922.40	109.90	45.80		78.30
蚌埠市	864	752.59	100.32	45.57	358.41	73.84
淮北市	657	934.70	116.70	62.10	311.50	42.50
阜阳市	686	679.20	104.00	59.80	314.50	50.05
宿州市	893	673.02	34.30	15.92	241.79	47.14
滁州市	1 299	965.83	128.07	80.92	528.72	131.77
六安市	1 028	786.60	64.18	42.23	401.70	62.41
河南省						
周口市	1 094	1 276.90		183.23	592.80	125.09
商丘市	810	1 390.60	149.50	102.70	690.40	90.00
信阳市	1 204	1 003.09	97.59	60.03	855.05	136.08

续表 3　　（2010 年）

地　区	社会消费品零售总额（亿元）	进出口总额（亿美元）	进口总额	出口总额	实际到帐外资（亿美元）	居民消费价格总指数(以上年为 100)（%）	商品零售价格指数（以上年为 100）（%）
江苏省							
徐州市	956.99	41.61	15.30	26.31	10.13	103.6	102.1
连云港市	430.68	50.72	19.03	26.00	11.01	103.3	102.6
淮安市	469.09	21.71	6.75	14.96	10.51	103.3	105.3
盐城市	766.49	39.37	16.36	23.19	13.04	103.5	103.8
宿迁市	289.38	12.20	3.06	9.14	1.81	103.6	104.3
山东省							
菏泽市	656.67	18.15	6.03	12.11	1.19	102.5	102.2
聊城市	536.77	36.32	23.42	12.89	1.01	103.1	104.1
枣庄市	409.89	9.11	1.65	7.46	2.39	102.8	103.2
济宁市	1 004.25	44.66	21.66	23.00	4.58	102.9	102.0
泰安市	687.40	15.90	6.60	9.30	13.10	102.8	103.2
日照市	311.63	133.14	111.03	22.11	3.49	102.9	101.1
莱芜市	182.06	26.50	16.17	10.33	0.98	104.4	104.6
临沂市	1 157.20	47.70	19.40	28.30	3.30	102.4	102.6
德州市	645.60	19.46	6.10	13.36	1.30	103.1	103.9
安徽省							
亳州市	222.76	2.39	0.17	2.23	1.66	103.0	103.9
淮南市	187.20	1.34	0.62	0.72	1.35	102.3	
蚌埠市	269.87	5.44	0.76	4.67	3.11	103.0	102.7
淮北市	125.50	2.00	0.60	1.40	1.92	102.9	103.4
阜阳市	326.70	3.60	0.70	2.80	1.10	103.3	103.1
宿州市	193.99	1.29	0.32	0.97	1.34	102.8	102.6
滁州市	214.80	9.13	2.05	7.08	1.71	103.3	102.7
六安市	279.90	4.54	0.19	4.35	1.37	103.2	
河南省							
周口市	483.80	3.84	2.08	1.76	1.58	102.8	103.0
商丘市	400.00	1.40	0.32	1.03	1.04	103.4	103.6
信阳市	432.98	3.54	2.49	1.05	1.67	102.7	102.6

续表 4　　（2010 年）

地　区	全社会货物运输量（万吨）	全社会旅客运输量（万人）	邮电业务总量（亿元）	年末固定电话用户（万户）	年末移动电话用户（万户）	地方财政一般预算收入（亿元）	地方财政一般预算支出（亿元）
江苏省							
徐州市	37 227	27 761	73.39	139.83	600.72	222.16	325.72
连云港市	9 651	13 200	26.98	112.80	316.21	141.39	202.75
淮安市	9 325	9 630	27.27	100.55	280.59	141.43	206.15
盐城市	13 971	11 946	38.95	332.99	236.51	191.35	291.90
宿迁市	8 420	11 516	21.25	102.75	296.87	89.57	168.36
山东省							
菏泽市	27 475	15 736	52.86	102.25	578.43	84.69	186.96
聊城市	14 093	8 439		75.25	315.68	70.50	144.60
枣庄市	22 464	7 121	59.01	108.92	228.02	76.71	128.91
济宁市	22 187	8 778	18.23	94.53	499.89	169.25	251.87
泰安市	10 041	4 973	36.00	89.80	438.10	116.90	175.60
日照市	17 018	4 240	21.26	40.12	195.64	55.61	94.78
莱芜市	6 202	2 923	6.71	21.48	103.76	35.32	51.94
临沂市	27 390	25 500				115.50	236.50
德州市	14 304	10 006	34.47	75.89	360.86	72.91	154.91
安徽省							
亳州市	11 065	5 448	42.95	72.87	184.22	23.29	103.30
淮南市	11 566	5 410	12.25	47.20	123.60	51.80	79.40
蚌埠市	15 828	12 417	14.54	66.52	218.25	42.90	106.84
淮北市	4 700	5 935	12.90	42.40	108.40	29.60	65.90
阜阳市	21 130	19 289	33.20	101.20	308.20	41.20	164.30
宿州市	15 432	6 241	57.45	87.54	216.65	26.15	111.32
滁州市	9 838	7 872	43.79	75.69	196.49	50.53	128.12
六安市	25 073	21 356	53.10	97.30	275.60	42.70	148.40
河南省							
周口市	13 255	9 501	79.31		293.73	38.31	193.34
商丘市	17 432	12 065	98.10	79.50	301.20	43.00	180.00
信阳市	7 063	9 974	71.54	67.85	237.47	34.1	173.46

注：江苏省 5 市公路客货运量统计口径为不含非营利性公路客货运量。

续表 5 （2010 年）

地 区	金融机构存款余额（亿元）	金融机构贷款余额（亿元）	各级各类学校在校学生数（万人）	卫生机构数（个）	卫生技术人员数（人）	城镇在岗职工年平均工资（元）	农民人均纯收入(元)
江苏省							
徐州市	2 632.19	1 436.44	131.84	1213	32 368	34 243	7 955
连云港市	1 227.36	862.48	74.87	831	15 774	33 843	7 039
淮安市	1 190.80	842.63	78.94	648	16 238	32 786	7 233
盐城市	1 995.98	1 310.40	87.38	746	21 822	30 462	8 751
宿迁市	810.59	625.61	88.47	776	13 939	27 615	6 975
山东省							
菏泽市	1 089.77	797.66	153.85	222	24 111	21 955	5 812
聊城市	1 232.43	919.65	78.91	289	20 433	24 833	6 377
枣庄市	894.42	728.69	55.23	2 377	14 640	30 356	7 103
济宁市	2 256.31	1 366.43	111.53	1 270	33 055	35 821	7 450
泰安市	1 399.50	917.60	93.10	1 056	26 817	30 906	7 592
日照市	1 003.20	960.80	52.16	453	11 280	33 737	7 504
莱芜市	585.78	464.70	20.24	287	6 022	36 605	8 311
临沂市	2 115.10	1 538.20	168.60	1 140	31 661	31 694	6 761
德州市	1 286.91	909.84	89.47	168	7 293	24 265	7 028
安徽省							
亳州市	544.75	244.78	94.93	230	9 316	27 672	4 689
淮南市	863.50	644.60	42.60	570	10 860		5 746
蚌埠市	707.65	386.92	62.60	422	13 049	28 708	5 565
淮北市	568.60	304.80	41.90	660	11 004	43 013	5 337
阜阳市	1 024.70	441.50	170.40	495	19 096	26 273	4 187
宿州市	699.98	307.68	95.31	396	12 605	28 688	4 766
滁州市	776.44	473.76	66.88	359	11 800	28 758	5 915
六安市	843.50	485.30	95.29	496	17 436	27 088	4 714
河南省							
周口市	930.79	563.18	21.67	1 153	26 075	23 989	4 510
商丘市	901.20	607.70	214.20	288	24 913	24 256	4 674
信阳市	1 054.76	570.09	180.66	517	16 373	24 708	5 311

附录四

企业选介（2010 年）

INTRODUCTION OF ENTERPRISES

版面负责人：李　燕　牛坚强　许　清　袁晓昀　陈晓红
编　　　辑：殷溪晨　吕延婷　刘云祥　孙　伟　董　方
　　　　　　李家平

关于利用虚假统计资料骗取相关利益的法律责任的规定

第四十五条 违反本法规定，利用虚假统计资料骗取荣誉称号、物质利益或者职务晋升的，除对其编造虚假统计资料或者要求他人编造虚假统计资料的行为依法追究法律责任外，由作出有关决定的单位或者其上级单位、监察机关取消其荣誉称号，追缴获得的物质利益，撤销晋升的职务。

【释义】 本条是关于利用虚假统计资料骗取相关利益的法律责任的规定。

政府统计机构和有关部门搜集、整理统计资料，是为政府管理经济社会事务服务的。但是，由于统计资料在一定程度上能够反映某个地方、部门、单位的工作成绩，实践中有的单位和个人为了本地区、本部门、本单位的局部利益、短期利益，甚至为了个人私利，通过编造或者要求他人编造虚假统计资料等方式来骗取荣誉称号、物质利益或者职务晋升，扰乱了政府管理秩序，损害了政府统计的公信力，影响了政府形象。为此，本法第十条明确规定，任何单位和个人不得利用虚假统计资料骗取荣誉称号、物质利益或者职务晋升。违反上述规定者，将依法承担责任。

根据本条规定，利用虚假统计资料骗取荣誉称号、物质利益或者职务晋升的单位和个人，应当承担下列责任：一是应当追究其编造或者要求他人编造虚假统计资料行为的法律责任。任何单位和个人发生“自行修改统计资料、编造虚假统计数据”，“要求统计机构、统计人员或者其他机构、人员伪造、篡改统计资料”，或者“故意提供不真实统计资料的”等统计违法行为的，应当根据本法第三十七条、第三十八条、第四十一条的有关规定，承担相应的责任。其中构成犯罪的，还应当根据第四十七条依法追究其刑事责任。二是应当由作出授予其荣誉称号、给予其物质利益或者职务晋升决定的单位或者其上级单位、监察机关取消其荣誉称号，追缴获得的物质利益，撤销晋升的职务。

编辑：张　霖

2010年徐州市工业企业前五十强

（按主营业务收入排序）

序号	企业名称	序号	企业名称
1	徐州工程机械集团有限公司	26	江苏星星家电科技有限公司
2	维维集团股份有限公司	27	淮海中联水泥有限公司
3	徐州矿务集团有限公司	28	铜山县兴达冶炼铸造有限公司
4	江苏中烟工业有限责任公司徐州卷烟厂	29	徐州海天石化有限公司
5	江苏中能硅业科技发展有限公司	30	徐州成日钢铁有限公司
6	大屯煤电(集团)有限责任公司	31	徐州美驰车桥有限公司
7	卡特彼勒(徐州)有限公司	32	徐州中天棉业集团有限公司
8	江苏协鑫硅材料科技发展有限公司	33	江苏南瑞银龙电缆有限公司
9	圣戈班(徐州)管道有限公司	34	华润天能(徐州)煤电有限公司
10	江苏新春兴再生资源有限责任公司	35	江苏恩华药业股份有限公司
11	江苏宗申三轮摩托车制造有限公司	36	徐州华鑫发电有限公司
12	徐州徐轮橡胶有限公司	37	徐州伟天化工有限公司
13	徐州华润电力有限公司	38	力士(徐州)回转支承有限公司
14	江苏晋煤恒盛化工有限公司	39	江苏省精创电气股份有限公司
15	江苏星丰金属资源有限公司	40	江苏万邦生化医药股份有限公司
16	江苏徐塘发电有限责任公司	41	徐州三原电力测控技术有限公司
17	睢宁县宁峰钢铁有限公司	42	徐州牛头山钢铁有限公司
18	国华徐州发电有限公司	43	睢宁县亿源钢铁有限公司
19	江苏胜阳木业集团有限公司	44	江苏四方锅炉有限公司
20	江苏阚山发电有限公司	45	徐州市建平化工有限公司
21	徐州东南钢铁工业有限公司	46	沛县灭火剂厂
22	徐州博丰钢铁有限公司	47	徐州强盛城市煤气有限公司
23	徐州富山医疗制品有限公司	48	江苏跃进正宇汽车有限公司
24	徐州东亚钢铁有限公司	49	铜山县昌盛化工厂
25	江苏艾德太阳能科技有限公司	50	徐州徐挖约翰迪尔机械制造有限公司

2010 年徐州市高新技术产业前五十强

（按主营业务收入排序）

序号	企 业 名 称	序号	企 业 名 称
1	江苏中能硅业科技发展有限公司	26	江苏原元生物工程有限公司
2	江苏协鑫硅材料科技发展有限公司	27	徐州华星电缆有限公司
3	江苏晋煤恒盛化工有限公司	28	徐州振龙电源有限公司
4	徐州富山医疗制品有限公司	29	徐州雷奥医疗设备有限公司
5	江苏艾德太阳能科技有限公司	30	徐州龙田合成材料有限公司
6	江苏星星家电科技有限公司	31	沛县恒瑞化工有限公司
7	徐州海天石化有限公司	32	铜山县光明金属添加剂厂
8	徐州美驰车桥有限公司	33	徐州市华泰化工有限公司
9	江苏南瑞银龙电缆有限公司	34	徐州格利尔数码科技有限公司
10	江苏恩华药业股份有限公司	35	徐州重型机械厂结构件分厂
11	江苏省精创电气股份有限公司	36	沛县东方化工厂
12	江苏万邦生化医药股份有限公司	37	徐州市东亚电器有限公司
13	徐州三原电力测控技术有限公司	38	徐州云意电气发展有限公司
14	江苏四方锅炉有限公司	39	铜山县宏达精细化工厂
15	徐州市建平化工有限公司	40	沛县兴源电磁线厂
16	沛县灭火剂厂	41	徐州天龙液压机械有限公司
17	铜山县昌盛化工厂	42	徐州畅润电子有限公司
18	徐州市恒源电器有限公司	43	徐州精艺成化工有限公司
19	徐州鹏达基桩工程机械研究所	44	徐州金波通讯器材制造有限公司
20	徐州市永大化工有限公司	45	徐州彭祖中药饮片有限公司
21	徐州金属熔剂厂	46	徐州振远机电有限公司
22	江苏蓝丰生物化工股份有限公司	47	徐州万利德节能暖通设备有限公司
23	徐州固城铜业有限责任公司	48	徐州沛华化工有限责任公司
24	肯纳金属(徐州)有限公司	49	沛县卢发气体有限公司
25	江苏天宝汽车电子有限公司	50	江苏省仙潮药业有限公司

2010年徐州市贸易零售企业前五十强

（按销售额排序）

序号	企业名称	序号	企业名称
1	徐州医药股份有限公司	26	徐州海宁皮草城管理有限公司
2	徐州金鹰国际实业有限公司	27	南京朗驰集团徐州汽车销售服务有限公司
3	徐州中央百大股份有限公司	28	上海科达汽车销售服务有限公司徐州公司
4	徐州苏宁电器有限公司	29	徐州北方汽车销售服务有限公司
5	徐州沪彭奥通汽车销售服务有限公司	30	徐州(北方)宗申三轮摩托车销售有限公司
6	徐州路神汽车贸易有限公司	31	徐州市弛平汽车销售有限公司
7	徐州申鑫建材市场管理有限公司	32	徐州润东汽车贸易有限公司
8	徐州恒运汽车销售服务有限公司	33	徐州润东瑞景汽车销售服务有限公司
9	徐州宝景汽车销售服务有限公司	34	徐州沪彭小行汽车销售服务有限公司
10	徐州市路神汽车贸易有限公司	35	徐州神龙汽车销售有限公司
11	徐州市海荧汽车销售维修有限公司	36	徐州润东之风汽车销售服务有限公司
12	徐州悦家商业有限公司	37	徐州沪彭众达汽车销售服务有限公司
13	徐州市华美商厦有限公司	38	徐州百鑫商业有限责任公司
14	徐州市国美家用电器有限公司	39	徐州市五星空调器有限公司
15	徐州彭鑫金属材料贸易有限公司	40	徐州丰洋百货有限公司
16	邳州市工贸大厦	41	徐州润东嘉华汽车销售服务有限公司
17	徐州市新东方汽车贸易有限公司	42	徐州友谊商场
18	徐州龙源金属材料贸易有限公司	43	徐州市金渡贸易有限公司
19	徐州润东汇通汽车销售服务有限公司	44	徐州市广济连锁药店有限公司
20	徐州金茂汽车贸易有限公司	45	苏果超市沛县有限公司
21	徐州东辰汽车销售服务有限公司	46	江苏新合作惠客隆连锁超市有限公司
22	徐州润东之田汽车销售服务有限公司	47	兖州中材建设有限公司徐州分公司
23	徐州中收农机汽车销售有限公司	48	徐州金慧汽车销售服务有限公司
24	徐州润东洲际汽车销售服务有限公司	49	徐州百货大楼集团妇女购物中心有限公司
25	徐州润东丰田汽车销售服务有限公司	50	徐州江淮汽车销售服务有限公司

2010年徐州市建筑企业前三十强

（按总产值排序）

序号	企 业 名 称	序号	企 业 名 称
1	中煤第五建设有限公司	16	江苏中盛建设集团有限公司
2	江苏中阳建设集团有限公司	17	徐州市贾汪区建筑工程总公司
3	江苏大汉建筑有限公司	18	徐州建筑装饰有限公司
4	江苏汉中建设集团有限公司	19	徐州大通市政建设工程有限公司
5	江苏九鼎环球建设科技集团有限公司	20	徐州市水利工程建设有限公司
6	江苏长安建设集团有限公司	21	睢宁县城市建设工程总公司
7	江苏昱诚建设有限公司	22	江苏立弘建筑工程有限公司
8	沛县建筑安装工程公司	23	江苏忠信建筑工程有限公司
9	睢宁县建筑安装总公司	24	江苏汉邦建设集团有限公司
10	沛县设备安装总公司	25	广达铁路工程集团有限公司
11	徐州市第六建筑安装工程公司	26	徐州贝德铭建筑安装工程有限公司
12	江苏集慧建设集团有限公司	27	江苏省淮海建设集团有限公司
13	徐州市公路工程总公司	28	徐州市政建设工程有限责任公司
14	徐州送变电有限公司	29	江苏荣邦建设有限公司
15	徐州运成建设(集团)有限公司	30	江苏统一建设有限公司

2010年徐州市房地产企业前三十强

（按销售面积排序）

序号	企业名称	序号	企业名称
1	江苏华商置业有限公司	16	新沂斯尔克房地产开发有限公司
2	上海绿地集团徐州新诚置业有限公司	17	徐州捷达房地产开发公司丰县分公司
3	徐州东方房地产开发有限公司	18	新沂市新东方置业有限公司
4	徐州世茂新城房地产开发有限公司	19	徐州鸿翔房地产开发有限公司
5	上海绿地集团徐州置业有限公司	20	徐州高盛地产开发有限公司
6	徐州锦绣山水房地产有限公司	21	徐州中铁房地产开发公司
7	江苏华厦融创置地集团有限公司	22	江苏永旭置业有限公司
8	徐州市康乐房屋开发经营公司	23	新沂市经济适用住房发展中心
9	徐州开元名都置业有限公司	24	协丰(徐州)房地产开发有限公司
10	徐州国基投资置业有限公司	25	徐州市颖都房地产开发有限公司
11	徐州同新置业有限公司	26	睢宁县天成房地产开发有限公司
12	徐州天创实业发展有限公司	27	沛县华丰房地产开发有限公司
13	江苏龙商实业投资有限公司	28	徐州福源房地产开发有限公司
14	荣盛(徐州)房地产开发有限公司	29	德盛房地产开发有限公司
15	徐州博顿置业有限公司	30	沛县经济适用房发展中心

2010年徐州市服务业百强企业

（按营业收入排序）

序号	企业名称	序号	企业名称
1	中国石油化工股份有限公司管道储运分公司	26	徐州国基投资置业有限公司
2	江苏大屯煤炭贸易有限公司	27	江苏中汇贸易发展有限公司
3	江苏徐工工程机械租赁有限公司	28	徐州世茂新纪元房地产开发有限公司
4	江苏省烟草公司徐州分公司	29	江苏龙商实业投资有限公司
5	新沂中纺天润粮油有限公司	30	徐州路神汽车贸易有限公司
6	中国移动通信集团江苏有限公司徐州分公司	31	徐州恒运汽车销售服务有限公司
7	徐州医药股份有限公司	32	徐州邮政局
8	中国石化集团管道储运公司	33	徐州市国美家用电器有限公司
9	维维乳业有限公司销售分公司	34	徐州宝景汽车销售服务有限公司
10	中国电信股份有限公司徐州分公司	35	徐州天业金属资源有限公司
11	徐州金鹰国际实业有限公司	36	徐州市滨湖花园房地产开发有限公司
12	徐州龙太钢铁物流经营管理有限公司	37	徐州公路运输集团有限责任公司
13	江苏华厦融创置地集团有限公司	38	徐州同创房地产开发有限公司
14	江苏润东医药有限公司	39	徐州大行润丰置业有限公司
15	上海绿地集团徐州新诚置业有限公司	40	中国联合网络通信有限公司徐州市分公司
16	徐州申鑫建材市场管理有限公司	41	沛县糖烟酒采购供应站
17	徐州中央百货大楼股份有限公司	42	徐州悦家商业有限公司
18	徐州华美房地产开发有限公司	43	徐州长特物资有限公司
19	荣盛(徐州)房地产开发有限公司	44	徐州华美商厦有限公司
20	青岛啤酒(徐州)淮海营销有限公司	45	徐州润东汇通汽车销售服务有限公司
21	江苏万邦医药营销有限公司	46	徐州市海荧汽车销售维修有限公司
22	徐州开元名都置业有限公司	47	徐州市科力置业有限公司
23	维维茗酒坊有限公司	48	沛县烟草专卖销售公司
24	徐州沪彭奥通汽车销售服务有限公司	49	徐州鹏润国美电器有限公司
25	徐州苏宁电器有限公司	50	铜山区苏捷商贸有限公司

（按营业收入排序）

续表

序号	企 业 名 称	序号	企 业 名 称
51	徐州市新东方汽车贸易有限公司	76	江苏三农农业装备有限公司
52	江苏恩华和润医药有限公司	77	徐州(北方)宗申三轮摩托车销售有限公司
53	徐州之星汽车有限公司	78	徐州北方汽车销售服务有限公司
54	徐州晋源煤炭运销有限公司	79	徐州万翔电子科技发展有限公司
55	睢宁县仁和废旧金属回收有限公司	80	徐州润东汽车贸易有限公司
56	江苏欢乐买商贸股份有限公司	81	上海科达汽车销售服务有限公司徐州分公司
57	徐州金茂汽车贸易有限公司	82	徐州贝德机械国际贸易有限公司
58	徐州彭鑫金属材料贸易有限公司	83	徐州中茵置业有限公司
59	徐州市圆通燃料有限公司	84	兖州中材建设有限公司徐州分公司
60	徐州苏商实业发展有限公司	85	徐州弛平汽车销售有限公司
61	江苏苏恒电力燃料有限公司	86	徐州京鹏煤炭销售有限公司
62	徐州龙源金属材料贸易有限公司	87	江苏省苏润能源集团有限公司
63	徐州中铁房地产开发有限公司	88	徐州沪彭众达汽车销售服务有限公司
64	江苏倍力工程机械有限公司	89	徐州润敏置业有限公司
65	徐州福森进出口有限公司	90	徐州市五星空调器有限公司
66	徐州东辰汽车销售服务有限公司	91	徐州沪彭晓行汽车销售服务有限公司
67	邳州力源电力燃料有限公司	92	徐州国家粮食储备库
68	徐州润东之田汽车销售服务有限公司	93	徐州江淮汽车销售服务有限公司
69	徐州中收农机汽车销售有限公司	94	邳州金亚煤炭销售有限公司
70	徐州海宁皮草城管理有限公司	95	江苏弘光棉业有限公司
71	徐州润东洲际汽车销售服务有限公司	96	新沂市新东方置业有限公司
72	徐州久隆投资置业集团有限公司铜山分公司	97	徐州神龙汽车销售有限公司
73	徐州润东瑞景汽车销售服务有限公司	98	徐州润东嘉华汽车销售服务有限公司
74	徐州润东丰田汽车销售服务有限公司	99	协丰(徐州)房地产开发有限公司
75	南京朗驰集团徐州汽车销售服务有限公司	100	徐州润东之风汽车销售服务有限公司

2010年徐州市重点耗能工业企业前五十家

（按综合耗能量排序）

序号	企 业 名 称	序号	企 业 名 称
1	徐州华润电力有限公司	26	江苏久久水泥有限公司
2	江苏徐塘发电有限责任公司	27	睢宁县宁峰钢铁有限公司
3	江苏阚山发电有限公司	28	徐州德兴冶炼铸造有限公司
4	大屯煤电(集团)有限责任公司	29	徐州天成氯碱有限公司
5	江苏恒盛化肥有限公司	30	华润天能(徐州)煤电有限公司
6	徐州矿务集团有限公司	31	徐州强盛城市煤气有限公司
7	徐州华鑫发电有限公司	32	徐州盛泰钢铁有限公司
8	国华徐州发电有限公司	33	江苏润丰生化有限公司
9	圣戈班(徐州)管道有限公司	34	徐州建平环保热电有限公司
10	徐州东南钢铁工业有限公司	35	睢宁县亿源钢铁有限公司
11	维维集团股份有限公司	36	徐州利国镇北钢铁有限公司
12	徐州中联水泥有限公司	37	徐州环宇焦化有限公司
13	铜山县利国钢铁有限公司	38	徐州观茂焦化有限公司
14	江苏中能硅业科技发展有限公司	39	徐州铁矿集团有限公司
15	淮海中联水泥有限公司	40	江苏恒鑫化工有限公司
16	徐州牛头山钢铁有限公司	41	徐州市荣辉钢铁有限公司
17	徐州博丰钢铁有限公司	42	徐州森宇合金钢铁有限公司
18	铜山县兴达冶炼铸造有限公司	43	沛县坑口环保热电有限公司
19	徐州荣阳钢铁有限公司	44	邳州市赵墩镇泰山石膏有限公司
20	徐州华美坑口环保热电有限公司	45	丰县鑫源生物质环保热电有限公司
21	徐州市成日钢铁制品有限公司	46	徐州华隆热电有限公司
22	徐州久强水泥粉磨有限公司	47	徐州保鑫污泥发电有限公司
23	江苏龙远钢铁有限公司	48	徐州华联玻璃制品有限公司
24	江苏胜阳木业集团有限公司	49	江苏新春兴再生资源有限责任公司
25	徐州龙固坑口矸石发电有限公司	50	徐州祥源洗煤有限公司

中国统计出版社最新图书简目

（仅供参考，以最后出书为准）

统计资料

中国统计年鉴 -2011
2011 中国发展报告
中国劳动统计年鉴 -2011
中国建筑业统计年鉴 -2011
中国商品交易市场统计年鉴 -2011
中国民政统计年鉴 -2011
中国科技统计年鉴 -2011
中国高技术产业统计年鉴 -2011
全国农产品成本收益资料汇编 -2011
大中型批发零售和住宿餐饮企业统计年鉴 -2011
中国县(市)社会经济统计年鉴 -2011
第二次全国 R&D 资源清查资料汇编 - 综合卷

中国统计摘要 -2011
中国第三产业统计年鉴 -2011
中国社会统计年鉴 -2011
中国人口和就业统计年鉴 -2011
中国房地产统计年鉴 -2011
中国贸易外经统计年鉴 -2011
中国农村统计年鉴 -2011
中国教育经费统计年鉴 -2010
中国科学技术协会统计年鉴 -2011
中国农村住户调查年鉴 -2011(中、英文)
第二次全国 R&D 资源清查资料汇编 - 工业企业卷
国际统计年鉴 -2011

中国区域经济统计年鉴 -2011
中国城市统计年鉴 -2009
中国工业经济统计年鉴 -2011
中国能源统计年鉴 -2011
2011 中国地区经济监测报告
中国农产品价格调查年鉴 -2011
中国农村贫困监测报告 -2011
工业企业科技活动资料 -2011
中国城市(镇)生活与价格年鉴 -2011
中国农村全面建设小康监测报告 -2011
中国零售和餐饮连锁企业统计年鉴 -2011
2010 年中国第六次人口普查公报

2011 年省级综合统计年鉴系列

北京　天津　河北　山西　内蒙古　辽宁　吉林　黑龙江　上海　江苏　浙江　安徽　福建　江西　山东
河南　湖北　湖南　广东　广西　海南　重庆　四川　贵州　云南　西藏　陕西　甘肃　青海　宁夏
新疆　新疆生产建设兵团

2011 年市(县)级综合统计年鉴系列

天津滨海新区　石家庄　唐山　邯郸　太原　大同　长治　阳泉　晋城　朔州　晋中　运城　忻州　临汾
呼和浩特　包头　沈阳　大连　长春　吉林市　四平　哈尔滨　黑龙江垦区　上海浦东新区　苏州　无锡
常州　徐州　南通　盐城　镇江　江阴　丹阳　杭州　宁波　绍兴　台州　温州　金华　嘉兴　衢州　福州
福州经济技术开发区　厦门经济特区　南昌　上饶　济南　青岛　潍坊　郑州　洛阳　三门峡　南阳　武汉
宜昌　十堰　荆州　咸宁　长沙　广州　东莞　惠州　深圳　桂林　南宁　柳州　来宾　河池　海口　成都
绵阳　贵阳　昆明　庆阳　西安　兰州　银川　乌鲁木齐

“十一五”规划教材

非参数统计　医学统计学
多元统计分析　经济计量学教程
统计数据处理概论
企业经营管理统计
统计学:从数据到结论

概率论与数理统计　统计学
应用时间序列分析
质量管理统计方法　社会统计学
市场调查与预测
国民经济核算教程(国民经济统计学)

现代金融投资统计分析
统计指数理论及应用
多元统计分析实验
统计学原理(非统计专业使用)
概率论与数理统计(经济、管理类专业使用)

重点图书

挑大学选专业 2011—高考志愿填报指南　挑大学选专业 2011—考研择校指南

欲购以上图书请与中国统计出版社发行部联系
电话:(010)63376907,63376908　同榻行书店电话:68783171,68783172
通讯地址:北京市西城区三里河月坛南街 57 号　邮政编码:100826